LE GUIDE VERT

W9-CHS-673

Ph. Gajic/MICHELIN

Paris

Direction	David Brabis
Rédaction en chef	Nadia Bosquès
Mise à jour	Catherine Brett
Informations pratiques	Catherine Rossignol, Marie Simonet, Isabelle Foucault
Documentation	Isabelle du Gardin, Jean-Louis Gallo
Cartographie	Alain Baldet, Michèle Cana, Marie-Claude Cochin, Aurélie Huot, Jacqueline Pavageau, Fabienne Renard et Gilles Théret
Iconographie	Stéphane Sauvignier
Secrétariat de rédaction	Pascal Grougon, Danièle Jazeron
Correction	Juliette Dablanc
Mise en page	Michel Moulin
Conception graphique	Christiane Beylier à Paris 12ᵉ
Maquette de couverture	Agence Carré Noir à Paris 17ᵉ
Fabrication	Pierre Ballochard, Renaud Leblanc
Marketing	Cécile Petiau, Ana Gonzalez
Ventes	Antoine Baron (France), Charles Van de Perre (Belgique), Philippe Orain (Espagne, Italie), Nadine Audet (Canada), Stéphane Coiffet (grand export)
Relations publiques	Gonzague de Jarnac
Régie publicitaire	Étoile Régie www.etoileregie.com ☏ 01 53 64 69 19

Le contenu des pages de publicité insérées dans ce guide n'engage que la responsabilité des annonceurs

Pour nous contacter	Le Guide Vert Michelin – Éditions des Voyages 46, avenue de Breteuil 75324 Paris Cedex 07 ☏ 01 45 66 12 34 Fax : 01 45 66 13 75 www.ViaMichelin.fr LeGuideVert@fr.michelin.com

Parution 2005

Note au lecteur
Ce guide tient compte des conditions de tourisme connues au moment de sa rédaction. Certains renseignements (prix, adresses, numéros de téléphone, horaires) peuvent perdre de leur actualité, de même que des établissements ou des curiosités peuvent fermer. Michelin Éditions des Voyages ne saurait être tenu responsable des conséquences dues à ces éventuels changements.

À la découverte de Paris

Interrogez plusieurs Parisiens : chacun a son Paris. Chacun a ses Paris, pourrait-on dire, tant cette ville sait être multiple, changeante et contradictoire. Pour les uns, ce sera le Paris des musées prestigieux et des ensembles monumentaux. Pour d'autres, le Paris médiéval que l'on croise au détour des ruelles du Marais ou de la Maube. D'aucuns ne se lassent pas d'arpenter les quais de la Seine, dans un émerveillement sans cesse renouvelé. Nombre d'entre eux vantent les « villages » de Paris, de Belleville à la Butte aux Cailles, de Vaugirard à Charonne : c'est le Paris intime et familier, celui des bistrots où les habitués restent debout devant le zinc, celui des marchés dont la couleur, l'ambiance et la gouaille des vendeurs ne le cède en rien aux marchés méridionaux. Il y a le Paris des grandes avenues, avec ses adresses de luxe aux noms légendaires, son animation, ses embouteillages. Il y a le Paris campagnard, avec ses ruelles, impasses ou villas, ses jardinets et cet étonnant silence à peine troublé par la rumeur automobile pourtant si proche. Il y a le Paris populaire et volontiers frondeur, celui de Gavroche et des barricades, de la Commune ou de Mai 68, et le Paris des hôtels particuliers de la noblesse d'autrefois. Il y a le Paris onirique, celui des passages couverts où des boutiques d'un autre temps attendent un improbable curieux. Il y a le Paris cosmopolite : Chinois ici, Indien plus loin, Argentin ou Maghrébin ailleurs. Il y a le Paris insulaire, ancré au milieu du fleuve et de l'Histoire. Il y a le Paris branché, celui des bars de nuit des rues de Lappe ou Oberkampf. Il y a le Paris souterrain, celui du métro, des égouts, des catacombes et le Paris aérien qu'on ne se lasse pas de contempler, de la tour Eiffel, de la Samaritaine ou de Montmartre. Il y a le Paris où l'on flâne et celui où l'on court. Pour passer de l'un à l'autre, il suffit parfois d'un coin de rue.

En un mot, il y a quelque chose dans l'air, une subtile alchimie telle que, où que vous soyez, vous savez immédiatement que vous êtes à Paris et que vous ne pouvez pas être ailleurs. À quoi cela tient-il ? On ne sait pas vraiment. Ce qui est sûr, c'est que cette ville possède une âme en propre, qu'il en émane une aura, celle qui fait rêver les habitants du monde entier... mais aussi, et peut-être surtout, les Parisiens eux-mêmes.

L'équipe du Guide Vert Michelin
LeGuideVert@fr.michelin.com

Sommaire

Informations pratiques

Invitation au voyage

La « Grande Dame » veille...

S. Sauvignier/MICHELIN

Halte aux Tuileries

H. Le Gac/MICHELIN

Quartiers et monuments

*L'emblème des Bateliers
devenu les armoiries de Paris*

Petit-déjeuner parisien

Cartes et plans

les cartes et plans qu'il vous faut

Comme tout automobiliste prévoyant, munissez-vous de bonnes cartes. Les produits Michelin sont complémentaires : ainsi, chaque ville ou site présenté dans ce guide est accompagné de ses références cartographiques sur les différents plans que nous proposons. L'assemblage de nos cartes est présenté ci-dessous avec délimitations de leur couverture géographique.

Pour Paris intra-muros, suivant les informations que vous recherchez, choisissez entre :

• le **plan-guide Paris Tourisme**, n° **52** (1/20 000), qui indique les monuments, les musées, les lieux de shopping et de spectacles et comporte quelques renseignements pratiques ainsi qu'un plan de métro-RER.

• la **carte Paris Transports**, n° **51**, qui comporte le même plan de métro-RER, un plan de bus et donne toutes les informations sur les stations de taxis, les locations de voitures, les gares.

• le **plan Paris Poche**, n°**50**, qui donne les grands axes de circulation.

• le **plan de Paris**, n° **54**, avec indication des sens uniques et des parkings. Très utile pour ceux qui se déplacent en voiture.

• l'**atlas de Paris**, n° **56**, avec répertoire des rues, mention des sens uniques, des parkings, des rues piétonnes, des métro-RER-bus, ainsi qu'une carte de Paris à vélo et une carte des portes de Paris.

• le **plan et répertoire des rues de Paris**, n° **55**, qui correspond au plan n° **54** avec un index en plus.

• l'**atlas de Paris par arrondissements**, à spirales, n° **57**, avec index des rues, sens uniques, métro-RER-bus, parkings, rues piétonnes et carte de Paris à vélo.

À noter que les plans et atlas n^{os} **54, 56, 57** et **58** sont tous à la même échelle (1/10 000) et présentent le même carroyage. On retrouve ce carroyage dans le chapitre « Quartiers et monuments », à la rubrique « la situation », où nous donnons les carroyages du plan n° **54** (par exemple pour le quartier de l'Alma, les carroyages sont G 8, G 9).

Pour circuler autour de Paris, vous avez le choix entre :

• la **carte LOCAL 305** au 1/150 000.

• la **carte des environs de Paris** au 1/100 000, n° **106**, qui couvre le réseau routier jusqu'à Fontainebleau dans le Sud et Senlis dans le Nord et donne de nombreuses indications touristiques.

• la **carte de la banlieue de Paris** au 1/53 000, n° **101**.

• les plans de **banlieue de Paris Nord-Ouest** n° **18**, **banlieue Nord-Est** n° **20**, **banlieue Sud-Ouest** n° **22**, **banlieue Sud-Est** n° **24**, au 1/15 000.

L'ensemble de ce guide est par ailleurs riche en cartes et plans, dont voici la liste :

cartes thématiques

plans de quartiers, de parcs et jardins

plans de monuments

cartes des promenades décrites

Légende

Monuments et sites

Itinéraire décrit,
départ de la visite

Église

Temple

Synagogue - Mosquée

Bâtiment

Statue, petit bâtiment

Calvaire

Fontaine

Rempart - Tour - Porte

Château

Ruine

Barrage

Usine

Fort

Grotte

Habitat troglodytique

Monument mégalithique

Table d'orientation

Vue

Autre lieu d'intérêt

Sports et loisirs

Hippodrome

Patinoire

Piscine : de plein air,
couverte

Cinéma Multiplex

Port de plaisance

Refuge

Téléphérique, télécabine

Funiculaire,
voie à crémaillère

Chemin de fer touristique

Base de loisirs

Parc d'attractions

Parc animalier, zoo

Parc floral, arboretum

Parc ornithologique,
réserve d'oiseaux

Promenade à pied

Intéressant pour
les enfants

Signes particuliers

Station de métro

R.E.R Station du Réseau
Express Régional

Embarcadère des croisières

Batobus

Guignol

Manège

Parc d'enfants

Jeu de boules

Abréviation

arr. Arrondissement

très vivement recommandé		★★★
recommandé		★★
intéressant		★

Autres symboles

🄸		Information touristique
═══	═══	Autoroute ou assimilée
❶	❶	Échangeur : complet ou partiel
⟺	⟺	Rue piétonne
ɪ═══ɪ		Rue impraticable, réglementée
▭▭▭		Escalier - Sentier
🚂	🚉	Gare - Gare auto-train
🚌	S.N.C.F	Gare routière
─•─•─		Tramway
⌂		Métro
Ⓟ R		Parking-relais
♿		Facilité d'accès pour les handicapés
⊠		Poste restante
☎		Téléphone
✉		Marché couvert
•╳•		Caserne
△		Pont mobile
∪		Carrière
✗		Mine
Ⓑ	Ⓕ	Bac passant voitures et passagers
🚢		Transport des voitures et des passagers
⛴		Transport des passagers
③		Sortie de ville identique sur les plans et les cartes Michelin
Bert (R.)...		Rue commerçante
AZ B		Localisation sur le plan
►►		Si vous le pouvez : voyez encore...

Carnet pratique

Catégories de prix :
⊖	À bon compte
⊖⊖	Valeur sûre
⊖⊖⊖	Une petite folie !

20 ch. :
38,57/57,17 € — Nombre de chambres : prix de la chambre pour une personne/chambre pour deux personnes

demi-pension ou pension : 42,62 € — Prix par personne, sur la base d'une chambre occupée par deux clients

⇌ *6,85 €* — Prix du petit déjeuner; lorsqu'il n'est pas indiqué, il est inclus dans le prix de la chambre (en général dans les chambres d'hôte)

120 empl. : 12,18 € — Nombre d'emplacements de camping : prix de l'emplacement pour 2 personnes avec voiture

12,18 € déj. - 16,74/38,05 € — Restaurant : prix menu servi au déjeuner uniquement – prix mini/maxi : menus (servis midi et soir) ou à la carte

rest. 16,74/38,05 € — Restaurant dans un lieu d'hébergement, prix mini/maxi : menus (servis midi et soir) ou à la carte

repas 15,22 € — Repas type « Table d'hôte »

réserv. — Réservation recommandée

🚫 — Cartes bancaires non acceptées

Ⓟ — Parking réservé à la clientèle de l'hôtel

Les prix sont indiqués pour la haute saison

Les plus beaux quartiers et monuments

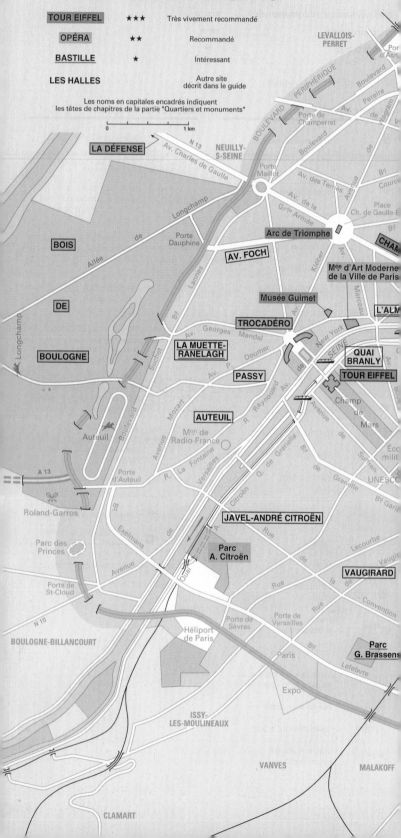

TOUR EIFFEL ★★★ Très vivement recommandé

OPÉRA ★★ Recommandé

BASTILLE ★ Intéressant

LES HALLES Autre site décrit dans le guide

Les noms en capitales encadrés indiquent
les têtes de chapitres de la partie "Quartiers et monuments"

0   1 km

LA DÉFENSE

N 13   NEUILLY-S-SEINE

Av. Charles de Gaulle

LEVALLOIS-PERRET

Porte d'Asn.

PÉRIPHÉRIQUE

Boulevard

Boulevard

Av. de Nagram

Pereire

Porte de Champerret

Porte Maillot

Av. des Ternes

Avenue

Courc

Av. de la Gde Armée

Place Ch. de Gaulle-E

Longchamp

Porte Dauphine

Arc de Triomphe

CHAM

BOIS

Allée

de

Lannes

AV. FOCH

Kléber

Mée d'Art Moderne de la Ville de Paris

DE

Longchamp

Bd

Stïchet

Av. Georges Mandel

Musée Guimet

Marceau

L'ALM

BOULOGNE

Auteuil

Boulevard

Av. Georges

P. Doumer

TROCADÉRO

LA MUETTE-RANELAGH

New York

SEINE

QUAI BRANLY

Av. Mozart

R. La Fontaine

Av. P.

PASSY

de

TOUR EIFFEL

Avenue

AUTEUIL

Mon de Radio-France

R. Raynouard

Av. Versailles

Champ de Mars

Éco milit

Suffren

de

Porte d'Auteuil

Q. de Grenelle

Bd

de Grenelle

UNESC

A 13

Bd Gari

Roland-Garros

Bd Exelmans

Citroën

Rue

JAVEL-ANDRÉ CITROËN

Lecourbe

Parc des Princes

Avenue

de

Parc A. Citroën

Rue

de

la

de

Vaugi

VAUGIRARD

Porte de St-Cloud

Quai

Rue

Convention

N 10

Porte de Sèvres

Porte de Versailles

Bd

Parc G. Brassens

BOULOGNE-BILLANCOURT

Héliport de Paris

Paris

Lefebvre

Expo

ISSY-LES-MOULINEAUX

VANVES

MALAKOFF

CLAMART

Circuits de découverte

Pour de plus amples explications, consulter la rubrique
du même nom dans la partie "Informations pratiques"
en début de guide

0   1 km

LA DÉFENSE

LEVALLOIS-PERRET

Porte d'Asnier

Bd Bineau

NEUILLY-S-SEINE

BOULEVARD PÉRIPHÉRIQUE

Porte de Champerret

Av. Charles de Gaulle

N 13

Boulevard

Porte Maillot

Av. des Ternes

Av. de la Grande Armée

ARC DE TRIOMPHE

George V

Pl. Ch. de Gaulle-Étoile

Foch

Avenue

Longchamp

Porte Dauphine

BOIS

PARC DE BAGATELLE

Allée

Bd Lannes

Av. Kléber

Palais de Chaillot

Musée d'Art moderne de la ville de Paris

Pl. du Trocadéro

de

DE

Av. Georges Mandel

TROCADÉRO

Porte de la Muette

Av. du New York

SEINE

LAC INFÉRIEUR

Av. P. Doumet

TOUR

Musée du Vin

BOULOGNE

Suchet

Avenue Mozart

Musée Marmottan

R. de Passy

Rue Raynouard

Maison de Balzac

Champ de Ma

Auteuil

Maison de Radio-France

Bd

Av. de Grenelle

A 13

Porte d'Auteuil

R. La Fontaine

Avenue de Versailles

Citroën

Q. de Grenelle

Bd de Grenelle

Roland-Garros

Rue

Parc des Princes

Exelmans

de

Parc A. Citroën

de

Rue

Avenue

la

Rue

Porte de St-Cloud

Quai

de

N 10

Porte de Sèvres

Héliport de Paris

Porte de Versailles

Paris

BOULOGNE-BILLANCOURT

Bd G. Br

Lefeb

ISSY-LES-MOULINEAUX

Expo

1 PARIS "ROYAL"

2 LE MARAIS

3 CLASSICISME ET EXPOSITIONS UNIVERSELLES

4 MONTMARTRE

5 ST-GERMAIN-DES-PRÉS

6 QUARTIER LATIN

7 D'UNE RIVE A L'A

8 PASSY / BOIS DE

9 PARIS MODE

10 PARIS S'AMUSE

11 LA SEINE

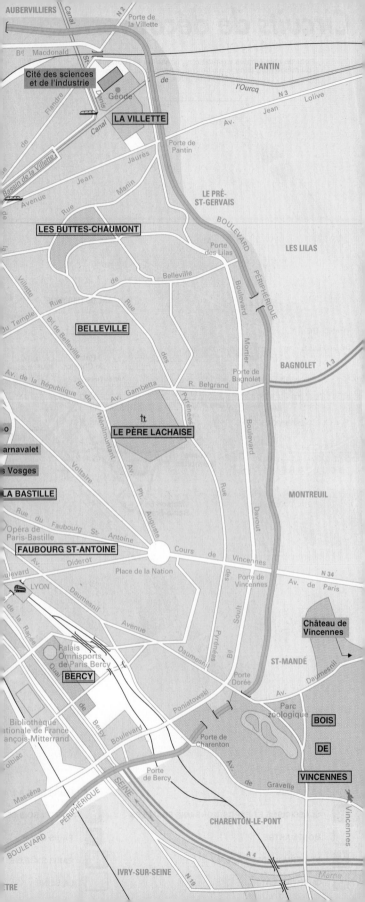

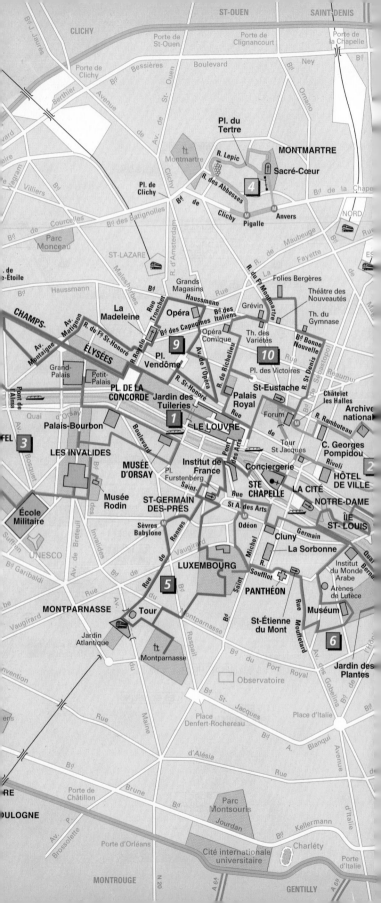

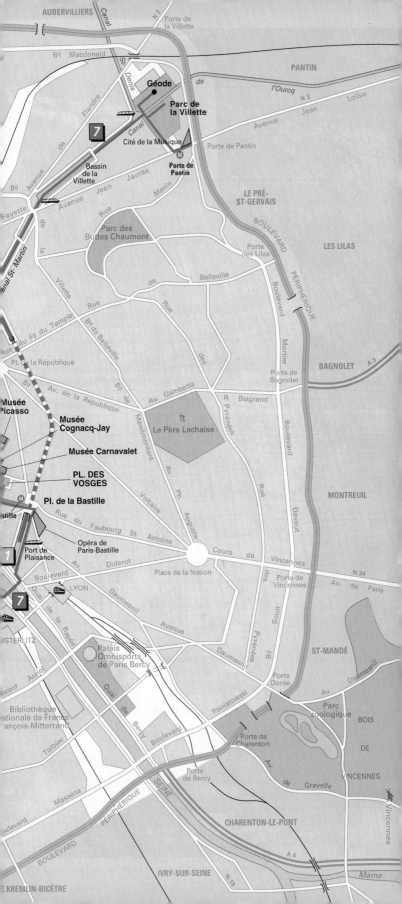

Sous la verrière Art déco du Printemps, une pause avant de replonger dans la fièvre mercantile.

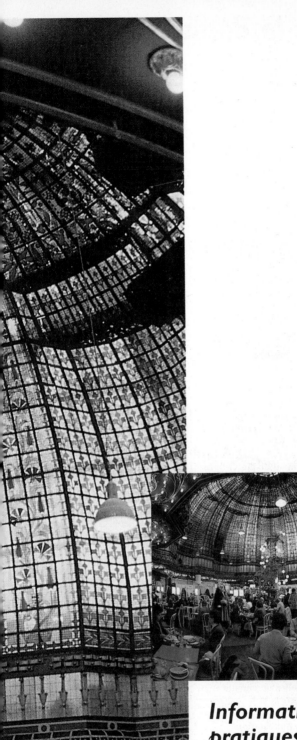

B. Kaufmann/MICHELIN

B. Kaufmann/MICHELIN

B. Kaufmann/MICHELIN

Informations pratiques

Avant le départ

adresses utiles

Si vous avez l'habitude de préparer votre voyage dans le détail, voici quelques adresses qui vous permettront de rassembler toute la documentation utile.
$3R$Informations touristiques

Office du tourisme et des congrès de Paris – 25-27 rue des Pyramides, 1er arr., Mo Pyramides, ☎ 0 892 683 000. 3615 et 3617 otparis, www.paris-touristoffice.com. Haute sais. : 9h-20h ; basse sais. : dim. et j. fériés 11h-19h. Fermé 1er mai. Informations sur hébergement, restauration, transports, sites touristiques, manifestations. Réservation hôtelière sur place, billetterie spectacles, expos, excursions. Vente de cartes-forfaits, cartes musées-monuments et de pass RATP.

Bureau de la gare de Lyon : tlj sf dim. 8h-20h. Bureau de la gare du Nord « Bulle accueil » : 8h-18h (fermé 1er mai, 25 déc.). Bureau Opéra - Grands Magasins, 11 rue Scribe : tlj sf dim., 9h-18h30 ; fermé 1er janv., 1er mai, 25 déc. Bureau saisonnier de la tour Eiffel : Mo Bir-Hakeim ou RER C Champ-de-Mars : 11h-19h (mai-nov).

Espace du tourisme d'Île-de-France – Pl. de la Pyramide-Inversée, carrousel du Louvre, 99 r. de Rivoli, 75001 Paris, Mo Palais-Royal ou Musée-du-Louvre, ☎ 0 826 166 666. www.pidf.com. 10h-19h. Informations touristiques sur Paris et sa région, réservation cabarets, excursions, billetterie bus-métro-RER-train.

INFORMATIONS NUMÉRIQUES

Programme des spectacles, des concerts – Minitel : 3615 capitale, 3615 thea. Internet : www.paris-concert.com ; www.comedie-francaise.fr

Programme des expositions à Paris – Internet : www.paris.fr

Programme des salles de cinéma parisiennes – Internet : www.allocine.fr

Programme des manifestations sportives à Paris – Minitel 3615 sima. Internet : www.paris-web.com
Le service télématique de France Télécom permet d'accéder à l'annuaire téléphonique et d'obtenir un grand nombre d'informations grâce au terminal Minitel. Libre accès pour certains services, dans les hôtels, bureaux de poste et parfois stations-services.

météo

QUEL TEMPS POUR DEMAIN ?

Pour les promenades comme pour toutes les visites ou activités en plein air, il est utile de disposer à l'avance d'informations météorologiques.

Les services téléphoniques de Météo France

Taper : 3250 suivi de **1** : toutes les météos départementales jusqu'à 7 jours (DOM-TOM compris). **2** : Météo des villes. **5** : Météo internationale.

Accès direct aux prévisions du département : 0 892 680 2 suivi du numéro du département (0,34€/mn).

Toutes ces informations sont également disponibles sur 3615 météo et www.meteo.fr

LES SAISONS

Le climat parisien possède toutes les caractéristiques d'un climat tempéré : hiver froid, été chaud, printemps riant, automne mélancolique. Méfiez-vous cependant car ces dernières années, au dire des Parisiens, il n'y a plus de saisons.

L'**été**, la chaleur est parfois étouffante surtout si elle s'accompagne d'un pic de pollution (renseignements au 3615 Airparif). Les fontaines vous offriront un peu de fraîcheur, mais sachez qu'il est interdit d'y faire trempette ! Prisé des amateurs de bronzette, le port de plaisance de Paris-Arsenal ainsi que les quais de la Seine prennent des airs de stations balnéaires. Pour la baignade, songez aux piscines à ciel ouvert de la capitale, mais attention, elles sont très fréquentées...

En **automne**, la grisaille règne non sans poésie, entrecoupée de belles journées. C'est le temps des vendanges sur la butte Montmartre. L'**hiver** peut être rigoureux, mais le froid est rarement un obstacle à la visite et lorsqu'ils sont ensoleillés, les ciels d'hiver sont les plus purs et les plus lumineux. N'espérez pas voir Paris sous la neige, c'est assez rare. En revanche, il pleut beaucoup. Bottes et cirés ne s'imposent pas, mais un parapluie n'est jamais superflu. À Noël, les vitrines des Grands Boulevards rivalisent d'imagination et les enfants s'émerveillent dans l'odeur festive des marrons grillés.

Le **printemps** est, dit-on, la saison idéale pour visiter Paris. Boulevards et jardins se couvrent de fleurs et les terrasses des cafés s'animent. Les averses sont cependant fréquentes, et le parapluie est encore recommandé. Ne vous découvrez pas trop vite, les journées peuvent être fraîches.

musées

Les musées parisiens sont décrits dans le corps du guide, avec leurs conditions d'accès spécifiques. Nous donnons ici des informations générales.

INFORMATIONS PRÉLIMINAIRES

Les tarifs, horaires, jours et périodes de fermeture des musées et monuments décrits dans ce guide s'appliquent à des touristes voyageant isolément et ne bénéficiant pas de réduction.

Tarifs réduits – Ils concernent les étudiants (-25 ans), les enfants jusqu'à 12 ans, les chômeurs, familles nombreuses sur présentation d'un justificatif.

Gratuité – L'accès aux musées de la Ville de Paris est gratuit, à l'exception des Catacombes, de la crypte archéologique du parvis Notre-Dame, du musée Galliéra (dont les collections ne sont visibles que durant les expositions) et du pavillon des Arts. Les musées nationaux et certains monuments historiques (tarif réduit pour les visites-conférences) sont gratuits pour les personnes handicapées et leurs accompagnateurs sur présentation de la carte Cotorep délivrée par la direction des Affaires sociales. Ces musées sont également gratuits pour tout le monde le 1er dimanche de chaque mois.

Horaires – La fermeture des caisses s'effectue en général une demi-heure avant celle du monument ou du musée. Les églises ne se visitent pas pendant les offices et sont en général fermées de 12h à 14h.
Les ouvertures des musées et des monuments les jours fériés sont très variées. Téléphoner à l'avance pour vérifier. Jours fériés : 1er janvier, lundi de Pâques, 1er et 8 mai, jeudi de l'Ascension, lundi de Pentecôte, 14 juillet, 15 août, 1er et 11 novembre, 25 décembre.

ACTIVITÉS DANS LES MUSÉES

Musées de la Ville de Paris – Toute l'année, les collections permanentes et les expositions temporaires de la Ville de Paris proposent des activités pédagogiques et culturelles pour tout public (enfants, adultes, handicapés). Des brochures comprenant un programme détaillé de toutes ces activités sont disponibles dans les musées, les mairies d'arrondissement ou à la direction des affaires culturelles, bureau des Musées, service des Relations avec le public, 70 r. des Archives, 3e arr., ☎ 01 42 76 83 66.

SPÉCIAL ENFANTS

Nous avons repéré pour vous un certain nombre de sites qui intéresseront particulièrement vos petits. Il s'agit par exemple d'aquariums, de zoos ou de musées bien adaptés au jeune public. Vous les repérerez dans la partie « Quartiers et monuments » grâce au pictogramme ☺.
Musées et monuments tendent de plus en plus à développer la visite en famille, au moyen d'audio guides junior, de parcours spécifiques et de livrets jeux. Des visites guidées adaptées aux jeunes visiteurs et des ateliers sont par ailleurs proposés par certains organismes privés.

L'Esprit Culturel – Cette association se propose de faire découvrir les musées à vos enfants (entre 4 et 12 ans) de façon ludique (au moyen de jeux de piste notamment) et de les initier à des activités artistiques insolites (peinture au chocolat, ballons sculptés, mime, théâtre, danse hip-hop, magie). Renseignements et réservations : L'Esprit culturel, 13 rue de la Grange-Batelière, 9e arr., Mo Richelieu-Drouot, ☎ 01 47 70 97 79. www.lespritculturel.com

FORFAIT

Carte musées-monuments – En vente dans les principales stations de métro, les musées et monuments et à l'Office du tourisme de Paris, cette carte permet un accès libre et direct (nombre de visites illimité) aux collections permanentes de 60 musées et monuments de Paris et de la région parisienne. 18€ (1 j.) ; 36€ (3 j.) ; 54€ (5 j. consécutifs). Renseignements : association interMusées, 4 r. Brantôme, 3e arr., ☎ 01 44 61 96 60.

visites guidées

Des visites-conférences de monuments, quartiers et expositions se déroulent chaque jour dans Paris. Elles sont signalées dans certains grands quotidiens nationaux, dans la

Fontaine de la place de la Concorde.

S. Sauvignier/MICHELIN

presse des spectacles et par affichage à l'entrée des monuments. Elles sont notamment organisées par :

Centre des monuments nationaux – Service visites-conférences, 7 bd Morland, 4e arr., ☎ 01 44 54 19 30/35. Tlj sf w.-end 9h-12h, 14h-18h, ven. 9h-12h, 14h-17h. 8€ (-25 ans : 6€). Visite des monuments, mais également de certains quartiers de Paris, sous l'angle de l'architecture.

Association pour la sauvegarde et la mise en valeur du Paris historique – 11h-18h (sous réserve le dim.). 44-46 r. François-Miron, 4e arr., ☎ 01 48 87 74 31, www.paris-historique.org

Association Faire connaître Paris en réponse au temps (AFCPRT) – 21 r. du Repos, 20e arr., ☎ 01 43 70 70 87. Visites-conférences de monuments, quartiers et ateliers d'art et d'artisanat de Paris. Rencontre avec personnalités représentatives de Paris.

Écoute du passé – 44, rue de Maubeuge, 9e arr., ☎ 01 42 82 11 81. Ces visites-conférences se déroulent chaque jour dans Paris. Elles sont signalées dans certains grands quotidiens et dans la presse des spectacles. Programmes déposés à l'Office du tourisme de Paris et ses annexes.

Communautés d'accueil dans les sites artistiques – Accès libre : 7h45-18h45. Possibilité de visite guidée (façade et intérieur 1h1/2) 12h, mar. 12h et 16h, w.-end 14h30 ; de mi-juil. à mi-août : se renseigner à l'accueil. Gratuit. ☎ 01 42 34 56 10. www.cathedraledeparis.com

Paris côté jardin – ☎ 01 40 30 47 15. Visites-conférences naturalistes historiques et architecturales dans des quartiers, jardins et monuments parisiens.

Visites guidées des parcs et jardins – La mairie de Paris propose des visites guidées (1h1/2 à 2h) dans les jardins et parcs de la capitale. Renseignements à la direction des Parcs et Jardins, 3 av. de la Porte-d'Auteuil, 16e arr., ☎ 01 40 71 75 60. Le programme est également donné dans les mairies d'arrondissement, à l'hôtel de Ville, sur 3615 Paris et www.paris.fr

tourisme et handicapés

Un certain nombre de curiosités décrites dans ce guide sont accessibles aux personnes handicapées et signalées à votre attention par le symbole ♿.
Pour de plus amples renseignements au sujet de l'accessibilité des musées aux personnes atteintes de handicaps moteurs ou sensoriels, consulter le site http://museofile.culture.fr

Guides Michelin Hôtels-Restaurants et Camping Caravaning France – Révisés chaque année, ils indiquent respectivement les chambres accessibles aux handicapés physiques et les installations sanitaires aménagées.

Le Guide Rousseau H... comme Handicaps – Édité par l'association France Handicaps (SARL Bernic Éditions, 5 allée des Ajoncs, 78280 Guyancourt, ☎/fax 01 49 59 05 04, diffusion Blay Foldex), il donne de précieux renseignements sur la pratique du tourisme, des loisirs, des vacances et des sports accessible aux handicapés.

Paris en fauteuil – Paru dans la collection « Paris est à nous » (éd. Parigramme), ce petit guide recense les lieux parisiens (cafés, restaurants, salles de théâtre, de concert et de cinéma, musées, bibliothèques, stades et piscines, parcs et jardins et autres lieux de promenades) accessibles en fauteuil roulant. Chaque endroit fait l'objet d'un descriptif détaillé et de commentaires utiles tant sur la configuration et l'accessibilité des lieux (ascenseurs, rampes, emplacements réservés, toilettes aménagées, etc.), que sur l'accueil et les prestations proposées.

Musées de la Ville de Paris – Les musées de la Ville de Paris organisent diverses activités pour le public handicapé : visite-conférence, visite-animation, conte, récit, conférence-diapositives, ateliers. Des informations complémentaires sont disponibles dans les musées ou à la direction des Affaires culturelles, bureau des Musées, services des Relations avec le public, 70 r. des Archives, 3e arr., ☎ 01 42 76 83 66.

ViaMichelin

AU COURS DE VOS DÉPLACEMENTS,
FAITES-VOUS GUIDER PAR
LES LOGICIELS VIAMICHELIN POUR PDA

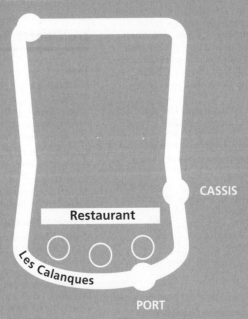

MARSEILLE

CASSIS

Restaurant

Les Calanques

PORT

Grâce aux logiciels ViaMichelin pour PDA, véritables
compléments des cartes et guides de MICHELIN, affichez la
carte numérique de votre parcours, laissez-vous guider par
les instructions vocales* et trouvez en quelques clics
l'adresse de votre choix.

Pour en savoir plus : www.viamichelin.fr

*PDA connecté à une tête GPS

MICHELIN
Une meilleure façon d'avancer

Transports

liaisons aéroports

Renseignements – Pour connaître les horaires, l'état des vols en cours, les accès aux aéroports, les services en aérogare : ☎ 0 892 681 515, 3615 ou 3616 horav, www.adp.fr

ROISSY-CHARLES-DE-GAULLE

23 km au Nord de Paris, autoroute A 1.

Autocars Air France – ☎ 0 892 350 820 (24h/24, 7j/7). Arrêts Étoile, 1 av. Carnot et Porte Maillot, bd Gouvion-St-Cyr : 5h45-23h, ttes les 15mn. Durée du trajet : 35mn. 10€. Arrêts Montparnasse, r. du Cdt-Mouchotte (face à l'hôtel Méridien) et Gare de Lyon, 20 bis bd Diderot : 7h-21h, ttes les 30mn. Durée du trajet : 50mn. 11,50€.

Bus RATP Roissybus – ☎ 0 892 687 714. Arrêt Opéra, r. Scribe, à l'angle r. Auber. 6h-23h de Roissy vers Paris ; 5h45-23h de Paris vers Roissy. Ttes les 15mn. Durée du trajet : 60mn. 8,20€.

RER B – Station Roissy-aéroport CDG, terminal 1 ou 2. Départ de Paris vers Roissy-CDG : 5h-23h30 ; de Roissy-CDG vers Paris : 5h-00h. Ttes les 15mn. Durée du trajet : 30mn. 7,70€.

Taxi – Environ 38€ (tarif de jour).

ORLY

11 km au Sud de Paris, autoroute A 6.

Renseignements/permanence 24h/24 – ☎ 01 49 75 15 15.

Autocars Air France – ☎ 0 892 350 820 (24h/24, 7j/7). Arrêts aérogare des Invalides, 2 r. Esnault-Pelterie et Montparnasse, r. du Cdt-Mouchotte (face à l'hôtel Méridien) : 5h45-23h, ttes les 15mn. Durée du trajet : 30mn. 7,50€.

Bus RATP Orlybus – Pl. Denfert-Rochereau, 14ᵉ arr. ☎ 0 892 687 714. Ttes les 15 à 20mn. 6h00-23h30 d'Orly Sud et Ouest vers Paris ; 5h35-23h de Paris vers Orly Sud et Ouest. Durée du trajet : 25mn. 5,70€.

RER – RER C jusqu'à Pont-de-Rungis, puis navettes. Ttes les 15mn. 5h45-23h15 d'Orly vers Paris ; 5h50-22h50 de Paris vers Orly. Durée du trajet : 35mn. 5,25€. RER B jusqu'à Antony, puis Orlyval. Ttes les 7mn. 6h-23h. Durée du trajet Châtelet-Orly : 35mn. 8,80€ (carte orange non utilisable).

Taxi – Environ 20,50€.

liaisons gares SNCF

Sept gares parisiennes (Paris-Austerlitz, Paris-Est, Paris-Lyon, Paris-Montparnasse, Paris-Nord, Paris-St-Lazare, Paris-Bercy) accueillent les voyageurs en provenance et à destination des grandes villes de France et d'Europe. Toutes les gares sont reliées au réseau RATP. Renseignements et réservations : ☎ 0 892 353 535 ou 01 53 90 20 20 (6h-22h). 3615 SNCF et www.voyages-sncf.com

transports intra-muros

TAXIS

Les Taxis Bleus – ☎ 0 891 701 010 (0,23€/mn).

Alpha Taxis – ☎ 01 45 85 85 85. www.alphataxis.com

Artaxi – ☎ 0 891 70 25 50.

Taxis G7 – ☎ 01 47 39 47 39. Cartes de crédit acceptées à partir de 15€.

Taxis G-Space – ☎ 01 47 39 01 39. Service de monospaces pour 5 passagers et bagages.

TRANSPORTS EN COMMUN (RATP)

Utilisation – Service assuré de 5h30 à 0h30 (dernier dép.) pour le métro et de 5h à 0h20 pour le RER, de 6h30 à 21h30 du lundi au samedi (horaire général) pour le bus. Paris intra-muros est couvert par la zone 1 et 2, la périphérie de Paris par les zones 3 à 8, selon la distance.

Ph. Gajic/MICHELIN

Renseignements – ☎ 0 892 687 714, www.ratp.fr, www.citefutee.com, 3615 RATP.

Titres de transport – Dans le métro et le RER (Paris intra-muros uniquement), un seul ticket, le « ticket T » permet de circuler sur toute la longueur du parcours et d'effectuer les correspondances entre les lignes. En revanche, les billets pour le RER tiennent compte du numéro de la zone dans laquelle on veut se rendre ; le ticket n'est donc pas le même que pour le métro à partir de la zone 3. Attention surtout à ne pas jeter le ticket de RER avant de quitter le réseau : il est nécessaire pour sortir. En bus, un ticket permet de parcourir la ligne entière (exceptée les lignes 350, 351, 297, 299 et 221) ; il faut un 2e ticket si l'on change de bus ou de ligne. Le carnet de « tickets T », valable dans le métro, le RER et le bus (pour Paris intra-muros), s'achète aux gares routières, dans les stations de métro et de RER, les commerces dépositaires de la RATP et d'Optile. Dans les bus, le « ticket T » n'est disponible qu'à l'unité.

Forfaits – Le coupon « Mobilis » permet un nombre de trajets illimité pendant une journée dans les limites des zones choisies. Il est valable sur tous les bus d'Île-de-France (réseaux RATP et Optile), le métro, le RER et les trains SNCF, à l'exception des liaisons avec les aéroports. Le coupon « Paris-Visite » est valable dans les mêmes conditions pendant 1, 2, ou 5 jours, et permet d'utiliser les liaisons avec les aéroports (coupons zones 1-3 et 1-5). Attention, les coupons magnétiques « Mobilis », « Paris-Visite », « carte orange » et toutes les cartes hebdomadaires, mensuelles, annuelles, touristiques ne doivent jamais être compostés dans les bus. Il suffit de les montrer au chauffeur lors de la montée. Sinon, ils ne fonctionneront plus dans le métro ou le RER.

Métro – 14 lignes sillonnent la capitale en long, en large et en travers. Les lignes 6 et 2 sont en grande partie aériennes.

RER (Réseau express régional) – Le réseau compte 5 lignes dont 3 s'articulent sur la station centrale Châtelet-Les-Halles (lignes A, B et D). Ligne A (d'Ouest en Est) de St-Germain-en-Laye ou Poissy ou Cergy à Marne-la-Vallée-Chessy (Parc Disneyland) ou Boissy-St-Léger. Ligne B

(du Nord au Sud) de Robinson ou St-Rémy-lès-Chevreuse à la gare du Nord puis (via le réseau SNCF) à l'aéroport de Roissy-Charles-de-Gaulle ou Mitry-Claye. Ligne C (d'Ouest en Est) de Versailles-Rive Gauche (château) ou St-Quentin-en-Yvelines ou Argenteuil ou Pontoise à Dourdan, Étampes, Massy-Palaiseau ou Versailles-Chantiers. Ligne D (du Nord au Sud-Est) d'Orry-la-Ville à Malesherbes ou Melun. Ligne E (d'Ouest en Est) de la gare Haussmann-Saint-Lazare à Villiers-sur-Marne ou Chelles-Gournay.

Bus parisiens – Les 59 lignes complètent agréablement le réseau métropolitain. Certaines lignes passent par les monuments et quartiers phares de Paris (les 24 et 72 en particulier). Certains bus (18 lignes sont concernées) fonctionnent en nocturne : ce sont les « Noctambus » ; ils circulent la nuit de 1h à 5h30 environ, avec un dép. toutes les heures (30mn le w.-end) de Châtelet pour rayonner jusqu'à 30 km autour de Paris.

Tramway – En 2006, une ligne de tramway devrait fonctionner sur les boulevards des Maréchaux, du pont du Garigliano (15e) à la porte d'Ivry (13e). Ce tramway remplacera l'actuel bus PC sur un premier tronçon long de près de 8 km et desservira 17 stations en correspondance avec certaines lignes de bus, de métro et de RER. À terme, la ligne du tramway des Maréchaux sera prolongée à l'Est et au Nord, de manière à effectuer une boucle complète autour de Paris. Pour plus d'informations : ☎ 01 42 76 86 10, www.tramway.paris.fr ou www.ratp.fr

Hébergement

Pour la réussite de votre séjour à Paris, vous trouverez notre sélection de bonnes adresses. Nous avons choisi pour vous des hôtels, un organisme d'accueil en chambre d'hôte et même... un camping à l'ombre des arbres du bois de Boulogne ! Des étapes dans les quartiers animés ou proches des monuments ; lieux de charme ou adresses plus simples, elles conviendront à tous les budgets et vous permettront de vivre au rythme des Parisiens...

Le confort et la qualité sont bien sûr des critères essentiels ! Toutes les maisons ont été visitées avec le plus grand soin. Toutefois il peut arriver que des modifications aient eu lieu depuis notre dernier passage : faites-le nous savoir, vos remarques et suggestions seront toujours les bienvenues !

Dans chaque quartier décrit de la partie « Quartiers et monuments », vous trouverez également un renvoi vers ce chapitre, avec indication de l'arrondissement correspondant.

POUR TOUS LES BUDGETS...

Au début du guide, le carnet propose pour chaque arrondissement une sélection d'hôtels classés par catégorie de prix. Pour chacun, la station de métro la plus proche est signalée, afin de faciliter vos recherches.

Vous partez avec un budget inférieur à 68€ ? Choisissez vos adresses parmi celles de la catégorie ⊖ : vous trouverez des hôtels et un camping.

Votre budget est un peu plus large, jusqu'à 122€, piochez dans les ⊖⊖. Dans cette catégorie, vous trouverez des hôtels, souvent de charme, de meilleur confort et plus agréablement aménagés.

Vous souhaitez vous faire plaisir le temps d'une nuit ; vous aimez voyager dans des conditions très confortables ? La catégorie ⊖⊖⊖ est pour vous... Vous pourrez profiter des décors de rêve des palaces mythiques à moindres frais, le temps d'un brunch ou d'une tasse de thé... Sans oublier que la traditionnelle formule « tenue correcte exigée » peut toujours être d'actualité dans ces lieux élégants !

À CHACUN SA SOLUTION !

Les hôtels – Nous vous proposons un choix très large en terme de confort. La location se fait à la nuit et le petit-déjeuner est facturé en supplément. Certains établissements assurent un service de restauration également accessible à la clientèle extérieure. Pensez à réserver, les hôtels sont souvent pleins à Paris !

Alcôve et Agapes – 8 bis r. Coysevox - 8e arr. - ☎ 01 44 85 06 05 - www.bed-and-breakfast-in-paris.com. Cet organisme vous propose une idée originale : loger chez l'habitant à Paris. L'atmosphère est plus conviviale qu'à l'hôtel et l'envie de communiquer doit être réciproque : misanthropes, s'abstenir ! Les chambres d'hôte sélectionnées sont à des prix souvent attractifs (de 45 à 115€) en fonction du confort et le choix des lieux est très varié. La formule a déjà beaucoup de succès, pensez à réserver bien à l'avance.

Les chaînes hôtelières économiques – L'hôtellerie dite « économique » peut éventuellement vous rendre service. Sachez que vous y trouverez un équipement complet (sanitaire privé et télévision), mais un confort très simple. Situés en périphérie, ces établissements n'assurent pas de restauration. Toutefois, leurs tarifs restent difficiles à concurrencer (moins de 40€ la chambre double). En dépannage, voici donc les centrales de réservation de quelques chaînes :

Akena – ☎ 01 69 84 85 17. www.hotels-akena.com

B&B – ☎ 0 820 902 929. www.hotel-bb.com

Etap Hôtel – ☎ 0836 688 900. http://france.express-hotel.net/hotel-etap-hotel

Mister Bed – ☎ 01 46 14 38 00. www.misterbed.fr

Villages Hôtel – ☎ 03 80 60 92 70. www.villages-hotel.com

Enfin, les hôtels suivants, un peu plus chers (à partir de 60€ la chambre), offrent un meilleur confort et quelques services complémentaires :

Campanile – ☎ 01 64 62 46 46. www.campanile.fr

Kyriad – ☎ 01 64 62 51 96. www.kyriad.com

Ibis – ☎ 0825 882 222. www.ibishotel.com

N.B. : Certains établissements ne peuvent pas recevoir vos compagnons à quatre pattes ou les accueillent moyennant un supplément ; pensez à vérifier lors de votre réservation.

ET N'OUBLIEZ PAS...

Si d'aventure vous n'avez pu trouver votre bonheur parmi toutes nos adresses, vous pouvez consulter le **Guide Michelin Paris Hôtels et Restaurants**. Il recommande de bonnes adresses sur la capitale. Pour chaque établissement, le niveau de confort et de prix est indiqué, en plus de nombreux renseignements pratiques.

Voyage. Une télé comme les autres avec ses infos trafic.

24 h sur 24, Voyage parcourt le monde au-delà des clichés touristiques. Reportages, documentaires, magazines d'information et émissions culturelles en direct. Voyage : une invitation à découvrir le monde d'un autre œil... **www.voyage.fr**

Disponible sur le câble et **CANAL**SATELLITE

voyage
La télé de tous les voyages

Ier arrondissement

Châtelet-Hôtel de Ville - Concorde - Halles - Louvre - Madeleine - Palais-Royal - Tuileries

☺☺ Hôtel Place du Louvre – *21 r. des Prêtres-St-Germain-l'Auxerrois - M° Pont-Neuf ou Louvre-Rivoli -* ☎ *01 42 33 78 68 - hotel.place.louvre@esprit-de-france.com - 20 ch. : 95/153€ -* ☐ *10€.* Une adresse pour les amoureux du Louvre ! À deux pas du musée, elle leur permettra de le visiter de fond en comble et du matin au soir si le cœur leur en dit... Les autres apprécieront sa situation centrale, ses chambres proprettes et ses duplex au 5e étage...

☺☺ Hôtel Ducs de Bourgogne – *19 r. du Pont-Neuf - M° Pont-Neuf -* ☎ *01 42 33 95 64 - mail@hotel-paris-bourgogne.com - 50 ch. : 98/195€ -* ☐ *12€.* Dans un immeuble du 19e s., cet hôtel entre le Pont-Neuf et le Forum des Halles est au cœur de la capitale. Mobilier ancien et couleurs harmonieuses donnent un aspect cossu à l'entrée tandis que ses chambres de tailles variées sont plus sobres.

☺☺☺ Hôtel Britannique – *20 av. Victoria - M° Châtelet -* ☎ *01 42 33 74 59 - mailbox@hotel-britannique.fr - 39 ch. : 130/180€ -* ☐ *12€.* So british... Dans un décor inspiré des romans d'Agatha Christie, les reproductions du peintre Turner soulignent l'atmosphère anglaise de cet hôtel installé derrière le Châtelet. Les chambres, moins marquées, sont néanmoins agréables et les petits-déjeuners copieux.

Hôtel Britannique.

Ph. Gajic/MICHELIN

2e arrondissement

Grands Boulevards - Halles - Place des Victoires - Sentier

☺ Hôtel Tiquetonne – *6 r. Tiquetonne - M° Étienne-Marcel -* ☎ *01 42 36 94 58 - fermé août et vac. de Noël - 46 ch. : 30/50€ -* ☐ *7€.* Modeste hôtel familial dans une rue semi-piétonne à quelques pas des Halles et de la rue Montorgueil. Ses chambres au charme désuet sont lumineuses, fort bien tenues et surtout très peu onéreuses.

☺☺ Hôtel Vivienne – *40 r. Vivienne - M° Bourse -* ☎ *01 42 33 13 26 - paris@hotel-vivienne.com - 45 ch. : 80/92€ -* ☐ *6€.* À deux pas de la Bourse et du Palais-Royal, ce petit hôtel propret vous permettra de découvrir Paris à pied : ici, vous serez à quelques enjambées des Grands Boulevards, des Grands Magasins et de l'Opéra Garnier. Chambres simples et bon accueil.

☺☺ Hôtel Favart – *5 r. Marivaux - M° Richelieu-Drouot -* ☎ *01 42 97 59 83 - favart.hotel@wanadoo.fr - 37 ch. : 85/108€ -* ☐ *3€.* Le peintre Goya y séjourna en 1824... Le temps pour lui de croquer la vie parisienne. Il faut dire qu'on en a ici un brillant aperçu : en face de l'Opéra-Comique, cet hôtel est situé dans un quartier très animé. Mobilier de style et poutres pour certaines chambres.

3e arrondissement

Marais - République

☺☺☺ Meslay République – *3 r. Meslay - M° République -* ☎ *01 42 72 79 79 - hotel.meslay@wanadoo.fr - 39 ch. : 116/135€ -* ☐ *7,30€.* À deux pas de la place de la République, cet hôtel à la façade classée (1840), situé dans une rue calme, met Paris à vos pieds. À quelques enjambées du Marais, non loin de la Bastille et tout près des quartiers d'affaires, vous pourrez y concilier travail et tourisme.

☺☺☺ Hôtel Pavillon de la Reine – *28 pl. des Vosges - M° Chemin-Vert -* ☎ *01 40 29 19 19 - contact@pavillon-de-la-reine.com - 31 ch. : 385/410€ -* ☐ *25€.* Dans une cour-jardin de la place des Vosges, cet hôtel est une des plus jolies adresses de Paris. Loin des bruits, vous profiterez ici d'un décor raffiné où belles boiseries, vieilles pierres et meubles anciens créent une ambiance cosy soulignée par d'élégants tissus...

4e arrondissement

Bastille - Beaubourg - Châtelet-Hôtel de Ville - Île Saint-Louis - Marais - Notre-Dame

☺☺ St-Louis Marais – *1 r. Charles-V - M° Bastille ou Sully-Morland -* ☎ *01 48 87 87 04 - saintlouismarais.com - 17 ch. : 59/125€ -* ☐ *7,50€.* Une petite adresse de charme que cet hôtel aménagé dans un bâtiment datant de 1740. Les chambres, pas très grandes, ont du cachet avec leur plafond traversé de poutres patinées ; certaines bénéficient d'une récente rénovation. Décor rustique soigné dans le salon d'accueil.

☺☺ Andréa Rivoli – *3 r. St-Bon - M° Châtelet ou Hôtel-de-Ville -* ☎ *01 42 78 43 93 - www.hotelandrearivoli.com - 32 ch. : 60/106€ -* ☐ *7€.* Vous ne serez pas déçu par cet hôtel on ne peut plus central : de la réception aux chambres en passant par la salle des petits-déjeuners, tout ici est flambant neuf. Décor actuel et climatisation partout. Une adresse à retenir sans faute.

⊜⊜ **Hôtel Jeanne d'Arc, le Marais** – *3 r. de Jarente - M° Saint-Paul ou Bastille - ☎ 0148 87 62 11 - 36 ch. : 70/95€ - ⊑ 6€*. Bâti au 17e s., cet hôtel est derrière la place du Marché-Ste-Catherine. Un étonnant miroir bordé de mosaïques orne la réception. Les prix étant très raisonnables et le confort satisfaisant, pensez à réserver. Préférez les chambres rénovées et colorées, les autres sont plus classiques.

⊜⊜ **Hôtel du 7e Art** – *20 r. St-Paul - M° Saint-Paul - ☎ 01 44 54 85 00 - hotel7art@wanadoo.fr - 23 ch. : 75/130€ - ⊑ 7€*. L'enseigne le laisse deviner : l'ensemble de l'établissement est décoré sur le thème du cinéma, et plus particulièrement celui des années 1940-1960. Préférez les chambres des 3e et 4e étages, aux poutres apparentes. Buanderie à disposition.

⊜⊜ **Acacias - Hôtel-de-Ville** – *20 r. du Temple - M° Hôtel-de-Ville - ☎ 01 48 87 07 70 - 33 ch. : 75/99€ - ⊑ 8€*. Ce bâtiment ancien ne paye pas de mine mais a l'avantage d'être fort bien situé. Chambres bien équipées, décorées dans un esprit simple et actuel. Le côté rustique de la salle des petits-déjeuners est des plus agréables.

⊜⊜ **Sansonnet** – *48 r. de la Verrerie - M° Hôtel-de-Ville ou Châtelet-les-Halles - ☎ 01 48 87 96 14 - 26 ch. : 80/140€ - ⊑ 10€*. Ce petit hôtel propret est idéal pour qui hésite entre le shopping rue de Rivoli et la découverte du Marais. Les chambres, réparties sur quatre étages, possèdent un double vitrage efficace. Et en plus les tarifs sont raisonnables...

⊜⊜ **Grand Hôtel Malher** – *5 r. Malher - M° Saint-Paul - ☎ 01 42 72 60 92 - 31 ch. : 90/132€ - ⊑ 8€*. Bien situé pour visiter le Marais à pied, cet hôtel à la façade ancienne propose des chambres modernes, aux meubles de bois peint et aux tissus colorés. Belle tranquillité côté cour et insonorisation efficace côté rue.

⊜⊜⊜ **Hôtel de la Place des Vosges** – *12 r. de Birague - M° Bastille - ☎ 01 42 72 60 46 - hôtel.place.des.vosges@gofornet.com - 16 ch. : 105/250€ - ⊑ 7€*. L'hôtel, sis dans des murs du 17e s., a du caractère. Les chambres, de taille correcte, sont sobrement aménagées ou très joliment rénovées. Le salon d'accueil marie vieilles pierres, poutres et tapisseries. Une étape de charme, à côté d'une des plus belles places de Paris.

⊜⊜⊜ **Hôtel Bretonnerie** – *22 r. Ste-Croix-de-la-Bretonnerie - M° Hôtel-de-Ville - ☎ 01 48 87 77 63 - hotel@bretonnerie.com - 22 ch. : 110/145€ - ⊑ 9,50€*. Quel délice de poser ses valises dans cet hôtel particulier du 17e s. En plein quartier du Marais, vous apprécierez ce lieu paisible, où vieilles poutres et tissus à l'ancienne contribuent à l'ambiance chaleureuse de ses chambres...

5e *arrondissement*

JARDIN DES PLANTES - JUSSIEU - LUXEMBOURG - MAUBERT - MOUFFETARD - QUARTIER LATIN

⊜ **Hôtel Les Argonautes** – *12 r. de la Huchette - M° Saint-Michel - ☎ 01 43 54 09 82 - 25 ch. : 50/80€ - ⊑ 5€ - restaurant*. Le riche décor colonial (masques, objets et dessins africains) qui vous accueille dès l'entrée et les couloirs colorés contrastent avec la sobriété des chambres aux murs immaculés. Au pied de l'hôtel, bars et restaurants de divers horizons battent leur plein.

⊜ **Hôtel du Mont-Blanc** – *28 r. de la Huchette - M° Saint-Michel - ☎ 01 43 54 49 44 - 42 ch. : 55/80€ - ⊑ 6€ - restaurant 18€*. Dans une rue animée jour et nuit, bordée de restaurants grecs, de bars et face au célèbre théâtre de la Huchette, cet hôtel ravira les amateurs d'atmosphère vivante. Les chambres sont fonctionnelles, correctement équipées et plus calmes sur l'arrière. Prix attractifs pour la capitale.

⊜⊜ **Hôtel Sunny** – *48 bd du Port-Royal - M° Les Gobelins - ☎ 01 43 31 79 86 - fermé du 1er au 28 août - 37 ch. : 64/78€ - ⊑ 6€*. Les atouts de cet hôtel abrité derrière une façade de style haussmannien ? Ses chambres fonctionnelles, tendues de tissu vieux rose, à choisir de préférence côté cour, sa tenue sans reproche et sa situation à 10mn à pied du Panthéon et du Luxembourg.

⊜⊜ **Hôtel de l'Espérance** – *15 r. Pascal - M° Les Gobelins ou Censier-Daubenton - ☎ 01 47 07 10 99 - hotel.esperance@wanadoo.fr - 38 ch. : 70/86€ - ⊑ 6€*. À deux pas de la rue Mouffetard et de son marché pittoresque, ce petit hôtel de charme est généreusement fleuri, tant sur sa façade que dans son patio. Ses chambres confortables bénéficient d'une certaine quiétude et d'un décor gaiement coloré.

⊜⊜ **Hôtel Familia** – *11 r. des Écoles - M° Cardinal-Lemoine - ☎ 01 43 54 55 27 - familia.hotel@libertysurf.fr - 30 ch. : 71/112€ - ⊑ 6€*. Un petit hôtel tout simple à quelques enjambées du quartier de la « Mouffe » : un peu désuet, avec ses faux airs de maison italienne et ses fresques dans les couloirs et certaines de ses chambres, c'est une étape simple et pratique... Prix doux.

⊜⊜ **Hôtel St-Jacques** – *35 r. des Écoles - M° Maubert-Mutualité - ☎ 01 44 07 45 45 - hotelsaintjacques@wanadoo.fr - 35 ch. : 85/112€ - ⊑ 7,50€*. Au cœur du Quartier latin, une adresse accueillante dans un immeuble du 19e s., qui a gardé toutes ses moulures anciennes et quelques cheminées dans les chambres. De bonne taille, elles sont décorées de meubles de style et bien isolées. Prix assez sages.

⊜⊜ **Hôtel des Grandes Écoles** – *75 r. du Cardinal-Lemoine - M° Cardinal-Lemoine - ☎ 01 43 26 79 23 - ▣ - réserv. obligatoire - 51 ch. : 105/130€ - ⊑ 8€*.

Ces trois maisons aux allures de cottages champêtres jouissent d'une tranquillité bienfaitrice dans leur joli jardin. Le bâtiment principal a gardé son charme un peu désuet tandis que les deux autres ont été joliment rénovés.
Une adresse très prisée...

L'hôtel des Grandes Écoles.

🖝🖝🖃 **Hôtel Select** – *1 pl. de la Sorbonne - M° Cluny-La Sorbonne - ☎ 01 46 34 14 80 - info@selecthotel.fr - 68 ch. : 139/165€ ⊡.* Sur la place de la Sorbonne, cet hôtel marie vieilles pierres et décor moderne. Ses salons s'organisent en galerie autour d'un patio comme une serre, l'escalier bordé de plantes tropicales monte jusqu'aux couloirs de granit, des voûtes de pierre abritent le petit-déjeuner...

🖝🖝🖃 **Grand Hôtel St-Michel** – *19 r. Cujas - M° Luxembourg - ☎ 01 46 33 33 02 - grand.hotel.st.michel@wanadoo.fr - 40 ch. : 150/220€ - ⊡ 12€.* Tout près de la Sorbonne et du jardin du Luxembourg, cet hôtel entièrement rénové est très agréable. Ses chambres, avec leur mobilier peint et leurs édredons molletonnés, sont douillettes et certaines ont un balcon avec vue. Salle des petits-déjeuners voûtée.

6ᵉ *arrondissement*

INSTITUT DE FRANCE - LUXEMBOURG - MONTPARNASSE - ODÉON - QUARTIER LATIN - SAINT-GERMAIN-DES-PRÉS - SAINT-SULPICE - SÈVRES-BABYLONE

🖝 **Hôtel Delhy's** – *22 r. de l'Hirondelle - M° Saint-Michel-Notre-Dame - ☎ 01 43 26 58 25 - delhys@wanadoo.fr - 21 ch. : 40/83€.* Perle rare pour amateurs de petits prix au cœur du Paris historique. Derrière un porche de la place St-Michel, cet hôtel familial et simple vous promet de douces nuits bien calmes. Douches et toilettes communes pour quelques chambres.

🖝 **St-Placide** – *6 r. St-Placide - M° Sèvres-Babylone - ☎ 01 45 48 80 08 - 20 ch. : 50/60,50€ - ⊡ 6€.* À deux pas du grand magasin Le Bon Marché, établissement assez bien insonorisé disposant de chambres simples, équipées d'une bonne literie ; celles du dernier étage possèdent un petit balcon. Les budgets limités retiendront l'adresse.

🖝 **Hôtel de Nesle** – *7 r. de Nesle - M° Odéon - ☎ 01 43 54 62 41 - hoteldenesle.com - 20 ch. : 55/100€.* Une adresse miraculeuse ! Les chambres – chacune décorée selon un thème propre (colonial, oriental, campagnard, Molière...) – sont très réussies et le jardin, planté de palmiers tunisiens, est une vraie récompense pour le regard. Et tout cela, en plein cœur du Quartier latin !

🖝🖝 **Hôtel Sèvres Azur** – *22 r. de l'Abbé-Grégoire - M° Saint-Placide - ☎ 01 45 48 84 07 - sevres.azur@wanadoo.fr - 31 ch. : 78/88€ - ⊡ 8€.* Dans une petite rue calme près du Bon Marché, cet hôtel est charmant avec sa courette fleurie, ses chambres jaunes pimpantes et ses meubles cérusés. Parfait pour se balader entre St-Germain-des-Prés et Montparnasse et découvrir Paris au rythme des Parisiens.

🖝🖝 **Grand Hôtel des Balcons** – *3 r. Casimir-Delavigne - M° Odéon - RER Luxembourg - ☎ 01 46 34 78 50 - 50 ch. : 80/150€ - ⊡ 10€.* « Paris est planté dans mon cœur » écrivait, le poète hongrois André Ady, après un séjour dans cet hôtel. En bas, le style Art nouveau enchante et, aux étages, les chambres, plus standardisées, s'ornent en façade de petits balcons. Prix raisonnables pour le quartier. Copieux petit-déjeuner buffet.

🖝🖝🖃 **Millésime Hôtel** – *15 r. Jacob - M° Saint-Germain-des-Prés - ☎ 01 44 07 97 97 - reservation@millesimehotel.com - 22 ch. : 175/190€ - ⊡ 15€.* Au cœur de St-Germain-des-Prés, cet hôtel du 17ᵉ s., avec son spectaculaire escalier d'époque classé Monument historique, offre à ses hôtes un confort de qualité dans un décor de charme. Ses chambres, aux murs couleur soleil, sont contemporaines.

7ᵉ *arrondissement*

TOUR EIFFEL - FAUBOURG SAINT-GERMAIN - INVALIDES - ORSAY

🖝 **Hôtel Lévêque** – *29 r. Clerc - M° École-Militaire - ☎ 01 47 05 49 15 - info@hotel-leveque.com - 50 ch. : 56/106€ - ⊡ 7€.* Voilà une vraie bonne adresse ! Dans une petite rue animée, à l'ombre de l'École

Les bouquinistes du quai St-Michel.

militaire, cet hôtel propose des chambres sobres, bien meublées et claires, à des prix tout doux. D'ailleurs, sa réputation n'est plus à faire et il est vivement conseillé de réserver.

🛏🍴 **Hôtel du Palais-Bourbon** – *49 r. de Bourgogne - M° Varenne -* ☏ *01 44 11 30 70 - 30 ch. : 68/126€.* Construit en 1730, cet hôtel près du musée Rodin et des Invalides est une bonne surprise. Les chambres sont plaisantes avec parquet, mobilier boisé et climatisation. Singles certes petites, mais vraiment bon marché, doubles de bonne taille et plusieurs familiales. Petit-déjeuner inclus dans le prix.

🛏🍴 **Hôtel L'Empereur** – *2 r. Chevert - M° École-Militaire ou La Tour-Maubourg -* ☏ *01 45 55 88 02 - contact@hotelempereur.com - 38 ch. : 80/100€ -* ☕ *8€.* Un style Empire, bien sûr, pour cet hôtel situé en face des Invalides : petit clin d'œil à la mémoire de Napoléon qui repose là, sous le Dôme... Préférez ses chambres rénovées, plus agréables et meublées dans le même esprit.

🛏🍴 **Hôtel Malar** – *29 r. Malar - M° École-Militaire ou La Tour-Maubourg ou Invalides -* ☏ *01 45 51 38 46 - 22 ch. : 88/110€ -* ☕ *8€.* Ces deux immeubles édifiés sous Louis-Philippe ont subi de nombreuses rénovations. Les chambres, dotées de meubles de style, possèdent de belles salles de bains bicolores. L'été, les petits-déjeuners sont servis dans la courette intérieure.

🛏🍴 **Hôtel Muguet** – *11 r. Chevert - M° École-Militaire ou La Tour-Maubourg -* ☏ *01 47.05 05 93 - muguet@wanadoo.fr - 48 ch. : 97/105€ -* ☕ *8€.* Ce discret petit hôtel borde une rue calme, entre l'École militaire et les Invalides. Ses chambres, proprettes et confortables, sont bien tenues. L'été, on sert le petit-déjeuner dans une courette fleurie. Prix assez raisonnables pour la capitale.

🛏🍴 **Hôtel Lindbergh** – *5 r. Chomel - M° Sèvres-Babylone ou Saint-Sulpice -* ☏ *01 45 48 35 53 - 26 ch. : 98/132€ -* ☕ *8€.* L'un des charpentiers du célèbre monoplan *Spirit of St-Louis*, l'avion de Lindbergh, aurait séjourné dans cet hôtel du 19e s. situé à deux pas du Bon Marché. Chambres peu à peu redécorées dans l'esprit des années 1930-1940. Accueil très aimable.

🛏🍴 **Hôtel de la Tulipe** – *33 r. Malar - M° École-Militaire ou La Tour-Maubourg -* ☏ *01 45 51 67 21 - 20 ch. : 100/150€ -* ☕ *10€.* Cette maison jaune, dont l'origine remonte au 17e s., abrite un petit hôtel de charme, à l'atmosphère provençale, avec sa jolie cour pavée et arborée. Les petites chambres sont meublées avec goût : rotin, pierres et poutres s'y marient à merveille.

🛏🍴 **Hôtel St-Thomas-d'Aquin** – *3 r. du Pré-aux-Clercs - M° Rue-du-Bac ou Saint-Germain-des-Prés -* ☏ *01 42 61 01 22 - hotel-st-thomas-daquin.com - 20 ch. : 105/120€ -* ☕ *9€.* Magasins chic, antiquaires, galeries d'art et cafés littéraires :

le Paris de la rive gauche s'offre à vous à deux pas de cet hôtel rénové. Chambres de confort moderne et salles de bains inspirées des cabines de bateau.

🛏🍴 **Hôtel Verneuil** – *8 r. de Verneuil - M° Solférino ou RER Musée-d'Orsay -* ☏ *01 42 60 82 14 - hotelverneuil@wanadoo.fr - 26 ch. : 125/190€ -* ☕ *12€.* Délicieuse étape à quelques pas de St-Germain-des-Prés, cet hôtel ne peut que vous séduire : certes, ses chambres sont un peu étroites, mais leur décoration raffinée et soignée leur donne un charme incomparable... Une ravissante étape à découvrir absolument.

8e *arrondissement*

CHAMPS-ÉLYSÉES - CONCORDE - FAUBOURG-SAINT-HONORÉ - SAINT-LAZARE

🛏 **Modern Élysée** – *9 r. Washington - M° George-V -* ☏ *01 45 63 27 33 - fermé août - 26 ch. : 56,78/83,56€ -* ☕ *6€.* L'enseigne le laisse deviner, l'hôtel se trouve tout près des Champs-Élysées. Les chambres, assez spacieuses, sont sobres et sérieusement entretenues ; les plus calmes donnent sur une petite cour intérieure. Prix raisonnables pour le quartier.

🛏🍴 **Hôtel New Orient** – *16 r. de Constantinople - M° Europe ou Villiers -* ☏ *01 45 22 21 64 - new.orient.hotel@wanadoo.fr - 30 ch. : 75/115€ -* ☕ *9€.* La façade de cet hôtel est aussi accueillante que son décor pimpant. Avec son escalier en bois, ses meubles chinés, ses chambres « cosy » et bien tenues, il est chaleureux comme tout. Une adresse comme on les aime, dans ce quartier situé à deux pas de la place de l'Europe.

🛏🍴 **Champs-Élysées** – *2 r. d'Artois - M° Saint-Philippe-du-Roule -* ☏ *01 43 59 11 42 - 36 ch. : 88/110€ -* ☕ *7,50€.* Une adresse accueillante dans un immeuble de la fin du 19e s. modernisé. L'entrée et les chambres ont été rénovées dans un esprit Art déco. Salle des petits-déjeuners installée sous de jolies voûtes en pierre.

🛏🍴 **Hôtel d'Albion** – *15 r. de Penthièvre - M° Miromesnil -* ☏ *01 42 65 84 15 -* 🅿 *26 ch. : 100/135€ -* ☕ *8€.* L'établissement se trouve à égale distance des Champs-Élysées et de la Madeleine, dans une rue étonnamment calme. Chambres spacieuses et agréablement personnalisées, à choisir de préférence côté cour. L'été, le petit-déjeuner est servi dans un agréable jardinet.

🛏🍴 **Hôtel Powers** – *52 r. François-1er - M° George-V ou Alma-Marceau -* ☏ *01 47 23 91 05 - contact@hotel-powers.com - 55 ch. : 125/340€ -* ☕ *20€.* Un hôtel discret et agréable à quelques enjambées de la plus belle avenue du monde. Ses chambres jaunes sont cosy et plutôt spacieuses avec leurs meubles anciens et leurs belles moulures ; elles ont un petit air de demeure anglaise. Sauna.

9ᵉ arrondissement

FAUBOURG POISSONNIÈRE - GRANDS BOULEVARDS - OPÉRA - PIGALLE - SAINT-LAZARE

Hôtel Chopin – *10 bd Montmartre, 46 passage Jouffroy - Mº Richelieu-Drouot - ☎ 01 47 70 58 10 - 35 ch. : 66/86€ - ☐ 7€.* Dans ce passage couvert de 1846 qui abrite le musée Grévin, ce petit hôtel jouit d'une tranquillité étonnante au cœur de ce quartier animé. Ses chambres aux murs colorés sont à réserver bien à l'avance.

Résidence du Pré – *15 r. Pierre-Sémard - Mº Poissonnière - ☎ 01 48 78 26 72 - residencedupre@wanadoo.fr - 40 ch. : 80/95€ - ☐ 10€.* Tout près de la gare du Nord, cet hôtel modeste dans un immeuble ancien est régulièrement entretenu : ses chambres sont fonctionnelles et nettes, pas très originales mais pratiques. Bonne adresse pour budgets limités.

Hôtel Langlois – *63 r. St-Lazare - Mº Trinité - ☎ 01 48 74 78 24 - info@hotel-langlois.com - 27 ch. : 89/99€ - ☐ 7,80€.* Ce bâtiment de la fin du 19ᵉ s. abrite deux types de chambres : les plus grandes ont un délicieux charme désuet et disposent parfois d'une cheminée, de meubles Art nouveau ou Art déco ; les autres sont plus sobres, mais toutes les salles de bains sont rénovées. Il est prudent de réserver bien à l'avance.

Hôtel Alba – *34 ter r. de La Tour-d'Auvergne - Mº Poissonnière - ☎ 01 48 78 80 22 - hotel-albaopera-residence@wanadoo.fr - 24 ch. : 90/125€ - ☐ 7€.* Dans une impasse bien calme, cet hôtel propret a des airs de pension de famille avec son mobilier un peu désuet et ses chambres coquettes. Détail intéressant : chacune d'elles est équipée d'une cuisinette. Buanderie à disposition.

10ᵉ arrondissement

FAUBOURG POISSONNIÈRE - GRANDS BOULEVARDS - CANAL SAINT-MARTIN

République Hôtel – *31 r. Albert-Thomas - Mº République - ☎ 01 42 39 19 03 - 40 ch. : 61/71€ - ☐ 6,50€.* Dans une rue plutôt calme, entre la place de la République et le canal Saint-Martin, cet hôtel accueille les touristes dans ses petites chambres blanches. Confort et décor simples, à ce prix, c'est sans chichi.

Hôtel Caravelle – *41 r. des Petites-Écuries - Mº Bonne-Nouvelle ou Poissonnière - ☎ 01 45 23 08 22 - 38 ch. : 81/86€ - ☐ 5,40€.* Une adresse pratique pour résider dans la capitale, au cœur d'un quartier animé fleurant bon les épices. Les chambres offrent peu d'espace mais bénéficient d'un entretien irréprochable et sont plutôt gaies avec leurs rideaux et dessus-de-lit à motifs multicolores.

Hôtel Français – *13 r. du 8-Mai-1945 - Mº Gare-de-l'Est - face à la gare de l'Est - ☎ 01 40 35 94 14 - 71 ch. : 86/96€ - ☐ 8,50€.* Cet hôtel, situé dans un quartier animé proche de la gare de l'Est, offre un bon rapport qualité-prix. Ses chambres, insonorisées et climatisées, bénéficient parfois d'une belle rénovation ; d'autres sont plus sobres et garnies d'un mobilier des années 1970. Salon et réception 1900.

Hôtel Albert Iᵉʳ – *162 r. Lafayette - Mº Le Peletier ou Cadet - ☎ 01 40 36 82 40 - paris@albert1erhotel.com - 55 ch. : 97/113€ - ☐ 11€.* À deux pas de la gare du Nord, une adresse pratique qui met le Sacré-Cœur et le canal St-Martin à portée de main. Ses chambres plutôt claires sont régulièrement entretenues, climatisées et insonorisées. Salles de bains en marbre et meubles cannés.

11ᵉ arrondissement

BASTILLE - BELLEVILLE - FAUBOURG SAINT-ANTOINE - RÉPUBLIQUE

Hôtel Grand Prieuré – *20 r. du Grand-Prieuré - Mº Oberkampf - ☎ 01 47 00 74 14 - 32 ch. : 56/67€ - ☐ 5,40€.* Cet hôtel propose des chambres fonctionnelles et nettes, avec bains ou douches, non loin de République. Pour les curieux et les branchés, il est à quelques enjambées de la rue Oberkampf, où cafés et restaurants à la mode se succèdent.

Hôtel Nord et Est – *49 r. de Malte - Mº Oberkampf - ☎ 01 47 00 71 70 - info@hotel-nord-est.com - 45 ch. : 65/80€ - ☐ 6€.* Un petit hôtel sans prétention, bien situé dans une rue calme du quartier de la République. Tenu par la même famille depuis 1929, l'ambiance y est chaleureuse et on s'y sent un peu comme chez soi. Les installations sont simples, mais les chambres sont en cours de rénovation.

Hôtel Beaumarchais – *3 r. Oberkampf - Mº Filles-du-Calvaire - ☎ 01 53 36 86 86 - reservation@hotelbeaumarchais.com - 31 ch. : 69/99€ - ☐ 9€.* Cet immeuble du début du 20ᵉ s., joliment fleuri, a pris un sérieux coup de jeune. Les chambres, repeintes dans des couleurs éclatantes et dotées de meubles aux arrondis gracieux, ne manquent pas de charme. La verdoyante cour intérieure est bienvenue en été.

Hôtel Campanile – *9 r. du Chemin-Vert - Mº Chemin-Vert - ☎ 01 43 38 58 08 - 157 ch. : 86/93€ - ☐ 6,80€.* Hôtel de chaîne aménagé dans un immeuble moderne situé entre Bastille et République. Ses atouts : les chambres bénéficient de la climatisation, celles du dernier étage possèdent une terrasse, le petit-déjeuner est servi sous forme de buffet et, aux beaux jours, on dresse les tables dans un jardinet.

Grand Hôtel Français – *223 bd Voltaire - Mº Nation - ☎ 01 43 71 27 57 - grand-hotel-francais@wanadoo.fr - 36 ch. : 95/120€ - ☐ 10€.* Sa situation à deux pas de la place de la Nation et des principales lignes de métro et RER est un des points forts de ce bel immeuble restauré. Les chambres, habillées de tissus colorés, sont neuves et bien insonorisées. Accueil convivial.

12ᵉ arrondissement

BASTILLE - BERCY - FAUBOURG SAINT-ANTOINE

☺ **Lux Hôtel Picpus** – 74 bd Picpus - M° Picpus - ☎ 01 43 43 08 46 - lux.hotel@wanadoo.fr - 38 ch. : 47/68€ - ☑ 6,50€. À proximité de la place de la Nation, immeuble en pierres de taille sans luxe mais tout juste rénové. Les chambres, pas très grandes, sont personnalisées par de beaux habillages de tissus.

☺ **Hôtel Amadeus** – 39 r. Claude-Tillier - M° Reuilly-Diderot ou Nation - ☎ 01 43 48 53 48 - 22 ch. : 48/60€ - ☑ 5€. Vu de l'extérieur, ce petit hôtel ne paye pas de mine. Pourtant, n'hésitez pas à pousser la porte car l'intérieur, qui vient d'être rénové, est des plus confortables. Les chambres, meublées en rotin, changent de couleur à chaque étage et sont très calmes.

☺ **Venise Hôtel** – 4 r. Chaligny - M° Reuilly-Diderot - ☎ 01 43 43 63 45 - 28 ch. : 58/60€ - ☑ 7€. Cet établissement familial se trouve tout près de l'original viaduc des Arts et de sa promenade plantée. Ses chambres, avant tout fonctionnelles, changent de couleur à chaque étage ; ses salles de bains sont toutes équipées d'une baignoire. Accueil chaleureux.

☺☺ **Inter Hôtel Alcyon** – 17 r. de Prague - M° Ledru-Rollin - ☎ 01 43 43 66 35 - hotel-alcyon@wanadoo.fr - ▣ - 37 ch. : 66/80€ - ☑ 8€ - restaurant 11/16€. La situation de l'hôtel, à deux pas de la Bastille, est idéale pour ceux qui aiment l'animation nocturne. Les chambres, parfois un peu étroites, sont aménagées sans façon ; les salles de bains sont bien équipées. Au restaurant, cadre moderne et cuisine simple à prix doux.

☺☺ **Hôtel de Reuilly** – 33 bd de Reuilly - M° Daumesnil ou Dugommier - ☎ 01 44 87 09 09 - infos@hoteldereuilly.com- 61 ch. : 78/89€ - ☑ 8€. Un véritable havre de paix que cet hôtel pourtant situé en plein Paris ! Les chambres, peu spacieuses mais nettes, donnent, pour la plupart, sur l'une des deux verdoyantes cours intérieures. Petits-déjeuners servis dehors l'été, dans la véranda l'hiver.

☺☺☺ **Ibis Gare de Lyon** – 43 av. Ledru-Rollin - M° Ledru-Rollin ou Quai-de-la-Rapée - ☎ 01 53 02 30 30 - h1937@accor-hotels.com - 119 ch. : 93€ - ☑ 6€. Non loin de l'animation de la rue du Faubourg St-Antoine et de la place de la Bastille, cet hôtel moderne propose des chambres assez spacieuses pour un Ibis, bien équipées, aux murs crépis de blanc. Buffet de petit-déjeuner.

13ᵉ arrondissement

GOBELINS

☺ **Résidence Les Gobelins** – 9 r. des Gobelins - M° Les Gobelins - ☎ 01 47 07 26 90 - 32 ch. : 55/75€ - ☑ 7€. Dans une ruelle pavée, avec la Manufacture des Gobelins pour voisin, cet hôtel a un petit air de Paris village. Plutôt calmes, ses chambres, parfois colorées, sont petites et simples. Un coquet patio fleuri égaie la salle des petits déjeuners.

☺☺ **Touring Hôtel Magendie** – 6 r. Corvisart - M° Corvisart - ☎ 01 43 36 13 61 - magendie@vvf-vacances.fr - 112 ch. : 60/70€ - ☑ 6,30€. Dans une petite rue derrière le boulevard Arago, voilà une adresse qui devrait séduire les petits budgets, avec notamment des prix tout doux pour ses nombreuses chambres « singles »... Rénovées, elles sont bien sûr un peu petites mais calmes, surtout côté cour.

☺☺ **Hôtel Résidence Vert Galant** – 43 r. Croulebarbe - M° Les Gobelins - ☎ 01 44 08 83 50 - 15 ch. : 87/90€ - ☑ 7€. Un petit jardin en ville ! C'est ce que propose cette résidence moderne dans une rue calme, derrière la Manufacture des Gobelins. Ses chambres au rez-de-chaussée sont particulièrement agréables, avec leurs portes-fenêtres qui ouvrent sur la verdure.

☺☺☺ **Hôtel Manufacture** – 8 r. Philippe-de-Champagne - M° Place-d'Italie - ☎ 01 45 35 45 25 - lamanufacture.paris@wanadoo.fr - 57 ch. : 139/239€ - ☑ 7,50€. Tout près de la place d'Italie, cet hôtel récent propose des chambres modernes, décorées avec un goût sûr. Toutes ont une bonne insonorisation et la climatisation, cinq d'entre elles au dernier étage sont plus grandes. Accueil sympathique et atmosphère chaleureuse.

14ᵉ arrondissement

DENFERT-ROCHEREAU - MONTPARNASSE - MONTSOURIS

☺☺ **Hôtel Moulin Vert** – 74 r. du Moulin-Vert - M° Pernety - ☎ 01 45 43 65 38 - ▣ - 28 ch. : 69/89€ - ☑ 7,50€. Ce petit hôtel récemment repris s'améliore sans cesse : la façade vient tout juste d'être ravalée, l'entrée est flambant neuf et les chambres, un peu exiguës mais bien tenues, sont rénovées.

☺☺ **Hôtel Daguerre** – 94 r. Daguerre - M° Denfert-Rochereau - ☎ 01 43 22 43 54 - hoteldaguerre@wanadoo.fr - 30 ch. : 75/110€ - ☑ 11€. Non loin de Montparnasse, dans une rue commerçante, immeuble du début du 20ᵉ s. abritant des chambres sobres, mais parfaitement tenues. La salle des petits-déjeuners, aménagée dans l'ancienne cave, a conservé ses murs en pierres apparentes. Prix raisonnables.

☺☺ **Hôtel Delambre** – 35 r. Delambre - M° Vavin ou Edgar-Quinet - ☎ 01 43 20 66 31 - delambre@club-internet.fr - 30 ch. : 95€ - ☑ 8€. Entièrement rénové, cet hôtel - où séjourna André Breton en 1921 - est à quelques pas de Montparnasse. Ses chambres claires et contemporaines et son bon accueil ont déjà séduit une clientèle d'habitués, contente de trouver un hébergement à prix sages dans ce quartier.

J.-P. Clapham/MICHELIN

Hôtel Istria – *29 r. Campagne-Première - M° Raspail -* ☎ *01 43 20 91 82 - hotelistria@wanadoo.fr - 26 ch. : 100/110€ -* 🍽 *9€.* Man Ray y séjourna, Elsa Triolet et Aragon y abritèrent leurs amours, Raymond Radiguet y trompa Cocteau... et bien d'autres artistes le fréquentèrent à la belle époque de Montparnasse. De ce riche passé, ce petit hôtel a gardé tout le charme. Chambres rénovées.

Hôtel Lenox Montparnasse – *15 r. Delambre - M° Vavin ou Edgar-Quinet -* ☎ *01 43 35 34 50 - hotel@lenoxmontparnasse.com - 52 ch. : 125/150€ -* 🍽 *12€.* Dans une petite rue fréquentée de Montparnasse, cet immeuble à la belle façade du début du 20ᵉ s. est une adresse agréable, avec notamment ses grandes chambres-salons au 6ᵉ étage... Vous admirerez les miroirs anciens qui les décorent toutes.

Hôtel L'Aiglon – *232 bd Raspail - M° Denfert-Rochereau ou Raspail -* ☎ *01 43 20 82 42 - hotelaiglon@wanadoo.fr - 38 ch. : 129/146€ -* 🍽 *8€.* À deux pas de la fondation Cartier et derrière le cimetière du Montparnasse, cet hôtel vous accueille dans une ambiance très napoléonienne. Meubles de merisier ou de bois blanc et tentures de tissu décorent agréablement les chambres.

15ᵉ *arrondissement*

JAVEL - MONTPARNASSE - TOUR EIFFEL - VAUGIRARD

Hôtel Printania – *55 r. Olivier-de-Serres - M° Convention -* ☎ *01 45 33 96 77 - 21 ch. : 60/85€ -* 🍽 *7€.* Voisin du parc des Expositions, petit hôtel où les chambres, fonctionnelles et très bien tenues, viennent toutes d'être rénovées. La salle des petits-déjeuners, repeinte aux couleurs du Midi, est fort agréable.

Hôtel de l'Avre – *21 r. de l'Avre - M° La Motte-Picquet-Grenelle -* ☎ *01 45 75 31 03 - 26 ch. : 63/83€ -* 🍽 *7,50€.* Un hôtel tout en couleur... Le jaune de la réception pour l'esprit provençal, le vert du délicieux jardin où il fait bon flâner au petit-déjeuner. Dans les chambres, du bleu, du blanc ou du jaune pour des nuits douillettes et calmes dans un confort simple mais une atmosphère cosy.

Saphir Hôtel – *10 r. du Commerce - M° La Motte-Picquet-Grenelle -* ☎ *01 45 75 12 23 - saphir@saphirhotel.fr - 32 ch. : 65/87€ -* 🍽 *7€.* Une petite adresse sans prétention mais fort bien tenue et surtout idéalement placée à deux pas de la tour Eiffel. Chambres fonctionnelles et nettes que l'on choisira de préférence côté cour intérieure où l'on peut prendre, l'été, son petit-déjeuner.

Hôtel Avia – *181 r. de Vaugirard - M° Pasteur -* ☎ *01 43 06 43 80 - 40 ch. : 75/88€ -* 🍽 *7€.* Une restauration habile et soignée a doté cet hôtel de tout le confort moderne. Ses chambres sont spacieuses, bien équipées et agrémentées de tissus choisis assortis au mobilier et aux tapisseries. Salle des petits-déjeuners au « look » moderne.

Lutèce Hôtel – *5 r. Langeac - M° Convention ou Porte-de-Versailles -* ☎ *01 48 28 56 95 - fermé 23 juil. au 1ᵉʳ sept. et 21 déc.-3 janv. - 35 ch. : 75/92€ -* 🍽 *7€.* Cet immeuble des années folles vient de bénéficier d'une cure de jouvence. Ses chambres ont toutes été rénovées ; celles des 6ᵉ et 7ᵉ étages, souvent dotées d'un balcon, offrent une vue sur les toits de Paris. L'été, les petits déjeuners sont servis dans la cour intérieure.

Timhotel Tour Eiffel – *11 r. Juge - M° Dupleix -* ☎ *01 45 78 29 29 - toureiffel@timhotel.fr - 39 ch. : 80/130€ -* 🍽 *8,50€.* Une façade pimpante pour cet hôtel qui a fait de réels efforts pour satisfaire une clientèle jeune. Déco au goût du jour avec lambris de bois, fauteuils confortables en rotin et rideaux multicolores, proximité du centre de Paris en métro jouent en ce sens...

16ᵉ *arrondissement*

AUTEUIL - BOIS DE BOULOGNE - MUETTE-RANELAGH - PASSY - TROCADÉRO

Camping Le Bois de Boulogne – *Allée du Bord-de-l'Eau (entre le pont de Suresnes et le pont de Puteaux) -* ☎ *01 45 24 30 00 - resa@mobilhome-paris.com - réserv. conseillée - 510 empl. : 33€ - restauration.* Ce camping aménagé dans le Bois et réservé aux non-Franciliens est certes bruyant (installez-vous côté Seine, plus calme), mais ses prix défient toute concurrence ! Le tarif indiqué s'entend pour deux personnes et un emplacement de tente. Location de mobile homes. En saison, navettes tous les quarts d'heure pour la porte Maillot.

Queen's Hôtel – *4 r. Bastien-Lepage - M° Michel-Ange-Auteuil -* ☎ *01 42 88 89 85 - contact@queens-hotel.fr - 22 ch. : 79/118€ -* 🍽 *9€.* Dans une rue calme, ce petit hôtel est tenu par un ancien journaliste. Dans chacune des chambres, certes étroites mais bien tenues, il a accroché des tableaux modernes de sa collection. Six d'entre elles sont équipées de jacuzzi.

Hôtel Ambassade – *79 r. Lauriston - M° Boissière ou Kléber -* ☎ *01 45 53 41 15 - 38 ch. : 91/120€ -* 🍽 *11€.* Cet hôtel à la façade nouvellement ravalée profite de la tranquillité d'un quartier résidentiel tout en étant à quelques centaines de mètres des Champs-Élysées. Les chambres, meublées en rotin, sont de confort variable ; les moins chères sont un peu exiguës.

Camping Bois de Boulogne

🏠 **Régina de Passy** – *6 r. de La Tour - M° Passy - ☎ 01 55 74 75 75 - regina@gofornet.com - 64 ch. : 93/147€ - ☐ 13,90€.* Dans le quartier chic et commerçant de Passy, cet immeuble 1930 a une architecture intéressante. Les habitués aiment cet hôtel pour sa qualité d'accueil, ses chambres assez amples et, à partir du 5e étage, ses balcons pour apercevoir la tour Eiffel. Prix raisonnables pour la prestation.

🏠 **Hôtel Gavarni** – *5 r. Gavarni - M° Passy - ☎ 01 45 24 52 82 - reservation@gavarni.com - 25 ch. : 99/200€ - ☐ 12,50€.* Façade pimpante de briques rouges et intérieur rénové pour cet hôtel situé à deux pas de la rue de Passy, parfaite pour les « accros » du shopping. Ses chambres sont certes petites, mais coquettes et bien équipées ; celles des deux derniers étages sont plus cossues. Accueil très aimable.

🏠 **Hôtel Hameau de Passy** – *48 r. de Passy - M° La Muette - ☎ 01 42 88 47 55 - hameau.passy@wanadoo.fr - 32 ch. : 103/118€.* À deux pas du Trocadéro, dans un passage piétonnier, cet hôtel est un havre de paix : ici, les bruits de la ville s'estompent. Calme garanti dans ses petites chambres modernes et blanches qui ouvrent toutes sur un espace arboré : et si c'était ça, le vrai luxe ?

17e *arrondissement*

CHAMPS-ÉLYSÉES - MONCEAU

🏠 **Hôtel de Paris** – *17 r. Biot - M° Place-de-Clichy - ☎ 01 42 94 02 50 - hoteldeparis@yahoo.fr - 30 ch. : 45,73/56,40€ - ☐ 4,57€.* À deux pas de la très vivante place de Clichy, établissement entièrement refait à neuf où les chambres, de petite taille, sont toutes dotées de salles de bains bien équipées. Petits-déjeuners servis dans le patio en été.

🏠 **Hôtel Prince Albert** – *27-29 r. Cardinet - M° Villiers ou Malesherbes - ☎ 01 47 54 06 00 - 32 ch. : 67/82€ - ☐ 6€.* Cet hôtel, dissimulé dans une ruelle, vient de bénéficier d'une sérieuse rénovation. Les chambres, avant tout fonctionnelles, sont un rien étroites mais fort bien tenues. La salle des petits-déjeuners se trouve au sous-sol.

🏠 **Résidence Hôtel Malesherbes** – *129 r. Cardinet - M° Villiers ou Malesherbes - ☎ 01 44 15 85 00 - malesherbes.hotel@free.fr - 21 ch. : 87/92€ - ☐ 7€.* Ce petit hôtel à l'ambiance familiale est fort plaisant. Ses chambres, « cosy », sont toutes conçues sur le même modèle : tons chauds, rideaux et dessus-de-lit assortis à la moquette et coin cuisine bien équipé. Le petit-déjeuner est exclusivement servi en chambre.

🏠 **Hôtel Flaubert** – *19 r. Rennequin - M° Ternes - ☎ 01 46 22 44 35 - paris@hotelflaubert.com - 41 ch. : 94/109€ - ☐ 8€.* Derrière la discrète façade de cet hôtel se cache une bonne surprise : un patio calme et verdoyant qui dessert quelques chambres. Celles-ci sont claires, accueillantes et rénovées depuis peu. Des prix plutôt sages pour la capitale constituent l'autre atout de cette coquette adresse.

🏠 **Hôtel Banville** – *166 bd Berthier - M° Porte-de-Champerret - ☎ 01 42 67 70 16 - hotelbanville@wanadoo.fr - 38 ch. : 140/200€ - ☐ 13€.* Ce discret immeuble bâti en 1926 dispose d'un intérieur délicieusement romantique. Les chambres offrent toutes un décor particulièrement soigné : boutis, voilages, lits à baldaquin, mobilier chiné, boiseries colorées et doux éclairages rivalisent d'élégance.

18e *arrondissement*

MONTMARTRE

🏠 **Hôtel des Arts** – *5 r. Tholozé - M° Abbesses ou Blanche - ☎ 01 46 06 30 52 - 50 ch. : 68/100€ - ☐ 7€.* Une bonne adresse à Montmartre près du Moulin de la Galette et de la place du Tertre. Dans le hall, vous apprécierez les toiles de Roland Dubuc, artiste montmartrois. Toutes les chambres sont rénovées et joliment colorées. Nous vous conseillons de réserver bien à l'avance...

🏠 **Ermitage Hôtel** – *24 r. Lamarck - M° Lamarck-Caulaincourt - ☎ 01 42 64 79 22 - ✆ - 12 ch. : 78/88€ ☐.* Cet hôtel particulier d'époque Napoléon III fut édifié par un riche notable pour y abriter sa maîtresse. Chambres personnalisées ; les plus cotées possèdent une terrasse en rez-de-jardin ; quatre offrent une jolie vue sur les toits de Paris.

🏠 **Hôtel Roma Sacré-Cœur** – *101 r. Caulaincourt - M° Lamarck-Caulaincourt - ☎ 01 42 62 02 02 - hotel.roma@wanadoo.fr - 57 ch. : 85/160€ - ☐ 7€.* Vous serez logé au cœur du quartier des artistes dans cet hôtel qui borde l'une des rues animées de la butte Montmartre, à deux pas du Sacré-Cœur. Les chambres sont rajeunies par étapes et se parent de couleurs vives. Accueil sympathique.

⊖⊜ **Comfort Hôtel Place du Tertre –** *16 r. Tholozé - M° Abbesses ou Blanche -* ☎ *01 42 55 05 06 - comfort-placedutertre.com - 46 ch. : 95/115€ -* ⊑ *8€.* Une situation de choix entre le Moulin de la Galette et la rue des Abbesses pour cet hôtel entièrement revu. Ses chambres sont fonctionnelles, égayées de moquettes, rideaux et dessus-de-lit colorés, et bénéficient du calme environnant.

19e *arrondissement*

BELLEVILLE - CANAL SAINT-MARTIN - LA VILLETTE

⊖ **Balladins –** *219 r. de Crimée - M° Crimée -* ☎ *01 40 38 91 00 - 38 ch. : 55/60€ -* ⊑ *6€.* L'adresse vaut par sa situation, proche de La Villette et de ses nombreuses attractions. Mobilier en bois blond et dessus-de-lit colorés dans les chambres rénovées. Sympathique salle des petits-déjeuners.

⊖⊜ **Kyriad –** *147 av. de Flandre - M° Corentin-Cariou -* ☎ *01 44 72 46 46 - paris.lavillette@kyriad.fr - 207 ch. : 82€ -* ⊑ *7€ - restaurant 12/17€.* Le Parc de la Villette est presque à vos pieds, pour visiter une exposition, assister à un concert ou à une projection à la Géode. L'hôtel est dans le ton : moderne et pratique, même si les chambres sont plutôt petites. Côté restaurant, poissons et viandes grillés.

⊖⊜ **Hôtel Parc des Buttes-Chaumont –** *1 pl. Armand-Carrel - M° Jaurès -* ☎ *01 42 08 08 37 - HPBC@wanadoo.fr - 45 ch. : 96/148€ -* ⊑ *9€.* Une adresse toute simple qui vaut par sa situation : en face du parc des Buttes-Chaumont, certaines de ses chambres ouvrent leurs fenêtres sur les arbres. Rénovées il y a peu, elles sont sobres mais correctement équipées.

20e *arrondissement*

BELLEVILLE - PÈRE-LACHAISE

⊖ **Hôtel Lilas-Gambetta –** *223 av. Gambetta - M° Porte-des-Lilas -* ☎ *01 40 31 85 60 - infos@lilas-gambetta.com - 34 ch. : 57/66€ -* ⊑ *6€.* La façade 1925, en brique et pierre de taille, cache un intérieur contemporain joliment repeint dans des tons jaune pâle et vert amande. Les chambres les plus calmes donnent sur une charmante courette où sont servis, l'été, les petits-déjeuners.

⊖ **Hôtel Paris-Gambetta –** *12 av. du Père-Lachaise - M° Gambetta -* ☎ *01 47 97 76 57 - 29 ch. : 58/80€ -* ⊑ *7€.* Est-ce la bonne insonorisation des chambres, la rue protégée des bruits urbains ou la proximité du cimetière du Père-Lachaise, toujours est-il que cet engageant hôtel se distingue par sa tranquillité. Chambres au décor des années 1980.

⊖ **Hôtel Palma –** *77 av. Gambetta - M° Gambetta -* ☎ *01 46 36 13 65 - hotel.palma@wanadoo.fr - 32 ch. : 59/74€ -* ⊑ *6€.* Sur une avenue bruyante, à deux pas du Père-Lachaise, cet hôtel propose des petites chambres (insonorisées !) à des prix raisonnables. Bien tenu et propret, son mobilier des années 1970 amusera les amateurs du genre.

France Info
Toute l'actualité
Toutes les 7 minutes

La découverte de la France
chaque semaine

avec Jean-Patrick Boutet
dans **"Au cœur des régions"**

Frédérick Gersal
dans **"Routes de France"**

Thierry Beaumont
dans **"Destination"**

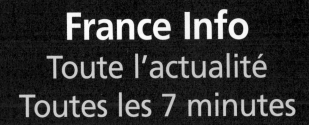

105.5
france-info.com

Restauration

À Paris, les restaurants servent en général à partir de 12h30 au déjeuner et à partir de 19h30 jusqu'à 22h au dîner. Certaines brasseries servent toute la journée sans interruption. D'autres établissements servent jusqu'à minuit et même plus tard... Enfin, pensez à réserver votre table, surtout le soir.

Ph. Gajic/MICHELIN

POUR TOUS LES BUDGETS...

Après les hôtels, les restaurants... Ils sont eux aussi classés par catégorie de prix. Pour chacun d'eux, la station de métro la plus proche est signalée, afin de faciliter vos recherches. Par ailleurs, dans chaque quartier décrit de la partie « Quartiers et monuments » vous trouverez également un renvoi vers le chapitre « les restaurants » précisant l'arrondissement correspondant. Vous avez un budget de moins de 24€ ? Choisissez vos adresses parmi celles de la catégorie ☺. Votre budget est un peu plus large, jusqu'à 46€, piochez dans les ☺☺ :

dans cette catégorie, vous trouverez des restaurants de qualité et des tables à la mode.
Vous voulez vous faire plaisir ? La catégorie ☺☺☺ est pour vous... Repas gastronomique assuré dans un restaurant haut de gamme ou dans un décor de rêve. Là encore, n'oubliez pas que la traditionnelle formule « tenue correcte exigée » est souvent de rigueur dans ces endroits chic !

ET POUR TOUS LES GOÛTS

Pour répondre à toutes vos envies, nous avons sélectionné des restaurants typiquement parisiens comme les brasseries et bistrots bien sûr, mais aussi des lieux plus classiques, exotiques ou à thème... Et des endroits simples, où vous pourrez grignoter une salade composée, une tarte salée ou un gâteau sur le pouce. Quelques bastions, fervents défenseurs d'une cuisine régionale, vous feront découvrir les saveurs de la France profonde. Un tour du monde vous tente ? Suivez le guide, entre restaurants italiens, espagnols, argentins, japonais, thaïlandais... Vous devriez être comblé !

ET N'OUBLIEZ PAS...

Si d'aventure vous n'avez pu trouver votre bonheur parmi toutes nos adresses de restaurants, vous pouvez consulter le **Guide Michelin Paris Hôtels et Restaurants**. Il recommande des adresses parisiennes variées. Les bonnes tables, étoilées pour la qualité de leur cuisine, sont très prisées des gastronomes. Le symbole « **Bib Gourmand** » sélectionne les tables qui proposent une cuisine soignée à un prix raisonnable.

Bon appétit !

1er arrondissement

CHÂTELET-HÔTEL DE VILLE - CONCORDE - HALLES - LOUVRE - MADELEINE - PALAIS-ROYAL - TUILERIES

• *Sur le pouce*
Universal Resto – *99 r. de Rivoli, Galeries du Carrousel du Louvre - M° Pyramides - ☎ 01 47 03 96 58 - fermé mar. soir - 8/18€.* Le concept ? Un immense self-service bordé d'une dizaine de stands présentant des plats de différents pays : Italie, Liban, Maroc, Mexique, Espagne, Asie, etc. Mais aussi des crêpes ou des sandwiches bien de chez nous. La recette rencontrant beaucoup de succès, la salle est souvent bondée.

Habitat Restaurant et Café – *8 r. du Pont-Neuf - M° Pont-Neuf ou Châtelet - ☎ 01 45 08 14 90 - fermé le soir et dim. - 15/23€.* Dans la lignée des *food-in-shop*, restaurant et café installés au premier étage du magasin éponyme. Décor et mobilier en parfaite adéquation avec la marque. Cuisine traditionnelle et petite sélection de pâtisseries pour l'après-midi.
Café Very – *Jardin des Tuileries - M° Tuileries ou Concorde - ☎ 01 47 03 94 84 - 10,67/16,77€.* Qu'il fait bon prendre un verre sous les marronniers du jardin des Tuileries ! Vous pourrez même y manger : salades, tartines et petits plats classiques sont servis dans ce pavillon de verre et de bois. Service décontracté. Le soir, passez par la grille du côté de la place de la Concorde.

• À table

La Potée des Halles – *3 r. Étienne-Marcel - M° Étienne-Marcel - ☎ 01 40 41 98 15 - fermé août, sam. midi et dim. - 16€ déj. - 12/25€.* Cet ancien bistrot des Halles propose une cuisine sans prétention, autour d'un menu à prix très doux. Touristes, habitués et clientèle « branchée » aiment les belles céramiques murales de style Art nouveau et l'ambiance conviviale de la maison. Service décontracté.

Chez Clovis – *33 r. Berger - M° Les-Halles ou Châtelet - ☎ 01 42 33 97 07 - fermé dim. et j. fériés - 19,80/32€.* Ce bistrot de l'ancien quartier des Halles semble appartenir au passé, avec ses quelques tables autour du comptoir et ses vieilles photos aux murs. Tête de veau, blanquette, entrecôte et plats mijotés chantent aussi avec nostalgie le Paris-parigot d'autrefois... La terrasse offre une vue sur l'église Saint-Eustache.

Lescure – *7 r. Mondovi - M° Concorde - ☎ 01 42 60 18 91 - fermé août, 23 déc. au 1er janv. et w.-end - 21€.* Un petit bistrot de quartier tenu par la même famille depuis 1919. Bien connu des habitants du coin, on se bouscule dans sa minuscule salle aux tables serrées pour déguster sa cuisine gentiment tournée, servie à prix très sages.

Le Relais du Pont-Neuf – *18 quai du Louvre - M° Pont-Neuf ou Louvre-Rivoli - ☎ 01 42 33 98 17 - pontrelay@aol.com - 10/22€.* Sur les quais de la Seine, une petite adresse sans prétention où tout est mis en œuvre pour que l'on se sente comme chez soi. Sobre cadre aux murs rose pâle et carte des mets originalement mise en scène. L'ardoise sera payée ici avec gaieté de cœur !

Café de l'Époque – *2 r. du Bouloi, Galerie Véro-Dodat - M° Palais-Royal - Musée-du-Louvre - ☎ 01 42 33 40 70 - ouv. 7h-0h - 20,58/32,01€.* Entre les Halles et le Louvre, ce café de 1826, à l'entrée de la galerie Véro-Dodat, est aujourd'hui un restaurant. Son décor d'authentique bistrot parisien allie élégance et sobriété. À table, le classicisme est de mise : salade, terrine, foie gras, plat du jour, andouillette et pâtisseries maison.

Saudade – *34 r. des Bourdonnais - M° Pont-Neuf ou Châtelet - ☎ 01 42 36 30 71 - fermé dim. - 20€ déj. - 28/41€.* Ce petit restaurant portugais proche des Halles sera apprécié des amateurs de cuisine ensoleillée : dans un cadre simple, décoré d'azulejos traditionnels, vous découvrirez des plats typiques parfumés à l'huile d'olive. Menu attractif à midi et ambiance plus animée le soir.

Le Fumoir – *6 r. de l'Amiral-Coligny - M° Louvre-Rivoli - ☎ 01 42 92 00 24 - fermé 24 au 26 déc., 31 déc. au 2 janv. - 27,60€.* En face de la colonnade du Louvre, ce bistrot branché aux laques brunes vit au rythme des anciens cafés : entre cuisine urbaine, bar cosy et terrasse d'été, on s'y retrouve pour bavarder, lire le journal ou emprunter des livres dans la bibliothèque. Brunch le dimanche.

Café Ruc – *159 r. St-Honoré - M° Palais-Royal - ☎ 01 42 60 97 54 - réserv. conseillée - 28,97/40,40€.* Entre Louvre et Palais-Royal, chaleureuse atmosphère dans ce café-restaurant tendance. Il est décoré par Jacques Garcia dans un esprit néo-baroque design avec velours rouge et murs verts. Carte éclectique et cuisine au goût du jour. À la saison des défilés de mode, journalistes, stylistes et *fashion people* s'y bousculent.

Le Fumoir. Il y a plus à lire ici que la carte...

Brasserie Le Louvre – *Pl. André-Malraux - M° Palais-Royal-Musée-du-Louvre - ☎ 01 42 96 27 98 - hoteldulouvre@hoteldulouvre.com - 31€.* Dans l'enceinte de l'hôtel du Louvre inauguré en 1855 par Napoléon III, ce restaurant est remarquablement situé : sa terrasse s'installe sous les arcades de la place du Palais-Royal aux beaux jours. Décor et cuisine ancrés dans la tradition des brasseries.

Toupary – *2 quai du Louvre (dans La Samaritaine magasin 2) - M° Pont-Neuf - ☎ 01 40 41 29 29 - fermé dim. - réserv. conseillée le soir - 14,50€ déj. - 39/65€.* Du 5e étage de la Samaritaine, la vue est prodigieuse ! Dans un décor résolument moderne aux couleurs vives, vous aurez la Seine à vos pieds et les grands monuments en toile de fond... Le soir, l'éclairage se tamise et la cuisine devient plus élaborée.

Palais Royal – *110 galerie de Valois - M° Palais-Royal-Musée-du-Louvre - ☎ 01 40 20 00 27 - palaisrest@aol.com - fermé 15 déc. au 31 janv. d'oct. à mai et dim. - 43/60€.* S'attabler ici, dans les jardins du Palais-Royal, le temps d'un déjeuner, d'un dîner ou même d'un simple verre l'après-midi, est un bonheur. En hiver, la salle sous les arcades est accueillante et son cadre de style Art déco s'accorde bien avec la cuisine au goût du jour.

Le Grand Vefour – *17 r. de Beaujolais - M° Palais-Royal - Musée-du-Louvre - ☎ 01 42 96 56 27 - grand.vefour@wanadoo.fr - fermé 12 au 18 avr., 1er au 30 août, 23 déc. au 2 janv., ven. soir, sam. et dim. - 75€ déj. - 150/220€.* Sous les voûtes du Palais-Royal, cet ancien café du 18e s. luxueusement décoré de boiseries, miroirs et fresques sert d'écrin à une cuisine rare. Ici, les fines

Ph. Gajic/MICHELIN

gueules se délecteront des célèbres ravioles de foie gras à l'émulsion de crème truffée... et de bien d'autres merveilles, toutes aussi suaves ! Au déjeuner, menu à prix plus sages.

Le Grand Véfour.

Ph. Gajic/MICHELIN

2e arrondissement

GRANDS BOULEVARDS - HALLES - PLACE DES VICTOIRES - SENTIER

• Sur le pouce

Le Pain Quotidien – *33 r. Vivienne - M° Bourse -* ☎ *01 42 36 76 02 - 11€ déj. - 10/19€.* Le concept, exporté de New-York à Los Angeles, en passant par Genève, est né en Belgique. Boulangerie, épicerie et salon de thé : c'est du trois en un ! De hautes étagères regorgeant de bons produits tapissent les murs et deux grandes tables d'hôte accueillent les clients. Tartines, assiettes composées et pâtisseries toute la semaine ; brunch le week-end. Service très décontracté.

L'Arbre à Cannelle – *57 passage des Panoramas - M° Grands-Boulevards -* ☎ *01 45 08 55 87 - fermé dim. et le soir - 15,24/22,87€.* Cette ancienne chocolaterie aux boiseries Napoléon III, installée dans le passage des Panoramas, abrite un salon de thé. Pour déguster tartes salées ou sucrées, salades, assiettes gourmandes ou plat du jour, préférez la salle ornée d'un plafond à caissons.

• À table

☻ **La Cocarde** – *7 r. Marie-Stuart - M° Étienne-Marcel -* ☎ *01 40 39 05 09 - brunococarde@wanadoo.fr - fermé sam. midi et dim. - réserv. conseillée - 13€ déj. - 17€.* Les atouts de cette petite adresse nichée dans une ruelle piétonnière du quartier des Halles ? Une décoration aux teintes chaleureuses, un service jeune et souriant, de copieux plats traditionnels et des prix doux.

☻ **Domaine de Lintillac** – *10 r. St-Augustin - M° Quatre-Septembre -* ☎ *01 40 20 96 27 - fermé 10 j. en août, sam. midi et dim. - réserv. conseillée - 12/24€.* Toutes les saveurs du Sud-Ouest sur votre table dans ce restaurant situé à deux pas de la place de la Bourse. Les prix sont imbattables car les produits viennent directement de la conserverie artisanale du propriétaire. Décor simple et service rapide. C'est toujours bondé.

☻ **À La Grille Montorgueil** – *50 r. Montorgueil - M° Châtelet-Les-Halles ou Étienne-Marcel -* ☎ *01 42 33 21 21 - 20,12/35,27€.* Boucherie à la grande époque des Halles, cette vieille maison nichée dans la rue Montorgueil est aujourd'hui occupée par un joli bistrot au décor 1920. Un superbe zinc trône à l'entrée de la salle et sa cave est voûtée. Cuisine en adéquation parfaite avec le décor.

☻☻ **Le Grand Colbert** – *2 r. Vivienne - M° Bourse -* ☎ *01 42 86 87 88 - le.grand.colbert@wanadoo.fr - 26€.* Dans un décor de film, avec mosaïques, fresques aux murs, belle hauteur de plafond et long comptoir de service, vous vous installerez sur les banquettes de cette brasserie 19e s. pour le cadre plus que pour la cuisine. Un menu attractif. Service jusqu' à 1h du matin.

☻☻ **Le Gallopin** – *40 r. Notre-Dame-des-Victoires - M° Bourse -* ☎ *01 42 36 45 38 - fermé dim. - 28/33€.* C'est pour séduire sa belle que M. Gallopin a fait réaliser le bar en acajou de Cuba qui trône dans cette brasserie 1900 superbement restaurée... Et on s'y attable encore avec grand plaisir, le temps d'un repas servi en tablier blanc, comme il se doit, jusqu'à 0h30.

☻☻ **Café Drouant** – *Pl. Gaillon - M° Opéra ou Quatre-Septembre -* ☎ *01 42 65 15 16 - fermé août et w.-end - 38€.* Cette institution parisienne, siège de l'académie Goncourt depuis 1914, propose deux formules : celle du « café Drouant » est servie dans une salle plus sobre que celle du restaurant, au décor Art déco si caractéristique. Pour mettre un pied dans ce lieu mythique sans se ruiner...

3e arrondissement

MARAIS - RÉPUBLIQUE

• Sur le pouce

L'Apparemment – *18 r. des Coutures-St-Gervais - M° St-Sébastien-Froissart -* ☎ *01 48 87 12 22 - fermé sam. midi - réserv. le soir - 12,50/18,30€.* En face du jardin du musée Picasso, vous serez comme chez vous dans les petits salons de ce café-restaurant. Tapissés de bois, décorés de nombreux tableaux et de mobilier éclectique, ils sont « cosy » à souhait. Beau choix de salades à midi, de cocktails et d'assiettes en soirée. Brunch dominical.

R'Aliment – *57 r. Charlot - M° République -* ☎ *01 48 04 88 28 - fermé en août, lun. soir et w.-end - 15/25€.* Cette adresse à la mode surfe sur la vague du « manger sain et équilibré ». À la carte, produits biologiques majoritaires, soupes, salades, légumes, aucune viande rouge et desserts souvent préparés à base de fruits. Le joli cadre design range aux oubliettes les décors un brin vieillots liés à l'imagerie des restaurants végétariens « orthodoxes ».

• À table

L'Estaminet d'Arômes et Cépages – *39 r. de Bretagne, Marché des Enfants-Rouges - Mᵒ St-Sébastien-Froissard - ☎ 01 42 72 34 85 - fermé lun. - 11/25€.* Atmosphère de bistrot provincial pour cette amusante adresse cachée dans le plus vieux marché couvert de « Paname ». Commerçants du quartier, habitués et curieux s'installent autour des tables d'hôte simplement dressées et qui poussent à « tailler une bavette » avec le voisin. La petite carte est concoctée suivant le... marché bien sûr ! Bonne sélection de vins au verre et en bouteille.

De tout temps, un lieu de délices : l'Arbre à Cannelle.

S. Sauvignier/MICHELIN

Trattoria Amici Miei – *53 bd Beaumarchais - Mᵒ Chemin-Vert - ☎ 01 42 71 82 62 - amicimiei@noos.fr - fermé vac. de Pâques, 6 au 30 août, 23 déc. au 2 janv., lun. midi et dim. - 17/30€.* Les amateurs de vraie cuisine italienne, comme chez la *mamma*, seront ravis de trouver ce restaurant tout simple, entre place des Vosges et Bastille. Au programme : des pâtes, des pizzas et une fameuse mozzarella *di bufala* ! C'est souvent bondé mais ça vaut le coup d'attendre...

Caves Saint-Gilles – *4 r. St-Gilles - Mᵒ Chemin-Vert - ☎ 01 48 87 22 62 - réserv. obligatoire - 20/35€.* Belle ambiance dans ce bar à tapas où vins, notamment xérès, et bières coulent à flot aux petites tables bistrot pour arroser tapas et assiettes composées. Décor espagnol, atmosphère bruyante et conviviale.

Chez Janou – *2 r. Roger-Verlomme - Mᵒ Chemin-Vert - ☎ 01 42 72 28 41 - 22,87€.* Ce charmant bistrot 1900 a conservé son décor d'origine dont un superbe mur recouvert de céramique. Pas de menu mais une sympathique formule déjeuner et des petits plats d'inspiration provençale énumérés sur la sacro-sainte ardoise.

Chez Jenny – *39 bd du Temple - Mᵒ République - ☎ 01 44 54 39 00 - 24€.* L'artisan-marqueteur Jean-Charles Spindler a remarquablement décoré cette brasserie alsacienne fondée en 1932. Ses tableaux de marqueterie aux multiples essences de bois et les sculptures des salons de l'étage méritent une visite. Spécialités de fruits de mer et de choucroutes.

Chez Omar – *47 r. de Bretagne - Mᵒ Arts-et-Métiers - ☎ 01 42 72 36 26 - fermé dim. midi et soirs des 24 et 31 déc. - 25€.* Dans ce décor de vieux bistrot de quartier, le couscous fait la joie des amateurs depuis plus de vingt ans. Ambiance bruyante et décontractée pour ce lieu très à la mode depuis que les top-models l'ont découvert dans les années 1990.

Ambassade d'Auvergne – *22 r. du Grenier-St-Lazare - Mᵒ Rambuteau ou Étienne-Marcel - ☎ 01 42 72 31 22 - 27€.* Pour le folklore, c'est en bas qu'il faut s'installer : le dépaysement est garanti dans cette salle rustique où les jambons et les saucissons pendent au-dessus de la table d'hôte qui réunit les adeptes d'une cuisine auvergnate typée.

4ᵉ *arrondissement*

BASTILLE - BEAUBOURG - CHÂTELET-HÔTEL DE VILLE - ÎLE SAINT-LOUIS - MARAIS - NOTRE-DAME

Chez Marianne – *2 r. des Hospitalières-St-Gervais - Mᵒ Saint-Paul - ☎ 01 42 72 18 86 - réserv. obligatoire – 13/27,50€.* Dans le quartier juif de la rue des Rosiers, ce restaurant-épicerie marie les saveurs de la Méditerranée et de l'Europe centrale, et vous permet de composer des assiettes à votre goût. Préférez la salle à manger en face des casiers à bouteilles et, en été, la petite terrasse.

Le Franc Pinot – *1 quai de Bourbon - Mᵒ Pont-Marie ou Hôtel-de-Ville - ☎ 01 46 33 60 64 - fermé vac. de Noël, le midi (sf dim.), dim. soir et lun. - 20/31€.* Bien placé sur l'île Saint-Louis, en face du pont Marie, ce bar-bistrot niché dans une maison à la façade bleue sert une cuisine sans prétention. Les vendredi et samedi soirs, on se serre les coudes dans ses caves voûtées pour dîner au son des concerts de jazz organisés par le patron.

Vins des Pyrénées – *25 r. Beautreillis - Mᵒ Bastille ou Sully-Morland - ☎ 01 42 72 64 94 - fermé 10 au 25 août, dim. midi en été et sam. midi - 17,50/31€.* Cette ancienne boutique de vins est vraiment accueillante avec ses vieux casiers à bouteilles, sa collection de vieilles étiquettes, ses cartes postales rétro, son beau comptoir en marbre et ses toiles cirées. Plats bistrot et service très décontracté.

Le Petit Bofinger – *6 r. de la Bastille - Mᵒ Bastille - ☎ 01 42 72 05 23 - 18€ déj. - 24,70/30€.* En face de la célèbre brasserie Bofinger, ce petit bistrot tenu par la même direction propose une formule plus simple dans un amusant décor années 1950 avec fresques au mur, chaises tubes et boiseries. Appréciés des habitués, ses menus sont à prix sages. Service jusqu'à minuit.

La Brasserie de l'Isle St-Louis –
55 quai de Bourbon - M° Pont-Marie ou Cité - ☎ 01 43 54 02 59 - fermé 1 sem. en fév., août, jeu. midi et mer. - pas de réserv. - 25,92/38,11€. Après la visite de Notre-Dame, traversez le pont St-Louis pour vous attabler dans cette brasserie traditionnelle aux tons patinés. Au comptoir, remarquez le vieux percolateur. En terrasse, vous profiterez du spectacle des artistes de rue et des musiciens qui jouent devant le pont.

La Brasserie de l'Isle St-Louis.

Thanksgiving's Bayou la Seine –
20 r. St-Paul - M° St-Paul - ☎ 01 42 77 68 28 - fermé dim. soir, lun. et mar. - 27,50/36,50€. Connaissez-vous la cuisine de la Louisiane ? Ce petit restaurant du Marais vous donne l'occasion de découvrir des plats cajuns dans une petite salle toute simple. Vous pourrez aussi passer à l'épicerie américaine située à deux pas.

L'Enoteca – *25 r. Charles-V - M° Sully-Morland ou Saint-Paul - ☎ 01 42 78 91 44 - fermé w.-end du 15 août - réserv. conseillée - 30€.* Ce restaurant italien a bonne réputation avec sa belle carte des vins transalpins et sa cuisine créative. Installé dans une charmante maison du 16ᵉ s., son décor marie avec succès poutres anciennes, murs ocre et luminaires en verre soufflé de Murano.

Bofinger – *5 r. de la Bastille - M° Bastille - ☎ 01 42 72 87 82 - 31,50€.* Une institution parisienne fondée en 1864 ! Dans son étonnant décor Belle Époque, cette brasserie a accueilli sur ses banquettes les hommes politiques, écrivains, artistes et musiciens les plus célèbres du 20ᵉ s... Et sous sa belle verrière, la salle est comble tous les jours. Réservation conseillée. Service jusqu'à 1h du matin.

Au Bourguignon du Marais –
52 r. François-Miron - M° Saint-Paul - ☎ 01 48 87 15 40 - Au.Bourguigon.Du.Marais@wanadoo.fr - fermé sam. soir, dim. et j. fériés - 38/53€. Ce restaurant-marchand de vins met la Bourgogne à l'honneur dans les verres comme dans les assiettes remplies de goûteuses préparations comme le jambon persillé maison ou l'andouillette à l'aligoté. Le tout servi dans un plaisant cadre contemporain. Miniterrasse.

5ᵉ *arrondissement*

JARDIN DES PLANTES - JUSSIEU - LUXEMBOURG - MAUBERT - MOUFFETARD - QUARTIER LATIN

• *Sur le pouce*
Café Littéraire – *1 r. des Fossés-St-Bernard, à l'Institut du Monde arabe (rez-de-chaussée) - M° Cardinal-Lemoine ou Jussieu - ☎ 01 40 51 34 69 - jf.bouquillon@sodexho-prestige.fr - fermé le soir et lun. - réserv. conseillée - 18/23€.* Ce restaurant agrémenté de banquettes mauresques propose des salades, un plat du jour et un buffet de pâtisseries orientales. C'est simple et peu onéreux. Salon de thé, à la menthe bien sûr, l'après-midi. Pour les plus fortunés, montez au Ziryab, carte plus étoffée et vue mémorable.

• *À table*
Au Piano Muet – *48 r. Mouffetard - M° Place-Monge - ☎ 01 43 31 45 15 - fermé le midi sf w.-end - 16/25€.* Idéal pour les grands froids, une halte rassasiante qui propose, en plus de ses spécialités de raclettes et de fondues, des petits plats traditionnels. Le décor - poutres et pierres apparentes - est chaleureux et l'ambiance conviviale.

Mirama – *17 r. St-Jacques - M° Maubert-Mutualité ou Saint-Michel - ☎ 01 43 54 71 77 - 16/21€.* Dans le Quartier latin, ce petit restaurant chinois fait l'unanimité : asiatiques, touristes et Parisiens se bousculent dans sa salle ou à la cave en forme de grotte. À table, en jouant un peu des coudes, vous apprécierez sa copieuse cuisine gentiment tournée et ses prix raisonnables.

Le Reminet – *3 r. des Grands-Degrés - M° Maubert-Mutualité - ☎ 01 44 07 04 24 - fermé 15 au 28 fév., 9 au 29 août, mar. et mer. - 17€.* Joli programme tout près de Notre-Dame : un jeune chef aux fourneaux, une cuisine gentiment tournée, une formule le midi et, en semaine, un menu au dîner à prix tout doux... Voilà de quoi allécher les visiteurs ! Quand en plus vous saurez que le choix de vins est dans le ton, vous y courrez !

Le Perraudin – *157 r. St-Jacques - M° Luxembourg - ☎ 01 46 33 15 75 - fermé août - 18/28€.* Avec son ambiance à la Maigret, cet ancien bougnat est bien réel avec ses chaises bistrot, ses nappes à carreaux, son zinc et ses vieux miroirs. Belle table bistrot avec ses plats qui fleurent bon le passé et une tarte Tatin pour les gourmands. Pas de réservation.

El Palenque – *5 r. de la Montagne-Ste-Geneviève - M° Maubert-Mutualité - ☎ 01 43 54 08 99 - fermé 24 déc. au 2 janv. et dim. - ✉ - 25,31/32,01€.* Envolez-vous vers les terres de la lointaine Argentine, sans quitter Paris. Dans une atmosphère rancho, vous dégusterez ici de belles viandes de la pampa arrosées de vins d'Amérique du Sud. Dépaysement assuré !

Le Buisson Ardent – *25 r. Jussieu - M° Jussieu - ☎ 01 43 54 93 02 - fermé août et w.-end - 15€ déj. - 28/35€.* Avec ses allures de bistrot de quartier sous des fresques de 1923, cette petite maison en face de l'université de Jussieu ne désemplit pas. Si le menu du déjeuner est une bonne affaire, celui du soir n'a rien à lui envier. Ambiance bon enfant et cuisine gentiment préparée.

Le Cosi – *9 r. Cujas - RER Luxembourg - ☎ 01 43 29 20 20 - fermé août et dim. - 20€ déj. - 30/48€.* Cette adresse située entre le Panthéon, la Sorbonne et le jardin du Luxembourg propose une escapade culinaire en Corse. Potages maison, charcuteries, sardines farcies au brocciu et autres spécialités insulaires figurent en bonne place sur une carte enrichie de plats plus classiques. Décor d'inspiration bistrot.

Moissonnier – *28 r. des Fossés-St-Bernard - M° Cardinal-Lemoine - ☎ 01 43 29 87 65 - fermé août, dim. et lun. - 23€ déj. - 31/45€.* Spécialités lyonnaises à deux pas de l'Institut du Monde arabe : dans un cadre bistrot un peu passé mais impeccablement tenu, vous vous attablerez autour d'une généreuse cuisine traditionnelle. Un menu à prix raisonnable servi midi et soir.

Ma Cuisine – *26 bd St-Germain - M° Maubert-Mutualité - ☎ 01 40 51 08 27 - fermé 10 au 20 août - 32€.* La salle de restaurant, totalement rénovée, est claire et plaisante avec ses murs blancs laissant çà et là la pierre apparente, ses poutres peintes en bleu et ses tables rondes bien espacées. La cuisine, traditionnelle, honore les produits frais.

Les Bouchons de François Clerc – *12 r. de l'Hôtel-Colbert - M° Maubert-Mutualité - ☎ 01 43 54 15 34 - fermé sam. midi et dim. - 41€.* À deux pas de Notre-Dame, ce restaurant installé dans une maison du vieux Paris est réputé pour sa carte de vins à prix coûtant. Autour de petites formules, vous dégusterez rouges, blancs et rosés dans sa jolie salle ou dans le cadre romantique de sa cave voûtée.

6ᵉ arrondissement

INSTITUT DE FRANCE - LUXEMBOURG - MONTPARNASSE - ODÉON - QUARTIER LATIN - SAINT-GERMAIN-DES-PRÉS - SAINT-SULPICE - SÈVRES-BABYLONE

• *Sur le pouce*

Bar à Soupes et Quenelles – *5 r. Princesse - M° Mabillon - ☎ 01 43 25 44 44 - lun.-sam. 10h-22h - 10/15€.* La maison Giraudet, fondée en 1910, perpétue la tradition des quenelles élaborées avec passion et savoir-faire. Près d'un siècle plus tard, sa nouvelle boutique au style très « tendance » propose également des soupes maison et quelques pâtisseries à déguster sur place. La vente à emporter est assurée au n° 16 de la rue Mabillon.

Cuisine de Bar – *8 r. du Cherche-Midi - M° Sèvres-Babylone ou St-Sulpice - ☎ 01 45 48 45 69 - fermé dim. et lun. - 17,80/26€.* Dans cette longue salle à manger au décor contemporain épuré, la maison Poilâne agrémente ses délicieuses tartines tranchées dans le bon pain maison avec de multiples ingrédients que vous aurez le plaisir de choisir vous-même. Un conseil de gourmand : gardez une petite place pour le fondant au chocolat !

Crêperie St-Germain – *33 r. St-André-des-Arts - M° Saint-Michel - ☎ 01 43 54 24 41 - goldmannsamuel@hotmail.com - 11/19€.* Un petit-en cas à deux pas de la place St-Michel ? Cette crêperie au décor mauresque original a deux petites sœurs au n° 27 de cette rue très animée : « Les Pêcheurs » pour l'ambiance marine et « Les Arts » avec ses petites alcôves. À vous de choisir...

• *À table*

Le Bistrot d'Opio – *9 r. Guisarde - M° Mabillon ou St-Germain-des-Prés - ☎ 01 43 29 01 84 - 14,20/23,80€.* Parfums ambiants, couleurs ensoleillées, fer forgé, tables bistrot et chant des cigales en fond sonore : les deux petites salles de ce sympathique restaurant fleurent bon le Sud. La cuisine, bien sûr méditerranéenne, est entièrement préparée à base d'huile d'olive.

La Tourelle – *5 r. Hautefeuille - M° Odéon ou St-Michel - ☎ 01 46 33 12 47 - fermé sam. midi et dim. - 14,50€ déj. - 17/30€.* Ce petit conservatoire de la tradition bistrotière française est situé au cœur du quartier latin. Le décor pur jus est de toute évidence réfractaire aux appels de la mode. On s'attend presque à payer son addition en anciens francs ! Mais même en euros, les prix (surtout à midi) font dans l'allégé. Tout le contraire de la cuisine qui tient au corps, sans toutefois manquer de finesse.

Gustavia – *26 r. des Grands-Augustins - M° Saint-Michel - ☎ 01 40 46 86 70 - fermé 1ᵉʳ au 15 août, lun. soir et dim. - 20/35€.* Le drapeau suédois flotte en façade de ce petit restaurant où saumon mariné, harengs, salades et plats du jour font la joie des amateurs de saveurs nordiques. La cuisine est simple et les prix restent sages. Quant au décor scandinave, il joue la sobriété.

Le Machon d'Henri – *8 r. Guisarde - M° Mabillon - ☎ 01 43 29 08 70 - 21,34/25,92€.* Ce bistrot à la pimpante façade vert foncé est souvent complet à midi. Vous y dégusterez, au coude à coude, des petits plats d'inspiration lyonnaise, dans un décor de poutres, pierres peintes et étagères garnies de bouteilles de vin. Ambiance animée.

Le Bistrot d'Alex – *2 r. Clément - M° Odéon - ☎ 01 43 54 09 53 - fermé 3 au 28 août - 22/50€.* Après avoir flâné dans le marché St-Germain-des-Prés, vous pourrez vous attabler dans cette salle à manger où règne une plaisante convivialité. On y sert une cuisine ensoleillée : spécialité provençales et poissons en provenance de la Méditerranée.

⊖⊜ **Chez Marcel** – *7 r. Stanislas -
Mᵒ Vavin - ☎ 01 45 48 29 94 - fermé août
et w.-end - 27/37€.* Dans ce bistrot fondé
en 1905, vieux bibelots, cuivres, tableaux
et banquettes composent un charmant
décor patiné à souhait. Pour gagner les
toilettes, il vous faudra traverser la cuisine !
La table, généreuse et sans fioriture, met
à l'honneur quelques recettes lyonnaises.
La formule du midi s'avère particulièrement
attractive.

⊖⊜ **Chez Maître Paul** – *12 r. Monsieur-le-
Prince - Mᵒ Odéon - ☎ 01 43 54 74 59 -
chezmaitrepaul@aol.com - fermé dim.
et lun. en juil.-août - 28/33€.* À deux pas
du théâtre de l'Odéon, ce restaurant à la
façade rustique est une ambassade des
saveurs franc-comtoises : les amateurs
pourront notamment y déguster un verre
du célèbre vin jaune, élevé sur un petit
coteau du Jura.

⊖⊜ **Casa Bini** – *36 r. Grégoire-de-Tours -
Mᵒ Odéon - ☎ 01 46 34 05 60 -
casabini@noos.fr - 21€ déj. - 30/50€.* Dans
une ruelle de St-Germain-des-Prés, ce
restaurant italien propose un beau choix
d'antipasti, de pains grillés à la mozzarella,
de carpaccios et de pâtes. Menus et plats du
jour évoluent au gré du marché. Décoration
sobre, style bistrot moderne et salle de
l'étage avec poutres massives. Formule
attrayante à midi.

7ᵉ *arrondissement*

Tour Eiffel - Faubourg Saint-Germain - Invalides - Orsay

• *Sur le pouce*

Salon de thé Le Jardin des Délices –
*3 av. Duquesne - Mᵒ École-Militaire -
☎ 01 47 05 51 05 - fermé dim. et le soir -
10/14€.* « Sugar », un joli nom pour cette
maison sucrée, en clin d'œil à l'une des
comédies musicales dont les affiches ornent
les murs... Dans les rôles principaux à
sa table : tartes salées, gratins, salades
composées et délicieuses pâtisseries
pour combler les gourmands !

Les Jardins de Varenne du Musée Rodin –
*77 r. de Varenne - Mᵒ Varenne - ☎ 01 45 50
42 34 - info@horeto.com - fermé le soir
et lun. - 15,25/22,87€.* Dans ce beau jardin
se cache un pavillon où visiteurs et habitués
en quête d'un petit en-cas se retrouvent
sous les arbres de sa délicieuse terrasse.
Simples salades, assiettes composées et
sandwichs servis en self-service. Un petit
bonheur...

• *À table*

⊖ **Sancerre** – *22 av. Rapp - Mᵒ Pont-de-
l'Alma - ☎ 01 45 51 75 91 - fermé août,
sam. soir et dim. - 26€ déj. - 15/30€.*
Véritable ambassade du village de Sancerre,
cette maison à l'atmosphère campagnarde
propose de solides casse-croûte dès 8h du
matin avec terrines, omelettes, andouillettes

cuites au sancerre, crottins de Chavignol
et tartes maison. Le tout arrosé d'un
verre du cru, bien sûr !

⊖ **Le Vauban** – *7 pl. Vauban - Mᵒ Saint-
François-Xavier - ☎ 01 47 05 52 67 -
18/50€.* Pour admirer l'église du Dôme des
Invalides, installez-vous à la terrasse très
prisée de cette brasserie ou dans la salle
pimpante avec sa décoration de marbres en
trompe-l'œil. Un menu bien tourné vous y
attend midi et soir.

⊖ **Ribe** – *15 av. de Suffren - Mᵒ Champ-de-
Mars, Tour-Eiffel ou Bir-Hakeim - ☎ 01 45 66
53 79 - 17€ déj. - 21,90€.* À deux pas de
la tour Eiffel, ce restaurant propose
désormais un décor d'inspiration coloniale
à l'anglaise. Il reste apprécié des Parisiens
et des touristes pour ses prix raisonnables
mais aussi pour sa cuisine française
classique : soupe à l'oignon, terrines,
steak au poivre.

⊖⊜ **L'Auvergne Gourmande** – *127 r.
St-Dominique - Mᵒ École-Militaire - ☎ 01 47
05 60 79 - fermé dim. - 22/32€.* Deux
tables d'hôte pour 5 et 8 personnes séparées
par une bibliothèque garnie de bouteilles
de vin, vieilles faïences aux murs, des
ardoises en guise de sets : un décor bien
sympathique pour ce restaurant aménagé
dans une ancienne boucherie. Cuisine
essentiellement auvergnate.

⊖⊜ **La Poule au Pot** – *121 r. de
l'Université - Mᵒ La Tour-Maubourg -
☎ 01 47 05 16 36 - fermé sam. midi et
dim. - 23,50€.* La façade brune, typique des
bistrots parisiens d'antan, donne le ton. Il
règne ici une atmosphère des années 1930.
Cadre plaisant avec banquettes en cuir
rouge, plafond bordé de staff et vitres
décorées. Cuisine traditionnelle.

⊖⊜ **Le P'tit Troquet** – *28 r. de
l'Exposition - Mᵒ École-Militaire - ☎ 01 47 05
80 39 - fermé 1ᵉʳ au 23 août, sam. midi, lun.
midi et dim. - réserv. obligatoire - 28€.* À
quelques minutes du Champ-de-Mars, ce
petit bistrot ravira les chineurs : bocaux,
miroirs, dentelles, lampes et autres objets de
brocante habillent la petite salle. Les
épicuriens savoureront la cuisine du marché
présentée à l'ardoise. Une adresse connue
des Parisiens.

⊖⊜ **Thoumieux** – *79 r. St-Dominique -
Mᵒ Solférino - ☎ 01 47 05 49 75 -
thoumieux@aol.com - 32€.* Ce bistrot situé
entre la tour Eiffel et les Invalides offre un
décor typique avec banquettes de velours
rouge et chaises Art nouveau. La généreuse
cuisine visite le Sud-Ouest (foie gras,
cassoulet, confit de canard) et propose aussi
quelques plats de brasserie. Service jusqu'à
minuit.

⊖⊜ **La Maison de l'Amérique Latine** –
*217 bd St-Germain - Mᵒ Solférino
ou Rue-du-Bac - ☎ 01 49 54 75 10 -
commercial@mal217.org - fermé août,
23 déc. au 5 janv., w.-end et le soir d'oct. à
avr. - 37/50€.* Un jardin en plein Paris !
C'est le luxe de cette maison qui y installe
la terrasse de son restaurant, dès les beaux
jours. Havre de fraîcheur au cœur de la

chaleur estivale, cet hôtel particulier du 18ᵉ s. sur le boulevard St-Germain ravira les amateurs de lieux rares.

😑😑 **Au Bon Accueil** – *14 r. de Monttessuy - Mᵒ Pont-de-l'Alma - ☎ 01 47 05 46 11 - fermé w.-end - 27€ déj. - 45/62€.* À deux pas de la tour Eiffel, ce restaurant vous réservera l'accueil promis par son enseigne : le service est souriant, aimable et ses deux petites salles conviviales. Ajoutez à cela un décor sobre et élégant, une formule simple, une cuisine savoureuse, bien tournée, des prix raisonnables et vous aurez la recette de son succès.

8ᵉ *arrondissement*

CHAMPS-ÉLYSÉES - CONCORDE - FAUBOURG-SAINT-HONORÉ - SAINT-LAZARE

• *Sur le pouce*

Gust – *35 bd Malesherbes - Mᵒ St-Augustin - ☎ 01 42 65 15 84 - ouv. 8h30-19h30, sam. 9h-16h et fermé dim. - 5/10€.* Vous n'avez pas encore adopté « la sandwich attitude » ? Cette adresse saura sans doute vous convaincre grâce à ses bons pains qui se marient avec un joli choix de garnitures gourmandes. C'est presque de la haute couture ! Buffet de hors-d'œuvre pour les réfractaires. Petit-déjeuner dès 8h30.

Bar à Vin Nicolas – *31 pl. de la Madeleine - Mᵒ Madeleine - ☎ 01 44 51 90 22 - fermé dim. - 18,29€.* Les boutiques des vins Nicolas sont bien connues des Parisiens. Celle-ci dispose aussi d'un restaurant : une bonne occasion de déguster d'agréables breuvages accompagnés d'assiettes composées (salades, charcuteries, quiches, petits plats, fromages). Cadre contemporain et service sans façon.

• *À table*

😑 **Théâtre du Rond-Point** – *2 bis av. Franklin-D.-Roosevelt - Mᵒ Franklin-D.-Roosevelt - ☎ 01 44 95 98 44 - fermé août et dim. soir - 19€.* Traversez le hall de ce joli théâtre en bordure des Champs-Élysées pour profiter de ce restaurant, aux tons rouge et gris, orné d'affiches et d'éléments décoratifs d'anciennes pièces. La terrasse sous les marronniers est prise d'assaut aux beaux jours.

😑 **Le Bistrot de Jean-Luc** – *41 r. de Penthièvre - Mᵒ Miromesnil - ☎ 01 43 59 23 99 - fermé 1ᵉʳ au 20 août et w.-end - 19/30€.* La petite salle, agrandie d'un large miroir, est des plus simples. Mais peu importe. L'intérêt de ce gentil petit restaurant de quartier réside dans son attrayante carte bistrot et sa belle sélection de vins au verre, le tout à prix doux.

😑 **Le Griffonnier** – *8 r. des Saussaies - Mᵒ Miromesnil - ☎ 01 42 65 17 17 - 20/30€.* Installé dans une maison du 17ᵉ s., ce bar à vins sert d'appétissants petits plats façon « bistrot ». Cadre rustique, quelque

peu étroit, mais plaisant et chaleureux ; salle plus ample à l'étage. On y déguste aussi chaque année les meilleurs crus du Beaujolais.

😑😑 **Lô Sushi** – *8 r. de Berri - Mᵒ George-V - ☎ 01 45 62 01 00 - 25/40€.* Au programme : sushis tournant dans un décor simplissime, conçu par la célèbre designer Andrée Putman. Très ludique, le principe est simple : on s'installe au bar et on choisit ses sushis sur un tapis roulant ! Les *beautiful people* adorent et c'est la bousculade tous les soirs...

😑😑 **Granterroirs** – *30 r. de Miromesnil - Mᵒ Miromesnil - ☎ 01 47 42 18 18 - fermé 2 au 22 août et w.-end - réserv. obligatoire - 15€ déj. - 29,50€.* Grandes tables d'hôte en chêne, étagères garnies de produits régionaux, paniers remplis de vins de propriétaires et de spécialités des terroirs français... cette épicerie fine-restaurant (exclusivement non-fumeur) joue la carte de la campagne à Paris. Alléchantes salades, tartines, assiettes gourmandes et desserts maison.

😑😑 **La Fermette Marbeuf 1900** – *5 r. Marbeuf - Mᵒ Alma-Marceau - ☎ 01 53 23 08 00 - fermettemarbeuf@blanc.net - 30€.* À deux pas de l'avenue Georges-V, le décor 1900 de cette brasserie avec ses céramiques et ses vitraux d'époque séduira les amateurs de restaurants parisiens typiques. Une belle verrière, d'époque elle aussi, éclaire la deuxième salle. Cuisine classique.

😑😑 **L'Appart'** – *9 r. du Colisée - Mᵒ Franklin-D.-Roosevelt - ☎ 01 53 93 97 00 - 30€.* Une adresse sympathique à deux pas des Champs-Élysées. Entre le salon, la bibliothèque et la cuisine de ce restaurant conçu comme un appartement, vous dégusterez une cuisine au goût du jour dans une ambiance décontractée. Service jusqu'à minuit et brunch le dimanche.

😑😑 **Brasserie Mollard** – *115 r. St-Lazare - Mᵒ Saint-Lazare - ☎ 01 43 87 50 22 - 32/130€.* Derrière cette façade anodine se cache un joyau de l'Art nouveau, une grande salle classée, œuvre d'Edouard Niermans, avec de superbes mosaïques et des faïences de Sarreguemines. Honnête cuisine brasserie.

S. Sauvignier/MICHELIN

≈🍴 **Ladurée - Champs-Élysées** – *75 av. des Champs-Élysées - M° George-V - ☎ 01 40 75 08 75 - 30€ déj. - 38,50€.* Comment résister à une telle proposition gourmande ? En plus des quarante pâtisseries, les amateurs de salé trouveront à la carte un joli choix de salades composées, de plats classiques et de créations maison. Le tout est servi dans un magnifique décor Napoléon III. Une maison très chic...

9ᵉ *arrondissement*

FAUBOURG POISSONNIÈRE - GRANDS BOULEVARDS - OPÉRA - PIGALLE - SAINT-LAZARE

• *Sur le pouce*

Je n'aime que toi – *62 r. de Clichy - M° Clichy - ☎ 01 42 81 32 31 - ouv. lun.-ven. 11h-15h - ✂ - 7,50/11€.* Belle déclaration d'amour... à susurrer à votre partenaire de balade dans la Nouvelle Athènes. Mais comme on ne peut pas vivre que d'amour et d'eau fraîche, une petite pause gourmande s'impose. Salades, sandwichs chauds ou froids, tartes salées ou plateaux repas : il y en a pour toutes les faims !

Tea Follies – *6 pl. Gustave-Toudouze - M° St-Georges - ☎ 01 42 80 08 44 - mar.-sam. 11h-23h, dim. et lun. 11-19h - réserv. conseillée - 10/15€.* Petit salon de thé au décor intérieur gentiment « cosy ». Dès que les premiers rayons de soleil réchauffent a ravissante place, on y dresse quelques tables immédiatement prises d'assaut par les gens du quartier. On chuchote même que des célébrités du cinéma et du théâtre fréquentent l'adresse. Salades, tartes salées, copieuses assiettes composées et pâtisseries maison. Le dimanche, c'est brunch !

Autour d'une assiette – *1 r. Chaptal - M° Pigalle - ☎ 01 42 81 15 01 - sapassionnement@aol.com - fermé sam. et dim. - 11/18€.* L'enseigne est particulièrement explicite : ce petit restaurant propose un repas presque complet autour d'une assiette composée. Exotique, baltique, italienne ou orientale, les assiettes sont toutes copieuses et joliment présentées. Pour finir en beauté, et en sucré, n'hésitez pas à commander un dessert maison. Côté décor, d'agréables couleurs égayent la salle à manger un brin « rétro ».

Café Flo – *60 bd Haussmann - Printemps de la Mode au 6ᵉ étage - M° Havre-Caumartin - ☎ 01 42 82 58 84 - fermé dim. et le soir sf jeu. - 16/35€.* Montez jusqu'au 6ᵉ étage du Printemps pour découvrir l'immense verrière de son restaurant, réalisée en 1923 et classée Monument historique. Sous ses 3 185 panneaux de verre, il vous accueillera sans prétention du petit déjeuner à l'heure du thé.

• *À table*

≈ **L'Auberge du Clou** – *30 av. Trudaine - M° Pigalle ou Anvers - ☎ 01 48 78 22 48 - aubergeduclou@wanadoo.fr - fermé lun. midi - ✂ - réserv. conseillée - 18,50€ déj. - 15/24€.* Le lieu n'est pas nouveau : Toulouse-Lautrec, Courteline et Debussy l'ont fréquenté. L'hiver, vous opterez pour la salle de l'étage afin de profiter de la cheminée. L'été, vous ne pourrez plus quitter l'agréable terrasse. Cuisine traditionnelle teintée d'exotisme.

≈ **Au Bonheur de Sophie** – *63 r. de Provence - M° Chaussée-d'Antin - ☎ 01 48 78 67 00 - fermé w.-end, le soir sf jeu. - réserv. conseillée - 16€.* Ce petit bistrot dissimulé derrière les Grands Magasins est l'endroit idéal pour faire une pause entre deux emplettes. Le cadre, bien qu'un peu étroit, est plaisant : murs beiges, vieilles photos et affiches publicitaires. La carte offre un bon choix de plats.

≈ **Paprika** – *28 av. Trudaine - M° Anvers - ☎ 01 44 63 02 91 - fermé 1ᵉʳ janv., 24 et 25 déc. - 19,50€ déj. - 19/30€.* À l'emplacement de l'Âne Rouge, rendez-vous des radicaux-socialistes au début du 20ᵉ s., ce restaurant est aujourd'hui un fief de la cuisine hongroise. Vous y goûterez charcuteries, plats typiques et vins de là-bas. Salon de thé l'après-midi ; vente à emporter. Musiciens le soir.

≈🍴 **Menthe et Basilic** – *6 r. Lamartine - M° Cadet - ☎ 01 48 78 12 20 - fermé sam. midi, lun. soir et dim. - réserv. obligatoire - 14€ déj. - 24/29€.* Le Sud inspire le décor et la cuisine de cet agréable restaurant aux murs terre de Sienne. L'éclairage bien étudié crée une ambiance intime, le service est souriant et les assiettes joliment présentées vous mettent l'eau à la bouche.

≈🍴 **I Golosi** – *6 r. de la Grange-Batelière - M° Grands-Boulevards - ☎ 01 48 24 18 63 - i.golosi@wanadoo.fr - fermé 11 au 2 août, sam. soir et dim. - 28/47€.* À l'entrée du passage Verdeau, ce bistrot vénitien sert une cuisine d'inspiration italienne dans un cadre moderne élégamment décoré de lampes de Murano, mobilier de Trévise et sol en carreaux vénitiens. À l'entrée, petit bar à vins et épicerie où quelques tables sont dressées à midi.

≈🍴 **Au Petit Riche** – *25 r. Le Peletier - M° Le Peletier - ☎ 01 47 70 68 68 - aupetitriche@wanadoo.fr - fermé dim. - 25,50€ déj. - 31/52€.* Une institution dans ce quartier d'affaires ! Depuis 1858, banquiers et boursiers s'installent dans sa belle salle au décor cossu et chaleureux, pour refaire le monde. Belle carte de vins de la Loire. Service jusqu'à 0h15.

≈🍴 **Le Barramundi** – *3 r. Taitbout - M° Richelieu-Drouot - ☎ 01 47 70 21 21 - fermé sam. midi et dim. - 40/55€.* Au rez-de-chaussée, un salon-bar propose une « world music » très appréciée.

Au niveau -1, le spacieux restaurant, à l'ambiance mi-indienne, mi-africaine, est fort prisé à l'heure du déjeuner par la clientèle d'affaires. Cuisine méditerranéenne aux saveurs épicées.

10ᵉ arrondissement

FAUBOURG POISSONNIÈRE - GRANDS BOULEVARDS - CANAL SAINT-MARTIN

Le Valmy – *145 quai de Valmy - M° Château-Landon -* ☎ *01 42 09 93 78 - fermé août, sam. midi et dim. soir - 13/28€.* De grandes baies vitrées laissent voir le canal St-Martin situé juste en face de cet ancien bar de quartier récemment relooké (couleurs gaies, tables en bois ou en mosaïque et fer forgé, murs ornés de cadres et photographies). Cuisine familiale simple et assiettes copieuses ; service assuré par une équipe jeune et conviviale. Un nouveau départ réussi !

Le Sporting – *3 r. des Récollets - M° Bonsergent -* ☎ *01 46 07 02 00 - 18/27€.* Cet ancien café de quartier a fait peau neuve tout en conservant un petit air « rétro » : murs patinés, parquet à l'ancienne, mobilier de bistrot, comptoir en bois et lustres en cristal. Carte traditionnelle suggérée sur ardoise et assiettes joliment présentées. Terrasse-trottoir face au canal.

Le Réveil du 10ᵉ – *35 r. du Château-d'Eau - M° Château-d'Eau -* ☎ *01 42 41 77 59 - fermé sam.-dim. et le soir sf jeu. et j. fériés du 1ᵉʳ mai au 1ᵉʳ oct. - réserv. obligatoire - 15,50/31€.* Ce bistrot de quartier ne paye pas de mine, pourtant il ne désemplit pas : les petits plats auvergnats (région d'origine des propriétaires) sont goûteux et servis vec une rare gentillesse. Pour une pause casse-croûte, assiettes de charcuterie ou de fromages à déguster avec un verre de vin (belle carte amoureusement sélectionnée par le patron)... Une adresse authentique et conviviale.

Hôtel du Nord – *102 quai de Jemmapes - M° Jacques-Bonsergent ou République -* ☎ *01 40 40 78 78 - fermé 13 au 28 août - 15€ déj. - 18/22€.* C'est devant cette façade au bord du canal St-Martin qu'Arletty lança sa célèbre réplique, « atmosphère, atmosphèère », dans le film *Hôtel du Nord* de Marcel Carné. Aujourd'hui ce café-restaurant, au cadre rétro, sert une cuisine classique et organise des soirées musicales.

Brasserie Flo – *7 cour des Petites-Écuries - M° Château-d'Eau -* ☎ *01 47 70 13 59 - 22,90/32,90€.* Dans une impasse pavée, cette brasserie au décor 1900 vous plonge dans le vieux Paris. Banquettes surmontées de vestiaires en cuivre rutilant, toiles anciennes et fenêtres à vitraux : un cadre pittoresque pour une cuisine bien menée. Service jusqu'à 1h30 du matin.

Julien – *16 r. du Fg-St-Denis - M° Strasbourg-St-Denis ou Château-d'Eau -* ☎ *01 47 70 12 06 - 33€.* Inattendue dans ce quartier, cette brasserie à la façade discrète cache un superbe décor Art nouveau. Sa grande salle bruyante et animée accueille depuis plus d'un siècle des clients venus déguster au coude à coude fruits de mer et cuisine copieuse. Service jusqu'à 1h30 du matin.

11ᵉ arrondissement

BASTILLE - BELLEVILLE - FAUBOURG SAINT-ANTOINE - RÉPUBLIQUE

• Sur le pouce

Chez l'Artiste – *153 r. de la Roquette - M° Philippe-Auguste -* ☎ *01 43 79 96 19 - 10h-20h sf dim. et fermé août - 10/20€.* Jolie salle à la fois moderne et « cosy » pour ce nouveau restaurant italien proposant une appétissante cuisine de la Botte escortée de plats du jour, salades, etc. La superbe terrasse ombragée de platanes, très prisée aux beaux jours, s'avère également idéale pour boire un verre l'après-midi.

• À table

Chez Paul – *13 r. de Charonne - M° Bastille -* ☎ *01 47 00 34 57 - réserv. conseillée le soir - 19,82/30€.* Ici la patine est authentique... Cet ancien café-charbon-limonade centenaire accueille de nombreux habitués qui perpétuent l'esprit de famille du lieu. Aux murs, vieux miroirs, vieilles affiches publicitaires et tableaux. Dans l'assiette, une cuisine bistrotière bien ficelée.

Le Souk – *1 r. Keller - M° Ledru-Rollin ou Bastille -* ☎ *01 49 29 05 08 - fermé lun. - réserv. conseillée le soir - 22/35€.* Passez le comptoir d'épices et entrez dans cette maison aux couleurs marocaines : boiseries sculptées, tableaux orientalistes et musiques du Maghreb vous transporteront au-delà de la Méditerranée. Savourez les copieux couscous ou les tajines aux parfums subtils.

Taco Loco – *116 r. Amelot - M° Filles-du-Calvaire -* ☎ *01 43 57 90 24 - fermé 12 au 26 août, lun. midi et dim. - 22,44/40€.* Les aficionados apprécient ce restaurant mexicain simple, sa décoration typique et ses plats authentiques et familiaux préparés dans la cuisine au cœur de la salle. Vous les dégusterez dans une ambiance conviviale et à prix sages.

Blue Elephant – *43 r. de la Roquette - M° Bastille ou Voltaire -* ☎ *01 47 00 42 00 - fermé sam. midi - 20€ déj. - 25/54€.* Une étape thaïlandaise à l'ombre de la Bastille : dans la cohue de cette rue animée, ce restaurant ouvre ses portes sur un décor exotique où plantes vertes, mobilier de rotin et nappes typiques participent au dépaysement... d'une cuisine aux mille saveurs. Service jusqu'à minuit.

Ph. Gajic/MICHELIN

Le Blue Elephant.

⊖🍽 **Bodega La Plancha** – *34 r. Keller - M° Voltaire -* ☎ *01 48 05 20 30 - fermé 11 au 18 août, le midi, dim. et lun. -* 🍴 *- 26,67/38,11€.* Les soirées sont très animées dans les 12 m de ce restaurant basque tapissé d'affiches, de photos anciennes et de cartes postales. Il faut jouer des coudes pour déguster, dans la bonne humeur, les chipirons à l'encre, les pimientos et le gâteau basque.

⊖🍽 **Bistrot Les Sans-Culottes** – *27 r. de Lappe - M° Bastille ou Ledru-Rollin -* ☎ *01 48 05 42 92 - fermé lun. - 22€ déj. - 27/35€.* Avant de vous jeter dans la vie nocturne de la rue de Lappe, restaurez-vous dans ce bistrot aux allures 1900. Tout y est : joli zinc et son percolateur, boiseries, moulures, menu annoncé sur l'ardoise du jour et ambiance très conviviale. Quelques chambres.

⊖🍽 **Mansouria** – *11 r. Faidherbe - M° Faidherbe-Chaligny -* ☎ *01 43 71 00 16 - fermé 9 au 15 août, lun. midi, mar. midi et dim. - 29/44€.* Ancienne ethnologue, Fatima Hal est une figure parisienne de la cuisine marocaine : notamment grâce à ses écrits sur les recettes de son pays. Dans son restaurant, la cuisine est faite par des femmes, comme là-bas, et servie dans un décor typique.

⊖🍽 **Maison Chardenoux** – *1 r. Jules-Vallès - M° Charonne ou Faidherbe -* ☎ *01 43 71 49 52 - 23€ déj. - 38/50€.* Un vrai bistrot parigot ! Avec son authentique décor de 1904, ses vieux meubles et ses peintures patinées, ce petit restaurant est sympathique comme tout et on se serre les coudes dans sa salle étroite pour déguster sa cuisine revigorante.

12ᵉ arrondissement

BASTILLE - BERCY - FAUBOURG SAINT-ANTOINE

• *Sur le pouce*

Le Bihan Café – *4 r. de Bercy - M° Cour-Saint-Émilion -* ☎ *01 40 19 09 95 - bihancafe@moos.fr - fermé sam. midi, dim.*

soir et lun. soir - 14,50/30€.* Ce bar à vins est « l'adresse » à dénicher a deux pas de la très fréquentée Cour St-Émilion. Le cadre authentique et la bonne humeur communicative du patron vous feront d'emblée aimer l'endroit. Impressionnant choix de vins (choisis uniquement chez de petits récoltants) à découvrir accompagné d'une salade, d'un plat du jour ou une belle assiette de charcuterie d'Auvergne...

Chez Peppe – *30 r. Traversière - M° Gare-de-Lyon -* ☎ *01 43 47 31 69 - ouv. tlj 10h-14h30, 16h30-20h30 - 7/8€.* C'est toute l'Italie qui s'offre à vous dans cette jolie épicerie proche de la gare de Lyon. Produits typiques de la Botte et la spécialité maison : les liqueurs aux mille parfums. Quelques tables pour goûter aux plats préparés par Peppe en personne : aubergines grillées, lasagnes, tortellini, etc.

• *À table*

⊖ **L'Aubergeade** – *17 r. Chaligny - M° Reuilly-Diderot -* ☎ *01 43 44 33 36 - fermé 23 déc. au 2 janv. - 9/22€.* Voici une adresse à garder précieusement pour son joli cadre en bois verni où les tables jouent à touche-touche, son ambiance décontractée, ses assiettes traditionnelles généreusement servies et ses prix légers.

⊖ **... Comme Cochon** – *135 r. de Charenton - M° Gare-de-Lyon -* ☎ *01 43 42 43 36 - fermé août, dim. et lun. - réserv. conseillée - 15/25€.* Un incontournable du quartier. En cuisine, goûteux petits plats traditionnels mitonnés au gré du marché et intéressante carte des vins (belle sélection de petits producteurs). En salle, convivialité et service souriant... Dernier argument pour convaincre : même l'addition ne vous fera pas faire une tête de cochon !

⊖🍽 **Le Vinéa Café** – *26-28 cour St-Émilion - M° Cour-Saint-Émilion -* ☎ *01 44 74 09 09 - 23/29€.* L'esprit du vin flotte encore sur Bercy : humez-le dans cet ancien entrepôt. Vieilles poutres et murs de pierre flirtent avec une cuisine tendance et quelques plats bistrot, dans un décor revisité. Possibilité de boire un verre au bar zébré ou sur la terrasse, à deux pas des cinémas.

⊖🍽 **Jean-Pierre Frelet** – *25 r. Montgallet - M° Montgallet -* ☎ *01 43 43 76 65 - marie_rene.frelet@club-internet.fr - fermé vac. de fév., août, sam. midi et dim. - 25€.* Au milieu des commerces de cette petite rue, on remarque à peine la façade étroite de ce restaurant. Il faut pourtant pousser sa porte et s'y attabler pour savourer les plats gourmands du patron qui, après avoir travaillé des années chez les grands, s'est installé à son compte.

⊖🍽 **Café Barge** – *5 port de la Rapée - M° Gare-de-Lyon - au pied de la RATP et du pont Charles-de-Gaulle -* ☎ *01 40 02 09 09 - réserv. conseillée - 29€ déj. - 30/45€.* Cette barge qui transportait autrefois du pétrole accueille aujourd'hui à son bord un restaurant plutôt « tendance » doublé d'un bar au décor inspiré par l'Orient. Côté cuisine, des recettes dans l'air du temps qui panachent fondamentaux de l'hexagone et clins d'œil au Sud. Belle terrasse dressée sur le quai.

⊜⊜ **Le Grand Bleu** – *Bd de la Bastille, port de plaisance de l'Arsenal - M° Bastille - ☎ 01 43 45 19 99 - fermé fév. - 13,72€ déj. - 30/48€.* Non vous ne rêvez pas, vous êtes bien au cœur de Paris ! Attablé à cette terrasse qui surplombe le charmant port de plaisance de la capitale et son jardin, vous êtes sous la Bastille, à 50 m à peine du Génie... Service dans la véranda si le soleil boude. Cuisine de poissons.

⊜⊜ **L'Ébauchoir** – *45 r. de Cîteaux - M° Reuilly-Diderot - ☎ 01 43 42 49 31 - ebauchoir@wanadoo.fr - fermé lun. midi et dim. - réserv. conseillée le soir - 23€ déj. - 35/60€.* À midi, c'est la cantine des gens du quartier qui viennent y déguster de petits plats tout ce qu'il y a de plus traditionnel dans un vrai décor de bistrot avec tables en chêne, murs patinés et grande fresque. Ambiance plus calme et confidentielle le soir.

⊜⊜⊜ **Quincy** – *28 av. Ledru-Rollin - M° Ledru-Rollin - ☎ 01 46 28 46 76 - fermé 10 août au 10 sept., w.-end et lun. - ⊟ - 42/70€.* Pour déguster une solide et savoureuse cuisine de terroir sans chichi... Dans un décor inspiré des auberges de province avec ses lambris, ses poutres, ses nappes vichy et ses chaises de paille, l'ambiance est bon enfant et la carte alléchante.

⊜⊜⊜ **Le Train Bleu** – *À la gare de Lyon (1ᵉʳ étage) - M° Gare-de-Lyon - ☎ 01 43 43 09 06 - isabelle.car@compass-group.fr - 42,50€.* Incontournable ! Cette somptueuse brasserie 1900 au luxueux décor de fresques, rehaussé de moulures dorées à la feuille, fait partie du patrimoine historique parisien. Comme une invitation au voyage, ses fresques de paysages vous transporteront...

13ᵉ arrondissement

GOBELINS

• *Sur le pouce*

Fournil St-Nicolas – *18 r. Neuve-Tolbiac - M° Bibliothèque-F.-Mitterrand - ☎ 01 45 70 00 10 - ouv. lun.-ven. 7h30-17h30, sam. 10h30-18h, fermé dim. - ⊟ - 5,20/10€.* John Montagu, quatrième comte de Sandwich (1718-1792), ne voulant quitter une passionnante partie de cartes pour se mettre à table, conseille à son cuisinier de placer une tranche de viande froide entre deux tartines de pain. Le sandwich est né. Au Fournil St-Nicolas, l'invention du noble Anglais est

agrémentée de mille et une façons. À croquer en toute simplicité.

L'Avenue – *120 av. de France - M° Bibliothèque-F.-Mitterrand - ☎ 01 45 85 41 48 - ouv. 7h-2h - 15/30€.* Adresse pratique pour reprendre quelques forces au cours de l'exploration du quartier. Salades composées, pizzas, plats de viande et desserts sont servis dans un cadre moderne mariant le gris et le violet. Les jours de grand beau temps, la terrasse est prise d'assaut !

Des Crêpes et des Cailles – *13 r. de la Butte-aux-Cailles - M° Corvisart - ☎ 01 45 81 68 69 - 8,50/15€.* Cette petite échoppe attire l'œil avec sa façade peinte en jaune vif. La gentillesse de l'accueil et l'ambiance bon enfant compensent l'exiguïté de la salle. Bon choix de crêpes (simples ou complètes) à déguster sur place, un peu plus réduit pour la vente à emporter.

• *À table*

⊜ **Le Jardin des Pâtes** – *33 bd Arago - M° Les Gobelins - ☎ 01 45 35 93 67 - fermé 23 déc. au 6 janv. et dim. - 20€.* Non loin de la Manufacture des Gobelins, cette terrasse sous les marronniers du boulevard précède la petite façade fleurie d'une minuscule salle au mobilier en bois. Carte de pâtes maison, aux farines biologiques et préparées de façon originale.

⊜ **La Tonkinoise** – *20 r. Philibert-Lucot - M° Porte-de-Choisy - ☎ 01 45 85 98 98 - Fermé en août et lun. - ⊟ - 9,60€ déj. - 16/25€.* Accueil sympathique, convivialité et décor tout en sobriété pour ce restaurant proposant une cuisine plus vietnamienne que chinoise. N'hésitez pas à goûter aux spécialités maison : bulots à la vapeur, poulet aux fines herbes, galettes de crevettes, etc.

⊜ **Nouveau Village Tao-Tao** – *159 bd Vincent-Auriol - M° Nationale ou Place-d'Italie - ☎ 01 45 86 40 08 - 10,67€ déj. - 19,82/24,39€.* À quelques enjambées de Chinatown, voilà une étape pour ceux qui souhaitent poursuivre le voyage : sert une cuisine chinoise bien sûr et thaïlandaise, pour pimenter la découverte. Les menus du déjeuner sont très attrayants, carte le soir.

⊜ **À la DouceurAngevine** – *1 r. Xaintrailles - M° Bibliothèque-F.-Mitterrand - ☎ 01 45 83 32 30 - fermé le soir sf du jeu. au dim. - réserv. obligatoire - 20/30€.* Les habitués de ce bistrot au charme délicieusement suranné embrassent Catherine, la maîtresse des lieux. Sa cuisine, mitonnée sous vos yeux avec les produits du marché, est à son image : simple, généreuse et amicale. La carte des vins valorise évidemment les jolis crus de la douce région angevine.

⊜ **Les Cailloux** – *58 r. des Cinq-Diamants - M° Corvisart - ☎ 01 45 80 15 08 - restaurant-lescailloux@noos.fr - fermé dim. et lun. - 16€ déj. - 20/25€.* Une situation de choix pour cette jolie trattoria et sa terrasse prise d'assaut dès les premiers beaux jours. La cuisine italienne (pâtes, bruschetta, plats au fruits de mer, etc.) et les vins choisis, à prix doux, ont déjà conquis la clientèle jeune et branchée du quartier.

🍽🍽 **La Zygothèque** – *15 bis r. de Tolbiac - M° Bibliothèque-F.-Mitterrand - ☎ 01 45 83 07 48 - fermé sam. midi et dim. - 21/27€.* La Zygothèque ? Un décor pas zarbi pour un sou, mais plutôt « cosy ». Le chef n'est d'ailleurs pas du genre zigoto, et en zappant de plat en plat sur sa carte de cuisine française, vous z'y trouverez de quoi rester zen. Si vous êtes aux alentours de la Très Grande Zygothèque... Zut ! Bibliothèque, allez-y et zon !

🍽🍽 **L'Avant Goût** – *26 r. Bobillot - M° Place-d'Italie - ☎ 01 53 80 24 00 - fermé 1er au 12 janv., 1er au 10 mai, 14 août au 6 sept., sam. au lun. - réserv. obligatoire - 27€.* Près de la place d'Italie, ce petit bistrot moderne propose une cuisine gourmande, au goût du jour, avec un menu-carte attrayant et une belle sélection des vins au verre. Et comme sa réputation n'est plus à faire, il fait salle comble midi et soir dans une ambiance chaleureuse...

🍽🍽 **Chez Jules et Jim** – *128-162 av. de France - M° Bibliothèque-F.-Mitterrand - ☎ 01 56 61 44 02 - fermé dim. et lun. - 40/70€.* L'enseigne de ce restaurant chic rend hommage à l'œuvre de F. Truffaut. Les immenses baies vitrées font penser à un grand écran panoramique et la carte à celle d'un scénario : le prélude (entrées), l'intrigue (poissons et viandes) et le dénouement (desserts). Recettes multiculturelles : l'huître rencontre le parmesan, le saumon embrasse le gingembre et le canard fond pour le poivre de Séchuan.

14e arrondissement

DENFERT-ROCHEREAU - MONTPARNASSE - MONTSOURIS

• Sur le pouce

Crêperie Le Petit Josselin – *59 r. du Montparnasse - M° Edgar-Quinet ou Notre-Dame-des-Champs - ☎ 01 43 22 91 81 - fermé août et dim. - 9€ déj. - 15€.* Près de la gare Montparnasse, où arrivèrent et restèrent une partie des Bretons de la capitale, les crêperies ont fleuri... Celle-ci fait figure de petite ambassade de la Bretagne et les crêpes se préparent sous vos yeux, comme là-bas. Aux murs, tableaux en bois sculpté et faïences de Quimper.

• À table

🍽 **Au 14 juillet il y a toujours des lampions** – *99 r. Didot - M° Plaisance - ☎ 01 40 44 91 19 - 10,52€ déj. - 16,01/27,44€.* Objets chinés ici ou là, murs couverts d'affiches anciennes, vieux poêle à bois, suspensions en porcelaine et lampions colorés éclairant le bar composent le décor de ce bistrot à l'enseigne festive peu commune. Ardoise de suggestions du jour.

🍽🍽 **À La Bonne Table** – *42 r. Friant - M° Porte-d'Orléans - ☎ 01 45 39 74 91 - fermé 11 juil. au 1er août, 25 déc. au 2 janv., sam. midi et dim. - 25€.* Accueillant restaurant situé au rez-de-chaussée d'un immeuble haussmannien. Plafond à moulures, banquettes (confortables) et papier peint demeurent un brin tristounets ? C'est que la bonne surprise se trouve au fond de l'assiette : pour un prix attractif, le chef, d'origine japonaise, concocte une cuisine traditionnelle bien de chez nous.

🍽🍽 **Monsieur Lapin** – *11 r. Raymond-Losserand - M° Gaîté - ☎ 01 43 20 21 39 - fermé août, lun. et mar. - réserv. obligatoire - 30/47€.* Avec son amusante façade d'auberge de campagne fleurie, ce restaurant met le lapin à l'honneur. Célébré par une collection d'objets, il est aussi par la carte... qui le sert à toutes les sauces. Décor rétro sympathique. Menu gourmand à prix doux.

🍽🍽 **La Régalade** – *49 av. Jean-Moulin - M° Alésia - ☎ 01 45 45 68 58 - bruno.doucet1@libertysurf.fr - fermé août, lun. midi et w.-end - réserv. obligatoire - 30€.* Près de la porte de Châtillon, ce bistrot rustique à l'ambiance familiale sert une solide cuisine traditionnelle renouvelée en fonction du marché et de la saison. Outre ses goûteux petits plats, tout le monde y court pour son accueil très souriant et sa belle sélection de vins.

🍽🍽 **Au Moulin Vert** – *34 bis r. des Plantes - M° Plaisance ou Alésia - ☎ 01 45 39 31 31 - 32€.* Un petit coin de verdure en plein cœur de Paris. Mobilier peint en vert, nappes blanches et belles plantes d'intérieur dans la véranda, imposants feuillus et haie de thuyas côté terrasse. Plats classiques d'un bon rapport qualité-prix.

La Coupole.

Ph. Gajic/MICHELIN

🍽🍽 **La Coupole** – *102 bd du Montparnasse - M° Vavin - ☎ 01 43 20 14 20 - cmonteiro@groupeflo.fr - 32,90€.* On ne présente plus ce haut lieu de la vie parisienne : célèbre dancing au début du 20e s., cette brasserie 1920, qui a conservé son magnifique décor avec ses fresques, son superbe bar et ses longues baies vitrées, continue d'accueillir les couche-tard dans une ambiance bruyante et animée... jusqu'à 1h30 du matin.

15e arrondissement

JAVEL - MONTPARNASSE - TOUR EIFFEL - VAUGIRARD

• *Sur le pouce*

Bombay Café – 19 av. Félix-Faure - M° Félix-Faure - ☎ 01 40 60 91 11 - bombay@club-internet.fr - 8/15€. Plaisante atmosphère coloniale en ce restaurant dont l'enseigne évoque la ville indienne. Boiseries, photos de l'époque britannique, casques de colons et divers bibelots servent de cadre à une cuisine d'inspiration anglaise mâtinée de quelques épices du continent asiatique. Salon de thé l'après-midi ; brunch le dimanche.

L'Infinithé – 8 r. Desnouettes - M° Convention - ☎ 01 40 43 14 23 - fermé soir et w.-end sf premier dim. de chaque mois - réserv. conseillée - 18/25€. Ce tout petit salon de thé restitue à merveille l'ambiance des années 1930. Décor soigné - boiseries, vaisseliers, petits guéridons, nappes brodées et sucriers chinés dans les brocantes -, ambiance jazzy et goûteuses pâtisseries maison.

• *À table*

Le Sept/Quinze – 29 av. de Lowendal - M° Cambronne - ☎ 01 43 06 23 06 - fermé 4 au 25 août et dim. - 22€ déj. - 24€. Proche de l'École militaire et de l'Unesco, cet ancien bistrot s'habille de couleurs vives et d'œuvres d'art originales. Dans une joyeuse ambiance bruyante, on s'y bouscule, en toute simplicité, pour déguster une alléchante cuisine soignée à prix tout doux.

Au Soleil de Minuit – 15 r. Desnouettes - M° Convention - ☎ 01 48 28 15 15 - fermé 3 au 25 août, 21 déc. au 1er janv., dim. et lun. - 20€ déj. - 35€. Aux couleurs du drapeau finlandais, cette petite maison toute de blanc et de bleu habillée est en dehors des circuits touristiques mais à proximité de Paris Expo Porte de Versailles. Après un verre d'aquavit, laissez-vous tenter par les spécialités du cru comme le hareng mariné ou les pavés d'élan et de renne aux airelles...

Beurre Noisette – 68 r. Vasco-de-Gama – M° Lourmel - ☎ 01 48 56 82 49 – fermé 1er au 25 août ; dim. et lun. – 27€ – La cuisine au goût du jour est mitonnée avec soin et les suggestions, au gré du marché, sont à découvrir sur l'ardoise. Deux salles, simples et contemporaines.

Le Beau Violet – 92 r. des Entrepreneurs - M° Commerce - ☎ 01 45 78 93 44 - fermé août et dim. - réserv. obligatoire le soir - 30€. Adresse idéale pour faire un tour culinaire de l'île de Beauté. Les plats mitonnés dans la cheminée et servis dans des cassolettes en cuivre sont un vrai bonheur, et décor et musique traduisent bien l'âme corse. On se croirait au pays !

16e arrondissement

AUTEUIL - BOIS DE BOULOGNE - MUETTE-RANELAGH - PASSY - TROCADÉRO

Le Bistrot des Vignes – 1 r. Jean-Bologne - M° La Muette - par la rue de l'Annonciation - ☎ 01 45 27 76 64 - réserv. conseillée - 12€ déj. - 16/28€. Voici un petit bistrot où il fait bon prendre son temps. Le décor coloré en bois teinté est très chaleureux et la cuisine entre Provence et Aveyron est un régal. Accueil sympathique ; cuisine jeune et efficace.

Brasserie de la Poste – 54 r. de Longchamp - M° Trocadéro - ☎ 01 47 55 01 31 - fermé sam. midi et dim. midi - 16/26€. Dans une salle tout en longueur, cette brasserie de quartier a réuni autour de sa table une clientèle d'habitués qui apprécie sa cuisine généreusement servie et ses menus sages. L'ambiance sympathique et le décor inspiré des années 1930 contribuent sans nul doute à son succès.

A et M. Le Bistrot – 136 bd Murat - M° Porte-de-St-Cloud - ☎ 01 45 27 39 60 - am-bistrot-16@wanadoo.fr - fermé 1er au 20 août, sam. midi et dim. - 23/30€. Décor moderne et cuisine au goût du jour pour ce bistrot à deux pas de la Seine, dans un quartier résidentiel. Ses propriétaires, qui n'en sont pas à leur coup d'essai, jouent ici la carte de la transparence et ont ouvert leur cuisine sur la salle.

La Gare – 19 chaussée de La Muette - M° La Muette - ☎ 01 42 15 15 31 - 27/32€. Dîner sur les quais ou déjeuner rapide dans l'ancienne salle d'attente : vous êtes à la gare de Passy-La Muette ! Construite en 1854, elle abrite aujourd'hui un restaurant assidûment fréquenté par les « beautiful people » du quartier. Décor étonnant et terrasse d'été. Cuisine dans l'air du temps. Service jusqu'à 23h30.

Le Petit Rétro – 5 r. Mesnil - M° Victor-Hugo - ☎ 01 44 05 06 05 - fermé août, sam. midi et dim. - réserv. conseillée le soir - 30/35€. De très belles faïences Art nouveau ornent ce charmant bistrot, dans un quartier ultra-chic. Préférez la première salle, avec son vieux zinc ou découvrez la nouvelle salle à manger. Au déjeuner, menu du jour plus abordable que la carte du soir. Cuisine bien ficelée.

Le Totem – 17 pl. du Trocadéro, musée de l'Homme, palais de Chaillot - M° Trocadéro - ☎ 01 47 27 28 29 - 38/55€. Face à la tour Eiffel, l'une des plus belles terrasses de la capitale. La grande salle dans le palais de Chaillot a aussi beaucoup de charme avec ses impressionnants totems, ses objets indiens et ses couleurs chaudes. Pensez à réserver. Salon de thé l'après-midi.

Al Mounia – 16 r. de Magdebourg - M° Trocadéro ou Iéna - ☎ 01 47 27 57 28 - réserv. obligatoire le soir - 19€ déj. - 38,11/61€. Dans un authentique décor marocain, aux murs sculptés et frises orientales, vous dégusterez pastillas, couscous et tajines sur de grands plateaux de cuivre, confortablement installé sur des banquettes basses. Service en tenue traditionnelle. Méchoui sur commande.

⊖⊖🍽 **Le Pré Catelan** – *Rte de Suresnes dans le bois de Boulogne - depuis la porte Maillot prendre l'allée de Longchamp puis l'allée de la Reine -* ☎ *01 44 14 41 14 - fermé 13 fév. au 7 mars, 23 oct. au 2 nov., dim. sf le midi en sais. et lun. - 60€ déj. - 120/150€.* Dans le bois de Boulogne, à la lisière du ravissant jardin du Pré Catelan, ce pavillon Napoléon III est un merveilleux endroit. Avec son décor luxueux, son jardin d'hiver et sa belle terrasse, il continue de séduire le Tout-Paris qui s'y presse pour savourer sa cuisine étoilée. Menu déjeuner à prix intéressant.

17e *arrondissement*

CHAMPS-ÉLYSÉES - MONCEAU

• Sur le pouce

La Table Oliviers O & Co – *8 r. de Lévis - M° Villiers -* ☎ *01 53 42 18 04 - levis@oliviers-co.com - fermé août, dim. et tous les soirs - 16/23,50€.* Ce nouveau concept de restaurant-boutique semble avoir trouvé la formule qui marche : une grande table d'hôte dressée au milieu d'étagères en bois garnies de produits dédiés à l'huile d'olive et des recettes originales salées ou sucrées.

Le Café Jacquemart-André – *158 bd Haussmann - M° Miromesnil ou Saint-Philippe-du-Roule -* ☎ *01 45 62 11 59 – 11h30-17h30 – 13/20€.* Installé dans l'ancienne salle à manger d'Édouard André et de Nélie Jacquemart, ce restaurant-salon de thé, non-fumeur, est un délicieux endroit pris d'assaut le midi par les gens du quartier. Sous un splendide plafond de Tiepolo et de grandes tapisseries illustrant la légende d'Achille, grignotez salades, quiche du jour ou pâtisseries. Terrasse côté cour.

• À table

⊖ **Macis & Muscade** – *110 r. Legendre - M° Rome -* ☎ *01 42 26 62 26 - macis.muscade@wanadoo.fr - fermé sam. midi, dim. soir et lun. -* 🚭 *- 16€ déj. - 15/20€.* La première partie de cette enseigne emprunte son nom à l'enveloppe protectrice de la noix de muscade ; la seconde est connue de tous. Il faut dire que le patron de ce restaurant de quartier voue une vraie passion aux épices, herbes, aromates et parfums. Les habitués reviennent pour le cadre frais et coloré, la petite terrasse dressée sur le trottoir et le service décontracté.

⊖ **Le Petit Villiers** – *75 av. de Villiers - M° Wagram -* ☎ *01 48 88 96 59 - fermé Noël - réserv. conseillée - 13€ déj. - 16,50/25€.* Ce restaurant de la très chic avenue de Villiers joue souvent à guichet fermé. Les clés du succès ? Un menu proposant un choix varié et attractif, une cuisine classique bien troussée, des prix plutôt raisonnables pour le quartier, un cadre de bistrot et des nappes vichy en toile cirée et un service souriant compris dans l'addition.

⊖⊖ **Café d'Angel** – *16 r. Brey - M° Charles-de-Gaulle-Étoile ou Ternes -* ☎ *01 47 54 03 33 - fermé 31 juil. au 22 août, 20 déc. au 4 janv., w.-end et j. fériés - 22€ déj. - 19€.* Look rétro pour une cuisine au goût du jour, enlevée et gourmande, dans ce petit bistrot proche de l'Étoile. Le jeune chef officie dans la cuisine, que l'on aperçoit de la salle où banquettes de skaï, vieux carrelage et menu à l'ardoise donnent le ton. Prix très raisonnables à midi.

⊖⊖ **Le Morosophe** – *83 r. Legendre - M° Rome -* ☎ *01 53 06 82 82 - fermé dim. - 25/38,11€.* Tons framboise, boiseries, statuettes et mobilier bistrot composent le décor de ce restaurant dont l'enseigne signifie « sage-fou » dans le dictionnaire rabelaisien. La cuisine, inventive, est joliment présentée. Intéressante carte des vins.

⊖⊖ **Caves Petrissans** – *30 bis av. Niel - M° Pereire ou Ternes -* ☎ *01 42 27 52 03 - cavespetrissans@noos.fr - fermé 26 juil. au 2 août et w.-end - réserv. obligatoire - 33€.* Plus que centenaire, cette maison est une institution parisienne. Son atmosphère de bistrot parigot, sa cuisine revigorante et sa cave (bien sûr !) continuent de faire son succès. On se presse sur ses banquettes de moleskine ou, en été, sur sa terrasse dressée sur le trottoir.

⊖⊖🍽 **Graindorge** – *15 r. de l'Arc-de-Triomphe - M° Charles-de-Gaulle-Étoile -* ☎ *01 47 54 00 28 - fermé sam. midi et dim. - 28€ déj. - 42/64€.* Une cuisine inspirée des Flandres, la terre natale du jeune chef, à deux pas de l'Étoile... Banquettes de velours rouge, grands miroirs décorés et beau comptoir de service plantent un amusant décor de style Art déco. Carte des vins étoffée d'un choix de bières.

⊖⊖🍽 **Les Béatilles** – *11 bis r. Villebois-Mareuil - M° Charles-de-Gaulle-Étoile -* ☎ *01 45 74 43 80 - fermé août, vac. de Noël et w.-end - 40€ déj. - 45/70€.* Voilà une table qui mérite l'attention des vrais gourmets ! Alléché par sa carte, vous serez conquis par sa cuisine bien ficelée servie dans une jolie salle, d'un modernisme de bon aloi. Son accueil attentionné achèvera de vous séduire.

18e *arrondissement*

MONTMARTRE

• Sur le pouce

L'Été en Pente Douce – *23 r. Muller - M° Anvers -* ☎ *01 42 64 02 67 - fermé 24-25, 31 déc. et 1er janv. - 8,50€ déj. - 13/26€.* Du Sacré-Cœur, descendez quelques marches dans cette ruelle pour vous attabler à la délicieuse terrasse de cette ancienne boulangerie, transformée en restaurant-salon de thé. Vous y dégusterez salades, assiettes composées et pâtisseries en face du joli jardin public.

La Chouette – *113 r. de Crimée - M° Laumière -* ☎ *01 42 45 60 15 - fermé 8 au 20 août, sam. midi et dim. -* 🚭 *- 8,23/8,69€.* Ce petit restaurant de quartier est une véritable aubaine ! Le menu, élaboré en fonction du marché, propose un choix varié pour une somme des plus modiques. Le décor est minimaliste, seulement quelques photos et peintures, et l'accueil très aimable.

• **À table**

🍽 **La Mère Catherine** – *6 pl. du Tertre - M° Abbesses -* ☎ *01 46 06 32 69 - lamerecatherine@voila.fr - 16/38€.* Une gloire montmartroise ! Et pour cause ! Outre son emplacement, mythique, cette maison du 17ᵉ s. s'est rendue célèbre en accueillant Danton et ses disciples. Intérieur résolument rustique et terrasse prise d'assaut dès que le temps le permet.

🍽 **Le Vieux Chalet** – *14 bis r. Norvins - M° Abbesses ou Lamarck-Caulaincourt -* ☎ *01 46 06 21 44 - fermé déc., dim. soir et lun. -* 🚭 *- 16/38€.* Manger simplement sans se ruiner à 50 m de la place du Tertre, c'est possible. Entrez dans cette auberge centenaire aux allures provinciales et savourez la délicieuse terrasse-jardin loin de la foule comme autrefois Apollinaire et Picasso. Cuisine ménagère sans prétention.

🍽 **Le Verger de Montmartre** – *37 r. Lamarck - M° Lamarck-Caulaincourt -* ☎ *01 42 62 62 67 - 13€ déj. - 18/30€.* La façade discrète de ce restaurant dissimule un intérieur apaisant, peint dans des tons brun et orangé, et originalement meublé. La carte propose une cuisine traditionnelle. Accueil très gentil.

🍽 **Aux Négociants** – *27 r. Lambert - M° Château-Rouge -* ☎ *01 46 06 15 11 - fermé août, w.-end, lun. soir et j. fériés - 19,82/25,92€.* D'entrée, on éprouve de la sympathie pour ce lieu dédié au vin situé au pied de la butte Montmartre. Décor simple avec joli zinc en étain et clichés de Doisneau immortalisant la vie du bistrot. La carte propose de solides plats du terroir.

🍽🍽 **Per Bacco** – *10 r. Lambert - M° Château-Rouge -* ☎ *01 42 52 22 40 - fermé sam. midi et dim. - 18,29€ déj. - 27,44€.* Un peu à l'écart de la foule de Montmartre, un petit restaurant italien dont la réputation a largement dépassé le quartier. Le patron napolitain mise sur l'authenticité et de bons produits de là-bas. Le menu du déjeuner est une véritable affaire ; beau choix de vins italiens.

🍽🍽 **Rughetta** – *41 r. Lepic - M° Blanche -* ☎ *01 42 23 41 70 - larughetta@wanadoo.fr - fermé Noël et J. de l'An - réserv. conseillée - 30,49€.* Dans une des rues animées de Montmartre, ce petit restaurant italien aux murs colorés est vraiment sympathique. Tandis que le chef pianote gentiment sur les saveurs de son pays, les tables serrées sont prises d'assaut !

19ᵉ *arrondissement*

BELLEVILLE - CANAL SAINT-MARTIN - LA VILLETTE

• **Sur le pouce**

Coffee Shop – *66 bd Sérurier - M° Danube -* ☎ *01 42 49 09 50 - fermé sam. et dim. - 6/15€.* Les baies vitrées de cette crêperie-saladerie-salon de thé s'ouvrent sur

l'imposante architecture contemporaine du lycée technique Diderot. Entre deux cours, les élèves y grignotent une tartine de pain Poilâne savoureusement garnie, une salade composée ou une crêpe sucrée. Faites-en de même avant ou après la visite du square de la Butte du Chapeau-Rouge.

Salon Weber – *Allée de la Cascade, parc des Buttes-Chaumont - M° Botzaris - ouvert 12h-19h -* 🚭 *- 6/12€.* Ce pavillon de style Napoléon III dispose d'un emplacement privilégié dans la partie haute du parc. Le décor intérieur ne s'embarrasse guère de considérations esthétiques, mais plat du jour, sandwichs et crêpes complètent la carte des boissons et combleront les petites faims.

Le Rendez-Vous des Quais – *10 quai de la Seine - Cinémas MK2 - M° Jaurès -* ☎ *01 40 37 02 81 - 10/30€.* À côté des cinémas, ce restaurant au bord du bassin de la Villette vous offre une bouffée de vacances en plein Paris. Profitez de sa superbe terrasse - idyllique en été - et pour le repas, préférez plutôt la partie snack-salon de thé. Vins choisis par le cinéaste Claude Chabrol.

• **À table**

🍽 **Le Fleuve Rouge** – *1 r. Pradier - M° Pyrénées ou Belleville -* ☎ *01 42 06 25 04 - fermé w.-end - 9,45/18,60€.* Ce n'est pas un hasard si ce petit restaurant, pourtant tout simple, fait l'unanimité auprès des gens du quartier, car la convivialité y est toujours présente. Cuisine ménagère copieusement servie et plats vietnamiens sur commande. Service bon enfant.

🍽 **Le Pacifique** – *29/35 r. de Belleville - M° Belleville -* ☎ *01 42 49 66 80 - 15€ déj. - 20/25€.* En plein Belleville, ce restaurant chinois est apprécié des gens du quartier et des Asiatiques qui viennent s'attabler autour des spécialités vapeur et autres plats typiques... sans perdre une miette de ce qui se passe dehors grâce aux larges baies vitrées. Ouvert jusqu'à 2h du matin.

🍽🍽 **La Violette** – *11 av. Corentin-Cariou - M° Porte de la Villette ou Corentin-Cariou -* ☎ *01 40 35 20 45 - fermé w.-end - 20/50€.* Un décor mariant l'ancien et le contemporain (parquet et étagères en bois, mobilier design, tons noir et blanc, éclairage soigné), une cuisine traditionnelle et un service efficace et souriant vous attendent en ce restaurant voisin de la Villette.

🍽🍽 **L'Hermès** – *23 r. Mélingue - M° Pyrénées -* ☎ *01 42 39 94 70 - fermé mer. midi, dim., lun. et j. fériés - 13€ déj. - 26€.* Pas facile de dénicher la discrète façade bleue de ce petit restaurant situé près des Buttes-Chaumont. Pourtant l'adresse mérite le détour : les salles à manger sont rénovées, le menu servi à midi est une bonne affaire et, chaque mois, une nouvelle exposition investit les lieux.

20ᵉ *arrondissement*

BELLEVILLE - PÈRE-LACHAISE

🍽 **Pascaline** – *49 r. de Pixérécourt - M° Télégraphe -* ☎ *01 44 62 22 80 - 10€ déj. - 9/20€.* Un petit restaurant de quartier où le vin est roi. Il faut dire que le patron n'a pas son pareil pour nous faire découvrir des crus injustement méconnus. La cuisine, elle, s'intéresse au terroir auvergnat. Plaisante terrasse pour les beaux jours.

⊜ **Le Bistro Rital** – *1-3 r. des Envierges - M° Pyrénées - ☎ 01 47 97 08 40 - 10/15€.* Traversez le parc de Belleville et vous voici en Ritalie ! Ce restaurant propose une cuisine italienne bien inspirée dans un cadre de style bistrot. Aux beaux jours, il faudra vous armer de patience pour trouver une table en terrasse : la vue sur « paname » est à couper le souffle.

⊜ **Le Vieux Belleville** – *12 r. des Envierges - M° Pyrénées - ☎ 01 44 62 92 66 - fermé sam. midi, lun. soir et dim. - 10,37/18,29€.* L'endroit fleure bon le temps jadis, celui des titis parisiens et de leur gouaille sans pareille. Le décor, composé de photos en noir et blanc et de vinyles, rend hommage aux chanteurs des années 1940-1950. Cuisine ménagère et service sans chichi.

⊜ **Le Rez-de-Chaussée** – *10 r. Sorbier - M° Ménilmontant ou Gambetta - ☎ 01 43 58 30 14 - dufleit.bruno@wanadoo.fr - fermé à Noël - 10,50€ déj. - 15/35€.* Il règne une sympathique ambiance de brocante dans ce bistrot rétro. Tables avec piétement en fer forgé, appliques en verre dépoli, vieilles pendules et photos en noir et blanc : le décor imaginatif chine du côté des années 1930-1940. Plats au goût du jour.

⊜ **Les Allobroges** – *71 r. des Grands-Champs - M° Maraîchers - ☎ 01 43 73 40 00 - fermé 18 au 26 avr., août, 24 déc. au 5 janv., dim., lun. et j. fériés - 20/33€.* Certes, vous n'êtes pas au cœur de Paris, mais quel bonheur de trouver ce restaurant !

Derrière une jolie façade de bois clair, vous goûterez les menus du patron, autodidacte passionné, dans une ambiance sympathique et feutrée... Un incontournable du quartier.

⊜⊜ **Bistro Chantefable** – *93 av. Gambetta - M° Gambetta - ☎ 01 46 36 81 76 - fermé 24-25 déc. - 20,12/38,11€.* Après la visite du cimetière du Père-Lachaise, repassez du côté des bons vivants dans ce bistrot, situé derrière la mairie du 20e arrondissement. Moulures, patine, zinc, beau choix de vins au verre, fruits de mer et petits plats sympathiques attirent les gens du quartier. Ambiance conviviale.

⊜⊜ **Zéphyr** – *1 r. du Jourdain - M° Jourdain - ☎ 01 46 36 65 81 - luenée@wanadoo.fr - réserv. conseillée - 12,50€ déj. - 26/45€.* Retrouvez l'ambiance parisienne des années 1930 dans ce joli bistrot d'époque souvent bondé. Le cadre Art déco original est bien conservé : fresques de style cubiste, boiseries et appliques. Convivialité de mise, cuisine inventive et bon choix de vins.

La Défense

⊜⊜ **Le Café Malongo** – *15 pl. de la Défense - M° La Défense - ☎ 01 55 91 96 96 - ladefense@malongo.com - fermé w.-end et le soir - réserv. conseillée - 29,42€.* Au milieu des tours de verre et de béton, un îlot exotique créé par le célèbre torréfacteur. Côté boutique, vaste choix de cafés et de thés récoltés dans le monde entier ; côté restaurant, saveurs d'ailleurs et décor un brin colonial agrémenté de plantes tropicales.

Propositions de séjour

Ceux qui connaissent la capitale vous le diront : impossible de tout voir, de tout faire ; il y aura toujours un quartier de Paris que vous n'aurez pas complètement exploré, un musée ou un monument que vous n'aurez pas visité, un restaurant ou un bar que vous n'aurez pas « testé » ; ce qui vous donne autant d'occasions de revenir... Dans cette vaste cité, chaque micro-quartier est une sorte de village avec sa personnalité et son ambiance. D'un lieu à l'autre, l'atmosphère diffère et évolue, c'est ce qui fait aussi le charme de Paris.
Voici quelques suggestions pour vous guider dans la capitale : des idées de week-ends et des propositions pour un séjour plus long. Mais au-delà de ces quelques repères, découvrez surtout par vous-même, selon vos goûts, vos envies, votre inspiration. N'oubliez

pas que la plupart des musées nationaux sont fermés le mardi, d'autres musées (de la Ville de Paris notamment) le lundi, et que certains passages couverts ne sont pas accessibles le week-end.

idées de week-end

ART ET PERSPECTIVES

Commencez par descendre la fameuse avenue des Champs-Élysées, depuis l'Arc de Triomphe jusqu'à la place de la Concorde. De là, vous pourrez rejoindre deux sites prestigieux : les Invalides et le musée de l'Armée (et à proximité, le musée Rodin) ; le Champ-de-Mars et l'incontournable tour Eiffel qui vous livre une vue splendide sur tout Paris.

S. Sauvignier/MICHELIN

Le deuxième jour, les collections du musée du Louvre vous accueillent pour une matinée de culture artistique ; enchaînez avec une balade dans le Quartier latin, en faisant une pause dans le jardin du Luxembourg.

PARIS DANS L'HISTOIRE

Le Louvre, ses collections et ses cours intérieures sont une étape incontournable et inoubliable. Les quais de la Seine près du Quartier latin et autour des îles St-Louis et de la Cité vous offriront d'autres tableaux, grandeur nature cette fois, tout aussi mémorables : vues superbes sur des monuments historiques, bouquinistes... Le Marais est une réserve de musées (Picasso, Carnavalet, d'Art et d'Histoire du Judaïsme) et de magnifiques hôtels particuliers agrémentés de jardins. Le quartier de l'Opéra symbolise la musique et les ballets, mais aussi le luxe avec les boutiques de la rue de la Paix et de la place Vendôme.

PARIS ET LES JARDINS

Mêlant tradition et insolite parisiens, le village de Passy vous livre ses secrets. Le bois de Boulogne vous propose une halte « verte » ; le Jardin d'acclimatation et ses nombreuses activités accueilleront vos enfants. La plaine et le parc Monceau sont les gardiens du 18e s. parisien : parc charmant et calme, musée Nissim-de-Camondo au luxueux mobilier du 18e s. Peut-être serez-vous plutôt tenté par l'art asiatique du musée Cernuschi, situé juste à côté, ou par les prestigieuses collections d'arts décoratifs du 18e s. du musée Jacquemart-André. Un tour sur les Champs-Élysées et dans le jardin des Tuileries permet de finir « en beauté » ce séjour parisien.

PARIS PITTORESQUE

Explorez le Paris pittoresque à travers Montmartre et sa butte. Un passage dans le quartier St-Lazare avec les Grands Magasins vous mettra au courant des dernières tendances de la mode parisienne, que vous retrouverez également dans le quartier de Sèvres-Babylone. Le village d'Auteuil, Saint-Germain-des-Prés, son église et son faubourg sont d'agréables lieux de promenades, plutôt tranquilles si on les compare aux quartiers de l'Odéon et de Saint-Sulpice, deux royaumes estudiantins constamment animés.

LES JOYAUX DE PARIS

La Conciergerie, la Sainte-Chapelle et Notre-Dame sont les joyaux de l'île de la Cité, que vous ne manquerez certainement pas de visiter. Pour vous remettre de votre périple, reposez-vous ensuite au jardin du Luxembourg. Finissez la journée par une balade dans le quartier du Palais-Royal. Châtelet-Hôtel de Ville vous entraîne dans une ambiance très parisienne : le quartier a beau être ancien, il n'en est pas moins animé. Le faubourg St-Honoré recense les plus grands noms de la haute couture, tout comme l'avenue Montaigne et ses prestigieuses devantures. La Bastille et ses petites rues très animées la nuit sont un endroit idéal pour achever un week-end bien rempli.

idées de week-end prolongé

PARIS CULTURE

Le Marais est un lieu idéal pour se faire une première idée de Paris ; il est le gardien d'hôtels particuliers transformés en musées, de petits jardins calmes, concentrés autour d'une place monumentale (place des Vosges). Ce quartier mérite une bonne journée, et pour bien la terminer, arrêtez-vous donc à la Bastille : très animée le soir, elle a surtout l'avantage de satisfaire tous les goûts. Le 2e jour, prenez l'air en faisant le tour de l'île de la Cité (Conciergerie, Notre-Dame, Sainte-Chapelle) et de l'île Saint-Louis, puis poursuivez par les petites rues du Quartier latin et du quartier Maubert. Admirez la vue sur la Seine depuis le haut de l'Institut du Monde arabe et profitez-en pour découvrir les trésors artistiques qui jalonnent l'histoire de la civilisation arabe. Le lendemain, commencez par un chef-d'œuvre d'architecture métallique, la tour Eiffel. Choisissez ensuite une collection du musée du Louvre (mais dites-vous bien que vous ne pourrez pas tout voir en une fois). Pour compléter votre envie de culture, passez de l'art à l'histoire en visitant le cimetière du Père-Lachaise.

PARIS À TRAVERS LES ÂGES

Une journée dans le modernisme : La Défense est un exemple parfait qui, bien qu'en périphérie de Paris, permet d'apprécier une magnifique perspective. Pour rester en extérieur, et non loin de là, le bois de Boulogne (parc, lacs, Jardin d'acclimatation) vous accueille en famille.

Pour votre 2ᵉ jour, le Marais et le parc Monceau permettent d'allier promenades et visite de musées : musée Jacquemart-André, musée Carnavalet, musée d'Art et d'Histoire du Judaïsme, musée Picasso.

Après une bonne nuit de sommeil, combinez sport et culture, en escaladant la butte Montmartre, après quoi vous irez vous reposer dans l'un des innombrables cafés de ce quartier parisien si pittoresque. L'île de la Cité regroupe une multitude de chefs-d'œuvre d'architecture médiévale dans un espace réduit (Notre-Dame, Conciergerie, Sainte-Chapelle) : certainement une des plus grandes densités culturelles de la capitale.

E. Baret/MICHELIN

PARIS CHIC

Dirigez-vous tout d'abord vers La Muette-Ranelagh, quartier souvent délaissé des circuits touristiques. C'est l'occasion de découvrir un haut lieu de l'impressionnisme, le musée Marmottan, puis de rejoindre le village de Passy avec sa rue très commerçante. À proximité, le Trocadéro offre une belle perspective sur la tour Eiffel et le Champ-de-Mars. Consacrez le 2ᵉ jour à descendre la prestigieuse avenue des Champs-Élysées jusqu'à la Concorde et aux Tuileries, puis allez vous promener dans le jardin du Palais-Royal.

Le 3ᵉ jour, le quartier de l'Opéra avec la rue de la Paix et la place Vendôme, celui de la Madeleine avec la rue Royale et la rue du Faubourg-Saint-Honoré, vous donneront un aperçu du luxe parisien : boutiques de mode et bijoutiers. Pour faire quelques achats, gagnez le quartier Saint-Lazare, celui des Halles, de Sèvres-Babylone ou du Marais.

pour un séjour plus long

Voici plusieurs programmes à la journée dans lesquels vous pouvez piocher et que vous combinerez comme vous le souhaitez selon la durée de votre séjour.

LA VOIE TRIOMPHALE ET MONTMARTRE

Le parcours débute place Charles-de-Gaulle où l'on gagne la terrasse de l'Arc de Triomphe. C'est l'occasion d'apprécier une superbe vue sur Paris, de se situer et de repérer les principaux monuments. Descendez ensuite la célèbre avenue des Champs-Élysées jusqu'à la place de la Concorde et allez vous reposer un moment dans les grandes allées du jardin des Tuileries. Selon vos goûts, vous pourrez visiter un département du musée du Louvre (antiquités égyptiennes, peinture française, etc.) ou plonger dans l'atmosphère du 18ᵉ s. parisien au musée Jacquemart-André. En fin de journée, gagnez les charmants escaliers de la butte Montmartre ou le funiculaire ; si le beau temps est de la partie, le coucher du soleil sur la capitale vous laissera un souvenir impérissable. Laissez-vous porter par l'ambiance villageoise de la place du Tertre, vos pas vous mèneront certainement vers l'un des nombreux cafés ou restaurants.

LA TOUR EIFFEL ET LE PARIS CHIC

Commencez par une rencontre avec l'un des monuments les plus célèbres du monde, la tour Eiffel. Évitez de gravir les étages à pied, mieux vaut garder des forces pour la suite de la journée. À proximité, vous avez le choix entre plusieurs musées intéressants : juste de l'autre côté de la Seine, le musée d'Art moderne de la Ville de Paris ; aux Invalides, le musée de l'Armée et le musée Rodin ou, un peu plus loin, le musée d'Orsay. Dirigez-vous ensuite vers les quartiers luxueux de Paris : la rue du Faubourg-St-Honoré et sa succession d'élégantes boutiques de mode, de parfums et d'antiquités puis la place Vendôme et la rue de la Paix, toutes deux bordées de joailliers de renom. L'envie vous prend alors de faire quelques emplettes... mais à des prix plus abordables ? Direction les Grands Magasins, établis à quelques pas, boulevard Haussmann.

LES ÎLES PARISIENNES ET LE QUARTIER LATIN

Une journée ne sera pas de trop pour découvrir l'île de la Cité, l'île Saint-Louis et le Quartier latin.

Baignée par la Seine, l'île de la Cité recèle quelques merveilles : la Conciergerie, la Sainte-Chapelle et Notre-Dame. On prendra ensuite plaisir à flâner dans les ruelles et sur les quais de l'île St-Louis. Pour rester dans cette atmosphère du « vieux » Paris romantique, promenez-vous dans le Quartier latin, les pittoresques petites rues autour de l'église St-Séverin et de la place Maubert, sans oublier de faire une halte à la Sorbonne, au Panthéon et à l'église St-Étienne-du-Mont. Si vous avez encore de l'énergie, faites un petit crochet par la rue Mouffetard pour apprécier son ambiance estudiantine puis rejoignez le fameux quartier de Saint-Germain-des-Prés où les terrasses de Sully, la place des Vosges, les terrasses des Deux Magots et le Café de Flore invitent à une halte bien méritée. Avant de rentrer, offrez-vous une petite promenade digestive jusqu'au pont des Arts : vous aurez là une des vues les plus romantiques sur les quais de Seine et le vieux Paris.

BEAUBOURG ET LE QUARTIER DES HALLES

Amateur de fauvisme, de cubisme ou d'expressions plus contemporaines, débutez votre journée par une visite du Centre Georges-Pompidou. Il est agréable ensuite de se promener dans les rues médiévales adjacentes (rue des Lombards, rue Quincampoix) et de faire un peu de shopping dans les boutiques du quartier des Halles. En vous dirigeant vers l'église Saint-Eustache vous accéderez facilement à la rue Montorgueil. De nombreuses ruelles pavées sillonnent ce quartier piéton où alternent les cafés et les restaurants à la mode. Au terme de cette promenade, pourquoi ne pas vous détendre à la terrasse du café Le Rocher de Cancale.

LE MARAIS ET LE SQUARE DU TEMPLE

L'un des plus beaux quartiers historiques de Paris, le Marais, vous promet un parcours ponctué de surprises. Rues anciennes, cours intérieures, placettes, hôtels particuliers..., vous ne saurez où porter votre regard. Ne manquez pas l'hôtel de Sully, la place des Vosges, la place du Marché-Ste-Catherine, la rue des Francs-Bourgeois, l'hôtel de Rohan. Les gourmets se régaleront de spécialités orientales et casher rue des Rosiers : un simple *falafel* ou un repas plus complet. En outre, les rues sont bordées de boutiques de mode, de décoration et de bijoux. Marchez sans but précis. Vous pourrez consacrer l'après-midi à la découverte du musée Picasso, du musée Carnavalet ou du musée d'Art et d'Histoire du Judaïsme. Le soir, si vous êtes à la recherche d'animation, restez dans le secteur autour des rues Vieille-du-Temple, du Trésor et du Roi-de-Sicile, où se concentrent de multiples bars fréquentés par les gays, les étudiants, les artistes et les touristes. En montant la rue Vieille-du-Temple vous atteindrez le quartier du Temple, avec son marché couvert très coloré et son square, havre de tranquillité. La rue de Picardie abrite le café Web bar qui propose des cours de tango, des parties d'échecs ou encore des connexions Internet.

BASTILLE ET LE FAUBOURG SAINT-ANTOINE

La Bastille et ses alentours concentrent de nombreux restaurants, bars et boîtes de nuit. Bien que ce quartier ait perdu en authenticité ces dernières années avec l'ouverture de tous ces lieux « branchés », il y demeure quelques attractions incontournables : l'opéra, le marché Richard-Lenoir, ou encore les quais de l'Arsenal. En empruntant la rue du Faubourg-Saint-Antoine, vous longerez ces fameux cafés à la mode qui attirent une foule de parisiens le week-end. En prolongeant vers le métro Faidherbe-Chaligny, vous traverserez le marché d'Aligre très coloré.

Ph. Gajic/MICHELIN

Le marché d'Aligre est une institution pour les habitants du quartier, et pour nombre de Parisiens.

BELLEVILLE ET LE CANAL ST-MARTIN

Le quartier de Belleville abrite des communautés aux origines très diverses. Les restaurants asiatiques côtoient les cafés arabes où l'on vous proposera de fumer le narguilé autour d'un thé à la menthe. À proximité vit également une importante communauté juive avec sa synagogue, ses écoles et ses restaurants. Après une promenade dans les rues populaires du quartier, le parc de Belleville vous accueille et offre un panorama sur tout Paris. Pour varier les plaisirs et ménager vos jambes, nous vous suggérons un tour en bateau sur le canal St-Martin (que vous trouverez en descendant la rue du Faubourg-du-Temple vers République) ; vous découvrirez une autre facette du paysage parisien : une pittoresque voie d'eau jalonnée de passerelles de fer et d'écluses.

AUTOUR DES GRANDS BOULEVARDS ET DE LA VILLETTE

La Madeleine et l'Opéra Garnier, deux lieux mythiques de la rive droite, méritent une visite. Non loin, autour des métros Bourse et Grands-Boulevards, tentez de dénicher les passages couverts (galerie Vivienne, galerie Colbert, passage des Panoramas, passage Jouffroy, etc.). Décor de verre, de mosaïque et de bois, librairies anciennes et boutiques insolites sont au rendez-vous. Charmé par les lieux, vous choisirez certainement de prendre du temps autour d'un thé ou d'un café turc. L'après-midi, plongez dans une ambiance tout à fait différente, à la

découverte du monde des sciences et des techniques, sur le site des anciens abattoirs de La Villette.

PÈRE-LACHAISE, MÉNILMONTANT ET OBERKAMPF

Direction Père-Lachaise, vous décidez d'aller saluer la mémoire des hôtes illustres qui reposent dans ce cimetière. Sortez par la porte des Amandiers pour suivre le boulevard de Ménilmontant en direction du Nord. Promenez-vous autour des métros Ménilmontant et Couronnes, vous découvrirez encore un autre visage de Paris : quartiers authentiques, animés de marchés, de magasins débordant de produits exotiques. Ici, les restaurants asiatiques côtoient les épiceries casher et les boutiques arabes. En descendant la rue Oberkampf depuis le métro Ménilmontant vous longerez de nombreux cafés, certains populaires, d'autres très à la mode et convoités par les noctambules parisiens. La rue est célèbre pour sa vie nocturne, ses cafés ou salles de concerts qui diffusent l'avant-garde de la musique « électro ».

Circuits de découverte

Ces circuits peuvent être effectués en moins d'une journée. Pour visualiser l'ensemble des circuits proposés, reportez-us à la carte p. 13 du guide.

1 PARIS ROYAL

Circuit au départ de l'Étoile (place Charles-de-Gaulle) – Du haut de l'Arc de Triomphe, la perspective sublime jusqu'au Louvre est une véritable invitation à la promenade. Après les Champs-Élysées, « la plus belle avenue du monde », bordée de cafés, de restaurants, de boutiques luxueuses et de cinémas, une agréable promenade s'étend jusqu'à la place de la Concorde et au jardin des Tuileries. C'est là un espace vert coupé de petits jardins et d'allées, parsemé de sculptures, qui conduit au Louvre avant de pénétrer le cœur de la capitale. De la Conciergerie au bout de l'île de la Cité, c'est la partie la plus ancienne, illuminée par la grâce de la Sainte-Chapelle et la majesté de Notre-Dame.

2 LE MARAIS

Circuit au départ de la place de la Bastille – Une promenade qui enjambe quelques siècles, du Paris médiéval et royal au Paris moderne. Depuis la place de la Bastille, les rues

Saint-Antoine et de Rivoli, bordées par mille et une boutiques, mènent à l'Hôtel de Ville de style Renaissance. Puis, au-delà de la tour Saint-Jacques, gagnant l'animation du Forum des Halles, le Centre Georges-Pompidou dans le quartier Beaubourg est un bond en avant dans le 20e s., fier de ses collections d'art moderne. La rue Rambuteau vous ramène au Grand Siècle, dans le cœur du Marais, où se côtoient artistes, Juifs, intellectuels et gays. Aux hôtels particuliers, abritant de belles cours intérieures (hôtel de Rohan, hôtel de Marle, hôtel de Lamoignon), dans l'enchevêtrement de petites rues aux boutiques et cafés, s'ajoutent les musées Picasso et Carnavalet. Point d'orgue de cette promenade, la place des Vosges dresse, dans une atmosphère paisible, ses superbes façades.

3 CLASSICISME ET EXPOSITIONS UNIVERSELLES

Circuit au départ de l'esplanade des Invalides – Voilà une promenade jalonnée de monuments grandioses et réputés à travers le monde, qui rendent compte des fastes de la capitale. Longeant la

Seine depuis le musée d'Orsay (temple de l'art de 1848 à 1914), puis le Palais-Bourbon, bâti au 18e s., on emprunte le pont Alexandre-III qui conduit au Petit Palais, construit pour l'Exposition universelle de 1900, et au Grand Palais, accueillant nombre de manifestations culturelles. Cette promenade à travers les grands espaces parisiens se poursuit du palais de Tokyo, renfermant le musée d'Art moderne de la Ville de Paris, aux jardins du Trocadéro (nés de l'Exposition universelle de 1937) sur la colline de Chaillot. C'est de là qu'on apprécie le mieux l'étendue du Champs-de-Mars, dominé par un monument universellement connu, la tour Eiffel, édifiée à l'occasion de l'Exposition de 1889. Depuis la tour métallique, le dôme des Invalides, hôtel fondé par le Roi-Soleil, est un repère en feuilles d'or pour gagner le calme du musée Rodin dans l'hôtel Biron.

4 MONTMARTRE

Circuit au départ de Pigalle – De petites rues qui montent et qui descendent, quelques arpents de vigne sur un coteau, un moulin qui a fait la réputation de tout un village. Montmartre est une formidable promenade aux multiples facettes. À l'animation tardive de la place Pigalle, de la place du Tertre, jonchée de chevalets, et du Sacré-Cœur, s'ajoute la quiétude presque campagnarde des ruelles entrelacées, lieux de prédilection pour nombre de peintres et sculpteurs, irrésistiblement attirés par le moulin de la Galette.

S. Sauvignier/MICHELIN

Centre du village de Montmartre, le Sacré-Cœur et la place Saint-Pierre.

5 SAINT-GERMAIN-DES-PRÉS

Circuit au départ de Saint-Germain-des-Prés – La place St-Germain-des-Prés, avec son église, son café Les Deux Magots, son voisin Le Flore, propose une atmosphère un peu feutrée. Un climat « littéraire » flotte encore sur le quartier, désormais plutôt voué à la mode. Antiquaires, libraires et galeristes bordent les rues de Seine et Bonaparte, qui mènent au pont des Arts, tandis que la délicieuse place Furstemberg a su conserver un charme intemporel. Un charme qui se poursuit dans la rue de Tournon bordée de belles façades, et se développe dans le jardin du Luxembourg, où il fait toujours bon flâner au gré des allées. De là, on quitte les pourtours de Saint-Germain pour gagner Montparnasse et son cimetière (où reposent Baudelaire et Maupassant, Sartre et Simone de Beauvoir, mais aussi Serge Gainsbourg), ultime demeure de certains de ceux qui, longtemps, hantèrent Saint-Germain-des-Prés. C'est aussi une pause intimiste et paisible avant d'entrer dans l'animation de Montparnasse, avec ses terrasses, ses cinémas et ses boutiques.

6 QUARTIER LATIN

Circuit au départ du jardin du Luxembourg – Une promenade riche en couleurs, en boutiques, accompagnée d'une foule estudiantine ! Depuis le jardin du Luxembourg, le boulevard Saint-Michel, toujours animé par des milliers d'étudiants, s'étend jusqu'à la Seine, laissant sur son flanc droit la prestigieuse université de la Sorbonne et le superbe musée national du Moyen Âge, et sur son flanc gauche, le carrefour de l'Odéon et la rue Saint-André-des-Arts, bordée de boutiques en tout genre. Du pont Saint-Michel au pont de Sully, les quais longeant Notre-Dame réjouissent les amateurs de livres et de pittoresque parisien avec leurs bouquinistes. Au coin de l'Institut du Monde arabe, la rue des Fossés-Saint-Bernard entame la traversée de lieux paisibles et lointains, des arènes de Lutèce au Muséum national d'histoire naturelle, adossé au Jardin des Plantes. La montée de la rue Mouffetard, colorée par l'un des plus anciens marchés en plein air de Paris, et coupée par de nombreuses vieilles rues, étroites et tortueuses, qui mènent au Panthéon, temple des grands hommes de la Nation, vous conduira à la petite place de l'église St-Médard.

7 D'UNE RIVE À L'AUTRE

Circuit au départ de Sully-Morland – Une traversée au fil de l'eau dans l'ancien Paris qui se termine sur les berges d'un étonnant port de plaisance. De Sully-Morland au pont Marie, et jusqu'au pont Louis-Philippe, chaque petit pont possède son charme, d'une rive à l'autre, d'un quai à l'autre. Selon les saisons, la Seine est grisâtre ou bleutée, langoureuse, parfois survoltée.

Le pont Marie rattache la Seine à la terre ferme. Au bout, l'île Saint-Louis, baignée par une atmosphère particulière, est le site de demeures privilégiées depuis le 17ᵉ s. Le pont Saint-Louis conduit au chevet de Notre-Dame. C'est l'île de la Cité.

Sur l'autre rive, le quai de la Tournelle, puis le quai Saint-Bernard mènent au Jardin des Plantes, vieux de plus de trois siècles. Il suffit alors de traverser une dernière fois la Seine pour gagner la Bastille, et découvrir le port de plaisance de Paris-Arsenal, avec ses mâts fouettés par les vents...

8 PASSY-BOIS DE BOULOGNE

Circuit au départ du bois de Boulogne – Ceinture verte de la capitale, le bois de Boulogne, agrémenté de lacs, d'étangs, d'îlots et de jardins, fiers de la variété de leurs plantes, est une invitation aux promenades à pied ou à vélo. En regagnant Paris par le musée Marmottan, haut lieu de l'impressionnisme, on prend plaisir à s'enfoncer dans les villages de Passy et d'Auteuil, traversés par des ruelles d'antan aux pavés irréguliers où s'alignent de petits pavillons. Du musée du Vin à la maison de Balzac, la rue Raynouard offre une alternance de vieux hôtels particuliers et de bâtiments à l'architecture moderne, comme la Maison de Radio-France qui surplombe la Seine...

9 PARIS MODE

Circuit au départ de la place Vendôme – Des Champs-Élysées à l'avenue Montaigne, de la rue du Faubourg-Saint-Honoré à la place Vendôme ou de l'Opéra au boulevard Haussmann, les grandes artères ont fait la réputation du « chic parisien ». À côté de prestigieuses galeries d'art, les parfumeurs, joailliers et grands couturiers présentent dans leurs vitrines de fabuleux trésors tandis que les rayons des Grands Magasins (Galeries Lafayette et Printemps) attirent une foule toujours plus importante.

10 PARIS S'AMUSE

Circuit au départ de Saint-Germain-l'Auxerrois – Berceau historique de la France, Paris n'en est pas moins la cité du plaisir, du rire et du divertissement. Des cinémas des Grands Boulevards, du musée Grévin qui se joue des grimaces et d'un art de la cire, au théâtre des Variétés, antre de la comédie de boulevard, jusqu'à l'Opéra-Comique qui sait si bien porter son nom, il est un certain Paris qui s'amuse aux Folies-Bergère, se plaît aux spectacles de rue du Forum des Halles, court les comédies du théâtre du Gymnase et les concerts de l'Olympia.

11 LA SEINE

Circuit au départ de la tour Eiffel, du pont de l'Alma ou du Pont-Neuf – Ce circuit, le ferez-vous à pied ou en bateau ? Les ponts de Sully, de l'Alma, Mirabeau ou de Bir-Hakeim traversent le fleuve comme autant de petits maillons, tantôt en bois, tantôt en pierre, parfois métalliques. La Seine, mutine dans son lit serpentin, a donné corps à la capitale. Si au charme du Pont-Neuf et du pont des Arts succèdent la légèreté de la passerelle Solférino et la majesté du pont Alexandre-III, pas un quai ne ressemble à un autre. Ici, bordé par les bouquinistes au pied de Notre-Dame, là presque tapi sous la tour Eiffel, ici encore à l'ombre du Louvre, là enfin illuminé par les feux d'un bateau-mouche qui s'attarde devant la Conciergerie, le cours de la Seine constitue un parcours à nul autre pareil pour une première approche de la capitale.

Le théâtre de la Renaissance.

S. Sauvignier/MICHELIN

a. *Parc Güell (Barcelone)?*

b. *Parc de la Villette (Paris)?*

c. *Jardin de Tivoli (Copenhague)?*

Vous ne savez pas quelle case cocher ?

Paris Enfants

Alors plongez-vous dans Le Guide Vert Michelin !

✔ tout ce qu'il faut voir et faire sur place

✔ les meilleurs itinéraires

✔ de nombreux conseils pratiques

✔ toutes les bonnes adresses

Le Guide Vert Michelin,
l'esprit de découverte

MICHELIN
Une meilleure façon d'avancer

Itinéraires à thème

Paris historique

LE VIEUX PARIS

Partez du Pont-Neuf : il donne accès à l'île de la Cité. À droite, le square du Vert-Galant, à gauche, la place Dauphine, d'où vous aurez une belle vue sur le Palais de Justice et la Sainte-Chapelle, ainsi que sur la Conciergerie. Vous ne vous lasserez pas d'admirer Notre-Dame... Après avoir franchi le pont de Sully, pénétrez dans le Marais. Promenez-vous dans le quartier St-Paul, avant d'aller place des Vosges et de parcourir la rue des Francs-Bourgeois et ses hôtels particuliers. Vous avez vu là quelques-uns des plus beaux lieux du vieux Paris...

PARIS TRIOMPHAL

Depuis les jardins du Trocadéro, suivez l'axe qui vous mènera à la tour Eiffel puis au Champ-de-Mars pour aboutir à l'École militaire. Tout près, se trouvent les Invalides : un superbe hôtel, un dôme magnifique, et une longue esplanade... En longeant la Seine jusqu'au Palais-Bourbon, on arrive à la place de la Concorde. Et voilà les fameux Champs-Élysées : ils vous conduisent en droite ligne jusqu'à l'Arc de Triomphe.

PARIS RIVE DROITE

La Cour carrée du Louvre sera un superbe point de départ. Vous poursuivrez par la pyramide et le carrousel du Louvre et puis bifurquerez vers le Palais-Royal et ses jardins. Là, ralentissez... Passez sous les arcades, et dans le jardin, asseyez-vous face au bassin... L'avenue de l'Opéra et l'Opéra Garnier font encore rêver, tout comme la place de la Concorde et la rue de la Paix et sa joaillerie de luxe. La rue St-Honoré et la rue Royale sont consacrées à la haute couture. Elles vous mènent à la Madeleine. Pour voir tout cela de haut... prenez le métro ! De Madeleine, il vous conduira à Lamarck-Caulaincourt, où vous ferez l'ascension de la butte Montmartre pour atteindre le Sacré-Cœur.

PARIS RIVE GAUCHE

Le quartier St-Sulpice, St-Germain-des-Prés et l'Odéon, puis le jardin du Luxembourg, donnent déjà une belle idée de l'atmosphère « rive gauche » où les petites places côtoient les grands jardins. Mais le Panthéon et la Sorbonne méritent aussi un arrêt. Le musée national du Moyen Âge, dans l'hôtel de Cluny, vous plonge au cœur du Moyen Âge, tout comme les pittoresques petites rues du quartier Maubert. Sur les quais, les bouquinistes se sont installés. St-Michel, l'Institut de France... En allant jusqu'au musée d'Orsay, vous aurez de belles vues sur les monuments de la rive droite, dont le Louvre.

Paris le long des quais

LE LONG DE LA SEINE

C'est l'une des plus belles manières de découvrir le centre de Paris. L'été, les Parisiens prennent les quais pour une plage ; à défaut de pouvoir se baigner dans la Seine, ils se font bronzer et admirer ! L'hiver, ils s'y baladent tranquillement, et parfois rapidement, comme le dimanche, à roller ou à vélo, sur la voie express Georges-Pompidou.

Les quais sont faits pour les amoureux, pour les joueurs de cor, de djembe ou d'autres instruments trop sonores qui viennent là s'entraîner sans gêner, pour les pêcheurs qui assurent qu'il y a beaucoup de poissons dans la Seine, et pour tous les flâneurs qui rêvent d'avoir Paris rien que pour eux. Les quais sont également le paradis des lecteurs ou autres bibliophiles puisqu'ils demeurent le royaume des bouquinistes qui font partie du paysage parisien. On les identifie à leurs boîtes vertes et une promenade le long de la Seine s'accompagne toujours d'un coup d'œil sur leurs trésors. Mais le temps paraît loin où un érudit pouvait, comme Montval, bibliothécaire de la Comédie-Française à la fin du siècle dernier, découvrir le manuscrit autographe du *Neveu de Rameau* de Diderot, ou comme Parison, le « roi des bouquineurs », dénicher un

Ph. Gajic/MICHELIN

Jules César de Plantin accompagné d'un portrait de l'empereur tracé de la main de Montaigne...

Rive droite – Les automobilistes apprécieront de circuler sur la voie express Georges-Pompidou, du pont du Garigliano au pont d'Austerlitz. Elle permet de traverser Paris d'Ouest en Est, en suivant le cours du fleuve, de découvrir les nombreux ponts de la capitale et ses monuments les plus prestigieux.

À pied, le long des quais du Louvre, de la Mégisserie et de Gesvres, des bouquinistes proposent dès la fin de la matinée des livres d'occasion, des cartes postales et des gravures anciennes. Des quais de l'Hôtel-de-Ville et des Célestins, belles vues sur les demeures de l'île St-Louis.

Autour de l'île Saint-Louis – Bordant l'île Saint-Louis, les quais de Bourbon et d'Anjou offrent une promenade pleine de charme le long des beaux hôtels du 17e s., promenade que les amateurs de glaces agrémenteront d'une halte rue Saint-Louis-en-l'Île, chez Berthillon, l'un des glaciers les plus renommés de la capitale. Des quais de Béthune et d'Orléans, la vue sur le chevet de Notre-Dame est une des plus belles. Du pont Louis-Philippe, belle perspective sur le Panthéon.

Rive gauche – Les bouquinistes sont également présents de ce côté-ci de la Seine, du pont du Carrousel au pont de la Tournelle. Après avoir fait une halte sur le pont des Arts et chiné, sous le regard de Condorcet, chez les bouquinistes du quai de Conti, descendre au bord de l'eau. Cette promenade loin du bruit de la circulation et des groupes de piétons offre de belles échappées sur le square du Vert-Galant, le Pont-Neuf et les tours de Notre-Dame. À hauteur du quai St-Michel, quitter un moment les berges de la Seine pour flâner place St-Michel, lieu de rendez-vous très prisé des jeunes du Quartier latin, rue St-Séverin et dans les petites rues piétonnes avoisinantes : rue Xavier-Privas, rue du Chat-qui-Pêche, rue de la Bûcherie. Tache de couleur au milieu des murs gris, la librairie Shakespeare & Company est un lieu un peu à part, empreint de poésie. Au pont au Double, redescendre sur les quais (escale Batobus) pour admirer le flanc Sud de Notre-Dame et le charmant square Jean-XXIII, dont le lierre descend en cascade le long du parapet.

Autour du port de plaisance de Paris-Arsenal

Avec ses gradins de verdure, ses appontements dotés de passerelles flottantes auxquelles sont amarrés les voiliers, le port de plaisance constitue un endroit de promenade quelque peu inattendu au cœur d'une grande ville. On est d'ailleurs tout surpris de le découvrir depuis le quai de la station de métro Bastille, entre les fresques murales qui évoquent la Révolution...

Le long du canal Saint-Martin

Si les cinéphiles ont un peu de mal à retrouver le décor et l'atmosphère rendus célèbres par le film *Hôtel du Nord* de Marcel Carné, la vision des passerelles métalliques enjambant le canal, le spectacle des bateaux franchissant les écluses, la présence sur les quais de quelques pêcheurs à la ligne font le charme de cette promenade méconnue.

Paris luxe

La capitale jouit d'une renommée mondiale en ce qui concerne la mode, la haute couture et leurs corollaires (joaillerie, parfumerie, maroquinerie), et propose aux visiteurs un véritable itinéraire du raffinement parisien, jalonné de devantures prestigieuses.

Rive droite

Au Sud des Champs-Élysées avec les avenues Montaigne, George-V, Marceau et la rue François-Ier. Et toujours pour la haute couture et la joaillerie, la rue du Faubourg-St-Honoré, la place Vendôme et la rue de la Paix. Les vitrines de la place des Victoires donnent des envies de nouvelle garde-robe, au même titre que la rue des Francs-Bourgeois et les galeries de la place des Vosges. Les Grands Magasins du boulevard Haussmann (les Galeries Lafayette, le Printemps mais aussi C&A), ceux situés autour de la Madeleine (Old England, Madelios, galerie des Trois Quartiers) et rue de Rivoli (BHV, la Samaritaine) sauront satisfaire vos envies...

Cartier ou l'alliance du luxe et de l'élégance.

S. Sauvignier/MICHELIN

RIVE GAUCHE

Commencez par Le Bon Marché et la rue du Bac. Poursuivez par les rues du Dragon, des Sts-Pères, du Vieux-Colombier, du Cherche-Midi, du Four, de Rennes et la rue Bonaparte qui mène au boulevard St-Germain. Vous aurez de quoi faire et trouverez sans aucun doute votre bonheur...

composez vous-même votre parcours

Paris est multiple et vous aussi ! Nous vous proposons donc également de choisir « à la carte » les visites qui vous tentent. À vous de choisir parmi les « incontournables », les insolites, les « villages » parisiens, et, plus original, les cultures du monde présentes à Paris.

PARIS INCONTOURNABLE

La tour Eiffel – C'est l'une des constructions les plus célèbres au monde. Elle offre des vues superbes sur toute la ville et se prolonge par le Champ-de-Mars.

La Grande Perspective – De l'Arche de La Défense à l'Arc de Triomphe, de l'Arc de Triomphe à la place de la Concorde en passant par les Champs-Élysées (impossible de partir sans avoir déambulé le long de la célèbre avenue), de la place de la Concorde au jardin des Tuileries puis au Louvre.

Le musée du Louvre – Il présente l'une des plus grandes et des plus prestigieuses collections au monde d'art et d'archéologie depuis l'Antiquité jusqu'à 1850. Quels que soient vos goûts artistiques, vous y trouverez votre compte.

Les Invalides et le musée de l'Armée – Chef-d'œuvre de l'architecture du 17e s., les Invalides composent l'un des plus beaux ensembles monumentaux classiques de Paris. Sous le dôme se trouve le tombeau de Napoléon.

Le musée d'Orsay et le faubourg Saint-Germain – Situé au cœur de ce quartier, le musée a été créé dans l'ancienne gare d'Orsay, afin d'abriter les collections nationales de l'art du 19e et du 20e s., dont les impressionnistes.

Le cimetière du Père-Lachaise – On y côtoie les grands qui firent le monde culturel et artistique.

L'île de la Cité – La Sainte-Chapelle et Notre-Dame : deux merveilles de l'art gothique se partagent le cœur historique de Paris.

La butte Montmartre – Au sommet de la butte, le Sacré-Cœur dévoile un magnifique panorama sur la capitale. Ambiance « titi-parisienne » assurée.

Le Quartier latin – Le quartier des étudiants et des cinéphiles. C'est toujours un plaisir de s'y promener.

Le Marais et ses musées – Ses hôtels particuliers, ses vieilles maisons aux lourdes portes cochères et ses musées (musée Picasso, musée Carnavalet, musée d'art et d'histoire du Judaïsme) lui donnent un cachet propre à séduire tout un chacun.

La rue du Faubourg-St-Honoré, la Madeleine et le quartier de l'Opéra Garnier – À défaut de craquer à l'intérieur des boutiques de luxe, craquez devant, pour la beauté des vitrines et des édifices.

La Villette et la Cité des sciences et de l'industrie – Ludique et scientifique, un pari gagné par La Villette et la Cité des sciences.

Le Trocadéro et le quartier de l'Alma – Boutiques de mode et musées (musée des Arts asiatiques-Guimet, musée d'Art moderne de la Ville de Paris, musée de la Marine), tout y est.

E. Baret/MICHELIN

L'INSOLITE PARISIEN

Ce sont des morceaux de quartiers qui résistent tant bien que mal aux assauts de la modernité : la butte Montmartre avec ses vignes et son moulin de la Galette, la villa Léandre, les quais du port de plaisance de Paris-Arsenal, du canal St-Martin et du bassin de La Villette ; l'allée des Cygnes où la Seine vous cerne de tous côtés ; le quartier d'Amérique et ses petites maisons provinciales à l'Ouest du parc des Buttes-Chaumont ; « la Campagne à Paris », ensemble de petites rues du 20e arrondissement, à deux pas du Père-Lachaise ; la Cité internationale universitaire près du parc Montsouris ; la rue des Rosiers ; le quartier St-Séverin...
Parfois, ils sont tellement modernes qu'ils tranchent sur l'« ordinaire » parisien : le Forum des Halles et le Centre Georges-Pompidou ; le Front de Seine et le quartier de Beaugrenelle ; l'architecture de Bofill sur la place de Catalogne ; La Défense...

Ce sont aussi des musées et des lieux inattendus : musée de la Curiosité et de la Magie (quartier St-Paul) ; musée Cernuschi (parc Monceau) ; cathédrale St-Alexandre-Nevski (Monceau) ; musée du Vin (Passy) ; les catacombes (Denfert-Rochereau) ; les égouts de Paris (Alma).

LES PASSAGES COUVERTS

Construits pour la plupart au début du 19e s., les passages couverts furent un élément important de la vie sociale et connurent un vif succès grâce à la qualité des commerces qui y étaient installés. Ils abritent aujourd'hui des boutiques insolites, parfois désuètes, dont le cadre n'est pas sans charme. Certains passages sont fermés le week-end.

Galerie Vivienne – *4 r. des Petits-Champs, 2e arr., Mo Bourse.* Construite en 1823, c'est une des galeries les plus animées. Sous les verrières qui apportent une grande clarté, remarquer les fenêtres en demi-lune de l'entresol, les mosaïques dessinées par l'Italien Facchina, qui décora plusieurs bâtiments parisiens. Librairies anciennes (aux nos 45 et 46, la maison Petit-Siroux fondée en 1826), magasins de tissus, de fleurs, et salons de thé.

Verrières et mosaïques donnent un charme particulier à la Galerie Vivienne.

Galerie Colbert – *4 r. Vivienne, 2e arr., Mo Bourse.* Ouverte en 1826 et rénovée, elle donne dans la galerie Vivienne et dépend de la Bibliothèque nationale qui y organise des expositions, des conférences et, dans l'auditorium situé sous la rotonde, des concerts.

Passage Choiseul – *23 r. St-Augustin, 2e arr., Mo Quatre-Septembre.* Ouvert au public en 1827 ; moins huppé que les galeries précédentes, on peut y voir plusieurs magasins de vêtements et de bijoux fantaisie, des imprimeurs et l'arrière du théâtre des Bouffes-Parisiens. Ce passage fut immortalisé par l'écrivain Louis-Ferdinand Céline,

qui y vécut enfant et en donne une description plutôt féroce dans *Mort à crédit*.

Passage des Panoramas – *11 bd Montmartre, 2e arr., Mo Grands-Boulevards.* Premier véritable passage de Paris, décrit par Zola dans son roman *Nana*. Composé de plusieurs galeries, il abrite boutiques de prêt-à-porter, philatélistes et graveurs.

Passage Jouffroy – *10 bd Montmartre, 2e arr., Mo Grands-Boulevards.* Situé juste à côté du musée Grévin, ce fut le premier passage chauffé de la capitale (1847). Il abrite aujourd'hui diverses boutiques dont des magasins d'objets orientaux (dans l'un d'entre eux on peut déguster café turc, cornes de gazelle et autres pâtisseries) et une librairie ancienne.

Galerie Véro-Dodat – *19 r. Jean-Jacques-Rousseau, 2e arr., Mo Louvre-Rivoli.* Ouverte en 1826, c'est sans doute l'une des galeries présentant la plus belle décoration intérieure. Boutiques de qualité, aux façades encadrées de cuivre et reconstruites à l'identique, au charme un peu suranné pour certaines comme la boutique de jouets anciens de Robert Capia, la librairie Gauguin ou la boutique de luthier du no 17. Remarquer également la librairie FMR, dont les ouvrages aux couvertures noires épousent le décor blanc, noir et or des rayonnages.

Passage Verdeau – *6 r. de la Grange-Batelière, 9e arr., Mo Richelieu-Drouot ou Grands-Boulevards.* Situé non loin de l'hôtel Drouot, dans le prolongement du passage Jouffroy, il propose aux promeneurs antiquités et livres anciens (voir la librairie La France ancienne ou celle de Roland Buret, riche en vieux numéros de bandes dessinées).

Passage du Grand-Cerf – *145 r. St-Denis, 4e arr., Mo Étienne-Marcel.* Il fut construit entre 1825 et 1835 à l'emplacement de l'hôtellerie du Grand-Cerf : sol de marbre, élégante verrière étonnamment haute, passerelles en fer forgé, cadre des vitrines en bois. Les boutiques sont modernes.

Passage Brady – *18 r. du Fbg-Saint-Denis, 9e arr., Mo Strasbourg-Saint-Denis.* Les arômes et les senteurs de l'Inde se retrouvent dans ce passage (ouvert en 1828) où abondent restaurants et commerces d'alimentation.

LES VILLAGES DE PARIS

Paris, ce n'est pas seulement un ensemble de monuments. C'est aussi des quartiers, avec leur vie propre, leurs boutiques et leurs cafés. Une des nombreuses façons de vivre autrement la capitale.

Saint-Roch-Palais-Royal (1er arr.) –
Les jardins du Palais-Royal sont
parmi les plus beaux de Paris. Le
lèche-vitrine sous les arcades ne
manque pas de charme : enseignes
désuètes de marchands de soldats
de plomb, de médailles, antiquaires,
vitrine sophistiquée des Salons du
Palais-Royal Shiseido, vieilles
librairies, charmant petit magasin de
jouets sous la galerie du Beaujolais,
à l'angle d'un des passages qui
conduisent à la rue du même nom.
Sur le parcours menant de la place
des Victoires, haut lieu de la mode
(Kenzo), à l'avenue de l'Opéra, règne
une certaine animation, autour de
ces grandes institutions que sont la
Bibliothèque nationale et la Banque
de France. La rue Saint-Honoré est
une artère commerçante et de demi-
luxe. Rue de Rivoli, si vous aimez
le chocolat chaud, passez chez
Angelina : son onctueux et très
nourrissant chocolat « L'Africain »
vous fera perdre la tête !

Cour d'honneur du Palais-Royal.

S. Sauvignier/MICHELIN

Beaubourg-Les Halles (1er-2e-4e arr.) –
Les pavillons Baltard ont disparu
et avec eux une bonne partie de
l'atmosphère pittoresque du « ventre
de Paris ». Le nouveau Forum étend
ses ramifications en sous-sol, créant
un vide entre la rotonde de la Bourse
du commerce et les tubulures
multicolores du Centre G.-Pompidou.
La métamorphose de ce coin de Paris
a surtout profité à l'église St-Eustache,
dégagée et mise en valeur par un bel
éclairage nocturne. Le nombril de
Paris reste cependant un des
principaux lieux de convergence et de
brassage populaires, parcouru par des
foules qu'attirent les très nombreux
commerces, musiciens de rue,
mimes et excentriques en tout genre.
L'animation se concentre, le jour,
dans le Forum et ses abords
immédiats : place des Innocents ;
rue Pierre-Lescot ; rue St-Denis et
rue du Jour où les boutiques de
mode féminine sont nombreuses.

L'animation nocturne se déporte
quelque peu à l'Est, entre l'église
St-Merri et la fontaine des
Innocents (rue des Lombards).

Le Marais (4e arr.) – Ce quartier
historique sauvé par Malraux est
désormais un haut lieu de la
communauté gay. Les bars
« branchés » ont fleuri (carrefour
des rues Vieille-du-Temple et Sainte-
Croix-de-la-Bretonnerie) et les
boutiques à la mode sont nombreuses
le long de la rue des Francs-
Bourgeois. Le Marais se souvient
également d'avoir été le quartier juif
de Paris, comme en témoigne la rue
des Rosiers. Les commerces
traditionnels se concentrent autour
du marché des Blancs-Manteaux, de
la rue St-Antoine et des petites rues
avoisinantes. La charmante place du
Marché-Ste-Catherine est entourée de
restaurants. Au fond des jardins de
l'hôtel de Sully, un petit passage
conduit sous les arcades de la place
des Vosges, ses boutiques de mode,
ses antiquaires, ses galeries. Le Nord
du Marais, réservé aux musées,
est plus calme.

L'île Saint-Louis (4e arr.) –
Ses demeures aristocratiques du 17e s.
ont inspiré Baudelaire, qui logeait à
l'hôtel de Lauzun. La balade sur les
berges ou les quais de l'île est l'une
des plus romantiques de Paris.
Berthillon, le plus fameux glacier
de Paris, réputé pour ses sorbets,
justifie une halte, pour peu que
vous soyez gourmand !

Le Quartier latin (5e arr.) –
Quartier des étudiants, repaire
de cinéphiles avec ses nombreux
cinémas d'art et d'essai, le Quartier
latin attire comme un aimant. Le
Boul' Mich (boulevard Saint-Michel)
est une enfilade colorée de boutiques
de vêtements, de cafés, de
marchands de sandwichs et autres
pizzerias aux enseignes voyantes.
La rue Saint-André-des-Arts, très
touristique, conduit au quartier de
l'Odéon et à ses cinémas (passer de
préférence par la pittoresque cour
du Commerce-St-André qui borde
l'arrière du Procope). La statue de
Danton est un point de rendez-vous
classique. Quant à la rue de l'Odéon,
elle est renommée pour ses librairies.
À l'Est, les petites rues piétonnes du
quartier St-Séverin, proches des quais
de la Seine, sont égayées par les
devantures de restaurants grecs.
Une atmosphère plus sereine se
rencontre dans la rue Dante, où
s'alignent les librairies de bandes
dessinées, et autour de la place
Maubert. En remontant vers le
Panthéon, les rues de la Montagne-
Ste-Geneviève et Laplace sont
des repaires d'étudiants. La rue

Mouffetard – « la Mouffe » –, célèbre pour son marché, la charmante place de la Contrescarpe, et le quartier St-Médard, comptent parmi les lieux les plus pittoresques de Paris.

Saint-Germain-des-Prés (6e arr.) – Le plus vieux clocher de Paris, que l'on peut admirer depuis la terrasse des Deux Magots, veille sur un quartier qui ne connaît guère de trêve nocturne. L'âge d'or des années 1950, des « rats de cave » et des existentialistes a perdu de son aura intellectuelle, mais le charme demeure : les cafés et brasseries célèbres du boulevard St-Germain, les clubs de jazz des rues St-Benoît et Jacob, les pubs des rues Guisarde, Bernard-Palissy et des Canettes, les librairies ouvertes en nocturne animent le quartier.

Derrière chaque café du boulevard St-Germain, se cache un bout d'histoire de Paris : la brasserie Lipp, ouverte en 1880, fut de tout temps un rendez-vous des lettres et de la politique. Hemingway y écrivit *L'Adieu aux armes*. Le Café de Flore, ouvert sous le Second Empire, vit de nombreux écrivains comme Apollinaire, Breton, Sartre, Simone de Beauvoir, Camus, Jacques Prévert y passer des journées entières.

Son voisin, Les Deux Magots, fut fréquenté par l'élite intellectuelle dès la fin du 19e s. Depuis 1933, un prix littéraire portant son nom est décerné chaque année en janvier. Fondé en 1686, le Procope fut un des hauts lieux littéraires à l'époque de La Fontaine puis de Voltaire et, plus tard, de Daudet, d'Oscar Wilde et de Verlaine, qu'un portrait représente endormi à une table du café.

Magasins chic, antiquaires et galeries d'art donnent une élégance très « rive gauche » à des rues anciennes, des carrefours pittoresques et des placettes, telle la ravissante place de Furstemberg. Une zone très vivante de commerces traditionnels perdure autour du carrefour de Buci.

Boutique Guerlain sur les Champs-Élysées.

Ph. Cajic/MICHELIN

Champs-Élysées (8e arr.) – Une récente restauration a rendu à l'avenue son caractère de promenade. On se rend aux Champs-Élysées pour se montrer, assister à la projection d'un des derniers films sortis, flâner dans les galeries commerçantes, s'asseoir à une terrasse. On y retrouve la banlieue parisienne, qui a fait de l'avenue un de ses lieux de sortie. La nuit, il faut se mêler à l'agitation ambiante, dîner dans les rues avoisinantes, assister aux somptueuses revues du Lido et du Crazy Horse ou attendre l'aube dans un célèbre club.

Opéra et Grands Boulevards (2e-9e-10e arr.) – La renommée de ce quartier a été immense au 19e s. et jusqu'aux années 1950, comme en témoignent les imposants sièges sociaux des grandes banques ; elle s'est un peu étiolée aujourd'hui. La mode et le luxe se sont implantés dans l'Ouest, y compris sur les boulevards, plus élégants vers la Madeleine et l'Opéra que vers la place de la République. L'écrivain autrichien Stefan Zweig a décrit de manière saisissante la vie de ces grandes artères entre les deux guerres, en y observant les allées et venues d'un pickpocket, dans *Révélation inattendue d'un métier*. À deux pas des Grands Magasins, bordés de cinémas, de brasseries, de cafés, de théâtres, les boulevards proposent un large éventail d'activités : faire du shopping, boire un verre à la terrasse du fameux Café de la Paix – où de nombreux artistes s'attablèrent : Maurice Chevalier, Joséphine Baker, Mistinguett, Serge Lifar, pour ne citer qu'eux –, se rendre dans l'un des nombreux cinémas (au Grand Rex, au Max Linder notamment), dîner dans l'une des brasseries avoisinantes avant d'aller à l'Opéra, au théâtre, à l'Olympia pour écouter l'un de ses chanteurs favoris, à moins que l'on ne préfère assister au dernier spectacle des Folies Bergère.

Pigalle (9e arr.) – Entre la place Clichy, l'une des plus vivantes de la capitale, où s'assemblent autour de l'incontournable brasserie Wepler bon nombre de restaurants et de cinémas, et la place Pigalle, se succèdent salles de spectacle, théâtres, boîtes de nuit et sex-shops ; au-delà de la place Pigalle et des rues avoisinantes, diversement fréquentées, c'est le boulevard de Rochechouart, le quartier Barbès, pittoresque et cosmopolite.

En contrebas du boulevard de Clichy, le 9e arrondissement, en descendant vers N.-D.-de-Lorette, est un point de rencontre des noctambules du fait de ses nombreux théâtres. Il possède quelques rues parmi les plus typiques de Paris. Il n'est que de citer l'avenue Frochot, la rue Chaptal et son musée de la Vie romantique, la pittoresque place Gustave-Toudouze, îlot de tranquillité entre Pigalle et la rue Fontaine, le square Alex-Biscarre, caché entre la fondation Thiers et le théâtre La Bruyère, la place St-Georges.

Temple-République-canal Saint-Martin (3e-10e arr.) – République est un quartier animé, peu touristique, où l'on circule vite et beaucoup... Moins fréquenté que le Marais, le vieux quartier du Temple, royaume des vêtements en cuir, recèle quelques endroits connus de la nuit parisienne. Plus au Nord, le canal Saint-Martin, malgré ses ponts et ses écluses, a perdu de son pittoresque. Néanmoins, la promenade reste agréable, de jour, jusqu'à la rotonde de la Villette et du bassin du même nom.

La Bastille et le faubourg St-Antoine (11e arr.) – L'inauguration de l'Opéra Bastille a jeté un nouveau lustre sur un ancien quartier artisanal, où les boutiques de meubles et de vêtements voisinent avec les galeries d'art et les ateliers d'artistes, installés dans les multiples passages. Du coup, c'est avec un entrain renouvelé que le public chic continue de venir s'encanailler à la « Bastoche ». Avec ses brasseries, la place de la Bastille est devenue un point de passage obligé des noctambules entre le Marais et les rues de Charonne, de la Roquette, de Lappe, St-Sabin, Keller, riches en restaurants, cafés, caves à bières, bars à vins. Le quartier a également acquis sa réputation par ses bals, comme le célèbre Balajo, le plus ancien bal-musette de Paris, fondé en 1936 par Georges France (surnommé Jo, d'où Bal-à-Jo).

Ambiance bistrot au 27 rue de Lappe (restaurant Les Sans-Culottes).

Les Gobelins-la Butte-aux-Cailles-Tolbiac (13e arr.) – Comme sur toutes les buttes, à Paris, il y a un esprit « Butte-aux-Cailles ». Quelques rues de village (rues Samson, des Cinq-Diamants, de la Butte-aux-

Cailles) attirent, à côté des tours du quartier Glacière et à quelques mètres de la place d'Italie et de son immense cinéma, une foule d'habitués.

Le 13e arrondissement, ancien quartier populaire et ouvrier, en restructuration permanente, a vu son urbanisme banal de tours prendre vie et couleur avec l'implantation du quartier chinois.

Montparnasse-Port-Royal-Alésia (14e arr.) – Le quartier, encore campagnard au début du siècle, rendez-vous des artistes de l'école de Paris, subit aujourd'hui la présence de la tour et surtout du vaste ensemble commercial Maine-Montparnasse. Mais la légende est encore vivante. Montparnasse est un haut lieu de la vie diurne et nocturne. La rue de Rennes concentre les commerces ; la rue de la Gaîté, les théâtres (et les sex-shops) ; les rues Montparnasse et d'Odessa, les crêperies, rappelant, comme le nom de certaines rues voisines, que la gare Montparnasse dessert l'Ouest et la Bretagne. Sur le boulevard, les grandes brasseries où l'on déguste des huîtres, les cafés, les cinémas garantissent une animation permanente.

Au Sud du cimetière, le 14e arrondissement est un quartier discret, vivifié par les commerces des rues Daguerre (vers Denfert-Rochereau), Didot, Raymond-Losserand (vers Pernety) et de l'avenue du Général-Leclerc. Rendez-vous de la « génération perdue » des écrivains américains de l'entre-deux-guerres, certains établissements sont entrés dans la légende : La Closerie des Lilas, qui vit passer quelques grandes figures des arts et des lettres, Le Dôme, lieu de rendez-vous favori des bohèmes américains dans les années 1920, puis après la guerre, Le Sélect qui connut une grande vogue dès son inauguration en 1924, La Coupole, La Rotonde où Foujita, Derain, Modigliani, Vlaminck, Van Dongen se retrouvaient pour confronter leurs espoirs.

Vaugirard-Grenelle (15ᵉ arr.) –
À l'écart des circuits touristiques, le
15ᵉ arrondissement est un quartier
vivant où alternent immeubles
anciens, espaces verts et grands
ensembles résidentiels. Les
commerces se concentrent au
carrefour de la rue de la Convention
et de la rue de Vaugirard, le long des
rues Lecourbe, du Commerce et St-
Charles. Si l'animation nocturne ne
brille pas particulièrement, on peut
y déambuler agréablement en allant
à la rencontre de quelques curiosités
insolites : le parc Georges-Brassens,
La Ruche, importante cité d'artistes
dans les années 1910 (passage de
Dantzig), la villa Santos-Dumont, le
parc André-Citroën, jardin du 21ᵉ s.,
un immeuble de style « paquebot »
(3 bd Victor), le siège de Canal +
(quai André-Citroën).

Les Batignolles-Ternes (17ᵉ arr.) –
Le village des Batignolles, quartier de
Verlaine et de Mallarmé, marque la
frontière entre le 17ᵉ commerçant et
populaire et le 17ᵉ résidentiel. La rue
des Batignolles et la rue des Moines
sont jalonnées de nombreuses
boutiques. La première débouche sur
la charmante place du Dr-Lobligeois,
devant les blanches colonnes de
l'église Ste-Marie-des-Batignolles. Un
peu plus vers l'Est, il faut traverser
l'avenue de Clichy pour atteindre, à
hauteur de la rue Cardinet, la Cité des
Fleurs, l'une des plus belles villas de
Paris. À l'Ouest des Batignolles,
passé les voies de chemin de fer, les
rues commerçantes de Lévis et de
Tocqueville, la place et l'avenue des
Ternes, la rue Poncelet, bordée de
commerces traditionnels, sont les
principaux pôles d'attraction.

Montmartre (18ᵉ arr.) – Un
journaliste écrivait à la fin du 19ᵉ s.,
peu après l'annexion de la commune
dans les limites de Paris : « Les
guinguettes sont fermées, les lilas
sont coupés, les haies sont
remplacées par des moellons, les
jardins sont transformés en terrains
à bâtir ; pourtant Montmartre a un
charme en soi, parmi toutes les
banlieues, charme varié et complexe,
fait de bonnes et de mauvaises choses
en même temps. » Ces visages
multiples se retrouvent dans le
Montmartre d'aujourd'hui qui garde
ses allures de village avec ses ruelles
escarpées, ses escaliers abrupts, ses
enclos de verdure et sa vigne. C'est
aussi la place du Tertre avec ses
peintres, ses terrasses de cafés et sa
mairie, les ailes du moulin Radet ou
du moulin de la Galette que l'on
voudrait voir tourner à nouveau rue
Lepic. C'est enfin la place des
Abbesses avec sa fontaine Wallace, sa
station de métro décorée par Guimard
et, en contrebas, la rue des Abbesses
aux nombreux commerçants.

Au pied du square Willette, le marché
St-Pierre, très animé, offre l'occasion
de dénicher tissus et vêtements de
qualité... ou à des prix sacrifiés. De
l'autre côté du boulevard Barbès, le
quartier de la Goutte d'Or propose ses
tissus arabes et africains, ses épiceries
en gros, ses marchands d'ustensiles
et de valises, ses joailliers.

Belleville-Ménilmontant (20ᵉ arr.) –
Comme Montmartre, les villages de
Belleville et de Ménilmontant se sont
nichés sur une colline que le
territoire de Paris a annexée au 19ᵉ s.
Les travaux d'Haussmann y ont
regroupé les classes laborieuses,
accrues de nombreux immigrants :
Juifs russes, Polonais, Maghrébins,
Turcs, Yougoslaves, Pakistanais et
enfin Asiatiques, dont les restaurants
se concentrent rue de Belleville.
Le quartier a subi les assauts des
constructions nouvelles, bétonnées,
qui voisinent avec les vieilles maisons
des rues Ramponeau, des Envierges,
des Cascades. Un peu plus au Nord, le
parc des Buttes-Chaumont, accidenté
et pittoresque, jouxte le « quartier
d'Amérique », construit sur
d'anciennes carrières dont le gypse
était exporté aux États-Unis. Entre les
rues David-d'Angers et de Mouzaïa
(Mᵒ Botzaris, Danube et Pré-Saint-
Gervais), très curieux ensemble
de villas pavillonnaires.

PARIS COSMOPOLITE

Ville attractive, Paris est un
kaléidoscope où toutes les
communautés du monde sont
représentées : Antillais, Africains,
Slaves, Extrême-Orientaux, Latino-
Américains, Juifs, Indiens,
Pakistanais... Certaines ont investi un
quartier, dans des conditions de vie
parfois difficiles. Ce ne sont pas des
endroits « touristiques » : on y va faire
son marché, déguster une pâtisserie,
dénicher un disque, un tissu, un
objet d'artisanat. D'innombrables
restaurants, épiceries, traiteurs
proposent toutes les senteurs et les
cuisines du monde. Un véritable
voyage aux quatre coins du globe
s'accomplit en quelques stations de
métro.

Paris « black » – Africains et Antillais
se regroupent par ethnie, par
profession, par quartier. C'est à Paris,
au début des années 1980, que le
zouk, musique d'origine africaine et
antillaise, est lancé avec Kassav ;
Radio Nova (101.5 FM) imagine le
concept de « sono mondiale » qui
prend son essor sous l'appellation
anglo-saxonne de « world music »,
abondamment représentée lors de la
fête annuelle de la Musique (21 juin).
Capitale de l'art africain dans les
années 1920, Paris a conservé
d'intéressants musées comme le

musée Dapper, et des galeries d'art, concentrées dans le quartier Bastille et à St-Germain-des-Prés.

Côté spécialités gastronomiques, la plupart des épiceries (Belleville, 18e...) sont tenues par des Orientaux, bien qu'elles proposent les produits de base de la cuisine afro-antillaise. Sur le marché Dejean (r. Dejean – entre les rues des Poissonniers et Poulet, Mo Château-Rouge), les mamas vendent produits frais ou cuisinés ; on y trouve également poissons, viandes et autres produits d'Afrique.

Paris Maghreb – La ligne 2 du métro (Nation - Porte-Dauphine) traverse quelques lieux du Paris maghrébin : Barbès et la Goutte d'Or (18e), marqués par une rénovation progressive, Belleville (19e et 20e). Le raï, mélodie répétitive des quartiers populaires oranais, entre fado et blues, a conquis Paris. Les chanteurs-poètes sont des cheb (« jeunes ») : Cheb Khaled, roi incontesté du raï, Cheb Kader, Cheb Mami.

Pour tout connaître de l'art et de la culture maghrébins, rendez-vous à l'Institut du Monde arabe (1 r. des Fossés-St-Bernard, 5e arr., Mo Jussieu). À la Grande Mosquée (1-2 pl. du Puits-de-l'Ermite, 5e arr., Mo Place-Monge), le hammam a servi de décor à bien des films ; le thé à la menthe est servi dans le Café maure, juste à côté.

Pour vos achats, il faut vous fondre dans la foule des marchés d'Aligre (pl. d'Aligre, Mo Ledru-Rollin. Tlj sf lun.), de Belleville (mar. et ven. matin) ou de Barbès (mer. et sam.).

Les toits de la Mosquée de Paris.

S. Sauvignier/MICHELIN

La communauté juive à Paris – Son quartier historique est le Marais (4e). Décimée pendant l'Occupation, elle s'est reformée avec l'arrivée des Juifs d'Afrique du Nord qui se sont établis dans le Sentier (2e) et surtout en banlieue, où habitent aujourd'hui la moitié des Juifs de France. Divers lieux témoignent de son histoire et de sa culture : Mémorial du

Martyr juif inconnu (17 r. Geoffroy-l'Asnier, 4e) ; monument à la mémoire des déportés de Buna, Monowitz, Auschwitz, par Tim au cimetière du Père-Lachaise ; musée d'Art et d'Histoire du Judaïsme (71 r. du Temple, 3e).

Des spécialités comme les strudels aux pommes et à la cannelle mettent l'eau à la bouche. On en trouvera en particulier rue des Rosiers (4e).

Chinatown – À partir de 1975 se sont surtout installés, à côté d'un courant d'immigration plus ancien, originaire de Chine du Sud, des Chinois de la diaspora indochinoise, malaise ou philippine.

Sans prétendre à la notoriété des Chinatowns de New York ou San Francisco, la partie du 13e arrondissement comprise entre l'avenue d'Ivry, l'avenue de Choisy et la rue de Tolbiac offre un certain dépaysement, avec ses 150 restaurants aux enseignes multicolores, ses boutiques et ses épiceries où s'entassent toutes sortes de produits exotiques. L'animation est à son maximum lors de la fête du Nouvel An chinois (fin janv.-déb. fév.). Un quartier défiguré par la construction de hautes tours échappe ainsi à l'anonymat. Ce regroupement, le plus important d'Europe, entraîne une intense activité commerciale, perceptible dans le centre commercial de l'ensemble résidentiel « Les Olympiades », labyrinthe de galeries, boutiques et restaurants aux couleurs et senteurs de l'Asie (accès par les escaliers, av. d'Ivry).

Dans le quartier de Belleville, on rencontre aussi, concentration plus modeste, un ensemble de restaurants et magasins asiatiques.

Une plaque apposée au 13 rue Maurice-Denis (12e) rend hommage aux 120 000 Chinois qui vinrent en France durant la Première Guerre mondiale et rappelle que 3 000 d'entre eux, décidant au lendemain du conflit de rester à Paris, créèrent un premier quartier chinois près de la gare de Lyon.

Vos rendez-vous culturels : musée des Arts asiatiques-Guimet (6 pl. d'Iéna, 16e arr., Mo Iéna) et son annexe, l'hôtel Heidelbach-Guimet (15 av. d'Iéna, Mo Iéna) considéré par sa richesse et sa diversité comme le Louvre de l'Asie ; musée Cernuschi (7 av. Velasquez, 8e arr., Mo Villiers), réputé pour sa collection d'antiquités chinoises ; Maison de la Chine (76 r. Bonaparte, 6e arr., Mo Saint-Sulpice) ; pagode chinoise de la galerie d'art C.T. Loo & Cie (6 pl. du Pérou, 8e arr., Mo Courcelles).

Paris Japon – La communauté d'hommes d'affaires, employés d'entreprises nippones, étudiants et artistes japonais se concentre dans le quartier de l'Opéra et de la rue Ste-Anne, où nombreuses sont les occasions de savourer sashimis, sushis et autres tempuras.

Visitez le musée Guimet et sa merveilleuse collection de bouddhas et bodhisattvas rapportée par Émile Guimet ; le musée d'Ennery *(59 av. Foch, 16ᵉ arr., Mᵒ Porte-Dauphine ou Victor-Hugo)* qui présente, dans un incroyable décor oriental, la plus belle collection de netstukés au monde. Ne pas oublier le musée départemental Albert-Kahn, son jardin japonais, sa maison de thé et sa collection d'autochromes *(14 r. du Port, 92100 Boulogne – voir Le Guide Vert Île-de-France)*. La Maison de la culture du Japon est une mine de renseignements sur la culture au pays du Soleil Levant *(101 bis, quai Branly, 15ᵉ arr., Mᵒ Bir-Hakeim)*, tout comme Tokyo-Do, la grande librairie japonaise de Paris *(48 r. Ste-Anne, 1ᵉʳ arr.)*.

Si vous aimez le lèche-vitrine, les stylistes nippons ont acquis une réputation mondiale ; leurs boutiques se concentrent autour de la place des Victoires et dans le quartier de St-Germain-des-Prés.

Les Indes à Paris – La plupart des migrants ne sont pas indiens mais pakistanais, tamouls du Nord Sri Lanka ou bangladeshis. L'« Inde » à Paris se concentre le long de la rue St-Denis : entre la gare du Nord et la porte de la Chapelle, rue Jarry, passage Brady, rue et place du Caire. Épiceries et restaurants sont nombreux rue Gérando, au pied du Sacré-Cœur, et à côté du lycée Jacques-Decour *(Mᵒ Anvers)*.

Le Centre culturel Mandapa *(6 r. Wurtz, 13ᵉ arr., Mᵒ Glacière)* propose chaque année une centaine de spectacles de théâtre, danse et musique indiens. La Maison des cultures du monde *(101 bd Raspail, 6ᵉ arr., Mᵒ Notre-Dame-des-Champs)* organise spectacles de musique, de danse et de théâtre traditionnels indiens, pakistanais ou du Bangladesh.

Au musée des Arts asiatiques-Guimet, l'Inde est représentée par une magnifique section. La librairie offre une large sélection de titres sur les civilisations et les arts indiens, du Gandhara (art « gréco-bouddhique » du Pakistan et d'Afghanistan) et de tout l'Extrême-Orient.

Découvrir Paris autrement

en pleine nature

Paris est devenu une ville verte et fleurie qui possède plus de 400 parcs, jardins publics et privés, squares de quartier... Les lacs, les étangs et les vastes étendues forestières des bois de Boulogne et de Vincennes (respectivement 846 et 995 ha) offrent aussi bien des agréments ! Un nouvel art des jardins est né, ludique et raffiné, mélangeant l'eau, la pierre, le verre, les essences. Ces espaces verts qui, pour la plupart, s'ornent aux beaux jours de splendides parures florales sont des promenades très vivantes, parfois insolites, où la vie du quartier se retrouve, parenthèse de détente, de jeux, de rires, de calme propice à la lecture.

La diversité des paysages parisiens, la présence de bois, parcs ou jardins permettent à une flore et une faune insoupçonnées de vivre et prospérer au cœur même de la grande métropole urbaine. Qui connaît le timide accenteur mouchet, pourtant présent dans le moindre espace vert de la capitale ? Troglodytes, pinsons et mésanges font entendre leurs chants printaniers, tandis que les martinets poussent leurs cris dans le ciel d'été. On est surpris d'apprendre qu'une vingtaine de couples de chouettes hulottes peuplent les nuits parisiennes, ou que les faucons crécerelles occupent de nombreux monuments parisiens, à commencer par Notre-Dame.

Le promeneur appréciera également l'extrême diversité des arbres parisiens, aussi bien dans les rues ou avenues et sur les places (platanes, marronniers, érables mais aussi cedrelas, sophoras, frênes, ormes et bien d'autres espèces) que dans les jardins et les parcs (catalpas, paulownias, ginkgos, noyers, tulipiers, copalmes, etc.).

Certains lieux s'animent de concerts ou d'expositions (art floral, sculpture, voitures anciennes, etc.). Beaucoup servent d'écrins tout au long de l'année à de nombreuses œuvres d'art tantôt classiques, tantôt d'avant-garde. Parmi tous ces espaces verts, on peut suggérer :
- Bagatelle, ses iris et sa roseraie (bois de Boulogne) ;

Partez à la découverte de la végétation des tropiques...

Ph. Gajic/MICHELIN

- le Jardin des Plantes (5ᵉ), jardin botanique et jardin d'hiver (serre) ;
- le parc Montsouris (14ᵉ) et le square des Batignolles (17ᵉ), exemples de jardins anglais ;
- le parc paysager des Buttes-Chaumont (19ᵉ), le plus pittoresque ;
- le jardin du Palais-Royal (1ᵉʳ), enclos de silence et d'élégance en plein cœur de Paris ;
- le jardin japonais de l'Unesco (7ᵉ) ;
- les cerisiers du jardin de la Cité internationale universitaire (13ᵉ) ;
- le jardin du Luxembourg (6ᵉ), lieu de détente des étudiants du Quartier latin, offrant de nombreuses possibilités d'amusement pour les enfants ;
- le jardin du musée Rodin (7ᵉ), pour prolonger la visite du musée en découvrant, au hasard des allées rectilignes, d'autres sculptures du grand maître et une magnifique vue sur le dôme des Invalides ;
- le parc Monceau (8ᵉ), où, passé les belles grilles d'entrée en fer forgé, il est agréable de se promener à la rencontre des statues de Musset, Maupassant, Chopin et des nombreuses « fabriques » (édifices de jardin) ;
- les serres d'Auteuil (16ᵉ), jardin à vocation botanique, et, tout à côté, le jardin des Poètes, où il fait bon flâner entre les stèles où sont gravés des vers fameux de nos plus grands poètes ;
- le parc André-Citroën (15ᵉ), le plus sophistiqué ;
- le parc Georges-Brassens (15ᵉ), ses pentes herbues, sa vigne et ses ruches, au cœur d'un quartier paisible ;
- enfin, le parc de La Villette (19ᵉ), le plus grand de Paris, ponctué de constructions futuristes.
Mais ce n'était pas assez, et de nouveaux jardins sont apparus : le parc de Bercy et la Promenade plantée du Viaduc des Arts (12ᵉ) ; le jardin de l'Atlantique (15ᵉ), aménagé sur la dalle recouvrant les voies de la gare Montparnasse ; la promenade du boulevard Richard-Lenoir (11ᵉ) ; le jardin des Tuileries (1ᵉʳ).

dans les vignes

Et oui ! Paris a également ses vignes ! Savez-vous que jusqu'au début du 18ᵉ s., le vignoble de l'Île-de-France était le plus grand de France ? Rue des Vignes, rue du Pressoir, rue St-Vincent...
Aujourd'hui, on recense neuf vignes dans la capitale, produisant des vins blancs et rouges. Vous trouverez des pieds de vigne à :

Montmartre – R. *des Saules - 18ᵉ arr. - Mᵒ Lamarck-Caulaincourt.* C'est la plus ancienne vigne de Paris puisque l'origine de sa plantation remonte à l'époque gallo-romaine. Les 1 762 pieds peuvent donner jusqu'à une tonne de raisin. Chaque année, les vendanges donnent lieu à une grande fête.

Parc de Belleville – R. *des Couronnes, Piat, Julien-Lacroix ou Jouye-Rouve - 20ᵉ arr. - Mᵒ Couronnes.* Un peu plus jeune, cette vigne remonte à l'époque carolingienne. Les 140 pieds sont aujourd'hui bien à l'abri dans le parc de Belleville.

Parc Georges-Brassens – R. *des Morillons, des Périchaux ou Brancion - 15ᵉ arr. - Mᵒ Convention ou Porte-de-Vanves ou bus PC.* Le Sud du hameau de Vaugirard était encore couvert de vignes au 18ᵉ s. D'ailleurs les rues des Morillons et des Périchaux doivent leur nom aux clos qui y existaient alors. 700 pieds de pinot noir ont été plantés en 1983 dans le parc Georges-Brassens et les premières vendanges du « Clos des Morillons » ont eu lieu en 1985.

Parc de Bercy – 41 r. *Paul-Belmondo - 12ᵉ arr. - Mᵒ Cour-St-Émilion.* Il fallait bien une vigne dans ce lieu autrefois exclusivement dédié au vin ! 350 pieds font revivre la grande épopée des chais de Bercy, avec une production de 250 litres.

Et pour compléter votre connaissance du vin, allez faire un tour au musée du Vin-Caveau des Échansons, dans le 16ᵉ *(voir Passy)*.

la nuit

Dès le crépuscule, Paris se pare de somptueux atours grâce aux éclairages projetés sur de nombreux monuments, offrant aux visiteurs une vision totalement différente de celle du jour.

Les illuminations des monuments et des ponts de la capitale ont lieu dès la tombée de la nuit. De mi-juin à mi-sept. : jusqu'à 1h ; de mi-sept. à mi-juin : jusqu'à 0h, sam. et veilles de fêtes jusqu'à 1h.

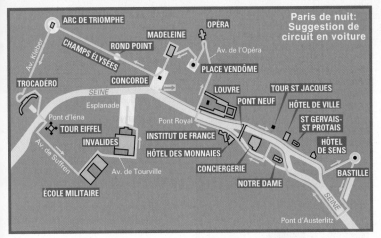

Rives de la Seine – Vision irréelle des monuments parisiens balayés par les projecteurs des bateaux depuis le fleuve.

Place de la Concorde – L'obélisque et les deux fontaines sont éclairés.

Champs-Élysées – Montée de la célèbre avenue jusqu'à l'Arc de Triomphe.

Louvre – Avec la cour Napoléon et la pyramide qui se reflète, ainsi que les façades majestueuses du Louvre, dans l'eau des bassins qui l'entourent.

Place André-Malraux et Comédie-Française – Les arcades sont illuminées.

Quartier St-Germain-des-Prés – Autour de l'église dont la tour paraît toute blanche sous la lumière.

Place Saint-Sulpice – Avec sa fontaine des « quatre points cardinaux ».

Invalides – Le dôme doré se détache encore plus la nuit, lorsqu'il est éclairé.

Notre-Dame – Que vous soyez sur le parvis ou face au chevet, la finesse de l'architecture gothique est magnifiquement mise en valeur par la lumière.

Esplanade du palais de Chaillot – Belle perspective illuminée sur le Champ-de-Mars et l'École militaire avec, en contrebas, les jeux d'eau du jardin du Trocadéro.

Sous la tour Eiffel – Le monument est encore plus impressionnant baigné dans la lumière, vu de dessous.

à pied

Paris en ses quartiers se découvre mieux à pied, naturellement. Nous vous proposons des promenades dans le corps du guide pour de nombreux quartiers. Vous pouvez compléter ces propositions par deux grandes promenades balisées, et par des brochures éditées par la Mairie de Paris. Deux itinéraires de randonnée

parisienne sont balisés : la traversée n° 1 d'Ouest en Est, qui relie le GR1 du bois de Boulogne au GR14 du bois de Vincennes, et la traversée n° 2 du Nord au Sud, de la porte de La Villette au parc Montsouris, en passant par le parc des Buttes-Chaumont. Une petite vingtaine de kilomètres pour chacun des circuits... Le tout est décrit dans le topoguide *Paris à pied* édité et vendu par la **Fédération française de randonnée pédestre**, 14 r. Riquet, 19e arr., Mo Riquet, ☎ 01 44 89 93 90, 3615 rando.

en bus touristique

Paris vu d'une fenêtre, à l'intérieur d'un véhicule qui connaît son chemin : voilà aussi une bonne façon de connaître la ville, avec ou sans commentaires. Pour cela, plusieurs options : les **bus et autocars touristiques**, bien sûr, mais aussi les **bus de la Ville de Paris**, dont certains traversent des quartiers historiques qu'ils vous font découvrir pour une somme modique, parmi les Parisiens.

BUS ET CARS TOURISTIQUES

Balabus – Il traverse Paris d'Est en Ouest, de la gare de Lyon jusqu'à La Défense (arrêts de bus marqués Balabus Bb). Avr.-sept. : dim. et j. fériés 12h30 (1er dép. La Défense) à 20h30 (dernier dép. gare de Lyon). Il permet de découvrir bon nombre de sites et monuments prestigieux de la capitale.

Montmartrobus – Desserte circulaire de la butte Montmartre entre la mairie du 18e arr. et la place Pigalle.

Les cars rouges (Parisbus) – ☎ 01 53 95 39 53. Arrêts : tour Eiffel, Champ-de-Mars, musée du Louvre, Notre-Dame, musée d'Orsay, Opéra, Champs-Élysées-Étoile, Grand Palais, Trocadéro. Trajet commenté. Durée : 2h15 pour l'ensemble du trajet, mais il est possible de monter et de descendre en cours de route. 1er dép. à 9h45 au pied de la tour Eiffel, puis toutes les 10mn, en été. 22€ (4-12 ans : 11€). Le billet s'achète dans le bus et est valable 2 jours consécutifs.

Paris-Vision Plus – 214 r. de Rivoli, 1er, ☎ 01 42 60 88 97, www.parisvision.com, M° Tuileries. Excursions et soirées en minibus de 8 places. Dép. et retour à l'hôtel.

CITYRAMA

Cityrama – 4 pl. des Pyramides, 1er arr., ☎ 01 44 55 61 00, M° Pyramides. Circuit en autocar panoramique.

L'Open Tour – 13 r. Auber, 9e arr., ☎ 01 42 66 56 56, M° Opéra ou Havre-Caumartin. Trois circuits pour découvrir Paris ; possibilité de descendre et monter aux 40 points d'arrêt marqués OpenTour. « Paris grand tour » : au départ du no 13 de la rue Auber, en passant par l'Opéra, le musée du Louvre, Notre-Dame, le Luxembourg, le musée d'Orsay, la place de la Concorde, les Champs-Élysées, l'Arc de Triomphe, le Trocadéro, les Invalides, la Madeleine (2h1/4, ttes les: 10 à 20mn). « Montmartre » : circuit du Paris romantique avec arrêt proche du Sacré-Cœur (1h1/4, ttes les 10 à 30mn). « Bastille-Bercy » : circuit du Paris moderne, dép. de Notre-Dame, en passant par la place de la Bastille, la gare de Lyon, le parc de Bercy (1h, ttes les 30mn). 26€ 2 j. consécutifs ou 24€ la journée (enf. : 12€). Le « Pass OpenTour » s'achète directement dans les bus, à la boutique OpenTour ou au kiosque des arrêts Malesherbes et Anvers.

France Tourisme – 33 quai des Grands-Augustins, 6e arr., ☎ 0 820 34 37 62, www.francetourisme.fr, M° St-Michel ou Odéon. Excursions en bus et minibus dans Paris : « Paris orientation » (3h) avec tour des principaux monuments et montée à Montmartre en funiculaire (24€) ; « Paris grand tour » (4h) avec tour des grands monuments en bus, montée à Montmartre en funiculaire et croisière en bateau-mouche (32€). Des excursions sont également proposées en soirée, notamment la visite guidée de Paris illuminé (24€).

BUS PARISIENS

Comme tous les transports en commun, ils sont plus ou moins réguliers, plus ou moins bondés (évitez, si possible, les heures de pointe), et cela varie suivant les lignes. Mais ils constituent un excellent moyen de découvrir Paris en s'insérant dans le tissu et le trafic urbains.

Lignes 21 (Gare St-Lazare - Porte de Gentilly) et **27** (Gare St-Lazare - Porte d'Ivry) – Ils passent devant l'Opéra, le Palais-Royal, le Louvre, les quais, le Quartier latin et le Luxembourg.

Ligne 52 (Opéra - Pont de St-Cloud) – Sur son itinéraire, la Madeleine, la place de la Concorde, le Rond-Point des Champs-Élysées, l'église St-Philippe-du-Roule, l'Arc de Triomphe, l'avenue Victor-Hugo, la rue de la Pompe et Auteuil.

Ligne 72 (Pont de St-Cloud - Hôtel de Ville) – Il longe la rive droite de la Seine : Alma-Marceau, le Grand Palais, la place de la Concorde, le Palais-Royal, le Louvre, la place du Châtelet et l'Hôtel de Ville.

Ligne 73 (La Défense - Musée d'Orsay) – Il vous permettra d'admirer la place de l'Étoile, les Champs-Élysées, la place de la Concorde et le musée d'Orsay.

Ligne 82 (Luxembourg - Pont de Neuilly - Hôpital américain) – Depuis le somptueux jardin du Luxembourg dont il fait le tour, en passant par le quartier Montparnasse pour se rendre aux Invalides puis à l'École militaire et à la tour Eiffel, le bus traverse l'avenue Victor-Hugo puis l'avenue Foch avant d'aboutir porte Maillot et prendre enfin la direction de Neuilly qu'il traverse de part en part.

Ligne 92 (Gare Montparnasse - Porte de Champerret) – Le bus passe par les Invalides, l'École militaire, Alma-Marceau, la place de l'Étoile, Wagram et la place du Mar.-Juin.

Ligne 96 (Gare Montparnasse - Porte des Lilas) – Le bus traverse le quartier St-Sulpice, Odéon, le Quartier latin, l'île de la Cité, Châtelet - Hôtel-de-Ville, le Marais et enfin Belleville.

Enfin, d'anciens autobus à plate-forme sont remis en service aux beaux jours (**lignes 29** et **56**).

sur deux roues

À VÉLO

220 km de pistes cyclables couvrent Paris et de nouvelles voies sont sans cesse créées pour assurer la sécurité des cyclistes.

Un axe Nord-Sud relie la piste du canal de l'Ourcq et la place de la Bataille-de-Stalingrad à la porte de Vanves. Un deuxième, d'Est en Ouest, joint les bois de Vincennes et de Boulogne, qui sont eux-mêmes quadrillés de circuits balisés. Une piste cyclable faisant le tour complet de Paris est actuellement en cours de réalisation : un périphérique du vélo, en quelque sorte !

Des parcs à vélos sont disséminés dans toute la capitale ; la SNCF tolère et facilite l'entrée gratuite des vélos sur les RER B, C et D, mais seulement à certaines heures et dans certaines stations.

La mairie de Paris organise tous les dimanches et jours fériés l'opération « Paris respire », qui consiste à fermer les voies à la circulation automobile afin de les réserver aux piétons, cyclistes, rollers, poussettes... Trois secteurs sont concernés : les voies sur berge, de 9h à 17h, de mars à novembre (voie Georges-Pompidou, quais Anatole-France et Branly) ; les voies du 5e arr., de 10h à 18h, toute l'année (rues Mouffetard, Descartes, de l'École-Polytechnique, de Lanneau, de Cluny, ainsi que la place Marcelin-Berthelot) ; et enfin les voies du 10e arr., de 14h à 18h, toute l'année (quais de Valmy et de Jemmapes).

Une découverte sportive de Paris.

S. Sauvignier/MICHELIN

Conseils – Vous le constaterez par vous-même, les automobilistes parisiens ne font pas toujours attention aux cyclistes, bien qu'ils aient le même statut qu'eux. Ayez donc toujours les yeux grands ouverts (en particulier sur les voitures garées : un automobiliste peu attentif est toujours susceptible d'ouvrir sa portière sans prévenir), faites-vous respecter... Suivez également les règles du code de la route, auquel vous êtes soumis au même titre que les véhicules motorisés. Gardez toujours un œil sur votre vélo y compris lorsque vous êtes stationné : malgré les antivols, les pièces détachées (selle, roue avant) s'enlèvent facilement...

Obligations – Sonnette et éclairages la nuit ; utilisation des sas-vélos aux feux rouges ; utilisation des emplacements de stationnement réservés ; utilisation des casques (prochainement) ; emprunter les pistes cyclables lorsqu'elles existent.

LOCATION

Voici quelques adresses pour louer des vélos. Pour de plus amples informations, consultez le plan *Paris à vélo*, édité par la Mairie de Paris et distribué dans les mairies et à l'Office du tourisme de Paris. Ayez toujours sur vous vos papiers d'identité, indispensables pour toute location dans la capitale. La location comprend casque, panier, antivol et, pour certaines, les sièges pour enfants.

Paris à vélo, c'est sympa ! – 22, rue Alphone Baudin, 11e arr., Mo Richard-Lenoir, ☎ 01 48 87 60 01, www.parisvelosympa.com. Location de vélo : 12,50€ la journée. Visites guidées thématiques de 28€ à 32,50€. Réservation obligatoire.

Paris Vélo – 2 r. du Fer-à-Moulin, 5e arr., Mo Censier-Daubenton, ☎ 01 43 37 59 22. 14€ la journée (10h-19h), 12€ la 1/2 journée. Caution 300€.

Bike'n Roller – 38 r. Fabert, 7e arr. (esplanade des Invalides), ☎ 01 45 50 38 27, Mo Invalides. Location de vélo : 12€ la 1/2journée, 17€ la journée ; possibilité de sièges pour enfants. Location de rollers : 9€ la 1/2journée, 12€ la journée. Location trottinette : 9€ la 1/2 journée, 12€ la journée. Prévoir caution.

Roue Libre (RATP) – 1 passage Mondétour, 1er arr., ☎ 0 810 441 534. Lun.-ven. : 7€ la journée ; w.-end et j. fériés : 4€ l'heure, 11€ la 1/2 journée, 15€ la journée. Prévoir caution 150€. Location à la maison Roue Libre des Halles, 9h-19h ; w.-end et j. fériés sur les sites de Châtelet, porte d'Auteuil (bois de Boulogne), esplanade du château de Vincennes (bois de Vincennes). Prêt de sièges enfants et d'antivols. Assurances comprises. www.rouelibre.fr

EN ROLLERS

Les randonnées en rollers organisées à Paris permettent de parcourir la capitale dans des conditions privilégiées (les rues sont à vous !) et de faire des rencontres... Ne prenez quand même pas à la légère la pratique des rollers : protégez-vous avec casque, coudières, protège-poignets et genouillères (il y a toujours au moins un petit accrochage à chaque rando). Portez de préférence des vêtements clairs et choisissez une rando adaptée à votre niveau. Enfin, ces randos sont déconseillées aux enfants en trop bas âge.

Pari Roller – 5 r. Michal, 13e arr., ☎ 06 25 21 09 99, www.pari-roller.com. Tous les vendredis soirs, l'association Pari Roller organise une traversée de Paris à roller (environ 25 km en 3h). Le cortège est autorisé par la police, ce qui interdit l'accès des voies empruntées par les rollers à la circulation automobile et aux piétons. Dép. à 22h, devant la gare Montparnasse. Débutants s'abstenir ; il faut maîtriser le freinage.

Rollers et Coquillages – 4e arr., Mo Bastille, ☎ 01 44 54 94 42 (répondeur), www.rollers-coquillages.org. Organise la randonnée à rollers du dim. dans Paris. Dép. dim. 14h30 de Bastille, 37 bd Bourdon. Durée : environ 3h. Niveaux débutant et confirmé. Trajet différent à chaque rando. Participation libre mais possibilité d'adhésion sur place. Assurance, randonnées spéciales et w.-end pour les adhérents.

Rollers Squad Institut (RSI) – 7 r. Jean-Giono, 13e arr., Mo Quai de la Gare, ☎ 01 56 61 99 61, www.rsi.asso.fr. Tlj sf w.-end 10h-13h, 14h-18h. Cette association propose plusieurs formules de randonnées à rollers. « Rando Skating Initiation » : dim. 15h aux Invalides devant le pont Alexandre-III ; durée : 2h ; niveau débrouillé (initiation technique) ; lieu : trottoirs. Autres randonnées (niveau débrouillé à confirmé) : se renseigner. Les randonnées sont accompagnées par des moniteurs diplômés FFRS et formés à la Prévention routière.

au fil de l'eau

Paris ne serait pas Paris sans ses bateaux-mouches : on s'en sert comme moyen de transport, on s'y promène, on y dîne, on y fait la fête... Pas question, donc, de repartir sans avoir aperçu Notre-Dame, la tour Eiffel ou encore le Trocadéro, de l'un d'entre eux ; image classique, mais image inoubliable qui restera gravée dans votre mémoire.

Sur la Seine

Bateaux-mouches – Embarcadère du pont de l'Alma (rive droite), 8e arr., ☎ 01 42 25 96 10, Mo Alma-Marceau. Dép. pont de l'Alma, promenades (ttes les 30mn en haute sais.) entre le canal St-Martin et l'île aux Cygnes. Possibilité de croisières déjeuner et dîner (idéal pour voir les monuments illuminés). Dîners : 20h30 ; déjeuners : w.-end et j. fériés.

Paris Canal – Réservation obligatoire au ☎ 01 42 40 96 97. Croisière d'une journée sur la Seine et la Marne, du musée d'Orsay (quai Anatole-France) à Chennevières avec passage d'écluses et déjeuner sur l'île Brise-Pain. Juil.-août : w.-end. 9h45. 33€ (repas non compris).

Vedettes du Pont-Neuf – Embarcadère square du Vert-Galant, 1er arr., ☎ 01 46 33 98 38, Mo Pont-Neuf. Trajet (1h) pont-Neuf - pont d'Iéna, tour de l'île de la Cité et de l'île St-Louis. Croisière commentée par un guide en français et anglais. 10€ (enf. : 5€).

Bateaux Parisiens – Embarcadère port de la Bourdonnais (au pied de la tour Eiffel), 7e arr., ☎ 01 44 11 33 44, RER C Champ-de-Mars, Mo Bir-Hakeim ou Trocadéro.

Embarcadère quai de Montebello (au pied de Notre-Dame), 5e arr., ☎ 01 44 11 33 44, RER C Saint-Michel. Durée : 1h. De mars à nov.

Vedettes de Paris – Embarcadère port de Suffren, 7e arr., ☎ 01 47 05 71 29, RER C Champ-de-Mars ou Mo Bir-Hakeim. Trajet (1h) tour Eiffel-île St-Louis AR. 9€ (-12 ans : 4€). Possibilité d'escale à Notre-Dame et au Louvre. Dîners-croisières réguliers (réservation obligatoire). Croisières-animation spectacle « Les petits matelots » réservés aux enfants et à leurs parents : mer. 14h45 ; vac. scol. : tlj 10h30 et 14h45.

Batobus – Port de la Bourdonnais, 7e arr., ☎ 01 44 11 33 99, RER C Champ-de-Mars-Tour-Eiffel ou Mo Bir-Hakeim. Arrêts : tour Eiffel (port de la Bourdonnais), musée d'Orsay (quai de Solférino), St-Germain-des-Prés (quai Malaquais), Notre-Dame (quai de Montebello), jardin des Plantes (quai St-Bernard), Hôtel-de-Ville (quai de l'Hôtel-de-Ville), Louvre (quai du Louvre) et Champs-Élysées (port des Champs-Élysées). Juin-sept. : 10h-21h ; avr.-mai et oct. : 10h-19h ; nov.-déc. : 10h-16h. 11€ la journée (enf. : 5€) ; 13€ 2 journées (enf. : 7€) ; 7,50€ le trajet (4 escales maxi).

Sur les canaux parisiens

CANAL SAINT-MARTIN

Canauxrama – Réservation : ☎ 01 42 39 15 00. www.canauxrama.com. Dép. de l'embarcadère port de plaisance

Paris-Arsenal, face au 50 bd de la Bastille, 12ᵉ arr., Mᵒ Bastille : 9h45 et 14h30 ; dép. du bassin de la Villette, 13 quai de la Loire, 19ᵉ arr., Mᵒ Jaurès : 9h45 et 14h45. Trajet (2h1/2 environ) du port de plaisance au parc de la Villette ou inversement. Passage de 4 doubles écluses, 2 ponts tournants, 1 pont levant, une superbe voûte. Croisière commentée du vieux Paris. 14€ (-12 ans : 8€ ; -6 ans : gratuit ; ap.-midi de w.-end et fêtes : tarif unique 14€).

Paris Canal – Réservation obligatoire au ☎ 01 42 40 96 97. Croisière sur la Seine, au cœur de Paris (Louvre, Notre-Dame, île St-Louis) et le canal St-Martin : passage d'écluses et de ponts tournants, navigation sous une voûte souterraine de 2 km en dessous de la Bastille. Deux dép. de mi-mars à mi-nov. : 9h30 au musée d'Orsay (Mᵒ Solférino) ou 14h30 au parc de la Villette (Mᵒ Porte-de-Pantin). Durée : 2h45. 16€ (enf. : 9€).

CANAL DE L'OURCQ

Canauxrama – Réservation au ☎ 01 42 39 15 00. www.canauxrama.com. Dép. de l'embarcadère au port de Plaisance de Paris-Arsenal, face au 50 bd de la Bastille, 12ᵉ arr., Mᵒ Bastille : 9h. Croisière d'une journée au pays des guinguettes de Paris à Bry-sur-Marne et retour Paris en bateau. 34€ (sans repas). Déconseillé aux enfants.

vu du ciel

Voir Paris d'en haut donne un sentiment de connivence avec la capitale. Le regard vagabonde de toits en terrasses, se perd dans le tracé des rues, puis soudain identifie les quartiers grâce à certains monuments qui se dressent dans le ciel : les tours de Notre-Dame, le dôme des Invalides couvert de feuilles d'or ou celui du Panthéon, dressé en apothéose au-dessus du Quartier latin. La tour Eiffel est, bien sûr, le lieu privilégié pour voir Paris d'en haut, mais non le seul : voici d'autres idées de belvédères, parfois insolites et auxquels on ne pense pas toujours, pour contempler la « Ville Lumière », de jour comme de nuit.

LES BELVÉDÈRES IMPROVISÉS, OFFICIEUX...

La butte Montmartre : parvis du Sacré-Cœur, place Émile-Goudeau.
Les collines de Belleville et de Ménilmontant : depuis le sommet du jardin de Belleville au débouché de la rue Piat.
La montagne Ste-Geneviève : avec la rue Soufflot.
Les hauteurs de Passy : place du Trocadéro.
La Butte-aux-Cailles : l'avenue des Gobelins depuis la place d'Italie.
Le « Mont-Parnasse » : la place des Cinq-Martyrs-du-Lycée-Buffon, la place du 18-Juin-1940 (sur la rue de Rennes jusqu'à St-Germain-des-Prés). Le parvis de La Défense : ligne de fuite vers l'Ouest.

Depuis le parc de Belleville, on a une belle vue sur la ville

LES PANORAMAS OFFICIELS, TOURISTIQUES

Tour Montparnasse – Mᵒ Montparnasse-Bienvenüe. *Voir p. 323.*

Tour Eiffel – Mᵒ Bir-Hakeim. *Voir p. 205.*

Arc-de-Triomphe (plate-forme) – Mᵒ Charles-de-Gaulle-Étoile. *Voir p. 176.*

Notre-Dame (tours) – Mᵒ Cité. *Voir p. 341.*

Panthéon (parties hautes) – RER Luxembourg. *Voir p. 387.*

Centre Georges-Pompidou (terrasse niveau 6) – Mᵒˢ Rambuteau ou Hôtel-de-Ville ou RER Châtelet-Les-Halles - ☎ 01 44 78 12 33. Musée et expositions niveau 6 : 11h-21h, nocturne jeu. 23h ; bibliothèque : 12h (11h le w.-end)-22h (dernière entrée 1h av. fermeture). Fermé mar. Accès à la terrasse avec un billet d'entrée au musée ou aux expositions temporaires.

Sacré-Cœur (dôme) – Mᵒ Anvers ou Abbesses. *Voir p. 317.*

Grande Arche de La Défense – Mᵒ et RER La Défense. *Voir p. 196.*

Institut du Monde arabe (terrasse du 9ᵉ étage) – Mᵒ Jussieu. *Voir p. 240.* Accès gratuit à la terrasse.

La Samaritaine (terrasse du magasin principal) – Mᵒ Pont-Neuf. Tlj sf dim. 9h30-18h. Juin-août : restaurant-terrasse 20h-22h30. Sur réservation au ☎ 01 40 41 29 29.

Galeries Lafayette (terrasse panoramique 7ᵉ étage) – Mᵒ Chaussée-d'Antin.

Le Printemps – Mᵒ Havre-Caumartin. Tlj sf dim. 9h35-19h, jeu. 9h35-22h. Accès gratuit par escalier mécanique.

Hôtel Concorde-Lafayette (bar panoramique) – Mᵒ Porte-Maillot.

Parc André-Citroën (ballon captif Eutelsat) – Mᵒ Balard ou Lourmel et RER Bd-Victor. *Voir p. 237.*

Spectacles

La « Ville Lumière » est aussi celle des feux de la rampe. À Paris, vous êtes constamment sollicité par les affiches : les salles de spectacle, de concert, les théâtres, les opéras vous offrent une infinité de possibilités de vous divertir. Profitez-en !
Les hebdomadaires *Pariscope* et *L'Officiel des spectacles* annoncent les expositions, un certain nombre de concerts et donnent les horaires des séances de cinéma. Les quotidiens *Le Monde* et *Libération* consacrent une rubrique aux spectacles, sorties, événements et concerts du jour comme de la semaine, tout comme *Le Figaro* et son supplément du mercredi, le *Figaroscope. Lylo*, qui sort toutes les 3 semaines, est un petit journal gratuit distribué dans les cafés, salles de spectacle, disquaires, FNAC, bibliothèques de la Ville de Paris ; il dresse un programme très complet des concerts à Paris et en Île-de-France. *Nova Magazine* donne l'agenda de la culture « branchée » et jeune à Paris. Les grands magazines nationaux proposent également des cahiers Paris.
Enfin, le Web est une mine de renseignements auxquels vous accéderez par les pages annuaires des principaux moteurs de recherche.

théâtre

Comédie Caumartin – *25 r. Caumartin - M° Havre-Caumartin ou Madeleine - ☎ 01 47 42 43 41.* C'est dans ce petit théâtre du début du siècle que fut créé *Huis-Clos* de Sartre. De nos jours, la programmation est beaucoup moins intello et joue la carte du comique avec des pièces au succès durable comme *Bœing-Bœing* ou *Reviens dormir à l'Élysée !* L'endroit a également contribué à lancer de jeunes talents, tels Anne Roumanoff ou Bratsch.

Bobino – *20 r. de la Gaîté - M° Gaîté ou Edgar-Quinet - ☎ 01 43 27 75 75 - tlj sf lun.* à partir de 20h. La célèbre salle de spectacle où se produisit, parmi tant d'autres, Léo Ferré en 1969, a été reconstruite. Elle accueille désormais outre du Music Hall, du théâtre, des tours de chant ainsi que des émissions de télévision et de radio.

H. Garat/Mairie de Paris

Comédie-Française – *Pl. Colette - M° Palais-Royal - ☎ 01 40 15 00 15 - www.comedie-francaise.fr - billetterie : 11h-13h - fermé de fin juil. à sept. et 1er mai.* Fondée en 1680 par Louis XIV, la majeure partie de son répertoire est traditionnellement empruntée aux auteurs classiques français. Les visiteurs qui assistent à une représentation peuvent admirer au Foyer du public le fameux *Voltaire*** de Houdon, ainsi que le fauteuil où, le 17 février 1673, Molière, en jouant *Le Malade imaginaire*, fut saisi d'un malaise.

Kiosque Théâtre – *Pl. de la Madeleine - M° Madeleine - mar.-sam. 12h30-19h45, dim. 12h30-15h45.* Les places de théâtre sont vendues ici à moitié prix (pour les plus chères) le jour même de la représentation. Plus de 100 spectacles et 120 pièces de théâtre (théâtres privés plutôt que scènes nationales) sont proposés. Prévoir des solutions de rechange car les places ne sont pas toujours disponibles. Pas de paiement par carte bancaire.

La Cartoucherie – *Rte du Champ-de-Manœuvres, bois de Vincennes - M° Château-de-Vincennes - ☎ 01 48 08 39 74.* Cet espace théâtral, composé de cinq salles indépendantes (le théâtre du Soleil, le théâtre du Chaudron, L'Épée de bois, le théâtre de l'Aquarium et le théâtre de la Tempête), fut créé dans les années 1970 sur un terrain appartenant à l'armée. Il séduit autant par son cadre forestier et son atmosphère que par la qualité et la variété des programmations.

Théâtre de la Renaissance – *20 bd St-Martin - M° Strasbourg-St-Denis - ☎ 01 42 08 18 50 ou 01 42 02 47 35 - horaires selon spectacles. Ma sœur est un chic type*, ou *Un air de famille* de Bacri et Jaoui demeurent parmi les plus grands succès de ce théâtre dédié au divertissement de qualité. Guy Bedos et Fabrice Lucchini en arpentèrent également les planches. Un théâtre sur les boulevards qui n'est pas un théâtre de boulevard.

Bouffes du Nord – *37 bis bd de la Chapelle - M° La Chapelle - ☎ 01 46 07 34 50 - billeterie : tlj sf dim. 11h-18h.* Construit en 1876, le théâtre des Bouffes du Nord devint successivement caf' conc', théâtre populaire et music-hall. Louise Michel y fit jouer une pièce révolutionnaire (1882) et

Damia y chanta (1943). Fermé en 1954, le théâtre rouvre en 1974 à l'initiative de Peter Brook et Micheline Rozan. Vous pourrez y assister à des mises en scène de Peter Brook, mais aussi des lectures, des concerts et des opéras.

L'Athénée-Louis Jouvet – *24 r. de Caumartin - M° Havre-Caumartin ou Opéra ou RER Auber - ☎ 01 53 05 19 19 - billetterie : tlj sf dim. et lun. 11h-19h, sam. 13h-19h - fermé août-sept.* Louis Jouvet fit la renommée de ce théâtre inauguré en 1896. Parmi les artistes qui s'y sont produits : Daniel Mesguich, Jean Vilar, Antoine Vitez, José Carreras, Barbara Hendricks, Ruggero Raimondi.

Maison de la Culture (MC93) – *1 bd Lénine - 93000 Bobigny - M° Bobigny-Pablo-Picasso - ☎ 01 41 60 72 72 - tlj sf lun. 10h-19h.* La MC93 est un centre international de création qui offre une programmation dense et éclectique : théâtre, musique et danse – la plupart des grands noms de la création contemporaine (comme Bob Wilson, Peter Sellars ou Lev Dodine) y sont passés. Il comprend deux salles, dont une de 900 places, un restaurant, un bar et une librairie (ouverts avant et après le spectacle).

Maison des Arts et de la Culture – *1 pl. Salvador-Allende - 94000 Créteil - M° Créteil-Préfecture - ☎ 01 45 13 19 19 - tlj sf dim. et lun. 13h-19h.* Cette scène nationale offre une programmation artistique extrêmement pointue, alternant musique, théâtre et danse. Cette institution héberge également le festival international du film de femmes, manifestation dont la renommée ne cesse de croître.

Théâtre Gérard-Philipe – *59 bd Jules-Guesde – 93207 Saint-Denis - M° Saint-Denis-Basilique - ☎ 01 48 13 70 00 - selon les manifestations, spectacle : 20h30 - fermé 1er mai, juil.-août.* Installé avec son équipe au TGP en 1998, le jeune metteur en scène Stanislas Nordey y mène une politique de « théâtre citoyen », c'est-à-dire un théâtre populaire, proche de la cité, et qui se donne les moyens d'aller au devant d'elle. Il accueille de jeunes troupes, propose des créations, des textes d'auteurs contemporains (Pasolini) comme des classiques et du théâtre pour enfants. Des tarifs modiques invitent à faire du théâtre une sortie plus régulière.

Théâtre de la Bastille – *76 r. de la Roquette - M° Bastille ou Voltaire -☎ 01 43 57 42 14.* Dédié à la création contemporaine, le théâtre de la Bastille propose de la danse, des lectures et des représentations théâtrales. Créé en 1983, il consacre ses deux salles à la découverte de jeunes artistes. Une programmation exigeante mais très appréciée.

Théâtre de la Huchette – *23 r. de la Huchette - M° Saint-Michel - ☎ 01 43 26 38 99 - tlj sf dim. 17h-21h, sam. 15h-21h - fermé janv.* On y joue, depuis 1957, et avec toujours autant de succès, *La Cantatrice Chauve* et *La Leçon* de Eugène Ionesco.

Théâtre de poche-Montparnasse – *75 bd du Montparnasse - M° Montparnasse - ☎ 01 45 48 92 97.* Si ce petit théâtre doit son nom à la largeur de sa façade, il offre tout de même 220 places au public, en deux salles. Créé en 1943, il a assisté aux débuts de Jean Vilar, et se consacre à la création contemporaine.

Théâtre de la Ville – Les Abbesses – *31 r. des Abbesses - M° Abbesses - ☎ 01 42 74 22 77 - tlj sf lun. 20h30, dim. 15h ou 17h - fermé juil.-août.* Cette nouvelle salle dépend du théâtre de la Ville (place du Châtelet), dont elle partage la programmation. Elle a été conçue par l'architecte Charles Vandenhove en 1992.

Théâtre des Amandiers – *7 av. Pablo-Picasso, Nanterre-Préfecture - RER Nanterre-Préfecture - ☎ 01 46 14 70 70.* Ce théâtre à l'avant-garde de la mise en scène parvient à attirer en banlieue la bourgeoisie bon teint et l'intelligentsia parisienne. Des lettres de noblesse acquises pour bonne part de 1982 à 1990 sous la direction de Patrick Chéreau qui y créa notamment les œuvres de B.-M. Koltès et y monta un *Hamlet* mémorable ; scénographies jouant sur la force des images et la monumentalité des décors de R. Peduzzi. J.-P. Vincent perpétue désormais cet héritage qui mêle créations contemporaines et grands classiques revisités.

Théâtre des Mathurins – *36 r. des Mathurins - M° Havre-Caumartin - ☎ 01 42 65 90 00.* *Antigone* d'Anouilh, *La Maison de poupée* d'Ibsen et *Le Malentendu* de Camus furent montés dans ce théâtre qui accueillit Georges Pitoëff en 1927. Aujourd'hui, Julien Vartet y monte ses propres comédies, comme *Archibald*.

Théâtre du Vieux-Colombier – *21 r. du Vieux-Colombier - M° Saint-Sulpice - ☎ 01 44 39 87 00 - 11h-19h, dim.-lun. 13h-18h - fermé août.* Fondé par Jacques Copeau en 1913, le Vieux-Colombier, salle d'art et d'essai de la Comédie-Française, a pour vocation de promouvoir les auteurs contemporains.

Théâtre de l'Est parisien (TEP) – *159 av. Gambetta - M° Saint-Fargeau - ☎ 01 43 64 80 80 - www.theatre-estparisien.net - lun.-ven. 10h-18h.* Situé dans un arrondissement populaire, le TEP se veut un théâtre populaire. Non seulement il propose des textes contemporains et classiques (Musset, Marivaux, Brecht, Lorca) dans le but de rendre la culture accessible à tous, mais encore il se déplace vers le public en sortant de ses murs. Il organise également des festivals de jeunes auteurs et de metteurs en scène.

Théâtre des Variétés – *7 bd Montmartre - M° Grands-Boulevards - ☎ 01 42 33 09 92 - theatre-des-varietes.fr - lun. 11h-18h, mar.-sam. 11h-19h., dim. 11h-16h - fermé juil.-août.* *La Puce à l'oreille* de Feydeau, *Topaze* de Marcel Pagnol, *La Cage aux folles* de Jean Poiret et, plus récemment, *Le Dîner de cons*, furent créées dans ce théâtre, qui est l'un des plus anciens de Paris.

Théâtre du Rond-Point – *2 bis av. Franklin-Roosevelt - M° Franklin-Roosevelt - ☎ 01 44 95 98 00 - www.theatredurondpoint.fr - billetterie : mar.-sam. 12h-19h - fermé en été, 1er janv., 1er mai et 25 déc.* Superbement situé sur les Champs-Élysées, ce théâtre abrite trois salles, une librairie et un restaurant qui se transforme les soirs de week-end en cabaret. La programmation de tous les spectacles est assurée par Jean-Michel Ribes qui fait volontairement appel à des auteurs contemporains.

Théâtre Hébertot – *78 bis bd des Batignolles - M° Rome ou Villiers - ☎ 01 43 87 23 23 - billetterie : mar.-sam. 11h-19h, dim. 11h-14h.* Cette belle salle à l'italienne de la fin du 19e s. accueille des pièces contemporaines et classiques : celles de Thomas Bernhard, de Milan Kundera ou de Carlo Goldoni... Gérard Philipe et Jean Marais firent les beaux soirs de ce théâtre.

Théâtre Marigny.

Ph. Gajic/MICHELIN

Théâtre Marigny – *Av. de Marigny - M° Champs-Élysées - ☎ 01 53 96 70 00 - www.theatremarigny.fr - mar.-sam. 20h30, dim. 16h ; en matinée certains sam. - fermé juil.-août.* L'*Amadeus* monté par Roman Polanski, le *Cyrano de Bergerac* par Robert Hossein ou encore les *Variations énigmatiques* avec Alain Delon et *La Dame aux camélias* avec Isabelle Adjani, ont été de grands moments de ce prestigieux théâtre, longtemps dirigé par la compagnie Renauld-Barrault puis par Elvire Popesco et Robert Manuel.

Théâtre Mogador – *25 r. Mogador - M° Trinité - ☎ 01 53 32 32 00 - www.mogador.net - lun.-sam. 10h-20h - fermé août.* Construit en 1914 sur le modèle du Palladium de Londres, c'est le plus grand théâtre privé de Paris (1 805 places). Il accueillit successivement des revues, un cinéma, des opérettes et du théâtre (*Cyrano de Bergerac, La Femme du boulanger*). C'est désormais une scène musicale. Jérôme Savary, Jeanne Moreau et Dee Dee Bridgewater ont su l'ensorceler.

Théâtre national de Chaillot – *1 pl. du Trocadéro - M° Trocadéro - ☎ 01 53 65 30 00 - www.theatre-chaillot.fr - billetterie : lun.-sam. 11h-19h, dim. 11h-17h.* Inauguré en novembre 1920, ce théâtre abrita de 1930 à 1972 le Théâtre National Populaire (TNP), qui eut, entre autres directeurs fameux, Jean Vilar et Georges Wilson. Gérard Philipe y a laissé un souvenir impérissable pour son interprétation du *Cid* et de *Lorenzaccio*. Certains spectacles sont accessibles aux personnes sourdes ou non-voyantes.

Théâtre national de la Colline – *15 r. Malte-Brun - M° Gambetta - ☎ 01 44 62 52 52 - www.colline.fr - réservation téléphonique : lun.-sam. 11h-18h, dim. 11h-17h - fermé août et 1er mai.* Ce théâtre a pour mission essentielle de présenter des œuvres du théâtre contemporain. Alain Françon en est le directeur depuis 1997.

opéra

Opéra-Bastille – *Pl. de la Bastille - M° Bastille - ☎ 01 40 01 17 89 - www.opera-de-paris.fr - lun.-sam. 11h-18h30 - fermé de mi-juil. à mi-sept.* Construit par Carlos Ott, cet opéra allie vocation populaire et performance technique. Inauguré le 13 juillet 1989 par François Mitterrand, il ouvrit sa première saison le 17 mars 1990 par une reprise des *Troyens* d'Hector Berlioz sous la direction du chef d'orchestre Myung Whun Chung.

Opéra-Comique (Salle Favart) – *5 r. Favart - M° Richelieu-Drouot - ☎ 0 825 000 058 - www.opera-comique.com - lun.-sam. 9h-21h, dim. 11h-19h - fermé août.* On appelle aussi l'Opéra-Comique **salle Favart**, premier nom sous lequel il s'était fait connaître. Y furent créés *Carmen* de Bizet en 1875, *Lakmé* de Léo Delibes en 1883, *Pelléas et Mélisande* qui, en 1902, défraya la chronique.

danse

Palais Garnier – *8 r. Scribe - M° Opéra - RER Auber - ☎ 01 40 01 17 89 ou 0 836 697 868 - www.opera-de-paris.fr - billetterie : lun.-sam. 11h-18h30 - fermé de mi-juil. à déb. sept.* Construit par le jeune architecte Garnier de 1862 à 1875, ce théâtre est caractéristique du second Empire par ses dimensions imposantes et le luxe de son ornementation. C'est le siège de l'Académie nationale de musique, qui s'y installa en 1875. Admirez la magnificence de l'escalier d'honneur et du foyer, et la somptuosité de la salle ornée, depuis 1964, d'un plafond peint par Chagall.

Théâtre de la Ville – *2 pl. du Châtelet - M° Châtelet - ☎ 01 42 74 22 77 - www.theatredelaville-Paris.com - location : mar.-sam. 11h-19h - fermé juil.-août.* Théâtre populaire et pluridisciplinaire, avec au programme des ballets, du théâtre, des variétés, de la musique traditionnelle ou classique. Attentive à promouvoir la création contemporaine, cette scène a accompagné de nombreux artistes, de Pina Bausch à Nusrat Fateh Ali Kahn.

concerts de musique classique ou contemporaine

Châtelet-Théâtre musical de Paris – *Pl. du Châtelet - M° Châtelet - ☎ 01 40 28 28 40 - www.chatelet-theatre.com.* En 1909, les *Ballets russes* de Serge de Diaghilev y interprètent *Le Prince Igor de Borodine* ; l'année suivante, Gustav Mahler y dirigeait lui-même sa *Deuxième symphonie*, et Caruso y faisait applaudir *Aïda* de Verdi.

Cité de la musique – *221 av. Jean-Jaurès - M° Porte-de-Pantin - ☎ 01 44 84 44 84 - www.cite-musique.fr - mar.-sam. 12h-18h, dim. 10h-18h - fermé 1ᵉʳ janv., 1ᵉʳ mai et 25 déc.* Inauguré en 1995, ce véritable village musical conçu par l'architecte Christian de Portzamparc réunit en un seul lieu une salle de concerts modulable en fonction des programmes, un amphithéâtre, des centres de documentation sur la musique, des ateliers de pratique musicale, le musée de la Musique, une librairie-boutique et un café. Pour plus de renseignements : www.cite-musique.fr

Maison de Radio-France – *116 av. du Prés.-Kennedy - M° Passy - ☎ 01 56 40 15 16 - lun.-sam. 11h-18h - fermé j. fériés.* La Maison de Radio-France organise de nombreux concerts : jazz, musique classique, traditionnelle, et contemporaine (festival « Présences » en février) ; ils sont gratuits ou proposés à des tarifs peu élevés. La salle Olivier-Messiaen accueille également les chœur et orchestre de Radio-France.

Salle Gaveau – *45 r. La Boétie - M° Miromesnil - ☎ 01 49 53 05 07 - billetterie : lun.-ven. 11h30-18h ; concerts selon programmation : 20h30-23h - fermé juil.-août.* Les concerts Lamoureux et Pasdeloup s'y produisirent ainsi que les plus grands virtuoses. Le 2 février 1927, Yehudi Menuhin âgé de 11 ans y interpréta la *Symphonie espagnole* de Lalo, tenant le public parisien suspendu à son archet.

Théâtre des Champs-Élysées – *15 av. Montaigne - M° Alma-Marceau - ☎ 01 49 52 50 50 - www.theatrechampselysees.fr - billetterie : lun.-sam. 13h-19h ; pour concerts dim. matin : vente des billets sur place à partir de 10h - fermé juil.-août.* Construit en 1913 par les frères Perret, le théâtre des Champs-Élysées est classé Monument historique depuis 1953. Sa programmation propose concerts symphoniques, musique de chambre, opéras, spectacles de danse et récitals. Grands chefs d'orchestre (Karl Bœhm et Herbert Von Karajan), célèbres ballets dont les troupes russes du Bolchoï et du Kirov, Maurice Béjart, le Ballet de Paris de Roland Petit, sans oublier la Revue Nègre de Joséphine Baker s'y sont succédé.

Salle Pleyel – *252 r. du Fg-St-Honoré - M° Ternes - ☎ 0 825 000 252 - sallepleyel@salle-pleyel - 8h-21h, j. de concert 8h-23h - fermé 1ᵉʳ mai, juil.-août.* L'Orchestre symphonique de Paris, les meilleurs chefs et les meilleurs interprètes (Fedor Chaliapine, Arthur Rubinstein, R. Casadesus, Pablo Casals, Yehudi Menuhin, etc.) y donnèrent d'éblouissantes soirées.

salles de spectacle

Casino de Paris – *16 r. de Clichy - M° Trinité - ☎ 0892 69 89 26 - www.casinodeparis.fr - lun.-sam. 11h-18h.* Dès 1730, cet emplacement, alors entouré par la campagne, accueillait un lieu de divertissements qui connu par la suite diverses fonctions : parc d'attractions, église de la Trinité, patinoire puis salle de spectacle. Après la première guerre mondiale, Mistinguett, Maurice Chevalier et Joséphine Baker y foulèrent les planches lors de superbes revues. Aujourd'hui spectacles de variétés, one man shows et comédies musicales s'y succèdent.

La Cigale – *120 bd Rochechouart - M° Pigalle - ☎ 01 49 25 81 75 - www.lacigale.fr.* Née en 1887, La Cigale chanta avec Mistinguett, Maurice Chevalier et Arletty. Redécorée par Philippe Starck en 1987, elle accueille aujourd'hui artistes de variétés et groupes de pop et de rock internationaux sur la scène de son beau théâtre à l'italienne.

Le Bataclan – *50 bd Voltaire - M° République - ☎ 01 43 14 35 35 - www.bataclan.fr - lun.-sam. 11h-19h.* Édifié en 1864, Le Bataclan, qui doit son nom à une opérette d'Offenbach, fut successivement un café-concert, un théâtre de revue et un cinéma. Il a aussi bien accueilli Buffalo Bill qu'Édith Piaf. C'est aujourd'hui une bonne adresse rock (The Cure ou Elvis Costello s'y sont produits) et une salle de théâtre (pièces de répertoire et comédies musicales).

Palais des congrès de Paris – *2 pl. de la Porte-Maillot - M° Porte-Maillot - ☎ 01 40 68 25 07 - tlj.* Inauguré en 1974, le Palais des congrès a vu la création de *Starmania*, et de *Notre-Dame de Paris* et les prestations scéniques de Ray Charles ou Charles Aznavour. C'est aussi un hall d'exposition et un lieu où se tiennent assemblées générales de sociétés et congrès professionnels

jazz-rock

Jazz-Club Lionel Hampton – *81 bd Gouvion-St-Cyr - M° Neuilly-Porte-Maillot-Palais-des-Congrès - ☎ 01 40 68 30 42 - www.jazzclub-paris.com - concerts à partir de 22h30.* Depuis 1976, les plus grands noms du jazz se sont produits sur cette scène mythique installée dans l'hôtel Méridien Étoile. Tous les jours à partir de 22h30, vous pourrez assister à un concert « live » ; le lundi est réservé aux Big Band. Atmosphère agréable avec fauteuils confortables et moquette épaisse.

Le New Morning – *7-9 r. des Petites-Écuries - M° Château-d'Eau - ☎ 01 45 23 51 41 - www.newmorning.com - 20h-1h - fermé août.* Jazz, world music, salsa, blues : le New Morning est un lieu éclectique et vivant qui a reçu aussi bien Chet Baker, Dexter Gordon, Art Blakey et James Carter que Compay Segundo, les Cranberries ou les Fugees...

Le Petit Journal Montparnasse – *13 r. du Cdt-Mouchotte - Mᵒ Montparnasse-Bienvenüe ou Gaîté - ☎ 01 43 21 56 70 - www.petit-journal.com - lun.-sam. 20h30-2h, concert : 22h - fermé de mi-juil. à mi-août.* Une institution du jazz classique avec sa kyrielle de grands noms : Baden Powell, Claude Bolling, Didier Lockwood, Eddy Louiss ou Richard Galliano, mais aussi des chanteurs à la fibre jazz, swing ou même blues, comme Claude Nougaro, Manu Di Bango et Bill Deraime qui aiment la salle pour son atmosphère particulière.

Élysée-Montmartre – *72 bd de Rochechouart - Mᵒ Anvers - ☎ 01 55 07 06 00 - www.elyseemontmartre.com - concert : 19h30-22h30. Soirée 0h-6h.* L'Élysée-Montmartre séduit autant les artistes que le public. Tricky, Metallica, Bjork, Burning Spear, David Bowie ou Iggy Pop apprécient la proximité avec le public et le charme de la salle. Le public, quant à lui, est également conquis par les soirées thématiques et surtout le célèbre bal des 1ᵉʳ et 3ᵉ samedi du mois.

Le Divan du monde – *75 r. des Martyrs - Mᵒ Pigalle - ☎ 01 44 92 77 66 - www.divandumonde.com - 20h - fermé dim.* Carrefour de toutes les musiques (de la salsa à la musique électronique), le Divan du monde ouvre aussi ses portes aux spectacles de cabaret et aux initiatives originales, telles le « bal Grenadine », réservé aux enfants de 4 à 10 ans (premier dimanche du mois) ou le « bal à la page », destiné à leurs parents.

Parc de la Villette – *211 av. Jean-Jaurès - Mᵒ Porte-de-Pantin ou Porte-de-la-Villette - ☎ 01 40 03 75 75 - 6h-1h.* Sur 55 ha, dont 35 ha en plein air, ce parc traversé par le canal de l'Ourcq mêle nature et architecture, espaces de loisirs, lieux d'expositions et de spectacles. La vaste salle de la Grande Halle, polyvalente grâce à son architecture intérieure mobile, est le théâtre, en été, de grands moments de jazz (« Hall That Jazz »).

variétés

Olympia – *28 bd des Capucines - Mᵒ Opéra ou Havre-Caumartin - ☎ 0892 68 33 68 - www.olympiahall.com - spectacle : 20h30 et* en matinée. En 1893, Joseph Oller ouvre, à l'emplacement de montagnes russes, un hangar destiné à des spectacles musicaux qu'il baptise « music-hall ». Le nᵒ 28 du boulevard des Capucines fut transformé en cinéma en 1929 et il faudra attendre le rachat de la salle par Bruno Coquatrix en 1952 pour que l'Olympia retrouve sa vocation initiale. La liste des vedettes qui se sont produites sur cette scène devenue mythique est impressionnante. Déplacée de quelques mètres en 1997, le spectacle continue !

Zénith de Paris – *211 av. Jean-Jaurès - quartier Porte-de-la-Villette - Mᵒ Porte-de-Pantin - ☎ 01 42 08 60 00 - www.le-zenith.com.* La grande salle (6 335 places) grise et rouge du parc de la Villette porte bien son nom : elle accueille des artistes au faîte de leur notoriété. Les plus grands groupes de pop et de rock se sont produits dans cette salle.

Palais omnisports de Paris-Bercy (POPB) – *8 bd de Bercy - ☎ 0 825 030 031 - www.bercy.com.* Lieu de tous les grands rassemblements, le POPB a développé son activité autour de deux pôles : le sport et la musique. Côté sport, on peut y voir notamment du patinage artistique (trophée Lalique), du karting, du roller, du cyclisme (Open des nations), des compétitions équestres ou du gymnastique. Côté musique, les stars de la pop, du rock ou de la variété : Elton John, Bruce Springsteen, Sting ou Madonna.

cabarets, revues

Chez Michou – *80 r. des Martyrs - Mᵒ Abbesses - ☎ 01 46 06 16 04 - www.michou.com - réserv. uniquement par tél. : lun.-ven. 11h-18h - fermé août et 1ᵉʳ mai.* Au pied de Montmartre, célèbre cabaret tenu par l'extravagant Michou, personnage des nuits parisiennes facilement reconnaissable à ses grandes lunettes bleues. L'humour et la dérision sont au rendez-vous lors de ses dîners-spectacle où une joyeuse équipe de travestis imitent stars de la chanson et du show-bizz. Tenue correcte exigée.

Crazy Horse – *12 av. George-V - Mᵒ Georges-V ou Alma-Marceau - ☎ 01 47 23 32 32 - www.lecrazyhorse.com - avr.-juin : dim.-ven. 20h30-23h, sam. 20h, 22h15 et 0h15 ; juil.-août : sam. 20h30 et 23h ; sept.-oct. : sam. 19h30, 21h45 et 23h50.* L'une des plus belles revues parisiennes où des créatures de rêve enflamment tous les soirs la scène dans des chorégraphies originales.

Folies-Bergère – *32 r. Richer - Mᵒ Cadet ou Grands-Boulevards - ☎ 01 44 79 98 98 - www.foliesbergere.com - 10h-18h, 19h-23h - fermé lun.* S'y sont croisés Loïe Fuller et Yvette Guilbert, Maurice Chevalier, Yvonne Printemps et Mistinguett, Joséphine Baker et Charles Trenet... Autant de figures légendaires qui hantent ce théâtre à la façade Art déco pourvu d'un gigantesque hall hollywoodien dont le promenoir fut célébré par Maupassant.

La façade de l'Olympia.

S. Sauvignier/MICHELIN

Le Lido – *116 bis av. des Champs-Élysées - M Georges-V -* ☎ *01 40 76 56 10 - www.lido.fr - à partir de 19h.* Depuis 1946, ce prestigieux cabaret parisien présente tous les soirs un remarquable spectacle précédé d'un dîner pour ceux qui le souhaitent. Sur scène, les superbes Bluebell Girls exhibent plumes et paillettes dans une revue comportant pas moins de 74 artistes, 600 costumes, des dizaines de décors et d'étonnants jeux d'eau et de lumière.

Le Paradis Latin – *28 r. du Cardinal-Lemoine - M° Jussieu ou Cardinal-Lemoine -* ☎ *01 43 25 28 28 - www.paradis-latin.com - tlj sf mar. 20h-24h.* Célèbre cabaret parisien construit sous l'impulsion de Gustave Eiffel et inauguré en janvier 1889 à l'occasion de l'Exposition universelle. Danseuses et danseurs, lumières, décors et musique participent à la magie de la revue où l'on retrouve l'incontournable « french cancan ».

Moulin-Rouge – *82 bd de Clichy - M° Blanche -* ☎ *01 53 09 82 82 - www.moulin-rouge.com - billetterie : 9h-1h.* Depuis 1889, le Moulin-Rouge présente aux spectateurs du monde entier de somptueuses revues : du french cancan immortalisé par Toulouse-Lautrec à Maurice Chevalier, de Colette aux spectacles de Mistinguett, d'Ella Fitzgerald à Elton John... « Féerie », la nouvelle revue du Moulin-Rouge, perpétue la tradition et les filles sont toujours aussi belles...

cafés-théâtres, chansonniers

Au Lapin Agile – *22 r. des Saules - M° Lamarck-Caulaincourt. Quartier Montmartre -* ☎ *01 46 06 85 87 - www.au-lapin-agile.com - mar.-dim. 21h-2h.* Ce cabaret occupe une maisonnette rustique qui surprend dans cet environnement urbain. Il doit son nom à l'enseigne peinte par André Gill en 1875, et toujours visible de nos jours, représentant un lapin bondissant d'une casserole. Le Lapin a gardé l'esprit qui l'animait du temps d'Apollinaire, Bruant, Modigliani et Picasso : chansons françaises, satires et poésies déclamées comme autrefois... sans micro.

Café de la Gare – *41 r. du Temple - M° Hôtel-de-Ville -* ☎ *01 42 78 52 51 - www.cafe-de-la-gare.fr.st - 20h et 21h45, dim. 20h15.* Installé depuis 1972 dans le Marais, c'est l'un des hauts lieux du rire à Paris. Patrick Dewaere et Coluche y débutèrent. Aujourd'hui, sous les poutres de cet ancien relais de poste, on ne cesse de présenter des pièces comiques.

Café d'Edgar-Théâtre d'Edgar – *58 bd Edgar-Quinet - M° Edgar-Quinet -* ☎ *01 42 79 97 97 - www.edgar.fr - lun.-sam. 14h30-19h30.* L'un des noms célèbres du café-théâtre à Paris, le Café d'Edgar propose des spectacles comiques et des créations. *Les Babas-cadres* est un de ses grands succès, à l'affiche pendant près de quinze ans.

Le Caveau de la République – *1 bd St-Martin - M° République -* ☎ *01 42 78 44 45 - www.caveau.fr - mar.-sam. 20h30, dim. 15h30 - fermé déb. juil. à mi-sept., 1ᵉʳ janv., 1ᵉʳ mai et lun.* Dans cette salle en activité depuis 1901, et où se produisit notamment Pierre Dac, le principe est immuable : 6 à 7 humoristes se succèdent pendant 2h20. Laurent Ruquier, François Morel, Smaïn, Patrick Sébastien furent au nombre de ces jeunes artistes qui firent ici leurs premiers pas.

Le Point-Virgule.

Le Point-Virgule – *7 r. Ste-Croix-de-la-Bretonnerie - M° Hôtel-de-Ville -* ☎ *01 42 78 67 03 - spectacles pour enf. : mer. et dim. ap.-midi. Spectacles soir : 20h, 21h15 et 22h15.* La programmation de ce café-théâtre fait une belle place au rire, à la chanson et aux spectacles pour le jeune public. Nouveaux talents et artistes confirmés se produisent dans une minisalle très conviviale. En septembre, le grand festival de l'humour est très prisé.

Les Blancs-Manteaux – *15 r. des Blancs-Manteaux -* ☎ *01 48 87 15 84 - www.blancsmanteaux.fr - 19h-23h - fermé 21 juin et 14 juil.* Pépinière de talents depuis une trentaine d'années, la scène de ce café-théâtre fit connaître de nombreux artistes (Renaud, Jacques Higelin, Bernard Lavilliers, Romain Bouteille, Anne Roumanoff et Michèle Laroque). Tous les jours plusieurs spectacles se partagent l'affiche : la saga continue !

Les Deux Ânes – *100 bd de Clichy -* ☎ *01 46 06 10 26 - www.2.anes.com - mar.-dim. spectacle 20h30, sam. 16h30, dim. 15h30 - fermé juil. à sept. et lun.* Depuis 1922, la tradition du spectacle de chansonniers et de l'humour montmartrois se perpétue en ce théâtre, sous forme de satire de la politique et de l'actualité.

cinéma

Nous ne mentionnons ici que quelques salles, historiques, pourvues d'écrans géants, ou multiplex. Le Quartier latin dispose de nombreuses salles de cinéma, d'art et d'essai qui proposent films anciens, rétrospectives et festivals.

Ph. Gajic/MICHELIN

Cinéma Le Grand Rex – *1 bd Poissonnière - M° Bonne-Nouvelle - ☎ 01 42 36 83 93 - www.legrandrex.com - 10h-22h.* 7 salles, dont une de 2 750 places (sur 3 niveaux), et une autre de 504 places. Deux écrans géants, dont un de 21 m. Son Dolby stéréo. Films en VF. Programmation grand public. Bar. Cinéma construit en 1932, célèbre pour son immense voûte céleste qui s'élève à 24 m au-dessus du décor Art déco orientalisant.

Cinéma L'Entrepôt – *9 r. Francis-de-Pressensé - M° Pernety - ☎ 01 45 40 07 50 - www.lentrepot.fr.* Les cinéphiles aiment ce lieu pour sa programmation particulièrement intéressante : films en VO, longs métrages expérimentaux, débats après les projections, concerts en fin de semaine, etc. Un vaste bar et un restaurant, très prisé dès les premiers beaux jours pour son jardin-terrasse, incitent à poursuivre les conversations.

Cinéma Mac-Mahon – *5 av. Mac-Mahon - M° Charles-de-Gaulle-Étoile - ☎ 01 46 96 41 36 - cinemamacmahon.fr - fermé août.* Ce temple du cinéma a ouvert ses portes en septembre 1938. Sa jolie façade un brin « rétro » convient parfaitement à sa programmation nostalgique de la grande époque hollywoodienne. Les films, en VO et souvent en noir et blanc, sont précédés d'actualités, de dessins animés et de bandes annonces de l'époque.

Cinéma UGC Ciné Cité Bercy – *114 quai de Bercy - M° Cour-St-Émilion - ☎ 01 53 44 79 79 - www.ugc.fr - 9h30-0h.* 18 salles avec écrans géants, 4 500 places. Son Dolby A/SR et son numérique DTS. Films en VO. Programmation plutôt grand public. Café et petite restauration. Le plus grand complexe cinématographique de la capitale, construit sur les anciens entrepôts à vins de Bercy.

Gaumont Grand Écran Italie – *30 pl. d'Italie - M° Place-d'Italie - ☎ 01 45 80 82 82.* 3 salles, dont une de 650 places en gradins pourvue d'un écran de 24 m (240 m²). Son Dolby A/SR et son numérique. Films en VO. Programmation plutôt grand public. Le plus grand écran de la capitale, dans un immeuble design construit par Kenzo Tange.

MK2 Bibliothèque – *128-162 av. de France - M° Bibliothèque François-Mitterrand - ☎ 01 56 61 44 00 - 14 salles, son Dolby A/SR et son numérique DTS.* Programmation plutôt grand public. Café et petite restauration sur place.

La Cinémathèque française-Salle Chaillot – *7 av. Albert-de-Mun - M° Iéna ou Trocadéro - ☎ 01 56 26 01 01 - www.cinemathequefrancaise.com.* Fondée en 1936 par Henri Langlois et Paul-Auguste Harlé, la Cinémathèque a permis de préserver et d'entretenir des films du monde entier, parmi lesquels l'œuvre entière de Marcel L'Herbier et de René Clair, ainsi que de nombreux courts métrages et œuvres d'avant-guerre.

La Cinémathèque française-Salle Grands Boulevards – *42 bd de Bonne-Nouvelle - M° Bonne-Nouvelle - ☎ 01 56 26 01 01 - www.cinemathequefrancaise.com.* En attendant l'ouverture d'une Maison du cinéma à Bercy (12e arr.), cette annexe de la Cinémathèque française est située au cœur d'un quartier qui fut autrefois le lieu par excellence du cinéma à Paris.

La Pagode – *57 bis r. de Babylone - M° Saint-François-Xavier - ☎ 01 45 55 48 48.* La programmation art et essai de très bonne facture de l'unique cinéma du 7e arr. et une atmosphère orientale vous transporteront dans un univers fait de mystère et de splendeur passés. Cette superbe pagode japonaise, offerte en 1896 à son épouse par le directeur du Bon Marché de l'époque, fut le théâtre de fêtes orientales pendant plus de vingt ans avant d'être transformée en cinéma dans les années 30.

Max Linder Panorama – *24 bd Poissonnière - M° Grands-Boulevards - ☎ 08 36 68 50 52 - maxlinderpanorama.com - 12h-22h.* 1 salle, 615 places (sur trois niveaux), équipée d'un écran géant. Son THX Dolby stéréo SR, numérique DTS et SRD. Excellente acoustique. Films en v.o et programmation grand public plutôt culturelle. Le cinéma est équipé d'un bar. Acquise par Max Linder lui-même, c'est la seule salle à Paris qui porte le nom d'un cinéaste.

spectacles pour les enfants

CIRQUE

Cirque Alexandra Bouglione – *Jardin d'acclimatation - Bois de Boulogne - M° Sablons - ☎ 01 45 00 87 00 - mer. à 14h30, w.-end à 16h.*

Cirque d'hiver Bouglione – *110 r. Amelot - M° Filles-du-Calvaire - ☎ 01 47 00 12 25 - fin oct.-fin janv.* Inauguré le 11 décembre 1852 par Napoléon III, ce cirque accueille toute l'année de nombreux spectacles et manifestations. La famille Bouglione fait rêver petits et grands en produisant des représentations de cirque traditionnel.

Cirque Diana Moreno Bormann – *1 bd du Bois-le-Prêtre - M° Porte-de-Clichy ou Porte-de St-Ouen - ☎ 01 64 05 36 25 - www.cirque-diana-moreno.com - mer., w.-end, vac. scol. et fêtes à 15h. 10 à 30€.*

Cirque du Grand-Céleste – *22 r. Paul-Meurice - M° Porte-des-Lilas - ☎ 01 53 19 99 13 - www.grandceleste.com - sam. 15h et 20h45, dim. 16h, tlj vac. scol. 15h - fermé mai-août - 13 à 26€.*

MARIONNETTES

Les grands jardins publics ont leurs théâtres de marionnettes. Ils sont en général ouverts le mercredi après-midi et le week-end, ainsi que pendant les vacances scolaires et l'été tous les jours. Il faut prendre les places à l'avance. Les parents sont priés de s'installer sur les bancs du fond, ce qui ne les empêche pas de profiter du spectacle...

Guignol & Compagnie – *Jardin d'acclimatation, Bois de Boulogne - M° Sablons - ☎ 01 45 01 53 52 -*

www.guignol.fr - mer., w.-end, fêtes et vac. scol. à 15h et 16h - 3€ (accès au parc inclus).

Guignol Anatole – *Parc des Buttes-Chaumont - M° Laumière - ☎ 01 43 98 10 95 - théâtre de plein air (avr. à fin oct.) : mer., w.-end et fêtes à 15h et 16h30.*

Marionnettes du Ranelagh – *Square du Ranelagh, 16e arr. - M° Muette. Mars-nov. : mer. et w.-end 15h15, 16h15 ; vac. scol. : tlj - 3€. ☎ 01 45 83 51 75.*

La Vallée des Fleurs – *Parc floral de Paris - Bois de Vincennes - M° Château-de-Vincennes - accès libre une fois dans le parc. Spectacles de théâtre, mimes, clows et marionnettes.*

Marionnettes des Champs-Élysées – *Rond-Point des Champs-Élysées - M° Champs-Élysées - ☎ 01 42 45 38 30 - www.theatreguignol.fr - mer., w.-end et vac. scol. à 15h, 16h et 17h - fermé juil.-août, lun.-mar et jeu.-ven. (sf vac. scol.) - 3€.*

Marionnettes du Champs-de-Mars – *Av. du Gén.-Margueritte - M° École-Militaire - ☎ 01 48 56 01 44 - mer. et w.-end à 15h15 et 16h15 - 3€.*

Marionnettes du Luxembourg – *Jardin du Luxembourg - M° Vavin ou Notre-Dame-des-Champs - ☎ 01 43 26 46 47 et 01 43 29 50 97 - mer., w.-end, j. fériés et vac. scol. à partir de 14h30 (séance supplémentaire à 11h w.-end.) - 3,90€.*

Marionnettes du parc Georges-Brassens – *Parc Georges-Brassens - r. Brancion - M° Porte-de-Vanves - ☎ 01 48 42 51 80 - été : mer., w.-end et vac. scol. à 15h30 et 16h30 ; hiver : mêmes j. à 15h30 et 16h30. Fermé de mi-juil. à mi-août - 3€. Farces de Polichinelle.*

THÉÂTRE, MAGIE

Mélo d'Amélie – *4 r. Marie-Stuart, Lieu-dit Montorgueil - M° Étienne-Marcel - ☎ 01 40 26 11 11 - preau78@club-internet.fr - 20€.* Comédies, pièces de théâtre et café-théâtre où se mêlent magie, réel et imaginaire se produisent dans cette salle dédiée à un public de tous âges.

Théâtre Astral – *Parc floral de Paris (bois de Vincennes) - M° Château-de-Vincennes - ☎ 01 43 71 31 10 - theatre.astral@wanadoo.fr - (réservation obligatoire). mer., dim., j. fériés et vac. scol. de 3 à 8 ans - 5 à 6€.*

Métamorphosis – *Avr.-sept. : sur berge face au 55 quai de la Tournelle - M° Maubert-Mutualité - ☎ 01 43 54 08 08 - tlj sf lun. 21h30, dim. 15h.* Spectacle de magie et d'illusion sur une péniche.

Façade du Cirque d'hiver, dont la frise rappelle celle du Parthénon.

S. Sauvignier/MICHELIN

Souvenirs

que rapporter ?

Il n'y a pas de souvenir - à proprement parler parisien - à rapporter dans ses bagages, mis à part les traditionnelles tours Eiffel, de tailles diverses, les chopes et les tee-shirts arborant en lettres multicolores le nom de la capitale, les reproductions d'Utrillo ou de Toulouse-Lautrec immortalisant certains personnages mythiques de Montmartre, ou bien encore les boîtes de conserve censées contenir l'air de Paris comme l'affirment certains plaisantins ! Des artistes vendent dans les lieux touristiques ou en galeries des tableaux de Paris, plus ou moins conventionnels : poulbots, Notre-Dame, Montmartre. Ils peuvent avoir un certain charme. Vous pouvez aussi, muni d'un peu de patience, vous faire tirer le portrait, à Montmartre, Notre-Dame ou Beaubourg...

Haut lieu de la mode et de la gastronomie au point d'incarner à elle seule l'élégance et l'art de vivre français, Paris jouit d'une telle renommée mondiale, que le fait d'acheter quelque chose dans la capitale constitue déjà en soi un souvenir. Car on trouve tout, et de tout, à Paris.

Suivant vos goûts, vous saurez dénicher ce qui fera plaisir, ou vous rappellera votre séjour dans la capitale. Ce peut être une gourmandise, un « article de mode », un livre, ancien ou moderne, tant Paris compte de librairies, de superbes cartes postales illustrant la ville d'hier et d'aujourd'hui. Pas forcément un objet estampillé Paris, donc, mais une trace de votre passage dans la Ville Lumière et un souvenir au sens premier du terme.

POUR LES GOURMETS ET LES GOURMANDS

Des chocolats, des bonbons, des alcools et des vins : on trouve, comme dans toutes les grandes villes, le meilleur à Paris. La Grande Épicerie du Bon Marché, le Lafayette Gourmet des Galeries Lafayette, des épiceries-traiteurs de luxe comme Fauchon ou Hédiard sur la place de la Madeleine, mais aussi des boutiques spécialisées, des cavistes et des pâtissiers-chocolatiers renommés comme Ladurée, Dalloyau, Debauve & Gallais, Gérard Mulot ou la Maison du Chocolat vous proposeront de beaux assortiments.

À LA POINTE DE LA MODE

La mode à Paris est à divers prix, et de divers esprits : créations internationales (place des Victoires),
haute couture (rue du Faubourg-St-Honoré, avenue Montaigne, rue François-Ier), mode jeune et branchée et marques de prêt-à-porter les plus tendances (les Halles, le Sentier), jeune ou sport... tout est là !

Et peut-être vous sera-t-il donné de pouvoir assister à un défilé de mode, moment privilégié où les magiciens du tissu et de la forme présentent en avant-première leurs créations comme autant de peintures de femmes, femmes plurielles auxquelles peut-être vous vous identifierez...

Les Grands Magasins et les boutiques des quartiers consacrés à la mode vous permettront de trouver le foulard, le chemisier, la cravate ou le costume « capitale ». L'auriez-vous trouvé ailleurs ? Peut-être, mais il aurait été un peu « différent ». Si vous voulez un accessoire estampillé « Paris », Hermès réalise ses fameux carrés de soie avec des motifs parisiens, Lancel reproduit sur ses sacs et autres accessoires les monuments de Paris. La cravate, aussi, peut se « parisianiser »

DE SUBTILES FRAGRANCES

Les parfums sont un des symboles de l'élégance parisienne. Bien sûr vous les trouverez ailleurs, mais Paris vous offre la possibilité de visiter la maison-mère de grands parfumeurs, d'autant que la plupart d'entre eux occupent de fort belles boutiques qui allient plaisirs sensoriels et olfactifs. C'est le cas notamment de Guerlain sur les Champs Élysées, de la Grande Boutique de l'Artisan Parfumeur, installée dans un bâtiment classé en face du Louvre, d'Annick Goutal place Saint-Sulpice, de Serge Lutens aux Salons du Palais Royal Shiseido, de Dior, Yves Saint-Laurent, Chanel et Caron avenue Montaigne, etc. Le seul fait de pénétrer dans ces lieux encore hantés par la présence de leur fondateur, donne à votre acquisition une valeur, certes subjective, mais bien réelle, tant il est vrai que même l'emballage, de par son élégance, participe du plaisir d'offrir et de recevoir.

RÊVES DE BIJOUX

Les bijoutiers et joailliers proposent parfois des gammes « accessibles ». Ne vous laissez pas impressionner et entrez dans leurs boutiques ! Van Cleef & Arpels, Chanel, Boucheron (place Vendôme, rue de la Paix, rue Royale), Harry Winston et Bulgari (avenue Montaigne)... mais aussi, pour les bourses plus modestes, Tati Or (rue de Passy) ou Agatha (au Carrousel du Louvre et dans différents quartiers de Paris), vous attendent.

DÉCORER SA MAISON

Lampes design, vases, tissus et objets de décoration de toutes sortes abondent à Paris, en particulier dans le quartier de St-Germain, rue de l'Abbaye et rue Jacob notamment. La créativité est présente sous toutes ses formes, de la plus délurée au luxe le plus classique.

Pour les arts de la table, on ira volontiers regarder rue de Paradis, place des États-Unis (Baccarat et la Cristallerie d'Arques), ou rue Royale : Bernardaud et Villeroy & Boch pour la porcelaine, Christofle, la Cristallerie St-Louis, Baccarat ou Lalique pour le cristal, que ces maisons prestigieuses déclinent sous toutes les formes.

Ne manquez pas non plus, si vous êtes amateur et si vous vous trouvez à Paris vers la mi-septembre, la Biennale internationale des antiquaires, musée éphémère qui attire les collectionneurs du monde entier et où les antiquaires dévoilent les objets les plus rares, les plus précieux ou les plus insolites.

PLAISIR D'OFFRIR

La Réunion des musées nationaux propose des moulages d'œuvres de ses grands musées, ainsi que des bijoux (à la boutique du musée du Louvre, notamment). Nombre de monuments ou de musées disposent également d'une boutique où sont proposés livres, reproductions d'œuvres d'art ou objets estampillés à leur nom. Ainsi vous trouverez, par exemple, à la boutique de la Comédie-Française (2 r. de Richelieu), toutes sortes d'objets (masques, bougies, sets de table, jeux de cartes, cravates, etc.) décorés de motifs rappelant de grands moments du répertoire théâtral, ou à la boutique de l'hôtel des Monnaies, médailles, pièces de collection et bijoux gravés par des artistes contemporains, de très belle facture.

marchés

PRODUITS FRAIS

Ici, on parle des vrais marchés, c'est-à-dire ceux qui se tiennent tout au long de l'année et par tous les temps, et où il ne faut pas se laisser prendre sa place. À Paris, 66 marchés découverts (1, 2 ou 3 fois par semaine) de 7h à 14h30 et 13 marchés couverts (tous les jours, sauf le lundi) offrent l'occasion de regarder, d'écouter et de sentir vivre la ville. Se renseigner auprès des mairies d'arrondissement ou du bureau du Commerce non sédentaire (☎ 01 42 76 70 14) pour connaître les jours.

Parmi les plus typiques :

Monge – Pl. Monge - 5e *arr* · M° Place-Monge - mer., ven., dim.

Raspail – Bd Raspail (entre les r. du Cherche-Midi et de Rennes) - 6e *arr*- M° Rennes - mar., ven. ; dim. : marché bio.

Bastille – Bd Richard-Lenoir (entre les r. Amelot et St-Sabin) - 11e *arr* - M° Bastille - jeu., dim.

Belleville – Bd de Belleville (terre-plein) - 11e *arr* - M° Belleville - mar., ven.

Aligre – Pl. d'Aligre - 12e*arr* - M° Ledru-Rollin - tlj sf lun. 7h30-13h30.

Brancusi – Pl. Brancusi - 14e *arr* - M° Gaîté - Marché bio sam. 8h-14h.

Batignolles – Bd des Batignolles - 17e *arr* - M° Rome - Marché bio sam. matin.

Certaines rues de Paris concentrent les vendeurs de quatre-saisons, de fromage et de produits de bouche qui proposent des étals. Souvent piétonnes, ces rues offrent donc des « marchés » ouverts tous les jours, toute la journée... Elles possèdent souvent un certain charme.

Rue Montorgueil (2e).

Rue Mouffetard (5e).

Rues de Buci et de Seine (6e).

Rue Cler (7e).

Rue des Martyrs (9e).

Rue Daguerre (14e).

Rues St-Charles et du Commerce (15e).

Rues de Passy et de l'Annonciation (16e).

Rues Poncelet, de Lévis, de Tocqueville (17e).

Rue de Belleville (à la hauteur du M° Jourdain – 19e et 20e).

MARCHÉS SPÉCIAUX

Marché aux puces de la Porte de Vanves – 14e *arr*. - M° Porte-de-Vanves - w.-end 7h-19h30.

Marché aux puces de Clignancourt – R. Jean-Henri-Fabre (le long des puces de St-Ouen) - 18e *arr*.- M° Porte-de-Clignancourt - sam.-lun. 8h-18h.

Marché aux puces de la porte de Montreuil – rue du Prof.-André-Lemière - 20e *arr*- M° Porte-de-Montreuil - sam.-lun. 8h-18h.

Brocante d'Aligre – Pl. d'Aligre - Marché Beauvau - 12e *arr*.- M° Ledru-Rollin - tlj sf lun. 7h30-13h. Vieux vêtements.

Marchés aux fleurs – Pl. Louis-Lépine - 4e *arr*. - M° Cité - mar. -dim. 8h-19h30.

Pl. de la Madeleine - 8e *arr*.- M° Madeleine - tlj sf dim. 8h-19h30.

Pl. des Ternes - 17e *arr*. - M° Ternes - tlj sf lun. 8h-19h30.

Marché aux oiseaux – Pl. Louis-Lépine - 4e *arr*. - M° Cité - dim. 8h-19h.

Marché aux livres – Parc Georges-Brassens (entrée r. Brancion) - 15e *arr*. - M° Porte-de-Vanves - w.-end.

Marché aux timbres – Carré Marigny (à l'angle de l'av. de Marigny et de l'av. Gabriel) - 8e *arr*. - M° Champs-Élysées-Clémenceau - jeu., w.-end et j. fériés 9h-19h.

Marché parisien de la Création – Bd E.-Quinet - M° Montparnasse ou Edgar-Quinet -

14e arr. - Dim. 10h-19h. Une centaine d'artistes y présentent leurs œuvres.

Marché au cuir et aux vêtements – *Carreau du Temple - 3e arr. - Mo Temple ou Arts-et-Métiers - tlj sf lun. 9h-13h30, sam. 9h-18h, dim. et j. fériés 9h-14h. Fermé 1er janv., 14 juil., 15 août, 25 déc.*

grands magasins

Galeries Lafayette – *40 bd Haussmann - Mo Chaussée-d'Antin - ☎ 01 42 82 34 56 - www.galerieslafayette.com - tlj sf dim. 9h30-19h, jeu. 9h30-21h - fermé j. fériés.* Nul Parisien qui ne connaisse ce grand magasin où toutes les grandes marques ont leur « corner ». Un incontournable du shopping à Paris, en particulier à l'époque des fêtes de fin d'année, où petits et grands se regroupent devant les vitrines transformées en pays merveilleux où les marionnettes s'animent au son de musiques enchantées.

Printemps – *64 bd Haussmann - Mo Havre-Caumartin, RER Auber - ☎ 01 42 82 50 00 - www.printemps.fr - tlj sf dim. 9h35-19h, jeu. 9h35-22h.* Carrefour de la mode réunissant tous les grands créateurs, ce grand magasin est divisé en trois bâtiments qui communiquent par des passerelles. Une grande terrasse panoramique domine le Printemps de la Maison.

Le Bon Marché – *24 r. de Sèvres - 7e arr. - Mo Sèvres-Babylone - ☎ 01 44 39 80 00 - www.lebonmarche.fr - tlj sf dim. 9h30-19h, jeu. 10h-21h, sam. 9h30-20h.* Il fut fondé en 1852 par un petit boutiquier très inventif. Sa politique de sélection des produits et des créateurs de mode contribuent au succès de ce grand magasin s'étendant sur 32 000 m^2.

La Samaritaine – *19 r. de la Monnaie - Mo Pont-Neuf - ☎ 01 40 41 20 20 - www.lasamaritaine.com - tlj sf dim. 9h30-19h, jeu. 9h-21h.* Il n'est pas évident d'arriver au 9e étage de ce grand magasin, mais vos efforts sont récompensés par la superbe vue panoramique de son café-terrasse dominant la Seine.

Façade de la Samaritaine vue du Pont-Neuf.

Bazar de l'Hôtel-de-Ville – *55 r. de la Verrerie - Mo Hôtel-de-Ville - ☎ 01 42 74 90 00 - www.bhv.fr - tlj sf dim. 9h30-19h, mer., ven. 9h20-20h30.* Ce grand magasin

sur 35 000 m, toujours plein, est une vraie institution à Paris : pour la décoration et le bricolage, difficile de ne pas trouver ce dont vous avez besoin !

Carrousel du Louvre – *1er arr. - Mo Palais-Royal - ☎ 01 43 16 47 10.* Plus d'une trentaine de boutiques, choisies pour leur qualité ou le lien qu'elles entretiennent avec le musée, rivalisent d'espace et d'originalité dans le cadre grandiose du Grand Louvre.

Centre commercial Maine-Montparnasse – *Pl. du 18-Juin-1940.* Les différents niveaux de ce vaste complexe abritent, à côté des grandes surfaces occupées par les Galeries Lafayette, C&A et Habitat, un ensemble de galeries marchandes où une soixantaine de boutiques présentent les dernières créations de la mode.

Les Trois Quartiers – *23 bd de la Madeleine - Mo Madeleine - tlj sf dim. 10h-19h.* Vous vous en doutez, la galerie marchande de la Madeleine fait dans le luxe : mode, beauté, bijoux, cadeaux, maison, sport...

boutiques

Voici la liste des boutiques décrites dans les carnets pratiques du chapitre « Quartiers et monuments ».

ALIMENTATION

BOULANGERS - ÉPICIERS - TRAITEURS

Noura : *voir Alma*
Moisan : *voir Bastille*
Pétrossian : *voir Invalides*
Betjeman and Barton : *voir Madeleine*
Fauchon : *voir Madeleine*
Hédiard : *voir Madeleine*
Sacha Finkelsztajn : *voir Marais*
Izrael Épicerie du Monde : *voir Marais*
La Maison des trois thés : *voir Mouffetard*
Furet : *voir Poissonnière (faubourg)*
Stohrer : *voir Sentier*
La Grande Épicerie de Paris : *voir Sèvres-Babylone*
Poilâne : *voir Sèvres-Babylone*
L. Legrand Filles et Fils : *voir Victoires (place)*

CHOCOLATIERS-CONFISEURS

À la Mère de Famille : *voir Grands Boulevards*
Christian Constant : *voir Luxembourg*
Jean-Paul Hévin : *voir Montparnasse*
Richart : *voir Saint-Germain (faubourg)*
À l'Étoile d'Or : *voir Pigalle*
Debauve et Gallais : *voir Saint-Germain-des-Prés*
La Maison du Chocolat : *voir Monceau (plaine et parc)*

CAVES

Caves Estève : *voir Bastille*
Les Caprices de l'Instant : *voir Bastille*
Les Caves Taillevent : *voir Monceau (plaine et parc)*
Augé : *voir Saint-Lazare*

FROMAGERS

La Ferme La Fontaine : *voir Auteuil*
Androuet : *voir Invalides*
Barthélemy : *voir Sèvres-Babylone*

S. Sauvignier/MICHELIN

ARTS DE LA MAISON

ARTS DE LA TABLE
Bernardaud : *voir Concorde*
Baccarat et Lalique : *voir Madeleine*
E. Dehillerin : *voir Victoires (place)*

ARTISANAT-DÉCORATION
La Boite à perles : *voir Beaubourg*
Disney Store : *voir Champs-Élysées*
La Droguerie : *voir Halles*
Rougier et Plé : *voir République*
Goyard : *voir Concorde*

GALERIE D'ART
Galerie Vidal Saint-Phalle : *voir Marais*
Galerie Lelong : *voir Monceau (plaine et parc)*
Le Louvre des Antiquaires : *voir Palais-Royal*
Le Carré Rive Gauche : *voir Saint-Germain-des-Prés*

MODE

COUTURIERS
Agnès B. : *voir Halles*
Chanel : *voir Madeleine*
Antik Batik : *voir Marais*
Réciproque : *voir Muette-Ranelagh*

Marine Biras : *voir Saint-Germain-des-Prés*
Hermès : *voir Saint-Honoré (faubourg)*
Christian Lacroix : *voir Saint-Sulpice*
Yves Saint-Laurent : *voir Saint-Sulpice*
Jean-Paul Gaultier : *voir Victoires (place)*
Kenzo : *voir Victoires (place)*
Ventilo : *voir Victoires (place)*

PARFUMEURS
Guerlain : *voir Champs-Élysées*
Les Salons du Palais Royal Shiseido : *voir Palais-Royal*

LIVRES ET DISQUES
Virgin Megastore : *voir Champs-Élysées*
Le Coupe Papier : *voir Odéon*
Le Moniteur : *voir Odéon*
L'Arbre à Lettres : *voir Saint-Antoine (faubourg)*
La Hune et L'Écume des Pages : *voir Saint-Germain-des-Prés*
La Procure : *voir Saint-Sulpice*
Village Voice : *voir Saint-Sulpice*
Galignani : *voir Tuileries (jardin)*
Boutique Explorus : *voir Villette*

Kiosque

ART ET ARCHITECTURE
Dictionnaire des monuments de Paris, éd. Hervas.
Dictionnaire historique des rues de Paris, J. Hillairet, 2 vol., éd. de Minuit.
Paris, deux mille ans d'histoire, J. Favier, Fayard.
Paris, architecture, sites et jardins, B. Champigneulle, éd. du Seuil.
Nous avons bâti Paris, C. Cetekk, Inter-Livres.
Le Fer à Paris, architectures, B. Marrey, Pavillon de l'Arsenal, Picard Éditeur.
Résumé du Paris antique, P.-M. Duval, éd. Hermann.
Le Paris de Toulouse-Lautrec, A. Roquebert, Hachette/RMN.
Guimard, l'Art nouveau, P. Thiébaut, Découvertes Gallimard/RMN.
Jardins secrets de Paris, A. d'Arnoux, Flammarion.
Jardins de Paris, R. Thomas, éd. Asa.
Guide littéraire des passages de Paris, P. Moncan, Hermé.
Guide naif de Paris, M.-C. Hugonot, éd. Hervas.
Paris vu par les peintres, A. Chazelles, éd. Vilo.

PARIS EN DÉTAIL
Arrondissements de Paris, collection « Vie et Histoire » en 20 volumes, éd. Hervas.

Paris secret et insolite, R. Trouilleux, J. Lebar, Parigramme.
10 balades insolites sur les traces du Paris insolite, M. Houssin, Le Temps des cerises.
Guide de St-Germain-des-Prés, F. Chevais, éd. Horay.
Promenades à Montmartre avec les impressionnistes, P. Leprohon, éd. Ch. Corlet.
Le Nouveau Guide du Marais, Paris, P. Kjellberg, La Bibliothèque des Arts (Lausanne).
La Bibliothèque nationale, mémoire de l'avenir, B. Blasselle, éd. Scala.
Le Triomphe des Arcs, C. Dupavillon, F. Lacloche, Découvertes Gallimard.
Le Nouveau Guide des statues de Paris, P. Kjellberg, La Bibliothèque des Arts (Lausanne).
La Tour Eiffel : cent ans de sollicitude, F. Seitz, Belin.
Au Père-Lachaise, M. Dansel, Fayard.
Les Passages couverts de Paris, P. de Moncan, éd. du Mécène.
Paris et ses théâtres, architecture et décor, Action artistique de la Ville de Paris.
Cafés d'artistes à Paris, H. M. Schreiber et G.-G. Lemaire, éd. Plume.

PARIS EN LITTÉRATURE
Paris des poètes, éd. Plume.
Le Paysan de Paris, L. Aragon.
Envoûtement de Paris, F. Carco.

Les Dames du Faubourg, J. Diwo. Vie et passion d'une famille d'ébénistes dans le faubourg St-Antoine.
Paris au mois d'août, R. Fallet.
Le Piéton de Paris, L.-P. Fargue.
Paris, J. Green.
Paris est une fête, E. Hemingway.
Notre-Dame de Paris, V. Hugo.
Le Mal de Paris, C. Lépidis.
Une jeunesse ; *Fleurs de ruine* ; *Quartier perdu*, P. Modiano.
La Fée Carabine ; *Au bonheur des ogres* ; *La Petite Marchande de prose*, etc., D. Pennac, coll. Folio, Gallimard. La saga des Malaussène fait revivre Belleville.
Nocturne parisien, P. Verlaine.
Le Ventre de Paris ; *Nana* ; *Au bonheur des dames* ; *L'Assommoir*, É. Zola.
Passage de l'Odéon, Sylvia Beach, Adrienne Monnier et la vie littéraire à Paris dans l'entre-deux-guerres, L. Murat, Fayard.

PARIS EN PHOTOGRAPHIES

Rue Jacques-Prévert, R. Doisneau, éd. Hoëbeke.
Atget Paris, Hazan.
Eugène Atget, itinéraires parisiens, musée Carnavalet, Paris audiovisuel/Paris-Musées.
Les Paris secrets des années 30, Brassaï, Gallimard.
Le Paris de Boubat de 1946 à nos jours, Paris audiovisuel/Paris-Musées.
Paris des photographes, F. Paviot, Chêne.

Au-dessus de Paris, R. Cameron, P. Salinger, Robert Laffont.
Paris, vu du ciel, Y. et A. Arthus-Bertrand, éd. du Chêne.
Paris pour toujours, M. Sfez, éd. M. Sfez.
Palaces et grands hôtels : ces lieux qui ont une âme, B. Étienne, M. Gaillard, Atlas.
Les Fontaines de Paris, M. Gaillard, éd. Martelle.

PARIS EN BD

L'Affaire du collier, E.-P. Jacobs, éd. Blake et Mortimer (Bruxelles).
La Foire aux immortels, E. Bilal, Les Humanoïdes associés.
Les Nouveaux mystères de Paris, d'après Léo Malet, dessin de Tardi, Casterman.
La Serpe d'or, Uderzo, Goscinny, Dargaud Éditeur.
Les Aventures extraordinaires d'Adèle Blanc-Sec, Tardi, Casterman.
Les 7 Vies de l'épervier, Cothias-Juillard, Glénat.
Et Paris !, Ata, Leconte, Zou, Futuropolis.

PARIS POUR LES ENFANTS

Caroline visite Paris, P. Probst, Hachette-Jeunesse.
Histoire de Paris, B. Dell, Le Grenier des Merveilles/Hatier.
Le Livre de Paris, F. et P. Fix, t. I, « Naissance d'une capitale » ; t.II, « Chroniques parisiennes », Découvertes Cadet Gallimard.
Guide de Paris, C. Lachenal, Les Petits Bleus/Hachette Jeunesse.

Paris au cinéma

D'évidence, Paris est une star qui a su capter l'œil de nombreux réalisateurs, à en croire le très grand nombre de films réalisés sur la capitale. Nous vous proposons une petite sélection... À Paris même, le Forum des Images (Nouveau Forum des Halles) saura vous en proposer beaucoup d'autres.

Hôtel du Nord (1938) de Marcel Carné – Célèbre réplique d'Arletty (« Atmosphère, atmosphère, est-ce que j'ai une gueule d'atmosphère ! »). L'hôtel du Nord existe toujours, près du canal St-Martin *(voir ce nom)*, dont les ponts et les écluses demeurent inséparables du film, bien que celui-ci ait été tourné en studio.

Les Enfants du paradis (1943-1945) de Marcel Carné – Arletty/Garance, Jean-Louis Barrault/Baptiste, Pierre Brasseur/Frédéric Lemaître, Maria Casarès, les dialogues de Prévert, ce film est une des merveilles du cinéma.

Si Paris nous était conté (1955) de Sacha Guitry – Les dialogues brillants de Sacha Guitry, servis par de nombreuses vedettes, rendent cette superproduction amusante et légère.

Zazie dans le métro (1959) de Louis Malle – Comédie burlesque, adaptation à l'écran de l'esprit de Raymond Queneau.

À bout de souffle (1959) – Caméra légère et décor naturel : Jean-Luc Godard signe avec ce film le manifeste de la Nouvelle Vague. La scène dans laquelle Jean Seberg descend l'avenue des Champs-Élysées en criant avec un accent délicieux « New York Herald Tribune », qu'elle vend aux passants, et la scène de fin « rue Campagne-Première » sont devenues des classiques.

Le Signe du Lion (1959) d'Éric Rohmer – Un violoniste américain sans talent compte sur un héritage et tombe dans la misère. Un film inspiré par la Nouvelle Vague.

Les 400 Coups (1959) de François Truffaut – Un gamin de Paris vif et spontané, Antoine Doinel, finit dans un centre de redressement. Images incomparables du Paris des rues, qui font penser aux photographies de Doisneau.

Charade (1962) de Stanley Donen – Audrey Hepburn est poursuivie à Paris par des malfrats et secourue par Cary Grant. Mais celui-ci n'est-il pas intéressé par les 250 000 dollars qui ont disparu ?

Cléo de 5 à 7 (1962) d'Agnès Varda – Dans les rues de Montparnasse et dans le parc Montsouris, le portrait émouvant d'une jeune femme.

Le Locataire (1976) de Roman Polanski – Un jeune homme solitaire victime d'une machination dans un immeuble hostile.

Violette et François (1977) de Jacques Rouffio – Un couple marginal (Isabelle Adjani, Jacques Dutronc) dans le Paris des années 1970.

Le Dernier Métro (1980) de François Truffaut – L'atmosphère oppressante du Paris de l'Occupation.

La Passante du Sans-Souci (1981) de Jacques Rouffio – Romy Schneider, très émouvante, dont c'est le dernier film, fuit à Paris, à l'hôtel George-V puis à Pigalle, les bourreaux de l'Allemagne. Elle sera rejointe par les meurtriers.

Subway (1985) de Luc Besson – Filmé comme un vidéoclip, sur une musique d'Éric Serra, le couple vedette Isabelle Adjani-Christophe Lambert s'aime dans le labyrinthe du métro parisien.

Les Années sandwiches (1988) de Pierre Boutron – Un adolescent juif découvre le Paris combinard de l'immédiat après-guerre.

Un monde sans pitié (1989) d'Éric Rochant – « Parasite », Hippolyte Girardot erre dans le Paris des rues, de la débrouille, des soirées, et tombe amoureux d'une normalienne. Il lui déclare sa flamme dans une belle scène au jardin du Luxembourg.

Les Amants du Pont-Neuf (1991) de Léos Carax – Reconstitution du célèbre pont parisien dans la région de Montpellier.

Une époque formidable (1991) de Gérard Jugnot – Évocation satirique du sort des « SDF » de la capitale.

Mina Tannenbaum (1994) de Martine Dugowson – Deux jeunes filles se rencontrent sur un banc à Montmartre et se lient d'amitié. La vie va les séparer.

Chacun cherche son chat (1996) de Cédric Klapisch – En recherchant son chat du côté de la Bastille, Chloé fait connaissance avec les gens du quartier.

La vérité si je mens (1997) de Thomas Gilou – Un Parisien se fait passer pour un Juif et pénètre le milieu couturier du Sentier.

Peut-être (1999) de Cédric Klapisch – Présente Paris dans un futur imaginaire.

Taxi 2 (2000) de Gérard Krawscyk – Un exemple à ne pas suivre : foncer à 200 à l'heure dans les rues de la capitale...

La vérité si je mens II (2001) de Thomas Gilou – Les nouvelles aventures de nos héros du Sentier.

Le Fabuleux Destin d'Amélie Poulain (2001) de Jean-Pierre Jeunet – À Montmartre, une jeune fille s'emploie à rendre les gens heureux.

Belphégor, le fantôme du Louvre (2001) de Jean-Paul Salomé – La version cinéma (et moderne) du feuilleton qui hanta nos nuits d'enfants dans les années 1960.

Calendrier festif
fêtes et événements

Avril à octobre
Expositions de fleurs (tulipes en avr., rhododendrons en mai, iris en mai-juin, dahlias en sept.-oct.).

Parc floral de Vincennes

21 juin
Fête de la Musique. ☎ 3975. www.fetedelamusique.culture.fr

Dans toute la capitale

13 et 14 juillet
Bals et feux d'artifice. Défilé militaire le 14.

Plusieurs quartiers de la capitale

3ᵉ week-end de septembre
Journées du patrimoine. ☎ 3975. www.paris.fr

Plusieurs monuments de la capitale

Début octobre
Fête des vendanges. ☎ 0 892 68 3000.

Montmartre

Fin janvier – début février
Nouvel an chinois. www.mairie13.paris.fr

Quartier asiatique (av. de Choisy, av. d'Ivry, 13ᵉ arr.)

festivals

Mi-janvier
Festival international de la Géode. ☎ 01 40 05 79 99. www.lageode.fr

La Villette

Festival Pablo Casals. ☎ 01 49 52 50 50.

Théâtre des Champs-Élysées

Début février
Festival mondial du Cirque de demain. ☎ 01 56 29 19 10. www.circonautes.com

Cirque d'hiver Bouglione

Fin mars-début avril
Festival du Film de Paris. ☎ 01 45 72 96 40.

Cinéma Gaumont Marignan (Champs-Élysées)

Mai-juillet
Paris Jazz Festival, concerts sam. et dim. ap.-midi. Gratuit. ☎ 01 55 94 20 20.

Parc floral de Vincennes

Mai-septembre
Musique côté jardins : concerts gratuits dans les jardins de Paris. ☎ 3975. www.paris.fr

Jardins

Mi-juin
Festival de Musique 15 premiers j. de juin. ☎ 01 40 51 38 38. www.imarabe.org

Institut du Monde arabe

Juillet-août
Festival Musique en l'Île : concerts. ☎ 01 44 62 00 55. www.latoisondart.com

Église St-Louis-en-l'Île

Mi-juillet – mi-août
Paris Quartier d'été (musique, théâtre, diverses manifestations). ☎ 01 44 94 98 00. www.quartierdete.com

Plusieurs endroits de la capitale

Septembre
Jazz à La Villette. ☎ 01 44 84 44 84. www.cite-musique.fr ou www.villette.com

La Villette (Cité de la musique, Parc et Grande Halle, Théâtre Paris-Villette, Trabendo)

Mi-septembre – fin décembre
Festival d'automne (théâtre, cinéma). ☎ 01 53 45 17 17. www.festival-automne.com

Plusieurs endroits de la capitale

Novembre (années paires)
Mois de la photo. ☎ 01 44 78 75 10. www.mep-fr.org

Différents musées et galeries de la capitale

foires et salons

Fin février

Salon de l'Agriculture. ☎ 01 49 09 60 41.
www.salon-agriculture.com

Parc des expositions - Porte de Versailles

Mars

Salon du Livre. www.salondulivreparis.com

Parc des expositions - Porte de Versailles

Mai

Foire de Paris. ☎ 01 49 09 60 00. www.foiredeparis.fr

Parc des expositions - Porte de Versailles

Dernière quinzaine de septembre

Fin sept. (années paires) : biennale internationale des antiquaires. www.antiquaires-sna.com

Carrousel du Louvre

Fin septembre-début octobre

Mondial du deux-roues. www.mondial-deuxroues.com
Mondial de l'automobile (années paires). ☎ 01 56 88 22 40. www.mondial-automobile.com

Parc des expositions - Porte de Versailles

Octobre

Foire internationale d'art contemporain (Fiac). ☎ 01 41 90 47 80. www.fiac-online.com

Parc des expositions - Porte de Versailles

Début décembre

Salon nautique. www.salonnautiqueparis.com
Salon du cheval de Paris. ☎ 01 49 09 60 00. www.salon-cheval.com

Parc des expositions - Porte de Versailles

manifestations sportives

Dernier dimanche de janvier

Prix d'Amérique. www.chevalfrancais.com

Hippodrome de Vincennes

Février-mars

Tournoi des Six Nations (rugby). ☎ 01 53 21 15 15.
www.ffr.fr

Stade de France - St-Denis

Début mars

Semi-Marathon de Paris (départ esplanade du château de Vincennes). www.parismarathon.com

À travers une partie de la capitale

Avril

Marathon international de Paris.
www.parismarathon.com

À travers la capitale

Dernier dimanche de mai

Gras Savoye Grand Steeple-Chase de Paris.
☎ 0 821 213 213. www.france-galop.com

Hippodrome d'Auteuil

Fin mai-début juin

Internationaux de France de tennis. www.fft.fr

Stade Roland-Garros

Début juin

Finale de la Coupe de France de football. www.fff.fr

Stade de France - St-Denis

Mi-juin

Prix du Président de la République. ☎ 01 49 77 14 70.
www.chevalfrancais.com

Hippodrome de Vincennes

Un dimanche de la 2e quinzaine de juin

Juddmonte - Grand Prix de Paris. ☎ 0 821 213 213.
www.france-galop.com

Hippodrome de Longchamp

Fin juillet (dimanche)

Arrivée du Tour de France cycliste.

Champs-Élysées

1er dimanche d'octobre

Prix de l'Arc de Triomphe. ☎ 0 821 213 213.
www.france-galop.com

Hippodrome de Longchamp

Mi-octobre (dimanche)

Les 20 km de Paris (départ tour Eiffel). ☎ 01 45 52 28 69. www.20kmparis.com

Ouest de la capitale et bois de Boulogne

Décembre-février

Patinoires en plein air.

Pl. de l'Hôtel-de-Ville, pl. Raoul-Dautry (Montparnasse)

Paris mis en Seine...

S. Sauvignier/MICHELIN

Le plus vieux pont de Paris : le Pont-Neuf.

S. Sauvignier/MICHELIN

Invitation au voyage

Ça, c'est Paris !

Magie de Paris, Paris la nuit, Paris le jour, Paris album de souvenirs. Capitale de la mode et des arts, ville musée vivante aux multiples visages, Paris est aussi une incitation aux joies simples de la flânerie et du bien-vivre.

Se promener dans Paris, c'est partir à la découverte des mille et une facettes de cette ville si mythique et mystérieuse en se promenant le nez au vent, guidé par l'humeur du moment. Ce Paris quotidien que le monde entier envie aux Parisiens, et que les Parisiens eux-mêmes sont heureux de retrouver après une absence, c'est d'abord une ambiance, savante alchimie d'images, de sons, d'odeurs et de sensations. Au gré du hasard, le regard s'arrête sur un monument, une statue, un angle de vue insolite, la ligne grise des toits en zinc, des cariatides soutenant un balcon, l'étalage coloré d'un marchand de fruits et légumes... tout le plaisir de goûter à la flânerie.

Sur les conseils d'un Parisien

Chaque Parisien a ses marques, ses parcours, son quartier. Pour les uns, ce sera la Butte-aux-Cailles et ses bars à vin, préservée de l'agitation de la plaine par les ruelles escarpées qui y conduisent ; pour d'autres, le marché de la rue Mouffetard, autour de l'église St-Médard, ses couleurs, ses odeurs ; ou alors la Contrescarpe, avec ses cafés où l'on a tant de fois refait le monde.

D'aucuns traîneront entre Maubert et la Seine, parmi ces maisons de guingois, ces petites places où des tables en terrasse vous incitent à une halte, ces venelles étroites et tortueuses, comme la rue Maître-Albert dévoilant soudain les dentelles de pierre de Notre-Dame, avant de flâner devant les boîtes vertes des bouquinistes. D'autres encore préfèreront l'île St-Louis, intime et silencieuse : une glace chez Berthillon, un tour dans les galeries d'art, précédant une balade le long des eaux vertes de la Seine dans ce paysage tout bruissant des ombres du passé, tandis qu'adossé au tronc d'un orme, indifférent aux rumeurs de la ville, un saxophoniste joue pour lui seul.

Autour de la place des Vosges et de la rue des Francs-Bourgeois, le Marais sera un autre monde tout aussi fascinant : les vieux hôtels y ont repris vie, antiquaires, boutiques

Les petits bateaux du bassin des Tuileries.

D. Thierry/PHOTONONSTOP

de mode, bars et librairies donnent au quartier un autre visage tandis que la rue des Rosiers vaque à ses affaires, indifférente aux modes.

À l'Est, la mode villageoise sera à l'honneur : à Ménilmontant, rue St-Blaise – qui descend face à l'église de Charonne –, avec ses réverbères, ses gros pavés, ses maisons blanches qu'ont investies créateurs, artistes et restaurants.

Pour les classiques, c'est St-Germain-des-Prés qu'il faut explorer avec le lacis de ruelles entre la Seine et St-Germain. Le marché de Buci, le café Pro-cope, la rue St-André-des-Arts,

Garçon, un café s'il vous plaît...

la cour St-Germain ; ou bien St-Sulpice et ses boutiques de mode, le Quartier latin et ses cinémas.

Pour d'autres encore, ce sera du lèche-vitrines devant les superbes boutiques de mode de l'avenue Montaigne, de la rue du Faubourg-St-Honoré, après avoir peut-être eu la chance d'assister à l'un des nombreux défilés de mode internationaux ; ou alors l'œil sera attiré par les splendides bijoux de la place Vendôme et de la rue de la Paix. Le Paris des parcs et jardins n'en est pas moins digne d'intérêt. Certains traverseront le Luxembourg ou le jardin des Tuileries. Pour d'autres, ce sera les nénuphars, puis, plus tard dans la saison, les roses qui les attireront à Bagatelle.

Vue d'en haut

Contemplez Paris du sommet de Montmartre, du 3e étage de la tour Eiffel, du haut du jardin de Belleville, de la coupole de la Samaritaine ou encore de la tour Montparnasse, et vous voilà de connivence avec la capitale. Le regard vagabonde sur les toits et les terrasses,

Boulevard Haussmann, le boulevard des grands magasins.

se perd en suivant les sillons des rues, puis soudain identifie les quartiers grâce à la silhouette de certains monuments : le dôme des Invalides couvert de feuilles d'or, ou celui du Panthéon dressé en apothéose au-dessus du Quartier latin, la tour St-Jacques ou celles de Notre-Dame...

À la rencontre des Parisiens

Le charme de Paris tient à ses innombrables cafés ; on en compte 12 000 : cafés de boulevard aux terrasses envahies, cafés littéraires, fidèles à l'esprit « Rive Gauche », cafés « branchés », petits bistrots de quartier... Le meilleur moment pour s'y asseoir est peut-être en fin d'après-midi ou en début de soirée, pour l'apéritif, entre 5 et 7. Quand vient la nuit, la quête de bonnes adresses devient plus délicate. La vie nocturne parisienne se referme sur elle-même, se dérobe par une multitude de codes, de « tuyaux », de filtrages qui réservent les lieux d'intense distraction à quelques initiés, aux noctambules impénitents. Les modes changent ; les quartiers détiennent tout à tour le flambeau de l'atmosphère la plus « *in* » : les Halles, le Marais, Bastille, Montmartre, la Butte-aux-Cailles, Charonne, Ménilmontant. Mais l'intérêt reste égal car là où la mode passe, l'authenticité peut resurgir.

Paris et les Parisiens

Existe-t-il une clef pour découvrir et comprendre cette grande capitale ? Peut-être suffit-il de suivre un Parisien et de reconstituer la personne qu'est Paris. Prêt ?

La vie à Paris a un rythme qui varie selon l'humeur de ses habitants. Paris et ses habitants, c'est un + un = un. Un mystère... L'hiver, la vitesse, la pluie ; l'été, un peu de nonchalance, le soleil, la chaleur, le sourire.

Être parisien

Tout un programme ! Un « vrai » Parisien associe la nationalité française à une « nationalité » parisienne. À croire qu'il est parisien avant d'être français. Sacha Guitry a raison : le Parisien ne vit pas à Paris, il en vit.
« Métro, boulot, dodo » : cette formule résume-t-elle la vie parisienne ? Faux. Parce que si c'était vrai, le Parisien ne saurait pas vous dégoter un cabaret ou un club de jazz dans une belle cave voûtée, un petit restaurant intime ou un jardin secret. Il ne saurait pas vous conduire dans les petits musées souvent cachés, tels le musée Delacroix sur la charmante place de Furstemberg, la maison de Balzac dissimulée dans un jardin ou bien encore le musée Zadkine discrètement installé au fond d'une impasse. Bref, il ne saurait pas vous montrer l'âme de Paris.

« Paris aux Parisiens » ?

Faux. D'abord parce que les provinciaux tentent, de moins en moins il est vrai mais tentent quand même, de conquérir Paris. Ensuite parce que de nombreuses communautés d'origine étrangère ont adopté certains quartiers de Paris : Russes à Montparnasse, Espagnols à Passy, Maghrébins à Clignancourt, Belleville, La Villette, Asiatiques à Belleville, dans le 13ᵉ arr., etc. Enfin, parce que les Parisiens aiment voyager dans leur quotidien ; et on voyage à Paris : l'étranger vient à eux.

Le métro au pied de la tour Eiffel : absolument parisien.

On se souvient des manifestations internationales comme les journées mondiales de la Jeunesse en 1997, la Coupe du Monde de football en 1998 et la fête qui suivit sur les Champs-Élysées. N'oubliez pas toutes les manifestations artistiques et culturelles internationales proposées. N'oubliez pas le Pont-Neuf fleuri par Kenzo ou empaqueté par Christo. Paris n'est pas seulement Paris ou la France, c'est aussi l'Europe et le monde.

« Fluctuat nec mergitur »

Prenez un plan de Paris : enserrée dans son boulevard périphérique, dotée de deux appendices
verts (les bois de Boulogne et de Vincennes), la
capitale présente une silhouette trapue, plus
large (12 km d'Est en Ouest) que haute (9 km du
Nord au Sud), transpercée par le ruban bleu de la
Seine. La Seine, ce fleuve qui, à juste titre, a
donné à Paris sa devise : *Fluctuat nec mergitur*
(« elle est battue par les flots, mais ne sombre

Bar à vins.

pas »), après lui avoir donné naissance et s'être insinuée paresseusement entre les
« montagnes » qui parsèment la géographie de la cité : Buttes-Chaumont, Montmartre, Montparnasse, montagne Ste-Geneviève, Butte-aux-Cailles. C'est là, sur ce
territoire de 10 540 ha où bat le cœur de la France, que vivent plus de 2 millions
d'habitants.

Les quartiers de Paris

Paris se compose de vingt arrondissements, chacun détenant son administration
et ses propres caractéristiques. Et chaque arrondissement se compose de quatre
quartiers dont les limites ont été fixées par leurs habitants ; c'est-à-dire que si vous
traversez une rue, vous n'êtes plus forcément dans le même quartier, ni dans le
même « village ».

À l'instar des corporations médiévales, des professions artisanales ou commerciales
se sont groupées par quartier, leur donnant, encore aujourd'hui, une physionomie
bien particulière : galeries d'art avenue Matignon et faubourg St-Honoré, haute
couture faubourg St-Honoré, avenue Montaigne et rue François-Ier, magasins de
luxe près de l'Opéra, joailliers rue de la Paix et place Vendôme, éditeurs
et libraires autour de l'Odéon, ébénistes au faubourg
St-Antoine, grossistes en vêtements au Sentier
et au Temple, antiquaires dans la rue Bonaparte
et la rue La Boétie, fabricants d'objets de piété à
St-Sulpice, luthiers rue de Rome, cristalliers rue
de Paradis, grainetiers sur le quai de la Mégisserie. Depuis longtemps déjà, la rive droite est
réservée à l'administration (Opéra, Châtelet,
Hôtel-de-Ville), aux affaires (Bourse, Opéra,
Champs-Élysées, La Défense, etc.) et au commerce
(Grands Magasins) alors que sur la rive gauche se
sont installés les universités et les éditeurs.

Quai de la Rapée,
dans le 12e arrondissement.

Ils ont fait Paris

Paris ne s'est pas construit en un jour ! La cité s'est bâtie au fil des années, au fil des siècles, au gré des humeurs et des sensibilités, à coups d'événements et de bouleversements. Pour profiter pleinement de cette magnifique ville, il suffit d'emprunter la machine à remonter le temps.

Époque gallo-romaine

- **3e s. avant J.-C.** – La tribu celte de pêcheurs des *Parisii* s'installe sur l'île de la Cité, *Lutetia*.
- **52 avant J.-C.** – **Labienus**, lieutenant de Jules César, prend la ville et la reconstruit.
- **1er s. après J.-C.** – La cité gallo-romaine s'agrandit et s'édifie : construction du palais des thermes.
- **Vers 250** – Martyre de **saint Denis**, premier évêque de la ville. Lutèce se christianise sous l'impulsion de ses évêques qui font construire des églises.
- **360** – **Julien l'Apostat**, préfet des Gaules, est proclamé empereur à Lutèce, qui devient, peu après, Paris.

Les Mérovingiens et les Carolingiens

- **451** – **Sainte Geneviève** détourne Attila de Paris.
- **508** – Invasion barbare des Francs à Paris : **Clovis** y établit sa capitale et s'y installe. Au début du 8e s., Paris perd sa prépondérance politique avec le départ de Charlemagne à Aix-la-Chapelle.
- **À partir de 840** – Profitant de la faiblesse des Carolingiens et de la crise politique intérieure, les Normands multiplient les invasions le long de la Seine.
- **885** – Assiégée pour la 5e fois par les Normands, Paris est défendue par son comte, **Eudes**, qui est élu « roi des Francs » en 888.

Les Capétiens

À partir d'**Hugues Capet** en 987, Paris est le cœur de ce que l'on appelle désormais la France, puis est confirmée dans sa **fonction de capitale**.

- **11e-12e s.** – Renouveau commercial de la Cité ; apogée de la Guilde des « marchands de l'eau ».

« Le Parloir aux Bourgeois » – Les 12e et 13e s. se définissent par une phase d'essor économique et culturel important pour Paris. La ville participe activement au renouveau de la civilisation française après les guerres qui l'ont frappée.

Au début du 12e s., au cours de la lutte politique, dite de la révolution communale, entre le roi Louis VI et ses seigneurs, Paris tire son épingle du jeu et adopte une administration

Transports parisiens au 15e s...

JOSSE

Révolution de 1830, journées de juillet : l'Hôtel de Ville est attaqué. Tableau d'Amédée Bourgeois, 1830.

G. Blot/RMN

14 juillet 1789, la Bastille est prise !

J.-L. Charmet

municipale, dont les corporations marchandes ont la responsabilité. Elles s'attachent à répondre aux besoins sociaux et économiques des habitants, des besoins nés de l'extension de la ville sur les rives droite et gauche. La plus importante de ces corporations est celle des marchands de l'eau, réunie au Parloir aux Bourgeois, près de la rive gauche. À sa tête le prévôt des marchands, ancêtre du prévôt de Paris, cumulant l'administration municipale et une fonction de juge.

● **1163** – Maurice de Sully entreprend la construction de Notre-Dame.

● **1180-1223** – Édifiée de 1180 à 1210 sur l'ordre de **Philippe Auguste**, une puissante muraille est renforcée, en amont, par un barrage de chaînes à travers la Seine et, en aval, par la forteresse du Louvre et la tour de Nesle. Les rues de Paris sont progressivement pavées.

● **1215-1227** – Fondation de l'université de Paris. La ville devient un centre culturel dont la réputation dépasse le royaume de France.

● **1226-1270** – **Saint Louis** patronne les constructions de la Sainte-Chapelle, de Notre-Dame et de la basilique Saint-Denis.

Les Valois

● **1358** – Soulèvement d'**Étienne Marcel**, prévôt des marchands : cette révolte communale avait entre autres buts d'ouvrir les portes de Paris au roi de Navarre et aux Anglais.

● **1364-1380 – Charles V** fait construire une nouvelle enceinte : des routes partent vers le village de Montmartre, la basilique Saint-Denis, la commanderie du Temple, le château fort de Vincennes, favorisant sur la rive droite le développement de la ville (par opposition à l'université – sur la rive gauche – et à la Cité). Cette nouvelle fortification est soutenue à l'Est par la Bastille. Paris s'étend alors sur 440 ha et compte déjà plus de 150 000 habitants.

La volonté d'indépendance des Parisiens – Le règne de **Charles VI** (1380-1422) est marqué par une période de troubles dans la capitale : les Parisiens veulent s'affranchir du poids des impôts et se révoltent en 1382. Ce soulèvement provoque la perte des franchises acquises au 12ᵉ s. et des attributions du prévôt des marchands qui n'est plus qu'un simple officier du roi.

Dès 1408 débute la lutte entre Armagnacs et Bourguignons. Paris est livrée aux Anglais. **Charles VII** assiège en vain la capitale en 1429 – Jeanne d'Arc est blessée à la porte Saint-Honoré – alors que les Anglais sacrent Henri VI roi de France à Notre-Dame. C'est seulement en 1437 que **Charles VII** « le Victorieux » prend place en sa capitale.

● **1530** – Début de la construction d'un nouvel hôtel de ville, afin de remplacer la Maison aux Piliers d'Étienne Marcel. Fondation du Collège de France par **François Iᵉʳ**.

16ᵉ s. : « Paris vaut bien une messe » – Ce sont les cloches de St-Germain-l'Auxerrois sonnant dans la nuit du 23 au 24 août 1572 qui marquent le début des guerres de Religion avec le massacre de la Saint-Barthélemy. Paris est catholique et se fait ligueuse : la ville adopte un régime théocratique dirigé par un conseil de seize membres. La capitale renforce son image de centre du pouvoir politique : le roi n'est pas roi tant qu'il n'est pas maître de Paris. **Henri III** en fait l'amère découverte : abusant de ses droits royaux, il est chassé par les Parisiens qui lui ferment les portes de la ville après la « journée des Barricades » le 12 mai 1588. De même, **Henri IV** n'entre dans Paris que le 22 mars 1594, après s'être converti au catholicisme et avoir acheté Paris à Brissac, gouverneur de la ville, pour 200 000 écus.

Les Bourbons

● **16ᵉ s.** – Les guerres religieuses ralentissent peu l'extension de la ville, si bien que **Charles IX** et **Louis XIII** doivent élargir vers l'Ouest l'enceinte du 14ᵉ s., abritant ainsi le palais des Tuileries.

● **1594-1610** – Création de la place des Vosges. Fondation des hôpitaux de la Charité et Saint-Louis.

● **14 mai 1610** – Henri IV tombe sous le couteau de Ravaillac.

● **1615-1626** – Construction du palais du Luxembourg pour Marie de Médicis.

● **1629** – Construction du Palais-Royal, appelé alors Palais-Cardinal par **Richelieu**.

● **1635** – Fondation de l'Académie française par Richelieu.

La Fronde et ses suites – La guerre civile reprend dans Paris en 1648, alors que la guerre européenne dite de Trente ans s'achève avec la signature des traités de Westphalie. La « journée des Barricades » du 26 août 1648 prend appui sur des mécontentements politiques – pouvoir centralisateur de la monarchie –, et financiers – création d'impôts. Paris souffre de nouveau des luttes incessantes des Grands : Fronde parlementaire, puis Fronde des princes jusqu'en 1653. La cour royale quitte Paris ; **Louis XIV**, qui fait son entrée dans la capitale en septembre 1653, n'y séjourne que très peu.

En s'installant à Versailles, le roi n'oublie pas Paris : les nombreux aménagements le prouvent. La capitale subit malgré tout la politique centralisatrice et unificatrice de Louis XIV : la municipalité doit, en 1674, supprimer les juridictions de quartiers au bénéfice de celle du Châtelet ; les charges municipales deviennent vénales, permettant un contrôle royal sur l'administration de la ville. La cité développe cependant une organisation administrative que symbolise la police, dirigée par Gabriel Nicolas de La Reynie.

● **1667** – **Colbert** crée l'Observatoire et la Manufacture des Gobelins.

● **17ᵉ s.** – Aménagement du Marais.

● **Fin du 17ᵉ s.** – Construction de l'hôtel des Invalides.

● **Début du 18ᵉ s.** – Aménagement des places Vendôme, du Carrousel et des Victoires, ainsi que du faubourg Saint-Germain.

● **1760-1780** – **Louis XV** fait édifier l'École militaire, l'église Sainte-Geneviève (futur Panthéon), et aménager la place de la Concorde.

● **1784-1791** – Paris, qui compte près de 500 000 habitants, s'embellit d'une somptueuse couronne englobant les Invalides, l'Observatoire, la Salpêtrière, les portes St-Denis et St-Martin. La campagne recule. L'octroi rentrant mal, il faut avoir recours à un nouveau mur d'enceinte qui cerne Paris de ses 57 « barrières », créées par Ledoux, et qui mécontente les Parisiens.

● **14 juillet 1789** – Prise de la Bastille.

● **10 août 1792** – Prise des Tuileries et chute de la royauté.

● **2-4 septembre 1792** – La patrie en danger. Massacres de septembre.

● **21 septembre 1792** – Proclamation de la République.

● **21 janvier 1793** – Exécution de **Louis XVI**.

En **septembre 1793**, le Comité de salut public, autre organe de la Convention, prend le pas sur la Commune : une nouvelle réforme de l'administration de Paris est admise en 1796. Son but premier est d'interdire une centralisation des pouvoirs entre les mains des Parisiens. L'exécution des membres de la Commune sonne le début de la Terreur qui s'étend sur les années 1793-1794.

Ce poids politique des Parisiens et leur esprit farouche est craint par Napoléon Bonaparte lui-même : la ville est soumise au pouvoir politique central. Ce changement administratif n'est pas approuvé par les Parisiens qui le font savoir à Napoléon par un attentat, le 24 décembre 1800, devant l'Opéra. La tentative ayant échoué, Paris assiste avec peu d'enthousiasme au sacre de **Napoléon Iᵉʳ** à Notre-Dame le **2 décembre 1804**.

● **1806-1814** – Napoléon fait poursuivre la construction du Louvre et édifier les arcs de triomphe du Carrousel et de l'Étoile ainsi que la colonne Vendôme.

Emploi du gaz pour l'éclairage des rues.

● **31 mars 1814** – Les Alliés occupent Paris. Premier traité de Paris.

Berthier/Photothèque des Musées de la Ville de Paris

De la Restauration à 1870

● **2 mai 1814** – **Louis XVIII** signe la charte de St-Ouen.

● **1824-1830** – **Charles X** monte sur le trône. Son esprit ultraconservateur mécontente les Parisiens qui se veulent les défenseurs authentiques des libertés : les « ordonnances de Juillet » qui abolissent la liberté de la presse et réduisent le droit de suffrage provoquent de nouvelles barricades dans les rues de Paris. Ce sont les **Trois Glorieuses** (27, 28 et 29 juillet 1830). **Louis-Philippe** succédant à Charles X se voit aussi contraint de respecter les libertés : le peuple parisien le surveille étroitement, quitte à effrayer son roi par quelques émeutes (1832). Cette tension politique permanente est accentuée par l'augmentation très forte de la population parisienne qui réclame le droit au travail.

● **1832** – Une épidémie de choléra tue 19 000 Parisiens.

● **1837** – Première ligne de chemin de fer : Paris-St-Germain.

● **1840** – Retour des cendres de Napoléon Ier.

● **1841-1845** – Fortifications de **Thiers** : elles entourent les villages de Paris en plein essor économique (Austerlitz, Montrouge, Vaugirard, Passy, Montmartre et Belleville). Elles sont doublées – à la distance d'un boulet de canon – par 16 bastions détachés. Ce sont les fameuses « fortifs », limites officielles de la capitale à partir de 1859.

● **24 février 1848** – La **Deuxième République** est proclamée du balcon de l'Hôtel de Ville. On rétablit la liberté de presse et on organise le suffrage universel.

● **Juin 1848** – La suppression des Ateliers nationaux soulève des émeutes socialistes au faubourg St-Antoine et marque l'échec de la Deuxième République. Il s'ensuit une forte répression puis l'organisation d'élections. Le prince **Louis-Napoléon** est élu président de la République, mais la majorité de l'Assemblée législative appartient au parti de l'Ordre, hostile à la République et au bonapartisme.

● **2 décembre 1851** – Louis-Napoléon organise son coup d'État. Paris s'insurge de nouveau. Le **Second Empire** réprime violemment les émeutes.

● **1852-1870** – Gigantesques travaux d'urbanisme sous la direction du **baron Haussmann** (préfet de la Seine) : Halles, gares, Buttes-Chaumont, bois de Boulogne et de Vincennes, Opéra, égouts, percement des boulevards. En 1860, Paris est divisé en 20 arrondissements.

Sous le **Second Empire**, Paris subit une nouvelle restriction dans son administration. La « mairie centrale » est supprimée au profit des deux préfets de Napoléon Ier. Seule une commission municipale subsiste, dont les membres sont nommés par l'empereur. Les Parisiens se lancent dans une opposition républicaine silencieuse à l'Empire et répondent « non » au plébiscite de mai 1870.

LES EXPOSITIONS UNIVERSELLES À PARIS

L'expansion coloniale du monde en général et de la France en particulier a donné naissance à un mouvement de popularisation de cette politique dans le courant de la seconde moitié du 19ᵉ s.
Le moyen choisi par les gouvernements est l'organisation d'expositions universelles.
La première a lieu à Londres en 1841. Paris en reçut plusieurs : en 1855, 1867, 1889, 1900 et 1937. De nombreux monuments historiques parisiens sont directement issus de ces expositions : le plus célèbre est bien entendu la tour Eiffel (1889), mais aussi le pont Alexandre-III, le Grand et le Petit Palais en 1900, et les trois palais de la Découverte, de Chaillot et de Tokyo en 1937.

L'Exposition universelle de 1900.

Au lendemain de la défaite de Sedan le 4 septembre 1870, Paris demande la déchéance de l'empereur et de son Empire. La **Troisième République** est proclamée. Face à la menace des troupes étrangères près de la ville, un gouvernement de défense nationale est constitué. La capitale est cependant assiégée, puis investie par les Prussiens au cours de l'hiver 1870-1871. Le 28 mars 1871, une **Commune** insurrectionnelle voit le jour. Les Parisiens se démarquent ainsi du reste de la France conservatrice et favorable à la paix ; si Paris refuse l'armistice signé en février, les Parisiens n'ont pas réellement adhéré à ce gouvernement. Le 28 mai 1871 les Versaillais répriment la Commune – c'est la Semaine sanglante – : incendies et destructions (Tuileries, Cour des comptes, Hôtel de Ville, colonne Vendôme, etc.), massacres.

Entre la Troisième et la Quatrième République, Paris reprend sa place de capitale politique de la France aux dépens de Versailles. Le 14 juin 1879, après un premier échec, le Congrès abroge l'un des articles constitutionnels de 1875. Les pouvoirs exécutif et législatif regagnent Paris : le Sénat s'installe au Luxembourg, la chambre législative, au Palais Bourbon.
Le 13 juillet 1882, Paris inaugure son nouvel Hôtel de Ville.

● **1876-1914** – Édification de la basilique du Sacré-Cœur sur la butte Montmartre.
● **1914-1918** – Dès le début de la guerre, le Gouvernement quitte Paris et se rend à Bordeaux. Sous la direction de Gallieni, menacée par l'offensive allemande, la capitale est sauvée par la bataille de la Marne. Un bombardement atteint l'église St-Gervais.
● **1919** – La Troisième République fait raser les fortifications et fixe, de 1925 à 1930, les limites définitives de Paris : les bois de Boulogne et Vincennes ainsi qu'une étroite bande de terrain portent sa superficie à 10 540 ha. Sa population sera de 2 700 000 habitants en 1945.
● **1920** – Inhumation du Soldat inconnu sous l'Arc de Triomphe.
● **Les Années folles** – Paris profite pleinement du renouveau culturel à l'issu de la Première Guerre mondiale, et se trouve à l'origine de grands mouvements littéraires et artistiques.
● **Années 1930** – La crise mondiale atteint la capitale : les Parisiens redeviennent d'ardents politiciens.
● **6 février 1934** – Insurrection antiparlementaire qui s'achève dans le sang autour de la Chambre des députés.
● **10 juin 1940** – Paris perd son rang de capitale politique : le Gouvernement s'installe à Vichy.
La ville est bombardée, puis déclarée « ville ouverte » ; elle est occupée par les armées allemandes. Otages et détenus sont retenus au mont Valérien.
● **11 novembre 1940** – Une manifestation d'étudiants à l'Arc de Triomphe contre les troupes d'occupation, symbolise le début de la Résistance parisienne.
● **1942** – Rafle du Vél' d'Hiv.

Le 26 août 1944 : Paris est libéré. Le général de Gaulle passe en revue les troupes de la 2ᵉ DB.

J.-L. Charmet

« ... Paris martyrisé ! mais Paris libéré ! »

Pendant l'**Occupation**, les Parisiens souffrent des restrictions. S'ils n'acceptent pas la présence d'étrangers, ils adoptent une opposition silencieuse. Le 27 mai 1943, le Conseil national de la Résistance se réunit à Paris. La ville devient le siège des Forces Françaises de l'Intérieur qui déclenchent l'insurrection du mois d'août 1944.

Qui ne connaît la célèbre harangue du général de Gaulle, lancée depuis le balcon de l'Hôtel de Ville le 25 août 1944, et qui précède son défilé triomphal le 26 sur les Champs-Élysées ? Après le débarquement en Normandie, les blindés de Leclerc et les troupes alliées se dirigent sur Paris. Ils viennent appuyer l'insurrection de la capitale qui a débuté le 19 août. Le 25, le commandant allemand von Choltitz signe sa reddition à la Préfecture de Police, après avoir refusé d'obéir à l'ordre d'Hitler de détruire Paris.

La Quatrième République est proclamée à l'Hôtel de Ville le 27 octobre 1946. La capitale retrouve son rang politique. Peu touchée par les bombardements, elle ne connaît guère la période de reconstruction que vit le reste de la France. La politique de centralisation reprise par les gouvernements de la Quatrième République fait de Paris le lieu privilégié pour toute action économique, politique, culturelle. Étouffée par son attrait, la ville choisit une politique d'aménagement qui est à son apogée sous la Cinquième République.

La Cinquième République

Pour une fois pourrait-on dire, Paris n'est pas à l'origine du changement de Constitution effectué le 8 janvier 1959. Les Parisiens s'éloignent plus ou moins de la politique nationale et se consacrent à l'embellissement de leur ville. Seules les journées de mai 1968 viennent troubler cette quiétude.

- **1958-1963** – Construction du siège de l'Unesco, du palais du CNIT, de la Maison de Radio-France.
- **1968** – Les étudiants de la Sorbonne déclenchent une grève qui s'étend en quelques jours à la France entière ; avec 10 millions de personnes, elle représente alors le plus important mouvement social que le pays n'ait jamais connu.
- **1969** – Transfert des Halles à Rungis.
- **1970** – Treize universités autonomes sont créées dans la région parisienne.
- **1973** – Achèvement du boulevard périphérique et de la tour Montparnasse.
- **25 mars 1977** – Élection du 1er maire de Paris au suffrage universel : J. Chirac.
- **1977** – Inauguration du Centre Georges Pompidou.
- **1986** – Inauguration du musée d'Orsay dans l'ancienne gare SNCF du même nom.
- **Avril 1989** – Inauguration de la Pyramide du Louvre.
- **1989** – Paris célèbre le bicentenaire de la Révolution. Inauguration de la Grande Arche de La Défense et de l'Opéra-Bastille.
- **1995** – Inauguration des bâtiments de la Bibliothèque nationale de France par François Mitterrand sur le site de Tolbiac.
- **1999** – Le 26 décembre, une tempête affecte les parcs et les monuments de Paris.

ABC d'architecture

Plan de l'église ST-GERMAIN-DES-PRÉS

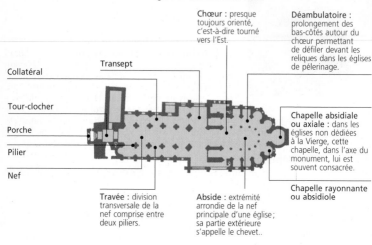

Chœur : presque toujours orienté, c'est-à-dire tourné vers l'Est.

Déambulatoire : prolongement des bas-côtés autour du chœur permettant de défiler devant les reliques dans les églises de pélerinage.

Transept

Collatéral

Tour-clocher

Porche

Pilier

Nef

Chapelle absidiale ou axiale : dans les églises non dédiées à la Vierge, cette chapelle, dans l'axe du monument, lui est souvent consacrée.

Chapelle rayonnante ou absidiole

Travée : division transversale de la nef comprise entre deux piliers.

Abside : extrémité arrondie de la nef principale d'une église ; sa partie extérieure s'appelle le chevet..

Église ST-SÉVERIN : coupe transversale du chevet vers la nef

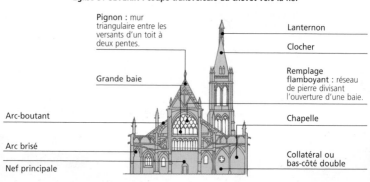

Pignon : mur triangulaire entre les versants d'un toit à deux pentes.

Lanternon

Clocher

Grande baie

Remplage flamboyant : réseau de pierre divisant l'ouverture d'une baie.

Arc-boutant

Chapelle

Arc brisé

Nef principale

Collatéral ou bas-côté double

Église ST-GERMAIN-DES-PRÉS

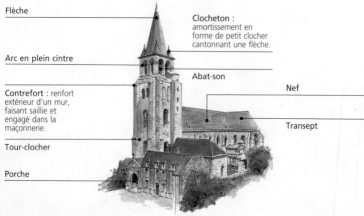

Flèche

Clocheton : amortissement en forme de petit clocher cantonnant une flèche.

Arc en plein cintre

Abat-son

Nef

Contrefort : renfort extérieur d'un mur, faisant saillie et engagé dans la maçonnerie.

Transept

Tour-clocher

Porche

R. Corbel/MICHELIN

Chevet de NOTRE-DAME

La cathédrale allie l'équilibre de ses proportions et la pureté de ses lignes à la sobriété de sa décoration.
Les grands arcs-boutants du chevet enjambent le double déambulatoire et les tribunes.

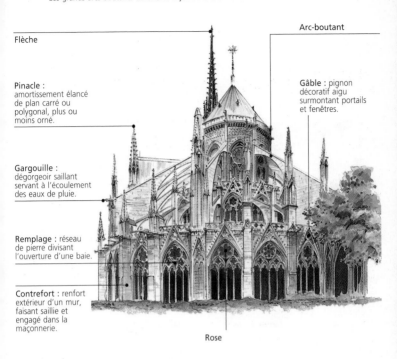

Arc-boutant

Flèche

Pinacle :
amortissement élancé
de plan carré ou
polygonal, plus ou
moins orné.

Gâble : pignon
décoratif aigu
surmontant portails
et fenêtres.

Gargouille :
dégorgeoir saillant
servant à l'écoulement
des eaux de pluie.

Remplage : réseau
de pierre divisant
l'ouverture d'une baie.

Contrefort : renfort
extérieur d'un mur,
faisant saillie et
engagé dans la
maçonnerie.

Rose

Église de la SORBONNE

Partie la plus ancienne de l'université, l'église fut érigée par Le Mercier de 1635 à 1642.

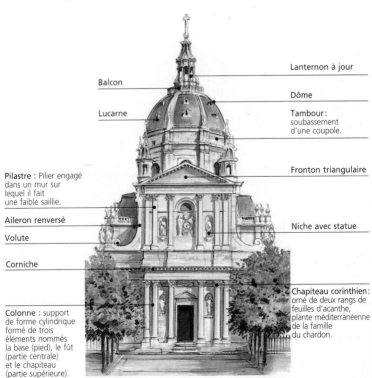

Balcon

Lucarne

Lanternon à jour

Dôme

Tambour :
soubassement
d'une coupole.

Fronton triangulaire

Pilastre : Pilier engagé
dans un mur sur
lequel il fait
une faible saillie.

Aileron renversé

Volute

Corniche

Niche avec statue

Colonne : support
de forme cylindrique
formé de trois
éléments nommés
la base (pied), le fût
(partie centrale)
et le chapiteau
(partie supérieure).

Chapiteau corinthien :
orné de deux rangs de
feuilles d'acanthe,
plante méditerranéenne
de la famille
du chardon.

R. Corbel/MICHELIN

PONT-NEUF

Malgré son nom, c'est le plus ancien de Paris. Ses 12 arches sont décorées d'amusants mascarons.

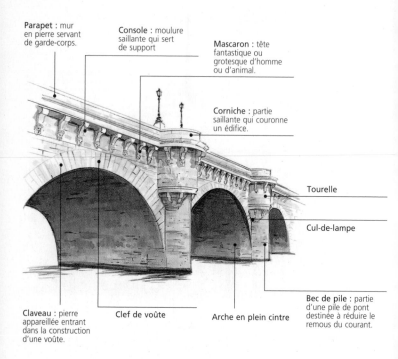

Parapet : mur en pierre servant de garde-corps.

Console : moulure saillante qui sert de support

Mascaron : tête fantastique ou grotesque d'homme ou d'animal.

Corniche : partie saillante qui couronne un édifice.

Tourelle

Cul-de-lampe

Bec de pile : partie d'une pile de pont destinée à réduire le remous du courant.

Claveau : pierre appareillée entrant dans la construction d'une voûte.

Clef de voûte

Arche en plein cintre

Pavillon de l'Horloge du LOUVRE

Appelé aussi pavillon de Sully, il fut édifié au 17ᵉ s. par Le Mercier.

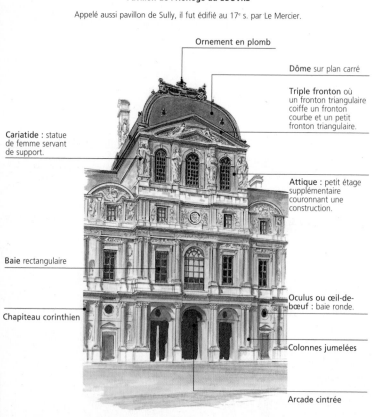

Ornement en plomb

Dôme sur plan carré

Triple fronton où un fronton triangulaire coiffe un fronton courbe et un petit fronton triangulaire.

Cariatide : statue de femme servant de support.

Attique : petit étage supplémentaire couronnant une construction.

Baie rectangulaire

Oculus ou œil-de-bœuf : baie ronde.

Chapiteau corinthien

Colonnes jumelées

Arcade cintrée

R. Corbel/MICHELIN

INSTITUT DE FRANCE

La chapelle surmontée d'un dôme est placée entre deux bâtiments en hémicycle qui se terminent par deux pavillons carrés.

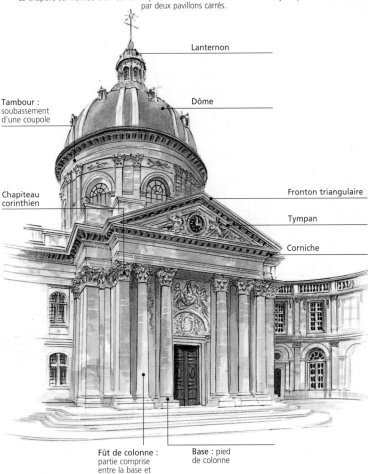

Lanternon

Tambour : soubassement d'une coupole

Dôme

Chapiteau corinthien

Fronton triangulaire

Tympan

Corniche

Fût de colonne : partie comprise entre la base et le chapiteau.

Base : pied de colonne

PLACE VENDÔME

Ce magnifique ensemble architectural fut construit par Mansart. Les arcades se succèdent au rez-de-chaussée tandis que les pilastres ornent les étages coiffés de toits à lucarnes.

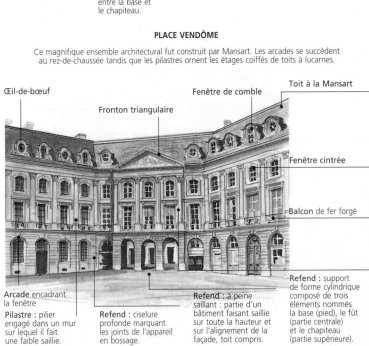

Œil-de-bœuf

Fenêtre de comble

Toit à la Mansart

Fronton triangulaire

Fenêtre cintrée

Balcon de fer forgé

Arcade encadrant la fenêtre

Pilastre : pilier engagé dans un mur sur lequel il fait une faible saillie.

Refend : ciselure profonde marquant les joints de l'appareil en bossage.

Refend : à peine saillant : partie d'un bâtiment faisant saillie sur toute la hauteur et sur l'alignement de la façade, toit compris.

Refend : support de forme cylindrique composé de trois éléments nommés la base (pied), le fût (partie centrale) et le chapiteau (partie supérieure).

R. Corbel/MICHELIN

Immeuble situé rue de Seine

Belle façade Louis XV présentant des ornements.

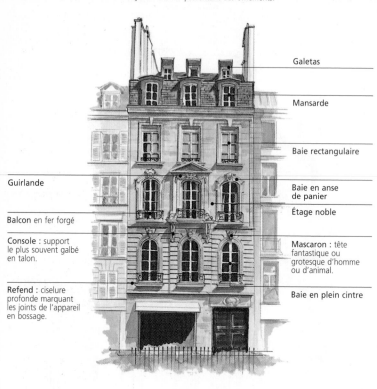

Galetas

Mansarde

Baie rectangulaire

Guirlande

Baie en anse de panier

Étage noble

Balcon en fer forgé

Console : support le plus souvent galbé en talon.

Mascaron : tête fantastique ou grotesque d'homme ou d'animal.

Refend : ciselure profonde marquant les joints de l'appareil en bossage.

Baie en plein cintre

LA MADELEINE

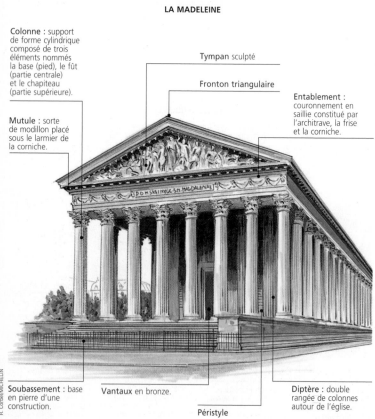

Colonne : support de forme cylindrique composé de trois éléments nommés la base (pied), le fût (partie centrale) et le chapiteau (partie supérieure).

Tympan sculpté

Fronton triangulaire

Entablement : couronnement en saillie constitué par l'architrave, la frise et la corniche.

Mutule : sorte de modillon placé sous le larmier de la corniche.

Soubassement : base en pierre d'une construction.

Vantaux en bronze.

Péristyle

Diptère : double rangée de colonnes autour de l'église.

R. Corbel/MICHELIN

GARE DU NORD

Œuvre de l'architecte Hittorff, la gare du Nord a été édifiée entre 1861 et 1868.

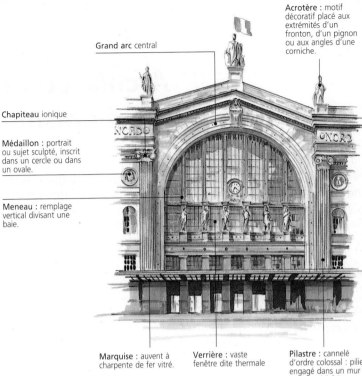

Grand arc central

Acrotère : motif décoratif placé aux extrémités d'un fronton, d'un pignon ou aux angles d'une corniche.

Chapiteau ionique

Médaillon : portrait ou sujet sculpté, inscrit dans un cercle ou dans un ovale.

Meneau : remplage vertical divisant une baie.

Marquise : auvent à charpente de fer vitré.

Verrière : vaste fenêtre dite thermale

Pilastre : cannelé d'ordre colossal : pilier engagé dans un mur sur lequel il fait une faible saillie.

OPÉRA BASTILLE

Sa façade principale, imposante, de forme semi-circulaire « souligne la colonne, mais sans l'écraser ».

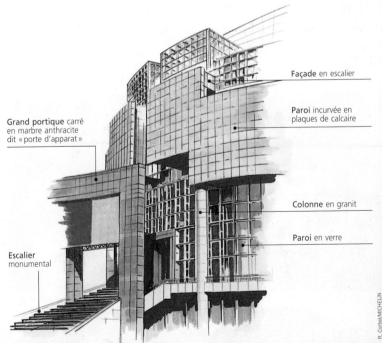

Façade en escalier

Paroi incurvée en plaques de calcaire

Grand portique carré en marbre anthracite dit « porte d'apparat »

Colonne en granit

Paroi en verre

Escalier monumental

R. Corbel/MICHELIN

Architecture et urbanisme

Qu'est-ce qui fait le charme de Paris ? Assurément les nombreux témoins artistiques de ses différentes époques, mais encore la manière heureuse avec laquelle l'art contemporain a su se fondre dans cet écrin. C'est le Paris des contrastes qui surprend mais ne laisse jamais indifférent.

De l'architecture romaine à l'architecture contemporaine, Paris offre au terme de ces 2 000 ans, un choix impressionnant de chefs-d'œuvre résistant au temps et aux aléas de l'histoire de France. L'architecture de Paris a répondu depuis ses origines à des exigences sociales, politiques, commerciales et plus encore artistiques : enfin, de nos jours., elle rend compte de son cosmopolitisme.

La croissance démographique incessante de la ville et son rôle toujours plus important ont conduit depuis le Moyen Âge à une évolution constante de l'urbanisme.

Paris médiéval

Du 6ᵉ au 10ᵉ s., les marais sont asséchés et mis en culture, tandis que l'activité portuaire et commerciale se développe autour de la place de Grève. L'urbanisme se résume alors pour l'essentiel à la construction d'enceintes. C'est aussi la naissance des premières rues situées dans les axes des rares ponts dont dispose alors la cité ; elles évoquent une localisation commerciale et desservent les grands édifices (religieux pour la plupart). Les rues sont pavées sous Philippe Auguste, contribuant à une amélioration de la circulation et de l'hygiène. Les fontaines apparaissent de plus en plus nombreuses dans le paysage parisien ; la maîtrise et la distribution de l'eau s'améliorent en puisant régulièrement aux sources, dont celles de Belleville.

L'**art roman** est loin d'avoir connu à Paris le même essor que dans le reste de la France. Les colonnettes du chœur et le clocher-porche de St-Germain-des-Prés, l'abside de St-Martin-des-Champs, certains chapiteaux de St-Pierre-de-Montmartre en sont les rares témoins.

L'**art gothique** est le principal témoin des créations du Moyen Âge : construction d'églises à la fois vastes, hautes et claires, voûtes sur croisées d'ogives, recours aux contreforts qui, en s'évidant, deviennent des arcs-boutants.

Il évolue en trois temps : le **gothique primitif** (12ᵉ s.) voit les débuts de l'utilisation de l'ogive. À Notre-Dame, le vaste chœur, le transept à peine saillant, les

S. Sauvignier/MICHELIN

Institut du Monde arabe.

sombres tribunes appartiennent à cette période. Des motifs végétaux et floraux du bassin parisien, parfois même de simples crochets, ornent les chapiteaux. La recherche d'éclairage, encore réduite, se limite à de petites fenêtres hautes dans la nef, surmontées d'ouvertures rondes, ou oculi, visibles à la croisée du transept.

Puis sous le règne de Saint Louis, le style **gothique** dit **rayonnant** (13e-14e s.) atteint son apogée avec l'architecte Pierre de Montreuil. D'immenses verrières remplacent les murs, laissant entrer la lumière à profusion. De fines colonnettes soutiennent la voûte, renforcées à l'extérieur par de discrets contreforts ou des arcs-boutants (réfectoire de St-Martin-des-Champs). La légèreté et la luminosité favorisent l'art du vitrail.

Le chevet de Notre-Dame, la Sainte-Chapelle et la Chapelle Royale du château de Vincennes sont les chefs-d'œuvre du style rayonnant à Paris. Il innove encore en prolongeant les arcs-boutants par un col destiné à rejeter les eaux pluviales loin des fondations : ce sont les gargouilles.

Au 15e s., la sobriété des monuments s'estompe et laisse place à une décoration intérieure parfois excessive. Le **gothique flamboyant** utilise à profusion les arcs purement décoratifs (transept de St-Merri). Les remplages multiplient les dessins de flammes sur les verrières ; le triforium disparaît, annexé par des fenêtres hautes : les piliers, sans chapiteaux, lancent leurs nervures jusqu'au plafond (déambulatoire de St-Séverin), d'où pendent des clés de voûte monumentales (St-Étienne-du-Mont).

Dans la seconde moitié du 14e s., les désordres de la guerre de Cent Ans expliquent une architecture profane à nouveau massive et sombre, de style féodal, telle la salle des Gens d'Armes à la Conciergerie. De grandes demeures avec de vastes jardins sont construites dans le Marais, comme l'hôtel St-Paul. Parallèlement, une multitude de

Le chevet de Notre-Dame.

petites « maisons » à colombage apparaissent. La rue François Miron et l'île St-Louis en conservent quelques-unes.

Les premières grandes résidences privées de Paris ne datent que du 15e s. ; elles mêlent des éléments défensifs (tourelles en encorbellement, créneaux et échauguettes d'angle) à une riche décoration sculptée (balustrades et lucarnes à meneaux).

La Renaissance : retour à l'antique et goût du profane

Si l'art gothique est purement français, l'art du 16e s. vient d'Italie ; les artistes français l'ont adopté tout en lui donnant un caractère français. Ce sont les guerres d'Italie qui introduisent cet intérêt pour l'Antiquité et la décoration profane où les voûtes en berceau ou à caissons (St-Nicolas-des-Champs) remplacent le plus souvent les croisées d'ogives. Les ordres architecturaux – surtout ionique et

L'histoire de Paris se lit le long de la Seine : la Conciergerie, vestige de l'époque médiévale.

corinthien – sont remis à l'honneur. Le jubé de St-Étienne-du-Mont et les stalles de St-Gervais en sont les plus beaux exemples.

Cependant, Paris n'adhère pas pleinement aux influences méridionales. La capitale conserve son style, au moins pour l'architecture religieuse. Viollet-le-Duc parle de St-Germain-l'Auxerrois et de St-Étienne-du-Mont comme de « squelettes gothiques revêtus de haillons romains ». Cette remarque peu aimable ne vaut pas pour les édifices civils.

Le trio des architectes parisiens de la Renaissance – En France, la Renaissance est indissociable des châteaux de la Loire. Pourtant, Paris se distingue par deux nouveaux et majestueux édifices : le Louvre et les Tuileries. À l'origine, trois hommes, Pierre Lescot (1515-1578), Baptiste Androuet Du Cerceau (1560-1602) et Philibert Delorme (1517-1570). Tous subissent l'influence transalpine. Les deux premiers adoptent l'ordonnance à l'italienne : une façade régulière coupée d'avant-corps que couronnent des frontons curvilignes. La Cour carrée au Louvre allie la splendeur des ordres antiques à la richesse de la décoration : entre les pilastres cannelés, des statues s'abritent dans des niches ; une frise et des corniches surmontent les portes et l'ensemble ; enfin, les voûtes intérieures s'ornent souvent de caissons décorés (escalier Henri II au Louvre).

Le 16e s. avec la Ligue, les guerres de Religion et le siège de la ville par Henri de Navarre, n'a ralenti ni la multiplication des édifices civils et religieux, ni l'extension de Paris. Charles IX et Louis XIII font élargir vers l'Ouest l'enceinte de Philippe Auguste. La rive droite bénéficie de ce dynamisme urbain.

Le classicisme de Louis XIV à Louis XVI

Le 17e s., dit le « Grand Siècle », transforme la physionomie architecturale de Paris avec l'essor de l'art classique dans lequel l'influence de l'Antiquité prédomine. En 1671 est fondée l'Académie d'architecture. L'affirmation de la monarchie absolue conduit à une unité dans les règles de l'art. Elles se doivent d'allier religion et antiquité, menant à son apogée l'art classique.

L'architecture religieuse s'inspire des églises romaines : colonnes, frontons et statues se disputent une place dans l'édifice. L'adoption à St-Paul-St-Louis du style jésuite de la Contre-Réforme fait fortune : Paris se couvre d'une multitude de coupoles. Lemercier élève celles de la Sorbonne et du Val-de-Grâce (achevée par Le Muet). Les somptueuses créations qui embellissent la capitale sous Louis XIV témoignent de la domination et de l'assimilation progressive des dômes par les architectes du Roi-Soleil. Hardouin-Mansart édifie les Invalides et l'église St-Roch, tandis que Libéral Bruant lance les travaux de la Salpêtrière, que Le Vau se consacre à St-Louis-en-l'Île et Soufflot à Ste-Geneviève (reconvertie en Panthéon).

Les édifices civils sont marqués par la symétrie classique et la simplicité des lignes. La place des Vosges, la place Dauphine, l'hôpital St-Louis représentent le style Louis XIII, avec ses alternances de pierre et de brique, tandis que Salomon de Brosse mêle les éléments français et italiens au palais du Luxembourg pour Marie de Médicis : lui aussi met en pratique le grand traité d'architecture du romain Vitruve. Androuet Du Cerceau, Mansart, Delamair et Le Muet créent dans le Marais le type de l'hôtel à la française, de dimensions plus réduites qu'auparavant et toujours associé à un jardin.

Entre 1650 et 1750, l'apogée de l'architecture classique est atteint par les majestueuses constructions de Perrault (colonnade du Louvre),

S. Sauvignier/MICHELIN

Exemple du style Louis XIII,
l'hôtel de Sully dans le Marais.

S. Sauvignier/MICHELIN

Le Vau (Institut) et Gabriel (Concorde, École militaire). À la fin du 17ᵉ s., l'originalité est de mise en opposition à l'académisme. Cependant, le style rococo (décoration de l'hôtel de Soubise) ne fait guère fortune à Paris : la simplicité antique du style Louis XVI est présente avec le palais de la Légion d'honneur et les pavillons de l'enceinte des Fermiers-Généraux, par Ledoux. Le style monumental tente de réapparaître dans l'édifice de Soufflot (le Panthéon).

Les Mansart – François Mansart (1598-1666) inscrit à son actif les monuments du Val-de-Grâce, l'hôtel de La Vrillière (Banque de France), la façade de l'hôtel Carnavalet. Son neveu, Jules Hardouin-Mansart (1646-1708), édifie le dôme des Invalides, les places Vendôme et des Victoires et l'hôtel Conti. En 1699, Louis XIV le nomme surintendant des Bâtiments, Arts et Manufactures.

Du nom de cette famille est issu le mot « mansarde » que François, sans en être le créateur, généralisa : il désigne une pièce située sous les toits et disposant d'une fenêtre qui crée une avancée dans la charpente.

L'urbanisme – Paris s'habille de somptueux monuments et d'axes de circulation. Rives droite et gauche rivalisent (la liste n'est pas exhaustive) : la première reçoit le Palais-Cardinal de l'architecte Jacques Lemercier, ainsi que le cours de la Reine (Champs-Élysées) et la place Royale, modèle de symétrie caractéristique de l'art classique. L'île St-Louis abrite l'hôtel Lambert édifié par Louis Le Vau (1612-1670). Ce dernier bâtit encore sur la rive gauche l'église St-Sulpice et celle du collège des Quatre-Nations (aujourd'hui Institut de France). La manufacture des Gobelins et l'Observatoire datent de la fin du 17ᵉ s. Tous ces grands monuments s'inscrivent dans le paysage urbain tout en le modifiant. Au cours du « Grand Siècle », Paris est en travaux.

Cette frénésie de construction se poursuit au 18ᵉ s. : des galeries du jardin du Palais-Royal à l'hôtel des Monnaies, du palais de l'Élysée au Palais-Bourbon, du théâtre de l'Odéon au palais de Bagatelle, Paris s'enrichit d'un nombre impressionnant d'édifices. Seule la Révolution y met fin. La ville se partage alors entre ses quartiers « chics » et ses quartiers populaires. Ces derniers se situent à l'Ouest du Marais et sont construits sans plans préétablis, offrant avec leurs petites rues tortueuses le charme du Paris d'aujourd'hui (Quartier latin, quartier St-Merri).

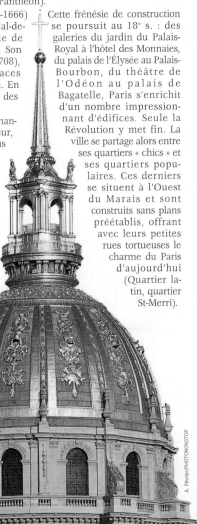

Régulièrement restauré, le dôme des Invalides a toujours gardé son éclat.

A. Février/PHOTONONSTOP

T. Pupkewitz/RAPHO

Sous la responsabilité du préfet de police, la sûreté et la propreté de la ville s'améliorent avec l'installation de lanternes allumées jusqu'à minuit. Un service de voirie (ancêtre des cantonniers) est créé, ainsi qu'un service de pompiers. La circulation se trouve facilitée par les premiers boulevards qui ceinturent la capitale. Le réaménagement des quais et la construction de ponts permettent le développement de la circulation fluviale et assurent un ravitaillement quotidien de la ville. Enfin, Paris instaure à cette époque les noms de rues et leur numérotation. Le n° 1 est celui de la maison la plus proche de la Seine.

L'époque triomphale du 19ᵉ s. : les tendances nouvelles

L'année 1789 est marquée par le saccage des édifices religieux, le morcellement des grandes demeures et un net ralentissement des constructions. Sous l'Empire, Paris doit faire face à des problèmes d'urbanisme importants, des difficultés de densité et de ravitaillement. Si Napoléon Iᵉʳ, pour faire de Paris une capitale digne de son Empire, poursuit la construction du Louvre et fait édifier les arcs de triomphe du Carrousel et de l'Étoile, la colonne Vendôme et l'église de la Madeleine, c'est sous Napoléon III que Paris connaît sa plus grande et importante transformation.

Tout d'abord, la grande industrie, le chemin de fer, l'essor économique favorisent la croissance des villages de Montrouge, Vaugirard, Auteuil, Passy, Montmartre et Belleville que Thiers fait cerner (1841-1845) d'une nouvelle enceinte. De ces 7 800 ha, de la création de 20 arrondissements et du prodigieux travail du préfet Haussmann naît le Paris moderne.

Pour le Second Empire qui souhaite une capitale répondant aux besoins de l'époque, il s'agit aussi de concurrencer la beauté de Vienne. Haussmann, Baltard, Alphand et Labrouste se font l'écho de ce désir.

Napoléon III, Haussmann et le Paris moderne – Grand créateur en matière d'urbanisme, Haussmann (1809-1891) fut appelé par Napoléon III. Ses projets restructurent Paris : de larges boulevards sont percés, en dégageant d'importants carrefours comme celui de la place de l'Étoile. Ces grands axes ont le mérite de mettre en valeur les monuments qu'ils longent comme l'Opéra Garnier. Haussmann est aussi le précurseur de la politique des espaces verts : les parcs des Buttes-Chaumont, Monceau et Montsouris datent de cette époque.

Haussmann et ses adjoints introduisent la construction métallique à l'église St-Augustin, aux Halles, mais aussi à la gare du Nord. Ces monuments jouent par leurs nombreuses ouvertures et verrières avec la lumière et l'espace. La fameuse tour de Gustave Eiffel couronne ce style. Les Expositions universelles ont été pour Paris des occasions de créations architecturales osées.

Vers la fin du 19ᵉ s., de nouvelles tendances apparaissent. Les architectes de l'Art nouveau, dont Guimard est le principal représentant, se démarquent en effet du style officiel en utilisant un nouveau vocabulaire décoratif conçu à la fois pour le décor des façades, le décor intérieur et le mobilier, dans lequel prévalent les motifs floraux stylisés, l'asymétrie et l'utilisation de certains matériaux comme le verre et la céramique.

Très « haussmannien », très parisien. Immeuble rue Vivienne, 2ᵉ.

D. Thierry/PHOTONONSTOP

Le 20ᵉ siècle

Né sous la Troisième République, le 20ᵉ s. est un tournant pour l'architecture urbaine. Le ciment armé et le béton ont leurs défenseurs et promoteurs : Baudot (St-Jean-de-Montmartre, premier édifice religieux en béton armé), les frères Perret (théâtre des Champs-Élysées). Paris sait également parfois faire preuve d'éclectisme. Au sein d'un même quartier, des styles totalement opposés peuvent se côtoyer : l'Institut d'art et d'archéologie (rue Michelet) avec ses briques et son style mauresque se trouve non loin d'un immeuble carrelé, œuvre de Sauvage (rue Vavin) qui lui est antérieur de 15 ans. La modernisation est à la mode : l'Art déco trouve à s'exprimer également en architecture (palais de Chaillot et de Tokyo). Les dernières fortifications sont rasées en 1919 et les limites définitives de Paris sont fixées entre 1925 et 1930.

L'urbanisme contemporain – Depuis 1945, sous l'influence de Le Corbusier (bien que son œuvre à Paris reste limitée), l'esthétique architecturale connaît un renouvellement avec des formes inédites qui s'insèrent dans le paysage déjà existant : des constructions sur pilotis, des voûtes en voile de grande portée. Ces formes nouvelles s'expriment pleinement dans l'architecture des logements sociaux qui se multiplient depuis les années 1970. Le but est d'intégrer les nouveaux quartiers au Paris traditionnel. Ricardo Bofill utilise des éléments de l'architecture classique pour bâtir ses édifices, tout en recourant aux matériaux modernes que sont le verre et le ciment. Ses Colonnes, place de Catalogne, sont une réussite en la matière (1985). Les logements sociaux avenue de Verzy dans le 17ᵉ arr. étonnent par leur construction en forme de maisons individuelles. Les Grands Magasins et centres commerciaux depuis la Samaritaine en 1928 aux Trois Quartiers (rénové en 1998) font aussi un large appel à l'architecture moderne.

De nos jours, le verre habille la majorité des nouveaux édifices : des tours de La Défense, en passant par l'Institut du Monde arabe, à la Bibliothèque nationale de France (1997) et à la Maison de la culture du Japon (1998). Ces façades de verre permettent des jeux de reflets d'un bâtiment à l'autre. L'utilisation de ce matériau conduit à la réalisation, dans le domaine technique, de véritables prouesses.

L'alliance du passé et du futur – Aujourd'hui, l'art architectural s'élargit, devient urbanisme et paysagisme ; les édifices sont de plus en plus conçus comme les éléments d'un ensemble plus vaste : des quartiers sont remodelés, d'autres créés.

Entre circulation (développement des « axes rouges », des voies réservées aux vélos) et transports (mise en service du métro Météor en 1998), il faut aussi penser aux piétons avec la création de quartiers piétonniers qui sont l'occasion de ravalements de façades et de restau-

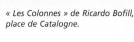

La Défense : un quartier résolument futuriste.

rations de demeures anciennes. Capitale culturelle et sportive, Paris doit aussi se montrer à la hauteur de sa réputation : la Fondation internationale des droits de l'homme dans l'Arche de La Défense, la Bibliothèque nationale de France et le palais omnisports de Bercy ont largement relevé le défi.

Paris, pour mener ces grands projets architecturaux, n'hésite pas à faire appel à des architectes étrangers. La pyramide du Louvre, le plus bel exemple d'alliance de l'ancien et du contemporain, est l'œuvre de Ieoh Ming Pei (américain).

*Vitrail de l'église
St-Étienne-du-Mont.*

La peinture et la sculpture

La peinture et la sculpture sont intimement liées à la vie parisienne. Tout d'abord fidèles alliés des exigences monarchiques, ces deux domaines artistiques ont ensuite trouvé dans le Paris des 19ᵉ et 20ᵉ s. un espace de liberté et de création célébré dans le monde entier.

Au Moyen Âge

Peinture et sculpture y apparaissent dans un cadre religieux, les édifices gothiques étant progressivement décorés (chapelle haute de la Sainte-Chapelle). La peinture s'exprime avant tout sur le verre grâce à l'art du vitrail que le gothique réclame et met magnifiquement en scène : à cet égard les vitraux de la Sainte-Chapelle et la rose de Notre-Dame sont des chefs-d'œuvre de technique et de dessin. Les couleurs se multiplient et deviennent de plus en plus lumineuses. Les peintures du Moyen Âge saisissent par leur réalisme : les visages sont expressifs, les vêtements minutieusement détaillés. Les maîtres de cette époque ont reçu le nom de « primitifs ».

La sculpture gothique est également florissante. Réalisme et sens dramatique s'associent afin de transformer un art encore décoratif en un véritable art. Les églises se couvrent de statues : la balustrade de Notre-Dame de Paris et le pourtour de son chœur sont ornés d'une succession de petites sculptures. Le portail du Jugement dernier marque le passage à un style plus sobre qui s'impose au 13ᵉ s. comme le style gothique français.

- **8ᵉ s.** – Essor des écoles de peinture sur verre dans l'île de la Cité.
- **12ᵉ s.** – Achèvement des vitraux de la Sainte-Chapelle.

La Renaissance

Au début du 14ᵉ s., les écoles parisiennes optent pour un style toujours réaliste mais assagi. Les expressions sont plus délicates et l'importance des détails mène à un style maniériste accentuant les expressions des visages. De plus, la peinture évolue et adopte des thèmes nouveaux : la mythologie, le portrait ; les thèmes humanistes s'imposent avec l'antique comme idéal. Si l'influence de l'art italien est omniprésente dans la peinture française, la sculpture conserve un cachet qui lui est propre et les influences étrangères n'y sont acceptées qu'à titre accessoire.

L'art du vitrail est à son apogée. Jean Cousin le Jeune (1522-1594) approfondit les techniques de couleurs. *Le Jugement de Salomon* et *L'Histoire de la Vierge* à St-Gervais, *L'Histoire de Saint-Joseph* en l'église St-Merri transforment les vitraux en tableaux. Mais ses successeurs, en s'inspirant de la grisaille des œuvres d'Albrecht Dürer, conduisent cet art à la décadence.

Jean Goujon (1510-1568), maître français de la statuaire au 16ᵉ s., ne rejette pas le maniérisme italien, mais le fond dans son idéal de la nature. Ses œuvres allient la grâce et l'élégance malgré la complexité de leur composition. S'intégrant au cadre architectural, elles donnent une première idée du classicisme français. *Les Cariatides* (Louvre), ainsi que les bas-reliefs de la *fontaine des Innocents* (1547-1549) sont ses deux plus grands chefs-d'œuvre.

Le 17ᵉ siècle

L'influence italienne perdure dans la peinture au début du 17ᵉ s. Les œuvres ont surtout pour but de décorer les palais royaux comme le Louvre et le Luxembourg. La sculpture adopte aussi le style italien et devient strictement décorative : elle sert essentiellement à orner les niches et les dessus de portails.

Le Grand Siècle renouvelle cependant l'art français dans la seconde moitié du 17ᵉ s. : l'art monarchique dit classique s'impose sous la protection du roi. Malgré la concurrence de Versailles, Paris en est le grand bénéficiaire. Désormais, la pein-

S. Sauvignier/MICHELIN

ture et la sculpture ont pour but la glorification de la monarchie française, laquelle enrichit sa « grant ville » de somptueux monuments que décorent les meilleurs sculpteurs de la Cour : Girardon (tombeau de Richelieu), Coysevox (jardin des Tuileries), Coustou (chevaux de Marly).

● **1648** – Fondation de l'Académie de peinture et de sculpture qui devient l'école artistique française par excellence jusqu'en 1793. Parmi ses fondateurs se trouvent Le Brun et Le Sueur. Sans doute son dynamisme vient de la querelle entre corporatistes et indépendants. Les premiers sont représentés par Vouet, les seconds par Le Brun.

● **Années 1650** – Réconciliation des deux camps sous la protection de Colbert qui donne aux académiciens leurs premiers statuts. L'Académie a pour charge de fixer la doctrine artistique et de former les jeunes talents.

Pierre Mignard (1612-1695), successeur de Le Brun au poste de Premier peintre du roi, réalise la transition du 17ᵉ au 18ᵉ s. Ses petits tableaux imités de Raphaël prendront le nom de « mignardes ». En introduisant encore plus de légèreté, d'élégance et de réalisme dans ses compositions, il est à l'origine d'une querelle entre les « poussinistes » et les « rubenistes » à l'image de la querelle littéraire des Anciens et des Modernes. Les peintres « modernes » remettent ainsi à l'honneur le naturel (compositions paysagistes des frères Le Nain) et refusent la sobriété de l'académisme. Paris cède progressivement à un style qui était jusque-là réservé à la province.

Entre baroque et classicisme

La peinture française du 18ᵉ s. se définit par une surcharge qui enjolive les thèmes des tableaux religieux (Boucher, *Scène pastorale*, Louvre) et par l'humanisation de la mythologie. Ce style français maniériste donne le coup d'envoi au genre de la « fête galante » représenté par Watteau (1684-1721) dans Le *Pèlerinage à l'île de Cythère* (1717, Louvre). Les coloris clairs se retrouvent aussi dans la peinture décorative de J.-F. de Troy (1679-1752), telle L'*Histoire d'Esther* (1739, Louvre). Les portraitistes comme La Tour (*Portrait de la marquise de Pompadour*, 1752-1755, Louvre) préfèrent la technique du pastel. Chardin (1699-1779), grand maître de l'école française, se consacre aux scènes de genre, natures mortes et portraits. La délicatesse des paysages de Boucher ouvre l'époque du préromantisme.

La fin du 18ᵉ s. hésite entre le préromantisme de Fragonard (1732-1806) et le néo-classicisme, dont le grand représentant est David et son *Serment des Horaces* (Louvre). En sculpture, les œuvres monumentales sont aussi nombreuses qu'au Grand Siècle : Robert Le Lorrain (*Les Chevaux du soleil*, hôtel de Rohan), Bouchardon (fontaine des Quatre-Saisons), Pigalle (bénitiers de St-Sulpice).

Les 19ᵉ et 20ᵉ siècles

À l'image des changements politiques, la peinture et la sculpture réagissent violemment aux grands courants d'alors. Les couleurs vives et la fantaisie sont mises à l'honneur. Géricault (1791-1824) donne naissance au romantisme : Le *Radeau de la Méduse* (1819, Louvre) est en totale opposition avec le style classique par la hardiesse de la composition et le dynamisme qu'elle procure, par les expressions saisissantes des personnages ; Delacroix sera son digne héritier dans cette voie. Les

« La Renommée », un des chevaux de Marly,
place de la Concorde (original est au Louvre).

Salons officiels sont le lieu des luttes entre les deux grands courants : l'un préconise la supériorité du dessin, l'autre celle de la couleur. Ingres (1780-1867), qui s'inspire de l'antique, perd la « bataille » au Salon de 1827, en exposant *L'Apothéose d'Homère*. Ce retour à l'académisme est cependant à nouveau accepté au Salon de 1863.

Manet organise alors en réaction le « groupe de 1863 » qui réunit tous les peintres refusés au Salon : Fantin-Latour (1836-1904) et Manet illustrent les plaisirs de la vie quotidienne, mais leur représentation de la femme fait parfois scandale (*Olympia*, 1863, Orsay). Ce sont les précurseurs de l'impressionnisme au même titre que Courbet avant eux lorsqu'il exposait au pavillon du Réalisme.

De l'impressionnisme à l'expressionnisme – L'impressionnisme reprend les préceptes réalistes (œuvre d'après nature) mais, grâce à une palette chromatique, il ajoute au tableau une puissante luminosité. Les peintres impressionnistes font aussi appel à l'art du dessin. Les esquisses de danseuses de Degas montrent des traits fermes. Ces peintres ont surtout un goût prononcé pour les paysages (Monet, *Le Pont d'Argenteuil*, 1834, Orsay). Puis Cézanne (1839-1906) et Pissarro (1830-1903) mêlent personnages et paysages ou scènes d'intérieur (Cézanne, *Les Joueurs de cartes*, vers 1890-1895, Orsay).

Le succès du courant ouvre de nouvelles voies : Seurat crée l'« impressionnisme scientifique » dans lequel les personnages sont placés selon un équilibre subtil ; la juxtaposition systématique des couleurs primaires et de leurs complémentaires donne le style pointilliste. Sous le pinceau de Puvis de Chavannes (1824-1898), la nature devient symbole. Gauguin (1848-1903) et Van Gogh (1853-1890) proposent une autre réaction à l'impressionnisme : sans rompre avec lui, ils s'attachent davantage à l'intensité de l'expression soutenue par des couleurs vives. Le courant expressionniste s'associe aux difficultés sociales du début du 20e s. avec Rouault et Soutine.

Du fauvisme au cubisme – Le fauvisme est un nouveau mouvement moderniste du début du 20e s. qui peint les sentiments ressentis devant une scène ; les fauves n'ont plus rien de commun avec les réalistes et les symbolistes. Leur palette de couleurs et les formes représentées sont souvent agressives, ce qui provoque le scandale au Salon d'automne de 1905. Vlaminck, Matisse et Derain sont les grands maîtres de ce mouvement qui prône la liberté ; ils s'affranchissent de toutes contraintes et conventions jusque dans leur vie quotidienne : réunis sur la butte Montmartre, au Bateau-Lavoir, ils mènent une vie de bohème.

« Le pont Royal et le pavillon de Flore », Pissarro.

P. Pierrain/ Photothèque des Musées de la Ville de Paris

Cependant, Matisse réfrène cette exagération : l'importance donnée à la couleur ne doit pas faire négliger les formes, même primitives, ni la composition ; il s'agit de réintroduire de la rigueur et des contraintes. Picasso révèle cette tendance dans *Les Demoiselles d'Avignon*. Braque l'applique au paysage. Mais, face à cette discipline, certains préfèrent l'élan créateur. Modigliani, Soutine, Chagall, Zadkine et Léger s'installent à Montparnasse : dans les ateliers de la Ruche, ils laissent libre cours à leurs états d'âme, relançant l'expressionnisme. C'est l'âge d'or de l'école de Paris qui ne prend fin qu'avec la Seconde Guerre mondiale et fait place au surréalisme.

Ph. Joffre/Photothèque des Musées de la Ville de Paris

D. Thierry/PHOTONONSTOP

Sculpture – Le Second Empire et la Troisième République ont lentement donné au Paris traditionnel l'image d'un « musée de plein air ». Carpeaux (fontaine de l'Observatoire) et Rude (statue de Ney, *La Marseillaise* sur l'Arc de Triomphe) précèdent les grands maîtres de la fin du 19e s. ou de l'entre-deux-guerres dont plusieurs œuvres ornent aujourd'hui la voie publique : Rodin (dont l'œuvre reste aux confins du naturalisme, du romantisme, de l'impressionnisme et de l'Art nouveau – *Balzac, Groupe de Victor Hugo, L'Âge d'airain*), Dalou (place de la Nation), Bourdelle (palais de Tokyo, théâtre des Champs-Élysées), Maillol (jardins des Tuileries), Landowski (Ste-Geneviève au pont de la Tournelle, animaux de la porte de St-Cloud). L'Art nouveau est représenté par les dizaines de bouches de métro créées vers 1900 par Guimard.

La sculpture abstraite elle-même a gagné droit de cité à Paris : mobile de Calder à l'Unesco et à La Défense, où l'ont suivi des sculptures d'Agam, de Philolaos et de Louis Leygue. Pour renouer avec la tradition du 19e s., des sculptures ont fait leur apparition dans les rues et les jardins : hommes célèbres (Georges Pompidou, Jean Moulin, Arthur Rimbaud), œuvres symbolistes ou encore sculptures-fontaines (fontaine Stravinski à Beaubourg).

Paris en peinture

Paris comme thème ou toile de fond est absent de la peinture jusqu'aux guerres de Religion. Puis Jacques Callot (1592-1635) dans ses gravures et des paysagistes hollandais (De Verwer, Zeeman) font de Paris un thème sous Henri IV et Louis XIII : la

lumière et l'atmosphère des bords de Seine les fascinent. Au 17e s., leurs successeurs lui préfèrent le Pont-Neuf ou le Louvre, où bat le cœur de la capitale. La campagne des Invalides ou de l'Observatoire n'est pas non plus dédaignée. Il faut pourtant attendre les impressionnistes et leur préférence pour la peinture en plein air à la fin du 19e s. pour que le paysage urbain de Paris connaisse sa grande vogue. Corot se partage entre les quais de la Seine et Ville-d'Avray. À sa suite, Lépine, Monet (*St-Germain-l'Auxerrois, Gare St-Lazare*), Renoir (*Moulin de la Galette, Moulin Rouge*), Sisley (*Île St-Louis*), Pissarro (*Le Pont-Neuf*), goûtent les effets de lumière autant que la grisaille quotidienne. Paris représente une part importante dans l'œuvre de Lebourg (*Notre-Dame*) et Seurat (*La Tour Eiffel*), mais aussi Gauguin, Cézanne et Van Gogh (vues de Montmartre). Toulouse-Lautrec, d'esprit très parisien, s'intéresse moins aux sites qu'aux cabarets et aux bas-fonds qu'il fréquente. Parmi les Nabis, Vuillard suggère avec poésie l'intimité des squares, des jardins et des places. Au début du 20e s., les vrais peintres de Paris sont les fauves Marquet et Utrillo, amoureux des quartiers déshérités. Les vues de la capitale des peintres naïfs témoignent d'un art populaire sensible, imaginatif et coloré.

Enfin, parmi les contemporains, Balthus (Paris de l'entre-deux-guerres), Yves Brayer et Bernard Buffet ont porté un regard neuf sur les sites parisiens.

© Adagp, Paris 2004

« La Tour Eiffel », selon R. Delaunay.

Paris et la littérature

Paris, patrie des lettres. Si son histoire débute avec l'essor de l'université, le Siècle des lumières procure à la ville son prestige intellectuel et culturel. Paris et la littérature française ont une histoire commune.

De nombreux écrivains y sont nés et ont célébré la ville dans leurs œuvres. Grâce à eux, Paris occupe une place majeure dans la littérature.

Au fil des siècles

Le Moyen Âge et la Renaissance

- **12ᵉ-13ᵉ s.** – Développement intellectuel de Paris avec la fondation de l'université, longtemps la seule de la France du Nord, et l'adoption du dialecte parisien comme langue officielle de la Cour : Paris devient un lieu littéraire.
- **15ᵉ-16ᵉ s.** – Les écrivains et leurs héros « montent » à Paris, les premiers pour écrire, les seconds pour étudier. Rabelais, s'il critique le caractère parisien, envoie néanmoins Gargantua et Pantagruel étudier en Sorbonne.
- **1530** – Fondation du Collège des lecteurs royaux, devenu le Collège de France, par François Iᵉʳ et Guillaume Budé : Ronsard et toute la Pléiade y étudient le grec. À mesure que la ville s'affirme comme capitale du royaume, les écrivains adoptent Paris comme seconde patrie. Ainsi, le Collège de France voit naître le mouvement humaniste qui connaît rapidement un développement européen.

Le Grand Siècle

La ville royale d'Henri IV et Louis XIII, livrée aux travaux d'embellissement et aux désordres de la Fronde, accueille cependant les beaux esprits qui s'adonnent à des conversations de bon goût littéraire.

Après avoir été le centre de l'humanisme au 16ᵉ s., Paris donne, au 17ᵉ s., un élan majeur au classicisme parallèlement à l'affirmation de la monarchie absolue. À l'exemple de François Iᵉʳ, Louis XIV se fait le protecteur des lettres, mais un protecteur hors du commun : les auteurs peuvent s'échapper du discours conventionnel afin de railler la société de leur époque. Molière en est, sans aucun doute, le meilleur exemple.

- **1630-1645** – Apogée du salon littéraire dit la « Chambre bleue » de l'hôtel de Rambouillet.

- **1634-1635** – Fondation de l'Académie française par Richelieu : Paris devient le grand foyer littéraire français.
- **1636** – Condamnation du *Cid* de Corneille par l'Académie.
- **Après 1661** – Sous le gouvernement de Louis XIV, la vogue du salon littéraire s'estompe face à l'attrait de la Cour où l'ordre et la discipline classique triomphent.
- **1678-1694** – Querelle des Anciens et des Modernes.
- **1680** – Formation de la Comédie-Française sous le patronage du roi.

Bibliothèque Nationale de Paris

Paul Fort à la Closerie des Lilas, vers 1920.

Le Procope, le café des beaux esprits.

LE PROCOPE
Fondé en 1664 par le Sicilien Procopio Dei Coltelli, ce café connaît une vogue célèbre aux 18e et 19e s. dans la vie littéraire et philosophique : les beaux esprits s'y donnent rendez-vous. La Fontaine, Voltaire et les encyclopédistes se sont assis à ses tables. Musset, George Sand et Verlaine font de même un peu plus tard.

La renaissance des salons : le 18e s.

Louis XV et Louis XVI s'intéressent peu aux lettres. Les rues de Paris reprennent alors le flambeau littéraire dans les cafés et les salons philosophiques, où naissent et circulent les idées nouvelles. Prenant le relais de l'autorité royale, ce sont désormais eux qui font et défont les auteurs français.

● **1710-1735** – Salon de Mme de Lambert avec La Motte, Marivaux, Montesquieu.
● **1726-1749** – Fontenelle, Marivaux, Montesquieu et l'abbé Prévost se réunissent dans le salon de Mme Tenan.
La marquise du Deffand accueille dans son salon Fontenelle, Marivaux, Voltaire, Montesquieu, Diderot et Sainte-Beuve.
● **Années 1780** – Salon de Mme Necker, où sa fille – future Mme de Staël – aiguise son esprit.

Du 19e s. à nos jours

La Révolution française apporte un souffle nouveau à la littérature : elle n'est plus réservée à une couche somme toute restreinte de la population. Se faisant l'écho des mouvements politiques et sociaux qui agitent la France (et en tout premier lieu Paris), la littérature se « popularise » dans ses thèmes et ses lecteurs. À travers de grands courants littéraires – réalisme, romantisme, symbolisme, naturalisme, surréalisme – les écrivains s'engagent dans les débats politiques et sociaux de leur temps.

Aux 19e et 20e s., si Paris n'est peut-être plus autant qu'auparavant le lieu de résidence des écrivains, la capitale est toujours leur lieu de consécration (Rimbaud en fit la dure expérience). Il en est de même avec le théâtre : les salles parisiennes décident de l'avenir d'un auteur. Âme du « théâtre de Boulevard », le **vaudeville** est l'héritier des farces dialoguées et chantées sur les tréteaux des grandes foires de St-Germain et de St-Laurent, des tableaux licencieux et du pastiche du répertoire des grandes scènes. Des vaudevilles « sérieux » sont écrits par des auteurs de talent. Les opérettes et les revues apparaissent à partir du Second Empire. Le drame est un autre ressort du théâtre de boulevard.

Les grands quartiers littéraires de Paris

Les centres de la littérature se sont régulièrement déplacés dans la capitale. Les salons de ces dames des 16e et 17e s. se situent dans les quartiers aisés de Paris, comme la plaine Monceau. L'effervescence littéraire glisse progressivement d'abord vers les Batignolles, où Mallarmé, Verlaine et Rimbaud résident, puis vers Montmartre (Gérard de Nerval), pour ensuite « descendre » dans le quartier du Marais (Victor Hugo), avant de s'établir à Saint-Sulpice (Huysmans). Si la Closerie des Lilas à Montparnasse détrône tous les autres lieux au début du 20e s., le pouvoir attractif de St-Germain-des-Prés est plus fort : Sartre, Simone de Beauvoir, des poètes comme Boris Vian et Prévert s'y réunissent en compagnie de jazzmen tels que Sidney Bechet. Aujourd'hui, les grands prix littéraires – les prix Goncourt, Fémina, Médicis, Renaudot – y sont décernés. Le Quartier latin détient, quant à lui, une place à part, auréolé de la présence de la Sorbonne et de toutes les grandes maisons d'édition. Chaque quartier de Paris (les plaques commémoratives sur les immeubles le rappellent aux passants) est marqué par la présence d'un écrivain, imprégné par son passage.

Paris dans la littérature

Paris est un thème récurrent dans la littérature depuis le Moyen Âge : sa richesse foisonnante offre de nombreux sujets ; les écrivains n'ont eu de cesse d'en saisir l'esprit, l'atmosphère, de dévoiler l'énigme, le mythe de cette capitale qui fait la France.

Les mystères mettent en scène le petit peuple parisien, tandis que les complaintes de Rutebeuf et les poèmes de Villon animent le Paris truculent des mauvais garçons. À la Renaissance, Montaigne lui fait une brûlante déclaration d'amour ; de son côté, Agrippa d'Aubigné témoigne des conflits religieux qui mettent Paris à feu et à sang.

Le Grand Siècle se partage entre les éloges rhétoriques prononcés par les cercles précieux et la critique : St-Amant, Mme de Sévigné dans ses lettres, décrivent un Paris ridicule cependant que les *Embarras de Paris* de Boileau font de la capitale un lieu burlesque.

Au 18e s., si Voltaire est l'écrivain parisien par excellence, ironique et léger, le provincial Rousseau sur un mode répulsif et fasciné ne cache pas son mépris pour ce lieu « de bruit, de fumée et de boue ». L'attachement des auteurs à la vie quotidienne de Paris est cependant le plus fort : les œuvres des encyclopédistes sont inséparables du Paris des Lumières.

L'attrait de la capitale se développe au 19e s. : les héros provinciaux des deux plus grands romanciers de Paris – Hugo et Balzac – sont tentés par la vie parisienne ;

X. Gasselin/PHRANCE 2.

*Le salon littéraire
de Bernard Pivot.*

le temps de lire

*Prenez le « Temps
de lire »...*

Lucien de Rubempré y perdra la vie, dans *Les Illusions
perdues*. Telle qu'il apparaît dans *La Comédie humaine* ou
dans *Les Misérables*, Paris est une véritable personne,
avec son caractère propre, ses maladies, tour à tour
monstre et merveille, égout et cathédrale. Julien Sorel
dans *Le Rouge et le Noir* de Stendhal, le notaire Léon dans
Madame Bovary de Flaubert préfèrent fuir le monde
parisien ; certains romans de Zola dépeignent des
milieux ou des quartiers de Paris qui font de cette ville une prison. Paris offre, dans
la littérature, une double image : un Paris riche, fastueux, prestigieux et un Paris
« populaire », où le vice est roi.

Les vrais hommes de lettres parisiens hésitent entre l'une ou l'autre image : Dumas
fils, Musset en dandy, Eugène Sue et ses *Mystères de Paris*, Murger et ses *Scènes de
la vie de bohème*, Nerval, qui s'y suicide...

Dans le Paris bouleversé d'Haussmann, Baudelaire et les poètes parnassiens et
symbolistes transportent leurs états d'âme contradictoires et leurs images funèbres.
À l'orée du 20e s., d'autres **poètes** prennent le relais, unissant souvent la musique
et l'écriture. Les poètes Max Jacob et Léon-Paul Fargue *(Le Piéton de Paris)* évoquent
Montparnasse.

Les **romanciers** plantent leur décor à Paris encore : Colette et Cocteau choisissent
le Palais-Royal, Simenon le quai des Orfèvres, Céline le passage Choiseul près de
la place des Victoires. Marcel Aymé se lie à Montmartre. Pour un surréaliste tel
Aragon *(Le Paysan de Paris)*, pour un Américain comme Hemingway, Paris reste à
découvrir, aussi bien dans son activité politique (« Paris qui n'est Paris qu'arrachant
ses pavés », Aragon) que dans l'atmosphère de fêtes qui y prédomine. À la fin du
20e s., ces descriptions « romantiques » du peuple parisien s'estompent. La dernière
grande fresque parisienne – après *Notre-Dame de Paris* de Victor Hugo – est celle
de Jean Diwo (1987) : elle retrace la riche histoire sociale et politique du quartier
St-Antoine du 15e s. à nos jours *(Les Dames du Faubourg, Le Lit d'acajou* et *Le Génie
de la Bastille)*.

Bouquinistes sur les quais.

La musique

Paris : un grand orchestre dont la musique est enchanteresse. Cet art, héritier d'une longue tradition, emplit encore aujourd'hui les rues de la capitale. Paris est à la fois thème et cadre d'œuvres musicales.

L'hélicon : héros des défilés militaires.

Au Moyen Âge

● **Fin du 12ᵉ s** – Création de l'école polyphonique de Notre-Dame avec pour maîtres Léonin et Perotin : leurs œuvres sont l'expression raffinée de la foi médiévale.

● **13ᵉ-14ᵉ s.** – Messes de Machaut (v. 1300-1377) et motets de Dufay, contrapontiste : les œuvres musicales se composent de plusieurs parties. Fondation de la Confrérie de Saint-Julien des ménétriers de Paris (musiciens instrumentistes).

● **Sous François Iᵉʳ** – Naissance de l'imprimerie musicale française à Paris, illustrée par les chansons descriptives de Janequin *(Les Cris de Paris).*

● **1571** – Fondation de l'Académie de musique et de poésie par Baïf qui cherche, sur des poèmes de la Pléiade, à ressusciter l'harmonie antique du vers et du rythme.

La Renaissance

Les premières chansons parisiennes sont publiées : la musique devient populaire ; elle se crée et évolue au gré des fêtes seigneuriales.

La Cour du Louvre est le lieu par excellence de cet art noble et galant que sont la musique de la chambre royale et la musique de la chapelle royale.

L'apogée musicale au 17ᵉ s.

À l'image de la littérature, la musique connaît un renouveau sous l'impulsion royale. Les grands opéras étrangers sont représentés à Paris : en 1643, le *Mariage d'Orphée et d'Eurydice* de Luigi Rossi. L'opéra italien reçoit un franc accueil grâce à Mazarin. La Cour est au centre de ce dynamisme. Pierre Perrin (1620-1675) devient en 1670 le premier directeur de l'Académie des opéras à Paris.

Compositeur florentin, **Lully** (1632-1687) s'installe à Paris et devient responsable de la musique de Cour de Louis XIV. Nommé directeur de l'Académie de musique en 1672, créateur d'opéras et de ballets, il est la grande figure musicale parisienne de la seconde moitié du 17ᵉ s. ; il domine tous les genres. En 1655 débutent les représentations de ses ballets au Louvre : *Ballet des Bienvenus, Ballet de la naissance de Vénus.* En 1661, Lully collabore avec Molière, créant ainsi le genre du ballet-comédie : *Les Fâcheux, Le Sicilien, Le Bourgeois gentilhomme.* La musique religieuse n'est pas absente de son répertoire : en 1677 est donnée la première audition de son *Te Deum.* Il amène la floraison de la musique sacrée à Notre-Dame avec Campra et à Notre-Dame-des-Victoires. La famille Couperin est reine en l'église de St-Gervais et à la Sainte-Chapelle ; Charpentier à St-Paul-St-Louis.

Les nouvelles formes d'opéras au 18ᵉ s.

Après le siècle prestigieux que fut celui de Louis XIV pour l'opéra, la musique se « popularise » avec la musique de salons et lors des foires de St-Germain et de St-Laurent, bien que **Jean-Philippe Rameau** (1683-1764) reprenne le flambeau de Lully, mais en accentuant le rôle de l'orchestre. Ses opéras-ballets – *Les Indes galantes* –, ses tragédies lyriques – *Castor et Pollux, Dardanus* –, ses comédies lyriques – *Platée* – donnent naissance à un style français. S'éloignant de l'inspiration italienne sans la renier, Rameau provoque la querelle des Bouffons.

L'art musical envahit les salons parisiens des 17ᵉ et 18ᵉ s. Madame de Rambouillet associe les plaisirs de la discussion à ceux de la musique. Cette ferveur musicale de la noblesse sera nommée quelques années plus tard les « concerts des Amateurs ». En même temps, l'Académie royale de musique soutient la création de concerts spirituels, joués à l'Opéra les jours de fêtes religieuses. Le « concert spirituel » dit aussi « des Tuileries » est à l'origine d'un renouveau instrumental et met à l'honneur le chant. Son influence s'estompe avec l'époque révolutionnaire.

Les querelles musicales – La première, dite des Bouffons (du nom d'une troupe italienne produite à Paris en 1752), est une polémique entre les opéras français et italien : en vivifiant la symphonie et l'opéra, Rameau se heurte à l'opposition des encyclopédistes. Les principaux meneurs de cette querelle sont Diderot (*Le Neveu de Rameau*) et Jean-Jacques Rousseau avec *Le Devin du village* et sa *Lettre sur la musique française*. Ce dernier énumère tous les grands défauts de l'art musical français, dont Lully est encore la grande figure. Cette première querelle s'achève avec le départ de la troupe des Bouffons de Paris en 1754.

La seconde querelle s'établit autour de la nouvelle forme d'opéra issue des foires parisiennes : l'opéra-comique. Ce sont deux étrangers venus s'installer à Paris qui en sont à l'origine : Gluck et Piccinni. Le premier ne conçoit l'opéra que par l'intensité dramatique qu'il doit produire. Il réforme l'opéra en réduisant l'action à trois actes ; le clavecin est remplacé par la flûte. *Orphée et Eurydice, Iphigénie en Aulide, Alceste* transforment les principes de la tragédie lyrique française.

Les lendemains de la Révolution et le 19ᵉ s.

La musique parisienne s'associe aux événements politiques et militaires que subit la capitale : la Révolution donne lieu à la rédaction de multiples chansons populaires. La plus connue est sans doute *La Carmagnole*, chanson satirique de 1792. Les poètes et compositeurs se mettent au service des régimes politiques à l'occasion des grandes fêtes patriotiques : « Amis, rassurez-vous : les rois n'auront qu'un temps. Paris sera toujours le tombeau des tyrans » (1793). Les chansons et la musique militaire connaissent aussi un fort essor et rythment la marche des soldats. La ville devient, au 19ᵉ s., la capitale internationale de la musique, attirant les plus grands maîtres de ce siècle. La France ne connaît cependant pas de révolution dans ce domaine et la musique évolue progressivement vers le romantisme. Paris est le grand lieu de l'opéra, comique ou non, plutôt grâce aux artistes étrangers qui

L'accordéon : roi des bals populaires.

J. M. Armani/RAPHO

viennent s'y produire qu'à ses propres compositeurs. Berlioz introduit en France la musique descriptive cependant que Gounod renouvelle l'opéra lyrique.

● **1795** – Fondation du conservatoire de musique de Paris que dirigent successivement Cherubini, Auber, Ambroise Thomas.

● **1801** – Le théâtre de Feydeau et le théâtre de Favart forment l'Opéra-Comique de Paris.

● **1830** – Création de la *Symphonie fantastique* de Berlioz, manifeste de la jeune école romantique.

● **1866** – Première à Paris de *La Vie parisienne* d'Offenbach.

● **À partir de 1870** – Bizet, Saint-Saëns, Charpentier, Dukas, parisiens de naissance ou d'adoption, font évoluer la composition symphonique et l'opéra. La France est maître dans la musique de ballet qui s'inspire de faits historiques et mythologiques.

Le tournant du 19ᵉ au 20ᵉ s.

Debussy et Ravel sont les deux compositeurs français impressionnistes de la fin du 19ᵉ s. : refusant toute influence étrangère (dont le wagnérisme) pour la musique symphonique, ils lui donnent un caractère national. Debussy excelle à utiliser les accords baroques dans ses *Proses lyriques* et accepte volontiers l'influence russe : en compagnie de Ravel, il participe à l'intense activité des Ballets russes de Diaghilev.

● **1894** – Fondation de la *Schola cantorum* par Charles Bordes, Alexandre Guilmant et Vincent d'Indy.

● **1899** – Première de *La Prise de Troie* de Berlioz à l'Opéra.

● **1902** – Première de *Pelléas et Mélisande* de Debussy à l'Opéra-Comique.

La garde républicaine – La description de la vie musicale à Paris ne serait pas complète sans l'évocation de la garde républicaine. Son orchestre, formé en 1871, est celui de la garde de Paris créée en 1848. Il est à la fois orchestre symphonique, à cordes et d'harmonie ; il comprend 127 musiciens. Ses grandes marches militaires sont des hymnes aux victoires françaises : *Sambre et Meuse, Marche lorraine, La Fille du régiment*. La Garde s'efforce de rappeler aux Parisiens comme aux touristes, lors des grandes cérémonies, l'époque où les soldats défendaient le territoire, entraînés par les chants populaires et militaires.

Le 20ᵉ s.

Lieux populaires héritiers de la « goguette », les cabarets connaissent une grande vogue au début du 20ᵉ s. Les chansonniers s'y produisent dans le quartier de Montmartre que Toulouse-Lautrec immortalise dans ses affiches et lithographies :

● **1885-1899** – Le **Chat Noir** est le lieu de prédilection des chansonniers.

● **1903** – Ouverture du **Lapin Agile**.

Pendant la Première Guerre mondiale se constitue une école parisienne dite néoclassique sous la direction de Nadia Boulanger. Nombre de compositeurs français et étrangers y sont formés. Leur inspirateur est Stravinski, auquel ils associent la musique latine.

Le groupe des Six – Composé de Auric, Durey, Honneger, Milhaud, Poulenc et Tailleferre en janvier 1920, le groupe crée une nouvelle esthétique musicale qui rejette le romantisme et l'impressionnisme ; la musique doit être pure et exige donc un long temps de création. Se réclamant de Satie, ils refusent l'écriture spontanée.

● **1922** – Autour de Cocteau et du Groupe des Six, **Le Bœuf sur le Toit** commence à bâtir sa légende. Son pianiste attitré, Jean Wiener, joue avec les premiers jazzmen venus d'Amérique : c'est le début

J. Moatti/EXPLORER

Ballet de Roland Petit.

Fête de la musique.

d'une longue histoire d'amour entre la musique noire américaine et Paris qui, sous la houlette de personnalités telles que Hugues Panassié ou Boris Vian, accueillit et reconnut Louis Amstrong, Sidney Bechet, Dizzie Gillespie, Duke Ellington et Dexter Gordon entre autres.

Après 1920, Paris continue d'être ouverte aux innovations musicales. Des « ondes Martenot » au groupe de la Jeune-France qui cherche une musique humaniste, de Schaeffer, créateur de la « musique concrète », à Pierre Henry, Boulez, Xénakis et Olivier Messiaen, chacun, avec sa personnalité, apporte une contribution décisive à la musique. La capitale, accueillant favorablement les musiciens étrangers, voit se constituer à partir de 1951 une « École de Paris ».

Compositeur d'une œuvre riche de résonance intérieure, Henri Dutilleux (né en 1916) a délaissé les cadres traditionnels pour réaliser la fusion d'un mystère fascinant avec la clarté d'une écriture. Ses sonates pour piano, ballet (*Le Loup*, 1953), symphonies et pièces pour orchestre comptent parmi les plus importantes œuvres de la seconde moitié du 20e s.

Les orchestres nationaux et de Paris – Paris reste fidèle à ses plus hautes traditions musicales : elle compte de grands orchestres à la renommée internationale. L'Orchestre national de France, l'Orchestre philharmonique de Radio-France et sa Maîtrise (école créée en 1981), l'Ensemble intercontemporain et les chœurs de l'Orchestre de Paris, de l'université de Paris-Sorbonne, les Petits Chanteurs à la Croix de Bois interprètent avec brio les plus grandes œuvres d'un répertoire multiple.

Les organistes de Paris – Ils emplissent les voûtes des églises de délicieuses notes de musique. Nombre d'entre eux ont une réputation internationale. Chaque organiste a son église : Vincent Warnier joue en l'église de St-Étienne-du-Mont tandis que Olivier Latry, Philippe Lefebvre et Jean-Pierre Leguay ont investi Notre-Dame-de-Paris ; Ricardo Miravet exerce à St-Germain-l'Auxerrois. Le Festival d'art sacré (à l'automne) donne une prestigieuse idée de leur art.

Les grands lieux de la musique – L'audace des créateurs va de pair avec la grande qualité des salles de concerts. Si l'Opéra Garnier (inauguré en 1875) ne cesse de connaître des heures de gloire, depuis 1989, le lieu privilégié de l'art lyrique et de la direction d'orchestre est devenu l'Opéra Bastille.

Autre lieu d'exception, le théâtre des Champs-Élysées qui, depuis 1913, perpétue un esprit d'innovation en matière de création musicale, inauguré par son fondateur G. Astruc. Les amateurs d'opérette eurent quant à eux leur temple, de 1928 à 1970, au théâtre du Châtelet. Rebaptisée Théâtre musical de Paris, cette salle est ouverte depuis 1980 aux concerts prestigieux et aux créations d'opéras.

D'autre part, une politique d'avant-garde a permis la création de la Cité de la musique (parc de La Villette), conçue par l'architecte Christian de Portzamparc. Cette dernière rassemble le Conservatoire national supérieur de musique, le musée de la Musique, l'Institut national de pédagogie musicale et une salle de concert.

Reflet d'un état d'esprit amplement tourné vers la musique, le laboratoire par excellence de la musique moderne est l'IRCAM (Institut de recherche et de coordination acoustique et musicale), un des départements du Centre Pompidou. Grâce à la ferveur de Pierre Boulez et à l'utilisation d'une technologie sophistiquée mettant en jeu ordinateurs, laboratoire d'électronique, « chambre anécoïque » et « processeur de sons », l'IRCAM mène des travaux dont le rayonnement est mondial.

Paris en images

À arpenter les rues de Paris, quel artiste n'a pas tenté de capter l'atmosphère de cette ville aux mille facettes ? Qui n'a pas rêvé devant un cliché noir et blanc évoquant le Paris d'autrefois ?

La photographie

L'œil indiscret du photographe est le témoin de la vie quotidienne parisienne ; il immortalise des scènes de rues, des petits métiers parisiens (Eugène Atget en est l'un des initiateurs). Grâce à lui, le Paris d'antan se révèle à nous. Parmi les grands maîtres, certains saisissent la magie de Paris la nuit (Marcel Bovis), d'autres, la spécificité des quartiers tels qu'ils n'existent plus aujourd'hui (Willy Ronis et le village de Belleville-Ménilmontant). Tous archivent le Paris du temps qui passe.

Robert Doisneau (1912-1994) – À l'image de ses pairs, dont Édouard Boubat, Izis ou Brassaï, surnommé le « Toulouse-Lautrec de la photo », Robert Doisneau est l'un des premiers grands photographes de Paris. Ses images allient l'humour et la complicité de l'artiste ; elles sont des bouffées de tendresse. Les scènes insolites sont ses préférées : les concierges, les enfants jouant, les cafés, les marchés, etc. *Le Baiser de l'Hôtel de Ville* est sa photo la plus connue. Tandis que Cartier-Bresson, véritable globe-trotter (et fondateur de l'agence Magnum) a laissé certaines vues de Paris à valeur d'aquarelle, Albert Monnier a été l'un des tout premiers à faire de ses photos d'atmosphère des cartes postales diffusées à des milliers d'exemplaires.

Le cinéma

À la fin du 19e s. et au début du 20e s., Paris permet à l'art cinématographique de se développer : la ville accueille et encourage ces inventeurs. Les arts photographiques et théâtraux sont alors les inspirateurs du 7e Art naissant.

● **1892** – Émile Reynaud ouvre le Théâtre optique au musée Grévin : 12 000 séances en 8 ans accueillent 500 000 spectateurs.

● **28 décembre 1895** – Première projection publique du cinématographe, boulevard des Capucines, sous la houlette des frères Lumière.

● **1896-1897** – Georges Méliès (1861-1938) invente la surimpression. Il présente ses premiers films à scénario.

● **1898** – Création de la firme mondiale Pathé et de ses studios par Charles Pathé. Il crée les premières actualités filmées (*Pathé-Journal*).

● **1900** – Présentation du cinéorama (écran circulaire de Grimoin-Sanson de 100 m de tour) à l'Exposition universelle de Paris.

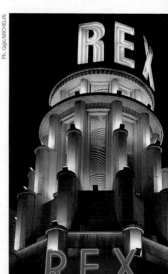

Ph. Gajic/MICHELIN

Le cinéma le Rex sur les Grands Boulevards.

« *La Fontaine Wallace* », R. Doisneau, 1946.

R. Doisneau/RAPHO

Les frères Lumière et le cinématographe – Auguste (1862-1954) et Louis (1864-1948) déposent le brevet du cinématographe le 13 février 1895 : l'appareil projette des vues animées au rythme de 18 images par seconde. La *Sortie des usines Lumière* (tournée en 1894) est un succès : d'abord présentée au siège de la Société d'encouragement de l'industrie nationale en mars 1895, puis à la Sorbonne en avril, des séances publiques et payantes sont proposées au salon indien du Grand-Café (Boulevard des Capucines) en décembre.

Léon Gaumont (1863-1946) poursuit l'œuvre des frères Lumière avec son chronophone : les films acquièrent une sonorisation synchrone. Au début du 20e s., Charles Pathé transforme le cinéma en industrie. Ses studios s'installent 6 rue Francœur à Paris.

L'affiche

L'affiche, c'est le nouvel art de l'image entre la peinture et la photographie : Paris capitale en est le principal initiateur et bénéficiaire.

Les grands maîtres français – Leur but est de dépeindre la vie quotidienne avec ses joies et ses tristesses, de s'allier aux revendications sociales et culturelles des Parisiens. Paul Gavarni (1804-1866) évoque dans un jeu de noir et de blanc les bas-fonds de Paris : les filles de plaisir et la pauvreté. Il « affiche » les *Œuvres choisies* de Balzac. Cet écrivain inspira même les *Petites misères de la vie humaine* de J.-I. Grandville.

Les coups de crayon de Jules Chéret, dans la seconde moitié du 19e s., révolutionnent l'art de l'affiche : il lance le « style ampoulé » ou rococo et met ses sujets en couleurs. Le mouvement et l'animation du sujet priment.

Toulouse-Lautrec (1864-1901) – Lithographe, Toulouse-Lautrec adopte les principes de ses maîtres Jules Chéret et Bonnat, utilisant un trait plus mordant. Délaissant les affiches publicitaires, il préfère

Pères du cinématographe, Auguste et Louis Lumière.

J. Damase/MICHELIN

dépeindre la misère de certains quartiers parisiens. Les cabarets sont ses lieux de prédilection : la figure criarde de la Goulue au Moulin-Rouge est sa grande œuvre. Ses représentations, à la limite de la caricature et du grotesque, ont soulevé nombre de scandales.

Alfons Mucha – Arrivé à Paris en 1887, cet artiste pragois profite de l'épanouissement culturel de la ville dans l'atmosphère des Expositions universelles. Si Toulouse-Lautrec recherche la véracité de ses sujets, Alfons Mucha les insère dans une verve décorative parfois surchargée de motifs figuratifs. Ses projets pour le pavillon de l'Homme en sont un exemple probant. Les deux artistes font la promotion des premières de théâtre.

L'art de l'affiche avec pour cadre Paris s'estompe pendant les guerres mondiales.

Paris sera toujours Paris !

Paris bouge, Paris change, Paris se transforme, Paris évolue... Les grands projets se multiplient, des chantiers s'ouvrent, des quartiers sont remodelés... et pourtant, Paris sera toujours Paris !

D'abord un décor, reconnaissable entre tous. La Seine et ses monuments prestigieux, ses bouquinistes, ses bateaux-

Sur le pont Alexandre III...

mouches et ses péniches amarrées le long des berges, ses ponts où s'embrassent les amoureux. Ses magnifiques perspectives et ses larges avenues contenant à peine une circulation souvent trépidante. La tour Eiffel, bien sûr. Et la non moins fameuse pyramide du Louvre. Mais ce sont aussi des quartiers, comme autant de villages, là où les Parisiens vivent leur quotidien qui font que Paris sera toujours

Paris : une lumière particulière, les stations de métro à la mode Guimard (Abbesses, Dauphine), les vieux réverbères, les colonnes Morris, les fontaines Wallace, de soudaines échappées sur le métro aérien glissant entre les immeubles, les rues tortueuses et pavées bordées de maisons et jardins qui leur confèrent un air provincial, les innombrables cafés... Le quotidien ? C'est au petit matin l'odeur du pain chaud et des croissants sortant du four, l'eau glissant le long des caniveaux, les étals où fruits et légumes rivalisent de couleur, les terrasses de cafés offertes au soleil dès les premiers beaux jours, les marchés dont les allées étroites sont parcourues par de matinales vieilles dames tirant un Caddie fatigué, les zincs des bistrots où des rangées d'autochtones à demi endormis avalent leur petit crème... Bref, un Paris moins fréquenté par les touristes mais tout aussi authentique.
C'est aussi le Paris intime, secret : celui des cours intérieures, des ateliers d'artistes au fond d'une impasse, des artisans, des petits musées souvent cachés, tel le musée de la Vie romantique dissimulé au fond

T. Jarry/TOP

C. Sappa/HOA QUI

d'une cour où s'épanouit un jardin, qui donne au lieu des allures de campagne. C'est le mélange des styles, celui de l'Art nouveau dont on rencontre encore un peu partout des réalisations, celui de l'art contemporain et des nombreuses statues qui interpellent le passant...

Haut lieu de la mode et de la gastronomie au point d'incarner à elle seule l'élégance et l'art de vivre français, Paris est aussi, par son animation permanente, son caractère cosmopolite et son atmosphère particulière, une ville où, quelles que soient la saison et l'heure, il se passe quelque chose.

Car la nuit, lorsque l'ombre et la lumière mettent en scène la capitale, Paris est tout aussi magique : embarquer à bord d'un bateau-mouche, lorsque la lumière dévoile la beauté architecturale des monuments, soulignant ici une frise, là un fronton, enveloppant de mystère et de poésie ce que l'on croyait pourtant connaître, avant de se poser : et là, on n'a que l'embarras du choix. Montmartre et ses cabarets (le Moulin Rouge et son french cancan pour les uns, le Divan du Monde ou La Cigale et leurs musiques cosmopolites pour d'autres), Montparnasse

Le charme des marchés parisiens.

avec ses cinémas, ses crêperies et ses célèbres brasseries, la Bastille, son opéra et ses bars à vin, Saint-Germain et ses boîtes de jazz, la rue Oberkampf et ses bars à thème, les Grands Boulevards où, de l'Opéra à la porte Saint-Martin, les théâtres se succèdent, les Champs-Élysées où le Fouquet's, Planet Hollywood ou le Lido ne sont que des pôles d'animation parmi d'autres, le Marais avec ses bars gays, ses cafés-théâtres et ses boutiques de mode, les quais de Seine et leurs péniches devenues lieux de spectacles... Il y a tant de façons de passer une soirée à Paris !

Et c'est peut-être en cela que Paris sera toujours Paris. Dans sa façon de changer sans cesse tout en demeurant immuable. Dans sa façon d'être à l'avant-garde dans tous les domaines. Dans sa façon de faire de tout un événement. Dans cette inexplicable aura qui fascine tout autant l'autochtone que le visiteur.

*Amarrées le long des quais, les péniches
font partie du paysage parisien.*

Vivre au rythme des flots de la Seine...

S. Sauvignier/MICHELIN

S. Sauvignier/MICHELIN

Quartiers et monuments

L'Alma★

Un rendez-vous « Chez Francis » ? Un concert au théâtre des Champs-Élysées, une soirée au Crazy Horse ? Les occasions de se rendre au quartier de l'Alma sont variées. Si vous n'appréciez pas le Paris mondain, mais si vous aimez la mode, l'art et les belles avenues, le quartier de l'Alma vous offre la flânerie, les sculptures khmères du musée Guimet ou encore les expositions du musée d'Art moderne de la Ville de Paris...

La situation

Plan Michelin n° 54 G 8-9 – 8ᵉ et 16ᵉ arr. – Mᵒ Alma-Marceau ou Iéna (ligne 9) – Bus 63, 72, 80 et 92 – Plan de la promenade à Champs-Élysées p. 158. Si vous venez de la rive gauche, le pont de l'Alma vous mène au cœur du quartier du même nom. De là, les avenues qui le délimitent (avenues d'Iéna, Marceau, George-V et Montaigne) convergent toutes vers les Champs-Élysées. Sur la droite, brillamment éclairé la nuit, se trouve l'embarcadère des bateaux-mouches.

Voir à proximité les Champs-Élysées, le Trocadéro, place de la Concorde, faubourg Saint-Germain.

> **LE PONT DE L'ALMA**
> La Seine ayant sapé l'ouvrage d'origine lancé en 1856, un nouveau pont en acier fut construit en 1970. C'est le plus large de Paris (42 m).

Le nom

L'Alma commémore la première victoire franco-britannique en Crimée en 1854.

Les gens

Ornant le pont de l'Alma *(rive droite, en amont)*, le Zouave est le « fluviomètre » mémorialiste des crues de la Seine : en janvier 1910, l'eau du fleuve manqua le noyer en atteignant son menton. André-Louis Gody, un citoyen de Gravelines, dans le Nord, a servi de modèle au sculpteur Georges Diebolt.

S. Sauvignier/MICHELIN

Le Zouave de l'Alma a souvent les pieds dans l'eau.

découvrir

Les arts asiatiques à Paris

Musée national des Arts asiatiques - Guimet★★★

6 pl. d'Iéna. Mᵒ Iéna (ligne 9). Tlj sf mar. 10h-18h (dernière entrée 1/2h av. fermeture). Fermé 1ᵉʳ janv., 1ᵉʳ mai, 25 déc. 5,50€, gratuit 1ᵉʳ dim. du mois. ☎ 01 56 52 53 00. www.museeguimet.fr

Ce temple de la culture asiatique, construit en 1889 par le collectionneur lyonnais Émile Guimet (1836-1919), est sorti d'une cure de jouvence de cinq ans. Place désormais à la lumière et à la clarté de la présentation d'une collection d'art asiatique qu'on dit la plus riche du monde.

> **RÉVISEZ VOS CLASSIQUES**
> Au fond de la salle centrale consacrée au Cambodge, un fronton sculpté en grès rose représente une scène du livre 1 du *Mahâbhârata*.

Neuf apsaras dansent... Cambodge, époque angkorienne, fin 12ᵉ-début 13ᵉ s.

Asie du Sud-Est *(rez-de-chaussée)* – Un temple ce musée ? C'est en tout cas ce à quoi on peut s'attendre lorsqu'en se dirigeant vers la salle consacrée au Cambodge, on reste bouche bée devant une **statue colossale de Nâga**, serpent de pierre à sept têtes qui constituait, à Angkor, l'extrémité de la balustrade de

T. Olivier/RMN

carnet pratique

ACHATS

Avenue Montaigne – L'une des rues les plus chic de Paris. La plupart des grands couturiers s'y sont installés ainsi que d'autres noms prestigieux : Dupont, Calvin Klein, Vuitton, Barbara Bui, J.-L. Scherrer, Junko Shimada, Céline, Caron, Nina Ricci, Joseph, Ungaro...

Noura – *29 av. Marceau - M° Alma-Marceau - ☎ 01 47 23 02 20 - www.noura.fr - 9h-24h.* Le traiteur libanais le plus réputé de Paris. Taboulé au persil, homos, moutabbal d'aubergines, grillades, baklawas et autres savoureuses spécialités y sont toujours joliment présentés.

l'allée menant au temple du Preah Khan. Le sourire énigmatique du dieu ne nous quittera plus durant la découverte des **trésors de l'art khmer★★** présentés ici. Visnu et son disque solaire, Shiva et son 3e œil, Brahmâ et ses quatre têtes : sont rassemblées ici les figures principales du panthéon brahmanique.

Inde – Pour comprendre cette culture, revenons aux sources : l'Inde *(salle à gauche).* Durgâ, la déesse suprême, Kâlî, déesse incarnant le pouvoir destructeur du temps, ou encore Skanda, le dieu de la guerre, sont tous là. Quelques minutes de rêverie s'imposent devant un **Shiva Nâtarâja**, roi de la danse, qui incarne à merveille la grâce et la souplesse de la sculpture indienne.

Le voyage continue avec le Vietnam, l'Indonésie, la Birmanie, la Thaïlande et ses somptueux bouddhas de bronze doré. Partout on retrouve la figure de Bouddha, mais avec des styles et des expressions différentes.

Afghanistan et Pakistan *(1er étage)* – L'art Gandhara, dont l'apogée se situe aux 3e-4e s., est fondateur des canons de représentation de Bouddha (c'est en effet la 1re fois qu'on le représente sous un aspect humain). Cet art est fortement inspiré de la statuaire grecque (Alexandre Le Grand est passé par là !). Bouddhas de schiste et bodhisattvas (bouddhas futurs) de terre séchée serviront de modèles aux cultures qui jalonnent la Route de la Soie, jusqu'en Chine.

Tibet et Népal *(1er étage)* – Du Tibet, on verra de nombreuses peintures portatives *(thang-ka)* et des statuettes en cuivre ou laiton doré. L'art du Népal, très influencé par l'Inde, est notamment représenté par des objets rituels en cuivre doré incrustés de pierres semi-précieuses.

Chine, Asie centrale *(1er étage)* – On aborde tout d'abord la Chine antique avec des terres cuites du 3e s. avant notre ère, de la vaisselle rituelle en bronze (13e-10e s. avant notre ère), des cloches de la dynastie Zhou, une curieuse série de sculptures animales en bois laqué surmontées d'une paire de bois de cervidés fossilisés.

Puis on tremble d'effroi devant une armée de rois célestes au torse bombé et au regard courroucé ; c'est qu'ils gardent derrière eux de belles peintures sur soie représentant des sutras ou des bodhisattvas.

Inde : arts décoratifs – Au même étage, dans la rotonde, sont exposés (par roulement) des bijoux et tissus indiens (merveilleux cotons teints, taffetas brodés, damas de soie évoquant le faste des grands princes du Rajasthan et du Bengale). Dans l'ancienne bibliothèque, quelques miniatures vous transportent à la cour des princes moghols.

Chine classique *(2e étage)* – C'est celle des peintures à l'encre noire, des grès blancs et noirs, des céladons, mais surtout des **porcelaines Ming★** (1368-1644) aux émaux polychromes ou aux somptueux décors bleu et blanc. Les **meubles** ne sont pas en reste : laqués, dorés, incrustés de nacre, ils sont éblouissants ; les deux armoires impériales, où l'or domine, en sont un lumineux exemple.

Corée – De la Chine, on glisse doucement vers la Corée : masques de théâtre du 18e s., céramiques céladon, paravents, et un **portrait du haut dignitaire Cho Man-Yong** (19e s.) qui impose le respect.

> **A**u fond de la longue salle consacrée à la Chine antique, une vitrine entame la riche et touchante collection de *mingqi* Han et Tang, **substituts funéraires★★** venus de Chine du Nord : on croise au passage le cabrement d'un cheval, le pas nonchalant d'un chameau ou le sourire espiègle d'une dame au manteau à longues manches.

MISE EN SCÈNE

Mesdames, venez méditer sur la vieillesse devant ces six masques de théâtre No représentant la femme, de l'adolescence à la sénilité.

H. Bréjat/RMN

Le charme de la courtisane Hiragoto de Huôgorô... Estampe japonaise, 18ᵉ s.

Japon *(2ᵉ étage)* – Les artistes japonais se sont largement inspirés de leurs voisins chinois et coréens mais il se dégage de leurs œuvres un « je-ne-sais-quoi » de dépouillé qui n'appartient qu'à l'art nippon. Bols aux formes irrégulières, plats carrés : les techniques chinoises ou coréennes sont là mais l'esthétique est tout autre... Émerveillement garanti devant les *inro*, ces petites boîtes laquées constituées de trois à cinq compartiments, que l'on suspendait à la ceinture de son kimono. Invitation à la méditation devant cette statue de moine zen en cyprès laqué. Jeu de lumière sur ces paravents de l'époque Edo, laqués et recouverts de feuilles d'or. Enfin, admiration absolue devant les **estampes** signées Utamaro (18ᵉ s.), Sharaku (portrait d'acteurs, fin 18ᵉ s.), Hiroshige (19ᵉ s.) et Hokusai, dont la célèbre *Vague au large de Kanagawa*★★ est présente dans tous les esprits.

Chine des Qing *(3ᵉ et 4ᵉ étages)* – Encore quelques marches pour découvrir des porcelaines chinoises de l'époque Qing et, fin du fin, la « rotonde aux laques » où sont exposés deux imposants paravents, une table d'autel et une armoire. Des fenêtres, la vue sur les toits et la Seine nous ramène à Paris...

Galeries du panthéon bouddhique de la Chine et du Japon

19 av. d'Iéna. Tlj sf mar. 10h -17h45. Fermé 1ᵉʳ janv., 1ᵉʳ mai, 25 déc. ☎ 01 40 73 88 11.

Le superbe hôtel néoclassique Heidelbach-Guimet, entouré d'un jardin japonais, est une annexe du musée Guimet. La collection qu'il abrite présente un formidable ensemble iconographique du bouddhisme en Chine et au Japon du 5ᵉ au 19ᵉ s. On découvrira notamment l'évolution de la religion née en Inde, sinisée puis transmise au Japon à partir de l'an mil (peintures, sculptures, mandala).

se promener

Au départ de la place 2

Voir plan p. 158.

Place de l'Alma

Au Sud de la place, au début de l'avenue de New-York *(côté aval)*, se trouve la réplique grandeur nature et dorée de la flamme que brandit la statue de la Liberté dans l'avant-port de New York. Dans les mois qui suivirent l'accident tragique de la princesse de Galles, Diana Spencer (31 août 1997), la flamme de la Liberté devint un lieu de pèlerinage.

À l'entrée Ouest du cours Albert-Iᵉʳ, le poète et patriote polonais Adam Mickiewicz (1798-1855) vous salue. L'œuvre est d'Antoine Bourdelle.

Avenue Montaigne

L'ALLÉE DES VEUVES

C'est l'ancien nom de l'avenue Montaigne. Si l'on en croit *Les Mystères de Paris* d'Eugène Sue, cette ancienne allée des Veuves était de bien mauvaise réputation. Jusqu'en 1870, le bal Mabille attira le Tout-Paris. Elle a bien changé aujourd'hui...

Avenue Montaigne, le ton est à l'élégance et au luxe. L'avenue est bordée de prestigieuses boutiques de mode et d'immeubles luxueux. Le **théâtre des Champs-Élysées** (nᵒ 15) est l'œuvre des frères Perret (1912). Antoine Bourdelle dessina la façade en rapport étroit avec l'œuvre sculptée tandis que Maurice Denis réalisait les décors du plafond de la Grande Salle (le théâtre comprend deux salles, l'une pour les spectacles lyriques et l'autre pour les spectacles dramatiques). Avec une imagination dansante, on peut suivre les traces de Diaghilev, Joséphine Baker ou Rudolf Noureïev. Au nᵒ 25, l'**hôtel Plaza Athénée** accueille chefs d'État, princes et ambassadeurs.

Remonter l'avenue Montaigne, puis descendre la rue François-Iᵉʳ jusqu'à la place du même nom.

UN PRINCE DE LA HAUTE COUTURE

Né en Normandie, **Christian Dior** (1905-1957), débarque à Paris en 1935 et débute comme dessinateur, connaissant ses premiers succès avec des croquis de chapeaux. De grands couturiers deviennent ses clients et c'est pour Robert Piguet qu'il crée en 1938 ses premières robes. En février 1947, Christian Dior présente au **30 avenue Montaigne** sa première collection, « New look », dans la Maison de couture fondée quelques mois plus tôt avec l'appui financier de Marcel Boussac. La même année, un parfum « Miss Dior » créé le jour : le fameux « Miss Dior » créé par Paul Vacher. Les années suivantes verront l'ouverture de filiales à New York et à Londres et, en 1955, de la célèbre boutique gris perle, à l'angle de l'avenue Montaigne et de la rue François-Ier. Entre temps, Yves Saint-Laurent devient son assistant et c'est lui qui assumera la création des collections, après la disparition de Christian Dior en 1957. Lui succéderont ensuite, Marc Bohan, Gianfranco Ferré et depuis 1996, John Galliano, qui s'attache à retrouver l'esprit des premières créations Dior.

Sur cette séduisante place dotée en son centre d'une fontaine, remarquer, au n° 9, l'hôtel de Vilgruy construit par H. Labrouste en 1865. Rue Bayard, la façade de **l'immeuble de RTL** fut décorée par Vasarely. *On peut assister au déroulement de certaines émissions.* ☎ 01 40 70 40 70.

Par la rue François-Ier et, à gauche, la rue Marbeuf, gagner l'avenue George-V. Même élégance en plus contemporain : les grandes marques de couturiers et joailliers y sont représentées.

Avenue George-V

À gauche en remontant se trouve l'**American Cathedral in Paris,** bel exemple de l'architecture anglaise du milieu du 19e s. Plus haut, deux palaces mythiques : le Four Seasons Hôtel George V et le Prince de Galles.

Le célèbre music-hall parisien, le **Crazy Horse**, règne quant à lui sur le bas de l'avenue.

Église St-Pierre-de-Chaillot

35 av. Marceau. Étonnante façade plate, dominée par un clocher haut de 65 m. L'ensemble fut reconstruit en style néo-roman en 1937 avec un vaste fronton aux sculptures de Bouchard évoquant la vie de saint Pierre.

Prendre à droite, l'avenue Pierre-Ier-de-Serbie, puis encore à droite la rue G.-Bizet et traverser l'avenue d'Iéna.

Place des États-Unis

Plusieurs monuments commémoratifs marquent le jardin dessiné en son centre : côté avenue d'Iéna, le Monument aux volontaires américains morts pour la France pendant la Grande Guerre (sculpture de Boucher) ; à l'autre extrémité de la place, Washington et Lafayette, héros de l'Indépendance américaine (groupe en bronze de Bartholdi). Bordée de beaux hôtels dont la plupart sont aujourd'hui occupés par des représentations diplomatiques, la place semble aujourd'hui se vouer à la cristallerie, puisque après les Cristalleries d'Arques, au

---

SENS DU RIDICULE

C'est sous la pression du Département d'État américain que la place reçut son nom actuel. En effet, lorsque la Légation américaine s'installa au n° 3, en 1882, elle se nommait place de Bitche. Jugeant cette adresse inconvenante, les diplomates américains intervinrent alors en haut lieu.

UN HAUT LIEU DES ANNÉES FOLLES

La petite-fille du collectionneur, Marie-Laure de Noailles s'installa en 1923 avec son mari Charles dans l'hôtel de la place des États-Unis. Décoré par le « designer » à la mode de l'époque, Jean-Michel Frank, l'hôtel vit défiler tout ce que Paris comptait d'artistes d'avant-garde, de Jean Cocteau aux Surréalistes. Mécènes éclairés, les Noailles devinrent même producteurs de cinéma : ils financèrent en effet deux réalisations de Luis Buñuel, **Un Chien andalou** (coréalisé avec Salvador Dali) et **L'Âge d'Or**. Pour présenter ce film en juillet 1930, la première salle de projection privée de Paris fut installée dans l'hôtel. Le scandale déclenché par la projection publique au cinéma le Panthéon-Rive Gauche (actuel Cinéma du Panthéon, rue Victor-Cousin) entraîna l'interdiction du film qui ne sortit sur les écrans parisiens que 51 ans plus tard à La Pagode.

◀ n° 6, **le musée Baccarat** s'est à son tour installé au n° 11 dans le bel **hôtel de Noailles**, « Trianon » conçu en 1880 par l'architecte Paul-Ernst Samson pour le collectionneur Ferdinand Bischoffsheim.

Regagner la place de l'Alma par l'avenue Marceau.

visiter

Musée d'Art moderne de la Ville de Paris★★

Dans une des deux ailes du palais de Tokyo. 11 av. du Prés.-Wilson. Réouverture prévue en décembre 2005. ☎ 01 53 67 40 00.

Tous les grands courants de peinture du 20e s. sont exposés. Quelques-unes des œuvres majeures du siècle méritent à elles seules un détour. Sur une terrasse, *La France* d'A. Bourdelle ; parmi les collections : *Les Disques* de Léger (1918), *L'Équipe de Cardiff* de Robert Delaunay (1912-1913), la *Pastorale* et la ***Danse de Paris*★** de Matisse (1932), l'*Évocation* de Picasso, le *Rêve* de Chagall. *La Fée Électricité* de Raoul Dufy, qui compte parmi les plus grands tableaux du monde (600 m² : 250 panneaux juxtaposés), confronte le monde antique à sa transformation par les philosophes et les savants qui ont étudié et domestiqué cette énergie.

Palais de Tokyo

AVIS PARTAGÉS
Génial ou démagogique ? Les avis se partagent sur l'idée d'avoir transformé l'aile du Palais de Tokyo en fausse friche industrielle. Toujours est-il que dans ce site de création artistique, des artistes contemporains exposent dans des installations bien en accord avec l'esprit du lieu.

◀ *Tlj sf lun. 12h-24h. 6€, gratuit 1er dim. du mois. Fermé 1er janv., 1er mai, 25 déc. ☎ 01 47 23 54 01.* Le musée d'Art moderne de la Ville de Paris s'est trouvé un voisin, dans l'enceinte du palais de Tokyo, baptisé ainsi depuis l'Exposition Universelle de 1937 : depuis fin 2001, le Palais de Tokyo-Site de création contemporaine propose tout au long de l'année des expositions et manifestations culturelles pluridisciplinaires (arts plastiques, design, mode, littérature, musique, danse, cinéma...).

Palais Galliera (musée de la Mode de la Ville de Paris)

10 av. Pierre-Ier-de-Serbie. En période d'exposition temporaire : tlj sf lun. 10h-18h. Fermé certains j. fériés. 7,50€ (-14 ans : gratuit). Audioguide (français-anglais), compris dans le billet d'entrée, disponible à l'accueil. ☎ 01 56 52 86 00. Réalisé par Léon Ginain, entre 1878 et 1894, cet édifice, du nom de la duchesse de Galliera, épouse d'un financier italien et connue pour sa philanthropie, accueille le **musée de la Mode de la Ville de Paris** (de 1735 à nos jours), selon des expositions thématiques régulièrement renouvelées.

Regagner la place de l'Alma et traverser la Seine.

Musée des Égouts

Angle du quai d'Orsay-pont de l'Alma. ♿ Mai-sept. : 11h-17h ; oct.-avr. : 11h-16h (dernière entrée 1h av. fermeture). Fermé jeu. - ven., 2 sem. en janv., 1er janv., 25 déc. 3,80€. ☎ 01 53 68 27 81.

CONSEIL
Plongés dans les égouts de Paris, vous aurez besoin d'un petit pull. Ne l'oubliez pas car la température y est fraîche et humide...

Mystérieux, un brin angoissants, les égouts attisent la curiosité. Préparez-vous à descendre dans les entrailles de Paris. Un circuit aménagé dans une partie du réseau permet de découvrir le travail des égoutiers et le combat mené au fil des siècles pour évacuer les eaux usées de la capitale. Vous observerez un collecteur, un déversoir d'orage, deux bassins de dessablement, une drague pour l'extraction des sables, ainsi que des engins de curage. Odeurs fortes garanties...

Musée Baccarat

11 pl. des États-Unis, 75116 Paris. Tlj sf mar. et j. fériés 10h-19h. 7€. ☎ 01 47.70.64 30.

Depuis la visite de Charles X en Lorraine, en 1828, la Cristallerie de Baccarat fournit les chefs d'États, les cours souveraines, et a exécuté les plus belles pièces témoignant de l'évolution des styles.

Installée depuis l'été 2003 dans l'hôtel particulier de Marie-Laure de Noailles magnifiquement restauré par Philippe Starck, la galerie-musée de Baccarat, véritable palais de cristal, présente ses collections historiques et ses créations d'aujourd'hui.

Auteuil

Traversé de petites ruelles qui préservent précieusement leur caractère, l'ancien village d'Auteuil est d'autant plus pittoresque qu'il rivalise avec les hautes tours de verre provocantes qui lui font face sur la rive gauche. Partagé entre sa vocation résidentielle et son affairisme moderne, Auteuil est un quartier animé où il fait bon se promener.

La situation

Plan Michelin n° 54 K 4-5, L 4 – 16ᵉ arr. – Mᵒ Église-d'Auteuil ou Michel-Ange-Auteuil (ligne 10), et Porte-d'Auteuil pour les Serres d'Auteuil et Roland-Garros – Bus 32, 52 et 70 pour la Maison de la Radio. De la rive gauche, deux ponts y donnent accès : le pont de Grenelle et le pont Mirabeau. Au Nord-Ouest se situe le quartier du Ranelagh ; au Nord-Est, le village de Passy. La rue d'Auteuil traverse le quartier d'Est en Ouest.
Voir à proximité Passy, la Muette-Ranelagh et bois de Boulogne.

Les gens

L'architecte **Hector Guimard** (1867-1942), auteur des fameuses bouches de métro, a marqué de son empreinte l'ancien village d'Auteuil grâce à plusieurs réalisations, rue La Fontaine, rue Gros et rue Agar.

carnet pratique

PETITE PAUSE

Gouverneur – *109 bd Exelmans - Mᵒ Porte-d'Auteuil ou Michel-Ange-Molitor - ☎ 01 46 51 67 93 - ouv. lun. mar. et ven. au dim. 7h-20h - fermé août.* Cette excellente adresse de quartier peut s'enorgueillir de la finesse de ses pâtisseries : le cake au citron, le mœlleux aux cerises, les brioches à l'orange, la tarte tatin, les tartelettes aux fruits de saison. La baguette Exelmans et les glaces maison remportent aussi beaucoup de succès. Si vous avez le temps, offrez-vous une pause au luxueux salon de thé, vous y serez très bien accueilli.

ARTS ET SPECTACLES

La Maison de la Radio propose de nombreux concerts, principalement de musique classique. Programmes et invitations gratuites disponibles à l'accueil.

ACHATS

La Ferme La Fontaine – *75 r. La Fontaine - Mᵒ Michel-Ange-Auteuil - ☎ 01 42 88 47 55 - mar.-sam. 8h-13h, 16h-20h, dim. 8h-13h - fermé j. fériés ap.-midi.* Bien connue des habitants du 16ᵉ arrondissement, cette fromagerie, qui a connu cinq générations de maîtres affineurs, existe depuis 1890.

se promener

Place d'Auteuil

Au cœur du vieil Auteuil, l'église Notre-Dame, pastiche romano-byzantin, a remplacé en 1880 le clocher du village sur lequel Musset voyait « la lune, comme un point sur un i ».

Rue d'Auteuil

Remonter la rue jusqu'à la place Jean-Lorrain. Cette rue, étroite et commerçante, témoigne de la vocation littéraire du village d'Auteuil. Après l'hôtel de Puscher (au n° 16), on découvrira au n° 43 la façade blanche de l'hôtel de la Verrière où résidaient, au 18ᵉ s., les demoiselles de Verrières, protégées du maréchal de Saxe. L'une d'entre elles fut la grand-mère de George Sand. En face (n° 40), l'Auberge du Mouton Blanc compta parmi ses habitués, Molière, Racine et La Fontaine. Enfin, au n° 9, s'élevait l'hôtel de Mme Helvétius, dite « Notre-Dame d'Auteuil ». La veuve du philosophe y recevait maints bons esprits du siècle des Lumières, parmi lesquels Turgot, Condorcet et Malesherbes.

Poursuivre jusqu'à la place de la Porte d'Auteuil et traverser le boulevard Murat. Prendre ensuite l'avenue de la porte d'Auteuil, au-dessus du boulevard périphérique.

> #### LYCÉE
> Au n° 11 bis de la rue d'Auteuil, l'édifice construit au début du 18ᵉ s. puis remanié sous l'Empire est devenu le **lycée Jean-Baptiste-Say**.

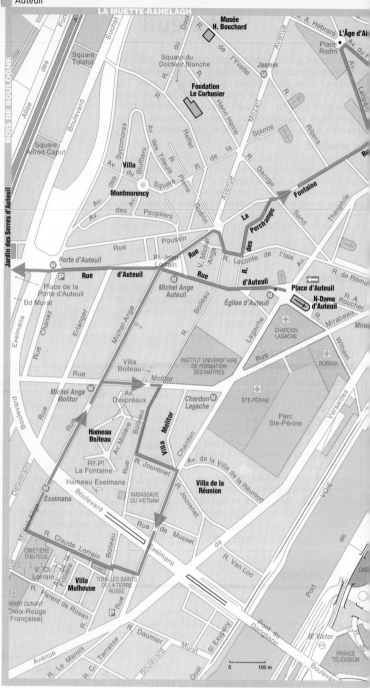

Jardin des serres d'Auteuil

1 bis av. de la Porte-d'Auteuil – M° Porte-d'Auteuil – Bus 32, 52, PC1, et 241 (arrêt Fleuriste-Municipal). &. *Avr.- sept. : 10h-18h ; oct. - mars : 10h-17h. 1€.* ☎ *01 40 71 75 39.*

Depuis le 19ᵉ s., le vaste parterre à la française de ce jardin créé par J.-C. Formigé est encadré de serres consacrées à la culture d'azalées, de palmiers, d'eugénias. Le bâtiment central renferme un palmarium et une serre tropicale où poussent strelitzia géants, bananiers, papyrus.

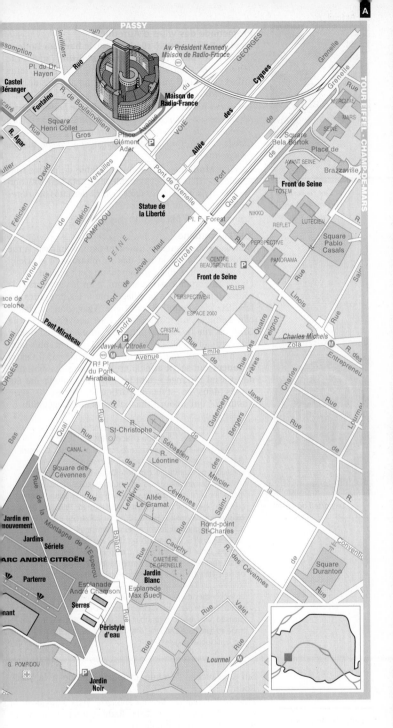

Au-delà du jardin s'étend le **stade Roland-Garros** *(entrée av. Gordon-Bennett, voir description à « visiter »)*, célèbre pour les Internationaux de tennis qui s'y déroulent en mai-juin.

Quitter le jardin des Serres d'Auteuil en prenant sur la droite, avant de sortir, l'allée menant au **square des Poètes** qui lui est contigu ; une façon agréable de revenir Porte d'Auteuil en évitant les pots d'échappement.

Revenir place Jean-Lorrain et prendre la rue Michel-Ange à droite, puis la rue Molitor (première à gauche). Sur la droite, s'engager dans la rue Boileau. Enfin, prendre à gauche la rue Jouvenet.

*Îlot de verdure :
le hameau Boileau.*

Target/MICHELIN

Promenade des villas d'Auteuil★

La **villa Boileau** (n° 18 rue Molitor), le **hameau Boileau** (n° 38 rue Boileau) et la **villa Molitor** (angle rue Jouvenet et Chardon-Lagache) abritent derrière leurs grilles closes une ambiance provinciale, havres de paix et de verdure en plein Paris.

Enchaîner par la rue Chardon-Lagache sur la droite avant de tourner à nouveau à droite, au-delà du boulevard Exelmans, rue Charles-Marie-Widor, et de poursuivre rue Claude-Lorrain. Dans cette rue, s'engager à gauche, avenue Georges Risler.

La **villa Mulhouse** forme un ensemble de petites rues appelées « villas » (Cheysson, Meyer, Dietz-Mornin), bordées de maisons édifiées dans l'esprit des cités ouvrières mulhousiennes de la fin du 19ᵉ s.

Reprendre la rue Michel-Ange vers le Nord.

Rue La Fontaine

Dans la rue La Fontaine, faites un petit détour par la rue Leconte-de-l'Isle et la **rue des Perchamps** *(à gauche)* : fine et tortueuse, elle est digne d'un petit village.

La rue La Fontaine doit son nom, pour les buveurs, à la source qui alimentait le village ; pour les littéraires, au fabuliste bien connu. Avec la **rue Agar** (dont la plaque elle-même est un manifeste de l'Art nouveau) et la rue Gros, la rue présente plusieurs immeubles d'Hector Guimard : au n° 60, l'hôtel Mezzara (1910) et, plus loin, aux nᵒˢ 17 et 19, mais surtout au n° 14, l'original **Castel Béranger** qui se vit affublé en son temps du sobriquet de « Castel Dérangé », tant les moindres détails ont été traités dans ce style si particulier qu'est le style « nouille », qui a pour principal modèle la végétation.

Le portail du Castel Béranger.

Ph. Bourgeois/MICHELIN

HECTOR L'INCOMPRIS

Créateur parmi les plus originaux de son temps, **Hector Guimard** (1867-1942) a tardé à être reconnu par ses compatriotes : les immeubles qu'il construisit, comme le **Castel Béranger**, déclenchèrent l'hilarité générale... Mais ce sont les édicules des stations de métro (les fameuses « bouches Guimard ») qui lui apportèrent la célébrité. Ayant remporté le concours lancé en 1898 lors de la construction du métro, Hector Guimard construisit des édicules pour les six lignes qui furent mises en service en juillet 1900. S'il reste aujourd'hui à Paris 87 bouches de métro dessinées par Guimard (pour 61 stations), dont les plus belles, dotées de marquises, sont celles des stations **Porte-Dauphine** et **Abbesses** (cette dernière était à l'origine à la station Hôtel de Ville), on ne peut que regretter que dans les années 1960, aient été détruites les deux plus belles bouches du métro : les « pagodes » des stations Étoile et Bastille. Mais le destin est volontiers ironique, et il a donné à Hector Guimard une revanche (posthume) : une des bouches Guimard trône aujourd'hui à Lisbonne, à la station Picoas, don de la RATP à son homologue lisboète !

Sur la gauche, l'avenue Léopold-II mène à la place Rodin.

Prendre l'avenue du Recteur-Poincaré, puis à nouveau la rue La Fontaine sur la gauche : Radio-France est sur votre droite, rue de Boulainvilliers.

TOUJOURS PLUS VITE !
Le musée de
Radio-France permet
de saisir l'évolution
des télécommunications
depuis le télégraphe des
frères Chappe (1793),
jusqu'à nos jours.
*Visite guidée (1h1/4) tlj sf
dim. 10h30, 14h30.
Fermé j. fériés. 3,81€.*
☎ *01 56 40 15 16.*

visiter

Maison de Radio-France★

116 av. du Prés.-Kennedy. D'une circonférence de 500 m et avec sa tour de 68 m (1963), elle regroupe tous les grands services de radiophonie française. L'architecte est Henri Bernard. Depuis janvier 1975, 60 studios et un grand auditorium enregistrent les émissions de France-Inter, France-Culture, FIP, Radio-Bleue et France-Info.

Fondation Le Corbusier

8 et 10 square du Dr-Blanche – M° Jasmin. Tlj sf w.-end 10h-12h30, 13h30-18h (ven. 17h), lun. 13h30-18h. Fermé août, 25 déc.-1ᵉʳ janv. et j. fériés. 1,50€. ☏ 01 42 88 41 53. www.fondationlecorbusier.fr

La villa La Roche et sa voisine furent construites en 1923 par Charles-Édouard Jeanneret, dit Le Corbusier (1887-1965). La fondation renferme un centre de documentation sur l'œuvre du célèbre architecte, et des expositions temporaires.

Musée Bouchard

25 r. de l'Yvette – M° Jasmin. ♿ Juil.-août, de début janv. à mi-mars, avr., oct.-nov : les mer. et sam. 14h-19h. 4€. ☏ 01 46 47 63 46. www.musee-bouchard.com

L'atelier-maison d'Henri Bouchard (1875-1960), qu'il fit construire lui-même en 1924, traduit toute la diversité de l'œuvre de ce sculpteur de la génération de Rodin : de la médaille à la statuette jusqu'au monument commémoratif (bas-relief de St-Pierre-de-Chaillot), du thème historique au thème familial.

Stade Roland-Garros

2 av. Gordon-Bennett – M° Porte-d'Auteuil. Bus 241 (arrêt Fleuriste-Municipal).

Le stade Roland-Garros ouvre désormais ses portes toute l'année au grand public, permettant à tout un chacun de découvrir les coulisses de ce lieu mythique : le Tenniseum, les vestiaires des joueurs, la maison du tennis, la clinique de la raquette, la boutique La Griffe, le court central (renommé court Philippe-Chatrier) et la place des Mousquetaires constituent les points d'ancrage de la visite guidée « Terre de Roland-Garros ». *Tlj sf lun. 10h-18h. Fermé 1ᵉʳ janv., 25 déc. Possibilité de visite guidée (1h) 14h30 et 16h30 ; renseignements et réservation : ☏ 01 47 43 48 48. 10€, 6€ licencié FFT (-18 ans : 8€) ; 15€ billet combiné avec le Tenniseum, 7,50€ licencié FFT : (-18 ans : 10€). 7,50€ Tenniseum seul, 3€ licencié FFT : (-18 ans : 4€). www.rolandgarros.com*

Tenniseum★ – Prolongement naturel des grands tournois qui se déroulent chaque année sur les fameux courts de terre battue, ce musée aménagé sous le court n° 3 et ses tribunes, et dont on peut louer l'espace, la luminosité et les moyens multimédia mis en œuvre, offre un panorama complet et passionnant de l'histoire du tennis français, du 11ᵉ s. (jeu de paume) à nos jours : vainqueurs des internationaux de France et leur palmarès, historique du stade, matériel et tenues vestimentaires dont il est amusant de suivre l'évolution, collection de raquettes, le tout agrémenté de photos, d'affiches, de postes multimédia et de vitrines thématiques.

SUZANNE, LA DIVINE

Le tennis féminin doit ses lettres de noblesse à **Suzanne Lenglen** (1899-1938). Remportant à quinze ans les championnats du monde sur terre battue à Saint-Cloud, elle acquit la gloire en gagnant six fois de suite le tournoi de Wimbledon (1919-1923). Double championne olympique (en simple et en double mixte) en 1920, elle ne concéda qu'une seule défaite entre 1919 et 1926 : au cours de cette période, elle remporta 241 tournois. Mais plus qu'une simple championne, elle fut le symbole de l'émancipation féminine des « années folles » : par son jeu, aérien et spectaculaire, par ses tenues audacieuses (elle jouait habillée d'une jupe courte qui lui descendait juste au-dessous du genou), par ses caprices de diva et par sa vie sentimentale, scandaleuse pour l'époque. Elle mourut d'une anémie pernicieuse à l'âge de 39 ans.

La Fédération française de tennis qui l'avait radiée à vie pour être passée professionnelle en 1927, a fait depuis lors amende honorable : 47 ans après sa mort, le deuxième central de Roland-Garros a pris le nom de Suzanne Lenglen.

La Bastille★

La Bastille a peut-être gardé de la Révolution le goût des défilés : manifestations politiques et syndicales, Marche des Fiertés, grands concerts populaires... C'est aussi un quartier festif, traversé de petites rues. Lorsque les mélomanes ont sagement quitté leur opéra et que leurs émotions se sont dissipées, bars, restaurants et boîtes de nuit prennent le relais. C'est un passage obligé de la vie nocturne parisienne.

La situation

Plan Michelin n° 54 K 18-19 – 4ᵉ, 11ᵉ et 12ᵉ arr. – Mᵒ Bastille (lignes 1, 5 et 8) – Bus 20, 65, 69, 76, 86, 87 et 91 Le quartier s'articule autour de la place de la Bastille, centre de circulation intense : sur les boulevards Richard-Lenoir, Beaumarchais et de la Bastille ; dans les rues du Faubourg-St-Antoine et St-Antoine.

Voir à proximité faubourg Saint-Antoine et le Marais.

Le nom

Ce quartier a adopté le nom de la forteresse royale devenue prison d'État. Le « Masque de Fer » y fut enfermé et y mourut en 1703.

Les gens

« À la Bastille, on l'aime bien Nini Peau d'Chien... » Cette chanson d'**Aristide Bruant** (1851-1925) et celle qu'interprétait Marcel Mouloudji *(r. de Lappe)*, évoquent ces temps pas si lointains où les « apaches » et les « gouapes » fréquentaient les bals populaires d'un quartier alors mal famé...

Ph. Cajic/MICHELIN

*Tel une vigie...
le Génie de la Bastille.*

© Photothèque des Musées de la Ville de Paris

Hubert Robert, « La Bastille dans les premiers jours de sa démolition (20 juillet 1789) ». Il fallut plusieurs mois pour raser la forteresse !

carnet pratique

RESTAURATION

Se reporter à la rubrique « Restauration » dans les Informations pratiques, en début de guide : ce quartier correspond aux 4ᵉ, 11ᵉ et 12ᵉ arrondissements.

PETITE PAUSE

Café Bastille – *8 pl. de la Bastille - Mᵒ Bastille - ☎ 01 43 07 79 95 - ouv. tlj. jusq 5h.* Le Café Bastille est un lieu de rendez-vous idéal, un poste d'observation stratégique, une adresse pratique avant un spectacle à l'opéra ; il dispose d'une grande terrasse prise d'assaut dès les premiers rayons de soleil. Salades, sandwiches, plats chauds et coupes glacées complètent la carte des boissons.

SORTIES

Avec ses nombreuses brasseries, notamment Bofinger créée en 1864, la place de la Bastille est devenue un point de passage des noctambules entre le Marais et les rues de Charonne, de la Roquette, de Lappe, Saint-Sabin, Keller, riches en restaurants, cafés, caves à bières, bars à vins, dancings.

Café de l'Industrie –

16 r. St-Sabin - ☎ 01 47 00 13 53 - www.cafedelindustrie.com - 9h-2h. Grand café à l'ancienne orné de tableaux et d'objets exotiques rapportés par le patron de ses nombreux voyages. Endroit agréable pour boire un verre en début de soirée dans une ambiance plutôt branchée et animée, ou pour passer un moment tranquille l'après-midi.

Bar sans Nom – *49 r. de Lappe - M° Bastille - ☎ 01 48 05 59 36 - lun.-jeu. 18h-2h, ven.-sam. 18h-4h - fermé 15 au 18 août, Noël.* Des luminaires en forme de torches et des murs recouverts de « verdures » imitant la tapisserie constituent l'essentiel du décor de ce bar où l'on sert d'excellents jus de fruits frais et de magnifiques cocktails.

Café des Phares – *7 pl. de la Bastille - M° Bastille - ☎ 01 42 72 04 70 - 7h-3h.* Ce café revendique l'invention du « café philo » parisien. Le dimanche matin, un animateur propose un débat autour d'un grand sujet philosophique accessible autant aux amateurs qu'à ceux qui connaissent leur Kant sur le bout des doigts ! Terrasse agréable.

La Chapelle des Lombards – *19 r. de Lappe - M° Bastille - ☎ 01 43 57 24 24 - www.lachapelledeslombards.fr - mar.-dim. 22h30 à l'aube.* Discothèque de musique antillaise, latino-américaine et africaine, où des danseurs de tous âges se retrouvent pour balancer sur des rythmes tropicaux (zouk, salsa...).

Le Balajo – *9 r. de Lappe - M° Bastille - ☎ 01 47 00 07 87 - www.balajo.fr - rétro : jeu., dim. ap.-midi ; disco : ven.-sam. 23h à l'aube - fermé lun.* Fondé en 1936 par Georges France (surnommé Jo), c'est le plus ancien bal musette de Paris. Son atmosphère « rétro » et sa programmation musicale des années 1950 à 1970 vous charmeront. À découvrir surtout en fin de semaine.

Pause Café – *41 r. de Charonne - M° Bastille - ☎ 01 48 06 80 33 - lun.-sam. 7h45-2h, dim. 9h-20h - fermé Noël.* Un café classique avec un beau comptoir en U disposé au centre de la salle. L'éclairage tamisé et l'ambiance calme prédisposent à la lecture.

ACHATS

Caves Estève – *10 r. de la Cerisaie - M° Bastille - ☎ 01 42 72 33 05 - www.caves-esteve.com - mar.-sam. 10h-13h30, 15h-19h30 - fermé 1er au 25 août et*

j. fériés. Cette cave offre un choix éclectique à découvrir dans deux espaces voisins. Au numéro 10 de la rue, une belle sélection de primeurs, des vins issus de l'agriculture biologique et un catalogue d'environ 1 000 références. Au numéro 7, La Biberie propose plus de 40 vins en fontaines permettant dégustation et vente.

Ph. Gajic/MICHELIN

Les Caprices de l'Instant – *12 r. Jacques-Cœur - M° Bastille - ☎ 01 40 27 89 00 - lun.-ven. 15h-20h, sam.-dim. 10h-13h, 15h-20h - fermé sem. du 15 août et mer.* Ne sélectionnant que des crus dignes de l'esprit de son terroir, ce caviste réputé se fait un devoir de ne proposer que des vins arrivés à maturité. C'est donc les yeux fermés que l'on s'en remet aux papilles expertes de ce passionné.

Moisan – *5 pl. d'Aligre - M° Ledru-Rollin - ☎ 01 43 45 46 60 - mar.-sam. 7h-13h30, 15h-20h et dim. 7h-13h30.* On se bouscule pour acheter le délicieux pain biologique fabriqué sous vos yeux dans cette boulangerie cossue. Pains, tartes et brioches sont élaborés à base de farine certifiée AB. Parmi les produits vedettes : le Saint-Jean (très gros pain), les éclairs, les tartes tatin et les charlottes au chocolat. Une excellente adresse parisienne.

comprendre

Une prison célèbre – L'hôtel Saint-Paul, où vit Charles V, n'est pas fortifié. Pour se ménager un refuge, le roi décide d'élever, tout à côté, le « chastel St-Antoine », que les Parisiens appelleront, du nom du quartier déprimé et marécageux, la Bastille. Le prévôt Hugues Aubriot en pose la première pierre en 1370 et assure économiquement sa construction par le moyen de la « presse » : tous les hommes qui traînent dans la ville sont conduits sur le chantier. La Bastille est terminée en 1382. Le trop énergique prévôt en devient le premier détenu.

L'histoire de la Bastille n'a rien d'héroïque : assiégée sept fois au cours des guerres civiles, elle se rend six fois sans résistance. L'épisode le plus marquant se produit en 1652, quand la Grande Mademoiselle, cousine de Louis XIV, fait ouvrir la porte St-Antoine à l'armée frondeuse de Condé et canonne les forces royales de Turenne qui la poursuivent.

Le 14 juillet 1789 – Depuis le 17e s., la Bastille, devenue prison d'État, est le symbole de l'arbitraire royal. Malgré l'abolition des lettres de cachet en 1784, la Bastille subit

> **LE RÉGIME DE LA PRISON**
> La « lettre de cachet » est signée : qui concerne-t-elle ? Qu'importe ! Le sort de la personne est décidé : un séjour de santé à la Bastille. L'existence n'y était peut-être pas si éprouvante. Entre l'énigmatique Masque de Fer, le turbulent seigneur Bassompierre, le trop franc Voltaire, le jeune débauché Mirabeau et le chevalier d'industrie Latude, il était toujours possible de s'instruire. Latude s'y trouve si bien qu'il s'y installe pendant 12 ans et ne prend que deux fois des vacances... en s'évadant.

l'attaque révolutionnaire du 14 juillet 1789 : munis d'armes prises à l'hôtel des Invalides, les Parisiens marchent sur elle le 14 au matin. Arrêtés au pied des murailles par les Suisses, ils reçoivent le soutien des gardes françaises en fin d'après-midi. Le marquis de Launay, gouverneur de la forteresse, capitule. Il est massacré avec sa petite garnison. Les sept prisonniers (dont un fou) sont portés en triomphe. À la fin de 1789, 800 ouvriers s'acharnent à détruire la Bastille morceau par morceau.

se promener

La réhabilitation du port contribue à l'essor de la navigation de plaisance en Île-de-France : mesurant 540 m de long, il a une capacité de plus de 230 bateaux.

Départ du port de l'Arsenal.

Port de plaisance de Paris-Arsenal
Le canal Saint-Martin se jette, après un passage forcé sous le tunnel du boulevard Richard-Lenoir, dans cet ancien fossé de l'enceinte de Charles V.

S. Sauvignier/MICHELIN

Place de la Bastille
Tout autour de la place se sont installés cinémas, cafés et lieux de spectacles.
Au sol, des lignes de pavés tracent le contour de l'ancienne forteresse ; en son centre se dresse la **colonne de Juillet** (1831-1840), haute de 47 m et élevée par Alavoine : les Parisiens tués lors des révolutions de 1830 et 1848 reposent dans son soubassement, leurs noms gravés sur le fût de bronze. Au sommet, le génie de la Liberté est signé Dumont.

Les petites rues de la Bastille
Les petites rues de la Bastille étaient le pittoresque domaine des fameux bals populaires, que fréquentaient les « apaches ». Quelques échoppes, datant de la colonisation auvergnate et aveyronnaise, côtoient de nombreux bars très animés. La musique qui s'échappe des rues St-Sabin, Daval et Keller n'a aucun point commun avec celle de l'Opéra... Rien de tel qu'un mélange de genre pour enrichir sa culture ! La **rue de Lappe** permet de replonger dans l'univers branché du quartier Bastille.
Si vous souhaitez prolonger votre balade et découvrir l'une des promenades du dimanche des Parisiens, longez l'Opéra-Bastille rue de Lyon pour rejoindre, avenue Daumesnil, le viaduc des Arts (voir description à faubourg Saint-Antoine).

visiter

Opéra de Paris-Bastille★
Visite guidée (1h1/4). 11€. Se renseigner au ☎ 01 40 01 19 70.

Il a fallu pas moins de six ans pour construire cet opéra (1983-1989). Bastille oblige, l'inauguration date du 14 juillet 1989 ; l'opéra de Berlioz, *Les Troyens*, ouvrit en mars 1990 la première saison artistique.

S. Sauvignier/MICHELIN

UN BÂTIMENT FONCTIONNEL ET HARMONIEUX
Sur l'emplacement de l'ancienne gare de la Bastille, l'architecte uruguayo-canadien Carlos Ott a choisi un plan moderne avec un contrôle rigoureux des formes, des proportions et du choix des matériaux. Pour la grande salle de 2 700 places, le granit bleu de Lannelin (Bretagne) se marie élégamment au bois de poirier venu de Chine. L'immensité du bâtiment s'explique par la réunion en ce seul lieu, et ce pour la première fois au monde, de tous les artisans nécessaires à la réalisation d'un opéra : 74 corps de métiers y travaillent, du bottier au perruquier, du peintre à l'électronicien. Tous les décors y sont conçus et stockés.

Rencontre architecturale : la colonne de Juillet et son Génie viennent se refléter sur la façade du studio de l'Opéra Bastille.

alentours

Quartier de l'Arsenal
M° Sully-Morland. On rejoindra ce quartier depuis la place de la Bastille, soit en empruntant le boulevard Henri-IV, soit en suivant la pittoresque rue du Petit-Musc qui court parallèlement au boulevard jusqu'au quai des Célestins.

Quai des Célestins
Ces terrains en bord de Seine appartenaient au prestigieux monastère des Célestins, dont l'église était réputée pour ses œuvres d'art.
Traverser le boulevard Henri-IV vers la rue de Sully.

Arsenal
En 1512, les Célestins durent céder la place à ce qui allait devenir l'Arsenal royal, puis la résidence de Sully,

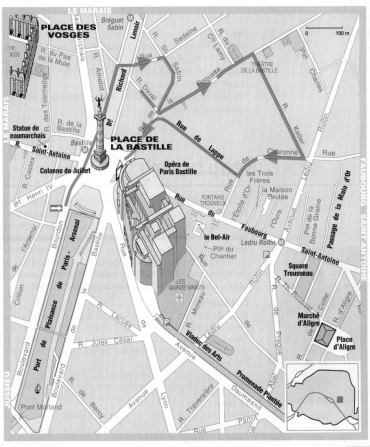

**CHARLES NODIER
ET LE ROMANTISME**
Bibliothécaire de
l'Arsenal de 1824 à 1844,
Charles Nodier y reçut
Lamartine, Hugo, Vigny,
Musset, Dumas, etc.
donnant l'élan au
mouvement romantique.
Vers 1900, J.-M. de
Heredia prit le relais,
en compagnie
des Parnassiens.

une fois reconstruit par Philibert Delorme, avant de devenir un tribunal : Fouquet et la Voisin, célèbre empoisonneuse du 17ᵉ s. y comparurent.

La balustrade du toit de l'Arsenal rappelle l'origine de l'édifice : mortiers fumants et canons s'y déploient encore !

La **caserne des Célestins** (*à gauche de l'Arsenal*), édifiée en 1892, est le quartier de cavalerie de la garde républicaine.

◀ **Bibliothèque de l'Arsenal** – *20 bd Henri-IV*. Construite en 1757 par Paulmy d'Argenson (ministre de la Guerre puis ambassadeur) à titre privé, elle devient publique à partir de 1797. Elle abrite 1,5 million de volumes, 15 000 manuscrits, 120 000 estampes. On visite la salle des Manuscrits, le salon de Musique du 18ᵉ s. (belle pendule de Julien Le Roy, bas-reliefs de Bouchardon de la fontaine des Quatre-Saisons), la chambre et le cabinet de La Meilleraye (peintures du 17ᵉ s.).

Pavillon de l'Arsenal – *Tlj sf lun. 10h30-18h30, dim. et j. fériés 11h-19h. Fermé 1ᵉʳ janv. Gratuit.* ☎ *01 42 76 33 97. www.pavillon-arsenal.com*
Architecture de verre et de métal de la fin du 19ᵉ s. Exposition sur l'architecture et l'urbanisme parisiens, depuis les enceintes fortifiées jusqu'aux réalisations contemporaines (quartiers Bercy, Citroën, La Villette, l'Est parisien).

Sur la place, on peut voir la **statue d'Arthur Rimbaud**, l'« homme aux semelles de-vant », selon le mot du sculpteur Ipousteguy, faisant allusion à ce que Verlaine avait écrit en parlant de Rimbaud « l'homme aux semelles de vent ».

Square Henri-Galli

Dans ce petit square, on peut apercevoir les soubassements de la « tour de la Liberté », vestige de la Bastille découvert lors des travaux du métro, en 1899, et transporté ici.

Pont Sully

De cette partie du pont, la **vue★** sur le **quai d'Anjou**, coudé, ombragé et bordé de beaux hôtels, et sur le **pont Marie★**, qui est peut-être dans sa simplicité l'un des plus beaux de Paris, est superbe.

On poursuivra la promenade en franchissant le pont qui conduit à l'île Saint-Louis (voir ce nom).

Beaubourg★★

Mouvement joyeux des saltimbanques et de la foule, couleurs du bâtiment et sons d'un quartier populaire où la musique omniprésente nous laisserait croire, pour un peu, que la fête bat son plein tous les jours ! Imprégné de ces images et de ces bruits, on aborde ce temple de l'art contemporain qu'est le Centre Georges-Pompidou pour se frotter aux tendances les plus avancées de la création artistique actuelle.

La situation

Plan Michelin nᵒ 54 H 15 – 3ᵉ et 4ᵉ arr. – Mᵒ Rambuteau (ligne 11), Hôtel-de-ville (lignes 1 et 11) – RER Châtelet-les-Halles (ligne A) – Bus 29, 38 et 47. Entre les Halles et le quartier du Marais. L'Hôtel de Ville et la rue de Rivoli sont à deux pas.

Voir à proximité Châtelet-Hôtel de Ville, les Halles, le Marais, République (quartier du Temple).

Le nom

À côté du village de Saint-Merri existait un lieu très peu recommandable de plaisirs faciles, qui par dérision fut désigné comme le « Beau Bourg ».

Depuis le Moyen Âge, l'adresse des jongleurs fascine.

D. Pazery/MICHELIN

Les gens

Sur les millions de visiteurs qui sont déjà venus au Centre Georges-Pompidou, 65 % ont moins de 35 ans, 22 % ont entre 35 et 49 ans, et 13 % ont plus de 50 ans.

découvrir

Le Centre Georges-Pompidou★★★

Les activités proposées

Le **musée national d'Art moderne (MNAM)** occupe les 4e et 5e niveaux.

La **Bibliothèque publique d'information (BPI)**, aux 1er, 2e et 3e niveaux, donne l'accès direct aux documents les plus divers : livres, images sur vidéodisques, films, bandes vidéo, banques de données documentaires...

L'**Institut de recherche et coordination acoustique et musique (Ircam)**, installé sous la place Stravinski, a pour mission l'exploration du monde sonore et offre un programme de concerts.

Outre ces départements, le Centre comprend plusieurs **galeries d'expositions temporaires** aux 1er (mezzanine Sud) et 6e niveaux.

L'**espace spectacle** (niveau -1) regroupe quatre salles consacrées au spectacle vivant (danse, musique, théâtre), au cinéma en salle Garance (niveau 0) et aux débats et colloques.

Depuis 1977, l'œuvre des architectes Richard Rogers et Renzo Piano, déploie son ossature d'acier, ses parois de verre, ses couleurs franches. Grand escalator dans son tube de verre, la « chenille » trace la diagonale de cet édifice d'une technique d'avant-garde.

Le Centre Pompidou pratique

INFORMATION

Bureau d'information –
Standard ☎ 01 44 78 12 33,
www.centrepompidou.fr ; www.bpi.fr
(pour la bibliothèque).

VISITE

Horaires et tarifs – ♿ Centre Georges-Pompidou : 11h-21h (dernière entrée 1h av. fermeture) ; musée et expositions : 11h-21h, jeu. 11h-23h. Fermé mar. et 1er mai. 7€ ou 10€ selon espaces (-13 ans : exposition gratuit ; -18 ans : musée gratuit), musée national d'Art moderne gratuit 1er dim. du mois. ☎ 01 44 78 12 33. www.cnac-gp.fr

Visites commentées – Visites guidées du musée national d'Art moderne et des expo. temporaires : se renseigner au ☎ 01 44 78 13 15, lun.-jeu. 9h-18h, ven. 9h-16h30 (fermé 13h-14h).

Laissez-passer – Valable un an, il permet l'accès sans attente et permanent au musée, à toutes les expo., aux cinémas du Centre et à des conférences ; réductions sur les spectacles et concerts. De 21€ à 42€. ☎ 01 44 78 14 63.

Visiteurs handicapés – Des parcours tactiles ont été mis en place pour les non-voyants au musée national d'Art moderne, en groupe et avec un accompagnateur, animateur du centre Georges-Pompidou. Renseignements au ☎ 01 44 78 49.54. www.centrepompidou.fr/Accessibilité.

*À chaque fonction sa couleur :
vert : fluides ;
blanc : manches à air ;
bleu : air conditionné ;
jaune : électricité ;
rouge : transports.*

Musée national d'Art moderne (MNAM/CCI)★★★

Accès par le niveau 4. Dans les salles, des fiches pédagogiques commentent les grands mouvements artistiques.

C'est l'un des plus riches musées d'Art moderne du monde (près de 50 000 œuvres). Il couvre tous les domaines de la création, de la peinture à l'architecture, en passant par la photographie, le cinéma, les nouveaux médias, la sculpture ou le design. Des salles monographiques alternent avec des salles thématiques (le Cubisme, le Surréalisme, l'Arte Povera...), pour une lecture plus aisée des grandes tendances de l'art moderne et contemporain.

Malgré l'étendue des salles d'exposition, seule une sélection des œuvres est visible. Un nouvel accrochage tous les ans permet la présentation d'autres pièces maîtresses de la collection. Ainsi, de nouvelles acquisitions sont à découvrir à chaque visite ! Le musée est réparti sur 2 étages : les modernes de 1905 à 1960 (niveau 5) et les contemporains de 1960 à nos jours (niveau 4).

Les modernes – Une quarantaine de salles présentent en permanence 900 œuvres (accrochage renouvelé tous les ans) : peintures, sculptures, photos, design et architecture (maquettes, objets, pièces de mobilier, dessins). L'alternance entre des salles monographiques (Balthus, Picasso, Rouault, Matisse, Léger, Soulages...) et des salles thématiques (autour de la nature morte, du nu...) offre au visiteur une approche vivante et attrayante.

Tous les courants artistiques de la première moitié du 20e s. sont représentés : le **fauvisme** avec Derain, Matisse, Dufy qui, aux teintes des Nabis, opposent la violence de la couleur pure étendue en larges aplats. Les peintres et les sculpteurs **cubistes** traduisent leur vision par la reconstruction de la réalité à l'aide de lignes et de volumes géométriques. Ils eurent pour promoteurs, vers 1907, **Braque** et **Picasso**, le cubisme ne constituant d'ailleurs qu'une phase de l'œuvre de ces artistes.

En marge de cette époque se situe l'œuvre pathétique de **Rouault**, attentif aux êtres humiliés comme le clown après son numéro.

Né pendant la Grande Guerre à Zurich, le mouvement « Dada » fut, à l'origine, une violente rébellion contre une civilisation qui semblait se détruire elle-même. Il traduisit sa négation des valeurs par une sorte d'anti-art. Dès 1913, **Marcel Duchamp** utilise, tels quels, des objets quotidiens (roue de bicyclette ou porte-bouteilles) promus à la qualité d'objets d'art *(ready-mades)*.

Chagall, **Larionov** et **Gontcharova** recherchent l'expressivité et manifestent un intérêt commun pour les arts populaires.

Les peintres abstraits, refusant tout élément figuratif, veulent s'exprimer par le simple jeu des lignes et des couleurs. Cette forme d'art, que l'on voit naître dès 1909 chez **Kandinsky** avec ses *Improvisations*, s'affirme avec **Kupka** et **Klee**. Se rattachent à ce mouvement les constructivistes et suprématistes russes, menés par **Tatline** et **Malevitch**, auteur du célèbre *Carré noir sur fond blanc*. Champions de l'abstraction géométrique, **Mondrian** et Van Doesburg créent le mouvement De Stijl dont s'inspire la fameuse école pluridisciplinaire du **Bauhaus**. Le fonctionnalisme s'impose dans le mobilier, métallique et dépouillé, et dans l'architecture. Robert et Sonia **Delaunay** sont à mi-chemin entre la géométrie cubiste et les recherches coloristes. **Fernand Léger**, proche du purisme, cherche à traduire la transformation de l'individu dans le monde moderne.

Issu du dadaïsme, le **surréalisme** occupe la place d'honneur avec la présentation du mur de l'atelier d'**André Breton**, regroupant 250 œuvres collectionnées par l'inspirateur de ce mouvement dans son appartement de la rue Fontaine (une vidéo installée dans l'espace consacré au poète en restitue l'atmosphère). Les toiles des grands surréalistes, **De Chirico**, **Dali**,

EN SAVOIR PLUS

Dans le salon du musée et l'espace nouveaux médias *(niveau 4)*, vous pourrez consulter des ouvrages, des bases de données et des fiches pédagogiques sur les collections.

INCONTOURNABLE

Dans le parcours chronologique proposé, magnifique ensemble de 8 salles consacrées aux œuvres phares du surréalisme, organisées autour d'un espace présentant les pièces majeures de l'atelier d'André Breton : œuvres de ses amis surréalistes, masques africains et eskimos, objets étranges...

Magritte, **Ernst**, **Miró**, **Masson**, **Picasso**, **Tanguy**, complètent l'ensemble dans les salles adjacentes. Ce mouvement inspire des peintres américains comme **Gorky** et **Pollock**, très impressionnés par les dessins automatiques des années 1920.

Dans les années 1950, l'abstraction tente un certain nombre d'artistes, tant en France qu'à l'étranger. Les uns mettent l'accent sur le trait **(Hartung)**, les autres divisent les surfaces en de grands aplats de couleur **(de Staël)** ou tentent de faire entrer la troisième dimension dans la peinture **(Dubuffet)**. **Pierre Soulages**, lui, travaille le noir.

L'avant-garde américaine des années 1940-1960 est représentée par **Francis**, **Pollock** et **Newman**.

Des pans importants de l'architecture et du design sont présentés de manière thématique : le rationalisme de 1930 aux années 1950 (Marcel Breuer et Robert Le Ricolais) ; l'utilisation du bois ; Le Corbusier.

Le parcours s'achève par les sculptures de **Brancusi** et ▶ l'œuvre monumentale en papiers découpés, *La Tristesse du Roi*, de **Matisse**.

Sur les trois terrasses qui prolongent le musée, sculptures monumentales de Laurens, Miró, Richier et Ernst, Calder et Takis.

Les contemporains – La création contemporaine, de 1960 à nos jours, occupe tout le quatrième étage. Un accrochage nouveau met chaque année en valeur certains thèmes. La présentation de grands mouvements artistiques, associée à celle de fortes personnalités, montre une vision dynamique et évolutive. On plonge dans un univers de couleurs, de formes et de mouvements alliant art et vie quotidienne. On se trouve tout de suite confronté au *Requiem pour une feuille morte* de **Tinguely**.

L'expression artistique est illustrée par le Pop Art avec **Warhol**, le nouveau réalisme avec **Klein**, **Arman**, **Niki de Saint-Phalle**, le cinétisme avec **Agam** (*Antichambre*

> **AUX SOURCES DE LA SCULPTURE MODERNE**
> L'atelier que **Constantin Brancusi** occupa, impasse Ronsin dans le 15e arrondissement, a été reconstitué à l'identique par Renzo Piano sur la Piazza. Grand initiateur de la sculpture moderne, Brancusi est né en Roumanie et vécut à Paris de 1904 à sa mort en 1957.

carnet pratique

RESTAURATION
Se reporter à la rubrique « Restauration » dans les Informations pratiques, en début de guide, ce quartier correspond au 4e arrondissement.

SORTIES
Café Beaubourg – *43 r. St-Merri -* M° Chatelet - ☎ 01 48 87 63 96 - dim.-jeu. 8h-1h., ven.-sam. 8h-2h. Ce café dispose d'une belle terrasse tournée vers le Centre Georges-Pompidou. À l'intérieur, mobilier contemporain, lignes épurées et un texte de Philippe Sollers encastré dans un mur. Un bel escalier mène à la mezzanine. L'adresse propose également une carte de restauration. Clientèle plutôt « fashion ».

Le Petit Marcel – *65 r. Rambuteau -* M° Rambuteau - ☎ 01 48 87 10 20 - lun.-ven. 8h-0h, sam. et dim. 12h-0h - fermé août et Noël. Petit café traditionnel au joli décor 1900, non restauré, qui donne l'impression de retrouver l'ambiance des anciennes Halles toutes proches. Y prendre un café ou y donner rendez-vous à des amis autour d'un ballon de rouge.

Les Bains – *7 r. Bourg-l'Abbé -* M° Étienne-Marcel - ☎ 01 48 87 01 80 - 21h-aube - fermé août, dim. et lun. Temple de la *new wave* et lieu ultrabranché dans les années 1980, l'endroit s'est converti à la *house music* sous l'impulsion du couple Guetta.

Stars et tops models s'admirent mutuellement dans le salon VIP situé à l'étage ou dansent au sous-sol sur des rythmes disco-house ou funk. Le lieu *fashion* par excellence.

ACHATS
Rue Quincampoix – M° Rambuteau. En haut de cette ruelle parsemée de galeries d'art, vous découvrirez Tendance qui présente des œuvres rares d'artistes réputés, Clara Scremini et ses superbes expositions de créations en verre et Aurus spécialisée dans les bijoux de créateurs.

La Boîte à perles – *194 r. St-Denis -* M° Réaumur-Sébastopol - ☎ 01 42 33 71 72 - lun.-jeu. 9h30-17h45, ven. 9h30-16h45 - fermé août et sam. Au fond d'une petite cour, cette boutique aux allures « rétro » propose plusieurs centaines de variétés de perles, de nombreux articles pour la confection de bijoux, des strass et des paillettes.

Le comptoir des Écritures – *35 r. Quincampoix - M° Rambuteau -* ☎ 01 42 78 95 10 - tlj sf dim. Boutique consacrée à l'écriture, ses ustensiles (burins, calames, pinceaux, plumes d'oie et de cygne, porte-plume) et ses supports (papier fait main, papyrus, etc.). Ouvrages sur la calligraphie, galerie d'exposition et cours de calligraphie.

des appartements privés de l'Élysée) et les « environne-ments » avec **Dubuffet** *(Le Jardin d'hiver),* **Boltanski** *(Réserve),* **Beuys** *(Plight)* et **Raynaud** *(Container Zéro).*

L'évolution de l'architecture et du design des années 1960 à nos jours est retracée, depuis les projets critiques ou idéalistes de **Superstudio** jusqu'aux réalisations récentes de **Toyo Ito** ou **Dominique Perrault**.

Des films de Philippe Garrel, Nicolas Schoeffer et une installation vidéo de Peter Campus sont présentés dans une salle de cinéma intégrée au parcours.

Après la visite du musée ou de l'exposition, gagner le 6e niveau. De l'extrémité de l'escalator et des terrasses, belle **vue★★** sur les toits de Paris d'où émergent, à droite, la colline de Montmartre et la basilique du Sacré-Cœur.

se promener

Quartier Saint-Merri

Au Sud de la fontaine des Innocents, passer sous les arcades pour rejoindre la rue de la Ferronnerie. Voir schéma p. 218.

Rue de la Ferronnerie

Tracée au 13e s., elle porte son nom depuis 1229. C'est au niveau du no 11 de la rue que Henri IV fut assassiné le 14 mai 1610. Le roi était parti du Louvre pour aller voir Sully à l'Arsenal. Son carrosse s'était engagé dans la rue. Deux charrettes qui s'étaient accrochées obligèrent la voiture royale à s'arrêter. Ravaillac, qui, depuis le Louvre, la suivait en courant, saisit l'occasion. Il se hissa sur la roue arrière du véhicule et frappa Henri IV de deux coups de couteau mortels.

Rue St-Denis

UN PEU PLUS LOIN... La rue de la Grande-Truanderie rappelle l'une de ces « cours des Miracles » qui servirent de refuge aux truands et aux ribaudes de Paris jusque sous Louis XIV.

Dès son ouverture au 8e s., elle est la plus commerçante et la plus riche ; elle est aussi « encourtinée et noble-ment parée » lorsque les rois l'empruntent pour gagner Notre-Dame.

Si les rois ont disparu, on y pratique encore le plus vieux métier du monde, et les sex-shops abondent.

Rue des Lombards

Typique petite rue médiévale où, à l'époque, les usuriers lombards vendaient leur argent à prix d'or. Les Juifs et les Levantins prirent le relais.

Rue Quincampoix

Le système de **Law** connut son apogée au no 65 dans l'hôtel de Beaufort. La banque du financier écossais s'éta-blit en 1719 dans cette ruelle dont toutes les maisons furent bientôt envahies par des agioteurs : sur l'étroite chaussée, on se bouscule, on s'entasse ; un bossu gagne 150 000 livres en prêtant son dos comme pupitre ; un savetier loue son tabouret et en tire 6 000 livres par mois. Des fortunes inouïes s'édifient en quelques jours. Cette période de folie dure jusqu'en 1720, puis la banque sombre et les spéculateurs s'enfuient. La maison de Law a disparu avec le percement de la rue Rambuteau. Dans la rue, de vieilles demeures (nos 10, 12, 13, 14) présentent des façades ornées de masques, de balcons en fer forgé, des portes sculptées ou cloutées.

Église St-Merri★

Entrer par le presbytère St-Merri, 76 r. de la Verrerie. Tlj sf w.-end, 15h-18h30.

SOUVENIRS SONORES De la chapelle médiévale qui la précéda, St-Merri a conservé une cloche de 1331, probablement la plus ancienne de Paris. Les grandes orgues au majestueux buffet (17e s.) eurent Saint-Saëns pour titulaire.

Saint Merri ou Médéric, mort ici au 7e s., était invoqué pour la libération des captifs. L'édifice, commencé en 1520 et terminé en 1612, a été construit dans le style gothique flamboyant du 15e s. C'était autrefois la riche paroisse des usuriers lombards.

Le cadre extérieur est en partie resté celui des églises d'autrefois : des maisons cachent le flanc droit. L'inté-rieur flamboyant conserve de beaux vitraux du 16e s., dans les trois premières travées du chœur et le transept, et une belle voûte en réseau à la croisée. Remarquer les magnifiques boiseries (chaire, sacristie, gloire au fond du chœur) et les tableaux.

En sortant de l'église, suivre à gauche la rue de la Verrerie et contourner le chevet par la rue des Juges-Consuls (créés par Charles IX, ces magistrats jugeaient les différends entre marchands). À l'angle de la rue du Cloître-St-Merri, maison du 18ᵉ s., restaurée.

Fontaine Stravinski*

Sur la place Stravinski, la fontaine est animée de sculptures, noires de Tinguely et colorées de Niki de Saint-Phalle, évoquant les œuvres du grand compositeur *(Le Sacre du printemps, L'Oiseau de feu...)*.

De la terrasse, vue remarquable sur St-Merri et ses gargouilles.

B. Kaufmann/MICHELIN/© Adagp. Paris 2004

Les sculptures colorées de la fontaine Stravinski narguent les gargouilles de l'église St-Merri.

Rue Saint-Merri

Dans le prolongement de la rue Berger, après avoir traversé la rue Beaubourg. Ne vous contentez pas des beaux hôtels du 17ᵉ s. (nᵒˢ 9 et 12) : poussez la curiosité jusqu'au cul-de-sac du Bœuf, très vieille impasse parisienne.

Revenir sur vos pas et traverser la rue Beaubourg afin de rejoindre le plateau de Beaubourg.

Plateau de Beaubourg

Ce quartier réaménagé en 1939 puis en 1968 a été rénové. On y trouve de nombreuses animations, du cirque (jongleurs, cracheurs de feu) à la musique. L'été, le soleil illumine la place tout l'après-midi. Il y a foule tous les week-ends. Les grandes expositions, temps forts de Beaubourg, attirent une foule internationale dans une atmosphère toujours bon enfant, animée et colorée.

Quitter la piazza en suivant la rue St-Martin. À gauche s'ouvre le passage Molière qui aboutit rue Quincampoix.

Théâtre Molière – Maison de la Poésie

157 r. St-Martin, 3ᵉ arr. Information et billeterie sur place ou par téléphone, tlj sf dim. et lun. 14h-18h. ☎ 01 44 54 53 00. Créée en 1983, la Maison de la Poésie, autrefois sur la terrasse du Forum des Halles, est désormais installée dans le théâtre Molière. Ce théâtre, fondé en 1791, connut au fil des ans une existence mouvementée, avant d'être démantelé. Réouvert au public en 1994, il est devenu tout à la fois théâtre et maison de la Poésie, et a pour vocation de faire découvrir, à travers des spectacles, des concerts, des lectures-rencontres, le patrimoine poétique de toutes les origines et de toutes les époques.

Quartier de l'Horloge

Le **Défenseur du Temps**, sculpture automate de **Jacques Monestier**, résiste tant bien que mal au vieillissement de ce quartier pourtant modernisé. Lorsque l'horloge s'anime, l'homme armé livre combat contre un dragon, un oiseau ou un crabe qui symbolisent la Terre, l'Air et l'Eau. Il le fait, évidemment, avec une régularité exemplaire, qui dissimule l'absurde d'un combat sans cesse répété...

G. Odin/Musée de la poupée

Musée de la Poupée

Imp. Berthaud. Tlj sf lun. 10h-18h (dernière entrée 1/2h av. fermeture). Fermé j. fériés. 6€ (enf. : 3€). ☎ *01 42 72 73 11.* *www.museedelapoupeeparis.com*

⬚ Les belles heures de la poupée en biscuit (en porcelaine, cuite deux fois : « bis cuit ») depuis le 19ᵉ s. jusqu'à nos jours.

Belleville★

Montées abruptes, boyaux sinueux... Belleville, c'est le charme de l'insolite et des communautés mélangées, sur fond de vieux Paris populaire, où naquit Édith Piaf. Daniel Pennac et sa tribu Malaussène circulent joyeusement dans les rues tranquilles, les terrains vagues et les petits îlots de verdure. On y a aussi une jolie vue sur Paris...

La situation

Plan Michelin nº 54 E 19-21, F 19-21, G 19-21 – 19ᵉ et 20ᵉ arr. – Mᵒ Belleville (lignes 6 et 11), Pyrénées (ligne 11), Ménilmontant (ligne 2) et Gambetta (lignes 3 et 3 bis) – Bus 26, 96. Belleville est situé sur une colline et domine la ville. Les immeubles modernes y côtoient les vieilles maisons, autour d'un jardin et de quelques pieds de vigne.

Le nom

Au 16ᵉ s., Belleville-sur-Sablon remplace les anciens noms du lieu : Poitronville et Savies. La commune de Belleville fut rattachée à Paris en 1860 et partagée entre les 19ᵉ et 20ᵉ arrondissements.

Les gens

Les communautés immigrées se sont succédé et mélangées à Belleville : Juifs ashkénazes, séfarades, Russes et Asiatiques donnent son caractère populaire à ce quartier très animé. Beaucoup de jeunes, branchés ou artistes, vivent aussi aujourd'hui à Belleville et font de ce lieu un quartier « qui monte », dans tous les sens du terme...

se promener

Départ du métro Belleville.

La vue sur la rue qui monte, depuis le boulevard de Belleville, est assez saisissante : les enseignes de restaurants chinois s'y enchaînent sans répit. On s'engage dans un quartier populaire, pourvu d'un charme bien particulier.

Rue de Belleville

Très commerçante et animée toute la journée, elle s'étend du métro Belleville à la porte des Lilas. Son nº 72 vit naître (d'après la plaque apposée, elle serait

---

PIAF AU MUSÉE !

Petit **musée** privé, avec de nombreux souvenirs de la grande Édith Piaf.
5 r. Crespin-du-Gast, 11ᵉ arr., Mᵒ Ménilmontant. Lun.-mer. 13h-18h, jeu. 10h-12h. Sur demande préalable (2 j. av.). Fermé juin, sept. et j. fériés. ☎ *01 43 55 52 72.* ◀

LA MÔME ET LE P'TIT GARS

Enfant du pavé, Giovanna Gassion commença par chanter dans la rue. Bientôt connue par la radio, le disque et le music-hall sous le nom d'Édith Piaf, elle allait, dès 1935, incarner l'esprit de la France et en être l'enfant chérie grâce au pouvoir d'envoûtement d'une voix aux inflexions bouleversantes.

Né dans le même quartier, en 1888, Maurice Chevalier fut un autre grand personnage de l'époque. Acteur, artiste-fantaisiste et chansonnier, il devint le partenaire de Jeanne Mistinguett aux Folies Bergère (1909) et chanta au Casino de Paris entre les deux guerres. Sa carrière connut son apogée à Broadway, où il imposa sa célèbre silhouette (smoking et canotier). Le public l'aimait pour ses chansons comme *Ma pomme*, *Prosper* et *Marche de Ménilmontant*, tout droit issues de Belleville.

carnet pratique

B

VISITE

Belleville insolite – *24 r. Robert-Houdin - M° Belleville -* ☎ *01 43 57 49 85 - belleville-insolite.org - visites toute la sem - 10€.*
Cette association propose une découverte de Belleville (3h) et de l'Est parisien : visite de lieux emblématiques, évocations historiques et rencontres avec habitants, artistes et commerçants du quartier. Réservation obligatoire.

RESTAURATION

Se reporter à la rubrique « Restauration » dans les Informations pratiques, en début de guide ; ce quartier correspond aux 11e, 19e et 20e arrondissements.

PETITE PAUSE

L'Atelier d'Asnour – *6 r. Julien-Lacroix - M° Ménilmontant -* ☎ *01 46 36 19 15 - www.asnour.org - 11h-1h30 - fermé 15 août au déb. sept. et lun.* Asnour, peintre d'origine tunisienne, classe ses œuvres dans la « soul painting » (peinture de l'âme). Il puise son inspiration dans le tourbillonnement de la danse soufie et réalise parfois ses œuvres en public, dans un état quasi extatique entretenu par la présence d'un orchestre de jazz. Dans son atelier, quelques tables et un bon thé à la menthe invitent à la pause et à la contemplation.

SORTIES

Le Baratin – *3 r. Jouye-Rouve - M° Pyrénées -* ☎ *01 43 49 39 70 - mar.-ven. 12h-16h30, 18h-1h - fermé 2 sem. août et 1ère sem. janv.* À deux pas du parc de Belleville et des restaurants chinois, une adresse de bar à vins populaire, fréquenté par les artistes dont les ateliers sont proches.
Lou Pascalou – *14 r. des Panoyaux - M° Ménilmontant -* ☎ *01 46 36 78 10.* Dès qu'un rayon de soleil perce les nuages, la terrasse de ce bar est prise d'assaut par les gens du quartier et les « tribus » branchées de l'Est parisien, et donne à la placette une plaisante atmosphère de village. L'intérieur du café - superbe zinc, mosaïques et fresques - possède aussi un charme certain.

ACHATS

Mon Oncle le Vigneron – *2 r. Pradier - M° Pyrénées -* ☎ *01 42 00 43 30.* Le patron, originaire du pays basque, s'est fixé une mission : régaler les Parisiens avec les beaux produits de nos régions. Foies gras et confits du Sud-Ouest, charcuteries fabriquées par un artisan du Nord, cave constituée de bergeracs, cahors, coteaux d'Aix, crus du Languedoc, du Ventoux et de l'Ardèche. Le « must » ? Prendre un copieux repas à la table d'hôte (sur réservation).
Tatanka – *13 bis r. Pradier - M° Pyrénées -* ☎ *01 42 08 30 30 - mar.-sam. 10h30-13h, 14h-19h30 - fermé août, j. fériés.*
« Tatanka » est le mot sioux pour désigner un bison mâle. Toutefois, cette boutique n'est spécialisée ni en art indien, ni dans les viandes nord-américaines : on y vend des jouets en bois ! Çà et là, chevaux à bascule, bateaux, jeux de société, dés, mikados et tirelires. Proximité du parc oblige, on propose cerfs-volants, boomerangs ou, pour les moins turbulents, quelques livres.

---

en fait née à l'hôpital Tenon), le 19 décembre 1915, Giovanna Gassion, future **Édith Piaf**, qui rendit éternelles les chansons *La Vie en rose* ou *Les Trois Cloches*. C'est elle qui permit à Yves Montand, Charles Aznavour, Georges Moustaki, parmi beaucoup d'autres, de se révéler.
Redescendre légèrement et prendre à gauche la rue Piat.

Le beau gazon fleuri du parc de Belleville et le panorama en prime. Que demander de plus ?

S. Sauvignier/MICHELIN

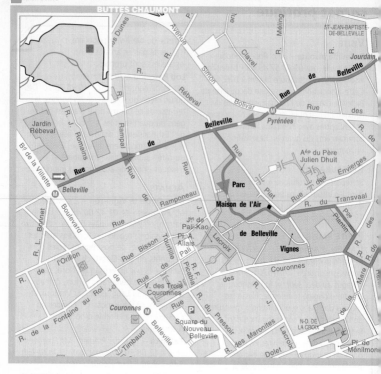

LE VIN ET L'EAU DE BELLEVILLE
Les noms des rues évoquent le passé viticole et riche en sources du village : rue des Vignoles, des Panoyaux (nom du raisin sans pépins), ou encore rues de la Mare, des Cascades, des Rigoles, de la Duée (petite source).

Parc de Belleville★

Du haut du parc, au-dessus de la bien située maison de l'Air, on a une superbe **vue★★** sur Paris. Au-delà du Panthéon et de la tour Montparnasse, on aperçoit le mont Valérien et les collines (plateaux) qui bordent la ville.

🔲 Le parc est agrémenté de plusieurs aires de jeux pour les enfants.

Descendre dans le jardin pour aller à sa découverte, puis remonter.

Si vous doutez d'être sur une colline, placez-vous en haut des escaliers du passage Jean-Lacroix : la dénivellation a permis la création de jardins en terrasses avec cascades et jeux d'eau. Les roches à droite et les vignes *(Nord-Est)* rappellent les anciennes carrières de gypse et le passé viticole de Belleville.

Sortir rue du Transvaal (Nord-Est) : dans la rue, emprunter à droite le surprenant passage Plantin puis, à droite encore, la rue des Couronnes, qui domine l'ancienne voie ferrée de petite ceinture. Prendre à gauche, la rue H. Chevreau et encore à gauche, la rue de la Mare, puis la rue de Savies.

Rue des Cascades

Charme désuet d'une longue rue étroite, où les immeubles n'ont que deux ou trois étages, ponctuée de petits bars : on se croirait dans une petite ville de province. Au coin des escaliers de la rue Fernand-Raynaud, vue sur les toits de Paris.

Regard St-Martin – *N° 42.* Il appartenait au prieuré St-Martin-des-Champs : sur l'écusson martelé de gauche, saint Martin le cavalier est reconnaissable à sa monture.

Regard des Messiers – *N° 17. Descendre les escaliers* Les messiers étaient les gardes qui surveillaient les vignes et les champs.

B

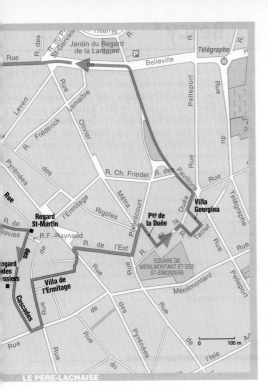

LE PÈRE-LACHAISE

À l'extrémité de la rue des Cascades, prendre à gauche la rue Ménilmontant, puis la rue de l'Ermitage.

Villas et passages de Belleville
Un coup d'œil au détour d'une ruelle, une villa bordée de coquettes maisons et vous voilà un siècle en arrière dans un petit village plein de charme.

Quittez la rue de l'Ermitage par la **villa de l'Ermitage**. Traversez la rue des Pyrénées. La rue de l'Est, puis la rue Pixéricourt, à gauche, conduisent à l'étroit **passage de la Duée**, une des ruelles les plus étroites de Paris. Remonter la rue de la Duée pour découvrir la **villa Georgina** et la rue Taclet, particulièrement fleuries au printemps.

Rue du Télégraphe – *N° 40.* À cet emplacement, ancienne propriété du conventionnel Pelletier de Saint-Fargeau, **Claude Chappe** (1763-1805) fit en 1793 ses premières expériences de télégraphe aérien.

Remonter jusqu'au métro Télégraphe.

Une ruelle de Belleville.

visiter

Maison de l'Air
Parc de Belleville, 27 r. Piat. Avr.-sept. : tlj sf lun. et sam. 13h30-17h30, dim. 13h30-18h30 (dernière entrée 1/2h av. fermeture) ; oct.-mars : tlj sf lun. et sam. 13h30-17h30. Fermé 1er janv., 25 déc. 2€. ☎ 01 43 28 47 63.

Exposition permanente, ludique et attractive (jeux pour les enfants), montrant, à partir d'exemples parisiens, le milieu aérien, ses liens avec les êtres vivants et l'importance de la qualité de l'air. Bref, en sortant, vous connaîtrez les outils du météorologue, la fonction des nuages, les risques de pollution...

S. Sauvignier/MICHELIN

Bercy ★

Du vin à l'argent, il n'y a qu'un pas... Bercy l'a franchi en quelques années. Les entrepôts de vin, dont il reste des noms évocateurs, ont été remplacés par des jardins... Le ministère des Finances domine, mais la culture et les loisirs (palais omnisports de Paris-Bercy, cinémas) y ont aussi leur place... La « petite ville pinardière » est devenue un quartier de plus en plus fréquenté.

La situation

Plan Michelin n° 54 M 19, N 19-20 – 12ᵉ arr. – Mᵒ Bercy (lignes 6 et 14) et Cour-St-Émilion (ligne 14) – Bus 24, 87. Le quartier s'étale le long de la Seine, bordé à l'Ouest par le bâtiment du ministère des Finances et à l'Est par le village et les cinémas de Bercy.

Les gens

Les sportifs internationaux font concurrence aux novices qui s'exercent dans le parc de Bercy. Les premiers bénéficient du soutien de 17 000 spectateurs ; les seconds de papa et maman...

carnet pratique

RESTAURATION

Se reporter à la rubrique « Restauration » dans les Informations pratiques, en début de guide ; ce quartier correspond au 12ᵉ arrondissement.

PETITE PAUSE

Le Batofar – *11 quai François-Mauriac - Mᵒ Quai-de-la-Gare - ☎ 01 56 29 10 33 - www.batofar.net - 20h-3h, 4h selon soirée - fermé dim. soir en hiver.* Cet ancien bateau-phare repeint en rouge et amarré face à la bibliothèque François-Mitterrand est une invitation au voyage : à travers les cultures européennes et l'expérimentation musicale (musique électronique et jazz avant-gardiste). Espace complexe, qui permet de déambuler sur les coursives, de s'isoler dans l'une des cabines salons ou d'user le *dance-floor* sur des rythmes house ou techno. Un lieu alternatif en phase avec l'événement, quel qu'il soit.

Le Batofar, pour s'évader sans s'éloigner.

Raimo Glacier's – *59/63 bd de Reuilly - Mᵒ Daumesnil - ☎ 01 43 43 70 17 - 9h-0h - fermé fév. et lun.* Monsieur Raimo régale les amateurs de glace depuis plus de 50 ans. Au melon, au miel, à la pêche, au muscat, à la pistache, au pamplemousse ou, plus insolite, au gingembre, aux quatre épices, au lait d'amande, il y en a pour tous les goûts ! Ne manquez pas non plus les deux spécialités maison : le nectar de vanille et le parfait au praliné. Terrasse dotée de jolis sièges en rotin.

Café Saveurs – *23 Cour-St-Émilion - Mᵒ Cour-Saint-Émilion - ☎ 01 40 19 02 09.* Une intéressante sélection de thés et de cafés du monde entier à découvrir dans une salle assez « cosy » agrémentée d'écrans plasma diffusant des chaînes musicales. En fin de semaine, un DJ anime les soirées attirant une clientèle jeune et branchée à la sortie des cinémas. Petite restauration très simple à midi, espace boutique et terrasse en teck.

ACHATS

Cour-Saint-Émilion – *Mᵒ Cour-Saint-Émilion.* Boutiques « tendance » pour la maison (*Résonances, Oliviers & Co, Côté Maison...*) et les loisirs (*Fnac Junior, Nature et Découvertes...*), bistrots et restaurants ont investi les anciens entrepôts et se succèdent le long de la jolie rue pavée conquise par les terrasses aux beaux jours. Côté Seine, une architecture verre et acier abrite un complexe UGC (18 salles de cinéma, bar, sandwicheries) offrant, à certains étages, une belle vue sur le fleuve.

S. Sauvignier/MICHELIN

Ministère des Finances

Ses concepteurs Chemetov et Huidobro (1989) ont voulu l'adapter à la configuration des lieux, d'où... une monumentale barre de 300 m de long perpendiculaire à la Seine.

Palais omnisports de Paris-Bercy

Le palais omnisports est l'œuvre des architectes Andrault, Parat et Guvan. Pyramide couverte de gazon destinée aux « sports en salle », soit 22 disciplines possibles, le palais est également ouvert à des manifestations culturelles et artistiques, ainsi qu'à de nombreux concerts.

Sur le parvis Est, une immense fontaine carrée, intitulée *Canyoneaustrate*, de Gérard Singer, évoque le paysage nord-américain.

Sur la place Léonard-Bernstein *(à hauteur du n° 51 de la rue de Bercy)*, face au jardin Ytzhak Rabin, l'immeuble conçu par l'architecte Frank Gehry pour le centre culturel américain, est en cours de transformation pour accueillir la Cinémathèque française, le musée du Cinéma et la Bibliothèque de l'image et du film.

Fraîcheur des cascades de Bercy.

Parc de Bercy★, « jardins de la mémoire »

La « mémoire », c'est celle du vin et de ses entrepôts : on peut y voir les vestiges de chais intégrés à des constructions modernes *(en bordure Sud, autour de la place des Vins-de-France)*, ainsi que quelques pieds de vigne. Les pelouses sont immenses, ponctuées de neuf kiosques. Ce sont des terrains de foot pour les

Un parc agréable où sportifs et promeneurs se côtoient aux beaux jours.

amateurs du dimanche. Le parc comprend huit jardins : quatre jardins « concrets » (verger, potager, roseraie, plantes aromatiques) et quatre autres qui évoquent les saisons. L'eau zigzague et cascade dans le jardin romantique qui cache de petites grottes *(à l'Est)*.

Sortir du parc à l'Est, traverser la rue François-Truffaut et passer sous les arcades des anciens entrepôts de vin.

Cour St-Émilion★

Il y a encore une vingtaine d'années s'étendait ici une « petite ville pinardière » (Léo Malet), baignée d'une « bonne odeur de vinaille » (Alphonse Daudet). Les anciens entrepôts de brique où court une glycine abritent désormais des boutiques et des bars à vin. Au milieu passent encore les rails qui servaient à acheminer les vins. Aujourd'hui, seuls les piétons empruntent cette voie de passage tellement agréable aux beaux jours.

Cour St-Émilion, les trains n'arrivent plus mais l'on peut toujours boire.

alentours

Traversez la Seine par le pont de Tolbiac. À terme, une passerelle reliera le parc de Bercy à la Bibliothèque nationale, sur la rive opposée.

Bibliothèque nationale de France-site François-Mitterrand★

Av. de France, 13ᵉ arr. – Mᵒ Bibliothèque F. Mitterrand (ligne 14) ou Quai de la Gare (ligne 6) – Bus 89. Lun. 14h-20h, mar.-sam. 10h-20h, dim. 12h-19h. Visite guidée sur demande, ☎ 01 53 79 49 49. Fermé 1ᵉʳᵉ quinzaine de sept., 1ᵉʳ janv., Pâques, 1ᵉʳ mai, 14 juil., 25 déc. Gratuit. ☎ 01 53 79 53 79.
Les quatre tours de verre de 80 m de haut dessinées par l'architecte Dominique Perrault symbolisent des livres ouverts. Vaste esplanade rectangulaire recouverte de bois d'ipé. Les salles de lecture font le tour du jardin intérieur (forêt de pins sylvestres). C'est aussi un espace d'expositions temporaires.
À l'arrière des tours, sur l'avenue de France, le nouveau cinéma MK2 Bibliothèque, long bâtiment de verre dessiné par l'architecte Jean-Michel Wilmotte, donne vie à un quartier encore en pleine mutation.

Bois de **Boulogne**★★

Lacs, cascades, étangs, jardins, pelouses, sous-bois... Le bois de Boulogne a gardé son charme d'antan... Aujourd'hui, ce bois est fréquenté par des centaines de cyclistes qui, chaque dimanche matin, sont fidèles à l'entraînement.

La situation

Plan Michelin nᵒ 54 E 3-5, F 1-5, G 1-4, HJK 1-3 – 16ᵉ arr. – Mᵒ Porte-Maillot (ligne 1), Sablons (ligne 1), Porte-d'Auteuil (ligne 10) – RER Porte-Maillot (ligne C). Quelques larges voies pour les voitures, des allées ombragées pour les cavaliers, des parcours réservés aux cyclistes et des kilomètres d'allées pour les piétons...
Voir à proximité Auteuil, Passy.

Le nom

En 1308, Philippe IV fait un pèlerinage à Notre-Dame de Boulogne-sur-Mer. À son retour, il fait édifier, en forêt de Rouvray, une église semblable, au hameau de Menus. Le nom de Boulogne remplaça très vite celui de Menus.

RENAISSANCE
Si le bois de Boulogne a subi de lourds dégâts lors de la tempête qui s'est abattue sur Paris le 26 décembre 1999, la nature reprend peu à peu ses droits... et les citadins ont retrouvé le plaisir de se promener sous ses frondaisons.

carnet pratique

RESTAURATION

Se reporter à la rubrique « Restauration » dans les Informations pratiques, en début de guide ; ce quartier correspond au 16ᵉ arrondissement.

SPORTS & LOISIRS

Bowling de Paris – *Av. Mahatma-Gandhi, jardin d'Acclimatation -* ☎ *01 53 64 93 02 - www.amf-bowling.fr - 9h-2h, w.-end 4h.* 24 grandes pistes. Initiation pour les enfants mercredi 14h-16h.

Petit train du jardin d'Acclimatation – *Au départ de la porte Maillot - 5€ trajet AR et entrée au jardin.* Il permet de traverser le bois de Boulogne jusqu'à l'entrée principale du jardin d'Acclimatation.

Lac Inférieur – Un bateau à moteur couvert assure le transfert sur les îles, où est installé un restaurant-terrasse

Location de barques – *Au Lac Inférieur -* ☎ *01 45 25 44 01 - de mi-fév. à fin oct. - 10h-19h - 9,50€ 1h.*

Location de bicyclettes – *De mi-avr. à mi-oct. : tlj ; de mi-oct. à mi-avr. : mer., w-end et j. fériés - location (5€ 1h, 3,50€ 1/2h).* Face à l'entrée principale du Jardin d'acclimatation, au carrefour des Sablons, et près du Pavillon royal, au carrefour du Bout-des-Lacs.

Les gens

Cavaliers du bois de Boulogne, immortalisés par Renoir (1873), et dames du bois de Boulogne, évoquées par Proust en leurs promenades, forment désormais la mémoire culturelle du bois.

comprendre

De la chasse au plaisir – La forêt de Rouvray fut d'abord un lieu de chasse pour les Mérovingiens avec ours, cerfs, loups et sangliers, puis lieu de refuge pour les bandits, avant d'être entourée et protégée d'une muraille percée de huit portes par Henri II. Le classicisme s'imposant, Colbert fait aménager (17e s.) ce terrain de chasse royal de routes rectilignes qui se croisent en étoile. Enfin ouvert au public, le bois devient un lieu de promenade. C'est le bois actuel.

Napoléon III et Haussmann (19e s.) se sont chargés de sa modernisation : remplacement des routes rectilignes par des allées sinueuses, creusement de mares et de lacs, édification de kiosques, chalets, restaurants et aménagement de deux parcs d'attractions. Le 20e s. a apporté le boulevard périphérique, le jardin des Serres et le stade du Parc des Princes.

> **Ouï-dire**
> Aux 17e s. et 18e s., la fréquentation du bois laisse à désirer. Un dicton rapporte que « les mariages du bois de Boulogne ne se font pas devant monsieur le curé ». Sous la Révolution, le bois, véritable maquis, était un refuge pour les condamnés.

se promener

Depuis la place du Mar.-de-Lattre-de-Tassigny (M° Porte Dauphine), la route de Suresnes conduit au lac Inférieur.

Les lacs★

Le **lac Inférieur** avec ses deux îles, compose avec le **lac Supérieur**, deux lieux de détente et de promenade. Location de barques.

Du carrefour des Cascades, en longeant le lac Inférieur, on atteint la route de la Grande-Cascade. Presque aussitôt à droite se détache le chemin de la Croix-Catelan qui passe près du Racing Club de France. S'avancer jusqu'à la Croix-Catelan.

Pré Catelan★

Catelan était un troubadour de la cour de Provence, assassiné sous Philippe le Bel. Triste sort, mais le romantisme de ce site est en son honneur : belles pelouses, plaisants ombrages et son magnifique **hêtre pourpre** à l'immense ramure. Dans le parc, le **jardin Shakespeare**, avec son théâtre en plein air, présente des arbustes et des fleurs évoqués par le dramaturge anglais dans son œuvre. *14h-16h (sf pdt représentations théâtrales). Gratuit, visite guidée (2h)* 5,70€. ☎ 01 40 71 75 60.

Reprendre la route de la Cascade vers l'Ouest.

Une oasis de fraîcheur et de verdure à deux pas de Paris.

G. Target/MICHELIN

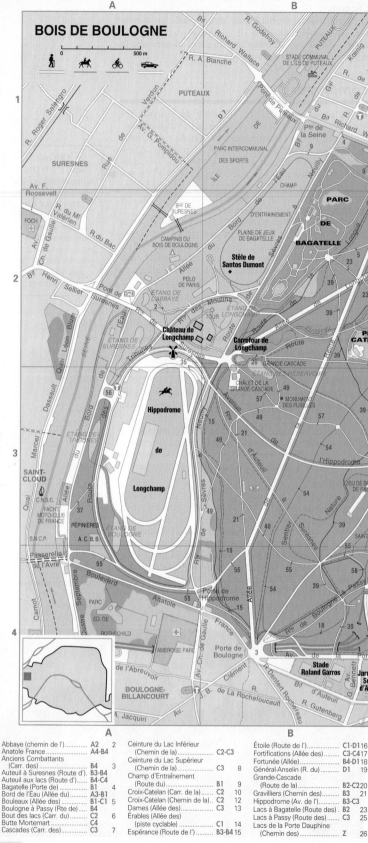

BOIS DE BOULOGNE

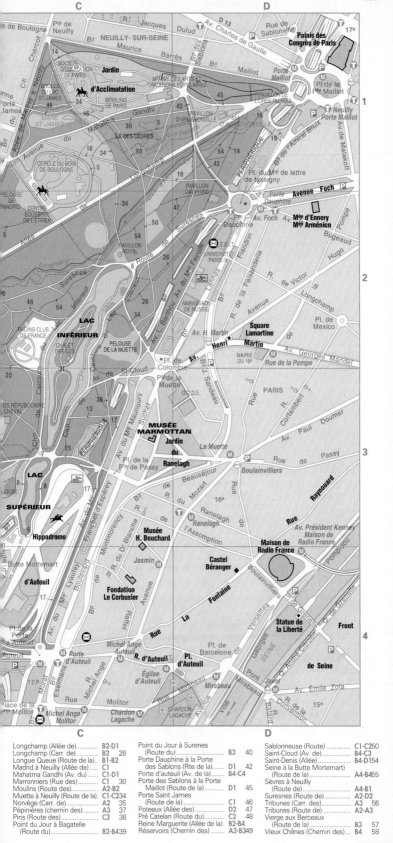

À VOIR

De la route de la Seine à la butte Mortemart (dans l'axe de la grande piste du champ de course), vue sur La Défense.

Longchamp

◀ Entre l'étang de Longchamp et le carrefour des Tribunes s'élevait autrefois l'abbaye fondée en 1255 par sainte Isabelle, sœur de Saint Louis. Longchamp est plus connu aujourd'hui pour ses prix hippiques.

Carrefour de Longchamp – Il est habillé par la Grande Cascade qui est artificielle. Un peu plus loin, le monument des Fusillés rappelle l'assassinat de 35 jeunes gens par les Allemands le 16 août 1944.

Château de Longchamp – Le Centre international de l'enfance y est installé. Une tour, visible de la route des Moulins, reste l'un des rares témoignages de l'existence de l'abbaye en cet endroit.

Un **moulin** se dresse à l'extrémité Nord du champ de courses.

Hippodrome – La route des Tribunes fait le tour des installations. Une vue complète sur les pistes s'offre du restaurant panoramique.

Ce célèbre champ de courses a été inauguré par Napoléon III en 1857.

À l'extrémité Sud des terrains de sport, près du Polo de Paris, une stèle rappelle que l'aéronaute brésilien **Santos-Dumont** établit ici, le 12 novembre 1906, l'un des premiers records du monde d'aviation, en parcourant une distance de 220 m en 21,4 secondes.

visiter

Jardin d'Acclimatation

♿ *Juin-sept. : 10h-19h ; oct.-mai : 10h-18h. 2,5€ (handicapés et -3 ans : gratuit).* ☎ *01 40 67 90 82. www.jardindacclimatation.fr*

📷 C'est le royaume des enfants : après avoir joué à « Laurel et Hardy » devant les miroirs déformants, ils peuvent aller au théâtre, au cirque ou au guignol.

Les bateaux de la **Rivière enchantée** bercent lentement les plus petits ; mais ils se réveillent devant les animaux du **zoo** – ferme normande et grande volière – avant d'achever de dépenser leurs forces sur le terrain de jeux ou dans la **Maison enchantée**.

L'**Auto-piste** permet aux plus grands de briller par leur conduite sportive. Frissons garantis dans le **Dragon**.

Petit Théâtre – *Lever de rideau : dim. à 15h30. 6€.*
Et encore :

Musée en herbe – Expositions temporaires, jeux pédagogiques. ♿ *10h-18h, sam. 14h-18h (vac. scol. : 10h-18h). Fermé 1ᵉʳ janv., 25 déc. 3€.* ☎ *01 40 67 97 66.*

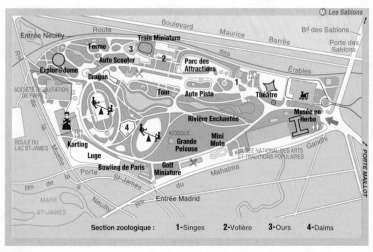

Section zoologique : **1**-Singes **2**-Volière **3**-Ours **4**-Daims

Explor@dome – Sous ce dôme, on s'initie aux sciences et au multimédia. Interdit de ne pas toucher : les enfants réalisent des expériences (balle volante ou nuage en anneau), participent à des ateliers et surfent sur Internet. *10h-18h. 5€. Fermé 1re quinzaine d'août, 1er janv., 25 déc. ☎ 01 53 64 90 40.*

Parc de Bagatelle★★

Route de Sèvres à Neuilly. Bus 43. Mars-sept. : 8h30-18h30 (20h selon la période) ; oct.-fév. : 9h-16h30 (18h selon la période). 1,50€. Visite guidée (2h) à certaines dates : 6€ (enf. : 3€). ☎ 01 40 71 75 60.

Le château fut construit en soixante-quatre jours suite à un pari entre le comte d'Artois et sa belle-sœur Marie-Antoinette en 1775 ; dans le même temps, le jardinier Blaikie trace le jardin de style anglais. C'est un paradis d'odeurs, de couleurs, d'allées serpentines avec au centre un **belvédère** qui offre une jolie vue sur le parc et les tours de La Défense. **Roseraie**, parterres de plantes bulbeuses, **jardin des iris**, **nymphéas**, etc.

Élégance des végétaux, élégance des manifestations qui s'y produisent, Bagatelle enchante.

Musée national des Arts et Traditions populaires

6 av. du Mahatma-Gandhi. M° Les Sablons (ligne 1). Tlj sf mar. 9h45-17h (dernière entrée 1/2h av. fermeture). 4€ (-18 ans : gratuit) ☎ 01 44 17 60 30.

Dans un proche avenir, les collections du musée devraient petit à petit être transférées à Marseille, pour intégrer le futur musée des Civilisations de l'Europe et de la Méditerranée, dont l'ouverture est prévue pour 2008

Ce musée est consacré à la vie quotidienne des Français dans ses dimensions rurale et artisanale. Les collections permanentes présentent un panorama de la société traditionnelle, depuis la Révolution jusqu'à la Seconde Guerre mondiale. Une large place est accordée aux techniques et à la transformation des matières premières : du blé au pain, de la toison aux vêtements, de la carrière à l'édifice... Parfois un atelier s'anime, comme celui de Désiré Louvel, tourneur sur bois. Les coutumes, les rites de passage, les fêtes, la mythologie populaire sont aussi représentés : c'est l'occasion de renouer avec des traditions parfois oubliées comme le cycle de Mai ou la Saint-Jean. L'analyse des institutions traditionnelles permet de découvrir le mode de vie d'un pasteur de l'Aubrac ou d'un compagnon. De nombreuses œuvres témoignent enfin du pouvoir d'invention de l'art populaire : jeux, spectacles, danse, musique, costumes, arts visuels ou appliqués. De beaux meubles retracent l'évolution des styles et des motifs.

B. Kaufmann/MICHELIN

La création d'un musée qui devrait porter son nom a mis depuis quelques mois le quai Branly sous les feux de l'actualité. Bien qu'excentré par rapport au Paris historique, ce quai peu connu est situé dans un lieu prestigieux de la capitale : ne se trouve-t-il pas en face du Trocadéro et au pied de la tour Eiffel ? Gageons que l'opération en cours lui apportera désormais la renommée.

La situation

Plan Michelin n° 54 J 7-8 – 15ᵉ et 7ᵉ arr. – Mᵒ Bir-Hakeim (ligne 6) – RER Pont-de-l'Alma ou Champ-de-Mars-Tour Eiffel (ligne C) – Bus 82 et 42.

Plan de la promenade à Tour Eiffel p. 188.

Voir à proximité Passy, la tour Eiffel, le Trocadéro et l'Alma.

Le nom

Autrefois partie intégrante du quai d'Orsay, cette portion du quai de Seine, entre l'avenue Rapp et le boulevard de Grenelle, prit le nom de quai Branly en 1941, pour honorer la mémoire d'Édouard Branly, décédé un an auparavant.

carnet pratique

RESTAURATION

Se reporter à la rubrique « Restauration » dans les informations pratiques, en début de guide ; ce quartier correspond aux 7ᵉ et 15ᵉ arrondissements.

PRENDRE LE THÉ

Maison de la culture du Japon –
101 bis quai Branly - Mᵒ Bir-Hakeim -
☎ 01 44 37 95 95 - mar.-sam. 12h30-18h30 - 7€. La maison de la culture propose deux présentations de Chanoyu (Cérémonie du thé) chaque mercredi dans son pavillon de thé (5ᵉ étage). Réservation obligatoire, un mois avant la date choisie.

SORTIES

Kiosque Paris-Jeunes « Champs de Mars » – *101 quai Branly - Mᵒ Bir-Hakeim ou RER Champ-de-Mars - Tour-Eiffel -* ☎ 01 43 06 15 38 - lun.-ven. 10h-18h.

Comme les deux autres kiosques Paris-Jeunes de Bastille et du Luxembourg, celui du Centre d'Information et de Documentation Jeunesse délivre des places de spectacles à tarifs très réduits. Une adresse providentielle pour le porte-monnaie des moins de 26 ans.

ACHATS

Le Fleuriste du chocolat – *49 av. de la Bourdonnais - Mᵒ École-Militaire -* ☎ 01 45 56 13 04 - *www.lefleuristeduchocolat.com - 9h30-19h - fermé août, dim, 25 déc. et 1ᵉʳ janv.* Vous hésitez entre lui offrir des fleurs, des chocolats ou des calissons ? Cet artisan chocolatier saura vous sortir de ce dilemme en vous proposant différentes compositions gustatives : roses en sucre, bouquets de chocolats, de nougats et autres gourmandises joliment présentées.

Les gens

L'architecte Jean Nouvel, déjà auteur à Paris de l'Institut du Monde arabe et de la Fondation Cartier, imprime une nouvelle fois sa marque en signant, quai Branly, le premier grand musée parisien du 21ᵉ s., en compagnie du paysagiste Gilles Clément, l'un des concepteurs du parc André-Citroën.

se promener

Partir de la station de métro Bir-Hakeim et s'engager sur le pont du même nom, au-dessus duquel circule le métro aérien.

Allée des Cygnes

À la pointe amont de cette digue créée sous la Restauration et qui constitue une agréable promenade, se dresse *La France renaissante*, du sculpteur danois Wederkinch (1930). À l'extrémité aval, la *Statue de la Liberté*, réduction en bronze de la célèbre œuvre de Bartholdi symbolisant aujourd'hui New York ; cette

C'est depuis la Seine que l'on admire le mieux la copie de l'emblème de New-York

D. Pazery/MICHELIN

réduction fut offerte par la colonie américaine de Paris en 1885 et placée ici à l'occasion de l'Exposition universelle de 1889.

Sur le pont, revenir sur ses pas et, après avoir jeté un coup d'œil aux nombreuses péniches amarrées le long des quais, prendre à gauche le quai Branly.

Maison de la Culture du Japon à Paris

101bis, quai Branly, 15e arr. Tlj sf dim. et lun. 12h-19h, jeu. 12-20h. Fermé août. ☎ 01 44 37 95 00. www.mcjp.asso.fr

Inaugurée en 1997, Année du Japon en France, la Maison de la culture du Japon à Paris a été conçue par deux jeunes architectes, le Japonais Yamanaka Masayuki et le Britannique Kenneth Armstrong. Elle propose en ses murs différents types de spectacles (concerts, théâtre, cinéma, récitals de poèmes mis en musique), ainsi que des cours d'art floral japonais (ikebana), de calligraphie et de go. Au rez-de-chaussée une boutique propose aux visiteurs livres et cartes postales, mais aussi services à thé, bols en laque et encens.

Tour Eiffel*** *(voir ce nom)*

Traverser le quai et prendre la promenade piétonne en surplomb de la Seine.

Face à l'embarcadère des Bateaux Parisiens, se dresse le **Mémorial national de la guerre d'Algérie**, constitué de trois colonnes de près de six mètres de hauteur. Sur ces colonnes un affichage électronique fait défiler, par ordre alphabétique et année par année, les noms des soldats tués entre 1952 et 1962, lors de la guerre d'Algérie et des combats du Maroc et de Tunisie.

Musée du quai Branly

Quai Branly (après l'avenue de la Bourdonnais), 7e arr. Ouverture prévue déb. 2006.

Dessiné par l'architecte Jean Nouvel et conçu pour des arts dits premiers, ce futur musée devrait récupérer les collections du musée national des Arts d'Afrique et d'Océanie (MAAO), exposées jusqu'ici au palais de la Porte Dorée, ainsi que le fonds ethnologique du Musée de l'Homme. Sa création est issue de la volonté de témoigner de la richesse et de la diversité des cultures et de faire découvrir des expressions artistiques méconnues.

Revenir sur ses pas et prendre à gauche l'avenue de La Bourdonnais, puis encore à gauche la rue du Général-Camou, pour déboucher sur l'avenue Rapp, face au n° 29.

Avenue Rapp

Au n° 29, remarquer l'immeuble Art nouveau créé par Jules Lavirotte en 1901 pour le céramiste Alexandre Bigot. De sa façade en grès flammé au niveau des étages supérieurs et particulièrement exubérante (cette dernière fut primée au concours de façades de la Ville la même année), on détaillera en particulier l'encadrement de la porte cochère constitué d'arabesques végétales et de figures gracieuses.

Tout à côté, au n° 3 square Rapp, on peut voir également la propre demeure de Jules Lavirotte, construite deux ans plus tôt. Là encore, l'architecte a laissé libre cours à son imagination : cette démonstration du « style nouille » porté à l'extrême, pourra amuser, à défaut de séduire.

Au bout de l'avenue Rapp, prendre à gauche la rue St-Dominique. À hauteur du n° 129, au centre d'une petite place à arcades, se dresse la **fontaine de Mars** construite par François-Jean Bralle (1750-1832), auteur également de la fontaine du Fellah, rue de Sèvres, et de la fontaine dite du Palmier, place du Châtelet.

Revenir sur ses pas pour profiter d'un moment de détente au Champ-de-Mars, ou reprendre l'avenue de La Bourdonnais pour gagner l'École militaire. En chemin, s'arrêter rue du Champ-de-Mars pour voir, au n° 33, un immeuble (construit en 1900 par l'architecte Raquin) dont les ferronneries et les décors floraux composent un ensemble amusant.

Les Buttes-Chaumont*

Le soleil et le chant des oiseaux rythment la journée dans un parc exceptionnel, non seulement par sa végétation, mais par son relief accidenté et vallonné. Néanmoins, de surprenantes échappées vers Montmartre rappellent Paris... Les Buttes-Chaumont hésitent entre les tours modernes et les villas de province : ici, on est à l'abri du tourbillon parisien...

La situation

Plan Michelin n° 54 D 19, E 20 – 19ᵉ arr. – Mᵒ Buttes-Chaumont ou Botzaris (ligne 7 bis). Les Buttes-Chaumont sont à mi-chemin entre le site de La Villette au Nord-Est, le cimetière du Père-Lachaise au Sud-Ouest et la place de la République au Sud-Est. L'accès au parc se fait par la rue Botzaris, la rue Manin, l'avenue S.-Bolivar ou encore la rue de Crimée.

Voir à proximité La Villette.

Le nom

Longtemps dénuée de toute végétation et habitation, la butte était désignée comme le « mont chauve ».

Les gens

Les plus importants du quartier ? De pâles inconnus qui, jusqu'en 1872, extrayaient, dans le sous-sol de la butte, du gypse à partir duquel on obtenait du plâtre. Denrée précieuse s'il en est puisqu'on l'exportait jusqu'en Louisiane.

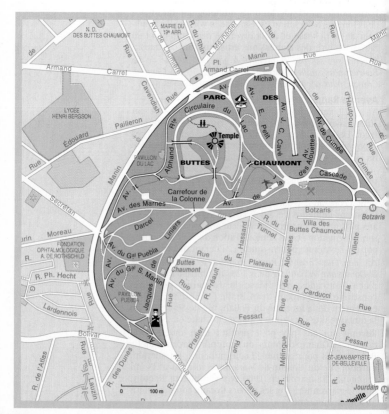

carnet pratique

RESTAURATION

Se reporter à la rubrique « Restauration » dans les Informations pratiques, en début de guide ; ce quartier correspond au 19e arrondissement.

LOISIRS

Les activités pour les petits sont nombreuses (de 14h à 17h environ). Pour les sportifs, un « Sport Nature » avec moniteurs homologués par la Mairie de Paris est proposé tous les dimanches de 9h30 à 12h.

PETITE PAUSE

Les Kiosques du Parc des Buttes-Chaumont – *M° Botzaris, Laumière ou Buttes-Chaumont.* Que serait un parc public sans ses kiosques à bonbons ? Adieu gaufres dégoulinantes, barbe à papa d'un rose

délicat, crêpes brûlantes pliées dans un papier, boissons multicolores, berlingots, etc. ? Que nenni ! Rendez-vous à l'entrée du parc, côté mairie, pour un instant de nostalgie...

ACHATS

L'Enfant et les Sortilèges – *39 r. de Crimée - M° Botzaris -* ☎ *01 42 41 81 21 - fermé vac. scol. de fév., août, dim. et lun.* L'enseigne de ce magasin de jouets rend hommage à la fantaisie lyrique composée par Maurice Ravel sur un livret de Colette. Si l'on en juge par l'usure du sol, des milliers d'enfants ont succombé au charme de cette véritable caverne d'Ali Baba. Peluches, jouets en bois, mobiles, boîtes à musique et autres curiosités ludiques : impossible de repartir les mains vides. Parents, vous êtes prévenus !

se promener

Le parc★

Cette énorme masse de rochers (haute de 50 m), mi-naturelle, mi-artificielle, est un caprice de Napoléon III et Haussmann. Deux ponts mènent au petit temple : le pont de brique dit « des Suicidés », et une passerelle suspendue. Vue splendide sur Montmartre et Saint-Denis.
Le lac est alimenté par le canal Saint-Martin.

> **LES PRUSSIENS**
> En 1814, les gardes nationaux et les artilleurs du maréchal Moncey stoppèrent l'avancée prussienne sur cette butte.

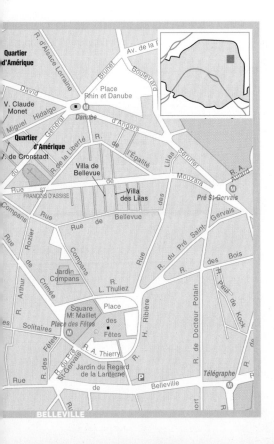

Quartier d'Amérique

À l'Est du parc des Buttes-Chaumont. Caché derrière un rideau d'immeubles modernes, il se compose de charmantes maisonnettes destinées, à la fin du 19ᵉ s., à la population ouvrière de l'Est parisien. Ce labyrinthe de villas fleuries est un coin de province dans Paris, propice aux promenades.

G. Targat/MICHELIN

Un coin de verdure à Paris, un rayon de soleil... les Parisiens prennent l'air, non loin des tours...

Les Champs-Élysées★★★

Un des symboles de Paris. Élégante, prestigieuse même, la « plus belle avenue du monde » participe au charme de la Ville Lumière. Les « Champs », on les monte ou on les descend ! Le côté Nord (à gauche en descendant) a la faveur des Parisiens. On s'y donne rendez-vous, on s'y rend spontanément pour flâner, sortir, faire la fête.

La situation

Plan Michelin n° 54 F 8-11, G 8-11 – 8ᵉ arr. – Mᵒ Concorde (lignes 1, 8 et 12), Champs-Élysées-Clemenceau (lignes 1 et 13), Franklin-D.-Roosevelt (lignes 1 et 9), George-V (ligne 1) et Charles-de-Gaulle-Étoile (lignes 1, 2 et 6) – Bus 22, 28, 31, 42, 52, 73, 83, 84, 92 et 94 – RER Charles-de-Gaulle-Étoile (ligne A). Au Sud-Est se trouve la Concorde, tandis qu'au Nord-Est, la place Charles-de-Gaulle marque une pause dans la lumineuse perspective allant de La Défense au Louvre, plus belle encore la nuit que le jour.

Voir à proximité l'Alma, place de la Concorde, jardin des Tuileries, faubourg Saint-Honoré, les Invalides, le Trocadéro, plaine et le parc Monceau.

Le nom

Selon la mythologie grecque, l'avenue serait le lieu de séjour des bienheureux aux Enfers. Son nom a été donné à toutes sortes de produits, émission de télévision, parfums...

Les gens

Défilé militaire du 14 Juillet où, le temps d'un jour, l'avenue est en bleu, blanc et rouge, arrivée de la dernière étape du Tour de France, nuit de la Saint-Sylvestre... chaque fois qu'un événement exceptionnel, grave ou joyeux le commande, c'est sur cette voie triomphale que le peuple de Paris se rassemble spontanément !

Ph. Gajic/MICHELIN

L'avenue des Champs-Élysées est la plus longue de Paris : 1,9 km de long (sur 71 m de large).

comprendre

Un lieu de repère – C'est sur cette avenue que la victoire par la France de la Coupe du monde de football, en juillet 1998, devint un « fait historique », comme le fut, de toute autre manière, le défilé des troupes alliées victorieuses en 1919 ou, en août 1944, la descente des Champs-Élysées par le général de Gaulle au milieu de la foule en liesse.

Transformés en certaines occasions en un immense mais provisoire champ de blé, en exposition en plein air des sculptures monumentales de Botero, les champs ont accueilli en juin 2003, l'opération Train capitale. À cette occasion, vieilles locomotives et rames de TGV ont investi la célèbre avenue qu'un train a même parcouru, de la place de la Concorde à l'avenue George-V.

se promener

En remontant les Champs-Élysées [1]

La promenade des Champs-Élysées commence sur la superbe place de la Concorde.

Jardins★

Bordée des deux côtés de jardins à l'anglaise, la partie plantée des Champs-Élysées a gardé de belles allées de marronniers et quelques pavillons. Côté Nord, l'Espace Pierre-Cardin (ancien théâtre des Ambassadeurs) et, plus loin, le **théâtre Marigny**, édifié par Garnier en 1883, l'agrémentent. Parallèle aux Champs-Élysées, l'**avenue Gabriel** longe les jardins qui s'étendent derrière les grands

G. Targat/MICHELIN

Luxe, calme et volupté des jardins des Champs-Élysées, à deux pas de la joyeuse animation de l'avenue.

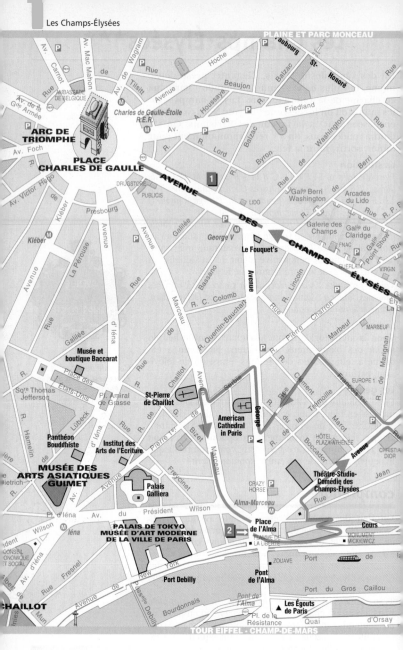

hôtels de la rue du Faubourg-St-Honoré : ambassade des États-Unis (ancien hôtel du gastronome Grimod de La Reynière), cercle de l'Union interalliée, ambassade de Grande-Bretagne, **palais de l'Élysée** (belle grille du « coq », forgée en 1905).

Sur le côté gauche des Champs, le **restaurant Ledoyen** ne manque pas d'éveiller un soupçon de nostalgie : sous Louis XVI, les vaches qui paissaient autour de cette auberge de campagne offraient du lait frais aux promeneurs. À hauteur de la place Clemenceau, trois monuments évoquent le souvenir des guerres passées. La statue de **Georges Clemenceau**, bronze coulé en 1932 par François Cogné, illustre l'énergie du « Tigre ». Lui faisant face, de l'autre côté de l'avenue Winston-Churchill, le **général de Gaulle**, sculpté en 2000 par J. Cardot, semble en marche pour libérer Paris. Le monument à **Jean Moulin** (*à l'angle de l'avenue de Marigny*) commémore le héros de la Résistance.

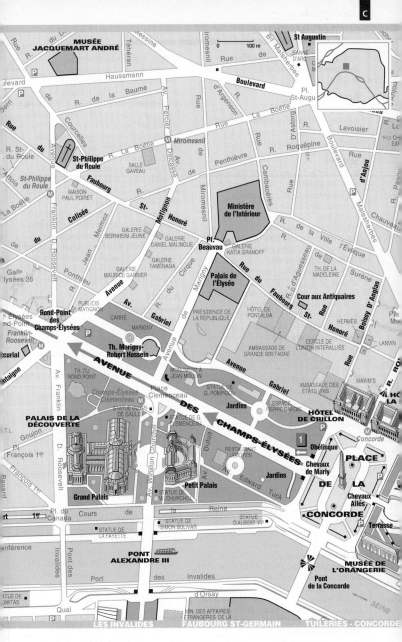

En poursuivant sur l'avenue Winston-Churchill, vers le cours de la Reine, on découvre d'autres statues chargées d'histoire : la statue de sir **Winston Churchill**, dans son attitude résolue et inébranlable, **Simon Bolivar**, et le Père **Komitas**, compositeur et musicologue, à qui l'on doit d'avoir recueilli puis retranscrit les chants du peuple arménien, jusqu'au génocide de 1915.

Après avoir admiré la perspective des Invalides, longer à droite le cours de la Reine et revenir vers les Champs-Élysées en prenant, à droite, l'avenue Franklin-D.-Roosevelt.

Rond-Point des Champs-Élysées

Croisement des avenues des Champs-Élysées, Matignon, Montaigne et Franklin-D.-Roosevelt. Dessiné par Le Nôtre en 1670, il juxtapose ses hôtels du Second Empire et ses magasins modernes. Entre l'avenue des Champs-Élysées et l'avenue Montaigne, remarquez deux beaux hôtels particuliers dont celui du nº 7, l'ancien hôtel Le Hon (1844), qui fut le siège de l'hebdomadaire de Marcel

Le circuit 2 est décrit à Alma.

carnet pratique

Adresse utile entre toutes, l'**Office du tourisme de Paris** est au 127 de l'avenue, ☎ 08 92 68 31 12.

RESTAURATION

Se reporter à la rubrique « Restauration » dans les Informations pratiques, en début de guide ; ce quartier correspond aux 8ᵉ et 17ᵉ arrondissements.

SORTIES

B. Fly – *49 av. George-V - Mº George-V -* ☎ *01 53 67 84 60 - 12h-1h - fermé 1ᵉʳ mai.* Des expositions de photographes contemporaines et une ambiance musicale *hip hop* et *funk*, des fauteuils confortables et une lumière tamisée, une clientèle jeune et plutôt sélecte... Impossible de se tromper, vous êtes dans le bar d'une grande métropole internationale.

Café de Paris – *93 av. des Champs-Élysées - Mº George-V -* ☎ *01 47 23 54 37 - 8h-5h.* Terrasse très agréable l'été. Avec ses sièges recouverts de moleskine rouge et son ambiance feutrée, la salle du fond a l'atmosphère d'un club anglais.

Chesterfield Café – *124 r. La Boétie - Mº St-Philippe-du-Roule -* ☎ *01 42 25 18 06 - 9h-5h.* Grand pub américain à l'ambiance jeune et festive, où sont organisés des concerts de rock et de blues. Hamburgers de qualité et brunches sur fond de gospel le dimanche. Deuxième bar en sous-sol ouvert le soir après 20h.

Fouquet's Barrière – *99 av. des Champs-Élysées - Mº Georges-V -* ☎ *01 47 23 50 00 - fouquets@lucienbarriere.com - 8h-2h.* Inscrit à l'inventaire des Monuments historiques, le Fouquet's possède l'une des dernières terrasses renommées des Champs-Élysées. C'est un point de rendez-vous du show-biz, des milieux littéraire et cinématographique. Fondé en 1899, ce célèbre établissement vous accueille de 8h à 2h du matin au bar, en terrasse ou au restaurant.

Le Duplex – *2 bis av. Foch - Mº Charles-de-Gaulle-Étoile -* ☎ *01 45 00 45 00 - mar.-dim. 23h-aube - fermé de fin juil. à fin août.* Lieu très « tendance » au décor de théâtre italien où l'on diffuse de l'*eurodance* et les tubes de l'année. Un esprit chic et une prédilection pour le luxe. Tenue correcte exigée.

Montecristo café – *68 av. des Champs-Élysées - Mº George-V -* ☎ *01 45 62 30 86 - contact@montecristo-cafe.com - 12h-6h.* Un des hauts lieux de la fiesta cubaine à Paris - de tendance chic. Pour y boire, y déjeuner ou dîner. Mais aussi y danser ou fumer le cigare entre des murs recouverts de graffitis cubains et de belles fresques murales. Cours

de salsa le dimanche après-midi et le soir du mardi au vendredi. Très fréquenté le week-end.

Sir Winston – *5 r. de Presbourg - Mº George-V -* ☎ *01 40 67 17 37 - lun.-ven. 9h-3h, sam. 10h-4h, dim. 10h-2h.* Derrière une longue façade à l'anglaise, un grand bar-restaurant aux différents décors très étudiés : salon indien, salon léopard, petites tables cloisonnées. L'endroit baigne dans une lumière tamisée, des rythmes de *world music*, d'*ambient* et de *trip hop*.

Villa Barclay – *3 av. Matignon - Mº Franklin-D. Roosevelt -* ☎ *01 53 89 18 91 - tlj sf dim. 9h-6h.* Une clientèle plutôt jeune et chic vient prendre un verre dans les deux jolis salons aux boiseries claires et meublés de petits fauteuils et d'abat-jour plissés à l'ancienne. Elle va ensuite danser au sous-sol sur des tubes des années 1970-1980. Tenue correcte exigée.

ACHATS

Disney Store – ⬚ *- 44 av. des Champs-Élysées - Mº Franklin-D.-Roosevelt -* ☎ *01 45 61 45 25 - 10h-23h - fermé 1ᵉʳ mai et Noël.* Jouets, vêtements, déguisements, accessoires, musique, vidéo... Tous les produits Disney sont réunis dans cette immense chambre d'enfant colorée et ornée d'un écran géant diffusant en permanence des bandes annonces de dessins animés.

Guerlain – *68 av. des Champs-Élysées - Mº Franklin-D.-Roosevelt -* ☎ *01 45 62 52 57 - www.guerlain.com - lun.-sam. 10h-20h30, dim. 15h-19h.* C'est en 1828 que commence l'histoire de cette famille qui a marqué celle du parfum. Conçus en marbre, la parfumerie et l'institut de beauté sont aujourd'hui classés Monuments historiques. Vous y trouverez toutes les créations de Jean-Paul Guerlain.

Virgin Mégastore – *52-60 av. des Champs-Élysées - Mº Franklin-D.-Roosevelt -* ☎ *01 49 53 50 00 - www.virgin.fr - lun.-sam. 10h-0h, dim. 12h-0h.* Un gigantesque disquaire « branché » sur trois étages, très fréquenté par la jeunesse. On y trouve également un important rayon de multimédia et de jeux vidéo ainsi qu'une librairie au sous-sol.

Marché aux timbres – *Carré Marigny (à l'angle de l'av. de Marigny et de l'av. Gabriel) - Mº Champs-Élysées-Clemenceau - jeu., w. end et j. fériés 9h-19h.*

Ladurée – *75 av. des Champs-Élysées - Mº Champs-Élysées-Clemenceau -* ☎ *01 42 60 21 79 - 8h30-19h.* Salon de thé où sont à l'honneur les célèbres macarons : pas moins de treize parfums...

Dassault, *Jours de France*. Réaménagé par l'architecte J.-M. Wilmotte en 2002, il abrite aujourd'hui **Artcurial**, espace dédié à l'art et au design contemporains regroupant une librairie, une galerie d'exposition et une maison de vente aux enchères publiques. *Lun.-sam. 10h30-19h. Fermé dim et j. fériés. Gratuit.* ☎ *01 42 99 16 16. www.artcurial.com*

Du rond-point, aux parterres joliment fleuris en toutes saisons, des perspectives uniques s'offrent à vous.

*Un temps pour flâner,
un temps pour regarder
les autres...*

Avenue des Champs-Élysées★★★

De part et d'autre de cette partie de l'avenue se succèdent des salles de cinéma, des banques, des compagnies aériennes, des halls d'exposition d'automobiles et des galeries marchandes. L'avenue est une vitrine internationale... Les hôtels particuliers et salles de divertissement du Second Empire ont disparu. Seul subsiste, à gauche en remontant l'avenue, l'hôtel du n° 25, construit pour la Païva, aventurière polonaise, devenue marquise portugaise puis comtesse prussienne. Elle y donnait des dîners que fréquentaient Renan, Taine, les Goncourt, Delacroix, Sainte-Beuve et Gambetta. Le grand escalier recouvert d'onyx de l'hôtel est probablement unique au monde.

Plus haut, à l'angle de l'avenue George-V, le fameux Fouquet's, aujourd'hui classé monument historique, fut au siècle dernier l'un des restaurants prestigieux où le Tout-Paris aimait à se retrouver.

Ici et là, des pays étrangers et des provinces françaises ont installé leur « maison », ambassadrice de leurs richesses touristiques, de leur art culinaire ou de leur artisanat. Ce cosmopolitisme contribue à l'atmosphère animée et particulièrement plaisante de l'avenue. Tout le long de son parcours se presse une foule bigarrée et ravie, jusqu'à une heure avancée de la nuit.

Arc de Triomphe★★★

Au sommet des Champs-Élysées, l'Arc de Triomphe occupe le centre de la place Charles-de-Gaulle, qui s'ouvre sur 12 grandes avenues. Le **site★★★** de l'Étoile est prestigieux.

Inspiré de l'antique, l'Arc de Triomphe a des dimensions colossales : 50 m de haut sur 45 de large. Un tour de l'Arc permet de saisir l'harmonie des proportions et l'équilibre qui se dégage des statues. Parmi les groupes sculptés, quatre Renommées (Pradier) embouchent leurs trompettes dans les écoinçons des faces principales. Les grands hommes représentés sur tout l'édifice rendent compte de quelques siècles d'histoire.

Un témoin de l'histoire récente – À la fin du 18e s., la place dessine déjà une étoile, mais seulement cinq allées partent du carrefour au milieu des pelouses en amphithéâtre.

1806 : Napoléon ordonne la construction de l'Arc. Les plans retenus sont ceux de **Jean-François Chalgrin** (1739-1811) qui après avoir œuvré au Collège de France, au Luxembourg et à St-Sulpice fait, ici, dans le grandiose.

1810 : la nouvelle impératrice Marie-Louise doit faire son entrée par l'avenue des Champs-Élysées. Les murs de l'Arc sortent à peine de terre, car deux ans ont été nécessaires pour établir les fondations du colosse. Chalgrin doit donner au monument l'aspect qu'il aura, une fois terminé, en édifiant un trompe-l'œil de charpente et de toile peinte.

Ph. Bourgeois/MICHELIN

LA FLAMME
L'Arc de Triomphe célèbre la gloire de la Grande Armée. Il abrite depuis 1921 le **tombeau du Soldat inconnu**, dont la flamme du Souvenir se consume depuis le 11 novembre 1923. Elle est ranimée tous les soirs à 18h30.

À la mort de l'architecte, en 1811, l'Arc n'atteint pas encore 5 m de hauteur et les revers militaires refrènent l'activité des constructeurs.

1832-1836 : les travaux, abandonnés sous la Restauration, sont terminés par Abel Blouet sous Louis-Philippe.

1840 : le char qui porte les cendres de Napoléon Ier passe sous l'Arc de Triomphe au cours d'une émouvante cérémonie.

1854 : Haussmann fait aménager la place, créant sept nouvelles avenues. Hittorff dessine les façades homogènes des immeubles qui entourent l'Arc.

1885 : le corps de Victor Hugo passe la nuit sous le monument, drapé d'un immense crêpe. Le poète est conduit au Panthéon dans le corbillard des pauvres.

1919 : le 14 juillet, les troupes de la Victoire défilent, maréchaux en tête.

1921 : un soldat non identifié, mort durant la Grande Guerre, y est inhumé.

1923 : le 11 novembre, la flamme du Souvenir est allumée pour la première fois, à l'emplacement de la tombe du Soldat inconnu.

1944 : le 26 août, Paris, libéré de l'occupation allemande, acclame le général de Gaulle.

Face à l'avenue des Champs-Élysées :

1. *Départ des Volontaires de 1792* pour faire face à l'invasion des Prussiens en Lorraine et communément appelé *La Marseillaise*★★.

2. *Funérailles de Marceau*.

3. *Triomphe de 1810* (par Cortot) qui célèbre la paix de Vienne (1815).

4. *Bataille d'Aboukir*.

« *La Marseillaise* » de Rude, une allégorie de la Patrie et de la Liberté.

A. Ell/MICHELIN

Face à l'avenue de Wagram : **5**. *Bataille d'Austerlitz* (1805).

Face à l'avenue de la Grande-Armée :

6. *La Résistance* (par Etex).

7. *Passage du pont d'Arcole*.

8. *La Paix* (par Etex).

9. *Prise d'Alexandrie*.

Face à l'avenue Kléber : **10**. *Bataille de Jemmapes*.

Sur les faces internes, d'autres batailles moins importantes sont inscrites ; 558 noms de généraux sont mentionnés : ceux morts au champ d'honneur sont soulignés.

Un petit musée présente divers documents et souvenirs sur la construction de l'Arc et les cérémonies, glorieuses ou funèbres, dont il a été le cadre. Un film documentaire retrace les grandes heures du monument. La **terrasse de l'Arc** offre une **vue**★★★ inoubliable sur la capitale, depuis La Défense jusqu'au Louvre. *Avr.-sept. : 10h-23h (dernière entrée 1/2h av. fermeture) ; oct.-mars : 10h-22h30. Fermé 1er janv., 1er et 8 mai (matin), 14 juil., 11 nov. (matin), 25 déc. 7€.* ☏ 01 55 37 73 77.

visiter

Musée du Petit Palais★

*Av. Winston-Churchill. Fermé pour travaux. Réouverture
prévue à l'automne 2005. ☎ 01 44 51 19 31.*
Construit, tout comme le Grand Palais, pour l'Exposition
universelle de 1900, il abrite les collections Tuck (meubles
et objets d'art du 18ᵉ s.) et Dutuit (émaux, céramiques et
peintures), ainsi que les importantes collections du 19ᵉ s.
de la Ville de Paris, où les impressionnistes (Sisley,
Cézanne, Monet, Picasso) et l'école de Barbizon sont
largement représentés. À voir, *Le Bon Samaritain* (1880)
d'A. Morot (1850-1913), l'*Ascension* (1879) de G. Doré
(1832-1883). Des compositions historiques et religieuses
sont exposées dans la grande galerie Sud.

Grand Palais★

Ce vaste bâtiment, de décoration « Modern Style » à
l'extérieur, qui fait figure d'innovateur architectural
avec son voisin, le Petit Palais, a abrité au fil des années
diverses manifestations. D'importants travaux de rénovation ont été entrepris, visant à renforcer sa structure
et à remplacer la verrière couvrant son grand hall coiffé
d'un dôme écrasé. Dans les galeries nationales, 5 000 m²
de salles sont consacrés à de grandes expositions temporaires.

Palais de la Découverte★★

*Dans le Grand Palais ; entrée av. Franklin-D.-Roosevelt. Tlj
sf lun. 9h30-18h, dim. et j. fériés 10h-19h (dernière entrée 1h
av. fermeture). Fermé 1ᵉʳ janv., 1ᵉʳ mai, 14 juil., 15 août,
25 déc. 6,50€ (enf. : 4€), planétarium 3,50€.
☎ 01 56 43 20 21. www.palais-decouverte.fr*
⌨ Grâce aux nombreuses expériences et applications
proposées, ce musée, fondé en 1937 par le physicien
Jean Perrin, s'adresse à tous les scientifiques en herbe.
Il demande une bonne condition physique et du temps
(1/2 journée).
Après avoir appris ou révisé les lois de la nature qui
nous gouvernent, des rats – **école des rats** – ou des

*Les toits du Petit Palais,
bel exemple de décoration
dans le style éclectique de
la Troisième République.*

> **CONSEIL**
> Pour profiter des
> animations commentées
> par des spécialistes et
> organiser votre visite, il
> faut consulter les plages
> horaires indiquées dans
> le hall d'accueil.

*Où la reproduction d'une
cellule animale rejoint
l'art contemporain...*

grenouilles (etc.) vous guident à travers le secteur de la biologie animale, pour vous laisser à la porte du quartier de la physique.

Le **planétarium★** *(second niveau)* vous accueillera pour un repos bien mérité : le ciel, l'espace, le soleil y dévoilent leurs secrets.

Les nombreux autres thèmes abordés – optique, mathématiques, physique nucléaire – sont destinés à des visiteurs déjà compétents en ces matières.

Châtelet-Hôtel de Ville★

On est ici au cœur de Paris. L'agitation commerciale de la rue de Rivoli est telle qu'on a du mal à imaginer que l'histoire de la France s'est souvent décidée sur ces deux places. La Samaritaine, le Bazar de l'Hôtel de Ville et les nombreux commerces alentours sont autant d'invitations à venir dans ce quartier.

La situation

Plan Michelin n° 54 H 14-15, J 14-15 – 1ᵉʳ et 4ᵉ arr. – M° Châtelet (lignes 1, 4, 7, 11 et 14) ou Hôtel-de-Ville (lignes 1 et 11) – Bus 21, 69, 70, 72, 74, 75, 76, 81 et 96 – RER Châtelet-les-Halles (lignes A, B, D). La Seine bat de ses flots le quartier (au Sud), alors que les voitures le traversent par la rue de Rivoli.

Voir à proximité Beaubourg, les Halles, île de la Cité, la Conciergerie, cathédrale Notre-Dame, Sainte-Chapelle, Quartier latin, île Saint-Louis, le Marais.

Le nom

La place du Châtelet doit son nom à l'ancienne forteresse qui s'élevait là et protégeait l'entrée Nord de la Cité.

Les gens

Depuis les prévôts des marchands jusqu'aux préfets de la Seine et les maires de Paris (à partir de 1977), certains premiers magistrats sont restés célèbres : Étienne Marcel au Moyen Âge, Jean Sylvain Bailly au lendemain de la prise de la Bastille, les préfets Chabrol, Rambuteau, Haussmann, et Jacques Chirac, 1ᵉʳ maire de Paris (1977-1995).

comprendre

La maison aux Piliers – Édifiée sur la place de Grève, la première municipalité apparaît au 13ᵉ s. Jusque-là, Paris n'est administrée que par le représentant du roi : comte, vicomte, puis prévôt de Paris. La « **hanse** » ou association des marchands de l'eau, la plus importante

---

DEVISE

Jean Nicolas **Pache** fut maire de Paris en 1793-1794. Il est surtout connu pour sa décision de faire graver, sur tous les édifices publics, la devise « Liberté - Égalité - Fraternité ».

« PARLOIR AUX BOURGEOIS »

Jusqu'au milieu du 14ᵉ s., la place du Châtelet abrita le « **Parloir aux Bourgeois** », siège de la prévôté de Paris. En 1357, Étienne Marcel transféra cette administration place de Grève, dans la **maison aux Piliers**.

---

carnet pratique

RESTAURATION

Se reporter à la rubrique « Restauration » dans les Informations pratiques, en début de guide : ce quartier correspond aux 1ᵉʳ et 4ᵉ arrondissements.

SORTIES

Le Petit Opportun – *15 r. des Lavandières -* M° Châtelet - ☎ *01 42 36 01 36 - mar.-sam. à partir de 21h - fermé juil., Noël et 1ᵉʳ janv.* L'un des plus vieux clubs de jazz de Paris. Il accueille depuis plus de 25 ans les stars de la discipline, mais aussi les jeunes talents. Sa programmation éclectique laisse une place à tous les styles de jazz, des

années 1940 à nos jours : swing, latin-jazz, be-bop, manouche, etc. Atmosphère très conviviale.

ACHATS

Les boutiques de la rue de Rivoli – *M° Châtelet ou Hôtel-de-Ville.* Impossible de citer toutes les boutiques situées le long de cette grande artère commerciale. Pairs ou impairs, à tous les numéros une enseigne connue propose chaussures, prêt-à-porter pour femmes, hommes et enfants, articles de sport, art de la table ou parfums. Deux grands magasins, la Samaritaine et le BHV (Bazar de l'Hôtel de Ville), complètent ce choix pléthorique.

des corporations de la ville, détient le monopole de la navigation sur la Seine, l'Oise, la Marne et l'Yonne, réglemente le trafic du fleuve, fixe les taxes à percevoir. En 1260, **Saint Louis** fait de ces dirigeants les chefs de la communauté parisienne et leur confie une partie de l'administration municipale.

L'Hôtel de Ville – Sous François Ier, la maison aux Piliers tombe en ruine. Le roi fait adopter les plans de Domenico Bernabei, dit Boccador (Bouche d'Or, à cause de sa moustache blonde). La première pierre est posée en 1533, mais l'édifice n'est achevé qu'au début du 17e s. Dans sa partie centrale, la façade actuelle reproduit exactement l'ancienne. Jusqu'à la Révolution, la municipalité joue un rôle effacé. Le roi nomme le prévôt des marchands (dont Pierre Lescot, Guillaume Budé, François Miron, **Étienne Turgot** auteur du fameux plan de Paris de 1734) et les échevins, qui doivent tous être parisiens.

Juillet 1789 – Après la prise de la Bastille, les émeutiers envahissent l'Hôtel de Ville et font payer de sa vie au prévôt Flesselles le peu d'empressement qu'il a mis à leur procurer des armes. Le 17 juillet, Louis XVI se rend à la maison commune, où il passe sous la « voûte d'acier » maçonnique, double ligne d'épées entrecroisées au-dessus de sa tête. Il baise la cocarde tricolore qui vient d'être adoptée ; entre le rouge et le bleu, couleurs de la ville depuis Étienne Marcel, La Fayette a fait introduire le blanc, couleur de la royauté.

La Commune – Une Commune insurrectionnelle ne tarde pas à s'emparer de l'Hôtel de Ville. Entraînée par Danton, Robespierre, Marat, elle est à l'origine de l'émeute du 10 août 1792 qui chasse le roi des Tuileries. La Montagne, qui va mener la Convention, est une émanation de la Commune, elle-même poussée par les sociétés secrètes et les clubs.

Le 9 thermidor (27 juillet 1794), la Convention, lasse de la tyrannie de Robespierre, le fait interner au Luxembourg. La Commune le délivre et lui donne asile à l'Hôtel de Ville. C'est là que – tentative de suicide ou initiative du gendarme Merda ? – l'Incorruptible a la mâchoire fracassée d'un coup de pistolet. Il est guillotiné le lendemain.

L'apostrophe de Lamartine – En 1848, l'émeute a chassé Louis-Philippe que les Trois Glorieuses (juillet 1830) avaient appelé au trône dix-huit ans plus tôt. Le gouvernement provisoire, où siègent Lamartine, Ledru-Rollin, Arago, s'établit à l'Hôtel de Ville. Des bandes armées viennent réclamer la substitution du drapeau rouge au drapeau tricolore. C'est alors que Lamartine riposte : « Le drapeau rouge que vous nous apportez n'a jamais fait que le tour du Champ-de-Mars, traîné dans le sang du peuple en 47 et 93 ; le drapeau tricolore a fait le tour du monde avec le nom, la gloire et la liberté de la Patrie. » La République est proclamée le 24 février.

La Commune de 1871 – Le 4 septembre 1870, après le désastre de Sedan, Gambetta, Jules Favre et Jules Ferry proclament la République à l'Hôtel de Ville et constituent un gouvernement de la Défense nationale. Mais la reddition de la capitale, le 28 janvier 1871, soulève la colère du peuple qui s'empare du pouvoir et installe à l'Hôtel de Ville la Commune de Paris. Pendant la semaine sanglante de répression par les « Versaillais » (21-28 mai), l'Hôtel de Ville, les Tuileries et plusieurs monuments sont incendiés.

GRÈVE
La place de Grève était au Moyen Âge le rendez-vous des ouvriers sans travail, d'où l'expression : « faire la grève ».

UN HÔTEL DE VILLE, MAIS 20 MAIRIES
L'administration de la Ville de Paris fut d'abord assurée par un préfet, instauré par Napoléon Ier. Puis, une loi votée en 1975 fit de Paris en 1977 une commune comme les autres, administrée par le maire de Paris. Celui-ci est cependant assisté par 20 maires d'arrondissement.

se promener

De Saint-Germain-l'Auxerrois au Bazar de l'Hôtel de Ville

Voir plan p. 198.

Église Saint-Germain-l'Auxerrois★★

Devant l'église, sur le site de la place du Louvre, se trouvaient le camp romain de Labienus (52 av. J.-C.), puis celui des Normands assiégeant Paris en 885. Jusqu'au

À VOIR
À l'extérieur de Saint-Germain-l'Auxerrois, la chapelle absidiale, don des Tronson, montre une frise qui rappelle les armes parlantes de cette famille, des tronçons de carpes.

Les carillons de Saint-Germain l'Auxerrois sont de vrais morceaux de mélodies à écouter.

P. Jausserand/MICHELIN

LA SAINT-BARTHÉLEMY
Dans la nuit du 24 août 1572, les sonneries des matines de St-Germain-l'Auxerrois donnent le signal du massacre des protestants : c'est la St-Barthélemy. Henri de Navarre (le futur Henri IV), marié avec Marguerite de Valois, échappe de peu à la mort, alors que l'amiral de Coligny, célèbre chef huguenot, est assassiné dans son hôtel, à quelques pas de là, au n° 144 de la rue de Rivoli, puis jeté par la fenêtre.

Second Empire, le Louvre et l'église Saint-Germain-l'Auxerrois étaient séparés par de beaux hôtels, parmi lesquels le Petit-Bourbon (disparu depuis 1660).

Au Nord de l'église se dressent le bâtiment néo-Renaissance élevé par Hittorff (mairie du 1er arrondissement) et le campanile néo-gothique dressé par Ballu. Le compositeur Renaud Gagneux y fait tinter les 38 cloches du carillon. L'édifice résume cinq siècles d'architecture : clocher roman, chœur rayonnant, porche et nef flamboyants, portail Renaissance. La profonde restauration de Baltard et Lassus (1838-1855) accentue l'aspect composite que l'église présente aujourd'hui. Lorsque les Valois s'installent au Louvre au 14e s., St-Germain-l'Auxerrois devient la paroisse des rois de France qui y suivent les offices, la décorent et lui font des présents.

Outre les poètes Jodelle et Malherbe, de nombreux artistes, qui logeaient au Louvre, ont été enterrés dans l'église : les peintres Coypel, Boucher, Nattier, Chardin, Van Loo, les sculpteurs Coysevox et les deux Coustou, les architectes Le Vau, Robert de Cotte, Gabriel Père, Soufflot.

Extérieur – Du trottoir bordant la Samaritaine s'offre la meilleure vue sur le chevet et le clocher roman, adossé au transept. Les bas-côtés du chœur ont pour couverture une série de petits combles où l'on entassait les ossements retirés des tombes du cloître qui entourait St-Germain.

Porche – C'est la plus grande originalité de l'édifice. Il a été construit de 1435 à 1439. Les statues des piliers sont modernes. Les travées extrêmes du porche, plus basses, sont surmontées de petites salles, couvertes en ardoise, où le chapitre plaçait ses archives et son trésor. Les trois travées du centre ont des voûtes flamboyantes à

La tour Saint-Jacques et l'Hôtel de Ville dans la lumière du crépuscule.

nombreuses nervures. Le portail central, le plus intéressant, date du 13e s. Dans l'ébrasement droit, on remarque sainte Geneviève tenant un cierge qu'un diablotin essaie d'éteindre et qu'un ange est prêt à rallumer avec son chandelier.

Intérieur – Le buffet d'orgues, du 18e s., provient de la Sainte-Chapelle. Face à la chaire, le magnifique banc d'œuvre de 1684 était, croit-on, réservé à la famille royale. Dans la 4e chapelle *(bas-côté gauche)*, beau **retable** flamand du début du 16e s. *(éclairage manuel)*. Dans le **transept**, remarquer les vitraux anciens (16e s.) qui ornent les fenêtres et les deux roses. La voûte du croisillon droit, très compartimentée, est un bel exemple de style flamboyant. Le **chœur** est entouré d'une belle grille (18e s.) devant laquelle on peut voir deux statues polychromes du 15e s. : saint Germain, à gauche, et saint Vincent, à droite. Du jubé Renaissance de Pierre Lescot et Jean Goujon, détruit au 18e s., les bas-reliefs sont conservés au Louvre. La **chapelle du St-Sacrement** *(à droite en entrant)* contient une Vierge de pierre polychrome du 14e s. ; un Christ en croix du 14e s. ; une statue originale du grand portail, sainte Marie l'Égyptienne du 15e s. ; un tableau représentant la Cène par Theo Van Elsen (1954) et un saint Germain du 13e s.

La Samaritaine

Au débouché du Pont-Neuf. Saint endroit : en souvenir du récit évangélique d'une femme de Samarie qui donna à boire au Christ, la pompe à eau du Louvre et des Tuileries (1602) est baptisée Samaritaine. Aujourd'hui, les magasins, créés en 1870 par Ernest Cognacq, ne vous proposent pas uniquement de l'eau. La terrasse du magasin n° 2 offre une très belle **vue★★** sur le centre de Paris : les tours et flèches de l'île de la Cité se présentent sous leur meilleur angle, ainsi que la colonnade du Louvre de Perrault, le Pont-Neuf et l'Institut. Table d'orientation.

> **ART DÉCO**
> Devant le succès grandissant de La Samaritaine, les Cognacq-Jay firent construire en 1910 un nouveau bâtiment : c'est l'architecte Sauvage qui dessina la célèbre façade Art déco, que l'on peut admirer depuis le Pont-Neuf.

Ph. Gajic MICHELIN

Quai de la Mégisserie

Eh non, ce ne sont plus les bouchers qui y sont rois, quoi qu'en dise le nom, mais de magnifiques oiseaux et poissons exotiques, des animaux domestiques, ou encore des fleurs.

Belle **vue★★** sur le Palais de Justice et la Conciergerie, les vieilles maisons du quai de l'Horloge (que l'on rejoint en empruntant le pont au Change), et sur le Pont-Neuf.

Pont au Change

Il fut établi au 9ᵉ s. par Charles le Chauve. Les échoppes et les maisons qui le bordaient étaient si serrées qu'on pouvait traverser la Seine sans la voir (elles furent démolies en 1788). Louis VII y établit les changeurs en 1141 ; les étrangers entrant dans Paris devaient troquer là leurs propres devises. L'ouvrage actuel date de 1860.

Place du Châtelet

Les édiles de la capitale ont laissé la place aux artistes dans les deux théâtres, construits par Davioud en 1862, qui bordent la place. La **fontaine du Châtelet** (1806-1807), dite du Palmier, commémore les victoires de Napoléon Iᵉʳ.

FACE À FACE

Côté Louvre, le **Châtelet**, Théâtre musical de Paris, accueillit les Ballets russes de Diaghilev, Caruso... En 1910, Gustav Mahler y dirigea sa *Deuxième Symphonie*. Deux ans plus tard, Nijinski y interpréta *L'Après-Midi d'un faune* sur une musique de Claude Debussy.
Côté Hôtel de Ville, le **Théâtre de la Ville**, ancien théâtre Sarah-Bernhardt, joue le rôle de foyer culturel populaire.

Tour Saint-Jacques★

Cet ancien clocher (16ᵉ s.) de l'église St-Jacques-de-la-Boucherie disparue en 1802 a été reconverti en station météorologique. D'où la statue de Pascal qui aurait renouvelé ici ses expériences sur la pesanteur de l'air (1648).

Place de l'Hôtel-de-Ville

Ce fut, jusqu'en 1830, la **place de Grève**, qui descendait alors en pente douce jusqu'à la Seine. Des fêtes populaires s'y donnaient. Tous les ans, on y allumait le feu de la Saint-Jean, gigantesque bûcher de 20 m de haut.

Sous l'Ancien Régime, les bourgeois et les gens du peuple condamnés à mort étaient pendus sur la place, les gentilshommes décapités à l'épée ou à la hache. Ceux qui avaient été reconnus coupables d'hérésie ou de sorcellerie étaient brûlés vifs, les assassins « roués ». Pour les crimes de lèse-majesté, la peine était l'écartèlement.

Hôtel de Ville★

Ce pastiche néo-Renaissance bien réussi (selon les plans de Boccador, 1533) est le « palais de toutes les révolutions, lieu de ralliement des émotions nationales ». Il a été reconstruit par Ballu après l'incendie de la Commune du 24 mai 1871.

La place demeure un lieu de rendez-vous pour les Parisiens à l'occasion de manifestations culturelles ou sportives.

Bazar de l'Hôtel de Ville

Il fut fondé en 1856 par Xavier Ruel, camelot ambulant « monté » à Paris qui avait observé la valeur commerciale du site. Son installation date de 1913. Le bricolage, l'aménagement et la décoration de la maison ont toujours occupé au « BHV » une place prépondérante.

Pont Notre-Dame

Le pont Notre-Dame était, à l'époque romaine, le Grand Pont, correspondant au Petit-Pont du bras Sud. Brûlé par les Normands, il fut reconstruit sur pilotis en 1413. C'est le premier pont qui reçut un nom officiel, et ses maisons furent les premières de Paris à être numérotées. L'ouvrage s'écroula en 1499. Il fut reconstruit de 1507 à 1512 et garni de maisons toutes identiques. Comme les rois empruntaient ce chemin, lors de leur entrée solennelle dans Paris, les façades offraient de riches décorations. L'une d'elles est bien connue : c'est la fameuse enseigne que Watteau peignit au 18e s. pour le marchand de tableaux Gersaint (château de Charlottenburg, Berlin).

île de la **Cité**★★★

Autour du square du Vert-Galant s'écoule la Seine, et le Pont-Neuf « se porte comme un charme »... L'île de la Cité, c'est le berceau de Paris, berceau de beauté verte et grise. La place Dauphine, la Sainte-Chapelle, Notre-Dame de Paris, le Palais de Justice ou le marché aux Fleurs sont autant de joyaux offerts à la capitale.

La situation

Plan Michelin n° 54 J 14-15, K 15 – 1er et 4e arr. – M° Cité (ligne 4) – RER Saint-Michel-Notre-Dame (ligne C) – Bus 21, 27, 38, 58, 70 et 96. Avec l'île Saint-Louis, elle est pourvue d'une couronne d'eau ; outre les bateaux, seuls les ponts en permettent l'accès.

Voir la Conciergerie, Sainte-Chapelle, cathédrale Notre-Dame, et, à proximité, île Saint-Louis, Châtelet-Hôtel de Ville, le Quartier latin et Maubert.

Le nom

Cette île accueillit la tribu celte des *Parisii* qui y fondèrent un village : c'est le noyau embryonnaire de Paris. Elle prit son nom en 506, lorsque Clovis y établit sa capitale.

Les gens

Au Palais de Justice, virevoltent les robes noires et jabots blancs de Mesdames et Messieurs les avocats.

> **SE RESTAURER**
> Se reporter à la rubrique « Restauration » dans les Informations pratiques, en début de guide : ce quartier correspond au 4e arrondissement.

Pointe aval de la Cité au 15e s.

comprendre

SUCCESSIONS DIFFICILES
À la mort de Clovis, ses fils
se disputent le royaume.
Les querelles fratricides
s'étendent sur un siècle,
jusqu'à l'avènement
en 613 de Clotaire II
qui rétablit l'unité.

◀ **Lutèce** – Vers 200 avant notre ère, des pêcheurs gaulois, de la peuplade des Parisii, installent leurs huttes sur la plus vaste des îles de la Seine : c'est la naissance de Lutèce, dont le nom celtique signifie « chantier naval sur un fleuve ». La bourgade, conquise par les légions romaines de Labienus en 52 avant J.-C., devient une petite ville gallo-romaine qui s'adonne à la batellerie. La nef qui sera adoptée dans les armoiries de la capitale, évoque à la fois la forme générale de l'île et l'activité la plus ancienne de ses habitants. Un pilier des Nautes en témoigne (musée national du Moyen Âge).

En 360, le préfet romain Julien l'Apostat est proclamé ici empereur par ses légions. Vers la même époque, Lutèce prend le nom de ses habitants et devient Paris.

Sainte Geneviève – En 451, Attila passe le Rhin à la tête de 700 000 hommes. Le voilà dans Laon. Les Parisiens, pris de panique, commencent à s'enfuir. Geneviève, une jeune fille de Nanterre consacrée à Dieu, les calme, certaine que la ville sera épargnée, grâce à la protection céleste. Les Huns arrivent, semblent hésiter, puis se détournent vers Orléans. Paris reconnaît la jeune fille comme sa patronne. En 461, l'île, assiégée par les Francs, souffre de la famine. Geneviève échappe à la surveillance de l'ennemi, charge des vivres en Champagne et revient avec la même chance, qui semble miraculeuse. À sa mort en 512, elle est enterrée auprès de Clovis.

Le comte de Paris devient roi – En 885, pour la 5e fois en quarante ans, les Normands remontent la Seine. La Cité doit faire face aux 700 navires et aux 30 000 guerriers qui veulent aller piller la Bourgogne. L'assaut est plusieurs fois repoussé. Après de longs mois de siège, les Normands sortent leurs bateaux de l'eau et, les déplaçant sur des rouleaux de bois, gagnent l'amont de la capitale. Eudes, comte de Paris et âme de la résistance, est alors élu roi.

DOUZE PIEDS
Au Moyen Âge, les écoles,
célèbres à travers toute
l'Europe, s'ouvrent à
l'ombre de la cathédrale.
L'un des maîtres, Alexandre
de Paris, imagine le vers,
dit « alexandrin ».

◀ **Cathédrale et Parlement** – Au Moyen Âge, la population déborde sur les deux rives du fleuve. Le siège épiscopal reste sous la dépendance de Sens jusqu'en 1622. Dans le cloître Notre-Dame se noue, au début du 12e s., l'émouvant roman d'amour entre le philosophe Abélard et Héloïse, nièce du chanoine Fulbert. Chapelles et couvents se multiplient sur l'île : St-Denis-du-Pas (où aurait commencé le martyre de saint Denis), St-Pierre-aux-Bœufs (dont le porche est aujourd'hui celui de St-Séverin), St-Aignan (voir Notre-Dame), St-Jean-le-Rond (on y déposait les enfants trouvés, parmi lesquels le jeune d'Alembert en 1717). À la fin du 13e s., on ne compte pas moins de vingt-deux clochers sur ce petit espace.

Les révolutions, comme celle que tente Étienne Marcel au 14e s., les troubles, comme ceux de la Fronde au 17e s., agitent la Cité où siège le Parlement, la plus haute autorité judiciaire du royaume.

Durant la Terreur, les prisons de la Conciergerie sont pleines ; dans le Palais de Justice sévit le Tribunal révolutionnaire.

Transformations – Sous Louis-Philippe et surtout sous Napoléon III, tout le centre de l'île est démoli : 25 000 personnes sont évacuées. D'énormes bâtiments administratifs sont construits : Hôtel-Dieu, caserne (devenue la préfecture de Police), Tribunal de commerce. Le Palais de Justice double de superficie. La place du Parvis voit sa surface quadrupler. Le boulevard du Palais est tracé dix fois plus large que la rue qu'il remplace.

En août 1944, la police parisienne se retranche dans la préfecture de Police et hisse le drapeau tricolore. Pendant trois jours, jusqu'à l'arrivée de la division Leclerc, les agents résistent glorieusement à tous les assauts allemands.

se promener

Du Pont-Neuf à Notre-Dame 🎕

Pont-Neuf★

C'est le plus ancien des ponts de Paris. Ses deux moitiés, commencées en 1578 par Androuet Du Cerceau et achevées en 1604, ne forment pas un alignement rigoureux. Ses douze arches en plein cintre sont décorées d'amusants mascarons. Les demi-lunes, qui reposent sur chaque pile, accueillaient des boutiques en plein vent, des arracheurs de dents, des « farceurs », comme Tabarin, le bouffe italien Pantalon, le bateleur Scarlatini, premier de tous les charlatans, et toute une foule de badauds et de vide-goussets. On innove : la vue du fleuve n'est plus bouchée par des maisons, des trottoirs protègent les piétons de la circulation (à cette époque, aucune rue de Paris n'en comporte encore). La **statue équestre de Henri IV** est alors la première effigie exposée en France sur une voie publique. Abattue en 1792, elle est remplacée à la Restauration par le monument actuel, fondu dans le bronze de la première statue de la colonne Vendôme et de celle de Desaix, place des Victoires. Le fondeur, bonapartiste acharné, y aurait enfermé, dit-on, *La Henriade* de Voltaire, une statuette de Napoléon et des écrits glorifiant l'Empereur.

Le pont a subi plusieurs restaurations, mais le corps de construction, résistant à toutes les crues, n'a jamais changé. D'où l'expression « se porter comme le Pont-Neuf » !

Square du Vert-Galant

Descendre l'escalier derrière la statue de Henri IV. Le square du Vert-Galant, ombragé de beaux arbres dans un site tranquille, offre à l'extrême pointe de la Cité une bonne vue d'ensemble sur le Pont-Neuf, le Louvre et la Monnaie.

Place Dauphine★

Pendant longtemps, la Cité s'est terminée à l'Ouest par un archipel à fleur d'eau que des bras marécageux de la Seine coupaient de la grande île et que les crues recouvraient. En 1314, Le dernier grand maître des Templiers, Jacques de Molay, est brûlé vif sous le regard imperturbable de Philippe le Bel. Au 16ᵉ s., Marie de Médicis installe ici le premier jardin des Plantes. À la fin du 16ᵉ s., Henri II fait combler les fossés boueux, souder les îlots entre eux, aménager le relief central du futur Pont-Neuf et exhausser de 6 m la rive Sud. Enfin, en 1607, Henri IV cède le terrain au président du Parlement, Achille de Harlay, à charge d'y édifier une place triangulaire aux maisons uniformes. La place Dauphine est née.

Quai des Orfèvres

Les grands joailliers des 17ᵉ et 18ᵉ s. (Josse, Strass, inventeur du brillant synthétique, Boehmer et Bassenge créateurs du « Collier de la reine ») ont laissé place à la

CHANGEMENT DE NOM
Le Pont-Neuf a failli s'appeler le pont des Pleurs : le jour même de l'ouverture des travaux, Henri III venait d'assister au service funèbre à la mémoire de ses mignons favoris, Quélus et Maugiron, morts en duel. Inconsolable, le roi ne cessait de pleurer.

Henri IV, le « Vert Galant », un roi aimé des Français...

B. Kaufmann/MICHELIN

La place est baptisée « Dauphine » en l'honneur du futur Louis XIII. Quelques immeubles, comme le n° 14, offrent encore leur aspect d'origine.

Des couleurs et des odeurs en toute saison, sur le quai aux Fleurs...

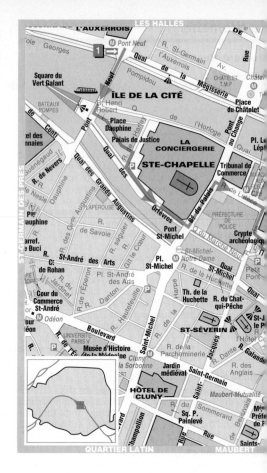

fameuse PJ (police judiciaire du n° 36). Maigret (de Simenon) en est sans doute le locataire le plus assidu. Le quai conduit au **pont St-Michel** : l'actuel a remplacé en 1857 un ouvrage commencé en 1378.

Boulevard du Palais

Dans le prolongement du pont St-Michel. C'était un lieu bien sinistre où la Justice accomplissait son devoir : les condamnés y étaient publiquement marqués au fer rouge. Le boulevard dessert les entrées du Palais de Justice et se prolonge par le pont au Change que Charles le Chauve établit au 9e s.

LOUIS LÉPINE

C'est à ce préfet de police que vous devez la réglementation de la circulation automobile et le corps des gardiens de la paix. Sans doute connaissez-vous mieux le concours d'inventeurs amateurs qui porte son nom depuis 1902.

Place Louis-Lépine

◄ Au Nord, la Seine apporte un air du large au **marché aux Fleurs** enserré par de bien froids bâtiments publics Second Empire. Le dimanche, les oiseaux y remplacent les fleurs. À l'Ouest, le **Tribunal de commerce**. La préfecture de Police tient le Sud. L'**Hôtel-Dieu** (hospice attesté dès le 9e s.) emménage à l'Est de la place entre 1864 et 1877. Le vieil Hôtel-Dieu a fait place au petit square où Charlemagne palabre avec les preux Roland et Olivier (statues du 19e s.).

Notre-Dame★★★ *(voir ce nom)*

Ancien quartier du Chapitre

◄ Au Nord de Notre-Dame s'étendait au Moyen Âge le domaine du puissant chapitre de la cathédrale. À l'intérieur d'une enceinte percée de quatre portes, les chanoines disposaient d'une maison où ils prenaient des écoliers en pension. Aujourd'hui, bien que très restauré, ce quartier demeure le seul témoin de l'aspect ancien de la Cité.

L'ÉCOLE NOTRE-DAME

Gerbert, saint Bonaventure, Abélard, saint Dominique ont fait aux 11e et 12e s. la réputation de l'école Notre-Dame, qui se fondit ensuite avec la Sorbonne.

La **rue Chanoinesse**, artère principale de l'ancien chapitre, conserve aux nos 22 et 24 les deux dernières maisons de chanoines du quartier. Xavier Bichat (1771-

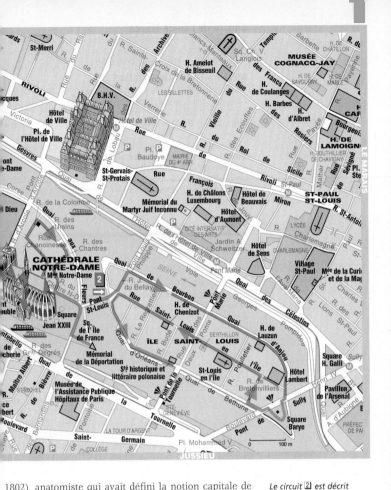

1802), anatomiste qui avait défini la notion capitale de tissu et créé la physiologie, est mort au n° 14 de la rue.

Rue de la Colombe, le percement de la rue d'Arcole a fait disparaître la chapelle Sainte-Marine, où se mariaient les filles qui avaient manqué à l'honneur. Elles avaient droit à une alliance de paille !

La **rue des Ursins** marque l'ancien niveau des berges de la Seine. Là se trouvait jusqu'au 12e s. le port Saint-Landry, le premier de Paris, avant l'aménagement de la grève de l'Hôtel de Ville.

Le **quai aux Fleurs** offre un vaste panorama sur l'église St-Gervais-St-Protais et la pointe de l'île St-Louis.

Square Jean-XXIII

Tout a disparu : les maisons, les chapelles, l'archevêché. Le petit square qui les remplace depuis 1844 n'en est pas moins charmant et fréquenté.

Le circuit 2 est décrit à Île St-Louis.

Le port de la Tournelle est l'endroit idéal pour admirer le chevet de Notre-Dame.

Square de l'Île-de-France

Sur cet ancien terrain vague, ancienne « motte-aux Papelards » (butte aux Moines), Napoléon III fit édifier la Morgue (qui y resta jusqu'en 1910).

Mémorial de la Déportation

Avr.-sept. : 10h-12h, 14h-19h ; oct.-mars : 10h-12h, 14h-17h Gratuit. Visite guidée (40mn) pour les salles supérieures sur demande préalable (2 j. av.) auprès des anciens combattants, 10 av. du Val-de-Fontenay, 94135 Fontenay-sous-Bois Cedex, ☎ 01 49 74 34 00.

Taillée dans l'extrême pointe de l'île, une étroite entrée mène à une crypte moderne : les urnes funéraires des victimes des camps nazis se succèdent l'une après l'autre, un tombeau d'un déporté inconnu du camp de Struthof des paroles sur la vie et la mort... pour ne pas oublier.

visiter

Palais de Justice★

Une longue histoire

Le palais du Roi – À la suite des gouverneurs romains, qui ont ici leur commandement administratif et militaire, les rois mérovingiens s'installent dans la meilleure construction en pierre de la Cité : Clovis y meurt ; ses enfants y logent ; saint Éloi – ministre de Dagobert – y fonde son atelier monétaire. Le palais devient la forteresse du comte Eudes, côté aval de la Seine, sur la route des invasions.

Plus tard, les Capétiens y élèvent une chapelle et un donjon. Ce fut le palais royal du Moyen Âge.

Au 13ᵉ s., Saint Louis habite dans la Chambre haute (aujourd'hui, Première Chambre civile), rend la justice dans la cour, fait dresser la Sainte-Chapelle. Philippe le Bel charge Enguerrand de Marigny de construire la Conciergerie et crée un somptueux palais, « le plus très bel que nul en France oncques vit ». La salle des Gens d'armes est alors une des plus vastes d'Europe ; l'église St-Michel, disparue au 18ᵉ s., a laissé son nom au pont et au boulevard de la rive gauche.

Le 22 février 1358, les émeutiers parisiens, sous la conduite d'Étienne Marcel, pénètrent dans la chambre du dauphin Charles – le futur Charles V – qui gère le royaume en l'absence de son père Jean le Bon, captif en Angleterre. Les conseillers du prince sont égorgés sous ses yeux et l'éclaboussent de leur sang, tandis que le prévôt le coiffe du chaperon rouge et bleu, aux couleurs de Paris. Redevenu maître de la situation, Charles V quitte le palais, qui lui rappelle de trop mauvais souvenirs, et lui préfère désormais le Louvre, l'hôtel St-Paul ou Vincennes, à l'extérieur de Paris. Dans l'ancienne résidence royale, il installe le Parlement.

Le Palais du Parlement – Le Parlement est la Cour suprême de justice du royaume. À l'origine, ses membres sont nommés par le roi. Mais en 1522, François Iᵉʳ, à court d'argent, en vend les charges qui, dès lors, seront la propriété héréditaire de leurs titulaires. En font partie de droit ou par privilège les grands personnages du royaume : le chancelier, les princes de sang, les pairs de France. Lorsqu'ils se dressent contre la Couronne en refusant de transcrire sur leurs registres les édits royaux, le souverain doit user du « lit de justice », séance solennelle tenue en sa présence. L'exil en province, l'emprisonnement seront parfois nécessaires. Autour des présidents et des conseillers, les procès font vivre une multitude de gens de robe : procureurs, avocats, greffiers, clercs, maîtres de la chicane et de la procédure qu'évoquent *Les Plaideurs* de Racine. Le chef élu des avocats porte, depuis le 14ᵉ s., le bâton de commandement de la confrérie St-Nicolas, d'où son nom de « bâtonnier ».

L'EXEMPLE DE CHARLES V

Charles VII, Henri IV, Louis XIV, Thiers, entrés en opposition avec les Parisiens, quitteront, à l'exemple de Charles V, la capitale pour la réduire de l'extérieur. À l'inverse, Louis XVI, Charles X, Louis-Philippe perdront leur trône pour n'avoir pas voulu abandonner leur palais.

Plusieurs incendies ravagent la Grande Salle (1618), la flèche de la Sainte-Chapelle (1630), la chambre des Comptes (1737), la galerie Marchande (1776). En 1788, le Parlement réclame la convocation des États généraux. Fâcheuse inspiration : l'Assemblée constituante prononce sa suppression, la Convention envoie ses membres à la guillotine.

Le Palais de Justice – La Révolution provoque de bien grands changements dans l'organisation judiciaire : les nouveaux tribunaux s'installent, ainsi que le bureau de l'état civil. La dernière restauration du palais (1840-1914) donne naissance à sa façade sur la place Dauphine et à l'aile du quai des Orfèvres.

Comme un démenti à la rigueur des jugements, la douceur automnale des quais de Seine.

La visite

Entrer par la cour du Mai. Tlj sf dim. et j. fériés 8h30-18h. En principe, on peut assister librement à une audience civile ou correctionnelle. Galerie des Bustes et tribunal pour enfants interdits au public. ☎ 01 44 32 50 00.

Les noms attribués aux différentes parties du palais simplifient la compréhension historique et judiciaire des lieux. La **galerie Marchande** proposait ses produits aux juristes. La Première Chambre civile de la cour d'appel et la Chambre civile de la Cour de cassation sont décorées de fresques et de tapisseries. La **salle des Pas-Perdus** mérite un regard : ancienne Grand-Salle gothique de Philippe le Bel, « cathédrale de la chicane » pour Balzac, elle est devenue la Première Chambre civile. Magnifique plafond de l'époque de Louis XII dans la **Grande Chambre du Parlement** où siégea le Tribunal révolutionnaire.

> **LA TORTUE**
> Aux pieds de l'avocat Berryer (salle des Pas-Perdus), une insolente petite tortue symbolise la lenteur judiciaire.

La Conciergerie★★

La beauté de son architecture médiévale éblouit autant qu'elle glace le visiteur. Ses murs ont connu les heures sombres de la Révolution française, où le sang royal se mêlait à profusion à celui du petit peuple. On frémit dès l'entrée de cette prison qui servit depuis le Moyen Âge...

La situation

Plan Michelin n° 54 J 14 – 1ᵉʳ arr. – Mᵒ Cité (ligne 4) – Bus 21, 27, 38, 70, 85 et 96. À la pointe aval de l'île de la Cité. L'entrée se fait quai de l'Horloge.

Voir île de la Cité, Sainte-Chapelle, cathédrale Notre-Dame, et, à proximité, île Saint-Louis, Châtelet-Hôtel de Ville et le Quartier latin.

Le nom

Dans l'ancien palais du Roi, on appelait Conciergerie les lieux soumis à l'autorité d'un grand personnage, le concierge, gouverneur de la maison du Roi. La location des boutiques, nombreuses dans le palais, lui procurait de gros revenus.

Les gens

Marie-Antoinette connut la prison en ces lieux en 1793. On peut voir aujourd'hui une reconstitution de sa cellule.

Les tours de la Conciergerie. En 1793, il ne faisait pas bon y être enfermé...

A. FILLMICHELIN

comprendre

◄ **L'antichambre de la guillotine** – À la Révolution, les locaux sont aménagés pour recevoir un grand nombre de détenus ; il y en aura jusqu'à 1 200 à la fois. Pendant la Terreur, la Conciergerie est l'antichambre du Tribunal révolutionnaire et, neuf fois sur dix, celle de la guillotine. Ses cachots ont vu passer : Marie-Antoinette, Madame Élisabeth, sœur de Louis XVI, Mme Roland, Charlotte Corday, Mme du Barry, favorite de Louis XV, le poète André Chénier, le général Hoche, Philippe Égalité... Parmi 32 fermiers généraux figurait Lavoisier. Comme il demandait un sursis à son exécution pour terminer un mémoire, l'un des juges lui répondit : « La République n'a pas besoin de savants. »

Près de 2 600 prisonniers sont partis de là, entre janvier 1793 et juillet 1794, vers la guillotine de Paris dressée successivement place du Carrousel aux Tuileries, place de la Concorde, place de la Bastille, place de la Nation où tombèrent 1 306 têtes en 40 jours et de nouveau place de la Concorde.

LA GUILLOTINE POUR TOUS
Tous les dirigeants des assemblées s'y sont succédé : les girondins, abattus par Danton ; celui-ci et ses compagnons, victimes de Robespierre ; ce dernier et ses fidèles, renversés par la réaction de Thermidor ; enfin l'accusateur public Fouquier-Tinville et les juges du Tribunal révolutionnaire.

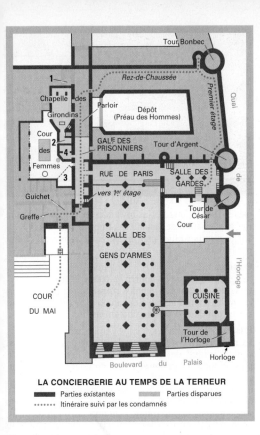

Légende de l'image :

Tour Bonbec

Rez-de-Chaussée

Premier étage

Quai

1

Chapelle des
Girondins

Parloir

Dépôt
(Préau des Hommes)

Cour
des

Femmes

GAL^{IE} DES
PRISONNIERS

Tour d'Argent

2

4

3

RUE DE PARIS

SALLE DES
GARDES

de

Guichet

vers 1er étage

Greffe

Tour de
César

Cour

SALLE DES

GENS D'ARMES

l'Horloge

COUR

DU MAI

CUISINE

Tour de
l'Horloge

Horloge

Boulevard du Palais

LA CONCIERGERIE AU TEMPS DE LA TERREUR

■ Parties existantes   ■ Parties disparues

····· Itinéraire suivi par les condamnés

PRATIQUE

Pour savoir à quoi correspondent les numéros ci-contre, reportez-vous à la description p. 192.

visiter

Extérieur★

Le quai de la Mégisserie offre le meilleur point de vue sur la Conciergerie. Les quatre tours se reflètent dans la Seine, qui baignait autrefois directement leur base. C'est la partie la plus ancienne du palais des Capétiens. Le quai de l'Horloge, construit à la fin du 16e s., a sensiblement relevé le niveau d'origine.

À droite, la tour Bonbec, crénelée, fut la première construite. La question et la torture, pratiquées ici pendant des siècles, finissaient par délier la langue des prisonniers, ce qui lui aurait donné son nom.

Au centre de la façade néo-gothique se dressent des tours jumelles qui commandaient jadis l'entrée du palais royal et du pont de Charles le Chauve : à droite, celle d'Argent, qui abritait le trésor de la Couronne ; à gauche, celle de César, où Fouquier-Tinville avait son logement pendant la Terreur.

Intérieur★

Mars-oct. : 9h30-18h ; nov.-fév. : 9h30-17h (dernière entrée 1/2h av. fermeture). Fermé 1er janv., 1er mai, 25 déc. 6,10€ (-17 ans : gratuit). ☎ 01 53 40 60 80.

Salle des Gardes

Deux nefs de quatre travées voûtées d'ogives. Intéressants chapiteaux.

Salle des Gens d'armes★★

Dans cette salle se tenaient les lits de justice royaux puis le Tribunal révolutionnaire (1793-1795). Magnifique halle gothique à quatre nefs. Les constructions élevées au 18e s. dans la cour du Mai l'ont malheureusement beaucoup assombrie. Au-dessus s'étendaient la Grand-Salle du

S. Sauvignier/MICHELIN

La tour de l'Horloge forme l'angle de l'actuel boulevard du Palais. Elle reçut en 1370 la première horloge publique de Paris qui n'a jamais cessé depuis de rythmer la vie du Palais et de la Cité. En 1793, la belle cloche d'argent, « coupable d'avoir sonné les grandes heures de la monarchie », est fondue. Germain Pilon a réalisé les sculptures qui décorent le cadran (elles ont été fortement restaurées au siècle dernier).

La salle des Gens d'armes mesure 64 m de longueur, 27,50 m de largeur, 8,50 m de hauteur pour une superficie de 1 800 m². Une salle gigantesque !

palais réservée aux festins royaux et les appartements du roi. Restauration de Jean-Louis Duc (19ᵉ s.).

Sur le premier pilier central est gravé le niveau atteint par la Seine en 1910.

Cuisines

Imaginez qu'il faille nourrir 2 000 à 3 000 bouches... Imaginez encore des viandes rôtissant à la broche dans l'une des monumentales cheminées, bouillant dans un autre coin dans de vastes chaudrons...

Prison

La rue de Paris donne dans la galerie des Prisonniers, couloir central de la Conciergerie. C'était l'endroit le plus animé : les prisonniers qui entraient ou sortaient, ceux qui se rendaient au tribunal, les visiteurs, les avocats, procureurs, greffiers, gendarmes, geôliers s'y croisaient. Encadrés par des gendarmes, les prisonniers descendaient de la Grande Chambre du Parlement au 1ᵉʳ étage par un escalier à vis **(1)** dissimulé dans une tourelle de la tour Bonbec. Ils arrivaient au fond de la galerie, à droite, par une porte, murée aujourd'hui, donnant sur le parloir qui, d'un côté servait de vestibule au préau des hommes et de l'autre desservait un escalier par lequel on montait au Tribunal révolutionnaire. Ils étaient vraisemblablement rassemblés dans une pièce occupée actuellement par les cuisines du buffet du palais. De là, on les conduisait, un par un, dans une salle voisine où on les installait sur un escabeau. Là les aides du bourreau Sanson procédaient à leur toilette, leur liaient fortement les mains derrière le dos, échancraient le col de leur chemise et leur coupaient les cheveux sur la nuque. La « fournée » franchissait ensuite la porte du guichet du greffe donnant sur la cour du Mai et montait dans la fatale charrette.

Au 1ᵉʳ étage sont évoqués l'histoire de la prison et les grands prisonniers d'État : Montgomery, meurtrier involontaire de Henri II, Châtel, qui blessa Henri IV, Ravaillac, qui le tua, Louvel, l'assassin du duc de Berry, Fieschi, qui dirigea une machine infernale contre Louis-Philippe et, en dernier lieu, Robespierre.

Retour au rez-de-chaussée. La **salle des Girondins** fut transformée en prison collective jusqu'à la Restauration. En 1793, 22 Girondins y furent emprisonnés. Le cachot où Marie-Antoinette fut détenue a été aménagé en **chapelle expiatoire (2)**. Le domaine des femmes se résume à la fontaine et à la table en pierre situées dans la **cour des Femmes** ; leurs cellules, celles des « pailleuses » et celles des « pistolières », en faisaient le tour. Le « **côté des Douze** » **(3)** permettait aux hommes et aux femmes de communiquer entre eux. Reconstitution du **cachot de Marie-Antoinette (4)**.

LES « PAILLEUX »

La « rue de Paris » reçut, pendant la Terreur, les détenus sans ressources qui couchaient pêle-mêle dans la paille ; c'étaient les « pailleux ». Les prisonniers aisés logeaient « à la pistole », avec une cellule individuelle et une nourriture plus soignée.

Place de la **Concorde**★★★

Une situation, de l'élégance, tout convie à l'admiration... La Concorde est l'une des plus belles places de Paris. Pour en profiter, contempler la perspective, depuis les pavillons de Gabriel, de jour comme de nuit, en oubliant les voitures... L'obélisque veille.

La situation

Plan Michelin n° 54 G 11 – 8ᵉ arr. – Mᵒ Concorde (lignes 1, 8 et 12) – Bus 31, 42, 72, 73, 84 et 94. La rue de Rivoli, le pont de la Concorde, les Champs-Élysées et la rue Royale conduisent au cœur de la place.

Voir à proximité faubourg-Saint-Honoré, les Champs-Élysées, la Madeleine, jardin des Tuileries, le Louvre, faubourg Saint-Germain, musée d'Orsay.

> **QUELLE HEURE EST-IL ?**
> La pointe de l'Obélisque marque de son ombre depuis septembre 1999 l'heure internationale : la place est le plus grand cadran solaire du monde.

Le nom

1795 voit tomber les dernières têtes de la Révolution. Le Directoire donne à ce lieu ensanglanté un nom d'espérance : place de la Concorde.

Les gens

Ici, on circule ! Les seuls personnages imperturbables, quel que soit le temps, sont les statues de huit villes de France, aux quatre coins de la place.

carnet pratique

RESTAURATION

Se reporter à la rubrique « Restauration » dans les Informations pratiques, en début de guide ; ce quartier correspond au 8ᵉ arrondissement.

SORTIES

Buddha-bar – *8 r. Boissy-d'Anglas - Mᵒ Concorde - ☎ 01 53 05 90 00 - www.buddha-bar.com - lun.-ven. 12h-15h, 16h-2h, w.-end et j. fériés 17h-2h - fermé le midi les 15 premiers j. d'août.* Un gigantesque bouddha dominant le restaurant (que surplombe une belle mezzanine), un dragon ondulant sur toute la longueur du bar, et une musique forte et branchée attendent ici les amateurs de kitch et d'Orient de pacotille. Spectaculaire et très « fashion », l'endroit attire toujours du beau monde !

ACHATS

Bernardaud – *11 r. Royale - Mᵒ Concorde ou Madeleine - ☎ 01 47 42 82 86 -*

www.bernardaud.fr - lun.-ven. 9h30-18h30, sam. 10h-19h - fermé Pâques, 1ᵉʳ mai, 4 juin, Noël et Nouvel An. Des superbes rééditions de l'ancienne Manufacture royale de Limoges aux multiples créations originales, cette boutique est un véritable hymne à la porcelaine. Vous y trouverez aussi des idées de cadeaux insolites : lithophanies gravées, pendentifs, bagues...

Goyard – *233 r. St-Honoré - Mᵒ Tuileries - ☎ 01 42 60 57 04 - goyard@free.fr - tlj sf dim. 10h-19h - fermé 10-20 août et j. fériés.* Cette célèbre maison, fondée en 1853, est spécialisée dans la fabrication de malles et de bagages. Ne manquez pas au fond de la boutique, un impressionnant escalier en acajou du début du 20ᵉ s. qui conduit à une salle d'exposition. Vous pourrez y admirer les premières créations Goyard, dont une malle-bureau réalisée pour Conan Doyle. Élémentaire, mon cher...

B. Kaufmann/MICHELIN

Depuis les Tuileries, on admire l'Obélisque et la place de la Concorde.

comprendre

De la place Louis-XV à la place de la Révolution – Les échevins de Paris, voulant faire leur cour à Louis XV, commandent à Bouchardon une statue équestre du « Bien-Aimé » et mettent au concours l'aménagement de la place. Servandoni, Soufflot, Gabriel s'affrontent. Ce dernier l'emporte. La place, octogonale, délimitée par un fossé qu'entourent des balustrades, mesure 84 000 m² ; huit grands socles sont disposés aux angles pour recevoir des statues. Des bâtiments jumeaux, aux belles colonnades, flanquent la rue Royale. Les travaux durent de 1755 à 1775. En 1792, la statue royale est déboulonnée, et la place Louis-XV devient place de la Révolution.

> **LEURS DERNIÈRES PAROLES !**
> Louis XVI : « Peuple, je meurs innocent ! »
> Danton : « Bourreau, tu montreras ma tête au peuple, elle en vaut la peine ! »
> Mme Roland : « Liberté, que de crimes commis en ton nom ! »

Le 21 janvier 1793, la guillotine est dressée près de l'actuelle statue de Brest *(angle Nord-Ouest)* pour l'exécution de Louis XVI. À partir du 13 mai, le « rasoir national », installé non loin de la grille des Tuileries, voit passer 1 343 victimes, parmi lesquelles Marie-Antoinette, Mme du Barry, Charlotte Corday, les Girondins, Danton et ses amis, Mme Roland, Robespierre et ses partisans.

Sous Louis-Philippe, Hittorff complète la décoration de la place. Renonçant à la statue centrale, trop soumise aux fluctuations des régimes, le roi a choisi un monument sans couleur politique : l'Obélisque. Deux fontaines sont installées : elles sont inspirées de celles de la place St-Pierre, à Rome.

Huit statues de villes surmontent les socles disposés par Gabriel. Cortot exécute Brest et Rouen. Pradier sculpte Lille et Strasbourg. Juliette Drouet servit de modèle pour cette dernière statue qui fut voilée de noir de 1871 à 1918, lorsque Strasbourg était allemande. Lyon et Marseille sont signées Petitot, tandis que Bordeaux et Nantes sont de Caillouette.

se promener

Voir schéma p. 398.

Hôtels de la Marine et de Crillon★★

> **DE PÈRE EN FILS**
> L'auteur de ces deux pavillons, Jacques-Ange Gabriel (1698-1782), fut Premier architecte du roi et directeur de l'Académie d'architecture. Il succédait à ce poste à son père, Jacques Gabriel.

Tout deux ont un style Louis XV alliant sévérité et légèreté, harmonie de l'ensemble et qualité des détails (colonnes corinthiennes, fronton, élévation des façades). À droite de la rue Royale *(face à la Madeleine)*, l'**hôtel de la Marine** abrite aujourd'hui l'état-major général de cette arme ; à gauche se trouve l'Automobile-Club de France et l'**hôtel de Crillon**, palace de renommée internationale. Les deux bâtiments sont encadrés par l'ambassade des États-Unis à gauche, et par l'hôtel Talleyrand (18e s.).

Obélisque★

Au centre même de la place, il veille à la bonne circulation. L'Obélisque nous contemple de ses 33 siècles d'existence. Provenant du temple de Ramsès II à Thèbes, il fut

Les fontaines de la place de la Concorde rappellent celles de la place St-Pierre au Vatican. Celle-ci est consacrée aux divinités marines.

S. Sauvignier/MICHELIN

offert à la France en 1831 par le vice-roi d'Égypte, Méhémet-Ali, et fut érigé à sa place actuelle le 25 octobre 1836. En granit rose recouvert de hiéroglyphes, avec un sommet en plomb et or, l'obélisque mesure 23 m de hauteur et pèse près de 220 tonnes !

Perspectives★★★

Le terre-plein de l'Obélisque est le meilleur endroit pour admirer les magnifiques perspectives de la Voie triomphale. Les frémissants **Chevaux de Marly** (œuvre de Coustou – originaux au Louvre) guident le regard vers les Champs-Élysées ; les chevaux ailés de Coysevox (originaux au Louvre) vers les Tuileries et le Louvre.
Belles vues également sur la Madeleine et le Palais-Bourbon.

Pont de la Concorde

L'ingénieur Perronet, qui le construisit entre 1787 et ▶ 1791, utilisa les pierres récupérées de la démolition de la Bastille, « afin que le peuple pût continuellement fouler aux pieds l'antique forteresse ». L'ouvrage fut doublé en 1931. Il fait partie, parmi d'autres monuments des rives de la Seine, du « patrimoine mondial » de l'Unesco. Remarquable **vue★★★** sur la Seine et la perspective de la Concorde vers la Madeleine.

> **Curieuse destinée**
> Les 12 statues colossales d'hommes célèbres dressées sous Louis-Philippe sur le pont de la Concorde furent boudées par les Parisiens. Elles furent alors dispersées dans diverses villes de France.

La Défense★★

Cité des affaires, La Défense est aussi un quartier d'art qui expose en plein air de nombreuses sculptures contemporaines. Ensemble monumental, la Grande Arche termine la longue perspective qui, du Louvre à la Concorde et à l'Arc de Triomphe mène, d'une seule ligne droite, jusqu'à l'Ouest parisien : avec cette construction, la République met un point d'orgue aux travaux royaux et impériaux des siècles passés.

La situation

Plan Michelin n° 54 C 1-2 – 92 (Hauts-de-Seine) – M° Esplanade-de-la-Défense (ligne 1) ou La Défense-Grande Arche (ligne 1) – RER La Défense-Grande Arche (ligne A) – Bus 73, 141, 144, 159, 161, 174, 178, 258, 262 et 272. C'est l'extrémité Ouest de la grande perspective historique de Paris depuis le Louvre. L'esplanade est le quartier piétonnier par excellence (1 200 m de longueur) qui sépare la Seine de la Grande Arche ; seuls les vélos et les rollers font concurrence aux piétons.

Le nom

Il évoque la défense de Paris, la grande, celle de 1871 que Barrias a immortalisée en une statue qui trône au milieu de l'esplanade.

carnet pratique

Visite

Conseils – Les jours de brouillard et de pluie – sauf après l'averse – sont déconseillés. Assisté d'une bonne paire de jumelles, la perspective est encore plus splendide.
Le quartier des affaires vit au rythme des heures de bureau : beaucoup de monde le matin à la prise du travail, affluence dans les magasins et restaurants de midi à 14h puis après 17h, peu de monde en dehors de ces horaires… Seul le Dôme IMAX connaît une forte affluence le samedi et le dimanche.

Espace Info-Défense – *Avr.-sept. : lun.-ven. 10h-18h ; oct.-mars : lun.-ven. 9h30-17h30. Fermé j. fériés.* ☎ 01 47 76 37 13. Bureau d'information sur le site de La Défense.
Petit train touristique – ☎ 01 42 62 24 00 - *de déb. mars à mi-nov. : 10h-18h, dép. toutes les heures au pied de l'Arche - 4,57€ (-10 ans : 2,28€).* Plein de musique et de commentaires, il fait un grand tour du quartier (3/4h).

Achats

Les quatre Temps – Contient 250 boutiques réparties sur 120 000 m².

L'ARCHE DE LA FRATERNITÉ
La fondation a pour objectif la défense et la promotion des Droits de l'homme.

Les gens

Ici, les plus sérieux sont les hommes d'affaires, les cadres et les informaticiens ; les plus humanistes sont les habitants du toit de la Grande Arche, siège de la fondation « L'Arche de la Fraternité ».

comprendre

Le quartier des affaires – À la limite de Paris, ses 11 secteurs couvrant 130 ha ont un pied dans les communes de Puteaux, Courbevoie et Nanterre. Depuis 1964, 48 tours ont germé puis grandi, accueillant quelque 900 sociétés.

Le quartier du Parc – Dans la plaine de Nanterre se côtoient bureaux, habitations, équipements collectifs et espaces verts : le parc André-Malraux (24 ha) comprend un jardin botanique et sur son pourtour s'élèvent le théâtre des Amandiers et l'école de danse de l'Opéra de Paris, conçue par l'architecte Christian de Portzamparc.

F. Morenc/PHOTONONSTOP

découvrir

La Grande Arche★★

Avr.-sept. : 10h-20h ; oct.-mars : 10h-19h (dernière entrée 1/2h av. fermeture). 7€ (enf. : 5,50€). ☎ *01 49 07 27 27. www.grandearche.com*

AU SOMMET
Galeries, présentation de la construction de l'Arche, librairie et restaurant occupent l'hectare du toit. Mais on atteint le ciel dans les quatre patios qui reproduisent la carte du ciel astral (œuvre de J.-P. Raynaud).

Elle est le cœur de La Défense, immense arche en béton de 300 000 t et de 110 m de côté, tout en verre et en marbre blanc de Carrare. Conception de l'architecte danois Otto von Spreckelsen, dont c'est l'unique œuvre en France... et du reste posthume. Pour des raisons techniques, l'Arche est légèrement déviée par rapport à l'axe de La Défense. Sous la voûte, un treillis de câbles supporte les ascenseurs panoramiques qui relient le socle au toit. L'Arche abrite plusieurs ministères et, dans la paroi Nord, des entreprises nationales et internationales.

se promener

Esplanade de la Défense

Voir plan p. 198. C'est l'occasion d'une formidable **promenade★★** à la découverte de l'architecture et des sculptures du 20ᵉ s. *Départ à droite de l'Arche.*

Sur la place Carpeaux, le *Pouce* **(1)** de César donne le signal du départ pour aller se faufiler entre les 25 colonnes reliées par des fils en acier (œuvre de l'artiste japonaise Miyawaki).

Palais de La Défense (CNIT)

L'une des constructions les plus célèbres de La Défense, également la plus ancienne (1958), le palais du Centre des nouvelles industries et technologies – œuvre des architectes Mailly, Zehrfuss et Camelot – est aussi remarquable par ses dimensions (80 000 m² de surface couverte) que par la hardiesse de sa conception : record du monde en matière de portée (220 m).

Sur le **parvis** de La Défense, le *Stabile rouge* **(2)**, de 15 m de hauteur, est la dernière œuvre de Calder. On passe sous un immeuble bas pour gagner la tour Framatome.

Tour Areva

C'est la plus élevée avec la tour Elf. Sa sévère façade, sombre et lisse, en béton revêtu de granit poli, fait songer, la nuit, lorsqu'elle est éclairée, à un immense damier.

Au pied de la tour, un buste en bronze, *Le Grand Toscano* **(3)** du Polonais Mitoraj, évoque quelque géant antique. En contournant la tour par la gauche, on découvre une sculpture de l'Italien Delfino en résine de polyester qui rappelle le monde imagé de la science-fiction **(4)**.

Tour Total

Par sa forme et sa couleur bleue qui varie selon l'éclairage, c'est une des tours les plus majestueuses.

Revenir sur l'esplanade avec en son centre la **fontaine monumentale d'Agam (6)**.

La **Galerie (7)** de l'Esplanade accueille, en sous-sol, des expositions d'art. On passe devant la fontaine-paysage *Midi-Minuit* **(8)** où l'artiste Clarus a tiré parti d'une cheminée de ventilation pour représenter le parcours du Soleil et de la Lune au-dessus d'un rivage imaginaire parsemé de rochers.

Place des Corolles

Délimitée par les tours Europe et AIG, cette place doit son nom à la fontaine en cuivre de Louis Leygue, *Les Corolles du jour* **(9)**. Sur un mur bas, la fresque en céramique du *Sculpteur de nuages* **(11)**, réalisée par Atila, apporte dans ce paysage artificiel une note chimérique.

Les Reflets

L'Oiseau mécanique **(12)**, œuvre du sculpteur Philolaos, replie ses immenses ailes d'acier devant deux fontaines mécaniques, *Les Nymphéas,* tandis que, tout près, s'élève la **tour Moretti**, haute de 32 m et enveloppée de 672 tubes de couleurs différentes.

Au-delà de l'immeuble Vision 80, bâti sur pilotis, la **place des Reflets** offre les jeux dorés de la lumière se reflétant dans les vitres de la **tour Aurore**, qui forme avec les parois rosées de la tour Manhattan et celles vertes du GAN une étonnante composition. Sur cette place, allégorie en bronze de Derbré intitulée *La Terre* **(13)**.

La place de l'Iris est décorée de la silhouette gracile du *Somnambule* **(14)**, en équilibre sur une sphère posée sur l'arête d'un volume cubique, œuvre de Henri de Miller.

Tourner à gauche devant la tour GAN, en forme de croix grecque.

Les Miroirs

Immeuble d'Henri La Fonta, dont la cour intérieure est agrémentée d'une mosaïque-fontaine de Deverne **(15)** composée de dix cylindres. Cette mosaïque couramment appelée la *Grande Mosaïque* (2 500 m²), est considérée comme la plus grande du monde.

Bassin Takis (16)

Il est animé par 49 signaux métalliques lumineux et flexibles, placés à des hauteurs variables sur un miroir d'eau. De là, perspective intéressante sur l'Arche et l'Arc de Triomphe.

Remarquer la curieuse tour **Axa** en forme d'étoile à trois branches, de Pierre Dufau, et, un peu plus loin, des immeubles de logement en damiers.

Square Vivaldi, *Fontaine du dialogue* **(17)** de Busato composée de deux personnages en bronze.

LE CNIT

La voûte en voile de béton qui recouvre ce palais d'expositions, fut conçue par l'ingénieur **Nicolas Esquillan**. En forme de coquille renversée, elle ne repose que sur trois points d'appui distants de 218 m, et la poussée horizontale qui s'exerce sur chacun d'entre eux est égale au poids de la tour Eiffel.

JEUX D'EAU

La fontaine d'Agam propose des spectacles de jeux d'eau, de lumière et de musique. *Mer. 13h, w.-end et j. fériés 16h.*

TOUR MANHATTAN

Par sa forme, ses couleurs et les matériaux mis en œuvre, c'est l'une des plus originales de La Défense. Toute en courbes et contre-courbes, elle déploie une souplesse inattendue sa masse « couleur du temps », offrant le front lisse de ses façades nappées de miroirs.

QUEL TEMPS FAIT-IL ?

Du patio de l'immeuble Les Miroirs, on aperçoit la tour des Poissons (quartier Charras) sur laquelle un baromètre-horloge géant indique le temps à toute la région parisienne (bleu = temps variable, vert = beau temps, rouge = approche d'intempéries). Sa « sonnerie » horaire se fait par des clignotements lumineux.

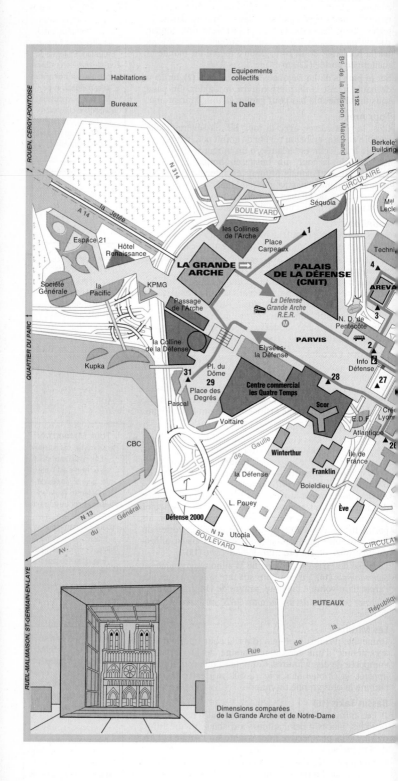

Dimensions comparées
de la Grande Arche et de Notre-Dame

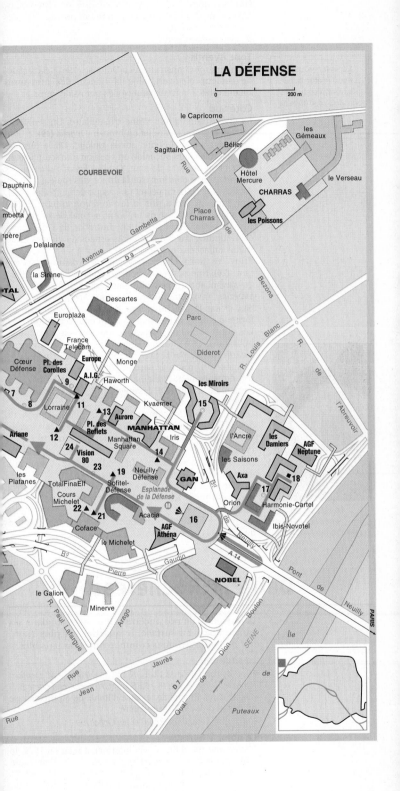

LA DÉFENSE

0   200 m

le Capricorne

les Gémeaux

Sagittaire

Bélier

Hôtel Mercure

le Verseau

CHARRAS

les Poissons

COURBEVOIE

Rue

Dauphins

Place Charras

mbetta

Gambetta

Avenue

D 3

de

Bezons

père

Delalande

la Sirène

TAL

Descartes

Parc

R. Louis Blanc

R.

de

l'Abreuvoir

Europlaza

France Telecom

Diderot

Cœur Défense

Pl. des Corolles

Europe

Monge

A.I.G.

Haworth

les Miroirs

9

7

8

Lorraine

11

13

Aurore

Kvaerner

15

Ariane

Pl. des Reflets

MANHATTAN

l'Ancre

les Damiers

AGF Neptune

12

Manhattan Square

Iris

les Saisons

24

Vision 80

23

14

Axa

17

18

les Platanes

19

Neuilly-Défense

GAN

Orion

Harmonie-Cartel

TotalFinaElf

Sofitel-Défense

Esplanade de la Défense

Ibis-Novotel

Cours Michelet

22

21

Acacia

16

Coface

AGF Athéna

le Michelet

Bd

Pierre

Gaudin

A 14

Pont

de

Neuilly

PARIS /

le Galion

Minerve

NOBEL

R. Paul Lafargue

Arago

Dion

Bouton

SEINE

Île

Rue

Jaurès

de

de

Jean

D 7

Quai

Puteaux

Rue

Sur la place Napoléon-Ier, au pied de la tour Neptune, un monument en forme de croix de la Légion d'honneur **(18)** commémore le retour des cendres de l'Empereur. L'Aigle impérial qui orne le monument proviendrait des grilles des Tuileries.

Revenir au bassin Takis.

Tour Aventis

LE SAVEZ-VOUS ?
Le peintre et sculpteur Raymond Moretti tient son atelier de 100 m de long sur 6 étages sous l'Esplanade de La Défense.

◄ Première tour construite à La Défense (1967). Sa façade, de couleur bleu-vert, allie la finesse des armatures métalliques à la transparence des parois de verre.

Côté Sud

La tour Athéna a une forme triangulaire. Du sculpteur catalan Fenosa, bas-relief en bronze, *Ophélie* **(19)**.

Contourner l'hôtel Sofitel sur la gauche. De la terrasse dominant le cours Michelet, on aperçoit une sculpture en acier peint de 14 m de haut, *Doubles lignes indéterminées* **(21)**, et un peu plus loin, sur la droite, des rouleaux en fer soudés entre eux rappelant un casque de footballeur **(22)**. Une fontaine qui a pris la forme d'une grenouille **(23)** devenue aussi grosse qu'un bœuf permet de se désaltérer. La petite place située en contrebas de l'esplanade est délimitée par 35 jardinières ornées de visages et de mains enlacées de Selinger **(24)**.

Entre les tours Crédit Lyonnais et Atlantique, *Dame Lune* **(26)**, fine sculpture en marbre blanc de Julio Silva ; en s'avançant un peu plus loin sur la droite s'élèvent Défense 2000, tour au caractéristique profil évasé vers le bas, et sur la gauche la tour Ève dont la silhouette en forme d'ellipse se dresse au Sud du quartier Villon.

Les tours Franklin (celle-ci composée de deux blocs imbriqués) et Winterthur dressent leur masse puissante à demi cachée par la tour Scor en forme de tripode.

La statue en bronze de Barrias, *La Défense* **(27)**, a retrouvé son emplacement d'origine, au pied du bassin Agam, à l'ombre de la tour EDF dessinée par Peï, l'architecte de la pyramide du Louvre.

Devant le centre commercial des Quatre Temps se dresse une sculpture monumentale de Miró **(28)** composée de deux personnages aux couleurs éclatantes.

Prendre les escaliers à gauche de l'immeuble Élysées-La Défense. On passe devant l'ancien Dôme IMAX, appelé à devenir un multiplex après rénovation.

La place des Degrés a été aménagée en *Paysage minéral* par le sculpteur Kowalski **(29)** : éléments de pyramides, vague en granit.

Au pied d'un élégant immeuble, se détache un bronze de César **(31)**, intitulé *Icare*.

Ph. Bourgeois/MICHELIN

Monde des affaires et de la culture se rencontrent à la Défense.

Denfert-Rochereau

Le royaume de nos ancêtres gît en sous-sol dans ses catacombes. En surface, le quartier est plus riant, fait de belles avenues commerçantes ou paisibles.

La situation

Plan Michelin n° 54 M 12-13, N 12-13 – 14ᵉ arr. – Mᵒ Denfert-Rochereau (lignes 4 et 6) – RER Denfert-Rochereau (ligne B) – Bus 38 et 68. Proche de la place d'Italie, de Montparnasse ou des jardins de l'Observatoire.

Voir à proximité Port-Royal et les Gobelins.

Le nom

L'ancienne rue d'Enfer (via inferior), a reçu en 1879, le nom du colonel Denfert-Rochereau. Elle était toute proche du château Vauvert, bâti vers l'an mil et dont les ruines étaient hantées par des « diables », autrement dit des brigands venus s'y réfugier (et qui seraient à l'origine de l'expression « être situé au diable Vauvert »).

carnet pratique

RESTAURATION

Se reporter à la rubrique « Restauration » dans les Informations pratiques, en début de guide ; ce quartier correspond au 14e arrondissement.

SORTIES

Au Vin des rues – *21 r. Boulard -* ☎ *01 43 22 19 78 - lun.-sam. 12h-15h30, 18h30-0h, dim. 18h-0h - fermé 1 sem. en août et dim. midi.* Bistrot à l'ancienne où l'on découvre des vins de qualité servis dans un cadre traditionnel. Vous pouvez également y manger en toute simplicité. Le jeudi soir, les assiettes de charcuteries se dégustent au son de l'accordéon. Chaleureuse ambiance.

ACHATS

Caves des Papilles – *35 r. Daguerre - Mo Denfert-Rochereau -* ☎ *01 43 20 05 74 - tlj sf dim. et lun. 9h30-13h30, 15h30-20h.* Accueil sympathique et grand choix de crus.

Les gens

En 1870-1871, le colonel Denfert-Rochereau défendit victorieusement Belfort, en ne cessant le combat que 21 jours après l'armistice de Versailles. Thiers obtint de Bismarck que la ville invaincue ne partage pas le sort de l'Alsace et de la Lorraine.

se promener

Emblème de la place Denfert-Rochereau, la copie réduite du « Lion » de Bartholdi, qui se trouve au pied des remparts de Belfort.

Au départ de la place ② *voir plan p. 325.*

Place Denfert-Rochereau

En son centre, les deux pavillons de Ledoux aux frises sculptées et aux proportions élégantes marquent la barrière d'Enfer, l'un des derniers vestiges de l'enceinte d'octroi, dite barrière des Fermiers Généraux, construite par Nicolas Ledoux. Cette enceinte fut dotée d'une cinquantaine de postes aux différentes entrées de la ville pour ceux-là même qui percevaient l'octroi, impôt particulièrement impopulaire. À l'époque, en 1784, elle mécontenta fort les Parisiens : « le mur murant Paris rend Paris murmurant », disait-on alors.

Rue Froidevaux

Elle longe le cimetière du Montparnasse. Aux nos 21-23, remarquer l'immeuble de briques rouges, construit en 1929 par G. Grimbert, doté à différents étages d'ateliers d'artistes aux grandes baies vitrées et aux trumeaux décorés de mosaïques polychromes. Un peu plus loin, au no 37, Alberto Giacometti eut un atelier où son frère Diego vint le rejoindre en 1925.

Par la rue Victor Schoelcher, rejoindre le boulevard Raspail, pour s'engager, à droite, dans la rue Campagne-Première.

Rue Campagne-Première

Nombreux furent les artistes qui vécurent dans ce phalanstère cosmopolite dissimulé derrière des façades d'immeubles tantôt banales (comme celle du no 9 où Othon Friesz eut son atelier et où vécurent De Chirico et Rilke, avant qu'il ne soit le secrétaire de Rodin), tantôt originales (comme celle du no 3 où Modigliani et Pompon eurent leur atelier), ou surtout celle des nos 31-31 bis, immeuble doté de grandes verrières construit par l'architecte Arfvidson et recouvert de céramique polychrome en grès flammé. De 1922 à 1940 Man Ray loua un atelier au 31 bis, où le Tout-Paris des arts et de la mode vint se faire photographier. Au no 29, l'hôtel Istria qui vit passer dans les années 1920 bon nombre d'artistes, existe toujours, tout comme le no 17, passage composé de petits immeubles dotés d'ateliers, où se rencontrèrent, dans les années 1930, Picasso, Kandinsky, Max Ernst, Miró et Giacometti.

Revenir sur le boulevard Raspail.

Fondation Cartier *(voir description à « visiter »)*
Rejoindre la place Denfert-Rochereau.

> **PASSAGE D'ENFER**
> À hauteur du no 23 s'ouvre le **passage d'Enfer**, cité édifiée vers 1855, composée de petites maisons de quatre étages dépourvues d'ornement, si ce n'est des volets peints dans des couleurs pastel qui lui confèrent son unité (à l'exception des nos 24-27 qui reprennent la décoration de la façade sur rue du no 31-31 bis).

Rue Daguerre

Jusqu'au n° 24, elle charme par son statut piétonnier, ses petits magasins, son minuscule marché et son animation même dominicale.

visiter

Catacombes★

1 pl. Denfert-Rochereau. Sortie 36 r. Remy-Dumoncel. Tlj sf lun. 10h-17h (dernière entrée 1h av. fermeture). Nombreuses marches d'escalier. Lampe de poche conseillée. Fermé j. fériés. 5€. ☎ 01 43 22 47 63.

Ces carrières gallo-romaines furent reconverties en ossuaire de 1785 à 1810, réunissant tous les squelettes des cimetières paroissiaux parisiens, dont celui des Saints-Innocents *(voir Les Halles)*.

Décoration macabre – têtes de morts et tibias croisés –, ou idyllique – têtes de morts formant un cœur.

En août 1944, Henri Rol-Tanguy, chef des FFI d'Île-de-France, y installa son état-major, durant l'insurrection de Paris contre l'occupant. Soixante ans plus tard, lors des cérémonies commémorant la libération de Paris, un vibrant hommage a été rendu à « l'un des plus nobles héros de Paris » en inaugurant l'avenue qui porte désormais son nom près de la place Denfert-Rochereau.

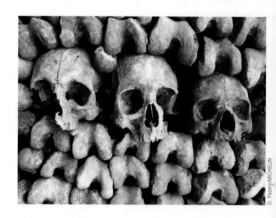

D. Pazery/MICHELIN

Fondation Cartier

261 bd Raspail. M° Raspail. ♿ Tlj sf lun. 12h-20h. Fermé 1er janv., 25 déc. 6,50€. ☎ 01 42 18 56 67. www.fondation. cartier.fr

Fondation née en 1984. Expositions d'art contemporain réputées dans ce « bâtiment d'images » qui joue sur le réel et le virtuel (art architectural de Jean Nouvel), intérieur et extérieur se mêlant intimement dans la végétation.

Tour **Eiffel**★★★

Vigie de la capitale, la tour Eiffel est sans doute la silhouette la plus populaire au monde. Ses poutrelles métalliques enchevêtrées et ses ascenseurs ont porté des millions de visiteurs... Un art d'ingénieur qui a su enchanter le monde, après avoir été fortement décrié ! Le quartier qui l'entoure est à sa hauteur, sinon en taille, du moins en prestige : tout le long de la perspective du Champ-de-Mars, maisons et hôtels des 18e et 19e s. se succèdent avec élégance...

La situation

Plan Michelin n° 54 J 7-8 – 7e arr. – Mo Bir-Hakeim (ligne 6) ou École-Militaire (ligne 8) – RER Champ-de-Mars-Tour-Eiffel (ligne C) – Bus 82, 92. La perspective formée par le Champ-de-Mars est fermée au Sud-Est par l'École militaire et au Nord-Ouest par la Seine qui lui est perpendiculaire et par le bâtiment semi-circulaire du Trocadéro.

Au 1er étage, la tour atteint 57 m ; au 2e, 115 m et au 3e, 276 m. Hauteur totale : 300 m ; en trichant un peu (cabine de télévision), elle s'envole à 324 m avec plus ou moins 15 cm selon la température. Poids : 7 000 t auxquelles il faut ajouter 50 t de peinture, renouvelée tous les sept ans.

Voir à proximité les Invalides, le Trocadéro, l'Alma.

> ### Un symbole de la modernité
> La tour Eiffel, décriée par certains, fut pour d'autres le symbole de la modernité et de la vitesse, mais aussi de l'art du siècle nouveau : Cocteau et Apollinaire la célèbrent, Pissarro, Dufy, Utrillo, Seurat ou Delaunay la figurent dans leurs œuvres...

Le nom

À la vue du prodige technique accompli, il était bien légitime de donner à cette tour érigée pour l'Exposition universelle de 1889 le nom de son constructeur, Gustave Eiffel (1832-1923).

carnet pratique

VISITE

En été, le meilleur moment pour profiter de la vue se situe après une bonne averse, le temps d'une éclaircie. Toutefois, on ne choisit pas toujours le jour de sa visite. Sachant que ladite tour est le monument le plus visité de la capitale, trois solutions sont possibles : se lever à l'aube, s'y présenter une heure avant le coucher du soleil, ou encore se coucher tard.

Pour accéder au sommet, deux possibilités : les **escaliers** pour les courageux qui ne craignent ni crampes ni vertige. 1 652 marches, mais quel spectacle ! C'est en fait un moyen unique de découvrir l'architecture, si belle, de la tour et, progressivement, la vue sur le Champ-de-Mars, les immeubles environnants, les toits de Paris et, apothéose, l'ensemble du site et ses environs. L'ascension à pied ne peut se faire que jusqu'au second étage.

Les **ascenseurs** sont bien sûr l'autre moyen et là, en changeant au 2e étage, on atteint sans fatigue les 300 m de hauteur.

Pour en savoir plus, Internet www.tour-eiffel.fr

RESTAURATION

Se reporter à la rubrique « Restauration » dans les Informations pratiques, en début de guide ; ce quartier correspond aux 7e et 15e arrondissements.

Ph. Gajic/MICHELIN

Des lignes abstraites surgissent dès qu'on lève la tête.

Les gens

Ingénieur, Gustave Eiffel vient d'achever le viaduc de Garabit (Auvergne) lorsqu'il lance son projet (1884). C'est pour lui une suite naturelle à ses études sur les hautes piles métalliques.

De 1887 à 1889, les 300 monteurs acrobates assemblant les deux millions et demi de rivets furent une curiosité dominicale pour nombre de Parisiens.

comprendre

Sauvée par la TSF ! – Lorsque le projet est lancé en 1884 pour l'Exposition universelle de 1889, qui marque le centenaire de la Révolution française, Eiffel ne se fait pas que des amis. La concession est alors de vingt ans, mais artistes et écrivains rédigent une protestation publique, dite des « 300 » (en écho à la hauteur de la tour). Parmi les signataires, de grands noms de l'intelligentsia de l'époque : Maupassant, Gounod, Charles Garnier, François Coppée, Leconte de Lisle...

En 1909, on menace de la détruire. Seules les facilités qu'apporte son altitude à la TSF lui sauvent la mise : c'est à son bord que se font les premiers essais radiotéléphoniques du début du 20e s., avant que la télévision ne la réquisitionne à son tour.

Aujourd'hui, la tour ne doit plus résister à ses détracteurs, mais aux touristes qui usent plus ses mécanismes d'ascenseurs que ses escaliers.

Quelques dates

1910 – La tour assure le service de l'heure internationale.

1916 – On y réalise les premières communications transocéaniques par téléphonie sans fil.

1918 – Création de la radiodiffusion française.

1957 – Installation de l'antenne TV.

31 décembre 1999 – La tour s'embrase dans un déluge de feux d'artifice et de lumière.

Juin 2003 – La tour scintille à nouveau au début de chaque heure, de la tombée de la nuit jusqu'à 2h du matin en été (1h en hiver).

se promener

De la tour Eiffel à l'École Militaire

Tour Eiffel★★★

Ascenseurs et escaliers - de mi-juin à fin août : 9h-24h ; de déb. janv. à mi-juin : 9h30-23h ; sept.-déc. : 9h30-18h. 4€ 1ᵉʳ étage, 7,30€ 2ᵉ étage, 10,40€ 3ᵉ étage. 3,50€ escalier (1ᵉʳ et 2ᵉ étage uniquement). ☎ 01 44 11 23 23. www.tour-eiffel.fr

Sous le pilier Nord, le buste en bronze de Bourdelle représente Eiffel, fidèle au poste.

Au premier, un **petit musée**, complété par une projection (20mn), retrace l'histoire de la tour.

Restaurant, brasseries, boutiques animent le 2ᵉ étage. Vue sur tous les monuments parisiens qui appartiennent désormais au monde des Lilliputiens.

Au 3ᵉ étage, le **panorama★★★** s'étend sur 67 km au maximum mais l'événement reste rare à cause de la pollution atmosphérique. Par une fenêtre, on peut voir le bureau qu'Eiffel s'était fait aménager.

À chaque étage, des tables panoramiques permettent de se situer.

> **AU REZ-DE-CHAUSSÉE**
> La machinerie d'un ascenseur de 1899, toute d'orange vêtue, peut être visitée lorsque l'ascenseur correspondant du pilier Est ou Ouest fonctionne.

> **GUSTAVE EIFFEL CONTRE SES DÉTRACTEURS**
> « Je crois, pour ma part, que la tour aura sa beauté propre. Parce que nous sommes des ingénieurs, croit-on que la beauté ne nous préoccupe pas dans nos constructions et qu'en même temps que nous faisons solide et durable, nous ne nous efforçons pas de faire élégant ? Est-ce que les véritables fonctions de la force ne sont pas toujours conformes aux conditions secrètes de l'harmonie ? »

Champ-de-Mars

Lors de la construction de l'École militaire, les jardins maraîchers qui s'étendaient entre les nouveaux bâtiments et la Seine furent transformés en champ de manœuvre ou Champ-de-Mars. Ce fut aussi le lieu des rassemblements patriotiques : le 14 juillet 1790, on y célébra le premier anniversaire de la prise de la Bastille, au cours duquel Louis XVI prêta serment à la Constitution. En 1794, on y fêta l'existence de l'Être suprême, décrétée par la Convention. À son tour, Napoléon y distribua aigles et insignes. Devenu champ de foire, le Champ-de-Mars accueillit ensuite les Expositions universelles. C'est aujourd'hui un vaste jardin, mi-anglais, mi-français, où les foules se rassemblent encore à l'occasion.

Traverser le Champ-de-Mars vers l'École militaire. Au bout, sur votre droite, le **Village suisse** *(54 av. de La Motte-Picquet) regroupe 150 antiquaires et brocanteurs. ♿ Tlj sf mar. et mer. 10h30-19h. Fermé août partiellement. Gratuit. ☎ 01 47 34 47 19.*

> **ERREUR DE PARCOURS**
> C'est depuis le Champ-de-Mars qu'en 1784, l'aéronaute Jean-Pierre Blanchard entreprit de diriger un ballon avec un système d'ailerons. Parti pour déjeuner à la Villette, il monta à 4 000 m d'altitude et atterrit... à Billancourt.

On y pense la guerre... (l'École militaire).

S. Sauvignier/MICHELIN

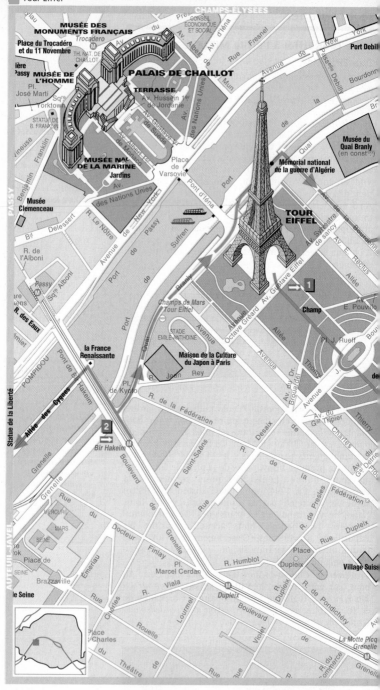

DEUX GLOIRES MILITAIRES
Le maréchal Joffre (1852-1931) livra les batailles décisives de la Marne et de la Somme pendant la Première Guerre mondiale (statue équestre face au pavillon central). Lowendal (1700-1755) commandait une partie de l'armée française à Fontenoy en 1745.

École militaire★

◄ *1 pl. Joffre. Arriver par le Champ-de-Mars.* Du 18ᵉ s., le **pavillon central** est encadré de deux ailes basses du Second Empire, un dôme quadrangulaire surmontant le tout. La décoration est riche (colonnes corinthiennes sur deux étages, fronton sculpté, trophées, allégories).

Contourner l'édifice par les av. de Suffren et de Lowendal jusqu'à la place de Fontenoy.

Avant la **cour d'honneur★**, un terrain de sport ; sur ses flancs : deux portiques à colonnes jumelées ; au fond, le

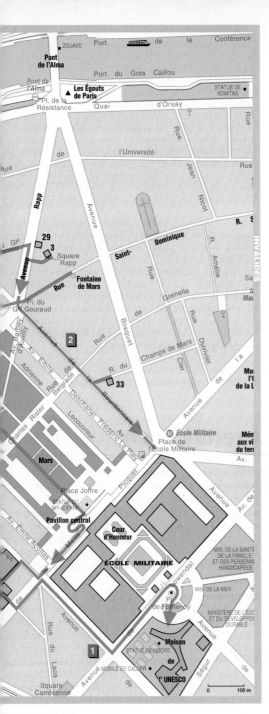

ACHATS

La Maison de l'Escargot – *79 r. Fondary – M° Émile-Zola -* ☎ *01 45 75 31 09 - tlj sf lun. 9h30-19h30, dim. et fêtes 10h-13h - fermé de mi-juil. à fin août.* Cette maison fondée en 1894 met à l'honneur les gastéropodes : petits-gris et bourgognes y sont préparés de façon artisanale. Depuis peu, foie gras et autres produits dérivés du canard sont également proposés.

L'UNESCO

L'Organisation des Nations unies pour l'éducation, la science et la culture siège ici depuis 1958. L'Unesco est une institution internationale tant par ses 185 États membres, par ses trois architectes (Marcel Breuer, américain d'origine hongroise, Pierre Nervi, italien, et Bernard Zehrfuss, français)... que par ses décorateurs.

pavillon central flanqué de deux ailes à colonnades terminées par des pavillons en saillie.

Traverser la place de Fontenoy sur la droite.

Maison de l'Unesco★

Pour les visiteurs individuels, s'inscrire au préalable auprès de Mme Tuckel, ☎ *01 45 68 16 42.*

À chaque bâtiment son style : le secrétariat de l'Organisation se situe dans un Y reposant sur pilotis ; les salles des séances plénières et des commissions sont toutes de voiles de béton cannelé et couvertes d'un toit

IL ÉTAIT UNE FOIS MME DE POMPADOUR ET BEAUMARCHAIS

En 1751, grâce à Mme de Pompadour, le financier Pâris-Duverney (fournisseur aux Armées) obtient l'acte de fondation de l'École royale militaire. Le projet d'Ange-Jacques Gabriel apparut d'une surprenante magnificence. Le soutien financier est assuré par un impôt sur les cartes à jouer et par une loterie grâce au dynamisme de Beaumarchais. En 1769, la 1re pierre de la chapelle est posée par Louis XV ; en 1773, le « château » est achevé. Les constructions sont agrandies au 19e s. À l'origine, l'École forme 500 gentilshommes pauvres pendant trois ans au métier d'officier. La Révolution supprime l'institution, mais les bâtiments conservent leur fonction de caserne et le centre de formation. Ils accueillent aujourd'hui les Écoles supérieures de guerre et l'Institut des hautes études de Défense nationale.

« en accordéon ». Un édifice cubique abrite d'autres services, de même que les deux étages souterrains éclairés par six profonds patios. Au rez-de-chaussée, apaisant petit jardin japonais.

Un large et prestigieux panel d'artistes internationaux (Picasso, Miró, El Jem, Bazaine, Le Corbusier, Calder...) ont mis en harmonie architecture et décoration. Une merveilleuse tête d'ange venue d'une église de Nagasaki détruite par la bombe atomique (1945) est exposée là, tandis que *La Silhouette au repos* de Henry Moore est visible depuis l'avenue de Suffren.

Avenue Foch

Cette artère imposante est l'une des plus belles réalisations d'Haussmann. Bordée de chaque côté par une pelouse et une contre-allée, elle se signale par une largeur exceptionnelle de 120 m. Inaugurée en 1854 sous le nom d'avenue de l'Impératrice, elle devint aussitôt la promenade à la mode pour les équipages qui se rendaient au Bois. Des hôtels particuliers et des immeubles de standing s'édifièrent ensuite le long des pelouses.

La situation

Plan Michelin n° 54 F 5-7 – 16e arr. – M° Charles-de-Gaulle-Étoile (lignes 1, 2 et 6), Porte-Dauphine (ligne 2) – RER Charles-de-Gaulle-Étoile (ligne A) et Avenue-Foch (ligne C) – Bus PC1 (arrêt Porte-Dauphine) – Plan de la promenade à Bois de Boulogne – Bus 82 et 42.

Des douze avenues rayonnant en étoile à partir de la place Charles-de-Gaulle, l'avenue Foch, la plus large, se termine place Dauphine, à l'orée du bois de Boulogne.

Le nom

L'avenue prit le nom d'avenue Foch en 1929, année de la mort du maréchal.

Les gens

Adolphe d'Ennery (1811-1899), auteur de mélodrames et de livrets d'opéra habita au n° 59. Son hôtel particulier abrite aujourd'hui deux petits musées.

En 1974, **Marcel Pagnol**, auteur de *Marius*, *Fanny*, *La Gloire de mon père*, *Le Château de ma mère*... s'éteignit au n° 16 du square Foch. Dans ce même square vécurent **Arthur Rubinstein**, au n° 22, et **Claude Debussy**, au n° 24.

A. Cassaigne/MICHELIN

LES MARQUISES DE GUIMARD

Des entrées de métro conçues par Hector Guimard en 1900, ne sont restées intactes que celle de la place des Abbesses à Montmartre et celle de la porte Dauphine, toutes deux bordées de panneaux de lave émaillée et couronnées d'une marquise en ailes de libellule soutenue par des supports en fonte verte d'inspiration florale.

visiter

*L'avenue Foch n'a rien
perdu de son élégance :
seuls les équipages
se sont modernisés.*

Musée arménien
59 av. Foch. Fermé pour travaux.
Il présente des bijoux, des ornements et des objets d'art religieux et populaire d'Arménie, ainsi que des peintures, sculptures et dessins contemporains.

Musée d'Ennery
59 av. Foch. Fermé pour travaux. ☎ 01 45 53 57 96.
Ce musée présente un ensemble impressionnant de **netsukes★**, ces petits boutons de bois sculpté et peint, adoptant la forme de personnages humoristiques, d'animaux. Les Japonais les accrochaient à la ceinture de leur kimono.

Musée Dapper
35 r. Paul-Valéry. M° Victor-Hugo (ligne 2) ou Charles-de-Gaulle-Étoile (lignes 1, 2 et 6) – Bus 52. ♿ 11h-19h. Fermé 25 déc., 1er janv., 1er mai et entre les expositions. 5€, gratuit dernier mer. du mois. ☎ 01 45 00 01 50. www.dapper.com.fr
Ce musée organise de très belles expositions temporaires consacrées à l'Afrique. Il comprend en outre une librairie et une salle de spectacle dédiées à la promotion des cultures de l'Afrique et de ses diasporas : littérature, danse, théâtre, contes, musique... Café convivial situé sous la passerelle d'entrée.

Les Gobelins

On admire ses œuvres dans tous les musées et grands monuments nationaux. Mais connaît-on vraiment la manufacture des Gobelins ? Vous êtes à Paris pour quelques jours ? C'est l'occasion de découvrir l'un des fleurons nationaux qui conserve jalousement ses traditions et ses privilèges.

La situation
Plan Michelin n° 54 N 15-16, P 15-16 – 13e arr. – M° Gobelins (ligne 7) – Bus 27, 47, 83 et 91. Non loin du Quartier latin et de la place d'Italie.
Voir à proximité Denfert-Rochereau, Port-Royal et Mouffetard.

Le nom
Jehan Gobelin, spécialiste teinturier « en écarlate », fonde en 1443, sur les bords de la Bièvre, un atelier de teinture dont les terrains sont rachetés par Colbert. Il y installe en 1667 la Manufacture royale des meubles et tapisseries de la Couronne qui deviendra à la fin du 19e s., Manufacture nationale.

LES TECHNIQUES
Haute lice : la chaîne
du métier est verticale.
Seule la Savonnerie utilise
cette technique.
Basse lice : la chaîne
est horizontale.

Les gens

◄ Plus de 5 000 tapisseries sont nées ici d'après les cartons des plus grands maîtres : Le Brun, Poussin, Van Loo, Gromaire, Picasso, Dufy, Braque...

comprendre

DÉROGATION DE PRESTIGE
La Manufacture accepte
en 1989 une commande
officielle du Danemark :
10 grandes tapisseries
relatant l'histoire de ce
pays constituent un cadeau
d'anniversaire à la reine du
Danemark. Il a fallu dix ans
pour les réaliser.

◄ **La Manufacture se développe** – Au début du 17e s., les descendants de Jehan Gobelin laissent l'atelier à deux tapissiers flamands appelés par Henri IV. Plus tard, Louis XIV charge Colbert de réorganiser les manufactures de tapisseries en réunissant dans l'enceinte des Gobelins les ateliers parisiens et celui de Maincy (Vaux-le-Vicomte) confisqué à Fouquet ; c'est ainsi qu'en 1662 est décidée la Manufacture royale des tapisseries de la Couronne à la tête de laquelle est placé Charles Le Brun. Cinq ans après s'y adjoint la Manufacture royale des meubles. C'est là que les meilleurs artisans du royaume, orfèvres, ébénistes, tapissiers, élaborent pour le Roi-Soleil et ses résidences le style Louis XIV.

Les Gobelins abritent depuis 1826 l'ancienne manufacture des tapis de la **Savonnerie**, fondée en 1604 par Henri IV dans les galeries du Louvre, puis installée par Louis XIII en 1626 au pied de la colline de Chaillot, dans les bâtiments d'une ancienne fabrique de savon.

Les ateliers de la **Manufacture de Beauvais**, créée en 1664, se sont installés dans l'enclos des Gobelins, ses bâtiments ayant été détruits en 1940. Une partie des métiers a regagné Beauvais en 1989, dans de nouveaux locaux.

carnet pratique

RESTAURATION

Se reporter à la rubrique « Restauration » dans les Informations pratiques, en début de guide ; ce quartier correspond aux 5e et 13e arrondissements.

PETITE PAUSE

La Butte-aux-Cailles, quartier animé et « bohème » offre de nombreuses possibilités pour prendre un verre, se restaurer ou se détendre.

L'Oisive Thé – 10 r. de la Butte-aux-Cailles - M° Corvisart - ☎ 01 53 80 31 33 - tlj sf lun. 12h-20h. D'un côté de la rue, le salon de thé, dont la décoration mêle agréablement bois blanc, tons ensoleillés et nappes d'inspiration provençale. Vous pourrez y déguster, à toute heure, un des nombreux thés accompagné d'un en-cas salé ou sucré ; brunch dominical. De l'autre, la boutique, décorée dans le même esprit, propose du thé bien sûr mais aussi de délicieux chocolats.

Des Crêpes et des Cailles – 13 r. de la Butte-aux-Cailles - M° Corvisart - ☎ 01 45 81 68 69 - 🖃 - 8,50/15€. Cette petite échoppe attire l'œil avec sa façade peinte en jaune vif. La gentillesse de l'accueil et l'ambiance bon enfant compensent l'exiguïté de la salle. Bon choix de crêpes (simples ou complètes) à déguster sur place, un peu plus réduit pour la vente à emporter.

SORTIES

La Folie en Tête – 33 r. de la Butte-aux-Cailles - M° Corvisart - ☎ 01 45 80 65 99 - tlj sf dim. 17h-2h. Les instruments de musique accrochés aux murs veillent sur cet espace très agréable où l'on peut lire, jouer aux échecs, dessiner, discuter ou écouter des musiciens. Clientèle jeune.

ACHATS

Les Abeilles – 21 r. de la Butte-aux-Cailles - M° Corvisart - ☎ 01 45 81 43 48 - tlj sf dim. et lun. 11h-19h - fermé août. Cette boutique propose quelque 50 références de miels et produits dérivés : gelée royale, cire, vinaigre de miel, moutarde, bonbons, nougats, marmelade, limonade, pain d'épice... Les abeilles du bois de Boulogne, de Vincennes et de Seine-et-Marne assurent 5 % de la production vendue ici. Les apiculteurs y trouveront même du matériel apicole.

Cave des Gobelins – 56 av. des Gobelins - M° Place-d'Italie ou Gobelins - ☎ 01 43 31 66 79 - ericmerlet@aol.com - tlj sf dim. et lun. 9h-13h, 15h-20h, j. fériés 9h-13h - fermé août. Après son père, le très avenant Eric Merlet a repris la direction de cette cave exceptionnelle possédant entre autres merveilles quelques très vieux alcools (dont un cognac de 1809 !) et presque tous les meilleurs millésimes depuis plus de 40 ans.

visiter

Manufacture des Gobelins★

Visite guidée (1h1/2) mar., mer. et jeu. 14h-16h30. Fermé j. fériés. 8€ (-7 ans : gratuit). ☎ 01 44 08 52 00.
La Manufacture a conservé les méthodes artisanales du 17ᵉ s. des Gobelins, de Beauvais – ce sont des tapisseries – et de la Savonnerie – ce sont des tapis. Les liciers travaillent à la lumière naturelle et disposent de plus de 14 000 teintes. Production de 1 à 8 m² de tapisserie par an, selon la difficulté du carton. Toute la production est réservée à l'État pour décorer ses bâtiments en France et ses ambassades à l'étranger.

VISITE
Il est fortement conseillé d'arriver 20mn en avance sur l'horaire indiqué car les groupes sont nombreux même en semaine. La visite dure 2h, et il n'y a pas d'occasion de s'asseoir. Attention, elle peut paraître longue aux enfants.

I. Bideau/Collection du Mobilier National

Travail du licier.
La tradition se perpétue.

se promener

De la place d'Italie à la Manufacture des Gobelins

Place d'Italie

Quartier d'une ancienne barrière de Paris, aujourd'hui hérissé de tours modernes. Entre la rue Bobillot et l'avenue d'Italie trône l'un des plus grands écrans de cinéma de France.
Prendre le boulevard Auguste-Blanqui, puis entrer dans la rue du Moulin-des-Prés (1ʳᵉ rue à gauche).
On parvient à la place Paul-Verlaine, ancien centre du village de la Butte-aux-Cailles.

UN PEU D'EAU PURE
Place Paul-Verlaine, une fontaine commémore les travaux de forage du puits artésien de la Butte-aux-Cailles, celui-là même qui alimente la piscine du même nom, de style Art déco.

La Butte-aux-Cailles

Les ruelles mal pavées et les petites maisons basses luttent corps et âme contre les immeubles modernes. Entre les deux, le contraste est saisissant et plaisant.
Descendre la rue de la Butte-aux-Cailles. Tourner à droite rue Barrault pour rejoindre le passage du même nom.
Il conduit rue des Cinq-Diamants. Les lieux ont gardé un charme désuet et paisible.

Square René-Le-Gall

Prendre le boulevard Auguste-Blanqui, puis la rue Corvisart. Il correspond, dans sa partie la plus basse, à l'ancienne île aux Singes, qui s'inscrivait entre deux bras de la Bièvre. Au Nord, un aménagement illustre le cours de la rivière par un bel alignement de peupliers.
Sortir par la rue de Croulebarbe (Nord-Ouest).
On débouche sur le **Mobilier national**, bâtiment d'Auguste Perret (1935). Deux molosses en ciment gardent l'entrée, vous informant qu'on ne visite pas.
Prendre la 1ʳᵉ rue à gauche, la rue Berbier-du-Mets puis la rue Gustave.-Geffroy.

MAIS OÙ EST LA BIÈVRE ?
Sous vos pieds. Pour des raisons de santé publique (elle servait aux mégisseries et autres tanneries du quartier), elle fut recouverte en 1910 par la rue Berbier-du-Mets. Ses marais fournissaient en hiver de la glace que l'on stockait dans des puits. D'où le nom du quartier : la Glacière.

Paris a des airs de Pékin à l'occasion du Nouvel An chinois.

Au n° 17, l'**hôtel de la Reine-Blanche** *Avr.-sept. : visite guidée mer. 14h-17h, dim. 10h-12h, 15h-17h.*

Au bout de la rue Gustave.-Geffroy, on parvient à l'avenue des Gobelins.

alentours

Quartier asiatique

Au Sud de la place d'Italie, avenue d'Ivry, le grand magasin Tang Frères est une bonne introduction au « quartier chinois », qui s'étend entre l'avenue de Choisy, l'avenue d'Ivry et le boulevard Masséna. Tout à côté, l'**esplanade des Olympiades** est bordée de restaurants asiatiques. L'ensemble n'a pas les charmes des Chinatown de New York, Londres ou San Francisco, mais le dépaysement est tout de même assuré...

Les Grands Boulevards

À côté d'un flot de passants affairés, on flâne, on sort, on déambule et se promène sur les Grands Boulevards. Spectacles, théâtre... justement « de boulevard », cinémas et magasins en font un endroit animé jour et nuit.

Escaliers du boulevard St-Martin, comme pour monter sur scène...

La situation

Plan Michelin n° 54 G 11 à 17 – 2ᵉ, 9ᵉ et 10ᵉ arr. – Mᵒ Richelieu-Drouot et Grands-Boulevards (lignes 8 et 9), Strasbourg-Saint-Denis (lignes 4, 8 et 9) et République (lignes 3, 5, 8, 9 et 11). La suite de boulevards ici décrite s'étire de la place de l'Opéra à la place de la République.

Voir à proximité Opéra, faubourg Poissonnière, le Sentier et République.

Le nom

Après la destruction des remparts au 17ᵉ s., ce lieu de promenade prend le nom de « Boulevard », du nom donné en langage militaire au terre-plein d'un rempart. Vers la fin de la Restauration, le répertoire des théâtres du boulevard du Temple est consacré à des mélodrames où meurtres, empoisonnements et enlèvements se succèdent, au point qu'on surnomme le lieu « boulevard du Crime ».

Les gens

« J'aime flâner sur les grands boulevards/ Il y a tant de choses, tant de choses à voir... ». Comme nombre de lieux parisiens, les Grands Boulevards ont été immortalisés par la chanson : ici, c'était Yves Montand qui l'interprétait.

carnet pratique

RESTAURATION

Se reporter à la rubrique « Restauration » dans les Informations pratiques, en début de guide ; ce quartier correspond aux 2ᵉ, 9ᵉ et 10ᵉ arrondissements.

ACHATS

Hotus Verde – *55 bis quai de Valmy - Mᵒ République - ☎ 01 42 01 24 42 - contact@hotusverde.com - tlj sf dim. 10h-19h.* Aux amoureux des plantes qui n'ont pas la main verte, Hotus Verde propose la solution idéale : les végétaux stabilisés (qui ne nécessitent ni eau, ni lumière, ni entretien). Dans cet espace zen accueillant également des expositions, vous aurez le choix parmi de nombreuses essences (des plus répandues au plus exotiques), pour composer votre jardin « éternel » personnel...

À la Mère de Famille – *35 r. du Fg-Montmartre - Mᵒ Cadet ou Grands-Boulevards - ☎ 01 47 70 83 69 - tlj sf dim. 9h-19h, lun. et sam. 10h-19h - fermé j. fériés, et août.* Le décor inchangé depuis 1900 confère à ce lieu un charme mystérieux agrémenté du parfum des fruits secs et du chocolat.

comprendre

Des remparts supprimés – Entre la Bastille et la porte St-Denis s'étendait l'enceinte de Charles V ; entre la porte St-Denis et l'actuelle Madeleine existait un rempart élevé sous Charles IX et Louis XIII. En 1660, ces fortifications, en mauvais état et devenues inutiles après les victoires de Louis XIV, sont supprimées. Les murailles sont abattues, les fossés comblés ; une sorte de terrasse, légèrement surélevée, est aménagée. Elle comporte une large chaussée, où quatre voitures peuvent rouler de front, et deux contre-allées, plantées chacune d'une double rangée d'arbres. Des arcs de triomphe prennent la place des portes fortifiées. Le travail ne se termine qu'en 1705.

Cette promenade, finalement appelée « boulevard », est en pleine campagne.

La chaussée est pavée en 1778. L'éclairage au gaz fait son apparition, en 1817, dans le passage des Panoramas et s'étend au boulevard en 1826. Le premier omnibus roule entre la Madeleine et la Bastille le 30 janvier 1828. Des trottoirs asphaltés suppriment peu à peu les « océans de boue » des contre-allées, les jours de pluie.

> **« L'ENCLUME DE LA RENOMMÉE »**
> Vers 1750, le boulevard devient à la mode. Dans sa partie Ouest, la noblesse, la finance édifient de beaux hôtels privés. Le boulevard des Italiens est ouvert à la vie et à la fête élégante sous le Directoire. Sa vogue gagne le boulevard Montmartre et persiste jusqu'au milieu du 19e s. C'est le royaume de l'« esprit boulevardier », qui ne vise pas à la profondeur, mais éclate en bulles légères. C'est aussi le rendez-vous du « chic », d'où partent les modes. Selon le mot de Victor Hugo, c'est « l'enclume de la renommée ».

se promener

De la place de l'Opéra à la République

Le caractère des Grands Boulevards évolue au fur et à mesure que l'on avance vers l'Est. Les magasins de mode cèdent progressivement la place aux brasseries et cinémas.

Boulevard des Italiens

La fin du boulevard des Capucines et le boulevard des Italiens concentrent quelques-unes des plus grandes salles de cinéma parisiennes : grands écrans, salles le plus souvent climatisées, films en exclusivité. Gaumont, Paramount, UGC : pourquoi pas une soirée 7e Art ?

Les camelots proposant confiseries ou bijoux fantaisie abondent sur les trottoirs, surtout au moment des fêtes. Curieusement, dans cette atmosphère, les salles de spectacle alternent avec des sièges sociaux de banques : façade imposante du Crédit Lyonnais et belle façade préservée de la BNP entre les rues Taitbout et Laffitte.

Arrivé à la hauteur de la rue Laffitte, n'omettez pas de regarder la silhouette du Sacré-Cœur, juste dans l'axe. **Vue** inattendue... comme sait en ménager Paris.

Les amateurs d'art lyrique feront le détour par la place Boieldieu pour voir la façade de l'Opéra-Comique. L'endroit est d'un calme inattendu et la rue Favart abrite deux restaurants bien connus des mélomanes. Le **passage des Princes** (n°s 3-5), entièrement rénové, abrite désormais le village *JouéClub*, vaste magasin de jouets réparti en huit univers différents (jeux éducatifs, maison des tout-petits, maison des poupées, boutique Lego, etc.).

> **ORIGINES**
> Le boulevard des Italiens doit son nom au théâtre des « Italiens », actuel Opéra-Comique. La troupe de ce théâtre, installée à la fin du 17e s. à l'hôtel de Bourgogne, a en effet été animée par des acteurs italiens.

Hôtel des ventes Drouot-Richelieu

9 r. Drouot. 11h-18h. Fermé dim. (sf 1 dim. par mois), j. fériés et août. Gratuit. ☎ *01 48 00 20 52. www.drouot.fr*
Depuis 1980, collectionneurs, antiquaires et experts se disputent ici meubles, œuvres, objets de collection lors des ventes aux enchères. La rue est aussi le domaine des philatélistes.

> **GOLF DROUOT**
> Les nostalgiques des années 1960, auront une pensée pour le défunt Golf Drouot où tant de chanteurs de l'époque « yéyé » firent leurs premières armes...

Boulevard Montmartre

Particulièrement animé. Les boutiques de vêtements et les restaurants se succèdent. C'est au **théâtre des Variétés** (*n° 7*) que furent créés, entre autres, *La Belle Hélène* d'Offenbach, *Topaze* de Marcel Pagnol et *La Cage aux folles* de Jean Poiret. Les **passages Jouffroy** (*n° 10*) et **des Panoramas** (*n° 11*) sont à parcourir absolument pour leur atmosphère particulière, leurs petits restaurants, cafés et commerces où cartes postales, livres, jouets et cadeaux occupent les vitrines.

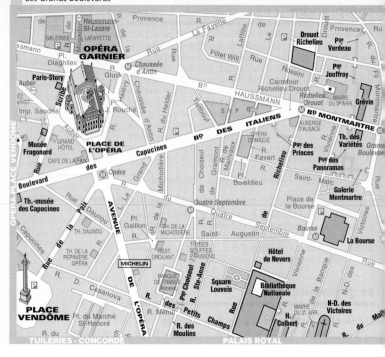

Une enseigne dans un passage : ici on respire comme un air d'autrefois.

UN ANCÊTRE DU CINÉMA

On a peine à imaginer le succès que remporta au 19ᵉ s. le **panorama** qu'avait inventé un peintre écossais, Robert Barker. Il s'agissait d'une peinture circulaire, exposée dans une rotonde à toit conique. Placé au centre, le spectateur pouvait se croire au centre de l'action ou du paysage représenté. Deux coupoles furent installées en 1800 à l'entrée du passage qui, dès lors, prit ce nom. Les panoramas se multiplièrent dans Paris jusqu'à l'Exposition universelle de 1900... avant de disparaître, victimes de la naissance du cinéma qui allait procurer des émotions autrement plus fortes.

Suivre les boulevards Poissonnière et de Bonne-Nouvelle. L'animation est moindre, sauf à la hauteur du **Grand Rex**. Situé au tout début du boulevard Poissonnière, ce cinéma, inauguré en décembre 1932, vaut une visite à lui seul : plafond en forme de ciel étoilé, décor insolite de minarets et de palais. Célèbre pour les dessins animés de Walt Disney et les comédies musicales qui font le bonheur de tous depuis des décennies, il l'est aussi, à l'époque de Noël, pour sa féerie des eaux, véri-

La porte St-Denis : le triomphe de la guerre boulevard du Temple.

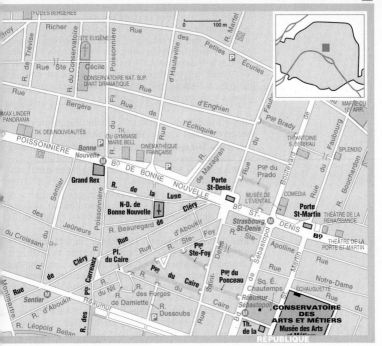

table son et lumière avec des jets d'eau et pour la rituelle avant-première du dernier dessin animé.

Sur le trottoir d'en face, au n° 42 (à côté du théâtre du Gymnase-Marie Bell), profitez de la programmation de la Cinémathèque française – annexe (avant son possible transfert à Bercy).

On se rapproche des quartiers plus « chauds », à droite des Boulevards et principalement rue Saint-Denis. Un peu avant la porte Saint-Denis, se retourner : le carrefour des rues de Cléry, Beauregard et de la Lune ménage une **vue**★ intéressante.

Porte Saint-Denis★

Elle célèbre les victoires de Louis XIV sur le Rhin : 40 places fortes conquises en deux mois. D'où les figures allégoriques de la Hollande et du Rhin (œuvres de Girardon et Michel Anguier), et les bas-reliefs du passage du Rhin et de la prise de Maastricht.

Porte Saint-Martin★

Élevée en 1674, deux ans après la précédente, elle commémore la prise de Besançon et les défaites des armées allemande, espagnole, hollandaise.

Boulevard Saint-Martin

D'anciennes buttes, formées par des décharges publiques, ont donné à cette partie des Boulevards un tracé vallonné et les trottoirs y sont surélevés par rapport à la voie de circulation, ceci pour éviter une forte pente. Le boulevard St-Martin mène à la place de la République *(voir ce nom)*.

visiter

Grévin★

10 bd Montmartre. M° Grands-Boulevards. & *10h-18h30, w-end, j. fériés et vac. scol. 10h-19h (denière entrée 1h av. fermeture). 16€ (6-14 ans : 9€). Visites contées sur réservation (11€).* ☎ *01 47 70 85 05. www.grevin.com*
La spécificité du musée est l'actualité (d'où un renouvellement régulier des figures de cire) et l'histoire. Certains accessoires sont authentiques comme la

---

LES ÉTOILES DU REX
50mn dans les coulisses du Rex : un voyage dans l'univers du cinéma... du tournage à la projection. Ne pas manquer l'étage des effets spéciaux. Horaires, prix : se renseigner auprès du cinéma.

UN LIEU CULTE
Rue des Petites-Écuries, le **New Morning**, où jouèrent nombre de géants du jazz aujourd'hui disparus (Stan Getz, Dexter Gordon, Chet Baker, Dizzy Gillespie, Art Blakey), reste l'un des plus célèbres clubs de jazz.

CURIEUX !
Une occasion de sourire : au niveau de la place J.-Strauss, le buste échevelé du célèbre musicien viennois paraît bien petit et frêle sous le regard sévère du baron Isidore Justin Séverin Taylor dont les lèvres pincées disent assez dans quelle estime il pouvait tenir la valse et les bals !

POUR LA PETITE HISTOIRE

Le journaliste Arthur Meyer, directeur du quotidien Le Gaulois, a l'idée, en 1882, de mettre en scène des poupées de cire grandeur nature représentant des célébrités du moment. Le sculpteur-caricaturiste Alfred Grévin et le financier Gabriel Thomas participent au projet. Le palais des Mirages créé pour l'Exposition universelle de Paris de 1900 est récupéré par Grévin en 1907. L'affaire prospère au point d'être introduite en Bourse où elle est toujours cotée.

baignoire-sabot de Marat et le lit de Napoléon Ier. Le musée est aussi un temple de la magie.

Palais des Mirages – *(Séances annoncées par haut-parleur).* Son fascinant spectacle son et lumière et son incroyable jeu des miroirs (360°) invite le visiteur à entrer dans l'univers magique de Grévin.

Le Théâtre du Tout-Paris – Personnages politiques ou stars du cinéma, dont Gérard Depardieu ou Roberto Benigni, sont rassemblés dans cet ancien théâtre de la fin du 19e s.

Paris Grévin Magazine – De l'Élysée où sont réunis les plus grands chefs d'État à l'atelier d'artiste où Rodin est à l'œuvre, les stars d'hier et d'aujourd'hui se côtoient dans le respect de leur lieu de prédilection. Parmi les derniers arrivés : Henri Salvador, Bernard-Henry Lévy, Amélie Mauresmo et Charles Aznavour.

Les Clichés du 20e s. – Une dizaine de scènes retracent les principaux événements du siècle passé : « la coupe du monde », « la montée du nazisme », « le premier pas sur la Lune », « la chute du mur de Berlin », « l'ascension de l'Annapurna », « la cuisine moderne »...

Histoire – De Charlemagne à Napoléon, de l'Inquisition à la Révolution française, de la Renaissance au siècle des Lumières, l'histoire de France est largement mise en scène.

La Collection Grévin – Une pléiade de personnages vivants ou disparus tels que Elvis Presley ou Marylin Monroe, mais aussi réels et imaginaires comme Lara Croft, se sont donné rendez-vous dans cette belle salle baroque.

Les Halles

Les Halles furent le « ventre de Paris ». C'est aujourd'hui sa garde-robe ou son centre commercial. De vieilles rues demeurent, de belles églises aussi, dont l'immense vaisseau de Saint-Eustache. Le marché a cédé la place à un jardin, les cafés ont empli l'espace, faisant de ce quartier animé un lieu de détente, où l'on contemple toujours avec plaisir la fontaine des Innocents...

La situation

Plan Michelin n° 54 H 14-15 – 1er arr. – M° Les-Halles (ligne 4) – RER Châtelet-Les-Halles (lignes A, B et D) – Bus 29, 38 et 47. Le boulevard de Sébastopol traverse le quartier, de la Seine à la gare du Nord, en laissant à l'Ouest les Halles et à l'Est Beaubourg. La rue de Rivoli le limite au Sud.

Voir à proximité Beaubourg, Châtelet-Hôtel-de-Ville, Palais-Royal, place des Victoires, République (section sur le quartier du Temple).

Le nom

Paris a son marché couvert installé dans l'actuel quartier des Halles dès 1137, sous Louis le Gros ; et comme tout marché, c'est une halle. Mais il devient tellement grand qu'on lui attribue un pluriel, les Halles : voilà bien l'orgueil parisien !

La fontaine des Innocents.

carnet pratique

RESTAURATION

Se reporter à la rubrique « Restauration » dans les Informations pratiques, en début de guide ; ce quartier correspond aux 1er et 2e arrondissements.

SORTIES

Duc des Lombards – *42 r. des Lombards - RER Châtelet-Les-Halles -* ☎ *01 42 33 22 88 - www.jazzvalley.com/duc - 18h30, concert 21h - fermé 15 j. en août et dim.* Ce grand temple du jazz propose un concert quotidien depuis une quinzaine d'années. Les plus grands musiciens s'y sont produits : Henri Texier (contrebasse), Aldo Romano (batterie), Eric Le Lann (trompette), Enrico Pieranunzi (piano), Jon Hendricks (voix), Lee Konitz (saxophone), Christian Escoudé (guitare).

LOISIRS

Le Jardin des enfants – ▢ *- 105 r. Rambuteau - M° Châtelet ou Les-Halles - réservé aux enf. de 7 à 11 ans. Juil.-août : 10h-19h (ven. 14h-19h, dim. et j. fériés 13h-19h) ; vac. scol. de Pâques : 10h-18h (dim. et j. fériés 13h-18h) ; vac. scol. de Toussaint : 10h-17h ; vac. scol. de Noël et fév. : 10h-16h (dim. et j. fériés 13h-16h) ; avr.-juin et sept.-oct. : 9h-12h, 14h-18h ; nov.-mars : 9h-12h, 14h-16h. Fermé sam. matin, lun. et par temps de pluie.* Comme son nom l'indique, il est réservé à la jeune génération et multiplie les activités. Et de fait, seuls les enfants sont capables de se repérer dans le labyrinthe ou de nager dans la piscine à balles !

ACHATS

Agnès B. – *6 r. du Jour - M° Les-Halles -* ☎ *01 45 08 56 56 - www.agnesb.fr - été : 10h-19h30 ; hiver : lun.-sam. 10h-19h - fermé j. fériés.* Vêtements pour hommes, femmes et enfants, accessoires, objets et bijoux : toute la gamme des produits Agnès B. est répartie dans les cinq boutiques qui bordent cette petite rue aux élégantes vitrines.

Le Comptoir de la Gastronomie – *34 r. Montmartre - M° Les-Halles -* ☎ *01 42 33 31 32 - lun. 9h-19h, mar.-sam. 6h-19h.* Belle devanture de style 1900 pour cette boutique où le canard règne en maître. Foies gras, confits, cuisses et magrets laissent néanmoins une place à d'autres savoureux produits : poissons fumés, charcuteries et sélection de bonnes bouteilles.

La Droguerie – *9-11 r. du Jour - M° Les-Halles -* ☎ *01 45 08 93 27 - lun. 14h-18h45, mar.-sam. 10h30-18h45 - fermé j. fériés.* On peut s'y procurer tous les matériaux nécessaires à la confection de bijoux fantaisie et de vêtements : perles, accessoires de montage, fils à tricoter, rubans, galons... ainsi que des conseils et explications pour réaliser soi-même ses accessoires.

Impresario – *9 r. Montorgueil - M° Étienne-Marcel, Les-Halles ou Sentier -* ☎ *01 42 33 79 97 - 11h-19h.* Bijoux, tableaux et multiples objets de décoration occupent cette boutique installée dans une ancienne boucherie. Vous découvrirez dans la cave voûtée d'ailleurs le billot de l'ancien propriétaire ! Musique de jazz ou d'opéra, murs colorés et accueil charmant créent une atmosphère plaisante.

MX – *6 passage du Grand-Cerf - M° Étienne-Marcel, Les-Halles ou Sentier -* ☎ *01 42 36 06 20 - tlj sf dim. et lun. 15h-19h30.* Cette mystérieuse enseigne mérite bien une petite explication : ces deux initiales sont empruntées à l'immatriculation des navires basés en baie de Morlaix. Sylvie Branellec, créatrice de cette boutique spécialisée dans les bijoux en perles de culture, fait ainsi un clin d'œil à sa Bretagne natale. D'insolites photos d'algues, de rochers ou de détails de coques de bateaux mettent en valeur ses créations originales.

Les gens

Ils furent petits et ils devinrent grands : Armand du Plessis, futur cardinal de Richelieu, J.-B. Poquelin, futur Molière, Jeanne Poisson, marquise de Pompadour, etc. ont été baptisés en l'église St-Eustache.

comprendre

Un marché historique – Vers 1135, deux fois par semaine, les marchands et les artisans de Paris exercent leurs négoces aux Halles, où chaque rue est spécialisée dans un commerce. Les premières halles sont construites en 1183 sous Philippe Auguste. Au 16e s., l'alimentation accapare progressivement toute l'activité du marché : il faut dire qu'il y a 300 000 bouches parisiennes à nourrir.

Le ventre de Paris – Le grand marché parisien doit être rénové au 19e s. Tandis que Rambuteau et Haussmann percent les grandes rues du quartier (rues de Rivoli, du Pont-Neuf, du Louvre, des Halles, Étienne-Marcel), les plans des architectes **Baltard et Callet**, utilisant la construction en charpente métallique à toiture vitrée, sont acceptés par Napoléon III. De 1854 à 1874, dix pavillons sont bâtis. Ils servent de modèle aux installations de province et de l'étranger. Le va-et-vient des

LE PILORI

Jusqu'à la Révolution, le pilori des Halles s'élève près de la pointe Saint-Eustache, où les faussaires, les voleurs, les entremetteuses sont exposés, la tête et les mains enserrés dans les trous d'une roue horizontale montée sur pivot.

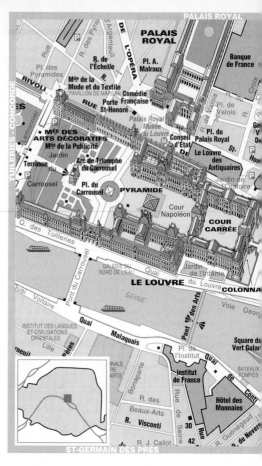

marchandises, la richesse des impressions colorées et olfactives, la truculence des commères et des « forts des Halles », ainsi était *Le Ventre de Paris*, tel que l'a dépeint Émile Zola. Une tradition parisienne voulait qu'on aille y manger à 5h du matin la soupe à l'oignon, des escargots ou des pieds de porc grillés dans des restaurants au nom pittoresque (Au Chien qui fume, Au Pied de Cochon...). Les installations étant devenues trop petites, le marché des Halles est transféré à Rungis en 1969 et les pavillons sont détruits, à l'exception de celui qui a été remonté à Nogent-sur-Marne.

se promener

Tel un dormeur, la tête sculptée par Henri de Miller écoute battre le cœur de Paris, dans le jardin des Halles.

De la Bourse du Commerce à la Fontaine des Innocents

Bourse du Commerce
Édifice circulaire de 1885. La vaste et haute salle éclairée par une coupole en verre est le domaine des courtiers assermentés en blé, sucre, alcool, etc.
Faire le tour de la Bourse du commerce.

Jardin des Halles
Enserré entre l'église St-Eustache, la Bourse du Commerce et le Forum des Halles, ce jardin avec son architecture végétale composée de treillage, d'arcades, de tonnelles, ses serres tropicales et son jardin des Enfants, donne à la Nature droit de cité au cœur de Paris. Un grand mail planté de tilleuls le traverse, reliant la rue Berger à la place R.-Cassin, devant l'église St-Eustache. Sur cette place, sculpture de Henri de Miller en pierre de Massaugis de Bourgogne.

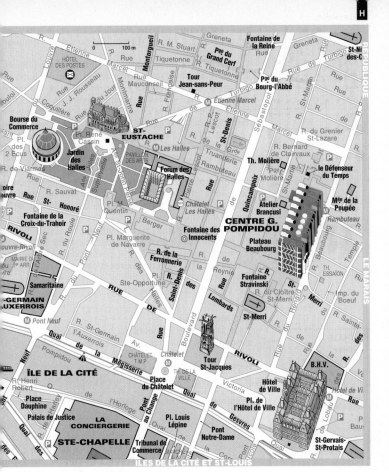

Église Saint-Eustache★★

D'abord petite chapelle vouée à sainte Agnès, puis à saint Eustache (qui s'était converti en voyant un cerf portant entre ses bois une croix lumineuse), l'église des Halles est édifiée entre 1532 et 1640 sur les plans de Notre-Dame. La façade restée inachevée est rebâtie dans un style classique (1754) sans rapport architectural avec le reste de l'édifice. L'église a dû être restaurée par Baltard après l'incendie qui détruisit l'orgue en 1844. Côté Nord, la **façade du Croisillon★** conserve sa belle composition Renaissance avec ses deux tourelles d'escaliers terminées par des lanternons.

Le vaisseau s'avance majestueusement avec ses piliers et ses voûtes (certaines de style flamboyant) richement

SPECTACLE

Les concerts qui se tiennent dans l'église St-Eustache *(voir les affiches)* maintiennent la longue réputation des orgues tenues aujourd'hui par les maîtres Jean Guillou et André Fleury.

Magnifique résultat de l'association des styles gothique et Renaissance : l'église Saint-Eustache.

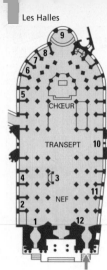

Rue du Jour

Église St-Eustache

ACHATS

Stohrer – *51 r. Montorgueil* - *Mº Les-Halles, Sentier ou Étienne-Marcel* – ☎ *01 42 33 38 20 - 7h30-20h30 - fermé août*. Fondée au 18ᵉ s. par le pâtissier Stohrer, puis décorée par Paul Baudry, le créateur des foyers de l'Opéra Garnier, cette maison bordant la très vivante rue Montorgueil est réputée pour son baba au rhum, ses macarons, son puits d'amour et ses tartelettes aux fraises des bois fraîches, toute l'année.

décorés. Petite galerie Renaissance au-dessus des arcades. Beaux vitraux d'après des cartons de Philippe de Champaigne.

1. *Martyre de saint Eustache* par Simon Vouet (17ᵉ s.). **2.** *Adoration des Mages*, copie d'une toile de Rubens. **3.** Banc d'œuvre offert par le Régent (1720). **4.** Sculpture polychrome de R. Mason commémorant « le départ des fruits et des légumes du cœur de Paris », le 28 février 1969. **5.** *Tobie et l'Ange* par Sandi di Tito (16ᵉ s.). **6.** *Extase de sainte Madeleine* par Manetti (17ᵉ s.). **7.** *Les Pèlerins d'Emmaüs* de l'atelier de Rubens. **8.** Tombeau de Colbert dessiné par Le Brun, sculpté par Coysevox et Tuby. **9.** Statue de la Vierge par Pigalle (18ᵉ s.). Fresques de Thomas Couture (19ᵉ s.). **10.** Statue de St-Jean l'Évangéliste (16ᵉ s.). **11.** Buste de Jean-Philippe Rameau, mort en 1764. **12.** Épitaphe du lieutenant général Chevert attribuée à d'Alembert.

Prendre la rue du Jour (au nº 4 : ancien hôtel de l'abbaye de Royaumont), puis la rue Montmartre sur la droite : respectivement aux nº 3 et 4, beaux points de vue sur l'église (arcs-boutants du **chevet** et chapelle de la Vierge, flèche restaurée du campanile).

Au bout de la rue Montmartre, tourner à gauche rue Montorgueil.

Rue Montorgueil

Tout le quartier, aujourd'hui piéton et commerçant, s'est édifié sur le mont Orgueil, amas de débris naturels formant une butte qui offrait, au 16ᵉ s., un « beau regard » sur la capitale. Dotée de nombreux commerces de bouche et de restaurants - certains anciens, comme l'*Escargot* ou *Le Rocher de Cancale* - la rue a conservé quelques vieilles maisons qui méritent qu'on lève le nez sur leurs façades, comme celle du nº 15 ou celles des nºˢ 17, 23 et 25 agrémentées de ferronneries. La rue est entrecoupée de passages comme la **rue Mauconseil** qui abrita des troupes de comédiens (Racine, Comédiens-Italiens, Opéra-Comique), la **rue Tiquetonne**, elle aussi dotée de quelques belles maisons, ou la **rue Marie Stuart** qui donne accès au passage du Grand-Cerf.

Passage du Grand-Cerf

Reliant la rue Dussoubs à la rue St-Denis, ce passage couvert vers 1825 (et entièrement refait à l'identique dans les années 1980), a un sol de marbre, une haute verrière et des passerelles en fer forgé. Des boutiques modernes se sont fondues dans le décor de vitrines encadrées de bois.

Par la rue Dussoubs, puis à gauche, la rue Française, rejoindre la rue Étienne-Marcel.

Tour Jean-sans-Peur

20 r. Etienne Marcel, 2ᵉ arr – Mº Etienne Marcel. Vac. scol. zone C : tlj sf lun. 13h30-18h ; reste de l'année : mer., w.-end 13h30-18h. Fermé 3 premières sem. d'août, 1ᵉʳ janv. et 25 déc. 5€. ☎ 01 40 26 20 28.

Au nº 20 se dresse la tour Jean-sans-Peur, dernier vestige du fameux hôtel de Bourgogne. L'intrépide duc Jean la fit construire en 1409, après avoir fait tuer son cher cousin. Ne reculez pas devant quelques marches, la voûte sculptée de l'escalier qui mène aux « chambres » est remarquable. Documentation abondante sur le contexte historique (mouvementé !), l'architecture médiévale et la vie quotidienne dans un palais ducal (les plus vieilles latrines de Paris ont récemment été restituées dans leur état de 1411).

La rue de Turbigo (à droite) mène au Forum des Halles.

Forum des Halles

De curieuses constructions métalliques en forme de palmier (J. Willerval) accueillent le **Pavillon des Arts**. La place des Verrières, où convergent les galeries-verrières, forme un patio. La population est éclectique et parfois marginale. Boutiques « branchées » jeunes. *Le niveau -3 donne accès à l'autre partie du Forum en passant par la place Carrée.*

Sortir du Forum par la porte du Louvre pour prendre en face la rue Sauval. Au bout, la **fontaine de la Croix-du-Trahoir** *(angle rues St-Honoré et de l'Arbre-Sec),* construite par Soufflot (1775).

Remonter la rue St-Honoré jusqu'à la place Marguerite-de-Navarre : dans son prolongement, on arrive à la fontaine des Innocents.

Fontaine des Innocents★

Sous vos pieds gisent une église du 12e s. et le cimetière dit des Saints-Innocents, le plus important de Paris jusqu'à sa suppression en 1786. À cette date, les deux millions de squelettes furent transférés dans les carrières désaffectées de la Tombe-Issoire, baptisées alors Catacombes. Un marché de fruits et légumes prend alors place.

La fontaine des nymphes dont le dessin est attribué à Pierre Lescot fut sculptée par Jean Goujon (chef-d'œuvre de la Renaissance) ; elle a été inaugurée lors de l'entrée solennelle d'Henri II à Paris en 1549. Lors de la destruction de 1786, elle fut remontée sur un plan carré, et Pajou ajouta la quatrième face.

> JAZZ À PARIS
>
> Plusieurs clubs de jazz fameux sont situés dans ce quartier de la rive droite : le **Petit Opportun**, rue des Lavandières-Ste-Opportune, le **Baiser Salé**, le **Duc des Lombards** et le **Sunside** (où Wynton Marsalis, Miles Davis, Didier Lockwood et bien d'autres offrirent des « bœufs » impromptus), rue des Lombards.

Zola est loin... Le ventre de Paris a cédé la place à de rutilantes boutiques.

Institut de France★★

Petit joyau de la rive gauche, l'Institut de France dispense ses charmes avec parcimonie. On n'y pénètre pas facilement. Son silence protège le travail de cinq Académies, dont l'Académie française. On se promènera donc sur le pont des Arts, d'où la perspective est si belle, pour admirer ses proportions, avant d'aller cueillir, dans les rues voisines, le souvenir de Molière, Racine ou Balzac...

La situation

Plan Michelin n° 54 J 13 – 6e arr. – M° Pont-Neuf (ligne 7) ou Odéon (lignes 4 et 10) – Bus 24, 27, 58 et 70. L'Institut se trouve quai de Conti qui fait face au square du Vert-Galant, à la pointe de l'île de la Cité.

Voir à proximité Odéon, le Quartier latin, Saint-Germain-des-Prés, musée d'Orsay, le Louvre.

Le nom

L'Institut de France a été fondé en 1795 par la Convention. D'abord installé au Louvre, il a été transféré au collège des Quatre-Nations par Napoléon Ier en 1805.

Les gens

MAUVAISE LANGUE !
Selon Alexis Piron, élu académicien sans être confirmé par Louis XV, « ils sont quarante, qui ont de l'esprit comme quatre ».

Il aura fallu attendre 1980 pour que les « quarante » de l'Académie française admettent enfin une femme en leur auguste assemblée. Ce fut **Marguerite Yourcenar** (1903-1987).

Ces préjugés semblent aujourd'hui bien dépassés puisque après elle, Jacqueline de Romilly en 1988, Hélène Carrère d'Encausse en 1990 et Florence Delay en 2000, furent aussi élues dès le premier tour. À noter qu'Hélène Carrère d'Encausse est également la première femme à porter le titre de secrétaire perpétuel.

L'ACADÉMIE FRANÇAISE
Dans la plus célèbre des cinq académies, les membres sont au nombre de 40. Lors de la réception « sous la coupole », le « récipiendaire » prononce l'éloge de son prédécesseur et un « immortel » lui répond. L'une des principales activités de l'Académie française est la rédaction du *Dictionnaire de la langue française*.

comprendre

Un legs prestigieux – À l'origine du bâtiment que nous connaissons se trouve le testament de Mazarin : il lègue deux millions pour la construction d'un collège qui devait recevoir 60 écoliers venant des provinces réunies à la France lors du traité des Pyrénées (le Piémont, l'Alsace, l'Artois et le Roussillon).

Les Académies – Napoléon transfère l'Institut dans les bâtiments du collège Mazarin. L'Institut comprend l'Académie française (créée par Richelieu en 1635), l'Académie des inscriptions et belles-Lettres (due à Colbert, 1663), l'Académie des sciences (1666), l'Académie des beaux-arts (1816) et l'Académie des sciences morales et politiques (1832).

carnet pratique

VISITE

Institut – Le centre des Monuments nationaux organise des visites guidées de l'Institut de France une fois par mois le week-end La visite inclut les cours intérieures, la coupole et le tombeau de Mazarin. *8€ (-25 ans : 6€). Inscriptions : ☎ 01 44 54 19 30/35.*

Atelier de fabrication de l'hôtel des Monnaies – Les ateliers de l'hôtel des Monnaies ne sont visibles qu'en visite guidée (1h). *☎ 01 40 46 55 35. Mer. et ven. 14h15 sur réservation. Fermé août et j. fériés. 3€.*

RESTAURATION

Se reporter à la rubrique « Restauration » dans les Informations pratiques, en début de guide : ce quartier correspond au 6e arrondissement.

SORTIES

Hôtel d'Aubusson (Café Laurent) – *33 r. Dauphine - M° Odéon - ☎ 01 43 29 43 43 - www.hoteldaubusson.com - 7h-0h.* Cet hôtel particulier du 17e s. occupe une partie de l'ancien couvent des Grands-Augustins. Dès 1690 les philosophes s'y attablaient et découvraient une nouvelle boisson : « l'eau de café ». Devenu le Café Tabou en 1946, il accueillit Camus et Sartre. Aujourd'hui, la salle s'ouvre sur un patio fleuri. Animations jazz en fin de semaine.

ACHATS

Rue de Seine – *M° Mabillon.* De très nombreuses galeries d'art parsèment la rue de Seine et les rues avoisinantes (rue des Beaux-Arts, rue Visconti, rue Jacob, rue Jacques-Callot, etc.). Des plans de celles-ci sont disponibles dans chaque galerie.

Gérard Mulot – *76 r. de Seine - M° Odéon - ☎ 01 43 26 85 77 - www.gerard-mulot.fr - ouv. lun.-mar. et jeu.-dim. 7h-20h - fermé août et 1 sem. en avr.* Tous les amateurs de macarons vous le diront : « Il faut aller chez Mulot ! ». Cette reconnaissance du public rejoint celle de ses pairs qui lui ont attribué le trophée du meilleur pâtissier d'Île-de-France. Depuis plus de 25 ans, du pain jusqu'aux glaces en passant par le chocolat, tout est fait maison. Le macaron, décliné en 12 saveurs, doit toutefois constituer une de vos priorités !

Galerie Crous - Beaux-Arts – *11 r. des Beaux-Arts - M° Mabillon - ☎ 01 43 54 10 99.* Une galerie parmi d'autres ? Pas tout à fait... Celle-ci rattachée au Crous de Paris a pour vocation de promouvoir de jeunes étudiants en art (peintres, sculpteurs, photographes, etc.) et de révéler leur talent au grand public. Plusieurs expositions annuelles à découvrir dans ce vaste espace agencé sur deux étages... L'occasion de s'offrir de l'art contemporain à prix sans doute abordables.

Boutique du musée de l'hôtel des Monnaies – *Tlj sf lun. 10h-18h, w.-end 11h-17h30 - fermé j. fériés.* ☎ 01 40 46 55 33. Catalogues et ouvrages sur les collections monétaires, médailles, pièces de collection numérotées, etc.

Le pont des Arts, chanté par Georges Brassens, et la célèbre coupole, sous laquelle tant d'éloges ont été prononcés...

S. Sauvignier/MICHELIN

visiter

Institut de France★★

Visite guidée (1h1/2) w.-end et j. fériés 10h30 et 15h. Sur demande préalable (2 mois av.) à Mme Gaussin, Institut de France, ☎ 01 44 41 44 35. www.institut-de-france.fr

<table>
<tr><td>

MAZARIN
Ses armes sont composées de faisceaux de licteur, du chapeau cardinalice et de lanières (son père était bourrelier).

</td></tr>
</table>

◄ Ce majestueux édifice est en harmonie avec son voisin : le Louvre. La chapelle (style jésuite) et sa coupole sont flanquées de deux ailes terminées par des pavillons carrés (plans de Le Vau). Dans la cour d'honneur se trouvent l'entrée de la **bibliothèque Mazarine★** et l'entrée de la salle des Séances solennelles *(côté coupole)* qui occupe depuis 1806 l'ancienne chapelle Mazarine. Dans la chapelle, cénotaphe de Mazarin par Coysevox.
Une seconde cour est bordée par les bâtiments où vivaient les élèves. La cour des cuisines a gardé son vieux puits.

Hôtel des Monnaies et médailles★

Les bâtiments réalisés par Antoine (1768-1775) sont remarquables pour la simplicité de leurs lignes, la décoration sobre (bossages du soubassement) et l'ordonnance des avant-corps. Sous la belle voûte d'entrée à caissons, un escalier à double révolution conduit à une suite de salons dominant le quai.

<table>
<tr><td>

D'UN NOM À L'AUTRE
Avant la construction de l'hôtel des Monnaies, on éleva à cet emplacement : au 13ᵉ s., l'hôtel de Nesle ; en 1572, l'hôtel de Nevers ; en 1641, l'hôtel de Guénégaud ; et, en 1670, l'hôtel de Conti.

</td></tr>
</table>

◄ La Monnaie y est transférée sous Louis XV avec les ateliers de frappe (maintenant à Pessac en Gironde). Aujourd'hui, les ateliers encore présents façonnent les poinçons de la Garantie des Poids et Mesures. Le **musée de la Monnaie** retrace l'historique du monnayage en France depuis l'an 300 avant J.-C. et l'évolution de l'art de la médaille qui s'est développé au 16ᵉ s. (influence italienne). Présentation agréable avec explications claires et exemples à l'appui (monnaies, gravures, etc.). Voir notamment la collection de médailles de Pierre-Jean David d'Angers ; les balanciers et la presse d'Uhlhorn de 1807 *(dans l'ancien atelier de laminage). Tlj sf lun. 11h-17h30, w.-end 12h-17h30. Fermé j. fériés (sf les 8 mai, 1ᵉʳ et 11 novembre). 8€ (-16 ans : gratuit). ☎ 01 40 46 55 35.*

L'escalier de l'hôtel des Monnaies.

se promener

Autour de l'Institut ②
Voir plan p. 373.

Quai des Grands-Augustins

En 1313, Philippe le Bel fait construire le quai ; c'est le plus vieux de Paris. Son nom lui vient depuis 1670 du couvent des Grands-Augustins, moines d'origine italienne que Saint Louis avait installés ici. Leur couvent s'étendait entre la rue du même nom et la rue

Dauphine. Sous la Révolution, c'est de là que sortaient les assignats, ancêtres des billets de banque. Deux hôtels du 17e s. : au n° 51, le restaurant Lapérouse ; au n° 35, l'ancien hôtel Feydeau-Montholon.

À l'entrée du quai de Conti, prendre la rue de Nevers.

Rue de Nevers

La rue revêt une apparence médiévale (13e s.). Du quai de Conti, une arcade sous un immeuble en marque l'entrée. La rue se termine contre un fragment de l'enceinte de Philippe Auguste. La rue de Nesle rejoint la rue Dauphine, puis le **passage Dauphine** empreint du charme secret du vieux Paris. *On débouche sur la rue Mazarine.*

Rue Mazarine

Étroite avec de petites galeries d'art. À la sortie du passage Dauphine, levez la tête vers l'immeuble d'en face : des statues montées sur des échasses semblent faire la course. Au n° 42, le **théâtre Guénégaud** a remplacé un jeu de paume. L'ancien **hôtel des Pompes** (n° 30) abritait les « gardes des pompes », première compagnie de pompiers créée par Dumouriez du Périer en 1722. Au n° 12, **Molière** installa son premier théâtre ; après sa mort, sa troupe se déplace au n° 42.

Longer le square Gabriel-Pierné et prendre à gauche la rue de Seine jusqu'à la rue Visconti, à droite.

Rue Visconti

Ou « petit Genève » en souvenir des protestants qui y logeaient au 16e s. Au n° 26, enseigne du Petit Maure (cabaret du 17e s.). Des écrivains aussi prestigieux que Racine (qui s'éteignit au n° 24, dans l'ancien hôtel Bannes), Mérimée (n° 20) et Balzac (n° 17) vécurent dans cette rue.

Rue Jacob

Maisons anciennes. Lieu de prédilection des antiquaires, des éditeurs et des décorateurs d'intérieurs.

Prendre la rue des Saints-Pères à droite : même atmosphère et toujours des antiquaires installés dans de vieux immeubles. *Enchaîner par le quai Malaquais à droite.*

Quai Malaquais

Voilà un quai intimement lié aux écrivains : Anatole France est né au n° 19 en avril 1844, George Sand y rédigea *Lélia* entre 1832 et 1836. Au n° 9, la maison située à l'angle du quai et de la rue Bonaparte, date du 17e s. L'abbé Prévost y situa les scènes de *Manon Lescaut.*

Pont des Arts

C'est le premier pont en fonte édifié en France. Très agréable puisque strictement réservé aux piétons depuis sa création en 1803, avec des bancs pour profiter de la vue. Nombreux jeunes musiciens et artistes peintres.

Quai de Conti

Il longe l'Institut de France et la Monnaie d'un côté, les bouquinistes de l'autre avant de mener au Pont-Neuf.

AU FEU LES POMPIERS !
En 1699, ils disposent de 13 pompes portatives ; vers 1722, le nombre est porté à trente. Le nom de « sapeur-pompier » date de 1811.

LES BEAUX-ARTS
Le quai Malaquais doit également sa renommée à l'**École nationale supérieure des Beaux-Arts,** installée à cet endroit depuis 1816. Au n° 14 de la rue Bonaparte, on peut voir la cour et quelques copies de monuments (l'École a en effet remplacé le musée des Monuments français créé par l'archéologue Alexandre Lenoir).

À VOIR
La vue★★★ est superbe en aval comme en amont : en aval, le Pont-Neuf et les édifices de l'île de la Cité avec Notre-Dame ; en amont, le Louvre et le pont du Carrousel.

Les Invalides★★★

Les Invalides sont tout à la fois synonyme de prestige et d'élégance classique. Malgré ses vocations multiples, ce qui fut successivement un hospice, un hôpital, une caserne et un couvent a su conserver une harmonie particulière tant dans l'architecture que dans l'atmosphère. Celle-ci dégage une profonde sérénité, propice au recueillement en même temps qu'au respect de ce lieu qui renferme l'un des plus riches musées militaires de France : les Invalides vous révèlent leur glorieux passé...

La situation

Plan Michelin n° 54 HJK 10 – 7ᵉ arr. – Mᵒ Invalides (lignes 8 et 13), Varenne (ligne 13), La Tour-Maubourg (ligne 8) – RER Invalides (ligne C) – Bus 28, 48, 49, 69, 82, 92 et 93. L'hôtel des Invalides et son esplanade tracent une longue perspective qui divise le 7ᵉ arrondissement depuis la Seine, au Nord, jusqu'à Sèvres-Lecourbe, au Sud. Le quartier est essentiellement résidentiel, mais on y trouve également de nombreux ministères et ambassades.

Voir à proximité faubourg Saint-Germain, musée d'Orsay, Sèvres-Babylone, les Champs-Élysées, tour Eiffel.

Le nom

L'édifice était destiné, lorsqu'il fut construit au 17ᵉ s., à accueillir les soldats blessés, à la retraite, souvent réduits, jusqu'alors, à la mendicité.

Les gens

L'hôte le plus illustre du lieu est Napoléon Iᵉʳ, dont le tombeau se trouve dans l'église du Dôme. Destiné à recevoir les soldats blessés, l'hôtel n'abrita pas uniquement des militaires : pendant longtemps, religieux, médecins et soldats y cohabitèrent.

4 000 PENSIONNAIRES
L'hôtel des Invalides devait recevoir à l'origine 6 000 hommes. Les aménagements réalisés pour le rendre plus confortable ramenèrent ce nombre à 4 000.

H. Osmollon MICHELIN

Calme et sérénité se dégagent de ce bel ensemble architectural du 17ᵉ s.

comprendre

La fondation de l'hôtel des Invalides – Jusqu'au règne de Louis XIV, les soldats à la retraite, théoriquement pris en charge par les couvents hospitaliers, ne bénéficient en réalité d'aucune ressource. En 1670, reprenant une idée d'Henri IV, le roi fonde à leur intention l'hôtel des Invalides. Le chantier débute un an plus tard, sur les plans de **Libéral Bruant**, à l'entrée de la plaine de Grenelle. Les bâtiments sont terminés en

carnet pratique

VISITE

Billet forfaitaire – L'hôtel des Invalides réunit trois musées : Armée, Plans-reliefs et Ordre de la Libération. Le billet, cumulatif pour ces trois musées, vaut également pour l'église du Dôme et le tombeau de Napoléon, et ce pendant toute la journée ; les sorties provisoires sont donc autorisées.

Visite guidée pour enfants – 🖭 Des visites-contes, des ateliers et des chasses aux trésors sont organisés par le service pédagogique. Année scol. : mer. et certains sam. à 14h30 ; vac. scol. : lun.-sam. à 10h30 et 14h30. tarif contes 5€ (adulte : 7€), ateliers et chasses aux trésors 5,50€ (adulte : 7€). La réservation est obligatoire. ☎ 01 44 42 51 73.

RESTAURATION

Se reporter à la rubrique « Restauration » dans les Informations pratiques, en début de guide ; ce quartier correspond au 7e arrondissement.

L'hôtel des Invalides possède sa propre cafétéria, en libre accès pour les visiteurs.

ACHATS

Poujauran – 20 r. Jean-Nicot - M° La Tour-Maubourg - ☎ 01 47 05 80 88 - mar.-sam. 8h-20h30 - fermé en août. Le décor de cette boulangerie, qui date des années 1900, n'a rien perdu de sa superbe : murs de céramiques, plafond peint, comptoir de marbre... Étagères et petites panières sont garnies de pains au levain aux noix, aux olives, aux anchois. La boule de campagne connaît également un grand succès. Côté pâtisserie, cannelé, gâteau basque et fondante tarte aux pommes parfumée à la cannelle. Un régal !

Androuet – 83 r. St-Dominique - M° Invalides ou La Tour-Maubourg - ☎ 01 45 50 45 75 - lun. 16h-20h, mar.-ven. 9h-13h30, 16h-20h, sam. 9h-20h - fermé j. fériés. Depuis 1909, la passion habite cette famille de fromagers affineurs, qui travaille toujours avec les mêmes producteurs. Cette fidélité a pour conséquence une parfaite connaissance des produits et du temps nécessaire à la maturation des fromages.

Michel Chaudun – 149 r. de l'Université - M° Invalides - ☎ 01 47 53 74 40 - mar.-sam. 9h45-12h, 13h-19h - fermé j. fériés et août. Les étonnantes créations à base de chocolat présentées chez cet artisan-chocolatier démontrent tout son talent. Découvrez, entre autres, le Colomb (éclats de fève au cacao), le Sarawak (pâte de truffe aux cinq poivres), le Mérida (pâte de truffe à la fleur d'oranger) ou le Pavé de la rue de l'Université (pâte de truffe noire).

Pétrossian Caviar – 18 bd de La Tour-Maubourg - M° La Tour-Maubourg - ☎ 01 44 11 32 22 - www.petrossian.fr - lun.-sam. 9h30-20h ; août : mar.-sam. 10h-19h - fermé dim. Cette boutique, fondée dans les années 1920 par Melkoum et Mouchegh Petrossian, bénéficie aujourd'hui d'une réputation mondiale pour la qualité de ses caviars. La prestigieuse adresse propose également saumons fumés d'Écosse et de Norvège, saumons blancs sauvages de la Baltique, foies gras mais aussi chocolats, thés, cafés et produits artisanaux.

1678, mais il faut attendre 1706 pour pouvoir admirer le dôme, œuvre de **Jules Hardouin-Mansart**.

Une vocation multiple – En 1793, l'église est transformée en temple de Mars, puis elle devient nécropole militaire, après le transfert du tombeau de Turenne (1800), et reçoit également les trophées des campagnes impériales. En 1840, les cendres de **Napoléon Ier** sont provisoirement transférées dans la chapelle du Dôme ; ce n'est qu'en 1861 que le sarcophage, où repose désormais l'Empereur, est édifié sur les dessins de Visconti dans la crypte. Au début du 20e s., l'hôtel retrouve sa vocation initiale : soigner les grands blessés dans un ensemble hospitalier rénové et humanisé. Diverses administrations militaires, ainsi que trois musées, occupent également l'édifice.

ÉMEUTE
Le 14 juillet 1789 au matin, des émeutiers se rendent aux Invalides pour y chercher des armes. Le gouverneur, M. de Sombreuil, tente en vain de parlementer : les fossés sont franchis, les sentinelles désarmées et 28 000 fusils sont saisis. La Révolution est en marche.

LE GRAND LIFTING
C'est à l'occasion du bicentenaire de la Révolution française que le dôme a retrouvé son éclat. 555 000 feuilles d'or ont été nécessaires à sa restauration (soit 12,65 kg). Les quatre statues qui entourent le lanternon (la Foi, l'Espérance, la Charité et la Religion) sont des copies des sculptures de la chapelle du château de Versailles.

se promener

Pont Alexandre-III★★

Depuis le 7 octobre 1896, date de la pose de sa première pierre, ce pont – d'une portée de 109 m – symbolise les liens séculaires qui unissent la France et la Russie. Les exigences techniques (comme l'arche unique, qui facilite la circulation fluviale) n'ont pas empêché une riche

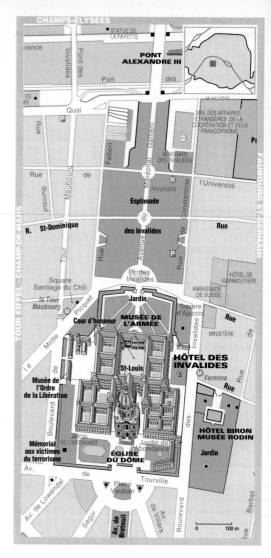

décoration (candélabres, volutes). Les deux Pégase dorés, symbolisant la Guerre *(rive gauche)* et la Paix *(rive droite)*, embrassent la perspective des Invalides.

Esplanade des Invalides

Entre la Seine et l'hôtel des Invalides. Elle fut aménagée de 1704 à 1720 par **Robert de Cotte**, beau-frère de Mansart. Des allées de tilleuls argentés longent les six parterres de gazon latéraux (250 sur 500 m), qui accueillent promeneurs... et amateurs de football.

Hôtel des Invalides★★★

Accès par l'esplanade des Invalides.

Jardin – Un large fossé, ainsi que des canons de bronze (17e-18e s.) alignés le long des remparts, ceignent le portail d'entrée. La « batterie triomphale » de 18 pièces de canons tonnait aux grandes occasions (notamment le 11 novembre 1918 et le 14 juillet 1919).

Façade★★ – Dessinée par Libéral Bruant, longue de 196 m, elle est à la fois stricte et majestueuse. Au centre, le gigantesque portail, à l'allure d'arc de triomphe, reste un cas unique dans l'architecture française.

Cour d'honneur★★ – *Accès par le portail.* L'austère beauté du lieu est saisissante, ainsi que son calme. Napoléon avait pris pour habitude d'y passer en revue ses vétérans. « Cloître militaire », selon Chateaubriand, la

SALUT ROYAL
La statue équestre de Louis XIV, assisté de la Prudence et de la Justice, salue le visiteur depuis le portail.

cour d'honneur comporte deux étages de galeries, qui servaient de promenade aux pensionnaires, les jours de mauvais temps. La décoration reste sobre : trophées d'armes autour des lucarnes et coursiers foulant aux pieds les attributs de la Guerre, aux angles des toits. L'un des quatre pavillons de la cour, plus orné que les autres, sert de façade à l'église Saint-Louis. Au milieu se dresse la statue du *Petit Caporal*, par Seurre, qui figura pendant quelques années au 19e s. au sommet de la colonne Vendôme.

Le long des galeries se trouve une impressionnante série de canons dont la Catherina (1487), une couleuvrine wurtembergeoise (16e s.), et même quelques véhicules : un char léger (Renault), un taxi de la Marne (1914)...

Depuis la cour d'honneur, s'engager dans l'un des escaliers d'angle pour apercevoir les petites cours intérieures, que l'on voit également du musée de l'Armée.

S. Sauvignier/MICHELIN

Auriez-vous imaginé que ce couple enlacé est sculpté sur un canon ?

Musée de l'Armée★★★ – *(voir description dans « visiter »)*

Église St-Louis des Invalides★ – L'« église des soldats » a été construite selon un plan classique en croix latine par Jules Hardouin-Mansart. Celui-ci avait repris le chantier de Libéral Bruant, et, sous la pression de Louis XIV, avait conçu une église double. L'unique décoration est constituée de drapeaux pris à l'ennemi. Derrière le maître-autel, on aperçoit le baldaquin de l'église du Dôme au travers d'une grande verrière.

*En sortant de l'église St-Louis, prendre le corridor de droite ou de gauche pour se diriger vers l'**église du Dôme** (voir description dans « visiter »).*

Le **jardin de l'Intendant** (*à droite en sortant de l'église du Dôme*), agencé autour d'un bassin et agrémenté de plates-bandes fleuries aux beaux jours, offre une réelle détente. Outre une statue de Jules Hardouin-Mansart, remarquer, au fond du jardin, le **mémorial aux victimes du terrorisme**, fontaine sculptée due à Nicolas Alquin, « *Parole portée* », émouvante de simplicité.

Sortir des Invalides par la place Vauban et prendre l'avenue de Breteuil, d'où l'on profite d'une magnifique perspective sur l'ensemble des bâtiments.

> **À VOIR**
> L'orgue date de la fin du 17e s. Le *Requiem* de Berlioz (1837) y fut joué pour la première fois.

visiter

Dans l'hôtel des Invalides

Musée de l'Armée★★★

 ♿ *Avr.-sept. : 10h-18h, dim. 10h-18h30 (dernière entrée 1/2h av. fermeture) ; oct.-mars : 10h-17h, dim. 10h-17h30. Fermé 1er lun. du mois, 1er janv., 1er mai, 1er nov., 25 déc. 7€.* ☎ *01 44 42 37 72. www.invalides.org.*

⌖ L'édifice est entièrement consacré à l'art, la technique et l'histoire militaires du monde entier. Les collections du musée sont très riches, plus de 500 000 pièces au total. Selon vos centres d'intérêt ou votre curiosité, vous pourrez découvrir les cinq thèmes suivants :

Armes et armures – *Côté Ouest.* L'évolution des moyens individuels de défense et d'attaque, depuis la préhistoire jusqu'à nos jours, est retracée dans l'aile occidentale. Les armures reconstituées dans l'**arsenal** forment une haie d'honneur aux couleurs argent et or, alternant avec les peintures évoquant les faits d'armes. On voyage à travers le temps et l'espace : la **salle orientale** accueille, entre autres, des armures de samouraïs de la fin du 16e s.

Ancien Régime et 19e s. – *Côté Est.* La collection d'armes et d'uniformes s'enrichit au fur et à mesure des salles et du temps, depuis le 17e s. jusqu'au Second Empire. C'est

> **À VOIR**
> L'épée et l'armure de François Ier *(salle François-Ier)* ; le pistolet à rouet de Charles Quint *(salle Pauilhac)* ; le casque du sultan ottoman Bajazet *(salle orientale)*.

La section armes et armures (ici armure d'époque Louis XIII) est la troisième plus riche collection au monde dans ce domaine.

ici qu'on trouvera les uniformes des soldats de l'Empire et de nombreux objets liés au **souvenir de Napoléon** : si vous avez des enfants, emmenez-les voir Vizir, le cheval arabe de Napoléon, ainsi que le chien qui l'accompagna à l'Île d'Elbe, qui ont l'un et l'autre été naturalisés.

Emblèmes et artillerie – Les pièces d'artillerie sont exposées tout autour de la cour d'honneur, aux différents étages de galeries. L'artillerie de terre française est particulièrement mise à l'honneur à travers 200 modèles réduits *(salle Gribeauval, côté Ouest)* ; emblèmes et drapeaux sont exposés au rez-de-chaussée *(salle Turenne, côté Est)*.

Première Guerre mondiale – *Côté Ouest.* Les cartes animées, plans-reliefs et cartes d'état-major évoquent les différentes phases du 1ᵉʳ conflit mondial.

Seconde Guerre mondiale, France Libre et France combattante – *Côté Ouest. Commencer par le 3ᵉ étage.* Trois étages sont consacrés à la Seconde Guerre Mondiale *(panneaux explicatifs rouges)*, évoquée parallèlement à l'action du général de Gaulle et des Français libres *(panneaux explicatifs bleus)*. Le cheminement est chronologique, allant de la défaite de 1940 et de l'appel du 18 juin aux camps de concentration et à la capitulation du Japon en 1945. Beaucoup d'émotions à travers le témoignage d'objets (veste de cuir du colonel de Gaulle en 1940), d'armes, de maquettes, de films vidéo, de photos et de textes mettant particulièrement bien en valeur l'action de chacun dans ce conflit mondial.

ÉVOLUTION
De l'artilleur de 1914, avec ses bandes molletières, à la maquette de la bombe atomique Little Boy tombée sur Hiroshima en août 1945, on constate à quel point la Seconde Guerre mondiale a permis d'entrer dans l'armement du futur, où le soldat n'a plus du tout le rôle qu'il avait encore en 1940.

Musée des Plans-reliefs★★

4ᵉ côté Ouest. Avr.-oct. : 10h-18h ; nov.-mars : 10h-17h. Fermé 1ᵉʳ lun. de chaque mois, 1ᵉʳ janv., 1ᵉʳ mai, 25 déc. 7€ (-18 ans : gratuit). ☎ *01 45 51 92 45.*
Ces extraordinaires maquettes (1/600) de villes, ports et places fortes, servaient à l'étude de la stratégie militaire, et, plus particulièrement, du siège et de la prise d'une ville. Les premières ont été commandées par Louis XIV. Un montage audiovisuel de 10mn évoque l'histoire et la fabrication des plans-reliefs.

Église du Dôme★★★

De mi-juin à mi-sept. : 10h-19h ; avr. et sept. : 10h-18h (18h30 dim et j. fériés) ; janv.-mars et oct.-déc. : 10h-17h (17h30 dim. et j. fériés). Fermé 1ᵉʳ lun. du mois, 1ᵉʳ janv., 1ᵉʳ mai, 1ᵉʳ nov., 25 déc. 7€. ☎ *01 44 42 38 77. www.invalides.org*

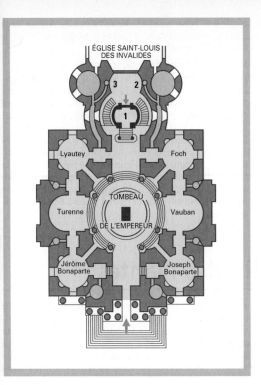

ÉGLISE SAINT-LOUIS
DES INVALIDES

3 2

1

Lyautey   Foch

TOMBEAU
Turenne   Vauban
DE L'EMPEREUR

Jérôme   Joseph
Bonaparte   Bonaparte

De style classique français, elle fut édifiée entre 1677 et 1706 par Jules Hardouin-Mansart sur les plans du mausolée pour le tombeau des Bourbons, conçu par son grand-oncle François Mansart pour la basilique Saint-Denis. Deux coupoles s'emboîtent tandis qu'une « lumière cachée » vient les éclairer. À cette beauté des coupoles répond la rigueur du carré de la base, construite sur le modèle d'une croix grecque. Le dôme, à l'origine bleu azur et doré, saisit par son élan et sa majesté.

L'intérieur a subi plusieurs transformations au 19ᵉ s., ▶ avec la mise en place de la grande verrière (1873) ; mais la décoration a gardé sa magnificence (coupoles peintes, pavement en marqueterie de marbre).

Tombeau de l'Empereur – La majesté du lieu s'accorde ▶ avec l'image du grand homme. La « crypte » est à ouverture circulaire ; le sarcophage de porphyre rouge se trouve au fond. Deux grandes statues en bronze montent

ÉGLISE DU DÔME
1. Maître-autel
à colonnes torses et
à baldaquin (d'après celui
de Mansart) de Visconti.
Voûte décorée par Coypel.
2. Tombeau du général
Duroc.
3. Tombeau du général
Bertrand.

CONSERVATION
Lors de l'ouverture du
cercueil, après l'exhumation
de Napoléon Iᵉʳ à Sainte-
Hélène, l'Empereur, décédé
19 ans plus tôt, apparut
parfaitement conservé.

*Un monument imposant
à la gloire du « petit
caporal » qui marqua
pour toujours l'histoire
de l'Europe.*

la garde : l'une porte le globe, l'autre le sceptre et la couronne impériale. Et 12 figures de Victoires, œuvre de Pradier, l'entourent.

Musée de l'Ordre de la Libération★

Pavillon Robert de Cotte. 51 bis bd de La Tour-Maubourg ou par le musée de l'Armée (côté Ouest, corridor de Nîmes). Avr.-sept. : 10h-17h45 ; oct.-mars : 10h-16h45. Fermé 1ᵉʳ lun. du mois, 1ᵉʳ janv., 1ᵉʳ mai, 17 juin, 1ᵉʳ nov., 25 déc. 7€. ☎ 01 47 05 04 10. www.ordredelaliberation.fr

> **L'ORDRE DE LA LIBÉRATION**
> Il récompensait les hauts faits des « compagnons » qui ont contribué à la victoire finale. La liste, qui avait été ouverte en 1940 par le général de Gaulle, fut close en 1946.

Les salles présentent des souvenirs des héros ainsi que des grands moments de la Résistance. Les documents, trophées, reliques ressuscitent l'épopée africaine de Leclerc, la bataille de Normandie. L'Histoire se poursuit avec Jean Moulin dans le maquis des Glières et la mémoire des camps de la mort à travers des dessins de déportés.

Jardin des Plantes★★

Je blatère, ne vous déplaise...

Ph. Cajic/MICHELIN

Véritable caverne d'Ali Baba, le jardin des Plantes est un lieu privilégié : en combinant culture et plaisir, il met la science à la portée de tous. Bref, une authentique machine à remonter le temps, histoire de savoir comment on en est arrivé là... : un voyage au pays des merveilles, dans le temps comme dans l'espace.

La situation

Plan Michelin nᵒ 54 L 16 – 5ᵉ arr. – Quai Saint-Bernard – Mᵒ Gare-d'Austerlitz (lignes 5 et 10) – Bus 24, 57, 61, 63, 67 et 91 – RER Gare-d'Austerlitz (ligne C) – Plan p. 215. Au cœur d'un quartier ancien de Paris, essentiellement universitaire, le Jardin des Plantes vous procure une bouffée d'oxygène, tout en restant un lieu d'apprentissage et de découverte.

Voir à proximité Jussieu, Mouffetard, le Quartier latin, Maubert et les Gobelins.

Le nom

Un édit royal de 1635 institua le « Jardin royal des plantes médicinales ». Plus tard le décret de la Convention du 10 juin 1793 changea cette appellation en « Muséum d'histoire naturelle », plus connu aujourd'hui sous le nom de jardin des Plantes.

> **AVIS AUX AMATEURS**
> Vélos, rollers et skates sont interdits de séjour dans l'enceinte du parc.

Les gens

Des centaines de milliers de végétaux et des animaux, toutes catégories confondues : on y trouve, entre autres, mammifères, oiseaux, reptiles... Il est évidemment strictement interdit d'en emporter chez soi...

carnet pratique

VISITE

Attention : chaque galerie est payante ; il n'existe pas de billet pour l'ensemble des expositions permanentes du jardin, et les horaires font eux aussi dans la diversité.
À côté de la grande nef de la galerie de l'Évolution se trouvent une médiathèque, prolongeant, sous forme de documentaire multimédia, les galeries du Muséum, une cafétéria et un espace d'animation pédagogique ; au-dessous se situent un local pour les expositions temporaires et un auditorium.
Le jardin d'hiver et la serre mexicaine sont fermés pour travaux pendant au moins un an. Pour en savoir plus sur le Muséum national d'histoire naturelle : www.mnhn.fr

RESTAURATION

Se reporter à la rubrique « Restauration » dans les Informations pratiques, en début de guide ; ce quartier correspond au 5ᵉ arrondissement.

comprendre

En 1626, Jean Héroard et Guy de La Brosse, médecins et apothicaires de Louis XIII, obtiennent l'autorisation d'installer, au faubourg Saint-Victor, le Jardin royal des plantes médicinales. Ils en font une école de botanique, d'histoire naturelle et de pharmacie.

Dès 1640, le jardin est ouvert au public. Les botanistes parcourent le monde pour enrichir les collections. Tournefort voyage en Espagne puis au Levant, Joseph de Jussieu explore l'Équateur et le Pérou. C'est avec Buffon, surintendant de 1739 à 1788, secondé par Daubenton que le jardin botanique connaît son plus grand éclat. Buffon agrandit le parc jusqu'à la Seine et y crée l'amphithéâtre, le belvédère, des galeries. Son prestige est tel qu'une statue, placée aujourd'hui dans la Grande galerie de l'Évolution, est inaugurée de son vivant.

À SAVOIR
Naturaliste, philosophe et écrivain, Buffon est l'auteur d'une monumentale Histoire naturelle en 36 volumes, qui parurent de 1749 à 1804.

Grande galerie de l'Évolution : un concentré de l'histoire du monde et l'occasion d'approcher des animaux grandeur nature.

visiter

Muséum national d'Histoire naturelle★★

À la Révolution, **Bernardin de Saint-Pierre** est nommé intendant du Jardin royal des plantes médicinales et donne une triple mission à l'institution : rechercher, conserver, enseigner. La ménagerie est créée la même année. Elle permet aux Parisiens de découvrir des animaux inconnus jusqu'alors, mais le siège de Paris, en 1870, pousse la population affamée à sacrifier la plupart des animaux.

ILLUSTRES CHERCHEURS
Le Muséum a vu défiler dans ses laboratoires nombre de chercheurs, parmi lesquels Geoffroy Saint-Hilaire, Lacépède, Cuvier, Becquerel.

LA SÉLECTION NATURELLE
L'apparition et l'extinction d'une espèce est un phénomène naturel. Dans un milieu donné, certains individus ont plus de chances que d'autres de transmettre à leurs descendants les caractéristiques qui leur ont permis de survivre : c'est la sélection naturelle, que peut infléchir un changement du milieu ou la sélection effectuée par l'homme (par exemple, les pesticides sélectionnent chez de nombreuses espèces d'insectes des individus qui leur sont résistants). La sélection naturelle peut avoir pour conséquence l'apparition d'espèces nouvelles, quand une nouvelle caractéristique favorise l'adaptation au milieu.

Grande galerie de l'Évolution★★★
Tlj sf mar. 10h-18h, sam. 10h-20h. Fermé 1ᵉʳ mai. 7€ (4-17 ans : 5€). ☎ 01 40 79 54 79. www.mnhn.fr
La diversité du vivant – *Niveaux 0 et 1. Une salle de découverte est destinée aux enfants au niveau 1. Le milieu marin, s'il est l'un des moins bien connus,*

À VOIR

Baleine australe avec ses fanons (1818), baléinoptère boréale et baléinoptère commun ; Siam, le grand éléphant d'Asie, pensionnaire du zoo de Paris de 1964 à 1997.

constitue certainement, a contrario, l'un des plus riches. De l'infiniment petit (micro-organismes, grossis 800 fois) aux grosses espèces animales (morse, éléphant de mer), la variété des espèces reflète celle des milieux marins : fonds abyssaux, littoral et haute mer, sources hydrothermales, récifs coralliens. Des films vidéos mettent en scène les animaux dans leurs milieux naturels.

Une longue caravane d'animaux présente les différents **milieux terrestres**, des plus chauds (où l'on trouve zèbres, girafes, buffles, antilopes) aux plus froids (qu'habitent les ours blancs). Les singes et les oiseaux viennent de la forêt tropicale.

L'Homme, facteur d'évolution – *Niveau 2.* S'attaquant à un sujet sensible et d'actualité, cet espace montre l'influence des actions humaines sur l'évolution du milieu naturel : l'exploitation et le déplacement des espèces, la domestication, la transformation des milieux, la pollution et même l'extermination, illustrée par la **salle des espèces menacées ou disparues**★★ (comme le lion du Cap à crinière noire, les tortues des Seychelles, l'hippotrague bleu...).

L'évolution de la vie – *Niveau 3.* Depuis les premières théories des naturalistes, comme celles de Lamarck, Darwin, etc... jusqu'aux découvertes récentes sur l'ADN, les gènes, les cellules et l'étude des organismes actuels et des fossiles, on peut aujourd'hui démontrer que des mécanismes moléculaires uniques sont partagés par toutes les formes de vie, des protozoaires au rhinocéros. Panneaux et films vous initient à ces découvertes.

ANTIQUITÉ

Ce rhinocéros avait appartenu à Louis XIV et Louis XV ; c'est également le plus ancien animal naturalisé du musée exposé.

Ménagerie

 ♾ *Avr.-sept. : 9h-17h, sam. 9h-18h, dim. et j. fériés 9h-18h30 ; oct.-mars : 9h-17h, dim. et j. fériés 9h-17h30. 6€.* ☎ *01 40 79 37 94. www.mnhn.fr*

Reptiles, oiseaux, fauves et autres animaux sauvages sont présentés de manière attrayante ; ils évoluent paisiblement. Cette ménagerie créée en 1794, montre des pavillons originaux, témoins de l'architecture des 19e et 20e s.

Galeries de Minéralogie et de Géologie★

Avr.-oct. : 10h-17h, w.-end 10h-18h ; nov.-mars : 10h-17h. Fermé mar., 1er mai. 5€. ☎ *01 40 79 56 01. www.mnhn.fr*

Pierres brutes – Minerais et météorites du monde entier.

Pierres taillées – Objets d'art et joyaux de la Couronne de France. Collection de minerais de Louis XIII et Louis XIV (tables de minéraux, « Magasin du droguier du roy » sous Louis XIV).

CRISTAUX GÉANTS

La plus grande collection de cristaux géants connue dans le monde vous attend à droite de l'entrée de la galerie de Minéralogie.

Paléobotanique – L'histoire du monde végétal est présentée depuis son apparition, il y a 3 milliards d'années. À voir, entre autres, de très beaux spécimens de végétaux fossiles qui sont à l'origine du pétrole et du charbon.

Galerie de Paléontologie et anatomie comparée

Avr.-sept. : 10h-17h, w.-end 10h-18h ; oct.-mars : 10h-17h. Fermé mar., 1er mai. 5€. ☎ *01 40 79 56 01.*

Anatomie comparée – *Au rez-de-chaussée.* 36 000 échantillons de vertébrés avec des reconstitutions complètes (de vrais puzzles).

Fossiles – *1er et 2e étages.* Par milliers. Les amateurs ne seront pas déçus. Les enfants non plus puisque des dinosaures ont été reconstitués.

Géologie – *2e étage.* Une partie de l'immense travail accompli par Alcide d'Orbigny, naturaliste du 19e s., est présenté ici : les fondements de la stratigraphie et la première échelle des temps géologiques. Vous découvrirez ici une sélection des milliers de fossiles d'invertébrés dont les minuscules foraminifères, des cartes et des photographies.

Le jardin des Plantes★★

Entrée place Valhubert.

Le parc

&. *Du lever au coucher du soleil. Gratuit.* ☎ *01 40 79 56 01.*
L'ordre qui règne dans les allées avec leurs parterres de fleurs et leurs rangées de platanes est quelque peu bousculé dans le **labyrinthe** *(sur les flancs de la butte).* Belle vue sur le jardin depuis le petit kiosque *(centre du labyrinthe).*

Les Serres tropicales

Fermé pour renovation.
Découvrez les plantes exotiques : la serre tropicale avec sa luxuriante forêt (bananiers, palmiers), la serre mexicaine avec ses cactées et ses euphorbiacées qui poussent dans les pays arides inter-tropicaux.

> **CHAPEAU !**
>
> La légende veut qu'en 1734, **Bernard de Jussieu** ait rapporté en cachette d'Angleterre deux pieds du fameux cèdre du Liban dans son chapeau. En réalité, ses deux plants avaient fait le voyage dans un pot, mais quelques mètres avant la fin du trajet, le pot tomba et se brise. C'est ainsi que le futur cèdre termina son voyage jusqu'au jardin des Plantes dans le chapeau du grand savant.

> **L'ANCÊTRE**
>
> À l'extrémité de la galerie de Botanique, près de l'allée Becquerel, on peut admirer le large tronc d'un vieux robinier (1636), ou faux acacia, dont le premier fut planté en 1601 par Vespasien Robin (square Viviani).

Jardin alpin

Avr.-sept. : tlj sf w.-end 8h-11h, 13h30-17h. Fermé j. fériés. Gratuit. ☎ *01 40 79 56 01.*
Toute la flore de montagne s'y est donné rendez-vous. Les végétaux sont répartis en fonction de la nature du sol et de l'orientation du soleil : originaires de Corse et du Maroc, ils occupent le flanc Sud ; provenant des Alpes ou de l'Himalaya, le flanc Nord.

En plein Paris, partez à la découverte de la végétation aquatique.

École de botanique

&. *Tlj sf w.-end 8h-11h, 13h30-17h. Fermé j. fériés. Gratuit.* ☎ *01 40 79 46 01.*
Près de 4 000 espèces de plantes médicinales ou alimentaires groupées par genre et famille.

Roseraie

&. *Du lever au coucher du soleil. Été : 7h30-20h ; hiver : 7h30-17h30. Gratuit.* ☎ *01 40 79 56 01.*
Elle embaume, elle ravit par la multitude de ses couleurs. 300 espèces et variétés y sont réunies.

Jardin d'iris et de plantes vivaces
Avr.-sept. : tlj sf w.-end 8h15-16h. Fermé j. fériés. Gratuit.
☎ *01 40 79 56 01.*

Les iris sont encadrés par de nombreuses plantes vivaces et grimpantes. Admirez le magnifique parterre de couleurs que forme l'ensemble. À voir en mai, époque des iris oblige !

Javel-André-Citroën

Dans ce quartier, on fabriquait des voitures et de l'eau, la célèbre eau de Javel, celle qui nettoie. Aujourd'hui, un magnifique jardin contemporain, né dans les années 1990, a pris la place des usines d'André Citröen. Des tours se sont substituées au quartier populaire.

La situation
Plan Michelin n° 54 M 5 – 15ᵉ arr. – Mᵒ Javel–André-Citroën (ligne 10) ou Balard (ligne 8) – Bus 62 et 88 – RER Javel (ligne C) – Plan p. 128. Le quartier est pris en tenailles entre le quai André-Citroën et les rues St-Charles et Balard à l'Est.

Voir à proximité Passy, Auteuil, Vaugirard.

Le nom
Si l'on a longtemps pris les eaux de l'autre côté de la Seine, à Passy, Javel n'est pas en reste. Cet ancien hameau du village de Grenelle, connu pour ses moulins et son bac lancé sur la Seine, atteignit la célébrité lorsque le comte d'Artois y implanta en 1777 une usine d'acide : la fameuse **eau de javel** (solution d'hypochlorite et de chlorure de potassium) était née.

Moins de deux siècles plus tard, le quai de Javel devenait le quai André-Citroën.

UN PEU DE TÉLÉ
Sur le front de Seine, la chaîne privée Canal+ s'est installée quai André-Citroën tandis que France Télévision a préféré un site face au pont du Garigliano.

Les gens
André Citroën (1878-1935) y bâtit une fabrique d'obus pendant la Première Guerre mondiale. Elle fut reconvertie en entreprise de construction automobile en 1919 et vit la sortie dès cette année là, de la première voiture construite en Europe en grande série. Quelques années plus tard sortirent la fameuse Traction avant, la 2 CV et, en 1956, la tout aussi fameuse DS 19, dernier modèle à être produit à Javel.

se promener

Au sortir du métro Javel–André-Citroën, s'élèvent, à gauche, les immeubles du « Front de Seine ».

Les grandes serres du parc André-Citroën. Jeux d'eau et transparence du verre...

carnet pratique

RESTAURATION

Se reporter à la rubrique « Restauration » dans les Informations pratiques, en début de guide ; ce quartier correspond au 15ᵉ arrondissement.

SPORTS & LOISIRS

Aquaboulevard – *4-6 r. Louis-Armand (porte de Sèvres) - Mᵒ Balard -* ☎ *01 40 60 10 00 - 9h-23h, ven. 9h-24h, sam. 8h-24h, dim. et j. fériés 8h-23h (dernière entrée 21h) - fermé 2 sem. en janv.* Immense parc aquatique couvert disposant d'un bassin à vagues, d'îles jacuzzis et de toboggans géants. Autres activités d'intérieur : tennis, squash, restaurants et cinémas. Dès les premières belles journées pelouses, plage garnies de transats et minigolf vous attendent à l'extérieur.

Ballon Eutelsat – *Parc André-Citroën - Mᵒ Balard ou RER C Bd-Victor -* ☎ *01 44 26 20 00 - tlj sf cas de pluie ou de grand vent, envol toutes les 15mn - 10€ adultes (12€ le w.-end) ; 12-17 ans : 9€ (10€ le w.-end) ; 3-11 ans : 5€ (6€ le w.-end) ; gratuit pour les petits Parisiens de - 12 ans, sur présentation d'un justificatif de domicile au nom de l'enfant.* Au-dessus de la grande pelouse du parc, ce ballon captif gonflé à l'hélium emporte ses passagers à 150 m d'altitude et leur offre une vue superbe sur tout Paris.

ACHATS

Les commerces se concentrent le long des rues St-Charles et de la Convention, avenue Émile-Zola et bien sûr, au centre Beaugrenelle sur le front de Seine.

Ph. Bourgeois/MICHELIN

Le Bonhomme de Bois – *56 r. de la Convention - Mᵒ Javel-André-Citroën -* ☎ *01 45 78 66 30 - www.lebonhommedebois.fr - tlj sf dim. 10h-19h30.* Comme son nom le laisse supposer, cette jolie boutique propose principalement des jouets en bois, mais n'oublie pas les peluches et les animaux en tissu pour les tout-petits. Trains, circuits, voitures, poupées, chevaux à bascule, mais aussi jeux de plein air à emporter dans le parc André-Citroën situé à deux pas.

Beaugrenelle–Front de Seine

Les tours de ce vaste ensemble de gratte-ciel élevé entre 1967 et 1985, comportent logements, bureaux et équipements publics, ainsi que le centre commercial Beaugrenelle. Une dalle piétonne parsemée d'espaces verts surplombe les rues, préservant le quartier de la circulation automobile.

Pont Mirabeau

L'arche centrale de ce pont qui inspira **Apollinaire** (« Sous le pont Mirabeau coule la Seine / Et nos amours / Faut-il qu'il m'en souvienne / La joie venait toujours après la peine... »), représente une véritable prouesse technique. Le poète qui chanta la tour Eiffel, apprécierait-il la vue sur le Front de Seine ?

À l'entrée du pont, s'engager à gauche sur les quais de Seine du port de Javel Bas.

Parc André-Citroën★★

Mᵒ Balard ou Lourmel (ligne 8) – Bus PC (arrêt Hôpital Européen G. Pompidou). 🎧 Un véritable jardin de détente créé, par Patrick Berger, Gilles Clément, Alain Provost et Jean-Paul Viguier, architectes et paysagistes, pour tous les âges et tous les goûts. Le **parterre** est une aire de repos et de jeux très agréable. Les jets d'eau et nymphées apportent un brin de légèreté face à la masse de portiques et d'immeubles de verre **(Ponant)**. Le point de vue depuis les deux tours de granit est majestueux. Dans l'orangerie, les expositions se multiplient en été ; essences originaires d'Australie dans la serre jumelle. Entre les deux, un « péristyle d'eau » rafraîchit les plus petits. Des cabinets de verdure ajoutent une note plus intime.

> **FRANÇAIS, ANGLAIS OU JAPONAIS ?**
> Tradition française : caractère minéral, couleurs sombres, symétrie. Tradition anglaise : les serres, le **jardin en mouvement**. Tradition japonaise : les petits espaces.

Jardin blanc – *De l'autre côté de la rue Balard.* Un paradis du jeu pour les enfants. Les spécialistes reconnaîtront des plantes vivaces à floraison blanche (petit enclos carré derrière de hauts murs).

Jardin noir★ – Réservé aux botanistes en herbe : spirées, épis, acanthes, rhododendrons... une débauche de couleurs et d'odeurs aux côtés de 64 jets d'eau.

Jardins sériels★ – Ils sont au nombre de six, séparés les uns des autres par des cascades. Des rampes permettent de les voir d'en haut et d'accéder aux petites serres. Chacun de ces jardins a été conçu avec l'idée d'associer un sens à un métal et à une couleur : le jardin doré, associé à l'or et au 6ᵉ sens, argenté (argent, vue), rouge (bauxite, goût), orange (rouille, toucher), vert (cuivre oxydé, ouïe), bleu (mercure, odorat).

Jussieu★

Si les étudiants de Censier, de Pierre-et-Marie-Curie et de Denis-Diderot contribuent à l'animation du quartier, les petites rues qui le sillonnent sont un véritable havre de paix, où règne un silence étonnant. Hors des sentiers battus, on y découvrira des aspects inattendus de la capitale.

La situation

Plan Michelin nᵒ 54 KLM 15-16 – 5ᵉ arr. – Mᵒ Jussieu (lignes 7 et 10) et Censier-Daubenton (ligne 7) – Bus 24, 63, 67, 86, 87 et 89. L'accès le plus pratique se fait depuis Censier-Daubenton et la rue Daubenton. *Voir à proximité Maubert, le Quartier latin, Jardin des Plantes et Mouffetard.*

Le nom

Jussieu est le patronyme d'une prestigieuse famille de botanistes français. Bernard et Antoine Laurent de Jussieu établirent une nouvelle classification naturelle des plantes ; Adrien de Jussieu rédigea le *Traité élémentaire de botanique* en 1840.

Les gens

Nombre de naturalistes, proximité du Jardin des Plantes oblige, ont donné leur nom à des rues du quartier. C'est le cas de Lacépède, de Quatrefages et du Suédois Carl von Linné (1707-1778).

Le point de mire de centaines de milliers de fidèles, le minaret de la Mosquée de Paris...

S. Sauvignier/MICHELIN

se promener

Mosquée de Paris★

Entrée par la place du Puits-de-l'Ermite. Tlj sf ven. 9h-12h, 14h-18h. Fermé j. de fêtes musulmanes. 3€. ☎ 01 45 35 97 33 ou 01 45 35 78 17. www.mosquee-de-paris.com
Ce site fut donné par la ville (1920) en souvenir des soldats musulmans morts pendant la Grande Guerre. Tout évoque la civilisation musulmane : le style hispano-mauresque des bâtiments et la décoration intérieure (réalisés par des artisans des pays maghrébins), la salle des prières (magnifique tapis), la bibliothèque et le beau jardin où le bruissement de l'eau s'accorde avec le pépiement des oiseaux. L'impression de dépaysement est totale !
Prendre la rue de Quatrefages sur votre droite en sortant de la Mosquée pour rejoindre la rue Lacépède (à gauche).

Rue Lacépède

Au nᵒ 8, ne pas manquer de jeter un coup d'œil dans la cour : vous découvrirez un bel hôtel particulier.
Prendre à droite la rue de Navarre.

Arènes de Lutèce

Ce monument gallo-romain du 2ᵉ s. fut détruit en 280 par les Barbares et hiberna pendant 15 siècles : seule la

---

PETITE PAUSE
À l'angle de la rue Daubenton et de la rue Geoffroy-St-Hilaire, un café maure propose de succulentes pâtisseries accompagnées d'un traditionnel thé à la menthe. À déguster après vous être détendu au hammam.

toponymie (clos des Arènes) en avait conservé le souvenir. Le percement de la rue Monge réveille en 1869 les arènes, qui prennent leur aspect actuel en 1910. Elles accueillent joueurs de boules et compagnies théâtrales.

Une partie des gradins, la scène et l'emplacement des loges des acteurs sont encore visibles.

Par le square Capitan (à l'Est), sortir rue des Arènes.

Prendre à gauche la rue Linné : vous débouchez place Jussieu.

RESTAURATION

Se rreporter à la rubrique « Restauration » dans les Informations pratiques, en début de guide ; ce quartier correspond au 5ᵉ arrondissement.

BON SANG NE SAURAIT MENTIR !

Né à deux pas des arènes de Nîmes, le « pape de la NRF », **Jean Paulhan**, vécut de 1940 à 1968 dans une demeure de style gothico-Renaissance au nᵒ 5 de la **rue des Arènes**. L'histoire littéraire nous enseigne qu'en bon méridional, il ne dédaignait pas de se joindre aux joueurs de pétanque qui ont pris la suite des gladiateurs d'autrefois.

Un peu de Rome à Paris... les arènes de Lutèce.

Universités Pierre-et-Marie-Curie et Denis-Diderot

La halle aux vins se tenait sur cet emplacement depuis le 17ᵉ s. D'avant-garde au moment de leur réalisation (années 1960, construction sur pilotis, dictée à l'époque par la présence d'entrepôts à vins), les bâtiments universitaires ont besoin d'une sérieuse modernisation *(travaux en cours)*.

Collection de minéraux★

Université Pierre-et-Marie-Curie, 34 r. Jussieu. Tlj sf mar. 13h-18h. Fermé 1ᵉʳ janv., dim. et lun. Pâques, 1ᵉʳ mai, 14 juil., 1ᵉʳ nov. et 25 déc. 4,50€ (enf. : 2€). Travaux durant l'année 2005 : se renseigner au ☎ 01 44 27 52 88.

Vous entrez dans une mine : le ton est donné. Pénétrez ensuite dans une grande salle : c'est alors une éblouissante profusion de pierres fines multicolores et de cristaux de roches qui s'offre à vos yeux.

Avant de descendre la rue des Fossés-St-Bernard, remonter légèrement la rue du Cardinal-Lemoine.

Hôtel Charles Le Brun

49 r. du Cardinal-Lemoine. Germain Boffrand a bâti en 1700 cet hôtel pour Charles II Le Brun, auditeur à la cour des Comptes et neveu du célèbre peintre de Louis XIV. Noble façade classique avec un large fronton triangulaire sculpté au pavillon central, où l'on voit une allégorie de la Peinture et de la Sculpture.

Descendre la rue des Fossés-St-Bernard.

Institut du Monde arabe★ *(voir description ci-après dans « visiter »)*

Prendre sur la droite le quai St-Bernard et descendre quelques marches.

Square Tino-Rossi

Sur toute la longueur du quai St-Bernard en bordure de Seine, un emplacement verdoyant a été aménagé pour accueillir le **musée de la Sculpture en plein air**. Œuvres de Brancusi, Stahly, Zadkine, César, Rougemont, etc.

En poursuivant sur le quai St-Bernard, on atteint le jardin des Plantes (voir ce nom).

visiter

SA VOCATION
Sur l'initiative de la France et de 20 pays arabes, l'Institut présente la civilisation arabo-musulmane et favorise les échanges et la coopération.

◄ ### Institut du Monde arabe★

&. *Tlj sf lun. 10h-18h (dernière entrée 1/2h av. fermeture). 5€. ☎ 01 40 51 38 38.*

Tout de verre et d'aluminium, le bâtiment réalisé par l'architecte Jean Nouvel est coupé en partie par une faille qui cache une cour intérieure en marbre translucide. Les immeubles de l'île St-Louis se reflètent dans la partie haute de la façade Nord, tandis qu'au Sud, la lumière joue avec les 240 panneaux géométriques, qui s'ouvrent ou se ferment selon la luminosité et rappellent les moucharabiehs. À l'Ouest, la tour cylindrique des Livres évoque le minaret de la mosquée de Samarra. Ne pas manquer la **vue★★** de la terrasse de l'Institut : chevet de Notre-Dame, île st-Louis, quartier de la Bastille...

TOURNÉS VERS LE CIEL
Un bel ensemble d'astrolabes rappelle l'importance de l'astronomie dans le développement des sciences musulmanes.

◄ Sur les trois étages, la civilisation arabe conte son histoire depuis la préhistoire jusqu'aux divers courants artistiques des années 1950. Les salles historiques sont complétées par des panneaux thématiques sur la calligraphie, les tissus et tapis. L'art et les techniques de l'Espagne à l'Inde du 9e au 19e s. complètent ces lieux. Musée, bibliothèque, centre de documentation, espace image et son.

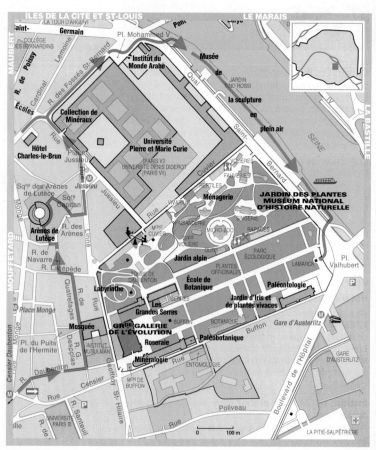

Le Louvre★★★

Le Louvre fut à travers huit siècles la demeure des rois et des empereurs. Des agrandissements successifs, qui résument aussi l'histoire de l'architecture, en ont fait le plus grand palais du monde. Mais sa renommée universelle, il la doit à son musée, écrin séculaire de chefs-d'œuvre absolus comme la Joconde ou la Vénus de Milo.

Ph. Bourgeois/MICHELIN

La situation

Plan Michelin Paris n° 54 H 13 – 1er arr. – M° Palais-Royal-Musée-du-Louvre (lignes 1 et 7). Entre le Palais-Royal, le jardin des Tuileries et la Seine, la position du Louvre est centrale à Paris, tout comme elle l'est dans son histoire.
Voir à proximité les Tuileries, la place de la Concorde, le Palais-Royal, le Châtelet et l'Hôtel de Ville, l'Institut de France, le musée d'Orsay.

Le nom

Le lieu choisi par Philippe Auguste pour construire la muraille s'appelait *Lupara*, peut-être un chenil pour la chasse au loup.

Les gens

Qui citer, des rois qui le construisirent, des peintres qui vinrent y étudier les classiques en les copiant, ou des millions de visiteurs qui le parcourent chaque année ?

carnet pratique

ACCÈS

Accès piéton – L'entrée principale du Grand Louvre s'effectue par la Pyramide. Un accès direct à la galerie marchande du Carrousel du Louvre (puis au Louvre) est possible depuis la station de métro Palais-Royal-Musée-du-Louvre (lignes 1 et 7), de part et d'autre de l'arc du Carrousel ou par le 99 r. de Rivoli.

Parking Carrousel-Louvre – *7h-23h.* 80 places de cars et 620 de voitures. Accès par le souterrain de l'avenue du Gén.-Lemonnier puis accès piétons aux espaces commerciaux du Carrousel par les anciennes fortifications de Charles V.

Services – Éclairé par la Pyramide, le hall Napoléon est le centre de distribution imaginé par l'architecte Pei. Le public est immédiatement orienté vers les trois ailes du musée : Denon, Richelieu, Sully. Le hall d'accueil rassemble un certain nombre de services complémentaires : librairie, restaurant « Le Grand Louvre », accueil de groupes, auditorium.

INFORMATION DU PUBLIC

Informations générales – *Pour savoir si certaines salles seront fermées, vous pouvez consulter le calendrier hebdomadaire d'ouverture des salles :* ☎ 01 40 20 53 17 *(banque d'accueil) serveur vocal ; www.louvre.fr. Un programme général des activités du musée est édité chaque trimestre (disponible à l'accueil,* ☎ 01 40 20 53 17).

Audioguides – *Disponibles en six langues, niveau mezzanine, aux accès Richelieu, Sully et Denon. En échange d'une pièce d'identité.* 5€.

VISITE DU MUSÉE DU LOUVRE

Horaires – &. *Tlj sf mar. et certains j. fériés 9h-18, mer. et ven. 9h-21h45. Expositions temporaires sous la pyramide : 9h-18h, mer. et ven. : 9h-21h45.*

Tarifs – *Collections permanentes et expositions temporaires (même billet, hors exposition temporaire du hall Napoléon) : 8,50€ av. 18h, 6€ après 18h (-18 ans : gratuit ; - 26 ans : gratuit ts les ven. à partir de 18h), gratuit 1er dim. du mois et 14 juil. Billets valables toute la journée, même si l'on sort du musée ; le billet donne accès le même jour aux collections du musée Delacroix. Leur vente se termine à 17h15 (21h15 mer. et ven.). Possibilité d'acheter les billets à l'avance en s'adressant à la FNAC au 0 892 684 694, à Ticketnet au 0 892 697 073 (prix du billet majoré de 1,10€) ; billets à date de validité illimitée. www.louvre.fr*

Cartes, forfaits – La carte **Musées et Monuments** (valable 1, 3 ou 5 j. pour 60 musées et monuments) est en vente aux caisses et dans la galerie marchande du carrousel du Louvre, donne accès sans attente aux collections permanentes. La carte « Louvre Jeunes » (valable 1 an, pour les -26 ans ; achat sous la pyramide ou par correspondance) offre l'accès libre aux collections permanentes du musée et aux expositions temporaires, des activités culturelles réservées aux adhérents, des réductions à l'auditorium et aux visites-conférences. ☎ 01 40 20 51 04. La **carte des Amis du Louvre** (valable 1 an ; achat au guichet des Amis du Louvre, à côté de la Chalcographie, entre la pyramide et la pyramide inversée) permet un accès libre au musée et aux expositions temporaires et des réductions dans de nombreuses autres expositions de la capitale. ☎ 01 40 20 53 74.

Le **forfait Transilien SNCF - musée du Louvre**, disponible dans 340 gares d'Île-de-France, permet de se procurer un billet AR et une entrée coupe-file au musée.

Expositions temporaires – *Expositions temporaires du hall Napoléon (sous la pyramide) tlj 9h-18h, mer. et ven. 9h-21h45. 8,50€ ; billet jumelé avec expositions hors hall Napoléon : 13 € avant 18h, 11€ en nocturne.*

Visites guidées – Pour adultes individuels, elles comprennent les visites-conférences en français ou anglais. *Tlj sf mar. et 1er dim. du mois (1h1/2). Le visiteur individuel achète son ticket à l'espace « Accueil des groupes », sous la pyramide,* ☎ 01 40 20 52 63.

Des textes d'explication et de commentaire des œuvres, plastifiés, sont disponibles – parfois en anglais, allemand, espagnol, japonais – dans de nombreuses salles.

Visiteurs handicapés – Le musée a mis en œuvre différents moyens d'aide à la visite : ascenseurs, plates-formes et rampes d'accès ; prêt gratuit de fauteuils roulants et de poussettes (en échange d'une pièce d'identité - se renseigner à la banque d'information sous la pyramide) ; galerie tactile à l'intention des malvoyants : aile Denon, entresol. Un plan/information en français et anglais pour personnes à mobilité réduite est disponible gratuitement au comptoir d'information situé sous la Pyramide. Visites-conférences et ateliers pour sourds, déficients visuels, visiteurs en situation de soutien psychologique. Par ailleurs, accès gratuit pour toute personne handicapée titulaire d'une carte d'invalidité et son accompagnateur. ☎ 01 40 20 59 90.

Repères

Les collections sont réparties en trois grandes régions : **Denon**, **Richelieu**, **Sully**, qui correspondent aux deux ailes et à la Cour carrée. Consultez nos plans.

Sully

Salles d'histoire du Louvre : *entresol.*
Louvre médiéval : *entresol.*
Antiquités égyptiennes : *rez-de-chaussée et 1er étage.*
Antiquités grecques : *rez-de-chaussée (salle des Cariatides, époque hellénistique).*
Antiquités orientales : *rez-de-chaussée (Iran et art du Levant).*
Antiquités grecques : *1er étage (salle des Bronzes, galerie Campana).*
Objets d'art : *1er étage (17e-18e s.).*
Peintures françaises dont arts graphiques : *2e étage (17e-19e s.).*
Collection Beistegui : *2e étage (salle A).*

Denon

Sculptures italiennes : *entresol et rez-de-chaussée.*
Sculptures nordiques : *entresol et rez-de-chaussée.*
Égypte romaine et copte : *entresol (salles A, B et C).*
Antiquités grecques : *rez-de-chaussée et 1er étage.*

Antiquités étrusques et romaines : *rez-de-chaussée.*
Peintures italiennes : *1er étage.*
Peintures espagnoles : *1er étage.*
Grands formats de la peinture française du 19e s. : *1er étage.*
Objets d'art : *1er étage (galerie d'Apollon).*

Richelieu

Expositions-dossiers : *entresol.*
Arts de l'Islam : *entresol.*
Sculptures françaises : *rez-de-chaussée, cours Marly et Puget.*
Antiquités orientales : *rez-de-chaussée (Mésopotamie).*
Objets d'art : *1er étage (dont appartements Napoléon III).*
Peintures françaises (14e-17e s.) : *2e étage.*
Les écoles du Nord : *2e étage.*

Autres activités du Louvre

Ateliers du Louvre – Pour adultes, enfants (4-13 ans). Ce sont des commentaires d'œuvres par des artistes, des enseignants, des spécialistes de l'histoire de l'art. *Programmes trimestriels, billets et rendez-vous à l'accueil des groupes. Les individuels s'inscrivent sur place le jour même dans la limite des places disponibles. Renseignements* ☎ 01 40 20 52 63.

Auditorium du Louvre – Conférences, colloques, projections de films, lectures et concerts : le champ d'activité de l'auditorium du Louvre est vaste et couvre aussi bien la muséographie que la philosophie. *Tlj sf mar. 9h-19h30, sam. 9h-17h30, fermé de mi-juil. à fin août.* ☎ 01 40 20 55 55 *ou 01 40 20 55 00 (réservation)*

B. Kaufmann/MICHELIN

Restauration

Se reporter à la rubrique « Restauration » dans les Informations pratiques, en début de guide ; ce quartier correspond au 1er arrondissement.

De nombreux cafés, restaurants et espaces de restauration sont également à votre disposition dans la galerie marchande (9h30-21h45).

Petite pause

Angelina – *226 r. de Rivoli - M° Tuileries -* ☎ 01 42 60 82 00 *- lun.-ven. 9h-19h, w.-end 9h-19h30.* Un très beau salon de thé, au décor classique, face aux Tuileries, bien connu pour ses pâtisseries et son onctueux (et très nourrissant) chocolat « L'Africain ».

SORTIES

Café Marly – *93 r. de Rivoli - M° Tuileries -* ☎ *01 49 26 06 60 - s.a.marly@wanadoo.fr - 8h-2h.* Situé dans l'aile Richelieu du musée du Louvre, ce havre de paix et d'élégance arbore un esprit mondain cosmopolite. C'est l'endroit idéal pour prendre le thé ou attendre un rendez-vous de première importance. Depuis la longue terrasse sous arcades, on peut contempler la pyramide de Pei.

Le Fumoir – *6 r. de l'Amiral-de-Coligny - M° Louvre-Rivoli -* ☎ *01 42 92 00 24 - www.lefumoir.com - 11h-2h - fermé fin déc.* Une bibliothèque, un comptoir qui fit ses premières armes pendant la prohibition, une belle carte de cocktails, quelques canapés et de grandes baies vitrées qui regardent le Louvre et l'église Saint-Germain-l'Auxerrois : le ton est donné, celui d'une après-midi tranquille, par exemple...

Les Bars de Palace – La vie de palace pour le prix d'un verre ! C'est un petit plaisir certes un peu cher et éphémère, mais bien agréable... Le très confidentiel bar Fontainebleau du Meurice marie élégance et raffinement. Au Costes, les petits salons chics de style Napoléon III sont fréquentés par le Tout-Paris. Au Ritz, le bar Vendôme ouvre ses portes dès 11h et le mythique bar Hemingway vous accueille en soirée.

ACHATS

Boutique des Musées nationaux – Reproductions, livres, jeux.

Boutique du Musée du Louvre – *9h30-21h45.* Chalcographie (estampes et gravures), carterie (des centaines de cartes sur les principaux chefs-d'œuvre du musée, reproduction de tableaux), posters, librairie (sa sélection couvre toute l'histoire de l'art). Au 1er étage, large éventail de reproductions, de moulages, de bijoux et livres pour enfants.

Carrousel du Louvre – *R. de Rivoli - M° Louvre-Rivoli -* ☎ *01 43 16 47 10.* Plus d'une trentaine de boutiques rivalisent d'espace et d'originalité dans le cadre grandiose du Grand Louvre.

Carterie du Musée du Louvre – *Boutiques des Espaces commerciaux du musée du Louvre - M° Pyramides ou Palais-Royal -* ☎ *01 40 20 53 76.* Cartes postales, posters, reproductions de gravures, peintures ou photographies : les œuvres présentées au musée constituent la plus grande offre de cette carterie d'art où l'on trouvera également beaucoup de documents sur le Paris d'autrefois.

En Passant par la Lorraine – *182 r. de Rivoli - M° Pyramides -* ☎ *01 42 60 30 96 - www.clairdelorraine.fr - fermé 25 déc. et 1er jan.* Les produits lorrains sont les vedettes de cette boutique décorée avec le bois blanc des Vosges. Vincent Ferry vend sa production personnelle et celle de petites entreprises de sa région : tourtes, pâtés, tartes et eaux-de-vie à la mirabelle, terrines campagnardes à la groseille, vins gris, bières, confitures, madeleines de Commercy, nonnettes et macarons de Nancy. Dégustation possible sur place.

Verlet – *256 r. St-Honoré - M° Palais-Royal -* ☎ *01 42 60 67 39 - verlet.duchossoy@wanadoo.fr - 9h30-19h - fermé août, sam. (juin-sept.), dim. et j. fériés.* Vous connaissez le Queensland ou le Blue Mountain, soit, mais le Chang We de Birmanie ? Et le Cham Pasak du Laos ? Torréfacteur de la maison Verlet, Éric Duchossoy a décidé d'initier les amateurs aux cafés asiatiques. La maison présente de nombreuses appellations en provenance d'autres continents, mais aussi des thés et, en hiver seulement, des fruits confits de Saint-Rémy-de-Provence.

BIBLIOGRAPHIE

Mémoires du Louvre, Geneviève Bresc, coll. « Découvertes » Gallimard.

Le Louvre, trésors du plus grand musée du monde, Reader's Digest.

Le Palais du Louvre, Pierre Quoniam et Laurent Guinamard, Nathan.

Le Louvre, 800 ans d'histoire à Paris, Jean-Claude Le Gaillou, Deux Coqs d'Or.

Les Visiteurs du Louvre, Jean Galard, RMN.

Le Louvre, 7 visages d'un musée, RMN.

Paris, vu du Louvre, Frédéric Vitoux, Adam Biro/EPLG.

Les catalogues des départements du Louvre sont coédités par Scala et la Réunion des musées nationaux.

comprendre

HISTOIRE D'UN « GRAND DESSEIN »

Philippe Auguste (1180-1223) – En 1190, il ordonne la construction, sur la rive droite de la Seine, au point le plus menacé de sa capitale face au voisin anglais, du château fort du Louvre. Un donjon entouré d'un fossé, symbole du pouvoir monarchique, en marque le centre. Cette forteresse occupait le quart Sud-Ouest de l'actuelle Cour Carrée.

Saint Louis (1226-1270) et Philippe le Bel (1285-1314) – Le premier fait aménager une grand-salle et une **salle basse** *(voir plus bas, le Louvre historique, le Louvre médiéval)* ; le second place au Louvre son arsenal, les archives et le trésor royal, qui y restera durant quatre siècles.

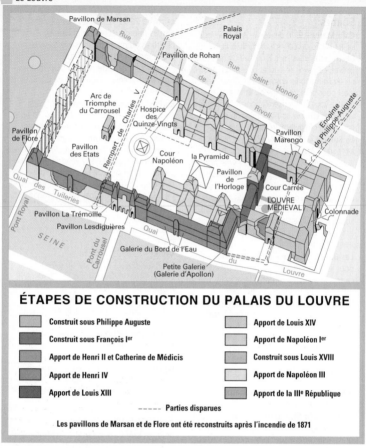

ÉTAPES DE CONSTRUCTION DU PALAIS DU LOUVRE

- Construit sous Philippe Auguste
- Construit sous François Ier
- Apport de Henri II et Catherine de Médicis
- Apport de Henri IV
- Apport de Louis XIII
- Apport de Louis XIV
- Apport de Napoléon Ier
- Construit sous Louis XVIII
- Apport de Napoléon III
- Apport de la IIIe République

----- Parties disparues

Les pavillons de Marsan et de Flore ont été reconstruits après l'incendie de 1871

HEURES DU LOUVRE

Une miniature des *Très Riches Heures du duc de Berry* représente ce « joli Louvre », celui de Charles V.

Charles V (1364-1380) – Sans changer ses dimensions, le roi fait transformer par Raymond du Temple la vieille forteresse en une résidence habitable, où il installe sa fameuse **librairie** (bibliothèque) de 973 livres, la plus riche du royaume. Après Charles V, le Louvre ne reçoit plus guère d'hôtes pendant 150 ans.

François Ier (1515-1547) – De retour de captivité en 1528, il a de gros besoins d'argent et s'apprête à mettre les Parisiens à contribution. Pour les amadouer, il

*Le pavillon de Flore
détail de la partie haute,
côté Seine*

annonce qu'il va habiter au Louvre. Des travaux sont entrepris : le donjon, qui encombre et obscurcit la cour, est rasé ; les défenses avancées sont abattues ; mais ce n'est qu'en 1546 que le roi commande à **Pierre Lescot** de construire un palais – qui va devenir celui des rois de France – sur les fondations de l'ancienne forteresse. L'œuvre de Lescot introduit à Paris le style de la Renaissance italienne, déjà apprécié sur les bords de la Loire. À la mort du roi, en 1547, les bâtiments sortent à peine de terre.

Henri II (1547-1559) – Il vit au Louvre et confirme Lescot dans ses fonctions. Celui-ci transforme l'ancienne grand-salle en **salle des Cariatides**, dans laquelle sont donnés concerts et bals. À l'étage, la salle des gardes précède les appartements royaux de l'aile Sud (ceux de la reine étaient au rez-de-chaussée). L'escalier Henri II qui desservait les deux salles a une voûte de caissons sculptés par Jean Goujon.

Les rois n'ont jamais habité les autres parties de la Cour Carrée.

Catherine de Médicis – À la mort accidentelle du roi, sa veuve Catherine de Médicis (1519-1589) s'est retirée au Marais dans son hôtel des Tournelles. Nommée régente, elle décide de revenir au Louvre, mais ne se plaît guère au milieu du chantier de Lescot. En 1564, elle ordonne à **Philibert Delorme** de lui construire une demeure particulière, où elle serait plus libre de ses mouvements, au lieu dit « **les Tuileries** ».

Entre les deux palais, la reine mère a prévu un passage couvert qui permettra de franchir les 500 m à l'abri des intempéries et des indiscrets.

> **À LA PORTE**
> La porte du Louvre, large de 2 m, s'ouvrait entre deux grosses tours à l'Est ; l'accès en était libre à tous les piétons proprement vêtus. Les pages et les laquais des personnages en visite se tenaient dans la cour et aux abords de la porte, jouant aux dés, « chahutant » les bourgeois au passage.

*La cour Napoléon
au coucher de soleil*

C'est au Louvre que meurt Henri IV, après avoir été poignardé par Ravaillac.

La **Petite Galerie** et la **Galerie du Bord-de-l'Eau** (ou Grande Galerie, 432 m, 46 fenêtres), qui longe la Seine, sont commencées pour raccorder les deux palais, mais les guerres de Religion mettent un frein aux travaux. La nuit du 23 au 24 août 1572, le Louvre est le théâtre principal de la sanglante Saint-Barthélemy.

Henri IV (1589-1610) – Dès son entrée à Paris en 1594, le roi fait poursuivre les travaux : **Louis Métezeau** ajoute un étage à la galerie du Bord-de-l'Eau ; **Jacques II Androuet Du Cerceau** achève la Petite Galerie et construit le **pavillon de Flore**, d'où une autre galerie part à angle droit rejoindre les Tuileries. Le chantier du Louvre affirme le prestige retrouvé de la monarchie, sous les auspices du « Grand Dessein » d'Henri II.

Louis XIII (1610-1643) – Vit au Louvre, où la Cour est terriblement à l'étroit. Poussé par Richelieu, il entreprend de quadrupler la surface de l'édifice et poursuit la construction de la Cour Carrée. Son ministre installe la Monnaie et l'Imprimerie royale dans la Grande Galerie, dont la décoration avait un temps été confiée à Poussin.

Louis XIV (1643-1715) – La régente Anne d'Autriche s'installe au Palais-Royal avec le jeune Louis, mais, neuf ans plus tard, elle quitte cette demeure, dont la vulnérabilité lui est apparue pendant la Fronde, et choisit de demeurer au Louvre. Louis XIV fait reprendre le projet d'extension du palais par **Le Vau**, qui construit la **galerie d'Apollon** et poursuit la fermeture de la Cour Carrée.

En 1682, le roi quitte la capitale pour Versailles, où il installe la Cour. Toute activité cesse au Louvre : les bâtiments de Le Vau et Perrault restent sans toit ni voix.

LE LOUVRE, CITÉ DES ARTS

La Cour partie avec le roi à Versailles, Paris investit le Louvre. Des locataires de toutes sortes s'y installent. Une communauté bohème d'artistes campe dans les galeries : les logements sont à l'entresol ; l'étage supérieur sert de passage (où, cinq fois par an, le roi touche les écrouelles). On y trouve **Coustou**, **Bouchardon**, **Coypel**, **Boucher**. La femme d'**Hubert Robert** est chargée de l'entretien des lanternes. Dans la Colonnade, l'espace est divisé en logements : de la glorieuse façade sortent des rangées de tuyaux de poêles. Dans la cour, des maisons se sont élevées. Des cabarets, des baraques de bateleurs, des masures s'adossent à l'extérieur.

Les appartements royaux abritent les Académies : Académie française, autorisée à siéger au Louvre alors que Louis XIV n'avait pas quitté les Tuileries, Académies des inscriptions et belles-lettres, d'architecture, des sciences et surtout de peinture et de sculpture. Cette dernière organise dès 1699 une exposition des œuvres de ses membres, exposition qui devient régulière, dans le salon Carré, à partir de 1725. Elle se tient autour de la Saint-Louis (25 août) et perdurera jusqu'à la révolution de 1848. Diderot devient le critique de ces « salons », où s'élabore l'art du 18e s. et de la première moitié du 19e s.

C'est Napoléon III, dernier monarque, qui achève, après plus de huit siècles de transformations, le Louvre.

Le 18e s. – Louis XV réside aux Tuileries pendant la Régence (1715-1722), puis à Versailles. Louis XVI en est ramené le 6 octobre 1789 ; il loge aux Tuileries avant son incarcération au Temple.

Après sa chute, la Convention occupe le théâtre et le Comité de salut public les appartements des Tuileries, que s'adjuge Bonaparte, Premier consul.

Napoléon Ier (1799-1814) – Vit aux Tuileries. L'Empereur s'intéresse beaucoup au Louvre ; son premier soin est d'en chasser les intrus, artistes et membres de l'Institut. Les architectes **Percier** et **Fontaine** achèvent la Cour

Carrée, agrandissent la place du Carrousel, où Napoléon passait ses légions en revue, et y élèvent un arc de triomphe. La chute de l'Empereur, en 1814, interrompt les constructions.

Napoléon III (1852-1870) – Habitant les Tuileries, c'est lui qui termine le Louvre. Il décide la fermeture Nord de la Grande Cour et confie cette tâche à **Visconti**, puis à **Lefuel**. Celui-ci remédie à la dénivellation entre les deux bras du Louvre en reconstruisant le **pavillon de Flore★** dans un style emphatique (haut-relief de Carpeaux, *Le Triomphe de Flore★*) et la partie Ouest de la galerie du Bord-de-l'Eau avec la salle des États ; les guichets du Carrousel sont percés pour permettre le passage des voitures.

La République – Le soulèvement de la Commune (la ▶ « semaine sanglante », du 21 au 28 mai 1871) est fatal au palais des Tuileries, qui est incendié. Les collections sont sauvées in extremis. En 1875, sous la présidence de Mac-Mahon, Lefuel restaure le Louvre. Malgré les nombreux projets de reconstruction, l'Assemblée décide en 1882 de raser les ruines du palais des Tuileries, faisant dispa-raître un symbole monarchique et un monument capital de l'histoire architecturale.

Le projet « Grand Louvre » est décidé par François Mitterrand dès 1981. Le gros des travaux s'est achevé en 1993 avec l'ouverture des espaces de l'aile Richelieu et la création d'un musée de la Mode dans l'aile de Rohan.

> **ET LA RÉPUBLIQUE DANS TOUT ÇA ?**
> Depuis 1873, les présidents de la République résident à l'Élysée.

Petite histoire du musée

Création du Siècle des Lumières et de son esprit ency-clopédique, le musée du Louvre a fêté son bicentenaire. La République naissante voulait transformer la collec-tion des rois en un musée universel ; l'ouverture de l'aile Richelieu, étape essentielle du projet « Grand Louvre » (1981-1997), s'inscrit dans cette perspective bien française.

Désireux d'attirer les maîtres italiens « modernes » et d'en ▶ rassembler les œuvres, François Ier est le fondateur de la première collection artistique : une douzaine de toiles, parmi lesquelles *La Joconde* de Léonard de Vinci, *La Belle Jardinière* de Raphaël, un *Portrait du roi* de Titien. À la fin du règne de Louis XIV, 2 500 tableaux ornent les palais du Louvre et de Versailles ; l'idée de présenter l'ensemble au public, envisagée par Marigny sous Louis XVI, est finale-ment réalisée par la Convention qui, le 10 août 1793, ouvre la Grande Galerie aux visiteurs. Napoléon Ier en fait le plus riche musée du monde en imposant aux nations vaincues un tribut d'œuvres d'art, sélectionnées par le directeur général **Vivant Denon** (ayant participé à la cam-pagne d'Égypte) et par Stendhal, mais restituées en 1815. Louis XVIII, Charles X, Louis-Philippe développent les col-lections : à peine découverte, la *Vénus de Milo* est ramenée en France par Dumont d'Urville ; le département des Antiquités égyptiennes (avec Champollion à sa tête) puis celui des Antiquités assyriennes sont constitués. Des legs, des achats décuplent les richesses du musée, dont les cata-logues comptent aujourd'hui plus de 350 000 entrées. Depuis le projet Grand Louvre, palais et musée ne font plus qu'un.

> **DÉCLINAISONS**
> Collection des Antiques,
> Muséum royal,
> Musée Napoléon,
> Musée des Souverains,
> Musée Napoléon-III,
> Musée Charles-X,
> Grand Louvre...
> tels furent les noms successifs du musée, tout ou partie.

le Louvre historique

Le Louvre est un musée, mais c'est également un palais chargé d'histoire. Une promenade extérieure permet d'en prendre la mesure. La visite des salles d'histoire et des fortifications exhumées en sous-sol aide à mieux comprendre l'évolution de l'édifice. (*Il faut pour cela s'acquitter d'un droit d'entrée au musée*).

La colonnade du Louvre illustre à merveille le bel ordonnancement du Grand Siècle.

Partir de l'église St-Germain-l'Auxerrois, près du métro Louvre-Rivoli. On se trouve alors face à la monumentale colonnade du palais du Louvre.

La Colonnade★★

Au projet de façade monumentale du **Bernin**, le grand maître du baroque, Louis XIV préfère celui de trois architectes français : Perrault, Le Vau et d'Orbay. Le fronton central, sculpté en 1811, portait un buste de Napoléon Ier qui, sous la Restauration, fut remplacé par celui du Roi-Soleil, ainsi couronné par une insolite Minerve impériale. Le creusement des fossés (1967), en dégageant le soubassement à bossages sur une profondeur de 7 m, a rendu sa vraie hauteur à l'édifice, véritable manifeste de l'art classique.

Se diriger vers la Seine et prendre à droite. Face au pont des Arts, accéder à la Cour Carrée par le jardin de l'Infante (aile Sud).

Cour Carrée★★★

La façade de Pierre Lescot – entre le pavillon de l'Horloge et l'aile Sud – enchante par sa décoration ravissante. Le sculpteur **Jean Goujon** a concentré son effort sur les trois avant-corps et sur le dernier étage du bâtiment : haut-reliefs allégoriques, statues dans des niches, frise d'enfants, guirlandes. La grâce et la vie de ces compositions sont admirables.

La nuit, un dispositif d'éclairage met magnifiquement en scène la partie la plus prestigieuse du vieux Louvre.

Quitter la Cour Carrée en passant sous le pavillon de l'Horloge.

Le **pavillon de l'Horloge** a été élevé par Jacques Lemercier, en même temps que l'aile droite, réplique du bâtiment Renaissance.

Pénétrer dans la cour Napoléon, en direction de la Grande Pyramide.

La Pyramide★★

Œuvre de **Ieoh Ming Pei** (1989), elle contraste avec la décoration exubérante des façades donnant sur la cour Napoléon. C'est depuis le hall Napoléon, au-dessus duquel la Pyramide forme une immense voûte, que l'on apprécie le mieux la hardiesse des techniques mises en œuvre.

S'avancer un peu plus loin, en direction du Carrousel.

La **statue équestre de Louis XIV**, placée dans l'axe des Champs-Élysées et décentrée par rapport au vieux Louvre, est un moulage d'après l'œuvre en marbre du Bernin.

Traverser la rue, place du Carrousel, en direction du jardin des Tuileries.

Arc de triomphe du Carrousel★

Inspiré de l'arc romain de Septime Sévère, il a été construit de 1806 à 1808 sur les plans de Percier et Fontaine. Les six bas-reliefs célèbrent les victoires de

Un jeune roi conquérant...

Napoléon lors des campagnes de 1805. Sur la plate-forme, où l'Empereur avait fait placer les chevaux enlevés à la basilique Saint-Marc de Venise, **Bosio** a sculpté une déesse accompagnée de Victoires, allégorie de la Restauration conduisant un quadrige.

Le grand carrousel de 1662, gigantesque parade équestre et théâtrale donnée en l'honneur de la naissance du Dauphin, a laissé son nom à la place.

Depuis l'arc du Carrousel, la **perspective★★★**, dont le point de mire est l'Arche de La Défense, est grandiose.

Pour découvrir la galerie du Carrousel du Louvre, descendre les escaliers près de l'arc du Carrousel, ou rejoindre la Pyramide, descendre par l'entrée principale, puis s'engager en sous-sol dans la direction de la galerie, sur la droite.

Ouvrant les Tuileries et la perspective de l'Arc de Triomphe, l'arc de triomphe du Carrousel...

Galerie du Carrousel du Louvre

L'architecture de Michel Macary s'harmonise avec celle de Pei, qui a conçu la **Pyramide inversée★**, énorme cristal et puits de lumière. Le gigantisme des volumes en béton, l'enfilade des vitrines, la douceur de l'éclairage confèrent à la galerie principale l'aspect d'une nef. À l'emplacement des fossés de Charles V, les piliers et le sol en pierre de Bourgogne produisent une impression de froideur lisse.

Toujours en sous-sol, se diriger vers le hall Napoléon (billetterie). S'acquitter d'un droit d'entrée au musée.

Salles d'histoire du Louvre★

De chaque côté de la rotonde ornée de beaux reliefs en pierre de Jean Goujon *(accès Sully, entresol)*, deux salles présentent l'évolution architecturale et décorative du bâtiment et sa transformation de forteresse en résidence, puis en musée. Les documents, peintures et plans en relief rappellent les souverains et architectes qui contribuèrent à donner au palais sa physionomie actuelle.

Le Louvre médiéval★★★

En poursuivant après la rotonde, une fois franchie la crypte Sully où une ligne noire, au sol, marque l'emplacement de l'une des dix tours que comprenait le Louvre, le visiteur pénètre dans l'univers impressionnant de la **forteresse** élevée par Philippe Auguste au début du 13ᵉ s.

Le circuit emprunte les fossés Nord et Est : à gauche, le mur de contrescarpe, simple parement réparé à plusieurs reprises ; à droite, la courtine de 2,60 m d'épaisseur. À l'Est, une construction quadrangulaire indique l'emplacement du soubassement du corps de logis ajouté par Charles V en 1360 ; au milieu du fossé, la pile du pont-levis est encadrée par les deux tours jumelles de la **porte** orientale du château de Philippe Auguste. Sur ces pierres rectangulaires, assemblées régulièrement, apparaissent çà et là des boulins et des marques en forme de cœur gravées par les tâcherons.

Une galerie moderne conduit au fossé du donjon circulaire ou « **grosse tour** », bâtie entre 1190 et 1202 pour Philippe Auguste. Le fossé, large de 7,50 m en moyenne, était autrefois dallé d'énormes pierres. La visite se termine par deux salles d'exposition : dans la première sont rassemblées des poteries découvertes au cours des fouilles de la Cour Carrée ; dans la « **salle Saint-Louis** », voûtée au milieu du 13ᵉ s., sont présentés des objets royaux trouvés au fond du puits du donjon ; parmi ceux-ci, la réplique du casque d'apparat ou « **chapel doré** » de Charles VI.

antiquités égyptiennes

CONSERVATEUR
Le département des Antiquités égyptiennes est l'œuvre de **Jean-François Champollion**, qui perça le mystère des hiéroglyphes en 1822 et fonda l'égyptologie. Il compte des milliers de pièces, rassemblées au fil des grandes expéditions, des achats de collections, du partage des fouilles (pratiqué jusqu'à la Seconde Guerre mondiale).

◄ Les **antiquités égyptiennes★★★** constituent l'un des joyaux du Louvre.

On peut visiter « l'Égypte ancienne » de deux façons : soit en commençant par l'Orient dans l'aile Richelieu et, au bout de l'aile Sackler, en accédant au 1ᵉʳ étage, consacré aux chefs-d'œuvre ; soit en empruntant le circuit thématique par la crypte du Sphinx après avoir traversé le Louvre médiéval (accès Sully, rez-de-chaussée). Nous présentons la seconde.

Circuit thématique - Vie quotidienne
À travers œuvres d'art et surtout objets de tous les jours, 19 salles illustrent la vie quotidienne et la culture des anciens Égyptiens. Des panneaux muraux et des fiches plastifiées complètent cette présentation, qui restitue dans toute son activité et sa richesse une civilisation fascinante.

Un grand sphinx monolithe en granit rose, long de 4,80 m, trouvé à Tanis, la capitale de l'Égypte sur son déclin, marque l'entrée du département.

FAUNE DU NIL
Les statuettes exposées dans la salle 2 représentent le peuplement varié du fleuve-dieu : hippopotames, crocodiles, grenouilles... Des modèles réduits de bateaux semblent y naviguer encore.

Agriculture, chasse, pêche, élevage – *Salles 3 à 5.* Le ◄ Nil, les divers travaux agricoles, la nourriture sont évoqués à travers des statuettes et des modèles destinés à meubler les tombeaux, des stèles, des échantillons (pains vieux de 3 500 ans) et des bas-reliefs, notamment ceux du **mastaba d'Akhethétep★★**. Les parois de cette sépulture civile de la Vᵉ dynastie (vers 2350 av. J.-C.) sont ornées de scènes sculptées et peintes qui illustrent les vœux du défunt : avoir une belle sépulture (corridor), bénéficier d'une nourriture abondante (porteuses d'offrandes), inspecter en bateau les domaines qui lui assurent cette subsistance.

ÉCRITURE
Outre les principes de l'écriture hiéroglyphique sont présentés l'apprentissage, le matériel et les divinités protectrices du scribe, personnage-clef de la civilisation égyptienne (salle 6).

Art et artisanat – *Salle 7.* L'art égyptien a fait appel à ◄ une grande variété de matériaux : bois, pierre, pierres semi-précieuses, métaux, verre, céramique, dont on trouvera ici des exemples. Œuvres achevées ou suspendues en cours de réalisation, statues, vases, bas-reliefs restituent dans des vitrines pédagogiques les techniques utilisées. Remarquez la très rare statue du dieu Horus en bronze, sur un piédestal un peu trop haut.

Vie domestique – *Salles 8 à 10.* Meubles, vaisselle, vêtements, instruments de musique, jeux et accessoires reconstituent le décor de riches demeures ; bijoux et accessoires (cuillères en forme de nageuse ou d'animal) témoignent du raffinement de cet univers. Quelques modèles en terre cuite donnent une idée de l'architecture civile.

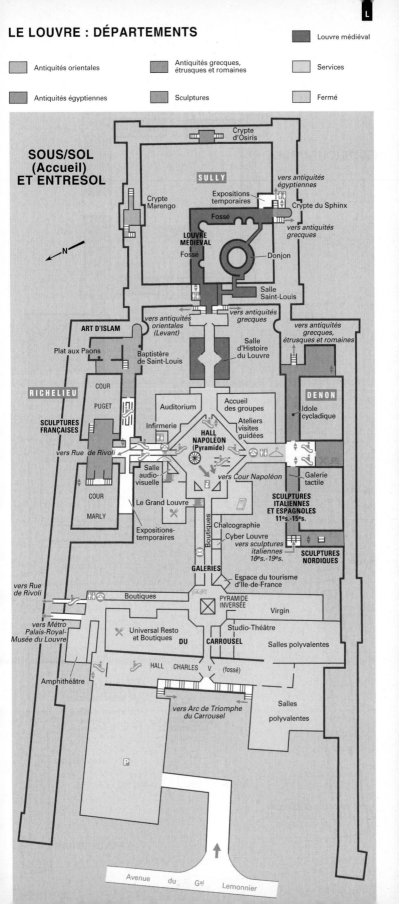

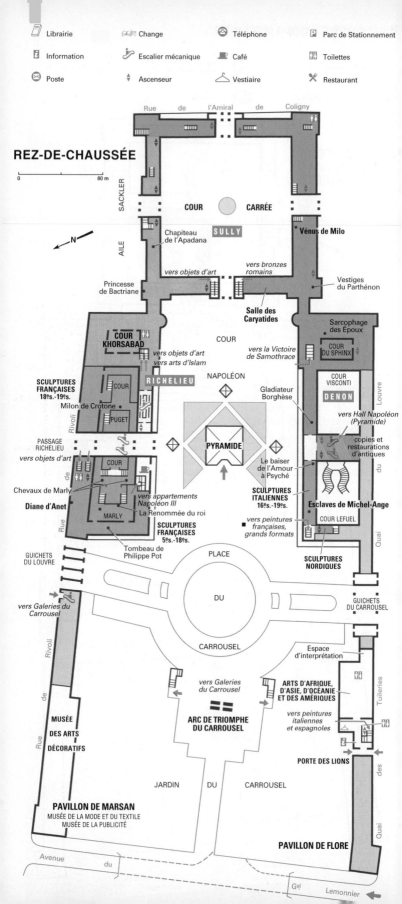

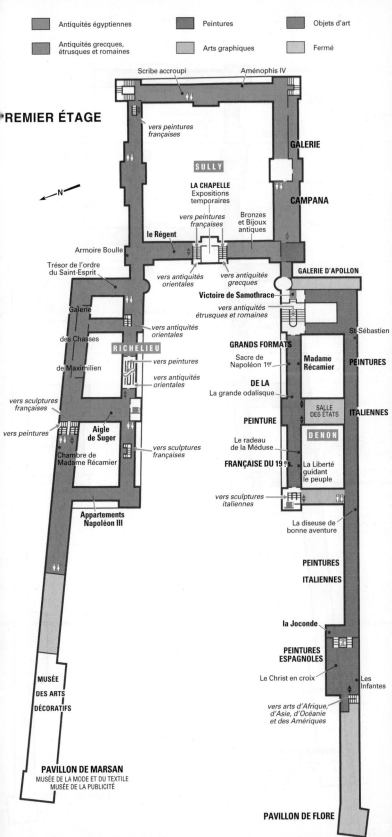

E LOUVRE : DÉPARTEMENTS

- Antiquités égyptiennes
- Antiquités grecques, étrusques et romaines
- Peintures
- Arts graphiques
- Objets d'art
- Fermé

PREMIER ÉTAGE

← N

Scribe accroupi

Aménophis IV

vers peintures françaises

GALERIE

SULLY

LA CHAPELLE
Expositions
temporaires

CAMPANA

vers peintures françaises

Bronzes
et Bijoux
antiques

le Régent

Armoire Boulle

Trésor de l'ordre
du Saint-Esprit

vers antiquités orientales

vers antiquités grecques

GALERIE D'APOLLON

Galerie

Victoire de Samothrace

vers antiquités étrusques et romaines

St-Sébastien

des Chasses

vers antiquités orientales

GRANDS FORMATS

RICHELIEU

vers peintures

Sacre de
Napoléon 1er

**Madame
Récamier**

PEINTURES

de Maximilien

vers antiquités orientales

DE LA

La grande odalisque

ITALIENNES

vers sculptures françaises

**SALLE
DES ÉTATS**

vers peintures

PEINTURE

**Aigle
de Suger**

Le radeau
de la Méduse

DENON

Chambre de
Madame Récamier

vers sculptures françaises

FRANÇAISE DU 19 es.

La Liberté
guidant
le peuple

vers sculptures italiennes

**Appartements
Napoléon III**

La diseuse de
bonne aventure

PEINTURES

ITALIENNES

la Joconde

**PEINTURES
ESPAGNOLES**

MUSÉE

DES ARTS

DÉCORATIFS

Le Christ en croix

Les
Infantes

*vers arts d'Afrique,
d'Asie, d'Océanie
et des Amériques*

PAVILLON DE MARSAN
MUSÉE DE LA MODE ET DU TEXTILE
MUSÉE DE LA PUBLICITÉ

PAVILLON DE FLORE

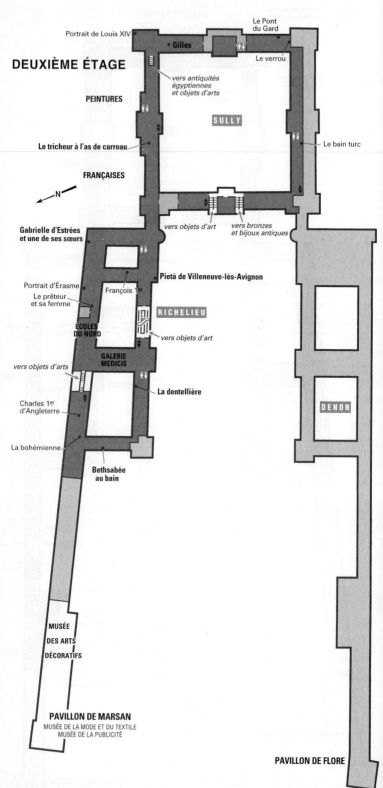

DEUXIÈME ÉTAGE

0 — 80 m

Ascenseur

Escalier mécanique

Café

Toilettes

Portrait de Louis XIV

Gilles

Le Pont du Gard

Le verrou

vers antiquités égyptiennes et objets d'arts

PEINTURES

SULLY

Le tricheur à l'as de carreau

Le bain turc

FRANÇAISES

N

vers objets d'art

vers bronzes et bijoux antiques

Gabrielle d'Estrées et une de ses sœurs

Pietà de Villeneuve-lès-Avignon

Portrait d'Érasme

François 1er

Le prêteur et sa femme

RICHELIEU

ÉCOLES DU NORD

vers objets d'art

vers objets d'arts

GALERIE MEDICIS

La dentellière

DENON

Charles 1er d'Angleterre

La bohémienne

Bethsabée au bain

MUSÉE DES ARTS DÉCORATIFS

PAVILLON DE MARSAN
MUSÉE DE LA MODE ET DU TEXTILE
MUSÉE DE LA PUBLICITÉ

PAVILLON DE FLORE

Temples – *Salles 11 et 12.* On entame ici la partie monumentale. Les temples égyptiens étaient précédés d'une allée de sphinx, évoquée (un peu à l'étroit) dans le couloir menant à la galerie Henri IV, dont la majesté et le haut plafond mettent en valeur des œuvres imposantes : statues de dieux et de déesses, portraits de dignitaires, annales gravées du règne du pharaon, etc.

Rites funéraires – *Salles 13 à 17.* La vie quotidienne des anciens Égyptiens est connue grâce à la reconstitution de l'activité des vivants dans les sépultures.

Le contenu rituel d'une tombe : vases canopes recevant les viscères, serviteurs funéraires destinés à accomplir à la place du défunt les corvées dans l'au-delà, amulettes protectrices placées sur la momie...

À partir de la crypte d'Osiris et du **tombeau royal de Ramsès III**, une impressionnante série de sarcophages décline les formes des cercueils : granit gravé, bois ou toile recouverte de peintures.

Dieux – *Salles 18 et 19.* Une vitrine présente par ordre alphabétique chacune des divinités de l'Égypte ancienne : sa physionomie, son rôle, ses attributs, à travers une série de statuettes en métal, en céramique, en pierre. La magie et la place du monde animal dans la religion sont aussi précisées : momies (chats, crocodiles) et cercueils d'animaux, culte du taureau Apis.

Circuit chronologique - Histoire de l'art

1er étage. Monter l'escalier au bout du circuit thématique ; des panneaux résument les grandes dates de la civilisation égyptienne.

Sont rassemblés à cet étage la plupart des chefs-d'œuvre des collections égyptiennes du Louvre. De salle en salle, la « galerie d'étude » présente des séries d'objets de même époque.

Époque de Nagada (fin de la préhistoire) – *Salle 20.* Vases de pierre, poteries et palettes à fard sculptées. Le **poignard du Gebel el-Arak★★**, l'un des tout premiers bas-reliefs, marque la fin de la préhistoire en Égypte (vers 3200 av. J.-C.) : lame en silex poli et sculpté, manche en ivoire de rhinocéros gravé d'un personnage et d'animaux de la zone subdésertique de la Moyenne-Égypte et, sur l'autre face, d'une scène de bataille fluviale.

Stèle du Roi-serpent – *Salle 21.* C'est la plus belle de la série des stèles d'époque thinite. Le serpent symbolise le roi Ouadji, entre son faucon protecteur et l'élévation de son palais, dans l'encadrement de ce dernier.

Ancien Empire (2700-2200 av. J.-C.) – *Salle 22.* Quelques-uns des premiers chefs-d'œuvre de la statuaire égyptienne : le couple formé par **Sépa et Nésa** (IIIe dynastie) ; la tête du roi Didoufri (IVe dynastie, 2570 av. J.-C., époque des grandes pyramides), coiffée du némès.

Moyen Empire (2000-1700 av. J.-C.) – *Salle 23.* Le contenu de la tombe du chancelier **Nakhti** (cercueil et mobilier funéraire) accompagne sa statue grandeur nature en bois d'acacia. Le linteau et les statues de Sésostris III montrent ce souverain de la XIIe dynastie à deux époques de son existence : jeune puis vieillissant, le visage marqué par la vie. Noter la silhouette élancée et la robe collante de la porteuse d'offrande (statuette) ainsi que la belle nudité d'une femme « aux pouces cassés ».

Nouvel Empire (1550-1200 av. J.-C.) – *Salles 24 à 27.* La période voit les règnes des pharaons célèbres, l'un par sa puissance (Ramsès II), l'autre par la richesse de son tombeau (Toutankhamon). En salle 26, maquette du temple funéraire de Ramsès II, le Ramesseum. Les bustes et statuettes du temps d'Aménophis III témoignent d'un idéal précieux : **la Dame Touy prêtresse du dieu Min**, **la reine Tiy**, en terre émaillée verte. Le magnifique bas-relief en calcaire peint de **Séthi Ier et de la déesse Hathor**, où la déesse offre au roi un collier

---

SURNATUREL

Remarquez l'élégance suprême de la barque de procession de la déesse Anouket, dans la vitrine centrale de la salle 12.

PEINTURE D'ORIGINE

Les plafonds peints de certaines salles *(27 à 30)* datent de 1827, lors de l'installation des collections d'antiquités sous le règne de Charles X.

H. Lewandowski/RMN

Scribe accroupi★★★. Cette statue en calcaire peint fut découverte à Sakkara. Le regard intense (cristal de roche et cuivre), le réalisme de l'attitude et de l'expression justifient sa célébrité (Ve dynastie, vers 2500 av. J.-C.)

Pectoral au nom de Ramsès II, XIXᵉ dynastie.

RMN

bénéfique, provient de la Vallée des Rois. Les bijoux de son fils et successeur Ramsès II comprennent la bague aux chevaux et le pectoral.

Akhénaton et l'art amarnien (vers 1370-1350 av. J.-C.) – *Salle 25.* Le règne d'Aménophis IV-Akhénaton et de son épouse Néfertiti, tentative d'instauration d'une religion monothéiste (autour du dieu-soleil Aton) a produit des œuvres « de rupture », imprégnées d'un réalisme tendre et familier (buste de princesse, torse de reine) et d'une spiritualité celée derrière des traits accentués (**tête colossale★★** d'Akhénaton).

Les derniers pharaons (1000-30 av. J.-C.) – *Salles 29 et 30.* La fin de l'Égypte pharaonique est traversée de périodes dites « intermédiaires », de dominations étrangères (les Perses). Les derniers règnes donnent cependant jour à des œuvres raffinées : statue de la divine adoratrice **Karomama**, en bronze incrusté d'or et d'argent, précieuse **Triade d'Osorkon II**, en or et lapis-lazuli (Osiris, accroupi sur un autel, son épouse et sœur Isis et leur fils Horus, protecteur de la monarchie).

Le département se poursuit à l'entresol Denon avec les antiquités tardives de l'époque romaine (A) et de la culture chrétienne copte (B et C).

Égypte romaine – *Salle A.* Joliment disposée dans une galerie voûtée, la collection illustre l'évolution, à travers les coutumes funéraires, de la société égyptienne en contact avec la culture gréco-romaine. Nombreux masques funéraires en plâtre peint d'hommes, de femmes, d'enfants, linceuls ornés du portrait en pied du défunt, stèles votives, etc. Sur les momies apparaissent les portraits, peints à l'encaustique, de femmes et d'hommes aux grands yeux sombres interrogateurs, coiffés à la romaine, portant toge et bijoux **(Fayoum)**.

Franchir la galerie consacrée à l'art grec préclassique.

Égypte copte – *Salle B.* Peu à peu christianisée, l'Égypte développe thèmes et styles inspirés de Byzance. L'art copte (5ᵉ et 6ᵉ s. après J.-C.) s'exprime principalement dans des **tissus et tapisseries** très colorés, mais aussi dans le travail du bois et la sculpture (fragment d'Annonciation).

Monastère de Baouit – *Salle C, en contrebas.* Les fragments du monastère Saint-Apollo (6ᵉ-7ᵉ s. après J.-C.), village de Baouit en Moyenne-Égypte) sont présentés en situation dans deux salles reconstituant les volumes intérieurs du bâtiment : frises et chapiteaux en calcaire sculptés de motifs végétaux, peintures murales à la détrempe à sujets géométriques. Une peinture sur bois (7ᵉ s.) figure **l'abbé Ména** sous la protection du Christ, porteur des Évangiles.

antiquités grecques

Pour suivre un ordre chronologique, il convient de gagner la salle 1 à l'entresol de l'aile Denon.

Les **antiquités grecques★★★** comprennent quelques-uns des chefs-d'œuvre du Louvre, évidemment à ne pas manquer...

Grèce préclassique – Récemment aménagée, cette galerie évoque l'art cycladique (*Tête d'idole,* vers 2500 av. J.-C.), minoen et mycénien avant d'aborder l'âge préclassique proprement dit.

Statuette en calcaire de 60 cm de haut, la *Dame d'Auxerre* est l'un des premiers exemples de la statuaire grecque (vers 630 av. J.-C.) ; raideur et frontalité (visage représenté dans l'axe du corps) illustrent l'austérité du style dorien. La *Coré de Samos,* provenant du temple d'Héra, qui lui est postérieure de deux générations seulement, est, par le raffinement et la stylisation de son vêtement, d'inspiration ionienne.

ALEXANDRIE

L'influence de l'art hellénistique est sensible dans l'art de l'époque des Ptolémée, famille de Cléopâtre.

◄

CHARMEUR

Œuvre attique du milieu du 6ᵉ s., originaire de l'Acropole, la tête dite du **Cavalier Rampin** (du nom de son donateur), d'une exceptionnelle finesse (chevelure, barbe), s'éclaire d'un délicat sourire.

◄

Le style sévère s'exprime au travers de la *stèle de l'Exaltation de la Fleur* (remarquer le geste délicat des trois mains), provenant de Pharsale.

Dans la salle 2, attenante, se trouvent des inscriptions grecques (épigraphie).

Monter au rez-de-chaussée.

Grèce classique – Les **métopes** du temple de Zeus à Olympie (vers 460 av. J.-C.) bénéficient d'une nouvelle présentation en salle 4.

Prendre la rotonde, traverser la salle 6.

Cratère en cloche : purification à Delphes

La salle 7 renferme des vestiges du **Parthénon**, temple édifié à l'époque de Périclès, vers 445 av. J.-C., sur l'acropole d'Athènes. C'est la grande période du classicisme grec, qualifiée parfois de « miracle ». Le **fragment★★★** de la frise exposé représente les Ergastines, jeunes filles qui confectionnaient le voile brodé offert à leur déesse protectrice lors des Panathénées. La lenteur de la procession, la distinction des attitudes, la souplesse de la démarche révèlent le talent de **Phidias**.

Répliques d'œuvres des 5ᵉ et 4ᵉ s. av. J.-C. – *Salles 14 à 16.* Très peu d'originaux subsistent de la grande statuaire grecque, en particulier de bronze, matériau qui a été fondu et récupéré au cours des siècles, mais le goût éclectique et passionné des Romains a multiplié les copies, en marbre.

Quelques statues rappellent le style « sévère » : un Apollon Citharède, un Torse de discobole.

Mais ce sont surtout l'art de **Polyclète** et le génie de **Phidias** qui sont prouvés ici : du premier, le *Diadumène* et l'*Amazone blessée*, mal restaurée au 17ᵉ s. ; du second, un Apollon du type « de Cassel » (du lieu où se trouve la meilleure réplique) et une tête de l'Athéna Parthénos.

Le classicisme devient moins rigoureux : l'*Arès Borghèse* a les traits qui se détendent. À la fin du 5ᵉ s. av. J.-C., l'*Adonis*, ou Narcisse, annonce les créations de Praxitèle. Les figures drapées dévoilent les formes du corps féminin. Du début du 4ᵉ s. av. J.-C., le *Discophore de Naucydes* et l'*Athéna pacifique* montrent un retour au réalisme.

À part la *Melpomène* du théâtre de Pompée (1ᵉʳ s. av. J.-C.), toutes les sculptures de la salle 16 sont des répliques d'œuvres de **Praxitèle**, actif de 370 à 330 av. J.-C. Celui-ci confère au marbre une grâce souple et nonchalante, chargée de spiritualité : déhanchement de l'*Apollon sauroctone* ; féminité et pudeur chez l'Artémis, dite « *Diane de Gabies* »★ ; grâce de la *Vénus d'Arles*.

Citons parmi les œuvres originales de l'époque hellénistique l'**Apollon de Piombino**, retrouvé dans la mer au large de la Toscane et provenant des ateliers de Grande-Grèce (Sicile et Italie du Sud).

De la salle 16, prendre à gauche pour revenir en arrière par la salle 13.

Originaux du 2ᵉ s. av. J.-C. – *Salle 12.* Le naturel, la beauté sereine de la **Vénus de Milo★★★**, au drapé en spirale admirable de souplesse, en font l'une des œuvres les plus accomplies de la statuaire antique.

Salle des Caryatides★★ – *Salle 17.* C'est l'ancienne grande salle remaniée par Pierre Lescot. Molière y joua pour la première fois devant Louis XIV, le 24 octobre 1658. Elle doit son nom aux quatre **statues** monumentales de Jean Goujon qui soutiennent la tribune des musiciens. Au-dessus de la tribune, *La Nymphe de Fontainebleau* est une œuvre (16ᵉ s.) du Florentin **Benvenuto Cellini** dont l'original est exposé dans le département des Sculptures.

Les sculptures (répliques d'originaux du 4ᵉ s. av. J.-C. et de l'époque hellénistique) s'intègrent harmonieusement au décor Renaissance : copies des œuvres de **Lysippe**,

---

PALMARÈS

L'Aphrodite de Cnide★★ était la statue féminine la plus célèbre de l'Antiquité. Voir à cet égard l'Aphrodite, dite « Tête Kaufmann » (du nom de son ancien propriétaire), au visage d'une sérénité attentive.

G. Blot-C. Jean/RMN

La Victoire de Samothrace vous attend en haut de l'escalier Daru.

AMATEUR PASSIONNÉ

Le marquis Gian Pietro Campana (1808-1880) avait fouillé les nécropoles étrusques du Nord du Latium. Sa collection de vases grecs, l'une des plus importantes du monde, fut presque intégralement achetée par Napoléon III en 1861 *(voir aussi les antiquités étrusques)*.

SURVEILLANT

Au fond de la salle, un grand Apollon doré de Lillebonne vous surveille du coin de l'œil.

AVANT ROME

Peuple d'Italie centrale, les Étrusques essaimèrent en Campanie et en Italie du Nord et connurent leur apogée au 6ᵉ s. av. J.-C. Leur déclin s'amorça au siècle suivant et se poursuivit jusqu'en 265 av. J.-C., date de la soumission de l'Étrurie à Rome.

---

caractérisées par l'allongement des proportions et le goût du mouvement pris sur le vif (*Hermès rattachant sa sandale*) ; l'*Aphrodite accroupie* de Vienne ; l'Artémis ou « *Diane de Versailles* » ; *Les Trois Grâces* ; l'*Hermaphrodite endormi* (le matelas est du Bernin).

La visite se poursuit au 1ᵉʳ étage. Emprunter l'escalier Daru.

La Victoire de Samothrace★★★ – Du haut de l'escalier, elle semble défier l'espace. Ce chef-d'œuvre de l'art hellénistique (début du 2ᵉ s. av. J.-C.), figure de proue installée sur une galère de pierre, commémore une victoire navale de Rhodes. Le traitement des draperies, plaquées au corps par le vent, la liberté et la fougue du mouvement de la femme ailée en font une œuvre éblouissante.

Prendre l'aile à droite de la Victoire.

Verres grecs et romains – *Salles 34 à 38.* Dans l'ancien Grand Cabinet de Louis XIV dû à Le Vau *(salle 34)* sont exposés pour la première fois une centaine de flacons du 6ᵉ s. av. J.-C. En enfilade après la salle Clara *(35)*, trois salles ont été réservées aux **terres cuites** grecques des âges archaïque et classique. Près de 2 000 vases et figurines sont répertoriés.

Galerie Campana★★ – *Salles 39 à 47.* Sont d'abord présentés les différentes formes et fonctions des vases grecs, ainsi qu'un panorama des thèmes abordés dans leur décor : de la vie quotidienne à la légende, en passant par la religion et la vie amoureuse *(salle 39)*. Les autres salles décrivent l'évolution du style. Après la décadence de la Crète et de Mycènes, le style géométrique (10ᵉ-8ᵉ s. av. J.-C.) évolue vers le décor à frise. Corinthe et la Grèce de l'Est produisent des vases aux formes inédites, où s'animent des figures noires. Cette même technique est employée par le maître des Hydries de Caere et le peintre d'Amasis. Vers 530, le peintre d'Andokidès (un potier) lance une nouvelle formule, la figure rouge : les silhouettes, en réserve sur l'argile, se détachent d'un fond de vernis noir ; les détails sont tracés au pinceau. Vers 500 av. J.-C., le style pur d'**Euphronios** et les gracieuses peintures de Douris *(salle 40)* évolue marquent l'apogée de cet art. La dernière salle est consacrée aux **figurines de Tanagra** et **Myrina**, frémissantes de vie, merveilles de grâce et de finesse.

Salle des Bronzes et objets précieux★★ – *Salle 32.* L'art grec archaïque a laissé des anses à têtes de Gorgone. Le goût de l'époque hellénistique pour les traits humains non idéalisés, voire étranges, l'enfance ou la vieillesse, est représenté par de curieuses figurines de nains et de personnages difformes, Éros et Psyché sous les traits de jeunes enfants, un adolescent noir les mains liées derrière le dos, un « Géant ». La très belle **tête de jeune homme** dite « de Bénévent » s'inspire des œuvres de Polyclète. De l'époque romaine, célèbre *Effigie d'un esclave noir agenouillé* (2ᵉ-3ᵉ s. après J.-C.) Les bijoux sont déposés dans une vitrine-écrin polygonale.

Revenir au rez-de-chaussée par l'escalier Daru.

Originaux des 2ᵉ et 1ᵉʳ s. av. J.-C. – *Salle B.* L'art grec « se termine » dans la grande galerie Daru, au rez-de-chaussée, parmi les statues et sarcophages de l'Empire romain, avec un guerrier combattant, dit **Gladiateur Borghèse★★** (dû à Agasias d'Éphèse, vers 100 av. J.-C.), qui marque une tension et une puissance rares. Portant aussi le nom de ce prince collectionneur, un grand vase de la même époque répond au « gladiateur ».

antiquités étrusques

Rez-de-chaussée Denon, au départ de la salle 4 (Olympie), salles 18 à 20.

Les **antiquités étrusques★★** regroupent des œuvres d'artistes d'Étrurie, à l'originalité marquée, mais qui s'inspirèrent toutefois des arts oriental et grec, et influencèrent à leur tour fortement l'art romain. Les tombes monumentales ont restitué des objets familiers et plus rarement des peintures.

À la culture villanovienne caractérisée par des objets en fer ou en bronze au décor géométrique (trône en bronze laminé) succède celle des Étrusques représentée par des plaques de terre cuite peintes (plaques Campana), ainsi que par des céramiques d'*impasto* et des antéfixes à tête féminine. Le célèbre **sarcophage « des Époux »**★★★ (6e s. av. J.-C.), énorme urne en terre cuite provenant de la nécropole de Cerveteri, porte une décoration sculptée d'un remarquable réalisme : le couple participe avec sérénité au banquet divin, thème repris de la peinture grecque sur vase.

La céramique en *bucchero*, terre cuite à pâte noire imitant le métal, marque la période orientalisante (milieu du 7e s. av. J.-C.). Les formes simples et le décor gravé (7e s. av. J.-C.) tendent ensuite à se compliquer (6e s. av. J.-C. – lignes alourdies, motifs en relief).

Les Étrusques furent aussi d'extraordinaires orfèvres : leur technique raffinée, d'abord appliquée à la granulation et au filigrane *(1re vitrine dans le passage de droite)*, triomphe avec le repoussé *(vitrine en face)*.

Des époques classique et hellénistique *(salle 20)* : **Tête de Gabies**, *œnochoé* (cruche à vin) à tête humaine *(dans la vitrine à gauche, immédiatement avant la salle)*, urnes cinéraires en albâtre et sarcophages en terre cuite de Volterra et de Chiusi ; les miroirs en bronze à manche de bois *(vitrine à droite)*, souvent décorés de scènes empruntées à la mythologie grecque, représentent une production importante.

Dans la salle 19 sont exposées de nombreuses céramiques inspirées de la production de la Grèce, d'abord à figures noires (6e s.), puis à figures rouges (5e-4e s.).

RMN

Tête de Gabies, cruche à vin étrusque, vers 425-400 av. J.-C.

antiquités romaines et paléo-chrétiennes

À partir de la rotonde (rez-de-chaussée, salle 5), entrer à droite, dans les anciens appartements d'Anne d'Autriche.

Si les **antiquités romaines**★★ semblent offrir au visiteur moins de finesse que les antiquités grecques, elles recèlent cependant tout un art, et de très belles surprises : mosaïques, vaisselle...

Salles 22 à 26 : appartement d'été d'Anne d'Autriche★★

Sous les plafonds peints à l'italienne par **Romanelli**, les œuvres exposées illustrent deux modes d'expression originaux de l'art romain : le portrait (quatre effigies d'Auguste à des époques différentes de sa vie ; *portrait en basalte de Livie*, sa femme) et le relief historique *(fragment de l'Ara Pacis : autel de la Paix d'Auguste)* ou mythologique.

Salles 27 à 31

Des portraits des 3e et 4e s. après J.-C. (Gordien III ; Aurige) entourent les piliers de l'Incantada (« palais enchanté »), vestiges d'un portique de Thessalonique *(salle 27)*.

De superbes **mosaïques**★ décoraient les riches demeures *(Le Phénix, Le Jugement de Pâris, Préparatifs d'un banquet)* et le pavement des églises d'Afrique du Nord et du Proche-Orient (Qabr-Hiram, près de Tyr au Liban). Des fragments de fresques proviennent de Pompéi (Génie ailé).

Trésor de Boscoreale★★

Salle Henri-II (33) au 1er étage, aile Sully. Le plafond de la salle est orné de peintures de Braque (*Les Oiseaux*, 1953). Cet ensemble fabuleux fut trouvé au cœur d'une exploitation viticole, au lieu dit Boscoreale, dans les ruines d'une villa romaine détruite par l'éruption du Vésuve (79 de notre ère). Le trésor de monnaies, de bijoux d'or et de **vaisselle d'argent** avait été mis à l'abri dans une citerne à vin. Il témoigne des goûts raffinés d'une classe aisée et cultivée. Les plus belles pièces d'argenterie étaient offertes, sur des présentoirs, à l'admiration des visiteurs.

ALIGNEMENTS
La salle du Manège contient des antiques très restaurés et des pastiches – remarquer le *Sénèque mourant* – et la galerie Daru des sarcophages – celui des *Neuf Muses, de Saint-Médard-d'Eyrans* – et des statues.

DU SOL AU PLAFOND
Dans l'ancienne cour du Sphinx *(salle 31)* se déploie le grand ensemble de la frise du temple d'Artémis à Magnésie du Méandre ; au sol, la *mosaïque des Saisons*, d'époque constantinienne, provient d'une villa d'Antioche.

UN MUSÉE ASSYRIEN
C'est en 1843, que
Paul-Émile Botta, consul
de France à Mossoul
(Iraq), exhumait les
vestiges de la ville
construite par Sargon II
d'Assyrie sur le site actuel
de Khorsabad, retrouvant
ainsi une civilisation
perdue. Le premier musée
assyrien ouvre au Louvre
quatre ans plus tard.
Les fouilles seront
activement poursuivies
par **Victor Place**.

antiquités orientales

Aile Richelieu, rez-de-chaussée.

◄ Les **antiquités orientales★★★** constituent l'une des collections les plus célèbres, à juste titre, du musée du Louvre.
Une civilisation urbaine naît, entre 3300 et 2800 av. J.-C.,
dans la région marécageuse du cours inférieur du Tigre
et de l'Euphrate (Iraq actuel). Le pays de Sumer est
fractionné en cités rivales avant que ne se bâtissent les
premiers empires.

Mésopotamie

Salles 1 à 6. Le site sumérien de Tello, l'ancienne Girsu, a
livré la fameuse **stèle des Vautours** *(vers 2450 av. J.-C.),*
immortalisant la victoire du roi de Lagash sur la cité
rivale d'Umma *(face à l'entrée).* Sur une face, le dieu
protecteur de la cité emprisonne les ennemis dans un
filet ; sur l'autre face, le prince est à la tête de ses fantas-
sins et monté sur un char de guerre.
Dans les vitrines jouxtant la salle 1b, *relief votif d'Ur-
Nanshe (à gauche),* fondateur de la dynastie de Lagash, et
vase dédié par Entéména au dieu Ningirsu (à droite). On
peut voir aussi les tablettes portant les premières traces
de l'écriture.
La culture sumérienne s'étend vers le Nord, jusqu'à
l'actuelle Syrie (site de **Mari**). L'une de ses coutumes
était d'offrir des représentations d'adorants destinées à
pérenniser la prière des fidèles *(salle 1b).* Parmi les
statuettes dédiées à Ishtar, la plus belle est celle de
l'intendant du palais Ebih-il★ *(milieu du 3ᵉ millénaire),* aux yeux de lapis-lazuli, vêtu d'une ample jupe à
mèches de peau de mouton.
La dynastie sémite d'Akkad (2340-2200 av. J.-C.) réalise
l'unité de la Mésopotamie autour d'**Agadé**, cité des environs de Babylone. Elle se distingue par l'admirable **stèle
de Naram-Sin** *(2250 av. J.-C.)* en grès rose : le roi vainqueur, marchant sur les cadavres de ses ennemis, gravit
une montagne.

SOUVERAIN
Vers 2130 av. J.-C. est
réalisé à Lagash, qui
recouvre son
indépendance avec le
déclin de la dynastie
d'Agadé, l'impressionnant
ensemble de **statues du
prince Gudéa** et celles de
son fils Ur-Ningirsu. Le
souverain, dont la robe
porte une longue dédicace
aux dieux, est parfois
représenté avec des
instruments d'architecte.

◄ Au début du 2ᵉ millénaire, **Babylone** entre dans l'histoire :
son souverain détruit Mari et conquiert la Mésopotamie.
Le fameux **Code de Hammurabi★** (1792-1750 av. J.-C.) est
une stèle de basalte noir haute de 2,50 m ; au sommet, le
roi reçoit du dieu solaire Shamash (dont la règle et la corde
d'arpenteur, instruments de mesure, symbolisent la justice), les 282 lois gravées au-dessous en langue akkadienne
(salle 3).
À l'empire babylonien succède, aux 8ᵉ et 7ᵉ s., celui
d'Assyrie. Après le 6ᵉ s., qui voit l'apogée de Babylone avec
Nabuchodonosor *(Lion passant,* qui ornait la voie proces-
sionnelle du palais de Nabuchodonosor II), l'empire perse
unifie l'Orient, de la Méditerranée à l'Inde.

Cour Khorsabad★★ – Les grands bas-reliefs assyriens
◄ provenant du palais de Sargon II à Dûr-Sharrukîn
(l'actuelle Khorsabad) ont été placés, face au visiteur,
dans le même rapport de hauteur qu'à l'époque assy-
rienne. Deux **taureaux ailés** à cinq pattes (pour une
vision complète de face et de profil) restituent une partie
du décor de la 3ᵉ porte de l'enceinte de Khorsabad ; le
mur d'en face est une évocation de la façade de la salle
du trône.
Les Hittites s'installent sur le plateau anatolien (centre
de l'actuelle Turquie) au milieu du 2ᵉ millénaire. Ce sont
eux qui détruiront la dynastie d'Hammurabi de
Babylone. Leur écriture hiéroglyphique se retrouve sur
la **stèle du dieu de l'Orage**, Tahunda *(salle 5).*
La décoration du palais de **Til Barsip**, capitale provinciale (Tell Ahmar en Syrie du Nord), est originale car
elle consiste en fresques *(salle 6).*
Autre chef-lieu, **Arslan-Tash** a livré d'admirables **ivoires**
(Vache allaitant son veau), butins de guerre provenant de
villes phéniciennes ou araméennes.

PROCESSION
Sur les murs de la cour
se déroule une frise
d'admirables bas-reliefs :
transport de bois du
Liban, tributaires mèdes
(en face) ; porteurs
du trône roulant et du
mobilier du roi, serviteurs,
mêlés à des Génies ailés
bénissant et autres héros
maîtrisant un lion.

Dans une vitrine, fragments de la porte en bronze du palais du roi Salmanasar III à Balawat (9e s. av. J.-C.).

Les reliefs du palais du roi Assurnazirpal II (883-859 av. J.-C.) montrent des génies ailés bénisseurs, à têtes d'oiseaux, devant l'arbre sacré ; plus loin, le roi est suivi de son écuyer.

Les **reliefs**★★ du palais d'Assurbanipal à Ninive comptent parmi les chefs-d'œuvre de la sculpture universelle. Remarquer les épisodes de la campagne d'Élam : la prise d'une ville ; la déportation de la population ; la vue de la ville d'Arbèles aux multiples tours ; sur le mur du fond, le roi sur son char.

Iran antique

Salles 7 à 16. La transhumance entre les montagnes du Fars (à l'Est, sur le plateau montagneux où, plus tard, s'élèvera Persépolis) et la plaine de Suse, ouverte aux influences mésopotamiennes, est à l'origine du premier État iranien : **l'Élam**.

Dès la fin du 5e millénaire, les poteries de Suse se distinguent par la beauté de leur décor animalier très stylisé (**boisseau** – gobelet – **aux bouquetins**) ou géométrique. À la fin du 3e millénaire, le mobilier des tombes et des temples à Suse s'enrichit : *statue de la déesse Narundi* (vers 2100 av. J.-C.) ; le **Vase à la cachette**, en terre cuite peinte, contenait divers objets : vases en albâtre, armes et outils en cuivre *(salle 8).*

Le curieux « étendard » ajouré, porté par deux taureaux *(vitrine à gauche, côté Rivoli)* appartient à la culture du **Luristan**, région au Nord-Ouest de l'Élam renommée pour sa métallurgie. Aux confins de l'Asie centrale, une civilisation brillante s'épanouit en **Bactriane** (Afghanistan). Ne manquez pas la statuette appelée **Princesse de Bactriane**★★, portant un somptueux vêtement à mèches, semblable à une crinoline, qui rappelle celui de l'Intendant Ebih II. Près de la princesse, **« le Balafré »** est le surnom d'une statuette représentant un génie de la montagne.

Princesse de Bactriane, début du 2e millénaire avant J.-C.

RMN

L'art des bronziers en Susiane à l'époque médio-élamite (1500-1100 av. J.-C.) est parfaitement abouti : **statue de la reine Napirasu** (admirer la broderie de la robe). Des panneaux en briques moulées font alterner des hommes-taureaux protégeant un palmier et des déesses Lama ; ils décoraient la façade d'un temple *(salle 10).*

Du 6e au 4e s., Suse connaît son apogée avec les grands rois achéménides ; l'orfèvrerie atteint une finesse exceptionnelle (bracelets et gobelets d'or et d'argent, bouquetin ailé). Le colossal **chapiteau de l'Apadana**★★ *(salle d'audience palatine de Darius)* donne une idée des dimensions gigantesques des palais des rois perses, que décoraient les célèbres frises en briques émaillées.

Le parcours iranien se termine avec les mosaïques du palais de Bichapur (3e s. après J.-C.), d'époque sassanide, marquant la transition avec l'art musulman.

Levant

Les collections sont réparties dans l'aile Ouest de la Cour Carrée pour « les origines à l'an mille av. J.- C. » *(partant de la salle 10)*, et dans les dernières salles de l'aile Sackler.

Aile Ouest, salles D à A – Palestine et Transjordanie – La **stèle de Mesha**, roi de Moab (9e s. av. J.-C.), commémorant sa victoire sur les rois d'Israël et la dynastie d'Omri, mentionne pour la première fois le nom de l'État hébreu, dans des inscriptions en phénicien.

Syrie intérieure – Terres cuites araméennes (supports de vases, maquettes de maisons à étage), statuette de dieu assis en bronze et statue-menhir.

Les fouilles de Ras Shamra, ancienne Ougarit, ont révélé la Phénicie, carrefour du monde antique : **pectoral** égyptisant orné du faucon royal (2000-1600 av. J.-C.) ; patère au décor de chasse royale en or repoussé (14e-13e s.), **stèle de Baal au foudre**, dieu de l'Orage.

CHÂTEAU D'EAU
La colossale vasque d'Amathonte en calcaire a été façonnée au 5ᵉ s. av. J.-C. à Chypre probablement pour recueillir la réserve d'eau nécessaire aux cérémonies du temple de la cité *(salle 21)*.

Pour la première fois, vers 1300 av. J.-C., l'alphabet – composé de signes cunéiformes – remplace l'écriture syllabique.

◄ **Aile Sackler, salles 17 à 21** – Parmi les tombeaux phéniciens, le **sarcophage en forme de momie d'Eshmunazor II★★**, roi de Sidon (5ᵉ s. av. J.- C.), révèle l'influence égyptienne en Syrie ; il porte un texte de malédiction (traduction). Des sculptures en marbre de Sidon (Saïda au Liban) évoquent le culte de Mithra et des bronzes celui de Jupiter héliopolitain en Syrie, à l'époque romaine.

Palmyre donne au regard de ses portraits funéraires une intensité étonnante ; une belle **Aphrodite à la tortue★**, du 2ᵉ s. après J.-C. *(salle 20)*, évoque la Vénus de Milo.

Issues de l'île de Chypre (7ᵉ-3ᵉ s. av. J.-C.), statues de culte et bandelettes funéraires en feuilles d'or.

arts de l'Islam

Aile Richelieu, à l'entresol, premier escalier à droite puis tout droit. Tout un département devrait être consacré aux arts de l'Islam d'ici fin 2004, une fois fixée sa localisation définitive.

L'apport de la civilisation musulmane à l'Occident dans le domaine artistique est conséquent *(salle 3)* : lion à queue articulée et paon-aquamanile (Espagne, 12ᵉ-13ᵉ s.) ; merveilleux coffrets en ivoire (Espagne et Sicile), notamment la **pyxide au nom d'Al-Mughira** (10ᵉ s.).

◄ La visite de la collection des **arts de l'Islam★★** propose un véritable dépaysement. Chaque objet est d'un raffinement et d'une stylisation extrêmes, et les origines géographiques variées : de l'Espagne à l'Inde et au Maghreb.

Du fait de leur fragilité et de leur sensibilité à la lumière, les miniatures sont exposées à l'entresol.

La salle d'ouverture *(A)* est consacrée à l'architecture (mosquées, madrasas, palais de Topkapi).

D'**Iran**, aux premiers temps de l'Islam, *plat au perdreau* (argenterie sassanide, 7ᵉ-9ᵉ s.), et *panneau aux bouquetins affrontés* (7ᵉ-8ᵉ s.), qui deviendra un thème décoratif récurrent. Curieux *vase zoomorphe* en verre bleu et blanc.

Le monde **abbasside** se distingue avec un fragment de cénotaphe ou de coffre (Égypte, fin du 9ᵉ-début du 10ᵉ s.) de Djawsaq al-Khaqani (Iraq, 836).

Remarquez le plat à décor épigraphique des 11ᵉ-12ᵉ s. *(vitrine en face de l'entrée, salle 4)* : « La science, son goût est amer au début, mais à la fin plus doux que le miel. La santé au possesseur. » Un beau vœu de sagesse...

La dynastie **saldjuqide** (11ᵉ-13ᵉ s.) se distingue par des céramiques dont une aiguière à tête d'animal *(au centre de la 1ʳᵉ vitrine, salle 5)*. Les sciences sont illustrées par des astrolabes, des sphères célestes, un plateau de balance finement gravé et un **nécessaire d'orfèvre** ; à gauche, couteau à manche de corail servant à tailler les calames.

Vase à pied de lion, cuivre incrusté, Syrie ou Égypte, 13ᵉ s.

H. Lewandowski/RMN

Le décor du Chandelier aux canards du Khurasan (12ᵉ-13ᵉ s., *vitrine du fond, salle 6*), renvoie à l'idée de lumière ; aiguière ajourée à tête de coq *(à droite)*.

Les salles 8 et 9 abritent de splendides pièces de l'art **mamluk** (1250-1517). En cuivre incrusté d'or et d'argent regravé et de pâte noire : le **Baptistère de Saint Louis** (1300), qui servit au baptême des enfants de France (fleurs de lys) ; céramiques bleues, lampes en verre soufflé, pupitre à Coran. Près d'une entrée, suspendu au mur, plateau au nom d'un sultan du Yémen, œuvre du 14ᵉ s.

IRAN MONGOL
Le « Plat à la ronde de poissons » *(au bout de la vitrine de gauche, salle 10)* rappelle les céladons chinois (céramiques vert pâle), largement exportés aux époques Song et Yuan.

À l'époque **safavide** (1501-1736) la capitale iranienne, Ispahan, est l'une des plus grandes villes du monde : panneaux de revêtement mural et plats de reliure ornés de scènes de divertissements princiers dans la nature *(salle 11)*.

Le *Portrait* du 2ᵉ souverain de la dynastie qadjar (1779-1924) a été offert à l'ambassadeur de Napoléon Iᵉʳ en Perse.

Inde moghole, 1526-1858 – Le visiteur passe devant un ensemble d'armes (poignards) et d'armures (casques iraniens du 15ᵉ s.) ; bases de *houka* (pipe à eau) : remarquer la finesse des incrustations en argent ; poignard à tête de cheval (manche en cristal de roche) et son fourreau ; support à décor floral du début du 18e s.

Au centre de la salle, le **tapis** dit **de Mantes** (il ornait la collégiale de cette ville) est un magnifique ouvrage iranien de la fin du 16e s.

Le monde ottoman – *Salle 12*. C'est dans l'atelier impérial des peintres et dessinateurs, notamment à **Iznik**, bourgade des environs d'Istanbul, que sont créés les motifs qui embellissent vaisselle et carreaux de céramique. Au bleu et au blanc s'ajoutent, dans le courant du 16e s., d'autres teintes, dont le fameux rouge d'Iznik.

Le tapis rouge-bleu nuit à médaillon central (18e s., Turquie, Ushak) appartient à un type que l'on destinait à la Cour.

À gauche de l'entrée, on remarque une table de scribe en bois marqueté de nacre et d'écaille de tortue (Istanbul, 16e-17e s.), dans le renfoncement, des **coupelles** de jade et de cristal de roche incrustées de fils d'or et de pierres précieuses, une **bague d'archer** destinée à protéger le pouce contre le frottement de la corde.

Deux plaques représentent les mosquées saintes de La Mecque (Ka'ba recouverte d'un voile noir) et de Médine.

Salle 13 : art du livre – Miniatures (remarquer celles, d'une incomparable finesse de teintes, de l'Inde moghole) et livres précieux.

Plat au paon, 2e quart du 16e s., chef-d'œuvre du style saz. Ce style se caractérise par un dessin composé de feuilles souples, allongées et dentelées (saz), mêlées à des feuilles épanouies ou à des fleurs réelles (tulipes, œillets, jacinthes).

peintures italiennes

Aile Denon, 1er étage, dans l'aile à gauche de la Victoire de Samothrace.

La présentation de la **peinture italienne**★★★ est faite globalement dans l'ordre chronologique.

Primitifs et Quattrocento (15e s.)

Dans les salles Percier et Fontaine, ancien palier de l'escalier, sont exposées en guise d'introduction à la peinture italienne les fresques de la villa Lemmi de **Botticelli**, commémorant le mariage de Lorenzo Tornabuoni (entouré des Arts libéraux) avec Giovanna degli Albizzi (qui offre son voile de mariée à Vénus suivie des trois Grâces). *Le Calvaire* de Fra Angelico apparaît ensuite dans la salle Duchâtel.

Salon Carré – Trente grands formats des **primitifs** florentins sont accrochés à l'emplacement des anciens salons de l'Académie des beaux-arts.

Le tableau d'autel de la *Vierge aux Anges* de Cimabue (vers 1280) se dégage du hiératisme byzantin. L'art toscan s'ébauche.

Avec **Giotto**, au tout début du 14e s., l'école de Florence affirme son identité par un parti pris réaliste. La scène est réduite à l'essentiel, dans la grande figure de **Saint François d'Assise recevant les stigmates**★★, devant un paysage montagneux.

Moine dominicain, **Fra Angelico**, « le bienheureux », le peintre du couvent de Saint-Marc à Florence, évoque la vie paradisiaque avec un mysticisme serein. Saints et anges se pressent autour du *Couronnement de la Vierge* (1435), sous une lumière surnaturelle.

Les Vierges à l'Enfant restent un thème de prédilection (Fra Filippo Lippi, Botticelli).

Passionné par la perspective, **Paolo Uccello** représente la bataille de San Romano, à l'issue de laquelle les Florentins battirent les Siennois en 1432 : les lances rythment l'espace ; le destrier noir du capitaine, au centre, en souligne la profondeur ; la mêlée des guerriers, armures vues de dos aux cimiers fastueux, prêts à charger, accentue l'aspect fantastique de la scène.

Salle des Sept-Mètres – *Salle 6*. On passe aux petits formats, du côté de l'école de Sienne en particulier, avec de nombreux fonds d'or.

SIGNE DE RICHESSE

Les collections du Louvre sont ici pour une bonne part le fruit de la passion des rois de France pour l'art de la péninsule. Celles de la Renaissance rassemblent les œuvres phares mais celles du baroque, qu'affectionnait Louis XIV, sont d'une richesse unique. Les legs et les achats des 19e et 20e s. y ont ajouté les primitifs et les peintres maniéristes.

DÉTAILS

Remarquer les panneaux de la prédelle dont le charmant *Saint François parlant aux oiseaux*, d'un naturalisme propre à la réforme giottesque.

TRIPTYQUE

Les autres panneaux de cette série peinte pour les Médicis sont aux Offices de Florence et à la National Gallery de Londres.

La première Renaissance du Quattrocento modifie la perception de l'homme. Le portrait fournit de remarquables analyses : celui présumé d'une *Princesse de la maison d'Este*, au profil de médaille, par **Pisanello** ; l'autoritaire et énigmatique *Sigismond Malatesta* de **Piero della Francesca**.

La **Grande Galerie** prête son immense cimaise (200 m sous une verrière) dans sa première partie, jusqu'à la fameuse salle des États, aux œuvres du 13ᵉ et 15ᵉ s. Les thèmes, les physionomies, les attitudes évoluent : en témoignent le *Saint Sébastien* de **Mantegna**, d'une précision anatomique qui évoque la statuaire et l'art du graveur ; le douloureux *Christ bénissant* de **Giovanni Bellini**, le *Portrait d'un vieillard et d'un jeune garçon* de Ghirlandaio qui allie à la grâce florentine le réalisme flamand, lequel se retrouve dans le modelé vigoureux du *Condottiere* (cicatrice sur la lèvre) et le visage souffrant du *Christ à la colonne* d'**Antonello de Messine**.

Renaissance classique

Dans la Grande Galerie (2ᵉ partie consacrée aux 16ᵉ et 17ᵉ s.). La Renaissance classique s'exprime dans toute sa plénitude avant le sac de Rome (1527) et se poursuivra à Venise jusqu'à la fin du 16ᵉ s.

◄ Génie universel, **Léonard de Vinci** occupe la place d'honneur : *La Vierge aux rochers*, œuvre de maturité (remarquer le jeu des mains) ; *La Vierge à l'Enfant Jésus avec sainte Anne*. *La Joconde*★★★, portrait de Mona Lisa, l'épouse du Florentin Del Giocondo, est exposée dans la salle 13 *(à l'extrémité Ouest de la Grande Galerie)*, dans un coffre spécial.

Depuis la Grande Galerie, traverser à droite les salles 9, 10 et 11 puis encore à droite la salle des grands formats fran-
◄ *çais pour accéder à la salle 76.* On y découvre **Les Noces de Cana**★★★ de **Véronèse**. Achevée en 1563 pour le réfectoire d'un couvent de la cité des Doges, la scène évangélique est prétexte à dépeindre, avec un talent consommé de la mise en scène, le siècle d'or de Venise, son architecture et sa vie fastueuse.

Revenir sur ses pas pour regagner la Grande Galerie.
Raphaël, l'élève du Pérugin, garde de son Ombrie natale la douceur de ses paysages et montre sa maîtrise dans des compositions d'un équilibre parfait, telle **La Belle Jardinière**★★ ; dans le *Portrait de Balthazar Castiglione*, le tempérament philosophe de l'ami est rendu avec une grande économie de moyens.

Observateur de l'âme féminine, **le Corrège** affirme à Parme une sensualité délicate et légèrement maniérée, une grâce vaporeuse, qui influencera la peinture jusqu'au 18ᵉ s. : *Le Mariage mystique de sainte Catherine*, *Le Sommeil d'Antiope*.

Après 1530, le reste de l'Italie – Florence, Rome, Mantoue – se lance dans le maniérisme, imitant la « manière » de Michel-Ange et de Raphaël ou créant des portraits à l'élégance aristocratique et glacée **(Bronzino)**.

Contre-Réforme (fin 16ᵉ s.) et Seicento (17ᵉ s.)

Au-delà du passage vers l'aile Mollien hébergeant les arts graphiques (cartons de tapisserie par Lodi de Crémone, gouaches du Corrège).

L'école de Bologne, après la fondation dans cette ville de l'Académie des « Incamminati » (« les acheminés ») par les frères Carrache, domine le mouvement. Le rénovateur est **Baroche**, dont on peut voir une *Circoncision*. La « grande manière » bolonaise et romaine influencera la peinture française des 17ᵉ et 18ᵉ s.

Les toiles de l'école émilienne sont éclectiques : à une tendance académique, héritée de l'étude des maîtres de la Renaissance (les *Saintes* du Dominiquin), répond

---

ANALYSE
Selon Freud, *La Vierge à l'Enfant Jésus avec sainte Anne* présente la synthèse de l'histoire de Léonard de Vinci, élevé successivement par sa mère, puis par sa belle-mère. Oskar Pfister a décelé dans le drapé de Marie la forme d'un vautour que Freud interprète comme une image inconsciente de la maternité dévorante.

MISE EN SCÈNE
Les 130 personnages des *Noces de Cana*★★★, composition monumentale (66 m) récemment restaurée, sont pour la plupart d'authentiques portraits de contemporains (Charles Quint, Soliman le Magnifique, Titien, Bassano, le Tintoret, et l'artiste lui-même jouant de la viole de gambe), ce qui déplut à l'Inquisition.

RMN

Mona Lisa, alias la « Joconde » : celle qui fait déplacer les foules.

Le Caravage, « La Diseuse de bonne aventure ».

une veine réaliste porteuse d'avenir, audacieuse. Ses principaux représentants sont **Annibale Carrache** (qui dessinait souvent dans la campagne – *La Pêche* et *La Chasse* sont parmi les plus beaux paysages du Louvre), **Guido Reni** (la tendance aristocratique et décorative – *Déjanire et le centaure Nessus* ; *David tenant la tête de Goliath*), **le Guerchin** (le plus proche de la figure humaine : *La Résurrection de Lazare*).

Ce réalisme sera repris d'une façon plus radicale par **le Caravage**, qui fait entrer le peuple des tavernes dans la peinture : *La Diseuse de bonne aventure*★★.

Au terme de la Grande Galerie, dans le pavillon des États, la salle Salvatore-Rosa affiche les peintres du 17ᵉ s. : **Pierre de Cortone** (*Romulus et Remus recueillis par Faustulus*) exerça à Rome, **Domenico Fetti** (*La Mélancolie*) à Venise, **Luca Giordano** (*Portraits de philosophes* habillés en hommes du peuple) à Naples.

Settecento (18ᵉ s.)

Il se divise dans la salle Piazzetta (grands formats) et les petits cabinets latéraux.

Les fastes du Siècle des Lumières se reflètent chez Pannini (*Concert donné à Rome, à l'occasion du mariage du Dauphin, fils de Louis XV*). La dynastie des **Tiepolo** oppose les lumineuses évocations religieuses et mythologiques du père, Giambattista, aux scènes de rue du fils, Giandomenico (*Le Charlatan, Le Carnaval*), qui complète, sur un mode mineur non dénué d'humour, les scènes d'intérieur de **Pietro Longhi** (*La Présentation*). *La Puce*, du Bolonais **Crespi**, évoque l'école hollandaise.

Le même pavillon abrite les peintures espagnoles.

peintures espagnoles

Réalisme et mysticisme caractérisent la **peinture espagnole**★★.

Dans les cabinets, quelques **primitifs ibériques** du 15ᵉ s. – parmi lesquels on remarque *La Flagellation de saint Georges* du Catalan Martorell, *La Flagellation du Christ* de Jaime Huguet et *L'Homme au verre de vin* d'un maître portugais – entourent l'ancienne salle Rubens où éclate désormais l'œuvre maniériste de Domenikos Theotokopoulos, peintre d'icônes d'origine crétoise, élève du Tintoret à Venise, et plus connu sous le nom de **El Greco**. Son *Christ en croix*★★, à la silhouette étirée sur un fond sombre, orageux, presque abstrait, est déjà « expressionniste ».

Antithèse sociale du Siècle d'or espagnol, *Le Pied-Bot* de **José de Ribera**, au sourire sardonique, handicapé disgracié, muet (requête écrite), armé de sa béquille, et *Le Jeune Mendiant*★★ de **Murillo**, au bel éclairage latéral,

PATHÉTIQUE
Considérée comme blasphématoire, *La Mort de la Vierge*, l'une des toiles les plus fortes du Caravage, a été refusée par le chapitre de l'église romaine qui l'avait commandée.

LANGUE SELON GUARDI
Guardi saisit l'atmosphère de la langue vénitienne dans l'éblouissante série (le Louvre conserve dix toiles sur les douze) des *Cérémonies de l'Ascension*★, au cours desquelles le doge, monté sur une galère d'apparat, célébrait le mariage de Venise avec la mer et jetait un anneau dans l'Adriatique.

À COMPLÉTER
Dans la collection Beistegui (Sully, 2ᵉ étage, salle A, prendre l'escalier Henri-II), *La Marquise de la Solana* est l'un des meilleurs portraits de Goya avec celui de *La Comtesse de Santa Cruz*.

« Le Pied-Bot », peint à Naples en 1642 par José de Ribera. Le jeune mendiant porte un billet sur lequel est écrit « donne moi une aumône pour l'amour de Dieu ».

contrastent par leur réalisme humain avec le spiritualisme de **Zurbaran** (*Les Funérailles de saint Bonaventure*), l'exaltation baroque de Carreño de Miranda (*La Messe de fondation de l'ordre des Trinitaires*) et les *Portraits d'infantes* par **Vélasquez**. Les gracieuses *Vierges* de Murillo, en demi-teintes, évoquent la finesse des pastels.

grands formats de la peinture française (19ᵉ s.)

Aile Denon, prendre la rampe face à la Victoire de Samothrace : les œuvres de grand format de la Révolution, de l'Empire et de la première moitié du 19ᵉ s. sont présentées dans les salles Daru et Mollien, parallèles à la Grande Galerie.

Les **grands formats de la peinture française★★★** (19ᵉ s.) sont présentés à part du reste de la peinture française, exposée dans l'aile Richelieu, au 2ᵉ étage.

Le Serment des Horaces, commandé par Louis XVI, que **David** envoya de Rome pour le Salon de 1785, marque l'avènement du néoclassicisme en peinture et eut un immense succès. Un croquis du *Sacre de Napoléon Iᵉʳ★* montrait le nouvel Empereur se couronnant lui-même ; le maître a préféré le geste suspendu et moins narcissique du couronnement de Joséphine. En face, le *Portrait de Madame Récamier*, inachevé (touches posées en frottis), représente l'opposante à Bonaparte à l'âge de 23 ans, allongée à l'antique sur un lit auquel elle a donné son nom *(voir aussi la section Des Objets d'art)*.

Avec *Le Radeau de la Méduse★★* (1819), **Théodore Géricault** introduit l'actualité parmi les thèmes de l'expression artistique tout en s'opposant au classicisme de David (notez le contraste entre les salles Daru et Mollien). Les effets de contre-jour, l'attitude des malheureux dont un seul fait face au spectateur traduisent l'alternance de l'angoisse et de l'espoir chez les naufragés de la frégate La *Méduse*, qui découvrent à l'horizon un pavillon.

Chef de file de l'école romantique, **Eugène Delacroix** s'engage pour la cause de l'indépendance grecque avec *Les Massacres de Scio*, inspirés par la dure répression turque qui s'abat sur les habitants de l'île (1824). Frappé par les journées révolutionnaires de juillet 1830, il expose au Salon *La Liberté guidant le peuple★★*.

L'Orient triomphe avec la *Mort de Sardanapale★*, mélange de somptuosité et de barbarie inspiré de Byron, le satrape ayant ordonné, avant de se suicider, la mort de tous ses sujets de plaisir.

COURBE IDÉALE ?

« Je hais le mouvement qui déplace les lignes » : Ingres n'aurait pas renié ce vers de Baudelaire pour commenter sa *Grande Odalisque*.

Un lyrisme discret... « Les Femmes d'Alger dans leur appartement » d'Eugène Delacroix sont une réminiscence d'un voyage au Maroc et en Algérie.

écoles du Nord

Aile Richelieu, emprunter le grand escalator jusqu'au 2ᵉ étage. À partir de la salle 3 des peintures françaises, prendre à gauche.

Sous un éclairage conçu par Pei, tamisé par une structure de poutres cruciformes, sont réunies dans 39 salles les **écoles du Nord★★★** : peintures d'Allemagne, de Flandres et des Pays-Bas du 14ᵉ au 17ᵉ s.

Primitifs flamands

Le fin visage ovale, le drapé soigné du vêtement, le souci du détail domestique caractérisent les primitifs flamands.

L'œuvre la plus célèbre est *La Vierge au chancelier Rolin★★* de **Jan Van Eyck**, qui mit au point, avec son frère, la technique de la peinture à huile. La gravité des expressions, le traitement minutieux de la loggia romane comme de la ville et du paysage, à l'arrière-plan, sont remarquables.

Le **Triptyque de la famille Braque** est une œuvre de maturité, d'une spiritualité intense, de **Rogier Van der Weyden** ; un intérieur cossu sert de cadre à l'*Annonciation*.

De **Hans Memling**, qui vécut dans l'atmosphère sereine des béguinages de Bruges et a créé un type féminin suave, magnifique **Triptyque de la Résurrection**.

Le sens de la dérision du profondément religieux **Jérôme Bosch** éclate dans *La Nef des fous*.

École germanique

La présentation chronologique des œuvres rapproche les primitifs flamands et allemands. À l'harmonie générale des premiers succède le maniérisme contrasté des seconds : les couleurs sont vives ; la somptuosité des vêtements répond à l'examen minutieux des bijoux et des armes ; l'expression est souvent tourmentée. L'idéalisme de l'école de Cologne efface parfois toute profondeur.

Au milieu de la salle, originale *Table peinte* de Hans Sebald Beham, représentant des scènes de l'histoire de David. Le petit cabinet contigu *(salle 8)* abrite les points forts de la collection : de **Hans Holbein le Jeune**, *Portrait d'Érasme*, modèle de l'humaniste ; de **Lucas Cranach l'Ancien**, *Vénus debout dans un paysage* ; **Albrecht Dürer** se représente âgé de 22 ans avec un chardon, symbole de fidélité, dans un *Autoportrait* destiné à sa fiancée.

Flandres, 16ᵉ et 17ᵉ s.

La Renaissance flamande garde longtemps les traits de la peinture médiévale : *Retable de la déploration du Christ* de **Joos Van Cleve** ; intéressants portraits de Jan Gossaert, dit Mabuse *(Diptyque Carondelet)*.

Le Prêteur et sa femme★★ est l'une des toiles les plus célèbres de **Quentin Metsys** : le couple est absorbé dans la pesée et le compte des monnaies ; remarquer les mains du changeur, d'une finesse extraordinaire (on en distingue les veines), les objets sur l'étagère, le manuscrit, les perles. Au milieu de cette représentation, qui se concentre sur les plus petits objets du réel, une mise en abîme, à travers le miroir, ouvre le tableau sur un troisième personnage, une fenêtre, un paysage. Deux autres figures discutent derrière une porte entrebâillée.

Brueghel le Vieux est représenté par un tableau réduit, *Les Mendiants (cabinet côté Rivoli)*, dans lequel on a vu une parodie du pouvoir royal (la couronne de carton), militaire (le casque en papier) et religieux (la mitre) ; à tout le moins une satire de l'occupation espagnole.

Les maniéristes flamands introduisent quant à eux les canons de la figure humaine importés d'Italie (*David et Bethsabée* de Jan Massys), mais conservent leur goût pour le détail. La tradition miniaturiste se maintient

PRÉCISIONS
Fondateur de l'Hôtel-Dieu de Beaune, Nicolas Rolin était le conseiller du duc de Bourgogne, Philippe le Bon, dont on peut voir un portrait dans la salle suivante.
Quant à Van der Weyden, il est l'auteur du fameux *Polyptyque du Jugement dernier* abrité dans ces mêmes hospices.

LES AVEZ-VOUS RECONNUS ?
La *Pietà de Saint-Germain-des-Prés* donne une vue précise de l'abbaye avec ses trois clochers ainsi que du Louvre de Charles V.

SYMBOLISME
Que l'on ne s'y trompe pas : le thème du *Prêteur et sa femme* est un Jugement dernier. Le credo de l'œuvre est bien « que la balance soit juste ».

GALERIE MÉDICIS

La profusion, les couleurs chaudes se retrouvent dans la **galerie**★★ conçue par Pei sur les 24 compositions de la *Vie de Marie de Médicis (salle Rubens ou salle 18).*

dans les évocations de Jean Brueghel (fils de Brueghel le Vieux), dit **Brueghel de Velours** *(Bataille d'Arbelles).*

Maître du baroque, **Rubens** exalte la vie *(Portrait d'Hélène Fourment*, sa seconde femme ; *La Kermesse*, salle 21), les chairs généreuses, les somptueux vêtements *(Hélène Fourment au carrosse).*

Élève de Rubens, **Jordaens** *(salle 19, côté cour Napoléon)* cultive un réalisme haut en couleur qui frise parfois la truculence : *Le Roi boit !*, *Jésus chassant les marchands du Temple*, *Les Quatre Évangélistes*, à l'allure populaire.

Van Dyck est le peintre de la noblesse génoise et anglaise *(salle 24)* : *Charles Ier, roi d'Angleterre*, *La Marquise Spinola-Doria*, *Les Princes palatins.*

« L'Astronome » a été peint en 1668 par Vermeer de Delft. C'est un de ses rares tableaux qui mettent en valeur un personnage masculin.

Hollande, 17e s.

République maritime, les Pays-Bas développent un art bourgeois qui s'attache aux anecdotes de la vie quotidienne, au portrait, à la peinture de paysages *(salles 28 à 39).*

Avec *La Bohémienne* et *Le Joueur de luth*, **Frans Hals** invente le portrait « de caractère », dont la technique hardie inspirera Fragonard et la couleur crue Manet.

UN RÊVE

Van Goyen avec ses horizons fluviaux argentés, **Jacob van Ruisdael** *(le Coup de soleil)* peignent d'admirables paysages, plus ou moins imaginaires *(salle 38).*

Rembrandt abandonne progressivement le clair-obscur pour une gamme colorée réduite, mais très nuancée, à dominante de bruns ; il éclaire ses toiles de teintes dorées, irréelles, d'où se dégage une grande émotion *(Le Philosophe en méditation).* Les thèmes bibliques lui permettent de transcender la réalité quotidienne dans *Les Pèlerins d'Emmaüs* et dans la figure très humaine de la *Bethsabée au bain*, portrait de sa seconde femme. Les peines et l'isolement de l'artiste âgé se lisent dans le bouleversant *Autoportrait (salle 31).*

Les « petits maîtres » de l'art hollandais (plus par la taille des toiles que par le talent) : **Ter Borch**, **Pieter de Hooch**, **Gérard Dou**, **Adriaen Van Ostade** se spécialisent dans les scènes d'intérieur.

Vermeer de Delft, dont la matière rappelle l'éclat de la faïence, poétise des occupations paisibles dans une atmosphère de recueillement *(La Dentellière*★★, *L'Astronome*★★*).*

Écoles germanique, flamande, hollandaise, belge, russe, suisse et scandinave, 18e et 19e s.

Dans la continuité du circuit des peintures des Écoles du Nord, ces six nouvelles aménagées par Ieoh Ming Pei et Dominique Brard (Atelier de l'Île), permettent de découvrir certaines écoles jusqu'ici peu présentées. Ainsi peut-on découvrir des œuvres du suisse **Calame**, du danois **Købke** ou du norvégien **Peter Balke** dont une vingtaine de paysages sont exposés.

peinture française, 14ᵉ-19ᵉs.

Aile Richelieu, au 2ᵉ étage.

La **peinture française★★★**, que le Louvre illustre avec une abondance et une continuité exemplaires du 14ᵉ au 19ᵉ s., n'a pas l'unité stylistique des écoles italienne et flamande. Plus qu'à des courants, le visiteur est confronté à des personnalités très marquées qui vont souvent chercher leurs modèles à l'étranger.

14ᵉ s. (salles 1 et 2)

Jean le Bon, futur roi de France, pose pour un *Portrait★* (1350, la plus ancienne peinture de chevalet française conservée), à une époque où la peinture ne s'intéresse guère qu'aux sujets religieux ainsi qu'en témoigne le *Parement de Narbonne*, aux belles décorations gothiques sur soie.

15ᵉ s. (salles 3 à 6)

À la cour de Bourgogne se perpétue la tradition narrative médiévale sur fond d'or (*Retable de saint Denis* par Henri Bellechose, commandé pour la chartreuse de Champmol à Dijon). La production provençale, sévère et aux effets de lumière contrastés, est représentée par la *Pietà de Villeneuve-lès-Avignon* d'Enguerrand Quarton, œuvre déchirante et pure : la tragédie de la scène transparaît dans la dislocation du corps du Christ, la rigidité paralysée des attitudes, l'effondrement des esprits dans les têtes penchées.

Au Nord, **Jean Fouquet** (*voir son Autoportrait miniature salle 6 des objets d'art*), protégé d'Agnès Sorel, est l'auteur de portraits fidèles et réalistes : **Charles VII**, au lendemain de ses victoires sur les Anglais ; **Guillaume Jouvenel des Ursins**, chancelier de France.

16ᵉ s. (salles 7 à 10)

L'artiste de la Renaissance se passionne pour l'homme. Les nombreux portraits que nous ont laissés **Jean Clouet** (*Francois Iᵉʳ★*) et son fils **François** (*Le Botaniste Pierre Quthe*) témoignent de ce goût.

Les artistes italiens invités par François Iᵉʳ sur le chantier du château de Fontainebleau introduisent en France le maniérisme et un art très original du décor. La première, puis la seconde école de Fontainebleau sont illustrées respectivement par la *Diane chasseresse*, en laquelle on a vu le portrait de Diane de Poitiers, maîtresse d'Henri II, et *Gabrielle d'Estrées au bain avec une de ses sœurs★*, peint vraisemblablement pour célébrer la naissance d'un des bâtards d'Henri IV (1595).

17ᵉ s. (salles 11 à 34)

Il s'ouvre avec les peintres dits « caravagesques », car influencés par le luminisme du Caravage et le réalisme de ses figures. À côté du bel ensemble de **Valentin de Boulogne** (*Le Concert au bas-relief antique*) se détache la figure de **Claude Vignon** et de son *Jeune chanteur*, d'une grande liberté d'exécution. Sous le règne de

▶ **COMMENT VISITER ?**
Le parcours étant long (73 salles) et ordonné chronologiquement, les grands thèmes peuvent être autant de buts de visite (les primitifs, l'école de Fontainebleau, les « caravagesques », la peinture religieuse du 17ᵉ s...) ; certains ensembles sont exceptionnels : ceux du Lorrain, de Poussin, Fragonard, Chardin, Corot.

▶ **CONFLUENCES**
Au Sud de la Bourgogne, Jean Hey, dit le **Maître de Moulins**, formé en Flandres, ajoute à la finesse du dessin une grâce toute française (*Portrait présumé de Madeleine de Bourgogne présentée par sainte Madeleine*).

« L'Apothéose d'Hercule », de Charles Le Brun.

SÉLECTION

Parmi les chefs-d'œuvre de Poussin, citons : *L'Inspiration du poète, La Grande Bacchanale, Le Triomphe de Flore, Les Bergers d'Arcadie, Les Quatre Saisons*★★ *(rotonde, salle 16)*, où le temps a rarement trouvé si juste expression.

Louis XIII, les allégories un peu académiques de **Simon Vouet** *(La Richesse)* s'opposent au style austère, rigoureux de **Philippe de Champaigne** *(Portrait du cardinal de Richelieu*★*)*.

Les **salles 20 à 23** sont dédiées aux arts graphiques en France au Grand Siècle, en particulier les cartons de **Le Brun** *(Chevaux du char de l'Aurore)* destinés à la décoration de Versailles et de Sceaux, ainsi que des pastels (peintures de cet artiste salles 31 et 32).

◄ **Nicolas Poussin** (1594-1665) – À partir de la salle 12 commence l'extraordinaire rassemblement de toiles (38 tableaux) de cet artiste philosophe, Romain d'adoption, considéré comme le plus classique des peintres français. Épris de beauté formelle, Poussin ne répugne pas à un sensualisme hérité de Titien. Dans la dernière partie de sa vie, il accorde une place grandissante au paysage.

Le Lorrain (1600-1682) – Autre point fort de la visite : les toiles de **Claude Gellée dit le Lorrain**, paysages terrestres et maritimes réconciliés par une lumière de crépuscule *(Le Débarquement de Cléopâtre à Tarse, Port de mer au soleil couchant)*.

Salles 25 à 29 – De nombreuses scènes de genre, des natures mortes de petit format ont été exécutées, sous l'influence de la peinture flamande, par des artistes venus travailler à Paris, tels **Lubin Baugin** *(derrière le mur-écran, salle 27 : Nature morte à l'échiquier)* et les **frères Le Nain**. De ceux-ci, la *Famille de paysans dans un intérieur*★ *(salle 29)*, d'un réalisme sobre, révèle une grande dignité mais peut-être aussi une résignation.

Les tableaux de Georges de La Tour fascinent par le jeu des regards (« le Tricheur à l'as de carreau » ★) et les effets de lumière, qui fondent les personnages dans la nuit et créent une atmosphère de recueillement (« Saint Joseph charpentier », « La Madeleine à la veilleuse »).

Eustache Le Sueur (1616-1655) est un peintre religieux (série de la *Vie de saint Bruno, salle 24*) et un décorateur raffiné, influencé par Raphaël (**les Muses** de l'hôtel Lambert, *salle 25*).

Salle 31 – *Le Chancelier Séguier* à cheval est un portrait officiel et solennel de **Le Brun**, dont le ministre fut le premier protecteur : entouré de ses pages, ce haut personnage est tout investi de la charge que lui a confiée Louis XIII.

La **salle 32** renferme les immenses compositions de Le Brun relatant l'histoire d'Alexandre, dans lesquelles le Roi-Soleil aimait à se reconnaître.

Philippe de Champaigne a dressé un portrait extrêmement aigu de ses contemporains *(Portrait de Robert Arnault d'Andilly)* et peint, en remerciement de la guérison miraculeuse de sa fille, religieuse au couvent de Port-Royal-des-Champs, le célèbre *Ex-Voto* de 1662. Ce tableau marque la rencontre de l'artiste avec l'idéal spirituel janséniste.

18e s. (salles 34 à 54)

◄ Le *Portrait de Louis XIV* par **Rigaud** (1701) plut tant au souverain qu'il envoya à son petit-fils, Philippe V d'Espagne, à qui le tableau était destiné, une simple

COMÉDIE

La peinture s'empare du théâtre avec **Claude Gillot** *(Les Deux Carrosses*, inspiré de la comédie italienne), le maître de **Watteau** et, de celui-ci, l'étrange *Pierrot*, célèbre sous le nom de **Gilles**.

copie. Du même artiste, majestueux portrait de Bossuet. Quelques années et pourtant un monde séparent cette image du Grand Siècle des toiles de **Watteau**, dont la grâce rêveuse annonce l'esprit du Siècle des Lumières : les personnages de l'exquis *Pèlerinage à l'île de Cythère*★★ sont disposés en arabesque dans un paysage diffus (1717).

Les scènes de badinage de **Lancret** (*La Leçon de musique, L'Innocence*) devaient s'insérer dans des boiseries ; celles de chasse de **Jean-François de Troy** et de **Carle Van Loo** étaient destinées à la salle à manger des appartements royaux à Fontainebleau.

Boucher adopte le style rocaille et emprunte ses sujets à la mythologie qu'il traite avec une grâce teintée d'érotisme : *Diane sortant du bain, Odalisque (salle 38)* évoquées dans des coloris frais et nacrés.

DOCUMENTAIRE
Le Déjeuner (salle 40), document sur les mœurs et le mobilier de l'époque où le peintre représente sa propre famille, ouvre une parenthèse dans la carrière de **Boucher** sous l'influence de maîtres hollandais.

Une tendance plus calme et une autre empathie se manifestent avec **Chardin** dans des natures mortes (*La Raie*★, *Le Buffet, La Fontaine de cuivre*) et des scènes d'intérieur (*L'Enfant au toton, La Pourvoyeuse, Le Bénédicité*). Le réel, décrit avec une manière très appréciée de Diderot, reste aussi mystérieux que chez Vermeer.

La collection des délicats pastels et miniatures du « couloir des Poules » (colonnade) ainsi que des salles avoisinantes *(41 et 44 – département des Arts graphiques)*, dont des **Quentin de La Tour** (*Portrait de la marquise de Pompadour*★), entoure la grande peinture d'histoire religieuse et mythologique avec **Restout** (*La Pentecôte*) et **Subleyras** (*Le Repas chez Simon*).

Les paysages, qui jusqu'ici constituaient le cadre dans lequel s'inscrivaient les personnages, deviennent le sujet même du tableau chez **Joseph Vernet** (*La Rade de Toulon*).

Le style plein d'allégresse de **Fragonard** et son sens du mouvement se retrouvent dans *Les Baigneuses* et ses « Figures de fantaisie » (*Portrait de l'abbé de Saint-Nom*). Toujours d'esprit galant, *Le Verrou*★ est traité d'une manière plus stricte, sous l'influence du néoclassicisme de David, mais qui n'exclut pas le lyrisme *(salles 46 à 49)*.

Peu avant la Révolution, en peignant une série de toiles commandées pour l'appartement de Louis XVI à Fontainebleau, **Hubert Robert** met à la mode les ruines romaines qu'il idéalise, rapprochant parfois des édifices éloignés les uns des autres dans la réalité (*Le Pont du Gard*).

À RECONNAÎTRE
Deux toiles de Hubert Robert représentent *la Grande Galerie du Louvre*, l'une en projet d'aménagement, l'autre en ruine *(salle 51)*.

Dans un cadre rustique, le thème du drame familial est propice à l'exaltation des vertus (*La Malédiction paternelle ; Le Fils puni*). La salle 52 est consacrée à Mme Vigée-Lebrun, auteur de portraits d'une grande délicatesse.

Suivant le conseil de Diderot, **Greuze** « fait de la morale en peinture » et invente un genre nouveau.

Pour changer de siècle, **David** (*Portrait de Madame Trudaine*) et ses élèves (*Bonaparte à Arcole*, de Gros) se voient réserver la salle 54.

19ᵉ s. (salles 55 à 73)

L'Empire et son style néoclassique trouvent leur meilleure expression chez **Ingres**. Celui-ci s'oppose avec vigueur, par son amour de la ligne, à l'école romantique, qui voit Géricault et Delacroix donner libre cours aux recherches de couleur et d'éclairage. *Le Bain turc*★ (1862) a été exécuté cinquante-quatre ans après *La Baigneuse Valpinçon*★, avec le même nu vu de dos ; le *Portrait de Monsieur Bertin* (1832) s'inspire du réalisme flamand.

Géricault voue au cheval un véritable culte dont l'image domine la salle 61 *(Derby d'Epsom*★*)*, laquelle compte aussi d'excellents portraits de la figure humaine, très « typés » (*La Folle monomane du jeu*).

La fougue romantique de **Delacroix** et sa facture libre et rapide apparaissent dans son *Autoportrait*★, tandis que *Paysage, grand ciel* préfigure les impressionnistes

BONS ÉLÈVES
De **Prud'hon**, émule de David, remarquer la *Vénus au bain ou l'Innocence (salle 56)* ; Ingres était directeur de l'Académie de France à Rome (villa Médicis), lorsque Hippolyte Flandrin y exécuta la figure d'étude du *Jeune homme nu, assis au bord de la mer (salle 63)*.

(salle 62). Il reprendra les traits de la *Jeune Orpheline au cimetière (salle 71)* en tête de jeune homme dans *Les Massacres de Scio*.

Jean-François Millet se fait une petite place pour restituer l'humilité du geste paysan *(Les Botteleurs de foin)*.

◄ Les dernières salles rendent hommage à **Corot**, célèbre pour ses paysages, parfois baignés de nostalgie, dans lesquels il fait vibrer la lumière *(Souvenir de Mortefontaine, L'Église de Marissel, Le Pont de Mantes)*. Il est également l'auteur de pénétrants portraits comme *La Dame en bleu* et ***La Femme à la perle*★** (librement inspiré de la *Joconde*).

> **T**rois voyages en Italie inspirent à Corot de nombreuses vues parmi lesquelles *Volterra* et *Vue de Florence depuis les jardins de Boboli* (salles 68-73).

Collection Beistegui★

Traverser le palier de l'escalier Henri-II (à emprunter jusqu'au 2ᵉ étage puis à gauche pour une arrivée directe) après la fin du parcours des peintures françaises puis la salle du tableau du mois (œuvre ayant un caractère d'actualité – nouvelle acquisition, restauration, commémoration).

La collection indivise de **Carlos de Beistegui** (Mexico, 1863 – Biarritz, 1953) occupe une salle particulière. Comportant quelques paysages vénitiens (Canaletto) ou impressionnistes (Pissarro, Sisley), elle est surtout riche en portraits : de **Fragonard**, *Portrait d'un jeune artiste* et scène libertine *(Le Feu aux poudres)* ; de **David**, célèbre *Portrait inachevé de Bonaparte* ; de **Jean-Marc Nattier**, *La Duchesse de Chaulnes en Hébé*. **La Marquise de la Solana★★** (1794), une des œuvres les plus connues de **Goya**, montre l'influence de Vélasquez.

sculpture italienne

Les **sculptures italiennes★★** méritent le détour à plus d'un titre.

Galerie Donatello

> **ÉVOLUTION**
> L'art florentin de la fin du 15ᵉ s., d'une grâce plus maniérée, est représenté par le bas-relief d'Agostino Di Duccio et les grandes terres cuites émaillées des Della Robbia.

◄ *Entresol, aile Denon.* Une Vierge de Ravenne illustre la raideur de la sculpture italienne du 13ᵉ s. Son éveil se produit à Pise au siècle suivant (souple *Vierge* de Nino Pisano) pour s'épanouir au début du 15ᵉ s. à Sienne avec Jacopo Della Quercia *(Vierge assise)* et surtout à Florence avec l'incomparable **Donatello** (bas-relief en terre cuite polychrome de la ***Vierge à l'Enfant*★**) et Verrocchio (deux exquis petits anges).

Le **buste** de jeune femme, en bois peint et doré, est un merveilleux exemple de l'art florentin, comme le médaillon de Desiderio Da Settignano, d'une finesse charmante. De Francesco Laurana, *Buste d'une princesse d'Aragon*.

La *Nymphe de Fontainebleau* de **Benvenuto Cellini** a trouvé sa place au-dessus du palier de l'escalier Mollien.

Galerie Michel-Ange

> **ESCLAVE DE L'AMOUR**
> *Psyché ranimée par le Baiser de l'Amour★★* est une œuvre exquise dans laquelle **Canova** associe, en 1793, le goût de l'Antiquité et le sens baroque du mouvement.

◄ *Rez-de-chaussée, aile Denon.* Les deux ***Esclaves*★★★** de marbre sculptés par **Michel-Ange** entre 1513 et 1520 pour le tombeau du pape Jules II, chefs-d'œuvre inachevés, sont célèbres pour leur puissance torturée. Ils sont encadrés par la porte monumentale du palais Stanga de Crémone. Autour sont réunies des œuvres italiennes des 15ᵉ et 16ᵉ s. (Vittoria, Rustici).

La vivacité du modelage du **Bernin** est sensible dans l'*Esquisse de l'Ange portant la couronne d'épines*, et sa monumentalité expressive dans le *Buste du cardinal de Richelieu*.

sculpture nordique

Entresol, dans le prolongement des sculptures italiennes et rez-de-chaussée aile Ouest de la cour Lefuel.

La présentation des **sculptures nordiques★★** regroupe des œuvres très diverses.

Le drapé complexe et tumultueux de la *Vierge d'Issenheim*, près de Colmar, est caractéristique de la sculpture germanique de la fin du Moyen Âge, souvent en tilleul polychrome. La production souabe est plus paisible (*Sainte Marie-Madeleine* de Gregor Erhat), l'art du grand maître franconien **Tilman Riemenschneider** plus délicat (***Vierge de l'Annonciation en marbre★***).

Aux Pays-Bas, les retables sculptés, composés de petits reliefs pittoresques en bois polychrome, sont produits en abondance et largement exportés (retable de Coligny, Marne).

Les verrières du passage Richelieu conçues par **Peter Rice** donnent un aperçu du cadre dans lequel s'exposent les richesses de la nouvelle aile du musée.

sculpture française

Elle occupe pratiquement tout le rez-de-chaussée de l'aile Richelieu.

Les **sculptures françaises★★★** constituent un régal pour le visiteur. Sous les grandes verrières des cours Marly et Puget, le visiteur peut contempler les groupes qui ornaient les parcs royaux aux 17e et 18e s.

► **VOIR PLUS LOIN**
Pour compléter votre connaissance de la sculpture médiévale française, allez faire un tour au musée national du Moyen Âge, dans le Quartier latin (*voir ce nom*).

Haut Moyen Âge et art roman

Salles 1 à 3. Le visiteur traverse la *Porte du prieuré d'Estagel* (Pyrénées-Orientales) du 12e s., au décor stylisé, et découvre trois beaux chapiteaux doubles provenant d'une abbaye du Languedoc.

Le *Christ Courajod*, qui appartenait à une Descente de croix bourguignonne, témoigne, au 12e s., d'un art déjà accompli.

D'autres œuvres remarquables : le *Saint Michel terrassant le dragon*, de Nevers, à l'admirable composition triangulaire ; une *Vierge en majesté* auvergnate ; des **chapiteaux** bourguignons et poitevins placés en hauteur (*Le Combat de David et Goliath, Scène de vendange*) ; enfin, le *retable de Carrières-sur-Seine*, qui marque la transition de l'art roman à l'art gothique.

« Vierge assise à l'Enfant », Lorraine, 14e s.

Art gothique

Salles 4 à 9. Aux 13e et 14e s., la sculpture s'épanouit dans des visages où se lisent les tempéraments régionaux : ravissants **Anges** du Nord de la France ; *Saint Matthieu écrivant sous la dictée de l'ange* du jubé de la cathédrale de Chartres ; éléments de retable en marbre de l'abbaye de Maubuisson (Val-d'Oise). La salle 6 abrite, en vitrine, la *Vierge de l'Annonciation* de Javenant, marquée par une certaine préciosité et une belle tête de guerrier.

► **L**es statues-colonnes de l'ancienne église de Corbeil, dans lesquelles on a vu Salomon et la reine de Saba, illustrent, par un style linéaire et rigide, la spiritualité de l'art gothique naissant.

À partir de cette salle sont exposés des fragments de monuments funéraires, dont les petits *Gisants des entrailles* (symbolisées par les sacs) *du roi Charles IV le Bel et de la reine Jeanne d'Évreux,* de Jean de Liège. Les statues de Charles V et de Jeanne de Bourbon appartenaient au décor du Louvre médiéval.

De style spécifiquement bourguignon, mais d'une originalité stupéfiante, le tombeau de Philippe Pot.

Les mausolées du 15e s. *(salle 10)* prennent des proportions considérables : ***Tombeau de Philippe Pot*★★**, sénéchal de Bourgogne, œuvre prestigieuse aux célèbres pleurants encapuchonnés ; tombeau de Renée d'Orléans-Longueville, au décor italianisant ; gisant d'Anne de Bourgogne, sorti des ateliers parisiens.

Dans la salle 11, le *Saint Georges combattant le dragon,* bas-relief célèbre de **Michel Colombe**, est déjà une œuvre de la Renaissance.

Renaissance

◄ *Salles 13 à 19.* Le passage de la « *Mort-Saint-Innocent* » porte le nom de cette effigie macabre qui se dressait au centre du cimetière des Innocents *(voir Les Halles)* ; à droite de l'entrée, le *Retable de la Résurrection du Christ* mélange, en un décor très fouillé, les motifs du gothique flamboyant et les ornements Renaissance.

L'influence de l'art italien est tempérée par un idéal d'élégance et de finesse : gisant accoudé de l'amiral Philippe de Chabot, dû au ciseau de **Pierre Bontemps** ; légèreté et finesse des bas-reliefs de **Jean Goujon**, sculpteur et architecte du vieux Louvre ; puissance et maîtrise des œuvres de **Germain Pilon**, groupe des *Trois Grâces* du monument du cœur d'Henri II, *Vierge de douleur.* La sensualité distante de la *Diane d'Anet* évoque les tendances de l'école de Fontainebleau *(voir Les peintures françaises).*

Jacques Sarazin et **Simon Guillain** (monument du pont au Change) ouvrent la voie au classicisme. Dans la dernière salle, la *Pyramide des Longueville* est ornée de beaux reliefs en bronze doré ; l'architecture l'emporte sur la sculpture dans le monument funéraire de Jacques-Auguste de Thou, de Michel Anguier.

17e s.

Le règne de Louis XIV suscite une magnifique éclosion de la statuaire. La présentation en terrasses met en valeur les ensembles qui ornaient les parcs des demeures royales ou princières : Marly, Versailles, Sceaux, les Tuileries. Grâce aux verrières, les œuvres retrouvent presque les conditions d'éclairage naturel dont elles bénéficiaient à l'origine, en plein air, tout en étant désormais protégées des intempéries.

Cour Marly★★ – Malheureusement disparu, le **château de Marly** était un lieu de délassement pour le roi, qui s'y soustrayait à l'étiquette accompagné de quelques courti-

---

L'ART DE LA MANIÈRE
L'art maniériste tord les silhouettes qui prennent des poses plus contournées (captifs de la statue équestre d'Henri IV au Pont-Neuf).

GÉNIES DES ARTS
L'escalier Lefuel★ à double volée, du nom de son architecte, déploie un impressionnant jeu de rampes et d'arcades *(accès aux objets d'art : trésor médiéval, et aux peintures : Flamands du 17e s.).*

sans soigneusement choisis. Le domaine fut orné de groupes sculptés à la fin du 17ᵉ et au 18ᵉ s. Les plus célèbres dominaient l'abreuvoir, destiné au bain des montures : *La Renommée du roi* de **Coysevox** et ***Les Chevaux cabrés retenus par leurs palefreniers*★★** de **Guillaume Coustou**, son neveu. D'autres statues ornaient les bassins ou le parc, comme les charmantes effigies « coureuses » *(Apollon et Daphné, Atalante et Hippomène)* et *Énée portant Anchise* de **Pierre Lepautre** (1716).

Crypte Girardon★ – Lieu de passage entre les deux cours, elle abrite un beau relief de Pierre Puget, illustrant la rencontre de Diogène et d'Alexandre ; à l'arrière-plan, le décor est inspiré du Forum romain. Parmi les bustes, le *Grand Condé*, bronze d'Antoine Coysevox, souligne à la fois la maigreur de ce grand soldat et sa noblesse (cuirasse ornée de griffons).

> **FUTURE COLONNE**
> La statue équestre de Louis XIV par **François Girardon** est une réduction de celle qui se dressait sur la place Vendôme.

Cour Puget★★ – La cour doit son nom aux œuvres de Pierre Puget, sculpteur marseillais autodidacte, peintre, décorateur, architecte (il dresse les plans de l'hôpital de la Vieille-Charité dans sa ville natale).

Les premières statues qui frappent le regard sont les *Captifs* de la place des Victoires qui, comme ceux de la statue d'Henri IV au Pont-Neuf *(voir ci-dessus)*, ornaient le piédestal de la statue équestre de Louis XIV. Toutes ces effigies royales ont été fondues à la Révolution. Ébloui par l'Italie du baroque, Puget affiche sa singularité dans la sculpture française à l'époque classique : ***Milon de Crotone*★★** figurait à l'entrée de l'allée royale, dans les jardins de Versailles ; l'*Hercule gaulois* (ou *Hercule au repos*) fut acheté par Colbert pour son château de Sceaux.

Dans la série des termes, remarquer précisément ceux de la demeure de Colbert, qui comprend l'extraordinaire figure grelottante et emmitouflée de *L'Hiver*.

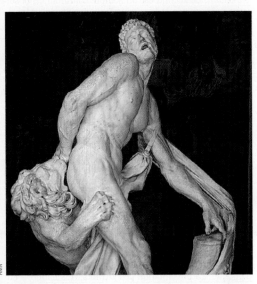

Pierre Puget, rare sculpteur français d'inspiration baroque, donne un bel exemple de son talent avec le « Milon de Crotone ».

Au niveau médian, charmante statue de la duchesse de Bourgogne par Coysevox et imposant *Jules César* de **Nicolas Coustou**. Le bas-relief de l'hôtel de Bourbon-Condé *(accroché au mur)* introduit à l'art délicat de **Clodion**.

Le niveau supérieur est consacré à la sculpture néo-classique : ne manquez pas *Roland furieux*, bronze tourmenté de **Jehan Duseigneur**.

18ᵉ s.

Salles le long de la rue de Rivoli. Les sculptures de petites dimensions, surtout les terres cuites, sont les plus attachantes, et témoignent d'une grande période du portrait.

TROP VRAI POUR ÊTRE BEAU

De Bouchardon, *L'Amour se faisant un arc de la massue d'Hercule*★ *(salle 23)* a déplu lors de sa présentation à la Cour en 1750 : l'Amour paraissait trop réaliste.

◄ *L'Amour menaçant*★ de **Falconet** *(salle 22)* est une sculpture exquise, commandée par Mme de Pompadour pour orner le jardin de son hôtel d'Évreux, actuel palais de l'Élysée. En vitrine, *Baigneuse* (1757) tendant son pied vers l'eau de la fontaine.

L'Effigie de *Voltaire nu* (1776), parti pris audacieux de **Jean-Baptiste Pigalle**, est une représentation sereine d'un vieillard philosophe *(salle 24)*.

La **Tête de Voltaire** en marbre (1778), par **Jean-Antoine Houdon**, a été exécutée à la suite de la réception triomphale que Paris fit au défenseur des opprimés *(salle 28)*. Élégante *Baigneuse* (ou *Vénus*) de **Christophe-Gabriel Allegrain** *(salle 24)*.

La salle 25 réunit les morceaux de réception à l'Académie royale de peinture et de sculpture : le *Mercure rattachant ses talonnières (vitrine de droite)*, chef-d'œuvre de Pigalle ; *Gladiateur mourant* de Pierre Julien *(isolé, au fond de la salle)* et *Morphée* de Houdon *(vitrine en face)*.

De Pajou, le *Buste de la comtesse du Barry* est une image célèbre de la favorite ; *Psyché abandonnée* fit scandale par sa nudité complète et le réalisme douloureux de son expression *(salle 27)*.

La « galerie des grands hommes » *(espace central, salle 29)* rassemble, entre la *Diane chasseresse* de Houdon (1790) et *La Paix*, de Chaudet, une série d'effigies de marbre.

◄ Apprécier la belle course « néoclassique » de *Zéphyr et Psyché* *(près de la fenêtre, salle 31)*.

Les figures mythologiques de **Jean-Jacques Pradier**, sculpteur officiel, affectent des poses abandonnées : *Les Trois Grâces*. *Le Génie de la Liberté* d'Augustin Dumont est une réplique de la statue qui s'élève sur la colonne de la Bastille.

La dernière salle est consacrée à **François Rude** et **Antoine-Louis Barye**. Le premier a créé *La Marseillaise* sur l'Arc de Triomphe (modèle du visage en vitrine), le *Mercure rattachant ses talonnières* et un gracieux *Pêcheur napolitain*. Le second est un sculpteur animalier, observateur minutieux de la morphologie des fauves : *Lion au serpent*, *Tigre dévorant un gavial*.

objets d'art

Au premier étage, l'aile Richelieu et l'aile Ouest Sully leur sont consacrées ; pour une visite chronologique, prendre le couloir à droite de l'entrée puis l'escalier mécanique.

Les **objets d'art**★★★ : des collections prestigieuses, moins visitées que les grandes salles de peinture. À découvrir... Les salles de l'aile Richelieu ont été aménagées pour le bicentenaire du musée (1993), le département ayant commencé son histoire à la Révolution avec le dépôt d'une partie du trésor de Saint-Denis en 1793. Le fonds s'est ensuite enrichi des bronzes et des vases en pierre dure de la Couronne *(galerie d'Apollon)*, des versements du Mobilier national à la fin du 19e s. (meubles des anciennes demeures royales) et de multiples dons, pour atteindre aujourd'hui les 10 000 pièces.

Contrairement au musée des Arts décoratifs voisin, le département n'offre pas de reconstitutions de pièces d'époque. La présentation des vitrines, très habile, a été conçue par Jean-Michel Wilmotte.

Trésor médiéval du Louvre★★★

◄ C'est l'un des points d'orgue de la visite du musée. Les pièces les plus célèbres proviennent du trésor de l'abbaye royale de Saint-Denis, qui servait de mausolée à la monarchie française, et de la Sainte-Chapelle. Les pièces d'orfèvrerie mais surtout les ivoires, dont certains millénaires, sont admirables.

TEL UN PALAIS

L'entrée de la salle A est flanquée de deux colonnes de porphyre avec, en excroissance, un buste d'empereur. Ces colonnes auraient appartenu à l'atrium de l'ancienne basilique Saint-Pierre de Rome, bâtie au 4e s. après J.-C. par Constantin.

Byzance – *À droite en entrant, salle 1.* Les églises d'Occident se sont enrichies des dépouilles de Constantinople après le pillage de la ville par les croisés (1204).

Art de luxe, les **ivoires** datent pour la plupart des 10ᵉ et 11ᵉ s., époque où, sous la dynastie des Macédoniens, l'empire atteint l'apogée de sa splendeur. Parmi les nombreux ivoires, on remarque le **Triptyque Harbaville** (10ᵉ s.), du nom du collectionneur chez qui il fut découvert, un coffret à décor de rosettes entourant des scènes mythologiques, le magnifique **Ivoire Barberini** *(à gauche de l'allée centrale)* montrant un empereur triomphant (6ᵉ ˢ.).

Charlemagne : le haut Moyen Âge – Dans la vitrine en face de l'entrée, **Statue équestre de « Charlemagne »** ou de **Charles le Chauve**, du 9ᵉ s., s'inspirant des statues équestres antiques. Les ivoires valent en finesse ceux de Byzance.
Dans la vitrine centrale de la salle 2, *épée du sacre dite « Joyeuse »* ; à côté, les éperons du sacre.

Art roman et premier art gothique – Suger, abbé de Saint-Denis (1122-1151), veut faire de son abbatiale l'une des premières églises de la chrétienté. Il y expérimente un nouvel art de bâtir, fondé sur la croisée d'ogives, et enrichit son trésor de vases liturgiques, dont le plus célèbre, l'***Aigle de Suger*★★**, utilise un vase en porphyre antique ; à droite, *vase en cristal d'« Aliénor »* du 13ᵉ avec du cristal iranien daté du 6ᵉ s. *(salle 2).*
Les vitrines de gauche abritent de remarquables objets venant d'Allemagne : **aquamanile** (sorte d'aiguière) en forme de griffon, reliquaire quadrilobé de saint Henri (l'empereur Henri II, canonisé en 1152) et reliquaire du bras de Charlemagne, provenant du trésor d'Aix-la-Chapelle. L'art ottonien (Otton le Grand fonda le Saint-Empire en 962) est représenté par deux petites **plaques d'ivoire** ; en face, opulente **boîte de reliure** du trésor de la cathédrale de Maastricht. Plus loin à gauche, monumentale châsse de saint Potentin en cuivre doré.
Les vitrines de droite exposent une très belle série de châsses, de crosses et de plaques limousines des 12ᵉ et 13ᵉ s. autour du **ciboire de maître Alpais**.

Art gothique – *Salle 3.* Dans le couloir central, la ravissante *Vierge à l'Enfant* en ivoire a été exécutée pour la chapelle du palais de Saint Louis, l'actuelle Sainte-Chapelle *(voir ce nom).* Elle est inspirée, dans sa facture, par la grande statuaire de style gothique rayonnant ; à gauche, célèbre groupe de la *Descente de Croix.*
Le **polyptyque reliquaire de la Vraie Croix**, créé pour une abbaye des Ardennes, est un véritable « monument » en cuivre doré, avec porche, pinacles et arcades ogivales.
Les vitrines latérales exposent les bras reliquaires de saint Louis de Toulouse et **saint Luc** ; des **valves de miroirs** et des ivoires profanes, notamment coffrets ou plaques de coffrets ; le **reliquaire de la Vraie Croix de Jaucourt**, travail byzantin.
La salle 4 est close par le monumental **retable** italien **des Embriachi★★**, en bois et os, sur lequel se détache la vitrine du **sceptre de Charles V**, qu'il destinait en fait au sacre de son fils.
La **main de justice**, créée en 1804 pour le sacre de Napoléon Iᵉʳ, est ornée, comme la couronne dite « de Charlemagne », de camées et d'intailles provenant d'un reliquaire de Saint-Denis. À côté, **aquamanile** de Nuremberg (1400), en forme de griffon.
Les vitrines de droite renferment des pièces célèbres du trésor de Saint-Denis, comme le **fermail** orné d'une fleur de lys, et la très belle **reliure** enserrant un ivoire parisien du 14ᵉ s.

Salle 6 – Les tapisseries ont été exécutées en Flandres ou dans le Nord de la France. Les vitrines abritent des chefs-d'œuvre d'orfèvrerie comme l'**échiquier** dit « **de Saint Louis** » (fin 15ᵉ et 17ᵉ s.), aux pièces et au plateau en cristal de roche. Le plus émouvant est peut-être la

FRANCS DU COLLIER
Les objets découverts à Saint-Denis, en 1959, dans la tombe de la reine Arnégonde, épouse de Clotaire Iᵉʳ (511-561, lui-même fils de Clovis), illustrent le talent des orfèvres dits « barbares » : grande épingle, plaque-boucle de ceinture et sa contre-plaque, paire de fibules incrustées de grenats.

AUTRE TAILLE, AUTRE MATIÈRE
La Vierge à l'Enfant en argent doré dite **Vierge de Jeanne d'Évreux★** fut donnée par cette reine, veuve de Charles le Bel, à l'abbaye de Saint-Denis en 1339. La dimension de cette statue est exceptionnelle ; le lys servait de reliquaire.

RMN

Aquamanile (aiguière munie d'un bassin pour se laver les mains), vers 1400.

plaque de cuivre sur laquelle, au-dessus d'une couche d'émail noir, à l'aide d'un glacis gris-brun et de hachures d'or, **Jean Fouquet** *(voir peinture française 14ᵉ – 19ᵉ s.)* a peint son *Autoportrait* (vers 1450).

Renaissance

Salles 7 à 17. L'enfilade de salles suit la galerie des Chasses de Maximilien ; on y remarque successivement :
– des **émaux peints** de l'époque Louis XII. Ceux de l'atelier du **Maître aux Grands Fronts** sont particulièrement gracieux (*La Pietà entre saint Pierre et saint Paul*, Limoges, vers 1500) ;
– des **panneaux en marqueterie** provenant d'une église de Padoue et un autoportrait d'Alberti, le grand théoricien de la Renaissance (bronze du 15ᵉ s.) ;
– les **bas-reliefs de Riccio**, destinés au monument funéraire des Della Torre, mêlant les thèmes religieux aux conceptions philosophiques des savants de l'université de Padoue à laquelle il appartenait (*Le Sacrifice à Esculape, L'Enfer, Le Paradis*) ;
– les **médailles de Pisanello** *(Lionel d'Este)* ; *Dante, L'Arétin et Mehmet II*, le conquérant de Constantinople ;
– des **émaux limousins** du 16ᵉ s. Très belle série du **Maître de l'Énéide** (*Le Cheval de Troie*) ;
– la **collection Sauvageot** comprenant de nombreux exemples de verrerie européenne : délicatesse des verres de Venise, coupes montées allemandes du 17ᵉ s.

À LA CHASSE

Les personnages des tapisseries de chasse seraient les petits-enfants de l'empereur Maximilien : le futur Charles Quint, le futur Ferdinand Iᵉʳ et Marie de Hongrie.

◀ **Galerie des Chasses de Maximilien**★★ – *Salle 19.* Cette suite de somptueuses tapisseries en fils de soie, de laine et d'or appartenait aux collections de la Couronne. Elles ont été tissées à Bruxelles, vers 1530, sur des cartons de Bernard Van Orley, et représentent 12 scènes de chasse dans la forêt de Soignes, au Sud-Est de la ville. À chaque scène correspond un mois de l'année et un signe du zodiaque.

Au centre, des vitrines contiennent des **majoliques** (faïences) italiennes à décor de grotesques (Urbino).

Galerie de Scipion★ – *Salle 20.* Le cycle de tentures, tissé à la manufacture des Gobelins à la demande de Louis XIV, raconte l'histoire de Scipion l'Africain. C'est la copie d'une des plus célèbres séries bruxelloises de la Renaissance : le *Grand Scipion* de François Iᵉʳ.

Salles 21, 22, 23, parmi les émaux de **Léonard Limosin**, *Portrait du connétable Anne de Montmorency* dans son cadre d'origine. Amusante série de 12 **bustes de Césars**, le corps en argent, la tête en pierre dure.

Aux murs de la salle 24 sont tendues de magnifiques **tapisseries** d'Audenarde du 16ᵉ s. ; elles illustrent *Les Travaux d'Hercule* dans un décor de feuillage exubérant.

La salle Adolphe de Rothschild *(salle 25)* présente, sous un **plafond** Renaissance, des bronzes florentins du 16ᵉ s. dont un singe, ornement de fontaine de Jean Boulogne...

La **rotonde Jean-Boulogne**★ *(salle 26)* rassemble de nombreux bronzes du maître et de ses élèves. Aux murs, les belles tapisseries de Ferrare représentent des scènes de métamorphoses.

EXPLICATIONS

L'ordre du Saint-Esprit, le plus prestigieux de l'Ancien Régime, fut fondé par Henri III, en pleine période des guerres de Religion, pour rassembler la noblesse autour de la royauté. Le cordon bleu était l'insigne de cette distinction. Le patronage du Saint-Esprit fut choisi par le souverain qui avait été élu roi de Pologne (1573) et avait accédé au trône de France (1574) le jour de la Pentecôte.

◀ **Trésor de l'ordre du Saint-Esprit**★★ – *Salles 27 et 28.* Le trésor contient de magnifiques pièces d'orfèvrerie : *Baiser de paix* en vermeil (Italie du Nord, vers 1500), étonnants **casque et bouclier de Charles IX** recouverts d'or et d'émaux.

Dans la **chapelle** reconstituée, de somptueux manteaux de chevaliers de l'ordre côtoient les ornements d'autel brodés d'or du 16ᵉ s.

Lui succède dans les salles 29 à 31 le mobilier français de la seconde moitié du 16ᵉ s., très influencé par l'architecture. **Céramiques de Bernard Palissy** peuplées d'animaux de rivière. Plats en émail aux magnifiques reflets métalliques.

Les pièces de mobilier Louis XIII de la **salle d'Effiat**★ *(salle 32)*, d'une raideur un peu sévère, proviennent d'un château du Puy-de-Dôme.

17ᵉ s. (règne de Louis XIV)

Revenir à la rotonde et prendre à gauche. Salles 33 et 34. Au centre de la première, **coffre d'or dit « d'Anne d'Autriche »**. **Boulle** ouvre, à la fin du règne de Louis XIV, l'âge d'or du mobilier à la française en inventant des meubles comme la commode et la table-bureau. Sur le guéridon ayant appartenu à Louis XIV, magnifique *Jupiter foudroyant les Titans* par **l'Algarde** (1598-1654).

18ᵉ s.

Salles 35 à 61. La simplicité des lignes et du décor du **nécessaire de voyage de Marie-Antoinette** (*dans l'entrée, vitrine de droite*) contraste avec le goût fantaisiste de la souveraine, reconnaissable aux ornements de bouquets et de rubans. Celui-ci infléchit vers la grâce la sobriété du style néoclassique. Le cabinet chinois contient la table à écrire de la reine, mélange raffiné de matériaux (panneau de laque, incrustations de nacre, appliques de bronze doré et plaque d'acier) par **Adam Weisweiler**. **Leleu** se signale par ses commodes somptueuses aux lignes droites.

La salle Rothschild réunit de ravissants meubles ornés de plaques de porcelaine de Sèvres et des pots-pourris, anciennes propriétés de la marquise de Pompadour.

Cressent (*commode au singe*) illustre le passage de la solennité du Grand Siècle à la fantaisie rocaille : la décoration se féminise ; les motifs végétaux se galbent en courbes et contre-courbes.

Les **tapisseries** des Gobelins à fond rose (*Les Amours des dieux*), tissées d'après les cartons de **Boucher**, les flambeaux, « feux » (chenets), cartels, consoles et autres bonheurs-du-jour dévoilent la richesse d'invention, le goût délicat d'une époque raffinée entre toutes.

Restauration et époque Louis-Philippe (1815-1848)

Revenir sur ses pas à la salle 34 et tourner à gauche (anciennes salles du Conseil d'État, 62 à 65).

La salle 64 sert d'écrin à ce qui reste du trésor des rois de France : le **Régent★★★** est un diamant pur de 140 carats acheté par le régent Philippe d'Orléans en 1717. Son eau d'une transparence exceptionnelle et la perfection de sa taille en font l'une des pierres les plus célèbres du monde. Il orna entre autres la couronne du sacre de Louis XV, l'épée d'apparat de Bonaparte Premier consul et le diadème de l'impératrice Eugénie. Parmi les autres joyaux, admirer la **Côte de Bretagne** (rubis de 107 carats), le diamant rose Hortensia, la **parure en saphirs** de la reine Amélie, le diadème et la couronne de l'impératrice Eugénie. Les vitrines voisines abritent l'imposante **collection de vases en pierre dure★** de Louis XIV.

Premier Empire

1ᵉʳ étage, aile Richelieu, par l'escalier Lefuel. Immense **surtout de table** en bronze doré et marqueterie de marbre par **Valadier** (*salle 67*). Le mobilier raffiné de la **chambre et du salon de Mme Récamier★** (*salle 69*), par les frères **Jacob** (1798), servit de modèle au style Empire ; observer les délicates figures du lit. *Salle 71 :* porcelaines de la manufacture de Sèvres dirigée alors par **Alexandre Brongniart**.

Le serre-bijoux de l'impératrice Joséphine, ou **« grand écrin »**, est une création de **Jacob-Desmalter** (*salle 72*), les élégantes appliques en bronze ont été exécutées d'après les dessins de Chaudet.

Restauration

Salles 75 à 77.

La **Chambre du roi** (*salle 75*) évoque celle du Palais des Tuileries : le lit de parade de Charles X, agrandi pour Louis-Philippe, ainsi que le tapis dont on peut voir les dessins guerriers (bouclier, casque et cuirasse) en proviennent.

La très belle tapisserie de *Moïse sauvé des eaux* appartenait à une série consacrée à l'Ancien Testament, d'après les cartons de **Simon Vouet**, et destinée au Louvre.

PONT SUR L'EMPIRE
Des sièges de **Jacob**, l'un des créateurs du style Empire (*voir la chambre de Mme Récamier*) accompagnent les *meubles* en laque de **Carlin**.
Le secrétaire à cylindre de **Riesener**, meuble d'un type nouveau en 1770, précède le splendide bureau de **Benneman**, sur lequel Napoléon travailla aux Tuileries.

RMN

Un peu encombrant mais néanmoins superbe, voici le Régent.

RÉSISTANTE
Le salon de Mme Récamier était le foyer de l'opposition à Bonaparte. On retrouve son lit sur le tableau de David, *Portrait de Madame Récamier* (*voir les grands formats de la peinture française, aile Denon*).

L'intérêt de Louis XVIII pour la porcelaine et les miniatures en stimule la production, tels la paire de sceaux à
glace en porcelaine dure, les deux **vases Médicis** ou le
coffret de la tabatière du roi *(salle 76)*.

Enfin, dans la salle suivante, regroupant quelques objets
ayant appartenu à la duchesse de Berry, on remarque
l'étonnante **toilette en cristal et en bronze**, ainsi que
plusieurs pièces d'orfèvrerie religieuse : calice, patène,
ciboire, burettes, crucifix, aiguières et encensoir.

Monarchie de juillet

Salles 78 à 81.

Salle 78 : Le mobilier du cabinet de travail du duc
d'Orléans, fils aîné de Louis-Philippe, a été rassemblé
ici : des **vases « œufs »**, de nombreuses pendules et candélabres ainsi que les bas d'une bibliothèque réalisés par
Jacob-Desmalter.

C'est le même ébéniste qui a conçu l'armoire se trou-
vant dans la salle 79. Dans cette même pièce, on note la
présence d'une porte à six panneaux, d'après les *Sept
Sacrements* de Nicolas Poussin, et une cloison néo-
gothique.

Le règne de Louis-Philippe voit se développer le grand
mécénat industriel et l'épanouissement des arts décoratifs. À titre d'exemple de cet essor, on retiendra une
amusante **table à ouvrage** dont on remarque les pieds
et la ravissante **coupe des Vendanges** de **Froment-
Meurice** *(salle 80)* ainsi que deux paires de candélabres
dans le style néo-rocaille *(salle 81)*.

Appartements Napoléon III★★★

*Le meilleur accès se fait de la cour Marly par l'escalier du
Ministre.* Après avoir gravi cet escalier majestueux, orné
d'une belle rampe en fer forgé, le visiteur pénètre dans
un univers étourdissant d'or, de velours cramoisi, de
cristaux.

L'architecte qui termina le Louvre, **Lefuel**, a conçu un
décor exubérant qu'il faut voir la nuit, à la lumière des
lustres. Le style Louis XIV était alors d'usage dans les
salles d'apparat des palais officiels.

C'est l'un des rares grands décors du Second Empire qui
ait subsisté avec leur mobilier d'origine. Il se compose
d'une antichambre, d'une galerie d'introduction, d'un
salon dit « salon-théâtre » (qui servait de scène pour les
fêtes musicales), d'un grand salon (où pouvaient se réunir
265 spectateurs), d'un boudoir ou « salon de la terrasse »,
d'une petite et d'une grande salle à manger. Cette dernière contient un énorme buffet de bois noirci.

*Un décor de théâtre...
dans les appartements
Napoléon III.*

arts d'Afrique, d'Asie, d'Océanie et des Amériques

Rez-de-chaussée, accès par la porte des Lions. Si le Louvre a longtemps été le musée de l'art occidental et des antiquités, il s'ouvre désormais aux arts premiers, avec la création de nouvelles salles. Révolution ou continuité ? Afrique, Asie, Océanie et Amériques, ces quatre aires culturelles ont dorénavant leur place au Louvre : 120 sculptures et autres chefs-d'œuvre choisis pour leur valeur artistique et historique les représentent. Au choix : une statue d'homme de la période Nagada II, provenant de l'Égypte prédynastique (5ᵉ-4ᵉ millénaires av. J.-C.), une sublime tête sokoto en terre cuite du Nigeria, une sculpture en pierre des îles Nias ayant appartenue à André Breton, une sculpture du Chupicuaro (Mexique) âgée de plus de 2000 ans...

> **AVANT-PREMIÈRE**
> Ces 1 400 m² aménagés en l'an 2000 préfigurent ce que sera le musée du quai Branly.

Le Luxembourg★★

Poumon vert chargé d'histoire, havre de paix du Quartier latin, le jardin du Luxembourg est le plus grand jardin de Paris. Sa beauté classique enchante les écrivains, comme les promeneurs... Durant l'année universitaire, le « Luco » est colonisé par les étudiants. À la belle saison, les abords du grand bassin rassemblent les amateurs de soleil, pendant que l'on devise ou révise sous les arbres...

La situation

Plan Michelin nº 54 K 13, L 13 – 6ᵉ arr. – Mº Odéon (lignes 4, 10) ou Cluny-la-Sorbonne (ligne 10) – RER Luxembourg (ligne B) – Bus 27, 38, 82, 83, 85 et 89. Le Luxembourg

carnet pratique

RESTAURATION
Se reporter à la rubrique « Restauration » dans les Informations pratiques, en début de guide ; ce quartier correspond au 6ᵉ arrondissement.

SORTIES
Le Rostand – *6 pl. Edmond-Rostand - ☎ 01 43 54 61 58 - 8h-2h.* Nouveau décor pour ce café qui a accueilli des générations d'étudiants et de professeurs de la Sorbonne. Des fauteuils en osier, des murs ornés de tableaux accueillent le cinéphile ou le promeneur échappé du jardin du Luxembourg tout proche.

LOISIRS
Musique – Des concerts en plein air sont organisés l'été sous le kiosque (côté bd St-Michel).
Jeux – 🎨 - Le jardin, côté rue Guynemer, foisonne de balançoires, manèges et marionnettes. Un site fermé et surveillé rassemble un grand nombre de jeux. Squares de sable selon les âges. Étant situé dans un quartier aisé, le jardin propose des activités dont le prix reste élevé.

ACHATS
Christian-Constant – *37 r. d'Assas - Mº Notre-Dame-des-Champs - ☎ 01 53 63 15 15 -*

christianconstant@wanadoo.fr - tlj 8h30-21h. Inventeur de l'Appellation d'origine pur cru, ce chocolatier, pâtissier et glacier, n'est pas seulement le meilleur de Paris, c'est également un explorateur du goût intransigeant dont les étonnantes créations résultent d'un subtil mariage des saveurs.

Le Ciel est à tout le monde – *10 r. Gay-Lussac - Mº Luxembourg - ☎ 01 46 33 21 50 - www.lecielestatoutlemonde.com - ouv. lun.-sam. 10h30-19h -* Mes parents sont venus avec moi dans une chouette boutique avec plein de jeux, des jouets, des livres et des cerfs-volants. J'voulais y aller tout seul, mais de toute façon ce sont eux qui ont la carte de crédit, alors fallait bien que j'les emmène avec moi. Même que mon papa il regardait bizarrement un ours en peluche qui traînait sur une étagère, comme si il avait retrouvé un vieux copain...

Les Papilles – *30 r. Gay-Lussac - Mº Luxembourg - ☎ 01 43 25 20 79.* L'enseigne annonce « Épicerie fine - Produits du terroir - Vins de propriété - Déjeuner - Dîner ». À gauche, une cave constituée de vins de petits producteurs, de cognacs, d'armagnacs, de rhums et autres liqueurs. À droite, conserves, foies gras, charcuteries et fromages de pays, confitures, etc. Au restaurant, plat chaud, assiette de charcuteries, légumes grillés et délicieuses tartes salées.

Un air d'Italie en plein Paris : la marque de Marie de Médicis ?

semble une parenthèse calme et raffinée, bien nonchalante au cœur de ce quartier ancien, centre intellectuel de Paris, toujours animé. Voilà un contraste qui le rend d'autant plus agréable à vivre.

Voir à proximité le Quartier latin, Odéon, Saint-Germain-des-Prés, Port-Royal, Montparnasse.

Le nom

L'édifice d'origine appartenait au duc de Piney-Luxembourg ; il changea de nom après son rachat par Marie de Médicis, et retrouva par la suite son appellation originelle.

Les gens

Tandis que les sénateurs siègent gravement au palais, nombre de statues, dont certaines pourraient illustrer l'histoire de France, préfèrent s'égayer sous les frondaisons du jardin. Il n'est que de citer, outre Marie de Médicis, Marguerite d'Angoulême, Anne de Beaujeu, Blanche de Castille ou Anne de Bretagne...

comprendre

Au début du 13ᵉ s., c'est un lieu désert, vaguement occupé par une ruine, surnommé le château Vauvert. En 1257, une communauté de moines chartreux exorcise les lieux, réputés hantés, avec l'appui de Saint Louis. Leur succès dans cette entreprise les conduit à s'y

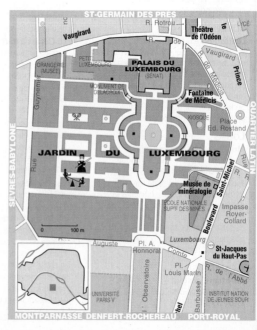

établir et à y construire un couvent, grâce à l'affluence des dons qui suivit.

En 1612, Marie de Médicis achète l'hôtel de François de Luxembourg ainsi que les terrains alentour, qui formeront par la suite un vaste parc. Elle charge Salomon de Brosse des travaux de construction, qui débutent trois ans plus tard. À son achèvement, le palais suscite l'admiration ; il contient, entre autres, 24 tableaux de Rubens retraçant la vie de la régente. Ces derniers se trouvent aujourd'hui au musée du Louvre, dans la galerie Médicis.

En 1790, la suppression du couvent des chartreux permet de prolonger la perspective du parc jusqu'à l'avenue de l'Observatoire. Le palais devient prison sous la Terreur, puis accueille diverses assemblées (Directoire, Consulat), avant d'être rénové. Chalgrin, architecte de l'Arc de Triomphe et de l'Odéon, transforme complètement l'intérieur de l'édifice. Au cours de la seconde moitié du 19ᵉ s. sont aménagées les rues alentour (bd Saint-Michel, rue de Médicis, rue Guynemer).

Après avoir été occupé par les Allemands et libéré avec Paris le 25 août 1944, le palais abrite aujourd'hui la deuxième chambre parlementaire, le Sénat.

Marie de Médicis dans son parc...

se promener

Palais du Luxembourg★★

Le plan dessiné par Salomon de Brosse est de style français, auquel il a ajouté une touche florentine (colonnes annelées, bossages et chapiteaux toscans s'inspirant du palais Pitti). La superbe cour d'honneur est fermée par une galerie à arcades dont les bras aboutissent à une porte monumentale surmontée d'un dôme. Le rez-de-chaussée dorique, avec ses ouvertures en plein cintre, ajoute à la robustesse de l'ensemble.

La façade Sud vaut par son pavillon central à dôme de plan carré, son grand fronton et sa belle terrasse à balustres, reconstituée telle que l'avait conçue de Brosse à l'origine.

Pour donner jour aux nouvelles pièces aménagées en sous-sol, deux élégants patios ornés de parterres à la française ont été créés en contrebas de l'allée de l'Odéon.

Le **Petit Luxembourg**, résidence du président du Sénat, comprend l'ancien hôtel de Luxembourg, donné à Richelieu par Marie de Médicis, ainsi que le cloître et la chapelle d'un couvent fondé par la reine.

Le musée du **Luxembourg** (ancienne orangerie) abrite des expositions temporaires.

Jardin★★

Il a été dessiné à la française ; ses lignes et perspectives harmonieuses, ainsi que son ombrage, charment le promeneur. Sur le grand bassin octogonal, les enfants font voguer des voiliers. Mais le style anglais transparaît également, notamment dans les allées serpentines le long des rues Guynemer et Auguste-Comte. La tradition agricole des chartreux se retrouve dans les cours d'arboriculture et d'apiculture qui sont dispensés dans un coin de l'ancienne pépinière *(près de la rue d'Assas)*.

La **fontaine Médicis**, à l'extrémité du petit bassin, traduit l'influence italienne, dans ses bossages et ses congélations (1624). Depuis Louis-Philippe, les statues se multiplient dans le parc : entre Polyphème surprenant Acis et Galatée (1863), et Marie de Médicis, la mythologie rencontre l'histoire.

Rue de Vaugirard

Ici commence la plus longue rue de Paris. On peut y voir des bâtiments à la sobre architecture qui accueillent des bureaux du Sénat. Au rez-de-chaussée, les galeries abritent des vitrines d'exposition de musées nationaux.

Arbres, fleurs, chaises... tout, ici, invite le promeneur à la rêverie.

AMITIÉ FRANCO-AMÉRICAINE

Saviez-vous qu'il existe également, dans le jardin du Luxembourg, une copie de la statue de la Liberté ? Vous la trouverez côté rue Guynemer. À sa droite, un chêne dédié à la mémoire des victimes du 11 septembre 2001 a été planté le 20 janvier 2002, offert par la communauté américaine de Paris.

La Madeleine★★

Un temple romain construit par Napoléon Ier, une tradition de boutiques de luxe, une situation exceptionnelle assurant la liaison entre la Concorde et les Grands Boulevards de la rive droite. Voilà la Madeleine ! Un lieu fastueux qui apparaît peut-être un peu froid, car tout en pompe et magnificence...

La situation

Plan Michelin n° 54 F 11-12 G 11-12 – 8e arr. – M° Madeleine (lignes 8, 12 et 14) – Bus 24, 42, 52, 84 et 94. Pour y accéder, l'idéal est de remonter la rue Royale depuis la place de la Concorde.

Voir à proximité place de la Concorde, faubourg Saint-Honoré, Opéra, Saint-Lazare.

Le nom

Pour les Parisiens, l'église Sainte-Marie-Madeleine est « la Madeleine », tout simplement.

SNOB

Si vous voulez entrer dans le gotha parisien, une seule solution : vous marier à la Madeleine !

Les gens

◄ Le compositeur et pianiste virtuose Camille Saint-Saëns (1835-1921) fut titulaire des fameuses orgues de la Madeleine de 1857 à 1877. Il y composa ses oratorios et ses cantates.

comprendre

La Madeleine, un curriculum vitæ mouvementé – En 1764, s'inspirant des plans de St-Louis-des-Invalides, Contant d'Ivry commence l'édifice. Couture lui succède à sa mort et propose de prendre modèle sur le Panthéon. En 1790, les travaux sont suspendus, car on envisage pour l'édifice les utilisations les plus diverses : palais législatif, bibliothèque, bourse, tribunal de commerce, Banque de France. En 1806, Napoléon décide d'élever un temple consacré à la gloire de la Grande Armée et en passe commande à Vignon. À nouveau, tout ce qui dépasse du sol est rasé, puis le temple actuel s'édifie lentement. En 1814, Louis XVIII souhaite que la Madeleine soit une église, encore entourée de terrains vagues sous Charles X. En 1837, l'Administration veut y placer l'embarcadère de la première ligne de chemin de fer (de Paris à St-Germain) : il s'en faut de peu que l'édifice ne lui soit affecté. C'est la dernière alerte avant sa consécration en 1842.

Un Parthénon du 19e s. Les Parisiens l'apprécient pour les concerts qui y sont régulièrement organisés.

D·O·M·SVB·INVOC·S·M·MAGDALENAE

D. Pazery/MICHELIN

M

carnet pratique

RESTAURATION
Se reporter à la rubrique « Restauration » dans les Informations pratiques, en début de guide ; ce quartier correspond au 1er arrondissement.

ACHATS
Betjeman and Barton – *23 bd Malesherbes - M° Madeleine - ☎ 01 42 65 86 17 - www.betjemanandbarton.com - lun.-sam. 10-19h - fermé j. fériés.* Importateur de thés reconnu tant pour la qualité de ses produits que pour l'élégance de ses présentations. Théières chinoises, japonaises et françaises, jolis coffrets en bois et en métal sont également disponibles dans cette ravissante boutique.

Fauchon – *24-30 pl. de la Madeleine - M° Madeleine - ☎ 01 47 42 60 11 - lun.-sam. 9h30-19h.* À la fois traiteur, pâtissier, épicier, caviste et salon de thé, Fauchon propose des produits de luxe venus du monde entier. Une adresse très prisée par la bourgeoisie parisienne et les étrangers. Superbes vitrines.

Hédiard – *21 pl. de la Madeleine - M° Madeleine - ☎ 01 43 12 88 76 - www.hediard.fr - lun.-sam. 9h-22h - fermé j. fériés.* À l'entrée, un bel étalage de fruits exotiques et d'épices invite le gourmet à pénétrer dans cette vénérable demeure. La cave, tenue par un sommelier jeune et compétent, vaut aussi le détour.

Baccarat – *11 pl. de la Madeleine - M° Madeleine - autre adresse : 17 r. de la Paix 75002 Paris - ☎ 01 42 65 36 26 - www.baccarat.fr - lun.-sam. 10h-19h - fermé j. fériés.* La boutique parisienne de cette prestigieuse maison est un véritable musée du cristal. Le design épuré du lieu et son luxe discret soulignent élégamment les formes lumineuses des pièces exposées : vases, bijoux, accessoires, créations d'artistes...

Chanel – *31 r. Cambon - M° Madeleine - ☎ 01 42 86 28 00 - laligne.dechanel@chanel.fr - lun.-sam. 10h-19h - fermé j. fériés.* On ne présente plus cette créatrice dont les tailleurs et les parfums incarnent le luxe et l'élégance française dans le monde entier. Canapés en cuir et personnel attentif, Chanel soigne ses clients et son image de marque.

Lalique – *11 r. Royale - M° Concorde ou Madeleine - ☎ 01 53 05 12 12 - lun.-mer. 10h-18h30, jeu.-ven. 9h30-18h30, sam. 9h30-19h - fermé j. fériés sf 8 mai, Ascension et 11 nov.* Les premières créations de Lalique sont la propriété des collectionneurs. Travaillant l'opposition transparent-satiné, cette prestigieuse maison décline le cristal sous toutes les formes : du fameux vase Bacchantes aux montres, flacons de parfum et maroquinerie.

Écriture & Cie – *9 pl. de la Madeleine - M° Madeleine - ☎ 01 42 66 20 81 - tlj sf dim. 10h-19h.* Luxueuse boutique entièrement dédiée aux objets destinés à l'écriture. Stylos à plume, encres de multiples couleurs, papiers de qualité, sous-main en cuir et autres beaux accessoires vous feront sûrement redécouvrir le plaisir d'écrire à la main.

Luxueuse devanture de l'épicerie Hédiard.

Les Trois Quartiers – *23 bd de la Madeleine - M° Madeleine - lun.-sam. 10h-19h.* Vous en doutez, la galerie marchande de la Madeleine fait dans le luxe : mode, beauté, bijoux, cadeaux, maison, sport...

Rue Royale – *M° Concorde ou Madeleine.* Mode (Adolfo Dominguez, Gucci...), joaillerie (Poiray, Fred...), cristallerie (Christofle, Cristallerie Saint-Louis) ou porcelaine (Bernardeau), cette large rue est le siège de nombreuses boutiques de prestige aux somptueuses vitrines.

se promener

Rue Royale★
Son grand attrait est sa double perspective : d'un côté, l'immense fronton et les hautes colonnes de la Madeleine, de l'autre, la masse blanche du Palais-Bourbon que tranche la fine silhouette de l'Obélisque.

En remontant la rue Royale vers la Madeleine, prendre le temps de faire un bout de la rue Saint-Honoré jusqu'à la place Maurice-Barrès.

Rue Saint-Honoré *(voir Palais-Royal)*

Église N.-D.-de-l'Assomption
Située place Maurice-Barrès, l'église polonaise de Paris attire l'œil par son dôme disproportionné qui surmonte l'édifice en rotonde (17e s.). L'intérieur conserve quelques tableaux de maîtres (Vien, Van Loo, La Fosse).

> **LE GOÛT DU FASTE**
> Au n° 3 de la rue Royale, le célèbre restaurant Maxim's, fondé en 1891, occupe l'ancien hôtel de Richelieu. Au n° 6 vécut Mme de Staël. Gabriel avait son hôtel au n° 8.

La Madeleine★★

Une majestueuse colonnade fait le tour de l'église : 52 colonnes corinthiennes hautes de 20 m supportent une frise sculptée. Au gigantesque fronton de la façade, une sculpture de Lemaire représente le Jugement dernier. L'imposant péristyle ouvrant sur la place de la Madeleine est précédé d'un perron monumental d'où se révèle une belle **vue**★ sur la rue Royale, l'Obélisque, le Palais-Bourbon et le dôme des Invalides.

La disposition est simple : un vestibule, une nef unique couverte par trois coupoles et un chœur en hémicycle. Dans le vestibule, on distingue, à l'extrémité droite, *le Mariage de la Vierge* par Pradier et, à l'extrémité gauche, *le Baptême du Christ* par Rude. Sur les pendentifs, Rude, Foyatier et Pradier ont sculpté les Apôtres. Au maître-autel, admirez le groupe de sainte Madeleine enlevée au ciel.

Le Marais★★★

La place des Vosges, la rue des Francs-Bourgeois, les hôtels de Soubise, Salé ou de Rohan nous plongent dans les 17ᵉ et 18ᵉ s. À la différence, toutefois, d'autres quartiers historiques, les temps présents ont investi vieilles rues, placettes et nobles hôtels : boutiques, galeries, restaurants et marchés font de l'endroit un quartier particulièrement vivant où la découverte est à chaque coin de rue.

La situation

Plan Michelin n° 54 H 16-17, J 15-17 – 3ᵉ, 4ᵉ arr. – Mᵒ Chemin-Vert (ligne 8), Saint-Paul (ligne 1). Forte concentration de petites rues où l'on prend souvent le risque de faire « comme si » elles étaient piétonnes. De part et d'autre de la rue de Rivoli, entre Bastille et Hôtel de Ville.

Voir à proximité Beaubourg, Châtelet-Hôtel de Ville, la Bastille et île Saint-Louis.

Le nom

C'est Henri IV qui donne un nouvel élan au quartier délaissé depuis la mort d'Henri II, lors d'un tournoi en 1559.

Lorsque le Marais prend des airs de village...

G. Targat/MICHELIN

Les gens

D'abord noblement habité, puis tombant dans un discrédit total, le quartier du Marais est, depuis sa rénovation lancée par André Malraux, le quartier de toutes les cultures et sensibilités : étudiants, artistes, commerçants, grands bourgeois et petit peuple parisien.

carnet pratique

RESTAURATION

Se reporter à la rubrique « Restauration » dans les Informations pratiques, en début de guide ; ce quartier correspond aux 3e et 4e arrondissements.

PETITE PAUSE

Le Loir dans la Théière – *3 r. des Rosiers - M° St-Paul - ☎ 01 42 72 90 61 - Boccia.Paul@wanadoo.fr - lun.-ven. 11h-19h, w.-end 10h-19h.* Cet élégant salon de thé vert clair, équipé de confortables fauteuils club, propose depuis plus de vingt ans cuisine et pâtisseries maison.

L'Ébouillanté – *6 r. des Barres - M° Pont-Marie - ☎ 01 42 71 09 69 - www.restaurant-ebouillante.com - été : mar.-dim. 12h-22h ; le reste de l'année : 12h-21h.* Ce salon de thé est sans doute le plus petit de la capitale, mais il possède certainement la plus charmante terrasse. Aux beaux jours, on dresse quelques tables dans la ruelle piétonne adossée au chevet de l'église Saint-Gervais-Saint-Protais. Salades, bricks (crêpes farcies d'Afrique du Nord) et pâtisseries régalent Parisiens avertis et touristes de passage.

Mariage Frères – *30 r. du Bourg-Tibourg - M° Hôtel-de-Ville - ☎ 01 42 72 28 11 - www.mariagefreres.com - 10h30-19h30 - fermé 1er mai.* Réputée dans le monde entier, cette maison séculaire propose plus de 500 thés récoltés dans une trentaine de pays, mais aussi confitures, sablés, chocolats, tasses et théières. Le salon de thé profite également du plaisant décor colonial.

SORTIES

Au Petit Fer à Cheval – *30 r. Vieille-du-Temple - M° St-Paul - ☎ 01 42 72 47 47 - 9h-2h.* Cet adorable petit bistrot populaire, devenu très branché, doit son nom à son vieux comptoir en forme de fer à cheval. Un havre de mixité au cœur du quartier gay. Quelques tables sur le trottoir. Souvent bondé en soirée. La salle de restaurant est située derrière le bar.

La Belle Hortense – *31 r. Vieille-du-Temple - M° St-Paul - ☎ 01 48 04 71 60 - www.cafeine.com - 13h-2h.* Avec son nom emprunté à un roman de Jacques Roubaud, le lieu consacre dans ses étagères l'union de la littérature et du vin. On y boit donc en parlant belles lettres avec malice. Au fond, un salon vert (non fumeur) accueille des expositions. Un endroit chic et en vogue où l'on croise artistes et écrivains.

La Tartine – *24 r. de Rivoli - M° St-Paul - ☎ 01 42 72 76 85 - 8h-24h sf mar., mer. matin - fermé 2 sem. en août, Nouvel An, 1er mai. et lun.* Cet authentique bistrot parisien séduit par son décor vieillot et ses peintures savamment enfumées. Vous pouvez y déguster plusieurs vins ayant reçu une médaille d'or au Concours général agricole de Paris. Idéal pour se donner rendez-vous ou faire une petite pause.

Ph. Gajic/MICHELIN

Les Marronniers – *18 r. des Archives - M° Hôtel-de-Ville - ☎ 01 40 27 87 72 - 8h-2h.* Des Marronniers, on ne connaît souvent que sa belle terrasse toujours bondée. Le décor coloré et un tantinet baroque des salles du rez-de-chaussée et de l'étage ne manque pourtant pas d'attrait. Brunch le dimanche.

Lizard Lounge – *18 r. du Bourg-Tibourg - M° Hôtel-de-Ville - ☎ 01 42 71 73 63 - www.hip-bars.com - 12h-1h30 - fermé 1 sem. en août.* Un vrai bar anglo-américain, chaleureux et simple, propice aux contacts. Un endroit ouvert et vivant dans un quartier où la plupart des établissements affichent des ambiances très sélectives.

Ma Bourgogne – *19 pl. des Vosges - M° St-Paul - ☎ 01 42 78 44 64 - tlj jusqu'à 1h.* Terrasse très agréable sous les arcades de la place des Vosges. Grand choix de beaujolais.

ACHATS

Place des Vosges – *M° Bastille, Saint-Paul ou Chemin-Vert.* Pour beaucoup, c'est encore la plus belle place de Paris, fleurant bon le 16ᵉ s... Cafés, antiquaires et galeries d'art bordent la place sous les arcades. Le jardin central est devenu un lieu de rendez-vous très branché.

Ici se côtoient sans heurt passé et présent, une boutique de mode dans une ancienne boulangerie.

Rue Vieille-du-Temple – *Mᵒ Filles-du-Calvaire.* Vous trouverez en haut de la rue Vieille-du-Temple (à partir de la rue du Perche) et dans les rues alentour (rue Charlot, rue de Poitou...) de nombreuses galeries d'art. Brochure disponible dans chacune d'elles.

Galerie Vidal St-Phalle – *10 r. du Trésor - Mᵒ Saint-Paul - ☎ 01 42 76 06 05 - mar.-sam. 14h-19h sur demande préalable - fermé j. fériés et août.* Cette galerie d'art contemporain expose les œuvres d'artistes reconnus au plan international mais encore peu diffusés en France, comme Rafols-Casamada, Max Neumann, Piero Pizzi Cannella, Jaume Plensa, Per Kirkeby, Christopher Le Brun, Pierre Tal-Coat ou Martin Assig.

Antik Batik – *18 r. de Turenne - Mᵒ Bastille, Saint-Paul ou Chemin-Vert - ☎ 01 44 78 02 00 - 11h-19h - fermé 10 j. en août.* Une boutique de mode « ethnique » rassemblant plusieurs créateurs aux styles influencés par l'Amérique latine, l'Inde et l'Indonésie. Toujours très colorés, leurs vêtements originaux ont su séduire la jeunesse parisienne.

Izrael Épicerie du Monde – *30 r. François-Miron - Mᵒ Saint-Paul - ☎ 01 42 72 66 23 - mar.-ven. 9h30-13h, 14h30-19h, sam. 9h-19h - fermé août, dim. et lun.* Cette caverne d'Ali Baba est l'épicerie la plus connue de Paris.

Sacha Finkelsztajn - La boutique jaune – *27 r. des Rosiers - Mᵒ Saint-Paul ou Hôtel-de-Ville - ☎ 01 42 72 78 91 - www.laboutiquejaune.com - mer.-lun. 10h-19h - fermé 19 juil. au 17 août et mar.* Succédant à son grand-père et à son père, Sacha Finkelsztajn perpétue la tradition gastronomique yiddish d'Europe centrale et de Russie dans sa chaleureuse boutique jaune aux parfums d'ailleurs. *Apfel strudel, vatrouchka* au fromage blanc, yiddish sandwiches, tarama ou caviar d'olives sont à emporter ou à déguster sur place.

Alberto Valese Ebru – *42 r. St-Paul - Mᵒ Saint-Paul - ☎ 01 42 74 43 08.* Beaux papiers marbrés, en feuilles ou recouvrant carnets, cahiers, albums, sous-main, boîtes, etc.

comprendre

La naissance du Marais – La rue St-Antoine est surélevée et protégée des crues dès l'époque romaine. Au 13ᵉ s., preuve de l'importance du quartier, des couvents s'installent : moines et templiers défrichent et mettent le marais en culture.

La consécration – Le rempart de Philippe Auguste est bientôt doublé par l'enceinte de Charles V que ferme à l'Est la puissante Bastille. Ainsi annexé à la ville, le quartier du Marais reçoit sa consécration : Charles V, fuyant le Palais, se fixe à l'**hôtel St-Pol**, entre la rue St-Antoine et le quai. Son fils Charles VI, auquel les médecins conseillent de se divertir, en fait la maison des « Joyeux Ébattements ». La rue des Lions-St-Paul et la rue Beautreillis rappellent la ménagerie et le parc royaux.

Au début du 17ᵉ s., la place Royale (actuelle place des Vosges), créée sur ordre d'Henri IV, devient le cœur du Marais, un centre d'élégance et de festivités. Tandis que les jésuites s'installent rue St-Antoine, les grands seigneurs et les courtisans édifient à l'entour de splendides demeures que décorent les meilleurs artistes du Grand Siècle. Au Marais s'élabore à cette époque le type de l'hôtel particulier à la française, construction classique et discrète entre cour et jardin. Les précieuses, les libertins, les philosophes y tiennent de brillants salons. Musiciens et orateurs font retentir les voûtes de St-Paul et de St-Gervais-St-Protais.

Cependant, la mode se déplace vers l'Ouest. Déjà attirée par la proche île St-Louis, la noblesse se retrouve sous Louis XVI dans les faubourgs St-Honoré et St-Germain. La prise de la Bastille marque la fin du Marais résidentiel, livré désormais aux destructions et à l'abandon... jusqu'à sa réhabilitation par André Malraux.

LE MARAIS, UNE LEÇON D'ARCHITECTURE CLASSIQUE

Le style Henri III s'observe à l'**hôtel de Lamoignon** (1584) où Baptiste Androuet Du Cerceau donne le premier exemple, à Paris, de l'ordre colossal.

Le style Henri IV apparaît **place des Vosges**.

Avec Louis XIII, la montée vers le classicisme s'affirme. En 1625, Jean Androuet Du Cerceau élève l'**hôtel de Sully**.

Le premier style Louis XIV se manifeste à l'**hôtel de Guénégaud** (1652) de François Mansart ; à l'**hôtel de Beauvais** dû à Le Pautre (1657) ; à l'**hôtel Carnavalet**, demeure Renaissance transformée par François Mansart en 1655 ; à l'**hôtel Amelot de Bisseuil** de Cottard (1657). Le second style Louis XIV marque les deux hôtels contigus élevés par Delamair en 1705 : l'**hôtel de Rohan** et l'**hôtel de Soubise**. On reconnaît ce style à ses rez-de-chaussée élevés, à l'importance des fenêtres, à ses balustrades en rive de toiture, aux sculptures des avant-corps.

---

se promener

La visite du Marais peut se faire en suivant les deux itinéraires : circuit Saint-Paul et promenade du Marais. Description des musées ou des collections abritées dans les plus beaux hôtels : *voir dans « visiter ».*

Circuit Saint-Paul ①

Départ Mᵒ Saint-Paul. Situé entre la Seine et la rue Saint-Antoine, le circuit St-Paul constitue la partie Sud du Marais.

Église St-Paul-St-Louis★★

Visite guidée 2ᵉ dim. du mois 15h. ☎ *01 42 72 30 32.*
C'est, après l'église des Carmes, le plus ancien exemple de style jésuite à Paris. En 1580, la Compagnie de Jésus installe dans l'actuel lycée Charlemagne une maison professe pour les religieux qui ont déjà prononcé leurs vœux.

Louis XIII offre les terrains nécessaires pour la nouvelle église, édifiée de 1627 à 1641 et dédiée à Saint Louis. Le plan est inspiré de l'église de Gesù, à Rome, un modèle d'architecture baroque.

Mais les jésuites sont expulsés en 1763. Le couvent devient École centrale de 1795 à 1804, puis lycée. Après la démolition de l'église St-Paul, les deux vocables St-Paul et St-Louis sont réunis dans l'édifice de la rue St-Antoine (1802).

Façade – Les ordres classiques y étagent leurs colonnes. Cette façade cache le dôme, qui est la grande nouveauté du style jésuite. Dans les églises postérieures, comme celles de la Sorbonne, du Val-de-Grâce et des Invalides, les architectes corrigeront ce défaut et mettront, au contraire, en valeur la beauté des dômes.

Intérieur – Pas de bas-côtés, mais des chapelles communiquant entre elles. La voûte en berceau laisse passer largement la lumière.

À la croisée du transept, belle coupole surmontée d'un lanternon. De hauts pilastres corinthiens montent le long des murs. Dans cet ensemble lumineux, les sculptures, les ornements sont répandus à profusion.

St-Paul eut un très riche mobilier, dispersé à la Révolution. Les deux coquilles du bénitier, à l'entrée, ont été offertes par Victor Hugo lorsqu'il habitait place

---

SAUVE QUI PEUT !
Au 17ᵉ s., les cérémonies religieuses, sous la direction musicale de Marc Antoine Charpentier et devant les fidèles qui faisaient assaut d'élégance, y prenaient un caractère théâtral. Cependant, le père jésuite Bourdaloue (dont le corps repose dans la crypte) ne ménageait pas les rudes vérités. « Il frappe comme un sourd... Sauve qui peut ! », disait Mme de Sévigné.

RECYCLAGE
Dans l'église des jésuites, les reliquaires contenant les cœurs de Louis XIII et de Louis XIV furent fondus à la Révolution. Quant aux cœurs, le peintre Saint-Martin les acheta pour les broyer avec de l'huile. Cette matière sombre, la mumie, donnait aux toiles un glacis merveilleux. Le peintre n'utilisa qu'une partie du cœur de Louis XIV qui, paraît-il, était le plus gros. À la Restauration, il rendit les restes à Louis XVIII et reçut en dédommagement une tabatière en or.

des Vosges. À la croisée, trois tableaux, du 17e s., illustrent la vie de Saint Louis. Le quatrième, perdu, a été remplacé par le *Christ au jardin des Oliviers* de Delacroix (1827). Dans la chapelle, à gauche du maître-autel, statue de la *Vierge de douleur*, marbre (la terre cuite est au Louvre) de Germain Pilon (1586).

Quitter l'église par la porte de gauche en remontant vers le chœur. Un passage mène à la rue Saint-Paul que l'on prend à droite.

Dans la petite rue Eginhard, qui s'ouvre quelques mètres plus loin par un passage sous voûte, une plaque posée dans le jardin paisible de l'un des immeubles, rappelle le souvenir d'Elias Zajdner, déporté à Auschwitz avec ses trois fils en mai 1944. Un acte de mémoire à l'égard des nombreuses familles qui, à la même époque, subirent le même sort.

Village St-Paul

Il s'étend entre les rues des Jardins-St-Paul, Charlemagne, St-Paul et de l'Ave-Maria. Cet îlot est aéré de cours intérieures autour desquelles se répartissent des maisons et des boutiques d'antiquaires.

Rue des Jardins-St-Paul

Dans cette rue, jadis ouverte devant les murailles de la ville, un long fragment de rempart, coupé par deux tours, est le plus important vestige parisien de l'**enceinte de Philippe Auguste**. Il reliait alors la **tour Barbeau** dont l'emplacement se situait au n° 32 quai des Célestins à la poterne St-Paul.

Rabelais est mort au n° 8, le 9 avril 1553. Au fond, perspective sur le chevet et le dôme de l'église St-Paul-St-Louis.

Hôtel de Sens★

1 r. du Figuier - Mº Pont Marie. L'édifice fut élevé de 1475 à 1507 pour servir de résidence aux archevêques de Sens, dont dépendit l'évêché de Paris jusqu'en 1622. Pendant la Ligue, ce fut un foyer d'intrigues avec le cardinal de Guise. En 1594, Mgr de Pellevé y mourut de fureur, tandis qu'on chantait le *Te Deum* à Notre-Dame, pour l'entrée d'Henri IV à Paris. En 1605, la reine Margot, première femme du Vert Galant, vint habiter l'hôtel après un long exil en Auvergne. À 53 ans, elle y poursuivait sa vie galante.

Les vieilles maisons qui formaient son cadre naturel ont été démolies.

En passant sous la voûte du porche, de style flamboyant, on pénètre dans la cour. La tour carrée où monte l'escalier à vis présente une bretèche (sorte de balcon à mâchicoulis). Les façades extérieures sont décorées de tourelles et de belles lucarnes.

La **bibliothèque Forney** y abrite une documentation sur les beaux-arts, les arts décoratifs et les techniques industrielles. Riches collections d'affiches et de papiers peints. *Tlj sf dim. et lun. 13h30-20h30, sam. 10h-20h. Fermé j. fériés et 1re quinzaine de juil. Gratuit (expo. temporaire : 4€).* ☎ 01 42 78 14 60.

En sortant, prendre à gauche la rue du Figuier puis, après avoir jeté un coup d'œil à la pittoresque rue du Prévôt, ruelle étroite dotée de réverbères et de vieilles maisons ventrues, continuer à gauche, rue de Jouy.

Hôtel d'Aumont

7 r. de Jouy. Au début du 17e s. est élevée une demeure pour Michel-Antoine Scarron, oncle du poète burlesque et beau-père du maréchal-duc d'Aumont, gouverneur de Paris à l'avènement de Louis XIV. L'hôtel est ensuite remanié et agrandi par François Mansart, décoré par Le Brun et Simon Vouet ; le jardin à la française est probablement dessiné par Le Nôtre. La cour intérieure et les

---

LA DILIGENCE POUR LYON !

De 1689 à 1743, l'hôtel de Sens fut occupé par le service des diligences de Lyon. Le voyage était risqué. Aussi, avant de partir, les voyageurs prenaient la peine de faire leur testament.

Ph. Gajic/MICHELIN

L'hôtel de Sens, l'une des grandes demeures privées du Moyen Âge à Paris.

façades présentent une décoration presque sévère. L'édifice abrite aujourd'hui le tribunal administratif. Un jardin a été reconstitué entre l'hôtel et la Seine.

Mémorial du Martyr juif inconnu

17 r. Geoffroy-l'Asnier. &. *Tlj sf w.-end 10h-13h, 14h-17h. Fermé j. de fêtes juives. 2,30€. ☎ 01 42 77 44 72.*
Il abrite dans sa crypte la flamme-souvenir des victimes juives du nazisme, ainsi qu'un musée sur « les Juifs dans la lutte contre l'hitlérisme ».

Hôtel de Châlons-Luxembourg

26 r. Geoffroy-l'Asnier. Datant des années 1620, l'hôtel doit son nom à deux propriétaires successifs, le négociant Châlons et Mme de Luxembourg. Il possède une porte cochère sculptée et une intéressante façade de brique et de pierre.

Église St-Gervais-St-Protais★

L'édifice est bâti sur une légère éminence qu'accusent les marches de la façade et celles de la rue François-Miron. Dès le 6ᵉ s., une basilique fut dédiée aux saints Gervais et Protais, deux frères, officiers romains martyrisés sous Néron. Le corps de l'édifice, de style gothique flamboyant, a été terminé en 1657. Scarron, Philippe de Champaigne, Crébillon et Le Tellier sont inhumés ici.

L'imposante façade classique, la première de Paris (1616-1621), attribuée à Clément Métezeau, offre trois étages de styles dorique, ionique et corinthien. Le chevet de l'église apparaît bien depuis la rue des Barres ; au nº 15, jolie galerie de l'ancien charnier.

Intérieur – De la construction d'origine, l'édifice a conservé les voûtes flamboyantes, des vitraux du 16ᵉ s. et de belles stalles sculptées des 16ᵉ et 17ᵉ s. dont les miséricordes représentent des métiers. L'orgue, construit en 1601, enrichi au 18ᵉ s., est le plus ancien de Paris. Il a été tenu de 1656 à 1826 par les huit Couperin, dynastie d'organistes. Le devant d'autel de la 3ᵉ chapelle est un bas-relief en pierre représentant la Mort de la Vierge (13ᵉ s.). À gauche du croisillon, beau tableau sur bois, de l'école flamande (16ᵉ s.), représentant des scènes de la Passion du Christ. Au pilier gauche du carré du transept, Vierge gothique à l'Enfant, en pierre. Dans la chapelle de la Vierge, remarquable clé de voûte flamboyante de 2,50 m de diamètre et 1,50 m de saillie. La chapelle suivante renferme le mausolée du chancelier Le Tellier, à qui Bossuet consacra une célèbre oraison funèbre (1686).

> **ATTENDEZ-MOI SOUS L'ORME !**
> L'orme planté sur la place était, selon la coutume médiévale, un lieu d'assemblées, de jugements, d'embauche, de rendez-vous, d'où l'expression : « Attendez-moi sous l'orme. »

Ph. Bourgeois/MICHELIN

Maison à colombages, rue Geoffroy-l'Asnier.

À L'HONNEUR !
Des bénévoles, groupés en une Association pour la sauvegarde et la mise en valeur du Paris historique, ont dégagé, au sous-sol des n° **44-46** de la rue François-Miron, les belles **caves★** gothiques de la maison parisienne de l'abbaye d'Ourscamp, dans l'Oise. *14h-18h. Fermé août. Gratuit.* ☎ 01 48 87 74 31.

Rue François-Miron

◄ Ancienne voie romaine à travers les marécages, elle porte le nom d'un prévôt des marchands sous le règne de Henri IV. Au Moyen Âge, elle était bordée par les maisons de ville de plusieurs abbayes d'Île-de-France.

Aux n° 11 et 13, deux maisons à colombage, très restaurées, remonteraient au règne de Louis XI. La belle Marie Touchet, maîtresse de Charles IX, aurait habité au n° 30. Derrière l'immeuble de façade *(accès au 22 rue du Pont-Louis-Philippe, au fond du couloir)*, on peut voir une minuscule cour Renaissance ; remarquable décoration en pans de bois sculptés.

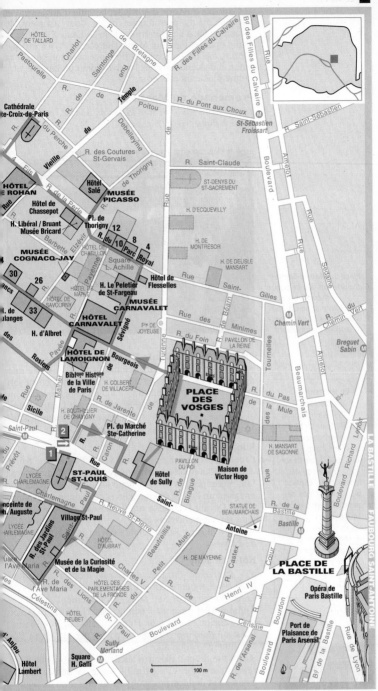

Hôtel de Beauvais★ – *Au n° 68, actuellement en travaux.*
L'abbaye de Chaalis, près de Senlis, avait ici au 13ᵉ s. sa
maison de ville. Sous Louis XIII, Catherine Bellier, dite
Cateau la Borgnesse, est la première femme de chambre
d'Anne d'Autriche. En 1654, le rôle galant qu'elle joue, à
40 ans, auprès du jeune Louis XIV âgé de 16 ans lui vaut
une fortune. Son mari, Pierre de Beauvais, et elle-même,
anoblis, acquièrent l'ancien terrain des abbés de Chaalis,
où l'architecte Antoine Le Pautre leur bâtit un somptueux hôtel, empruntant les pierres destinées au Louvre.
L'ouvrage est remarqué pour son balcon cintré sur
consoles et sa disposition intérieure ingénieuse. C'est de

ces balcons qu'Anne d'Autriche, la reine d'Angleterre et les plus hauts personnages de la Cour assistent, le 26 août 1660, à l'entrée triomphale de Louis XIV et de sa jeune épouse, l'infante Marie-Thérèse. En 1763, lorsque Mozart, âgé de 7 ans, vient en France avec son père et sa sœur, il descend ici, chez l'ambassadeur de Bavière, et y donne plusieurs concerts.

Promenade du Marais [2]

Du M° Saint-Paul, prendre la rue de Sévigné, puis la première à droite, rue d'Ormesson.

Place du Marché-Sainte-Catherine, un lieu de paix, charmeur, vieux de plusieurs siècles, où les concerts de jeunes artistes s'improvisent.

Place du Marché-Sainte-Catherine★

Au 13ᵉ s., piété oblige, un prieuré dédié à Ste-Catherine du Val des Escoliers s'installe. Au 18ᵉ s., elle choisit son encadrement : de grands immeubles homogènes avec au centre des mûriers ; au 20ᵉ s., elle bannit la circulation et se voue corps et âme aux terrasses de restaurants.

La rue Caron (au Sud) mène rue St-Antoine.

Rue Saint-Antoine

Grand axe de communication vers l'Est, la rue Saint-Antoine était fréquemment empruntée par les souverains. Elle présentait dès le 14ᵉ s. cette largeur inhabituelle qui en faisait un lieu de promenades et de réjouissances populaires. Devant l'église, la rue dépavée et sablée avant les fêtes servait de lice aux joutes.

Au 17ᵉ s., la rue Saint-Antoine devint la plus belle voie de Paris.

> **LE JEU TOURNE AU DRAME**
>
> En 1559, Henri II donne rue St-Antoine un tournoi pour le mariage de sa fille. Lors d'une joute, il reçoit dans l'œil la lance de son capitaine des gardes, Montgomery, et meurt peu après à l'hôtel des Tournelles, dans d'atroces souffrances, et malgré tous les soins du médecin Ambroise Paré. Montgomery, qui s'était réfugié en Angleterre, est décapité en place de Grève en 1574.

Hôtel de Sully★

62 r. St-Antoine – M° St-Paul. Visite de la cour et du jardin : 8h30-19h. Gratuit. ☎ 01 44 61 21 50.

Construit à partir de 1625, probablement par Jean Androuet Du Cerceau, l'édifice est acheté en 1634 par Sully, ancien ministre de Henri IV, alors âgé de 75 ans. Il est aujourd'hui occupé en partie par le Centre des Monuments nationaux.

Sur la rue, le portail entre les deux gros pavillons a été rétabli dans son état primitif. Avec sa décoration de frontons et de lucarnes sculptées et une série de figures représentant les quatre Éléments et deux Saisons, la **cour**★★ de l'hôtel constitue un remarquable ensemble Louis XIII.

Dans le principal corps de logis ont été restaurés des plafonds à solives peintes datant de la construction. Dans l'aile en retour sur le jardin a été également restauré le beau décor peint des boiseries et des plafonds (1661) de l'appartement de la deuxième duchesse de Sully. Au rez-de-chaussée du corps de logis et de l'aile sur jardin, ainsi qu'au sous-sol réaménagé, ont lieu des expositions photographiques temporaires.

Au fond du jardin, l'orangerie datant de 1625 permet de communiquer avec la place des Vosges.

Toutes les caractéristiques du classicisme sont ici réunies.

A. EI/MICHELIN

Place des Vosges***

C'est un lieu de repos, soit au soleil près des fontaines du jardin, soit dans la fraîcheur sous les arcades. De petits orchestres dominicaux y ont pris leurs habitudes et ont leurs inconditionnels. L'animation des week-ends est des plus sympathiques.

En 1407, après l'assassinat du duc d'Orléans, la Couronne acquiert ici l'**hôtel des Tournelles**. Charles VII s'y fixe, Louis XII y termine ses jours. Après la mort d'Henri II au tournoi de la rue St-Antoine, Catherine de Médicis le prend en horreur et le fait démolir. La place devient royale dès 1612. Henri IV voulait un beau quartier. Son désir est exaucé : la place s'impose comme le lieu de la vie élégante, des carrousels et des plaisirs, le rendez-vous des duellistes. Mme de Sévigné (au n° 1 bis), Bossuet (au n° 17), Richelieu (au n° 21) et Victor Hugo (au n° 6) de 1832 à 1848, Théophile Gautier et Alphonse Daudet (au n° 8) s'y plurent.

Les 36 pavillons, probablement dus à Androuet Du Cerceau ou Métezeau, sont « d'une mesme cimettrie » selon les vœux royaux : alternance de pierre et revêtement de fausse brique, deux étages avec un toit percé de lucarnes, arrière-cours et jardins cachés ; au pavillon du Roi *(face Sud)* correspond celui de la Reine.

> ▶ **POURQUOI LES VOSGES ?**
> Le nom actuel de la place honore depuis 1800 le département des Vosges, parce qu'il fut le premier à payer ses impôts à l'Empire.

À la mode sous Henri IV, comme de nos jours, la place des Vosges...

Rue des Francs-Bourgeois*

Cette vieille rue se dénomma d'abord « rue des Poulies » à cause de ses métiers de tisserands. Elle a pris son nom actuel après la fondation, en 1334, des « maisons d'aumône », dont les occupants, affranchis de taxes en raison de leurs faibles ressources, étaient appelés « francs-bourgeois ».

Hôtel d'Albret – N°ˢ 29 bis et 31. Il fut bâti au 16ᵉ s., par le connétable de Montmorency, puis remanié au 17ᵉ s. La veuve de Scarron, future marquise de Maintenon, fit ici la connaissance de la marquise de Montespan et devint la gouvernante des enfants que la favorite avait eus de Louis XIV. Restauré, l'hôtel accueille la direction des Affaires culturelles de la Ville de Paris et sert de cadre à des concerts lors du festival d'été.

Hôtel Barbes – N° 33. Construit vers 1635. S'avancer vers la cour.

Au 4 de la rue Elzévir, l'**hôtel de Savourny** présente une pittoresque cour intérieure.

Hôtel de Coulanges – N°ˢ 35-37. Il date du 17ᵉ s. Il est devenu la Maison de l'Europe.

Hôtel de Sandreville – N° 26. Il date de 1586. Aménagé en appartements.

FOU, PAS FOU ?

Près de la maison de Jean Hérouet s'élevait, au 15ᵉ s., l'hôtel Barbette, résidence discrète de la reine Isabeau de Bavière, qui y lança la mode des bals masqués, tandis que Charles VI, sujet à des crises de folie, vivait à l'hôtel Saint-Pol. « Si le roi me gêne quand il est fou, il me gêne bien davantage quand il ne l'est pas », avait-elle coutume de confier avec cynisme.

Hôtel d'Alméras – *Nᵒ 30*. Un curieux portail à tête de bélier dissimule sa façade de brique et de pierre.

Ancien hôtel Poussepin – *Nᵒ 34*. Centre culturel suisse.

Maison de Jean Hérouet★

54 r. Vieille-du-Temple. Cette maison, édifiée vers 1510 pour le trésorier de Louis XII, a conservé ses fenêtres à meneaux et son élégante tourelle en encorbellement.

Église Notre-Dame-des-Blancs-Manteaux

C'est surtout ses boiseries qu'il faut admirer, ainsi que sa magnifique **chaire flamande★** (panneaux en marqueterie incrustée d'ivoire et d'étain encadrés de bois doré), datée de 1749.

Rue des Archives

Plus calme que la rue des Francs-Bourgeois, elle se contente d'aligner les façades de ses hôtels des Archives nationales.

Hôtel de Soubise★★ – *Nᵒ 58*. Le plus vieux (14ᵉ s.) des hôtels, unique et majestueux. La **porte Clisson★** conserve ses deux tourelles en encorbellement. L'entrée rue des Francs-Bourgeois laisse voir la **cour d'honneur★★** en forme de fer à cheval, d'une majestueuse beauté, bordée d'un péristyle élégant et pur que surmonte une balustrade destinée, à l'origine, à former un vaste promenoir en terrasse. Il renferme le musée d'Histoire de France *(voir description dans « visiter »)*.

Hôtel de Guénégaud★★ – *Nᵒ 60*. Édifié par François Mansart vers 1650 et remanié au 18ᵉ s. Il est remarquable dans ses lignes simples et harmonieuses, avec un petit jardin à la française. C'est l'une des plus belles demeures du Marais. Il abrite le musée de la Chasse *(voir description dans « visiter »)*.

Prendre la rue des Quatre-Fils : de là, la vue sur le jardin et la façade postérieure de l'hôtel de Guénégaud est aussi admirable. Poursuivre le détour jusqu'à la **cathédrale Ste-Croix-de-Paris★** *(r. Charlot)*. Cette église des Arméniens catholiques de France cache en son chœur de riches boiseries rehaussées d'or (18ᵉ s.). À gauche du chœur, remarquable **statue★** de saint François d'Assise, par Germain Pilon (16ᵉ s.). *Dim. 10h-13h ; en sem. visite sur demande auprès de M. le curé, ☎ 01 44 59 23 50. Reprendre la rue des Quatre-Fils.*

Hôtel de Rohan★★

Au carrefour avec la r. Vieille-du-Temple. Delamair entreprit sa construction en 1705, en même temps que celle de l'hôtel de Soubise : le second style Louis XIV s'y déploie de la même façon. Cet hôtel était destiné au fils du prince et de la princesse de Soubise, évêque de Strasbourg et futur cardinal de Rohan. Quatre cardinaux de Rohan, princes-évêques de Strasbourg, se sont succédé ici. Le dernier y mena un train de vie princier jusqu'à ce que l'affaire du Collier de la reine (1785) provoque sa disgrâce.

Dans la cour de droite de l'hôtel de Rohan, au-dessus des anciennes écuries, se dressent avec une certaine superbe les frémissants Chevaux du soleil★★, de Robert Le Lorrain.

Ph. Gajic/MICHELIN

En 1808, Napoléon affecte l'hôtel à l'Imprimerie impériale. Il est réuni, en 1927, aux Archives nationales, qui le sauvent de la destruction.

La cour d'honneur n'a pas l'originalité de celle de l'hôtel de Soubise. La façade principale donne sur le jardin commun aux deux hôtels *(voir description intérieure dans « visiter »)*.

Poursuivre l'itinéraire par la rue de la Perle.

Place de Thorigny

Ce carrefour permet de s'asseoir et d'admirer les façades des **hôtels de Chassepot** *(3 et 5 r. de la Perle)* et **Libéral-Bruand** *(1 r. de la Perle)*. Un peu plus en avant, dans la rue de Thorigny *(n° 5)*, l'**hôtel Salé** abrite le musée Picasso *(voir description dans « visiter »)*.

Rue du Parc-Royal

C'est une suite d'hôtels du 17ᵉ s. qui forment, malgré les altérations, un remarquable ensemble décoratif en face du square Léopold-Achille : **hôtel de Croisilles** *(n° 12)* où sont logés la bibliothèque et les Archives des Monuments historiques, **hôtel de Vigny** *(n° 10)* qui abrite le Centre national de documentation du Patrimoine, **hôtels Duret-de-Chevry** *(n° 8, très restauré)* et de **Canillac** *(n° 4)*.

On peut rejoindre la rue des Francs-Bourgeois par la rue Payenne ou la rue de Sévigné ; l'itinéraire préconise cette dernière.

Rue Payenne

Le square Georges-Cain, bordé par l'orangerie et la façade de l'hôtel Le Peletier de St-Fargeau, est aménagé en jardin lapidaire. L'**hôtel de Châtillon** *(n° 13)* possède une cour pavée et un intéressant escalier. Son voisin, l'**hôtel de Marle**, dit **de Polastron-Polignac** *(n° 11)*, se signale par son toit en carène, attribué à Philibert Delorme ; après avoir appartenu à la comtesse de Polignac, gouvernante des enfants de Marie-Antoinette, il est aujourd'hui territoire suédois : l'ambassade de Suède en a assumé la restauration pour ouvrir un centre culturel.

Le n° 5 fut habité par **François Mansart**, jusqu'à sa mort. Clotilde de Vaux, inspiratrice d'Auguste Comte, est également morte ici. La doctrine positiviste, qui s'est fixé « l'Amour pour principe, l'Ordre pour base, le Progrès pour but », y rassembla longtemps des disciples dans sa curieuse chapelle de l'Humanité.

Rue de Sévigné

On longe la façade de l'hôtel Carnavalet puis celle de l'hôtel **Le Peletier de St-Fargeau** *(n° 29)* qui appartint au célèbre conventionnel qui fit voter la mort de Louis XVI. Il fut construit par Pierre Bullet entre 1686 et 1690. Au n° 52, l'**hôtel de Flesselles**, très restauré, porte le nom du dernier prévôt de Paris.

En face, à l'emplacement du petit square Léopold-Achille, Sadi Carnot (1796-1832) étudia les lois régissant l'équilibre des températures et fonda la thermodynamique par ses *Réflexions sur la puissance motrice du feu.*

Hôtel Carnavalet**

Élevé à partir de 1548 pour Jacques des Ligneris, président au Parlement de Paris, l'hôtel passa en 1578 à Françoise de La Baume-Montrevel, membre du fameux « escadron volant » de Catherine de Médicis et veuve du sire de Kernevenoy. Dès l'époque de sa construction, il se distingue par sa décoration, attribuée pour la plus grande part à Jean Goujon qui a sculpté les lions de l'entrée, l'Abondance *(à la clé de voûte)* et les décors du corps de logis *(fond de la cour)*.

En 1655, **François Mansart** donne à la construction Renaissance son aspect actuel. Marie de Rabutin, **marquise de Sévigné**, loue l'hôtel de 1677 à 1696. Puis l'édifice voit passer des financiers et des magistrats

---

PRENDRE L'AIR

Prendre la rue des Coutures-St-Gervais à gauche de l'hôtel de Salé, puis la rue Vieille-du-Temple pour voir le jardin et l'imposante façade postérieure de l'hôtel Salé. Un **jardin public** à la française prolongeant le jardin du musée est orné d'un buffet d'eau de Simounet.

CARNAVALET

Le nom serait la francisation du nom breton de Kernevenoy. Plus romantique : la belle veuve du sire de Kernevenoy s'ennuyait dans son bel hôtel. Des courtisans décidèrent de sécher ses larmes. Les allées et venues des soupirants (elle avait 19 ans), rivalisant d'extravagance dans leurs habits afin de plaire, prirent vite l'aspect d'un carnaval journalier.

À VOIR

Masque de carnaval
à l'entrée, par allusion
à Carnavalet ; **statue★**
de Louis XIV de Coysevox
dans la cour.
Cette statue se trouvait
autrefois à l'Hôtel de Ville.

*Hôtel de Lamoignon,
rue Pavée : détail
de la porte, l'une des
plus belles du Marais.*

avant d'abriter, sous la Restauration, l'École des ponts
et chaussées. En 1866, la Ville de Paris fait l'acquisition
de l'hôtel pour y installer ses collections historiques
(voir description dans « visiter »).

Les bâtiments qui bordent les trois jardins sont du 19ᵉ s,
tandis que le portail principal est daté du 16ᵉ s. *Prendre
la rue des Francs-Bourgeois sur la droite et s'engager rue
Pavée à gauche.*

Hôtel de Lamoignon★★

24 r. Pavée. Superbe demeure prisée, sollicitée et fréquentée par les grands : Diane de France, Lamoignon (président
au Parlement) qui y reçoit Racine, Mme de Sévigné,
Bourdaloue et Boileau. Alphonse Daudet y a habité.

Aujourd'hui, la **Bibliothèque historique de la Ville de
Paris** accueille les chercheurs dans sa belle salle de
lecture aux poutres et solives peintes.

Rue des Rosiers

C'est la rue caractéristique d'un quartier juif (le Marais
est désigné par une expression spécifique en yiddisch : le
Pletzl, la « place »). Hormis le samedi, jour du sabbat, les
produits rituels, viandes casher, spécialités orientales,
pâtisseries attirent une foule gourmande et gastronome.
La rue est émaillée de belles enseignes hébraïques.

Les **rues Vieille-du-Temple** (**hôtel Amelot-de-Bisseuil★**,
nᵒ 47) et **du Roi-de-Sicile** regorgent de petites boutiques
de mode, de décoration, de bijoux. La rue du Roi-de-Sicile
débouche sur une petite place de village : la **place du
Bourg-Tibourg**, où les terrasses des cafés se serrent les
unes contre les autres.

visiter

Maison de Victor Hugo★

6 pl. des Vosges. &. *Tlj sf lun. 10h-18h. Fermé j. fériés.
Gratuit (sf expo. temporaires).* ☎ *01 42 72 10 16.*

Le musée a été installé en 1903 dans l'ancien hôtel de
Rohan-Guéménée, construit au début du 17ᵉ s. Victor
Hugo y vécut de 1832 à 1848. Au premier étage, réservé
aux expositions temporaires, sont présentés par roulement des dessins de l'écrivain.

Au deuxième étage, les salles évoquent les différentes
demeures de Victor Hugo, tandis que le « salon chinois »
et les meubles provenant de la maison de Juliette Drouet
à Guernesey témoignent de son talent de décorateur. La
vie de Victor Hugo est illustrée par des portraits, des
bustes, des photographies et des souvenirs de famille.

Musée de la Curiosité et de la Magie★

*11 r. St-Paul. Mer., w.-end et vac. scol. zone C, 14h-19h (der-
nière entrée 1h av. fermeture). 7€ (3-12 ans : 5€).*
☎ *01 42 72 13 26. www.museedela magie.com*

De l'invention, de l'audace et beaucoup de plaisir. La
collection permet de se faire une idée de l'ingéniosité
des accessoires de ce qui, aux 17ᵉ et 18ᵉ s., était appelé
« physique amusante », « prestidigitation » à partir de
1815. En milieu de parcours, une scène, quelques sièges
et des gradins servent aux spectacles de magie régulièrement organisés et qui constituent le clou de la visite.

On remarque les ravissants **bois tournés**, petits objets de
buis, souvent fabriqués à Nuremberg et qui faisaient partie du nécessaire des boîtes de physique amusante
offertes aux enfants au siècle dernier ; les **boîtes à secret**
ou **gigognes** ; les **automates**. Les objets en métal mal-
léable (laiton, métal blanc), fabriqués à Dinan (Belgique),
d'où leur nom de « dinanderie », sont aussi intéressants :
vase inépuisable, casserole aux tourterelles, boules aux
foulards.

L'ABBAYE DE L'ATTRAPE

C'est ainsi que Robert
Houdin surnomma sa
maison à Blois. Il stupéfiait
ses voisins et invités par
ses inventions : les portes
s'ouvraient toutes seules
devant les visiteurs,
un robot jardinier ratissait
le gazon, les sonnettes
carillonnaient au passage
des gens...

Des écrous et un buste creux de **Robert Houdin** (1805-
1871), diplomate et horloger de génie qui donna ses
lettres de noblesse à l'art de la prestidigitation au 19ᵉ s.,
produisent le même effet. Les salles suivantes recèlent
des **illusions d'optique** et des jeux de miroirs.

D. Pazery/MICHELIN

Musée d'Art et d'Histoire du Judaïsme★★

Hôtel St-Aignan, 71 r. du Temple – M° Rambuteau. ⟨ Tlj sf sam. 11h-18h, dim. et j. fériés 10h-18h (dernière entrée 1/2h avant fermeture) ; possibilité de visite guidée (1h1/2) dim. 15h. Fermé 1er janv., 1er mai, Rosh Hashanah, Yom Kippour. Pour le tarif, se renseigner. ☎ 01 53 01 86 60.

Dans un cadre historique, une muséographie ultra-moderne présente des œuvres anciennes et contemporaines, accompagnées de nombreuses notes explicatives. Autant d'éléments qui permettent de découvrir pleinement la culture juive.

Rouleau (ou megilah) d'Esther et son étui ; argent, Rome, 18e s.

J. G. Berizzi/RMN

Le judaïsme, une religion – L'union de tous les juifs se réalise depuis des siècles autour de la « Loi » (la Torah), l'enseignement religieux et les fêtes cultuelles. La reconstitution de synagogues et l'exposition d'objets cultuels rendent compte des rites des différentes fêtes. Le messianisme et le pèlerinage sont également abordés.

Le judaïsme, une diaspora – L'histoire des Juifs est une histoire de voyages et d'exils. Les premières salles illustrent l'installation des Juifs en France au Moyen Âge et en Italie de la Renaissance au 18e s. : stèles, manuscrits, édits royaux montrent l'intégration des communautés, le problème de l'intolérance et leur vie quotidienne (actes de mariage, bijoux).

Le judaïsme, deux communautés – Au contact de l'Espagne musulmane – communauté séfarade – ou de l'Europe de l'Est – communauté ashkénaze –, les rites et les vêtements évoluent et se modifient.

Le judaïsme contemporain – Si le Siècle des Lumières et le Premier Empire favorisent l'émancipation, le 19e s. s'achève sur la formation d'un antisémitisme moderne : l'affaire Dreyfus, la déportation conduisent à la naissance du sionisme. Les salles 11 et 13, réservées aux présences juives dans l'art du 20e s. et au monde juif contemporain (expositions temporaires), complètent remarquablement cet ensemble.

> ▶ **FÊTE DES TABERNACLES**
> En mémoire de l'épisode biblique des 40 années passées par le peuple hébreu dans le désert et de la sortie d'Égypte, les fidèles sont tenus de passer sept jours en plein air, dans une cabane au toit de chaume. Un ravissement pour les enfants...

Musée de l'Histoire de France★

Hôtel de Soubise, 60 r. des Francs-Bourgeois. Tlj sf mar. 10h-12h30, 14h-17h30, w.-end 14h-17h30. Fermé j. fériés. 3€. ☎ 01 40 27 60 96.

Les lieux sont déjà un musée en eux-mêmes et ont conservé leur décoration d'origine. La rénovation du musée est en cours, mais, en attendant, sont proposés des expositions, des conférences, des concerts, des ateliers éducatifs et des lectures.

Les appartements★★ – Tombé en disgrâce à la fin du gros œuvre, Delamair céda la place à Germain Boffrand. Ce dernier, élève de Jules Hardouin-Mansart, exécuta la remarquable décoration intérieure du palais, avec le concours des meilleurs peintres et sculpteurs de l'époque. On notera le contraste entre l'architecture classique, conçue par Delamair sous Louis XIV, et la décoration rocaille, étourdissante de fantaisie, réalisée par Boffrand sous le règne de Louis XV : comme à Versailles, l'intimité avait pris le pas sur le cérémonial.

La suite des appartements du rez-de-chaussée constitue le décor dans lequel vécut Hercule-Mériadec, fils aîné du prince François de Soubise : la chambre est ornée de dessus-de-porte à sujets mythologiques : *Neptune et Amphitrite* (Jean Restout), *l'Hymen d'Hercule et Hébé* (Charles Trémolières), *Aurore et Céphale* (François Boucher), *Mars et Vénus* (Carl Van Loo) ; le salon ovale, peint en « blanc mêlé de gris de lin », orné de hauts-reliefs en plâtre, illustre les sciences et les arts.

Au premier étage, attenante à l'ancienne chapelle des Guise, la **salle des gardes** fut le quartier général de la Ligue pendant les guerres de Religion. La grande composition du *Typus religionis* provient du collège jésuite de Billom, acquise, suite au procès de l'Ordre, avec les archives de l'ancien Parlement de Paris (1847).

La **salle d'assemblée** est ornée de toiles de Carle Van Loo *(Vénus à sa toilette)* et de François Boucher *(Vénus au bain)* ; y sont exposées une maquette de la Bastille faite avec des pierres de la forteresse, ainsi qu'une table et deux chaises provenant du Parlement de Paris.

Chambre de la princesse – Éblouissante par la richesse de son décor et l'ampleur de ses dimensions, elle a conservé son aspect d'origine. Un beau lit à baldaquin meuble cette grande pièce aux boiseries blanc et or, avec des médaillons d'angle au plafond, traités en or mat, illustrant les amours de Jupiter.

Salon ovale de la princesse – Chef-d'œuvre de l'art rocaille, il reste cependant intime grâce au bleu ciel du plafond et à la volupté qui se dégage des superbes toiles de Natoire, retraçant l'*Histoire de Psyché*.

> **BEAU DÉCOR**
>
> Dans la chambre de la princesse de Soubise, de chaque côté du lit sont accrochés deux superbes tableaux de Boucher : *La Cage ou le Pasteur complaisant, La Guirlande ou le Pasteur galant.*

Salon ovale de la princesse de Soubise.

Petite chambre de la princesse – Elle est intéressante par ses médaillons ovales, représentant les quatre éléments, ainsi que les dessus-de-porte de Carle Van Loo, Restout, Trémolières et Boucher.

La salle du dais et la salle Empire sont consacrées à des expositions.

Musée de la Chasse et de la Nature

Hôtel de Guénégaud, 60 r. des Archives – Mᵒ Rambuteau. Tlj sf lun. 11h-18h (dernière entrée 1/4h av. fermeture.). Fermé j. fériés. 4,60€. ☎ 01 53 01 92 40.

En suivant les thèmes des mythes et légendes de la chasse, de ses traditions et pratiques, de l'évolution des armes à feu, tout le monde animalier est évoqué : peintures animalières, animaux empaillés d'Afrique du Nord, d'Amérique et d'Asie couvrent les murs. Collections d'armes et d'arbalètes.

Hôtel de Rohan★★

Tlj sf mar. et jours fériés. A partir du printemps 2005, se renseigner au 01 40 27 60 96.

Voir description extérieure dans « se promener ». Un bel escalier droit mène aux **appartements★** des cardinaux.

À l'entrée, tapisseries des Gobelins. Les premiers salons sont ornés de tapisseries de Beauvais (cartons attribués à Boucher).

La décoration intérieure qui subsiste date des années 1750. Remarquer le salon Doré et le délicieux cabinet des Singes (décor de Christophe Huet, qui servit de modèle aux « singeries » et chinoiseries de Chantilly et Champs), ainsi que les délicates boiseries des petites chambres (cabinet des Fables).

Pablo Picasso,
Deux baigneurs.

J. G. Berizzi/RMN/© Succession Picasso

Musée Picasso★★

Hôtel Salé, 5 r. de Thorigny. ♿ *Avr.-sept. : 9h30-18h ; oct.-mars : 9h30-17h30. Fermé mar., 1ᵉʳ janv., 25 déc. 5,50€ (enf. : gratuit), gratuit 1ᵉʳ dim. du mois.* ☎ *01 42 71 88 18.*
L'hôtel Salé a été restauré par l'architecte Simounet. À l'intérieur a été conservé un bel **escalier★** à rampe de fer forgé et à plafond sculpté.

À l'origine du musée : une dation – Né à Malaga le 25 octobre 1881, Pablo Ruiz Picasso étudie à l'école des beaux-arts de Barcelone, puis à Madrid. En 1904, il vient s'installer en France qu'il ne quittera plus sauf pour de brefs séjours à l'étranger. Il meurt à Mougins le 8 avril 1973.

La possibilité donnée aux héritiers, d'après une loi de 1968, de payer leurs droits de succession en œuvres d'art a permis à la France, qui n'était pas riche en œuvres de Picasso, d'acquérir la plus importante collection de cet artiste. Elle comprend plus de 250 peintures, un ensemble exceptionnel de sculptures, des papiers collés et tableaux-reliefs, plus de 3 000 dessins et estampes, 88 céramiques, la totalité de l'œuvre gravée, des livres illustrés et des manuscrits.

Visite – Elle commence par le 1ᵉʳ étage avec l'*Autoportrait bleu* et suit chronologiquement la vie du peintre, étroitement liée à son travail (panneaux explicatifs). Toutes les étapes de son évolution et toutes les techniques sont représentées, parmi lesquelles les études pour les *Demoiselles d'Avignon*, la *Nature morte à la chaise cannée*, la *Flûte de Pan*. Il faut y ajouter la collection personnelle de Picasso composée d'une cinquantaine d'œuvres d'artistes qu'il admirait : Chardin, Corot, Renoir, Braque, Cézanne, Rousseau, etc., et qui forme la donation Picasso. Au 3ᵉ étage sont programmés des films sur le peintre.

Musée de la Serrurerie Bricard

Hôtel Libéral-Bruant, 1 r. de la Perle. Tlj sf w.-end 10h-12h, 14h-17h. Fermé j. fériés. 5€. ☎ *01 42 77 79 62.*
Évolution de la serrure d'art de l'époque romaine à l'Empire. Collection de clés en bronze et en fer, serrures gothiques en fer forgé, clés de chambellans, etc. Ferrures du début du 20ᵉ s. Reconstitution d'un ancien atelier de serrurier.

> ### HÔTEL SALÉ
> Le musée Picasso est installé dans un bel hôtel particulier du Marais, construit entre 1656 et 1659 pour Pierre Aubert, seigneur de Fontenay, fermier de la gabelle, d'où le nom d'**hôtel Salé** que lui a donné la malice parisienne.

Musée Cognacq-Jay★★

Hôtel Donon, 8 r. Elzévir. Tlj sf lun. 10h-18h (dernière entrée 1/2h av. fermeture). Fermé j. fériés. Gratuit. ☏ *01 40 27 07 21.*

Cette collection d'art européen du 18e s. a été réunie par les fondateurs des magasins de la Samaritaine et léguée à la Ville de Paris. Elle est aujourd'hui installée dans l'**hôtel Donon**, entièrement restauré, dont le corps de logis (fin 16e s.), à haute toiture, rappelle le style Philibert Delorme. Avec une unité et un goût parfaits, l'ensemble évoque la vie raffinée du Siècle des Lumières.

Les salles ornées de boiseries présentent au rez-de-chaussée un choix exceptionnel de dessins (Watteau) et de peintures (Rembrandt, Ruysdael, Largillierre, Chardin). La Cour de Louis XV est évoquée par des portraits de Marie Leszczynska, de Mme Adélaïde sa fille, d'Alexandrine la fille de Mme de Pompadour. Au 2e niveau, des gouaches (Mallet) rendent compte de la vie bourgeoise, austère mais élégante, à l'époque Louis XVI. Les figures d'enfants et la fantaisie de Fragonard contrastent avec les terres cuites de Lemoyne et les œuvres de Greuze groupées dans la salle ovale. Une galerie de sculptures (Falconet, Houdon, Clodion) inspirées la plupart par l'Italie s'orne également de tableaux de Hubert Robert et de Boucher. Au 3e niveau, Mme Vigée-Lebrun et son temps, lit à la polonaise, pastels (*La Présidente de Rieux* et l'*Autoportrait* de La Tour), peintures anglaises. Dans le grand salon en chêne, commode et table ovale estampillées RVLC et commodes en paire de Carlin. Un cabinet rassemble des tableaux vénitiens (*Place St-Marc* de Guardi). Sous vitrines sont exposés des porcelaines de Saxe et de Sèvres et des objets précieux, tels que tabatières, drageoirs, nécessaires de toilette. Le grand comble sert éventuellement de cadre à des manifestations temporaires.

Fragonard, « Portrait d'enfant ».

Trocaz/Photothèque Ville de Paris

MUSÉE CARNAVALET
REZ-DE-CHAUSSÉE

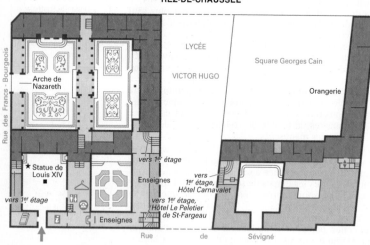

Rue des Francs - Bourgeois

LYCÉE
VICTOR HUGO
Square Georges Cain
Orangerie
Arche de Nazareth
★ Statue de Louis XIV
vers 1er étage
Enseignes
vers 1er étage
Enseignes
vers 1er étage, Hôtel Le Peletier de St-Fargeau
vers 1er étage, Hôtel Carnavalet
Rue de Sévigné

HÔTEL CARNAVALET

HÔTEL LE PELETIER DE SAINT-FARGEAU

Collections permanentes — Expositions temporaires — Fermé

ℹ information — vestiaire — ascenseur
☎ téléphone — librairie — toilettes
0 — 20m

Ph. Joffre, A. Brullu, Photothèque Ville de Paris

De magnifiques ensembles de mobilier Louis XIV et Régence, Louis XV et Louis XVI sont placés dans une suite de salles décorées de lambris provenant d'hôtels anciens.

Musée Carnavalet-Histoire de Paris★★

Hôtel Carnavalet, 23 r. de Sévigné. Tlj sf lun. 10h-18h. Fermé certains j. fériés. Gratuit (sauf expositions). ☎ *01 44 59 58 58. www.paris.fr/musees/musee_carnavalet* Situé dans deux hôtels particuliers somptueux, l'hôtel Carnavalet et l'hôtel Le Peletier de Saint-Fargeau *(voir description extérieure dans « se promener »)*, il renferme toute la mémoire de Paris, de la préhistoire à aujourd'hui. Tableaux, meubles, gravures, documents et maquettes, sculptures et collections des arts et traditions populaires font de ce musée l'un des plus vivants et séduisants de la capitale.

Des vestiges archéologiques évoquent le Paris des origines à la fin du Moyen Âge. L'orangerie de l'hôtel Le Peletier de Saint-Fargeau abrite ainsi les **pirogues néolithiques** en bois retrouvées à Bercy à partir de 1999. La plus ancienne est datée d'environ 4400 av. J.-C. !

Si de nombreux tableaux retracent l'évolution de la capitale, la visite permet aussi de revivre de grands moments de l'Histoire, comme la Révolution française ou la Commune.

Les arts décoratifs constituent un point fort du musée : des lambris peints ou sculptés, des plafonds provenant d'autres édifices ont été remontés. Admirez les salons de l'hôtel de la Rivière, peints par Lebrun, et rêvez de la Belle Époque dans la bijouterie Fouquet.

C'est aussi un musée littéraire : pouvait-il en être autrement dans l'hôtel de Mme de Sévigné ? De nombreux portraits, des meubles, des souvenirs vous introduisent dans l'intimité des grands auteurs, comme cette émouvante alcôve qui évoque la chambre de Proust.

C'est enfin un centre important d'iconographie sur la capitale, et sa librairie, réaménagée dans un nouvel espace conçu par Jean Oddes, fait figure de référence sur Paris et son histoire, avec un large choix d'ouvrages.

Maison européenne de la Photographie

5-7 r. de Fourcy – M° St-Paul. ♿ *Tlj sf lun. et mar. 11h-20h. Fermé j. fériés et entre chaque exposition. 5€, gratuit mer. ap. 17h.* ☎ *01 44 78 75 00.*

La collection permanente dont l'accrochage est renouvelé régulièrement, comprend plus de 12 000 œuvres réalisées après 1958.

La salle Hénault-de-Cantobre accueille les expositions temporaires à caractère historique et scientifique.

Au sous-sol, bibliothèque, vidéothèque et auditorium prolongent la visite des expositions.

À VOIR
Maquette montrant l'arrivée du duc d'Orléans place de l'Hôtel-de-Ville ; portraits de Mme Récamier par Gérard, de Franz Liszt par Lehmann.

ENCORE UN HÔTEL...
Entre la rue François-Miron et la rue de Fourcy, la maison de la Photographie est installée dans l'**hôtel Hénault-de-Cantobre** (vers 1704), restauré et agrandi par l'architecte Yves Lion. Remarquer au n° 52 un intéressant balcon à consoles de pierre.

Marché aux Puces★

CONSEIL

Le Marché aux Puces de Saint-Ouen est ouvert les week-end et lundi. Il est conseillé de faire attention aux pickpockets, ainsi qu'aux étals vendant des vêtements de marque : acheter de la contrefaçon est un délit.

À la recherche d'un meuble de style, d'une vieille médaille, d'un uniforme ancien, d'une poupée 1900, d'un chapeau jadis à la mode ? La journée pourrait se révéler longue mais passionnante, et quel plaisir de jouer à la chasse au trésor !

La situation

Plan Michelin n° 54 A 13-14 – 18e arr. – à St-Ouen : rue Jean-Henri-Fabre – M° Porte-de-Clignancourt (ligne 4) ou Garibaldi (ligne 13) – Bus 85 (arrêt Paul-Bert) ou PC. À la sortie du métro Porte-de-Clignancourt, prendre au Nord. Il faut passer au-dessus de la Petite Ceinture, puis sous le boulevard périphérique.

Le nom

Les Puces donnent une idée concrète de l'état des fripes vendues aux premiers jours du marché. Qu'on se rassure, aujourd'hui, il n'y en a plus beaucoup...

Les gens

Tout le monde est allé au moins une fois dans sa vie aux Puces. Certains les fréquentent même assidûment.

découvrir

Les Puces prennent des allures de boutiques. Elles restent cependant le village de l'insolite et du pittoresque. N'espérez plus y trouver des tableaux de maîtres comme dans les années 1920. Mais sans doute qu'en furetant à loisir, puis en marchandant, vous trouverez votre bonheur dans ce bric-à-brac hétéroclite, paradis des chineurs.

Marché Vernaison

L'un des plus anciens marchés de Paris, il porte le nom de son propriétaire. Autour de 1885, il en louait une partie à des marchands, des « chiff-tir » ou « biffins » (chiffonniers), qui vendaient les produits de leur « chine » (recherche d'objets anciens). C'est toujours le cas aujourd'hui : bibelots, meubles.

MARCHÉ AUX PUCES DE ST-OUEN

Marché Biron★

Fondé en 1925 par 70 brocanteurs. Si la première allée ne paie pas de mine, la seconde est un petit musée de meubles d'époque qui font rêver à de grands châteaux. C'est le marché aux Puces « chic », dans une ambiance intime et chaleureuse.

Marché Cambo
Mobilier, tableaux.

Marché des Rosiers
Meubles, bibelots, tableaux. Presque tous les brocanteurs sont des spécialistes de la pâte de verre et du mobilier Art nouveau.

Marché Serpette
L'un des plus récents. Meubles anciens et rustiques, bibelots, armes anciennes.

Marché Paul-Bert
Brocante à ciel ouvert.

Marché Jules-Vallès
Meubles rustiques. Réputé pour être le marché aux prix abordables.

Marché Malik
Friperie, lunettes, disques.

Chinez, marchandez : vous obtiendrez la pièce rare !

Marché Dauphine★
Tableaux, estampes, meubles et bibelots pour tous les goûts et de toutes les époques. C'est le plus moderne, non seulement quant à son cadre (architecture métallique sur deux étages avec des verrières), mais aussi quant à ses expertises : un certificat est remis à tout acheteur qui le souhaite (cabinet d'expertise indépendant côté rue des Rosiers).

Marché Malassis
Antiquaires. Un restaurant à l'intérieur, le Saint-Framboise.

Les rues voisines sont envahies de marchés volants proposant des vêtements en tout genre.

Maubert★

Depuis le haut Moyen Âge, c'est un lieu de rassemblement, et même d'émeutes populaires qui y dressèrent maintes barricades. Appartenant au Quartier latin, ce petit ensemble de rues médiévales plein de charme est l'occasion d'une plongée dans le vieux Paris.

La situation
Plan Michelin n° 54 K 14-15 – 5e arr. – M° Maubert-Mutualité (ligne 10) – Bus 47, 63, 87.. C'est un carrefour qui s'étend entre la Seine et le Panthéon, avec la place Maubert pour centre. Celle-ci ressemble à une petite étoile dont les bras unissent entre elles toutes les rues du quartier.

Voir à proximité Jussieu, le Quartier latin, cathédrale Notre-Dame, île de la Cité, île Saint-Louis, Jardin des Plantes, la Bastille.

Le nom
Il est probablement issu de la contraction de celui de maître Albert, ou Albert le Grand, philosophe et théologien dominicain allemand, maître de Saint Louis, qui enseignait ici au 13e s.

Les gens
Le président de la République François Mitterrand (1916-1996) vécut de longues années rue de Bièvre.

carnet pratique

SE RESTAURER

Se reporter à la rubrique « Restauration » dans les Informations pratiques, en début de guide ; ce quartier correspond au 5e arrondissement.

PETITE PAUSE

La Fourmi Ailée – *8 r. du Fouarre - Mº Maubert-Mutualité -* ☎ *01 43 29 40 99 - 12h-1h - fermé midi juil.-août, Noël et Nouvel An.* À deux pas de Notre-Dame, cette ancienne librairie accueille aujourd'hui un charmant salon de thé-restaurant. Salades, copieux plats du jour et pâtisseries se dégustent face à la cheminée dans un décor mariant avec bonheur livres, tableaux anciens et bibelots.

SORTIES

Les Trois Maillet – *56 r. Galande - Mº Maubert-Mutualité -* ☎ *01 43 54 00 79 -* *jboni@club-internet.fr - 17h à l'aube.* Il règne une chaleureuse ambiance dans cette cave ancienne où l'on peut dîner ou boire un verre, et même danser sur les tables... Les musiques du monde, la salsa, la variété et même la danse orientale ont droit de cité dans ce club.

ACHATS

Kayser – *14 r. Monge - Mº Maubert-Mutualité -* ☎ *01 44 07 31 61 - mar.-dim. 8h-20h - fermé en août.* Non content de produire un pain reconnu sur la place de Paris, cet artisan et créateur réalise aussi de délicieuses pâtisseries qui mettent véritablement l'eau à la bouche ! Prenez le temps de choisir - et pourquoi pas de déguster sur place - les gâteaux, tous plus tentants les uns que les autres, proposés dans un joli cadre de vieille boulangerie.

se promener

Débuter la promenade le long de la Seine.

POUR LES GOURMETS
Au nº 15 du quai, le très renommé **restaurant La Tour d'Argent** aurait révélé le secret de la fourchette à Henri IV.

Quai de la Tournelle
Bordé de vieilles maisons, il offre avec son pont de l'Archevêché une **vue★★★** magnifique sur le chevet de Notre-Dame. Face à l'île Saint-Louis, sainte Geneviève, patronne de Paris, a pris le **pont de la Tournelle** pour piédestal (statue de Landowski).

Quai de Montebello
Au Moyen Âge, le bois de construction et de chauffage était déversé au port aux Bûches situé entre le Petit-Pont et le pont au Double. Au 17e s. fut construite une annexe de l'Hôtel-Dieu ; les deux bâtiments de l'Hôtel-Dieu étaient reliés par le **pont au Double** (l'ouvrage actuel date de 1885).

Juste après le square, tourner à gauche.

ÎLES DE LA CITÉ ET ST-LOUIS

Square René-Viviani

En 1928, le petit enclos de l'église St-Julien-le-Pauvre a été aménagé en square. La **vue★★★** y est exceptionnelle : l'église St-Julien, derrière son rideau d'arbres ; la **rue St-Julien-le-Pauvre**, dont les toits se pressent dans un désordre pittoresque ; la Cité ; enfin, et surtout, Notre-Dame, dont la masse, vue de trois quarts avec juste le recul suffisant, n'apparaît nulle part plus belle.

Église St-Julien-le-Pauvre★

Contemporaine de Notre-Dame (1165-1220), elle est consacrée à saint Julien le Confesseur, évêque du Mans, surnommé le Pauvre parce que sa charité vidait constamment sa bourse.

L'église a subi plusieurs remaniements au 17ᵉ s. Le chœur, la plus jolie partie du vaisseau, est traversé par la cloison de bois qui reçoit les icônes ou images saintes (iconostase). Remarquer les **chapiteaux★** des deux piliers, qui représentent des feuilles d'acanthe et des harpies.

Place

Elle forme une petite cour gagnée sur deux travées de l'église. La **vue★★** sur l'entrée de la rue Galande et sur St-Séverin est l'une des plus connues du vieux Paris ; elle est fréquentée par nombre de peintres.

Un puits à armature de fer, autrefois situé à l'intérieur de l'église, se trouve adossé au portail, près de deux dalles de l'ancienne voie romaine de Lutèce à Orléans. L'ancien hôtel du gouverneur du Petit Châtelet, au nᵒ 14 de la rue St-Julien-le-Pauvre, date du 17ᵉ s.

Rue Galande

La plupart de ses maisons sont médiévales : plusieurs caves ont été mises au jour entre les nᵒˢ 54 et 46 ; au nᵒ 42, la pierre sculptée représente saint Julien l'Hospitalier sur sa barque ; le pignon du nᵒ 31 date du 15ᵉ s.

Traverser la rue Lagrange pour prendre la rue de l'Hôtel-Colbert (remarquer à l'angle, aux nᵒˢ 13-15, le bâtiment de la première faculté de médecine), puis tourner à droite rue de la Bûcherie.

La **place★** constituée par la rencontre des rues de la Bûcherie, du Haut-Pavé, des Grands-Degrés et Frédéric Sauton, est un lieu particulièrement pittoresque et charmant, avec ses vieilles maisons aux façades couvertes de végétation, sa terrasse de restaurant, son ancienne boucherie transformée en galerie d'art, ses petites librairies.

S'engager dans la rue des Grands-Degrés et tourner à droite rue Maître Albert.

Rue Maître-Albert

Cette ruelle est bordée de vieilles maisons dissimulant un réseau de souterrains qui rejoignent les bords de la Seine et les venelles voisines, qui étaient jusqu'au début du 20ᵉ s. le refuge des mauvais garçons et des conspirateurs.

Place Maubert

Maître Albert y enseignait la théologie. Les étudiants s'y rassemblaient volontiers, laissant parfois la place à des émeutes populaires.

Prendre le boulevard St-Germain vers l'Ouest, puis tourner dans la première rue à gauche.

Rue de Bièvre

Les bateliers et tanneurs s'étaient installés le long d'une dérivation de la rivière. Au nᵒ 12, l'entrée de l'ancien collège St-Michel est dominée par une statue de l'Archange terrassant le dragon. Face au nᵒ 17, un jardin au calme reposant accueille les enfants.

En débouchant sur le quai de la Tournelle, tourner à droite pour prendre la rue des Bernardins jusqu'au boulevard St-Germain. Le longer vers la gauche et s'engager rue de Poissy à droite.

Ph. Gajic/MICHELIN

Le robinier faux acacia planté en 1601 dans le square Viviani est maintenant soutenu par une béquille. C'est le plus vieil arbre de Paris, avec celui du jardin des Plantes. Ils ont été rapportés d'Amérique du Nord par le botaniste Robin, d'où leur nom.

UN PETIT COIN DE MOYEN ÂGE

Rue du Fouarre, **Dante** aurait suivi les cours de l'Université en 1304. Rue de la Bûcherie, l'école d'administration de la Ville de Paris occupe la première faculté de médecine établie ici au 15ᵉ s. Créée en 1206, l'impasse Maubert abritait le laboratoire aux poisons de la marquise de Brinvilliers.

Rue de Poissy

La Révolution avait transformé le **collège des Bernardins**, fondé en 1246, en dépôt pour les futurs galériens. Depuis 1845, une caserne de pompiers s'y est installée. De la rue, on aperçoit la partie supérieure du réfectoire, avec ses trois nefs voûtées en ogives et longues de dix-sept travées : c'est une des plus belles halles gothiques de Paris *(ne se visite pas)*.

Tourner à droite rue St-Victor.

Au n° 24, se dresse la **Maison de la Mutualité**, édifice construit en 1931 à l'emplacement du petit séminaire de St-Nicolas-du-Chardonnet, pour la Fédération mutualiste de Paris. Sa grande salle accueillit nombre de réunions politiques et autres, mais également des concerts. Léo Ferré fut un habitué des lieux.

LÉO DE PARIS

La carrière de Léo Ferré (1916-1993), un des plus grands de « l'âge d'or de la chanson française » (avec Barbara, Jacques Brel, Georges Brassens et quelques autres), est très liée à Paris : il y eut Bobino, sa salle préférée, où il donnait tous les deux ans un nouveau récital, les cabarets de St-Germain où le chanteur timide poursuivait le succès, l'Alhambra-Maurice Chevalier où, en 1960, son récital le fit enfin connaître du grand public, la **salle de la Mutualité** qu'il embrasa, accompagné par le groupe Zoo. De *Paris Canaille* à *Paname*, de la rêverie nostalgique de *Quartier Latin*, au chant d'amour déçu de *Paris je ne t'aime plus*, le chanteur poète, alliant la révolte à la mélancolie, a écrit et interprété quelques-unes des chansons emblématiques de la capitale, qui avec la mer, reste un des thèmes majeurs de son œuvre.

Église St-Nicolas-du-Chardonnet

◀ **À VOIR**
La **porte**★ latérale *(rue des Bernardins)* a été dessinée par Le Brun, fervent paroissien ; l'exécution de ce travail de sculpture sur bois est non moins remarquable.

Sur un enclos planté de chardons, une chapelle s'éleva ici au 13ᵉ s. À partir de 1656, elle fut remplacée par l'édifice actuel qui, faute de place à l'Est, a été orienté au Nord. Dédié à saint Nicolas, patron des bateliers, il n'a reçu sa façade définitive qu'en 1934.

L'intérieur, de style jésuite, est abondamment décoré par des tableaux de Restout, Coypel, Le Lorrain, Corot et surtout de Charles Le Brun : son monument funéraire, œuvre de Coysevox, se dresse dans une chapelle du déambulatoire, à gauche, auprès du tombeau de sa mère, qu'il a lui-même dessiné. Le buffet d'orgues, du 18ᵉ s., provient de l'ancienne église des Innocents.

Rejoindre la place Maubert par la rue Monge. Prendre rue Jean-de-Beauvais à gauche.

Église des Saints-Archanges

9 bis r. Jean-de-Beauvais. Ven. et sam. 18h-19h30, dim. 9h-13h. Visite guidée sur demande (1 j. av.). ☎ *01 43 54 67 47.* Cette ancienne chapelle du collège de Beauvais (1370) fut achetée en 1882 par le gouvernement roumain qui l'affecta au culte orthodoxe roumain. Les archanges Michel, Gabriel et Raphaël la protègent.

visiter

Musée de l'Assistance publique-Hôpitaux de Paris

47 quai de la Tournelle. Tlj sf lun. 10h-18h. Fermé août, j. fériés. 4€, gratuit 1ᵉʳ dim. du mois. ☎ *01 40 27 50 05.* L'ancien **hôtel Martin** (1630) fut acheté par une collaboratrice de M. Vincent, Mme de Miramion, qui y installa une communauté de jeunes filles charitables, dévouées au soin des malades. La Révolution en fit une forge pour baïonnettes, l'Empire y établit la Pharmacie générale des hospices.

Il témoigne de la place et de l'évolution de l'hôpital à Paris depuis l'Hôtel-Dieu de saint Landry (évêque de Paris) en 650 jusqu'à nos jours. Les collections sont regroupées de façon chronologique afin de retracer les grandes étapes de l'histoire de l'hôpital et de l'assistance. Exposition temporaire au rez-de-chaussée.

Dans la cour de l'hôtel, un petit jardin de plantes médicinales a été aménagé, permettant au visiteur de retrouver, au gré des massifs, quelques-unes des plantes cultivées autrefois dans les hôpitaux pour leurs vertus curatives.

À VOIR
Les lettres patentes de Louis VII (1120-1180), le plus ancien document de l'Assistance publique. À l'époque, le pouvoir civil remplace peu à peu l'autorité religieuse.

Musée des Collections historiques de la préfecture de Paris

1 bis r. des Carmes. Tlj sf dim. 9h-17h, sam. 10h-17h. Fermé j. fériés. Gratuit. ☎ 01 44 41 52 50.

Voici retracée l'histoire de la police parisienne, depuis le guet du Moyen Âge jusqu'en 1870, date de la création du corps des gardiens de la paix. De très intéressants documents judiciaires sont à découvrir : lettres de cachet, registres d'écrou des anciennes prisons de Paris, décret de comparution de Louis XVI devant l'assemblée de la Convention, etc.

INTRIGANT ET SINISTRE !
Les souvenirs de conspirateurs et de criminels célèbres : Fieschi (et sa machine infernale), Landru (et ses femmes), Petiot (et ses ordonnances).

Plaine et parc Monceau★★

Le Monceau d'aujourd'hui n'a guère changé depuis le Second Empire : le jardin et ses milles facettes, que quelques musées précieux encadrent, les résidences aux façades plus somptueuses les unes que les autres !

LE PARC ET SON HISTOIRE
C'est pour le duc de Chartres, futur Philippe Égalité, que le peintre-écrivain Carmontelle dessine les plans de ce jardin mi-allemand, mi-anglais (1778). Les luxueux hôtels naissent un siècle plus tard.

La situation

Plan Michelin n° 54 D 9-10, E 9-10 – 8ᵉ arr. – Mᵒ Monceau (ligne 2) – Bus 30, 84 et 94. Le parc Monceau est un paisible espace vert, longé par le boulevard de Courcelles. Un jeu de colonnes à l'antique, les parterres de fleurs et quelques canards font vite oublier les voitures de l'extérieur.

Le nom

Monceau était autrefois un petit village, lequel se fit vite engloutir par Paris.

Les gens

Le plus fou du 18ᵉ s. ? Garnerin qui se lance en parachute, depuis un ballon libre à 1 000 m d'altitude le 22 octobre 1797 et atterrit dans le parc. Ce fut le premier, mais non le dernier...

Une grille somptueuse qui marque l'entrée d'un parc non moins superbe.

H. Le Gac/MICHELIN

carnet pratique

RESTAURATION

On peut se reporter à la rubrique
« Restauration » dans les Informations
pratiques, en début de guide ; ce quartier
correspond au 17e arrondissement.

ACHATS

La Maison du Chocolat – 225 r. du Fg-St-
Honoré - Mo Ternes - ☎ 01 42 27 39 44 -
www.lamaisonduchocolat.com - fév.-oct. :
tlj sf dim. 10h-19h ; nov.-janv. : tlj sf dim.
9h30-19h30 - fermé j. fériés. Le chocolat de
Robert Linxe est l'un des meilleurs de Paris.
Laissez-vous séduire par l'élégante
présentation des ses ganaches et pâtisseries
et n'omettez pas de goûter son succulent
chocolat chaud.

Les Caves Taillevent – 199 r. du Fg-
St-Honoré - Mo Ternes ou Charles-de-
Gaulle-Étoile - ☎ 01 45 61 14 09 -
www.taillevent.com - tlj sf dim. 9h-19h30,
lun. 14h-19h30 - fermé 3 sem. en août et
j. fériés. Posées sur des étagères ou
accrochées aux murs, les bouteilles exposées
sont factices, les vraies étant conservées dans
une cave climatisée. Outre les plus grands
crus, vous trouverez des vins de pays de
qualité. Accueil courtois et efficace.

ARTS & SPECTACLES

Galerie Lelong – 13 r. Téhéran -
Mo Miromesnil - ☎ 01 45 63 13 19 -
gelerie.lelong@wanadoo.fr - mar.-ven.
10h30-18h, sam. 14h-18h30 - fermé août.
Une des galeries les plus réputées de Paris.
Elle expose les œuvres de plusieurs artistes
internationaux : Alechinsky, Appel, James
Brown, Chillida, Dibbets, Judd, Kounellis,
Michaux, Miro, Monory, Pignon-Ernest,
Rebeyrolle, Saura, Scully, Tàpies...

Salle Cortot – 78 r. Cardinet -
Mo Malesherbes - ☎ 01 47 63 85 72 -
www.ecolenormalecortot.com - 8h30-
23h30. Fondée en 1919 par Alfred Cortot,
l'école normale de musique de Paris abrite
en son sein cette belle salle de concerts
classée monument historique. Son élégant
style Art déco est au service d'une
remarquable acoustique. Elle accueille des
concerts mais aussi des « master classes »
organisées par de prestigieux artistes.

LOISIRS-DÉTENTE

Le parc – ▣ Des aires de jeux pour les
enfants parsèment le parc, mais beaucoup
sont regroupées à l'Est : piste de patinage,
sable, manège.

se promener

**LE PAVILLON
DE CHARTRES**
Sous le nom de « la
Rotonde », ce pavillon
édifié par Ledoux abritait
une guérite d'octroi de
l'enceinte des fermiers
généraux.

Parc Monceau★

*Entrée par la Rotonde (Nord – à la sortie du métro
Monceau).* Le parc renferme des espèces variées : érable
sycomore, platane d'Orient et ginkgo biloba.
Les blanches statues jouent à cache-cache dans tous les
coins, alors que le bassin ovale de la naumachie (Nord-
Est) vous plonge dans les simulacres de combats navals
chez les Romains.
Près du lac, une arcade Renaissance a appartenu jusqu'à
la Commune à l'ancien Hôtel de Ville.
*Sortir du parc par l'avenue Van-Dyck (Ouest). S'engager rue
de Courcelles à droite, puis rue Daru à gauche. Toutefois,
pour profiter d'une meilleure vue d'ensemble de la cathédrale
St-Alexandre-Nevski, poursuivre jusqu'au bd de Courcelles,
prendre à gauche et encore à gauche, rue Pierre-le-Grand : la
surprise est totale !*

LE 12 JUILLET 1918
Max Jacob, Jean Cocteau,
Guillaume Apollinaire
et Serge de Diaghilev
furent témoins du
mariage d'Olga Khoklova
et de Pablo Picasso,
célébré en la cathédrale
St-Alexandre-Nevski.

Cathédrale St-Alexandre-Nevski

12 r. Daru. Mar., ven., dim. 15h-17h. ☎ 01 42 27 37 34.
L'église orthodoxe de Paris est un lieu unique : de style
néobyzantin moscovite (1860), ses cinq pyramides sont
surmontées de bulbes dorés. Fresques, dorures et icônes
décorent cette croix grecque.
De magnifiques cérémonies liturgiques y maintiennent
le souvenir de la « Sainte Russie ».
*Poursuivre jusqu'au bout de la rue Daru pour atteindre la
rue du Faubourg-St-Honoré.*

Rue du Faubourg-Saint-Honoré★

Cette longue artère élégante qui commence rue Royale,
dans le 8e arr. *(voir description au chapitre « Faubourg
Saint-Honoré)*, s'achève, à droite, place des Ternes. En
s'engageant dans la rue sur la gauche, les mélomanes
mais aussi les « petits rats » reconnaîtront sans peine, au
n° 252, la haute façade de la salle Pleyel.

Salle Pleyel – Cette salle de concerts classiques date de
1927. Rénovée en 1981, elle est célèbre pour son acoustique, pour la qualité de ses affiches et pour ses écoles
de danse.

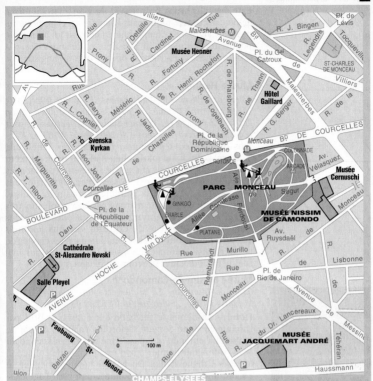

Traverser l'avenue Hoche et poursuivre dans la rue du Faubourg St-Honoré. À droite s'amorce la rue Berryer où, au n° 11, s'ouvrent les jardins de l'ancien hôtel Salomon de Rothschild. Cet hôtel, construit entre 1872 et 1878, abrite la Fondation nationale des Arts graphiques et plastiques et, depuis 1993, le **Centre national de la Photographie**. À ce titre, il sert de cadre à d'intéressantes expositions temporaires.

FIN DE MANDAT

C'est le 6 mai 1932, dans les salons de l'hôtel Salomon de Rothschild, que le président de la République, Paul Doumer, fut assassiné par un exalté russe du nom de Gorgoulov. Celui qui avait dit en guise de boutade lors de son élection à la magistrature suprême : « avec un tel score, je ne peux finir qu'assassiné », avait perdu quatre fils et un gendre au cours de la Grande Guerre. Dans l'émotion générale, l'État voulut lui faire des funérailles nationales au Panthéon, mais sa veuve s'y opposa déclarant : « Je vous l'ai donné vivant, maintenant qu'il est mort, rendez-le moi ! »

---

visiter

Musée Cernuschi★

7 av. Vélasquez. ♿ *Réouverture probable en mars 2005 : tlj sf lun. 10h-17h40. Fermé 1er janv., Pâques, 25 déc. Gratuit. ☎ 01 55 74 61 30.*

À son origine, un banquier : Henri Cernuschi, qui a réuni là ses riches collections d'art oriental. Le musée expose un large panorama de l'art de la Chine ancienne, du néo-lithique à la dynastie des Song (960-1279). Le circuit chronologique est entrecoupé de salles thématiques consacrées à l'art cultuel et funéraire, aux techniques de sculpture et de céramique chinoises avec leurs évolutions. Les expositions temporaires alternent avec une collection de peintures chinoises traditionnelles contemporaines à l'encre.

Cavalier Han au musée Cernuschi.

L'un des plus beaux bronzes est un vase à vin en forme de bête accroupie protégeant l'ancêtre du clan, prénommée la « Tigresse ». Remarquer également un admirable Bodhisattva en pierre du 5ᵉ s., et le rouleau des *Chevaux et palefreniers*, chef-d'œuvre de la peinture Tang sur soie (8ᵉ s).

Musée Henner

43 av. de Villiers – Mᵒ Malesherbes. Tlj sf lun. 10h-12h30, 14h-17h. Fermé 1ᵉʳ janv., 1ᵉʳ mai, 25 déc. Gratuit en raison des travaux (visite du 1ᵉʳ étage seulement). Fermeture pour rénovation prévue une partie de 2005. ☎ 01 47 63 42 73.

Plus de 500 œuvres peintes, réparties sur 3 niveaux, dans ce petit hôtel particulier bâti en 1878, rendent compte de la valeur de cet artiste alsacien. Jean-Jacques Henner (1829-1905) est passé avec dextérité des esquisses et dessins à la peinture. Portraitiste réaliste, c'est aussi un paysagiste marqué par le symbolisme, très apprécié pour ses nymphes et naïades colorées (influence de Titien et du Corrège). Ses nus féminins aux tons nacrés ont fait sa réputation dans les cercles de la bourgeoisie européenne aisée. Un montage audiovisuel permet de suivre l'évolution de son œuvre.

Musée Nissim-de-Camondo★★

63 r. de Monceau. Tlj sf lun. et mar. 10h-17h. Fermé 1ᵉʳ janv., 1ᵉʳ mai, 25 déc. 6€. ☎ 01 53 89 06 50.

Hôtel – La demeure fut bâtie entre 1911 et 1914 par l'architecte René Sergent, selon les volontés du comte Moïse de Camondo qui, passionné par l'art classique du 18ᵉ s, souhaitait donner à son exceptionnelle collection un cadre digne d'elle. De ce bel hôtel particulier, il émane une atmosphère évoquant aussi bien l'âge classique que la Belle Époque. À cet égard, les cuisines (qui ont conservé leur équipement d'origine), comme les locaux du rez-de-chaussée bas affectés au service, sont particulièrement représentatifs du train de vie d'une grande maison à l'orée du 20ᵉ s. C'est au rez-de-chaussée haut, dans les pièces de réception, que se trouve l'essentiel des collections. Quant à l'étage, il est occupé par les appartements privés du comte et de ses enfants, Nissim et Béatrice.

Musée Nissim-de-Camondo, grand bureau.

JLS Jaulmes/UCAD

LA FIN TRAGIQUE D'UNE FAMILLE

Banquiers venus de Constantinople sous le Second Empire, les deux frères Camondo, Abraham Behor et Nissim, firent construire deux hôtels particuliers mitoyens, en bordure du parc Monceau.

En 1911, le comte Moïse de Camondo, qui a hérité de l'hôtel de son père Nissim, le fait démolir et fait édifier un nouvel hôtel inspiré du Petit Trianon de Versailles, afin de mettre en valeur la collection d'œuvres d'art qu'il a constituée.

Son fils Nissim auquel est destiné cette collection, est tué lors d'un combat aérien durant la Première Guerre mondiale.

En 1935, Moïse de Camondo, lègue par testament et en souvenir de son fils, l'hôtel et ses collections au musée des Arts décoratifs. Le musée Nissim de Camondo est inauguré en 1936.

En 1945, la fille de Moïse de Camondo, Béatrice, son mari Léon Reinach et leurs deux enfants meurent au camp d'Auschwitz. Tragique destin pour cette famille qui s'éteint avec la mort de ses derniers descendants.

Collections – Le mobilier est signé des plus grands ébénistes du faubourg St-Antoine (Riesener, Leleu, Weisweiler) ; tapis de la Savonnerie et tapisseries de Beauvais. Les salons lambrissés de boiseries anciennes présentent des pièces d'orfèvrerie, des toiles de Guardi et d'Hubert Robert.

Remarquer les tapisseries des *Fables* de La Fontaine, sur des cartons d'Oudry, le bureau à cylindre marqueté, par Œben, et le splendide service de table dit « Buffon », en porcelaine de Sèvres, dont tous les oiseaux diffèrent les uns des autres.

À VOIR

Scènes pastorales dans le salon des Huet. Cabinet des porcelaines. Documents relatifs aux Camondo (*1ᵉʳ étage*).

M

Musée Jacquemart-André★★

158 bd Haussmann. 10h-18h (dernière entrée 1/2h av. fermeture). 8,50€. Audioguide interactif (compris dans le prix d'entrée) disponible en français, anglais, allemand, japonais, italien et espagnol ☎ 01 45 62 11 59. www.musee-jacquemart-andre.com

Il n'a rien à envier aux grands musées : ses prestigieuses collections d'arts décoratifs du 18e s. et de peintures (françaises des écoles du Nord et de la Renaissance italienne) sont disposées superbement dans cet hôtel édifié en 1869.

> **ÉDOUARD ANDRÉ (1833-1894) ET NÉLIE JACQUEMART**
> Captivés par l'art du 18e s., ce banquier et cette artiste peintre mariés en 1881 parcourent l'Europe et l'Orient à la recherche de pièces rares. Pendant ce temps, l'architecte Parent est chargé de construire une fastueuse demeure pour abriter les œuvres.

Rez-de-chaussée – Les **salles de réception** pouvaient être modulables en fonction des fêtes, grâce à un ingénieux système hydraulique. Dans la première sont exposés des tableaux du 18e s. : *le Sommeil de Vénus* et *la Toilette de Vénus* par Boucher, *la Marquise d'Antin* de Nattier, les *Attributs des Sciences* et les *Attributs des Arts* de Chardin, ainsi que deux vues de Venise par Canaletto. Le **Grand Salon**, aux belles boiseries, est décoré d'une série de bustes en marbre du 18e s. dus à Houdon, Lemoyne, Coysevox

Le **Grand Hall**, qui servait à l'occasion de salon de musique (peintures de ruines d'Hubert Robert et de Panini et *Tête de vieillard* de Fragonard), évoque les fastes du Second Empire.

Dans une suite de petits salons à l'atmosphère plus intime sont présentées trois pièces de tapisserie dites *Jeux russiens* tissées à Beauvais, une commode de Riesener, de beaux portraits du graveur Georges Wille par Greuze, de la comtesse Stravonskaïa par Mme Vigée-Lebrun et du comte François de Nantes par David, des toiles de maîtres flamands et hollandais tels que Rembrandt *(les Disciples d'Emmaüs)*, Frans Hals, Van Dyck.

La **Salle à manger** (aménagée en salon de thé – possibilité de restauration à midi) est ornée de tapisseries illustrant la légende d'Achille et d'un splendide plafond de Tiepolo provenant du palais Contarini à Venise.

> **À VOIR**
> Le **fumoir** rassemble des souvenirs des voyages lointains des époux André (lampe de mosquée du 14e s.) et un bel ensemble de peintures anglaises.

Hubert Robert, « Galerie en ruine » (musée Jacquemart-André).

313

Dans les petits appartements privés sont rassemblés quelques souvenirs familiaux.

1ᵉʳ étage – Il a été conçu comme un véritable « musée italien », avec des œuvres d'une rare qualité. L'ancien atelier de Nélie Jacquemart présente une collection unique de sculptures de la Renaissance avec, entre autres, des œuvres de Della Robbia et de Donatello. Les autres salles sont consacrées à la peinture florentine d'Uccello *(Saint Georges terrassant le dragon)*, de Botticelli *(Vierge à l'Enfant)*, à la peinture vénitienne de Bellini *(Vierge à l'Enfant)*, de Mantegna *(Ecce homo)*, de Carpaccio *(l'Ambassade d'Hippolyte, reine des Amazones)*.

Montmartre★★★

Un village dans la grande ville, un vrai village, avec son syndicat d'initiative, ses petites rues et son arpent de vigne... Un village où les peintres et portraitistes ont élu domicile à l'ombre du Sacré-Cœur. Les peintres mènent une vie de bohème, c'est bien connu, et celle-ci ne peut se vivre hors des cafés et des cabarets. On comprend dès lors que cette fameuse butte soit une des premières destinations pour les visiteurs à Paris.

La situation

Plan Michelin nº 54 C 12-14, D 12-14 – Mᵒ Anvers (ligne 2), Abbesses (ligne 12), ou, au Nord, Lamarck-Caulaincourt (ligne 12) – Bus 30, 54, 67, 80 et Montmartrobus. C'est une butte, que vous veniez du Nord ou du Sud, il faut monter ! En revanche, côté Sud, le funiculaire permet d'accéder facilement à la terrasse du Sacré-Cœur. 🖪 *21 pl. du Tertre.*

Voir à proximité Pigalle et St-Georges et la Nouvelle-Athènes.

Le nom

Montmartre possédait deux temples : de Mars et de Mercure. Le second a gagné sur le premier, puis une tradition du 8ᵉ s. en fait le mont des Martyrs : saint Denis, l'archiprêtre Rustique et l'archidiacre Éleuthère y auraient été décapités vers 250. Denis aurait ramassé sa tête, et se serait dirigé vers le Nord jusqu'au lieu qui deviendra Saint-Denis.

Les fameux escaliers de la Butte.

S. Sauvignier/MICHELIN

carnet pratique

RESTAURATION

Se reporter à la rubrique « Restauration » dans les Informations pratiques, en début de guide ; ce quartier correspond au 18ᵉ arrondissement.

SORTIES

Au Virage Lepic – *61 r. Lepic - Mᵒ Abbesses - ☎ 01 42 52 46 79 - tlj sf mar. 19h-2h - fermé Noël et J. de l'An.* Un petit bistrot montmartrois typique, où il est aussi agréable de prendre un verre que de dîner.

La Bohème du Tertre – *2 pl. du Tertre, Montmartre - Mᵒ Abbesses - ☎ 01 46 06 51 69 - 9h-0h.* Bal musette le dimanche après-midi.

Le Sancerre – *35 r. des Abbesses - Mᵒ Abbesses - ☎ 01 42 58 47 05 - www.lesancerre.com - 7h-2h.* Du petit matin jusqu'au bout de la nuit, ce bistrot au décor rajeuni est fréquenté par des artistes, musiciens, habitants de Montmartre et touristes dans une joyeuse ambiance à la fois « branchée » et un brin canaille.

ACHATS

Marché Saint-Pierre – *Sq. Willette - Mᵒ Anvers.* Marché très animé qui offre, outre le plaisir de la promenade et des couleurs, l'occasion de dénicher tissus et vêtements à des prix parfois très intéressants.

Rue Lepic – *Mᵒ Blanche ou Abbesses.* Les commerces y sont légion et quelques-uns d'entre eux connaissent beaucoup de succès comme le tripier installé au nº 8, le charcutier au nº 20, le poissonnier placé à l'angle de deux rues, le traiteur asiatique et la boucherie chevaline.

Les gens

Des flâneurs insatiables des petites ruelles montmartroises, des inconditionnels de la place du Tertre ou de la messe de minuit le soir du réveillon de Noël et des touristes sur les traces d'illustres artistes : Renoir, Cézanne, Toulouse-Lautrec, Apollinaire, Dali, Céline, Reverdy...

comprendre

La Butte et sa commune – Les Montmartrois n'aiment pas les Prussiens qui débarquent en 1871 après la capitulation de Paris. Pour éviter qu'ils ne tombent aux mains de l'ennemi, ils rassemblent 171 canons sur la butte. Mais Thiers donne l'ordre au général Lecomte de s'en emparer : la foule se saisit de lui ; il est fusillé avec le général Thomas au 36 rue du Chevalier-de-La-Barre. Cet épisode sanglant ouvre la Commune. Montmartre reste aux mains des Fédérés jusqu'au 23 mai.

> **MOULINS ET CARRIÈRES**
> Montmartre possédait 30 moulins à broyer le silex ou le grain que les exploitants des carrières de gypse utilisaient (il n'en reste que deux). Devenue un gruyère, la butte ferme ses galeries souterraines et les moulins cessent de battre des ailes.

La silhouette du Sacré-Cœur est aussi familière aux Parisiens que celle de la tour Eiffel...

La vie de bohème – Tout au long du 19e s., des artistes, des hommes de lettres sont attirés par la vie pittoresque et libre sur la butte.

Berlioz, Nerval, Murger, Heine y précèdent la grande génération des années 1871 à 1914 : les rapins viennent chercher l'inspiration au marché aux modèles de la place Pigalle, les grisettes y mènent la vie de bohème que décrit la *Louise* de Gustave Charpentier.

Les premiers cercles poétiques (Club des Hydropathes, le Chat Noir) se transforment en « caf' conc' » où se révèlent la chanson d'**Aristide Bruant**, les poèmes de Charles Cros et Jehan Rictus, l'humour d'Alphonse Allais, les dessins de Caran d'Ache et André Gill. Jusqu'à la Grande Guerre, la butte conserve, grâce au **Lapin Agile** et au **Bateau-Lavoir**, la suprématie littéraire et artistique de la capitale. Puis Montparnasse prend le relais, tandis que Montmartre s'adonne aux plaisirs nocturnes.

se promener

Du boulevard de Rochechouart au Sacré-Cœur

Monter la rue de Steinkerque : vue sur le Sacré-Cœur. *Prendre à gauche la rue d'Orsel.*

Place Charles-Dullin

Petite place ombragée agrémentée par la charmante façade de l'ancien théâtre Montmartre (1822). Charles Dullin y installe le **théâtre de l'Atelier** en 1922. Ce grand acteur mena une politique d'innovation dans la mise en scène.

Prendre la rue des Trois-Frères, puis tourner rue Yvonne-Le Tac à gauche : au n° 11, le **martyrium** remplacé par une chapelle rappelle le martyre de saint Denis et de ses compagnons. Au 16ᵉ s., Ignace de Loyola, et six compagnons, dont François-Xavier, y instituèrent la Compagnie de Jésus, reconnue comme ordre religieux en 1540 par Paul III.

La place des Abbesses et la rue du même nom comptent parmi les plus commerçantes et les plus pittoresques de la capitale.

Place des Abbesses★

À une centaine de mètres au-dessus du boulevard de Clichy à la circulation intense, la tranquille place des Abbesses est l'un des endroits qui d'emblée confèrent à Montmartre ses allures de village : sa fontaine Wallace, ses platanes à l'ombre desquels jeunes et moins jeunes s'assoient sur les bancs publics, sa station de métro décorée par Guimard, le square Jehan-Rictus où s'élevait autrefois l'ancienne mairie de Montmartre et où Verlaine se maria, l'**église St-Jean-de-Montmartre** enfin, premier édifice religieux construit en béton armé (1904) dont on peut apprécier la hardiesse dans son armature et la finesse des piliers et poutrelles.

◄ *Après une pause au square Jean-Rictus (Nord de la place), s'engager dans la rue des Abbesses (Nord-Ouest), puis rue Ravignan.*

I LOVE YOU
Profitez d'une pause au square Jean-Rictus pour travailler vos déclarations d'amour. Le **mur des je t'aime** vous propose 311 écritures différentes de « je t'aime » en 280 langues !

Place Émile-Goudeau★

Place des artistes peintres (Picasso, Braque, Juan Gris y créèrent progressivement le cubisme) et des poètes modernes (Max Jacob, Apollinaire, Mac Orlan brisaient les moules traditionnels de l'expression poétique). Tout ce petit monde se retrouvait au **Bateau-Lavoir** (n° 13) détruit par un incendie en 1970 et reconstruit. Il abrite ateliers et logements d'artistes.

Grimper les escaliers. Par la rue Ravignan, passage obligé **place Jean-Baptiste-Clément** qui honore ce poète populaire et engagé, auteur de la chanson *Le Temps des cerises* (1866).

Carrefour de l'Auberge-de-la-Bonne-Franquette

Pissarro, Sisley, Cézanne, Toulouse-Lautrec, Renoir, Zola, etc. fréquentèrent cette auberge qui s'appelait alors Aux Billards en Bois. Tout le charme d'un petit restaurant de campagne. La *Guinguette* de Van Gogh est inspirée de son jardin. Maurice Utrillo, fils de Suzanne Valadon, a immortalisé par ses toiles ce carrefour, saisissante image du vieux Montmartre.

ESPACE MONTMARTRE
(ou **Espace Dali**) Vous y verrez sculptures, lithographies et pointes sèches de Salvador Dali (1904-1989), montrant des aspects moins connus de l'art du grand surréaliste catalan.
10h-18h30 *(dernière entrée 40 mn av. fermeture). Possibilité de visite guidée (1h, gratuit mer.) sur demande le reste de la sem. au* ☎ 01 42 64 40 10. 7€.

◄ *À droite, la rue Poulbot mène à la minuscule place du Calvaire : la **vue** sur Paris est particulièrement étendue. Passage vers la place du Tertre.*

Place du Tertre★★

Des petites maisons, des arbres, une légère brume le matin... un air villageois... qui s'envole midi passé : place à une foule cosmopolite qui prend le soleil aux terrasses des cafés ou se bouscule entre les artistes qui proposent leurs scènes montmartroises ou portraits.

Le n° **21** (ex-19 bis) est le siège de la Commune libre, fondée en 1920 par Jules Depaquit, qui maintient sur la butte des traditions de fantaisie et le syndicat d'initiative. La première mairie du village se trouvait au n° **3**. ▶ C'est actuellement la maison des P'tits Poulbots, successeurs des amusantes silhouettes d'enfants popularisées au début du siècle par le dessinateur **Poulbot**.

Église St-Pierre-de-Montmartre*

Curieux assemblage architectural dans cette église vieille de huit siècles (1134) et seul vestige de l'abbaye de Montmartre : les voûtes de la nef sont du 15e s., la banale façade Ouest du 18e s., les trois portes en bronze du sculpteur Gismondi datent de 1980.

À l'intérieur, l'unique travée du chœur conserve les plus anciennes ogives de Paris (1147). Chapiteaux d'inspiration romane ; vitraux modernes de Max Ingrand (1953) dans l'abside et les bas-côtés. Les plaques émaillées du maître-autel sont une œuvre de Froidevaux en 1977. Chemin de Croix en bronze de Gismondi.

> **PREMIÈRE**
>
> La première voiture à pétrole qui gravit la butte et atteignit la place du Tertre fut la voiturette de Louis Renault, au soir du 24 décembre 1898, pilotée par son jeune constructeur.

La place du Tertre est le territoire des marchands de tableaux. C'est le moment de vous faire tirer le portrait.

Sacré-Cœur**

Pl. du Parvis-Sacré-Cœur. Sa haute silhouette blanche fait partie du paysage parisien. Ses coupoles sont dominées ▶ par le dôme et le campanile (80 m). L'intérieur est décoré de mosaïques.

À la voûte du chœur, Luc-Olivier Merson a évoqué la dévotion de la France au Sacré-Cœur.

Dôme – *300 marches ; accès depuis la crypte. Avr.-nov. : 9h-19h ; déc.-mars : 9h-18h. 5€. ☎ 01 53 41 89 00. www.sacre-coeur-montmartre.com*

De la galerie intérieure, vue plongeante sur l'intérieur de l'église ; depuis la galerie extérieure, **panorama***** sur un rayon de 30 km par temps clair, sur Paris.

> **TOUJOURS BLANC...**
>
> C'est au calcin (substance sécrétée, lorsqu'il pleut, par la pierre calcaire de Château-Landon utilisée pour sa construction), que le Sacré-Cœur doit sa blancheur immuable.

> **UNE ÉGLISE DÉCLARÉE D'UTILITÉ PUBLIQUE**
>
> Après le désastre de 1870, des catholiques font vœu d'élever une église consacrée au cœur du Christ. L'Assemblée nationale la déclare d'utilité publique en 1873.
>
> L'architecte Paul Abadie (1812-1884) lance les travaux en 1876 ; ils ne sont achevés qu'en 1914. Depuis la consécration en 1919, les fidèles y assurent, jour et nuit, le relais ininterrompu de l'Adoration perpétuelle.

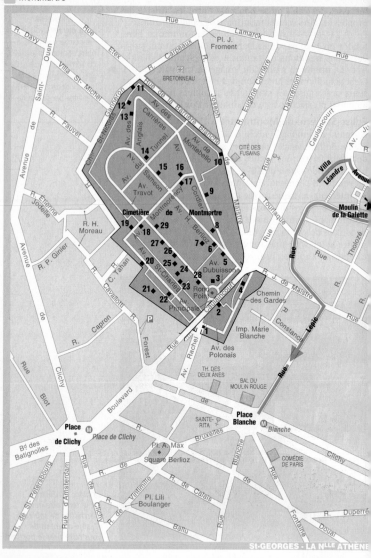

Cimetière de Montmartre

1 - Lucien et Sacha Guitry

2 - Eugène Labiche

3 - Émile Zola

4 - Dalida

5 - Hector Berlioz

6 - Greuze

7 - Heinrich Heine

8 - François Truffaut

9 - Théophile Gautier

10 - Edgar Degas

11 - Léo Delibes

12 - Poulbot

13 - Jacques Offenbach

14 - Charles Fourier

15 - Nijinsky

FUITE

Sur la gauche du square Willette, le petit **square Saint-Pierre** est le site d'où Gambetta, le 7 octobre 1870, quitta Paris en ballon pour rejoindre le gouvernement de la Défense nationale à Tours.

Dans le campanile, la **Savoyarde** est l'une des plus grosses cloches connues (19 t.). Elle fut fondue à Annecy en 1895 et offerte à la basilique par les diocèses de Savoie.

Crypte – *À gauche de l'église, descendre les escaliers. Avr.-nov. : 9h-19h ; déc.-mars : 9h-18h. Gratuit.* ☎ *01 53 41 89 00. www.sacre-coeur-montmartre.com*

Elle contient le trésor et un audiovisuel présente l'histoire de la basilique et du culte du Sacré-Cœur.

◀ **Terrasse** – Dominant le square Willette, c'est un point de vue magnifique sur Paris.

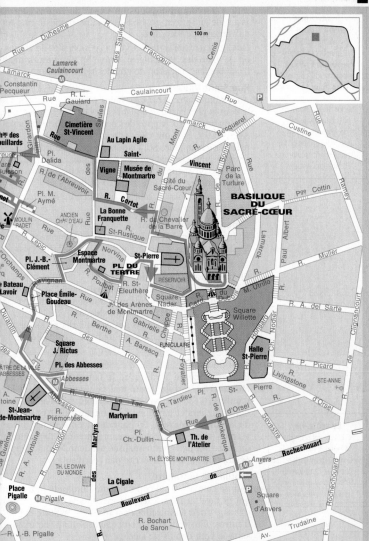

Du Sacré-Cœur à la rue Lepic

Longer le Sacré-Cœur sur la gauche, puis suivre à gauche la rue du Chevalier-de-La-Barre. Petite rue dont les boutiques proposent des souvenirs de Paris.
Tourner à droite dans la rue du Mont-Cenis.

Rue Cortot

Sa réputation vient du n° 12, où logèrent tous les grands peintres : Renoir, Friesz, Utter, Dufy, Valadon et son fils Utrillo. Le poète Pierre Reverdy (1889-1960), auteur de *La Guitare endormie* et des *Étoiles peintes,* y logea, dans l'éprouvant dénuement des ateliers de la butte, et y

À SAVOURER

Derrière le cimetière St-Vincent, au 52 rue Lamarck, Antoine Beauvilliers, officier de bouche du comte de Provence (futur Louis XVIII) et 1er restaurateur à Paris a donné son nom au plus chic restaurant de Montmartre. À l'intérieur, un décor fin 19e exubérant, sculptures et tableaux anciens.

refusa les compromissions en vogue de l'après-guerre, avant de se retirer, en 1926, dans une modeste maison de l'abbaye de Solesmes.

Descendre à droite la rue des Saules : petit enclos de **vignes**, où le ban des vendanges, donné le premier samedi d'octobre, est l'occasion de grandes réjouissances.

Rue Saint-Vincent

Au carrefour avec la rue des Saules, on a sans aucun doute le coin le plus rustique de Paris : des petits escaliers, une pente abrupte, l'échappée de verdure et le fameux Lapin Agile caché par un vieil acacia. Encore un lieu des peintres d'hier – Picasso, Vlaminck – et d'aujourd'hui : des artistes s'y produisent tous les soirs *(sf lun.)* à 21h.

À l'angle de la rue du Mont-Cenis, Hector Berlioz composa *Harold en Italie* et *Benvenuto Cellini*.

Monter les escaliers à gauche, puis prendre l'étroite ruelle tout de suite sur votre droite.

Cimetière Saint-Vincent

Harry Baur, Émile Goudeau, Arthur Honegger, Maurice Utrillo, Dorgelès, Eugène Boudin, Marcel Carné, Marcel Aymé... y reposent.

Château des Brouillards

Ancienne « folie » du 18e s., puis bal public. Saint Denis (statue dans le square Suzanne-Buisson) aurait lavé sa tête dans ce qui était le parc du château.

Au carrefour entre l'allée des Brouillards et la rue de l'Abreuvoir, la nouvelle place dédiée à Dalida coupe la rue Girardon.

Avenue Junot

Plus grand-chose à voir avec le fameux « maquis » de Montmartre, terrain vague mal famé où tournaient les moulins. C'est une large voie paisible et à l'âme artistique (ateliers et pavillons du **hameau des Artistes** ou de la **villa Léandre★**). En haut de l'avenue Junot, place Marcel-Aymé, laissez-vous surprendre par l'apparition du *Passe-Muraille*, statue réalisée par Jean Marais, rappel évident de la nouvelle écrite par l'écrivain.

LE BLUTE-FIN

C'est le vrai nom du moulin. L'héroïque meunier Debray le défendit contre les Cosaques en 1814 : son cadavre fut crucifié sur les ailes.

Moulin de la Galette

Qui ne connaît le bal populaire du Moulin de la Galette qui fit rage au 19e s. ? La célèbre toile de Renoir *(musée d'Orsay)*, mais aussi celles de Van Gogh, Willette et bien d'autres, illustrent ce fameux établissement. Le moulin subit le vent depuis six siècles.

La longue **rue Lepic**, toute tortueuse, ancien chemin des Carrières, aménagé sous Napoléon III. Sa pente prononcée vit se dérouler autrefois à l'automne, une pittoresque course de lenteur des vieilles voitures.

Descendre la rue Lepic qui débouche au boulevard de Clichy sur la place Blanche.

CÉLINE À MONTMARTRE

Après avoir longtemps demeuré rue Lepic au n° 98, face au moulin de la Galette, l'écrivain s'est installé au 4 de la rue Girardon de 1940 à 1944. Les lieux sont évoqués dans plusieurs de ses romans, *Féerie pour une autre fois*, *D'un château l'autre*...

Reconstitution du café de l'Abreuvoir (musée de Montmartre). Le charme ancien des « assommoirs » d'autrefois...

visiter

Musée de Montmartre

12 r. Cortot. Tlj sf lun. 10h-12h30, 13h30-18h. Fermé 1ᵉʳ janv., 1ᵉʳ mai, 25 déc. 5,50€. ☎ 01 46 06 61 11. www.museedemontmartre.com

Des pièces remplies des souvenirs de la bohème montmartroise, sur les cabarets et rapins : tableaux d'affiches, reconstitution du café de l'Abreuvoir fréquenté par Utrillo et du bureau de Gustave Charpentier.

Halle Saint-Pierre

À droite des escaliers menant au Sacré-Cœur. ♿ 10h-18h. Fermé août, 1ᵉʳ janv., 1ᵉʳ mai, 25 déc. 7€. ☎ 01 42 58 72 89. www.presse-hallesaintpierre.org

Cet ancien marché couvert bâti en 1868, abrite le **musée d'Art naïf Max-Fourny** (expositions temporaires), une librairie, des ateliers, ainsi qu'une galerie dédiée à la création contemporaine.

Cimetière de Montmartre

Av. Rachel. Possibilité de visite guidée sur demande. ☎ 01 40 71 75 60.

Son origine remonte à l'exécution des gardes suisses par les insurgés le 10 août 1792 : leurs cadavres furent précipités dans les carrières qui se trouvaient là.

Il abrite de grands noms, artistes et écrivains. Zola (avant d'être transféré au Panthéon), Labiche, Degas, Nijinski, Louis Jouvet, la « Goulue », Offenbach, Truffaut, Dalida et Michel Berger y sont enterrés.

S. Sauvignier/MICHELIN

Tombe de la « Goulue », inventeur du french cancan.

Montparnasse★★

On ne refait plus le monde à la Coupole ou au Dôme... Crêperies et chaînes de restauration ont pris le pas sur les cafés célèbres d'antan. Il n'empêche que l'atmosphère générale du quartier est à la décontraction, aux soirées entre amis, et propice à la découverte des dernières exclusivités cinématographiques.

La situation

Plan Michelin n° 54 L 11-12, M 11-12 – 14ᵉ et 15ᵉ arr. – Mᵒ Montparnasse-Bienvenüe (lignes 4, 6, 12 et 13), Edgar-Quinet (ligne 6), Vavin (ligne 4), Gaîté (ligne 13) et Raspail (lignes 4 et 6) – Bus 28, 48, 82, 91, 92, 94, 95 et 96. Le quartier est en forme de croix : du Sud au Nord, on trouve la gare Montparnasse et la rue de Rennes dans son prolongement ; le boulevard du Montparnasse traverse le quartier d'Est en Ouest. Le croisement des deux branches se nomme « place du 18-Juin-1940 ».

Le nom

Au 17ᵉ s., les étudiants chassés du Pré-aux-Clercs par la reine Margot en font leur domaine favori et viennent y réciter des vers. Modestie estudiantine oblige, ils donnent à ce lieu sauvage le nom antique du mont Parnasse, séjour sacré d'Apollon et des Muses.

Les gens

Kiki de Montparnasse, égérie et modèle, posa pour nombre des artistes qui firent la légende du quartier, en particulier Man Ray.

comprendre

Polka, cancan et chahut – À partir de la Révolution, cafés et cabarets se multiplient à la limite de la capitale : le jardin des Montagnes-Suisses, l'Élysée-Montparnasse, le bal de l'Arc-en-Ciel, la Grande Chaumière sont les premiers établissements où se retrouvent les fêtards. De

carnet pratique

RESTAURATION

Se reporter à la rubrique « Restauration » dans les Informations pratiques, en début de guide ; ce quartier correspond aux 6e, 14e et 15e arrondissements.

SORTIES

La Coupole – *102 bd du Montparnasse - M° Vavin -* ☎ *01 43 20 14 20 - dim.-jeu. 8h30-1h, ven.-sam. 8h30-1h30.* Inauguré en 1927, ce bar-restaurant doit son nom à une coupole de verre qui, à l'origine, coiffait sa vaste salle à manger. Ses 33 piliers ont été décorés par différents artistes. Point de ralliement du Paris culturel des années 1930, il reçut, entre autres, Faulkner, Giacometti, Sartre et Beckett. Refait en 1988, c'est toujours un haut lieu de Montparnasse. Au sous-sol, dancing réputé.

La Rotonde – *105 bd du Montparnasse - M° Vavin -* ☎ *01 43 26 48 26 - 7h30-2h.* Ouverte en 1903, cette maison perpétue la tradition des brasseries parisiennes avec un certain talent. On s'y attable pour un café, un verre, une soupe à l'oignon, un plateau de fruits de mer ou une entrecôte. Le décor « rétro » que vous contemplez fut... dans le vent lorsque Lénine, Trotsky, Picasso, Chagall, Léger, Modigliani, Matisse, Vlaminck prirent place sur les banquettes en moleskine !

Le Dôme – *108 bd du Montparnasse - M° Vavin -* ☎ *01 43 35 25 81 - 12h-15h, 19h-0h30 - fermé en août.* Créé autour de 1906, ce fut le temple des écrivains et des peintres, mais aussi le lieu de rendez-vous favori des bohèmes américains dans les années 1920 puis après la guerre. Il accueille aujourd'hui des gens du quartier, qui appartiennent au monde du show-bizz ou à celui de la politique.

Le Rosebud – *11 bis r. Delambre - M° Vavin -* ☎ *01 43 35 38 54 - 19h-2h - fermé août, Noël et Nouvel An.* Bar chic mêlant avec succès musique jazzy, décor des années 1930, affiches représentant Mistinguett, lumières douces, serveurs en veste blanche, belle carte de whiskies, clientèle d'écrivains et de journalistes.

Le Sélect Montparnasse – *99 bd du Montparnasse - M° Vavin -* ☎ *01 45 48 38 24 - dim.-jeu. 7h-2h30, ven. et sam. 7h-4h - fermé 24 déc.* Le joli cadre de style Art déco de cette brasserie réputée rappelle que la maison fut inaugurée en 1925. Max Jacob, Apollinaire, Picasso, Modigliani, Cocteau, Zadkine, Henry Miller, Miro, Soutine, Breton : impossible d'établir une liste complète des nombreux intellectuels et artistes célèbres qui ont fréquenté ce lieu devenu mythique.

L'Utopia – *79 r. de l'Ouest - M° Pernety -* ☎ *01 43 22 79 66 -* www.utopia-cafeconcert.fr *- tlj 21h15 à l'aube - fermé 20 j. en août, dim. et Noël.* Rock et blues se retrouvent à l'Utopia pour des concerts qui secouent ce quartier un peu délaissé. Clientèle cosmopolite.

L'un des célèbres piliers peints de la Coupole.

Ph. Gajic/MICHELIN

ACHATS

Marché parisien de la création – *Bd Edgar-Quinet - M° Edgar-Quinet.* Une centaine d'artistes y présentent leurs œuvres tous les dimanches de 10h à 19h.

Roi de Bretagne – *10 r. du Maine - M° Montparnasse-Bienvenüe -* ☎ *01 43 20 84 60 -* roidebretagneparis@free.fr *- mar.-sam. 10h-13h, 14h-19h.* Tout, tout, tout, vous trouverez ici tout ce que le terroir breton produit de meilleur. Le cidre bien sûr, mais aussi des bières du pays, des crêpes fraîches, le fameux kouign amann, des poupées en tenue bigoudène, des dessous-de-plat incrustés de coquillages, etc. Une deuxième boutique, située juste à côté, spécialisée dans les cadeaux et souvenirs de là-bas, complète ce charmant bric-à-brac.

Jean-Paul Hévin – *3 r. Vavin – Mo Vavin -* ☎ *01 43 54 09 85 -* www.jphevin.com *- tlj sf dim. 10h-19h - fermé 3 sem. en août, j. fériés.* Consacré meilleur ouvrier de France en 1986, cet artisan chocolatier propose dans sa boutique une vaste gamme de savoureux produits à base de fèves de cacao (tablettes, truffes, boîtes gourmandes, etc.), mais aussi de délicieux macarons, des caramels et des pâtes de fruits.

là, la polka, le cancan, le chahut partent à la conquête de Paris. Au carrefour de l'Observatoire, le bal Bullier précède de peu la Closerie des Lilas. Au bal Constant et dans les « bouchons » du village de Plaisance, on vient danser la mazurka et déguster le vin aigrelet de Suresnes. Devant ce débordement, Haussmann intervient : il ouvre la rue de Rennes, les boulevards Arago et d'Enfer (futur boulevard Raspail), rattache et lotit Plaisance, Vaugirard et Montrouge.

La bohème de Montparnasse – Vers 1900, artistes, poètes et écrivains d'avant-garde s'installent sur la rive gauche, spécialement à Montparnasse où se sont déjà fixés Alfred Jarry et le Douanier Rousseau. À Henri Murger, qui y avait situé ses populaires *Scènes de la vie de bohème*, succèdent Apollinaire, Max Jacob, Jean Moréas. L'ancien pavillon des Vins, de l'Exposition universelle de 1900, remonté au passage de Dantzig et appelé La Ruche, fournit logis et ateliers à Modigliani, Soutine, Chagall, Zadkine, Léger, qui, pour traduire leurs états d'âme, imaginent l'expressionnisme. Dans les cafés du boulevard, où l'on discute beaucoup plus qu'on ne consomme, se côtoient des exilés politiques russes (Lénine, Trotski), des musiciens (Stravinski, Satie et le « Groupe des Six »), des poètes (Cendrars, Fargue, Breton, Cocteau), et d'autres comme Eisenstein, Prokofiev... C'est l'âge d'or de l'**école de Paris**, qui ne prend fin qu'avec la guerre d'Espagne et la Seconde Guerre mondiale.

La mode fait de ce coin de bohème un endroit très parisien : la frénésie du gaspillage et de l'exhibition, analysée par Fernand Léger comme un contrecoup des atrocités de la guerre, s'y déploie. Le carrefour Vavin devient le « nombril du monde » où tous les excès visent à se faire remarquer : voitures « coupées » de luxe aux couleurs provocantes, jazz bands, tenues vestimentaires, consommations. Au Dingo, au Viking, au Caméléon, les cafés-crème s'effacent devant les alcools snobs. La culture américaine des années 1950 trouve là ses racines (Hemingway).

On rencontre encore Aragon, Cocteau, Braque, mais déjà Foujita, Chagall, Picasso s'éloignent. L'artifice de la foule cosmopolite envahissant les terrasses des grandes brasseries a dénaturé la vie artistique et laborieuse du quartier où, depuis les années 1960, les impératifs de l'urbanisme moderne imposent peu à peu leur loi.

se promener

Cette promenade offre deux visages : le Montparnasse d'aujourd'hui, avec sa tour, la gare et la place de Catalogne, construite par Ricardo Bofill, et le Montparnasse plus traditionnel, où cafés et théâtres prolongent et attestent encore la vie de bohème et de plaisir des années 1920.

Place du 18-Juin-1940

Ancienne gare nommée « Embarcadère de Chartres » (jusqu'en 1967), elle fut le quartier général de Leclerc à la Libération de Paris et le lieu de la reddition du gouverneur militaire allemand Choltitz. Aujourd'hui, c'est la place des cinémas et des cafés. Galeries Lafayette, magasins de confection et boutiques de mode se rassemblent dans le centre commercial.

Tour Montparnasse★★

Avr.-sept : 9h30-23h30 (dernière montée 23h) ; oct.-mars : lun.-jeu. et dim. 9h30-22h30, ven.-sam. et veilles de j. fériés 9h30-23h. 8,20€ (-14 ans : 5,60€). ☎ *01 45 38 52 56. www.tourmontparnasse56.com*

L'ensemble Maine-Montparnasse est un projet de Raoul Dautry datant de 1934. L'idée initiale était de réunir les installations de la vieille gare et celles de l'avenue du Maine en un seul ensemble. En 1958, l'idée devient un grand plan d'urbanisme. Commencée en 1969, la tour est achevée en septembre 1973. Silhouette oblongue de 209 m de hauteur – 59 étages –, la belle pèse

ACCIDENT SPECTACULAIRE !
Nous sommes le 22 octobre 1895 : le train de Granville est annoncé. Soudain, une machine infernale passe : c'était le train sans freins qui finit sa course dans la verrière, suspendu au-dessus du trottoir.

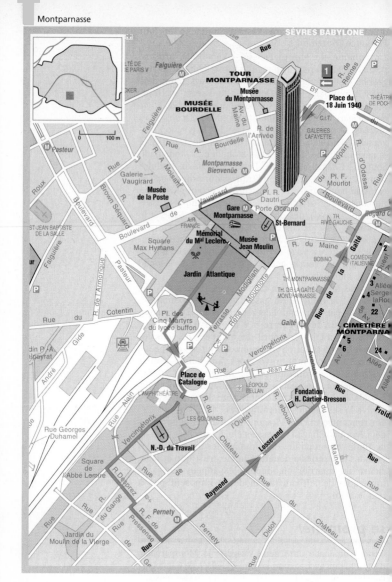

120 000 tonnes. 56 « barrettes » assurent son assise à 70 m de profondeur.

Extraordinaire **panorama**★★★ depuis la terrasse du 59ᵉ étage. Toute la topographie de Paris se révèle à vous jusqu'à 50 km par temps clair.

*Controversée
à sa naissance (1973),
la tour Montparnasse
a fini par s'inscrire
dans le paysage parisien.*

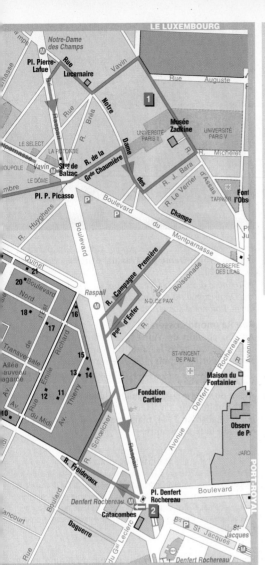

Cimetière du Montparnasse

1 - J.-P. Sartre
2 - Soutine
3 - Baudelaire (tombe Aupick)
4 - H. Laurens
5 - Tristan Tzara
6 - Zadkine
7 - Jussieu
8 - Rude
9 - Serge Gainsbourg
10 - Henri Poincaré
11 - César Franck
12 - Guy de Maupassant
13 - Bartholdi
14 - Kessel
15 - André Citroën
16 - Le Baiser, par Brancusi
17 - Sainte-Beuve
18 - Saint-Saëns
19 - H. Langlois
20 - Léon-Paul Fargue
21 - Marguerite Duras
22 - Man Ray
23 - Julio Cortazar
24 - Jean Carmet

Gare Montparnasse

Au fond d'un U formé par trois grands bâtiments, la gare est le terminus des trains venant de l'Ouest et du Sud-Ouest. L'immense verrière en forme d'arche, dite Porte Océane vous mène au cœur du quartier. Les voies sont recouvertes d'une dalle de béton armé qui supporte le plus grand jardin suspendu de Paris, le jardin Atlantique.

Jardin Atlantique★

Accès par la gare (escalier sur la gauche du quai n° 1), par les ascenseurs extérieurs bd de Vaugirard et r. du Cdt-Mouchotte, ou encore par la pl. des Cinq-Martyrs-du-Lycée-Buffon. Idéal pour un moment de détente : grands mâts, passerelles, ponts-promenades, mais aussi les ondulations de la pelouse et de la fontaine imitant les vagues évoquent l'Océan. Havre de tranquillité dans les jardins thématiques *(à l'Est)*.

Place de Catalogne

L'amphithéâtre en pierre et **les colonnes** en verre sont deux œuvres architecturales de Ricardo Bofill. L'ensemble est relié par une façade semi-circulaire de style néoclassique.

> **L'ART DE LA RÉCUPÉRATION**
> Le lutrin de la chapelle St-Bernard *(à gauche lorsque l'on est face à la gare)* est taillé dans une traverse de chemin de fer.

> **À VOIR**
> *Le Creuset du temps*, sculpture-fontaine en forme de disque qui s'enfonce dans la terre (pl. de Catalogne).

Place de Séoul, œuvre du Catalan Ricardo Bofill.

Passer sous l'arche formée par la façade. On parvient à l'**église Notre-Dame-du-Travail**, d'architecture métallique (1900).

Poursuivre dans la rue Vercingétorix ; prendre à gauche la rue Desprez, puis la rue Francis-de-Pressensé, pour rejoindre la rue Raymond-Losserand.

Rue Raymond-Losserand

Ancien chemin de Vanves, cette longue artère commerçante qui relie la porte de Vanves à l'avenue du Maine, porte, depuis 1945, le nom d'un conseiller municipal du 14e arr. fusillé par les Allemands au mont Valérien en 1942.

Avant de vous engager à gauche, faites quelques pas sur votre droite, afin de jeter un coup d'œil sur un mur peint, réalisé en 1984, mais que les outrages du temps ont failli faire disparaître.

BIBLIOTHÈQUE IDÉALE

Une idée de jeu littéraire ? Examinez bien les titres de la *Bibliothèque impossible*, mur peint par Bertin et Jouet au 129 de la rue R.-Losserand. Tous les ouvrages figurant sur ces rayonnages ont un point commun : celui de ne pas exister mais d'être cités dans des livres qui, eux, existent bel et bien : trouvez lesquels se révèlera une activité propre à occuper une soirée animée !

Reprenant votre route vers l'avenue du Maine, remarquez à droite, en passant à hauteur du n° 91, la charmante rue des Thermopyles, dont les pavés et les petites maisons recouvertes de végétation donnent à ce coin de Paris un air de campagne.

Un peu avant d'atteindre l'avenue du Maine, prendre à gauche la rue Lebouis, puis à droite, l'impasse du même nom.

Fondation Henri Cartier-Bresson

2 impasse Lebouis. Mo Gaîté ou Pernety. Mar.-ven. 13h-18h30 (mer. 20h30), sam. 11h-18h45. Fermé dim., lun., j. fériés et mois d'août. 4€. ☎ *01 56 80 27 00.*

Installée dans un atelier lumineux de plusieurs niveaux, dont deux sont réservés aux expositions temporaires, la fondation se veut un lieu de rendez-vous pour tous ceux

---

HENRI CARTIER-BRESSON

Il voulait être peintre : il fut photographe et devint l'un des grands témoins du 20e s. Son secret ? Au-delà de sa façon inimitable de cadrer ses images, de capter la lumière, il réside sans doute dans cette quête de « l'instant décisif ». Unique dans sa façon de saisir avec une profonde humanité la face cachée des événements, le fondateur de l'agence Magnum, ami des surréalistes et de Robert Capa, grâce à cette fondation, nous lègue une œuvre majeure tout en donnant à ses disciples et successeurs un lieu pour présenter leurs travaux.

---

qui aiment la photographie. Elle abrite, bien sûr, les œuvres de Cartier-Bresson (1908-2004), mais permet également aux visiteurs d'assister à des projections de films ou de vidéos, à des rencontres, débats et colloques.

Traverser l'avenue du Maine pour rejoindre, à gauche, la rue de la Gaîté.

Rue de la Gaîté

Son nom ne vous trompera pas. Depuis le 18e s., cabarets, bals, théâtres, restaurants et lieux de plaisir en font un lieu de gaîté. Particulièrement animée la nuit.

Prendre le boulevard Edgar-Quinet, en tournant le dos à la tour Montparnasse. On arrive au cimetière du Montparnasse.

> **THÉÂTRES DE LA GAÎTÉ**
> n° 31 : théâtre Montparnasse ;
> n° 26 : théâtre Gaîté-Montparnasse ;
> n° 20 : Bobino ;
> n° 17 : Comédie italienne ;
> n° 6 : théâtre Rive-Gauche.

Cimetière du Montparnasse

Plan gratuit fourni à l'entrée. Possibilité de visite guidée sur demande. ☎ 01 40 71 75 60.

Ce grand cimetière parisien est le lieu de repos, depuis 1824, de nombreux artistes et écrivains. Parmi 34 000 sépultures, on retrouve celles de Baudelaire, Maupassant, Bourdelle, Soutine, Desnos, Jean Seberg, Marguerite Duras, Serge Gainsbourg, Jean Poiret, Maurice Pialat...

Reprendre le boulevard Edgar-Quinet, en direction de la tour Montparnasse, puis, sur la charmante place Edgar-Quinet, s'engager dans la rue Delambre. On parvient au carrefour Vavin.

Carrefour Vavin (place Pablo-Picasso)

Cœur battant du vieux quartier, ce carrefour et ses abords immédiats ne sont pas sans évoquer, même de loin, l'effervescence artistique de la grande période du Montparnasse. Il suffit pour cela d'une courte balade.

Partir du terre-plein du boulevard Raspail où se dresse le Balzac de Rodin depuis 1939 et prendre la rue de la Grande-Chaumière.

Rue de la Grande-Chaumière – Au n° 10 se tenait l'académie Charpentier où Gauguin, Manet et Whistler travaillèrent ; au n° 14, l'académie de la Grande-Chaumière (fondée en 1904 et que fréquentèrent les artistes russes et polonais de la future École de Paris) existe toujours et ses ateliers de dessin, de peinture et de sculpture portent encore les noms de certains artistes qui y enseignèrent, comme Brayer, Zadkine ou Bourdelle qui eut comme élève Giacometti. Un peu plus loin, Sennelier propose toujours peintures, toiles à peindre, tubes et flacons multicolores et ces fameux pastels à huile créés par le maître coloriste Henri Sennelier, à l'instigation de Picasso.

Prendre à droite la rue N.-D.-des-Champs.

Rue N.-D.-des-Champs – Bouguereau, puis plus tard, Othon Friesz, vécurent au n° 75. Au n° 82, le corps de l'immeuble construit en 1905 par Constant Lemaire, est enserré par les rues de Chevreuse et Paul-Séjourné ; belle façade ornée de deux cariatides au-dessus de la porte d'entrée. Au n° 86 vécut Fernand Léger jusqu'à la fin de sa vie, dans un immeuble construit en 1880 et dont on aperçoit encore les ateliers d'artistes.

Prendre en face la rue Joseph Bara, puis à gauche la rue d'Assas, avant de s'engager, à hauteur du n° 101 bis, dans l'impasse menant au musée Zadkine.

Musée Zadkine *(voir description à « visiter »)*

Poursuivre dans la rue d'Assas et prendre à gauche la rue Vavin. En arrivant sur la charmante place marquant le carrefour des rues Bréa, Vavin et N.-D.-des-Champs, prendre cette dernière à droite.

Au n° 53, le **Lucernaire**, centre national d'art et d'essai, constitue une halte des plus conviviales, avec ses cinémas, ses deux salles de théâtre, son restaurant et son café, l'Avant-scène.

Place Pierre-Lafue – Sur le terre-plein entre le boulevard Raspail, la rue N.-D.-des-Champs et la rue Stanislas, se dresse une sculpture intitulée « *Hommage au capitaine Dreyfus* », œuvre de Louis Mitelberg, dit Tim (1919-2002).

TIM

Juif d'origine polonaise, Tim, dont toute la famille disparut dans le ghetto de Varsovie, est surtout connu du grand public pour ses dessins de presse souvent particulièrement mordants. On connaissait moins Tim sculpteur : c'est la découverte des œuvres de Daumier qui suscita cette vocation. Paris s'honore aujourd'hui de posséder deux autres sculptures de l'artiste : un *Monument aux déportés* (au Père-Lachaise) et *Daumier dessinant Ratapoil*, à l'Assemblée nationale.

Remonter le boulevard Raspail et reprendre, à gauche, la rue Vavin, le temps de jeter un coup d'œil au n° 26.

Conçu par l'architecte Henri Sauvage, cet immeuble dont les étages successifs sont en retrait les uns par rapport aux autres, présente une façade entièrement recouverte de céramique. Les gradins, constituant de larges balcons, sont autant de jardinières dans lesquelles la végétation abonde aux beaux jours.

Vous voici maintenant de retour sur le boulevard Montparnasse : les cinémas et les célèbres terrasses sont autant d'invitations.

visiter

Musée Bourdelle★★

18 r. Antoine-Bourdelle (près de la gare SNCF) – M° Montparnasse-Bienvenüe (ligne 6). Tlj sf lun. 10h-18h (dernière entrée 1/2h av. fermeture). Fermé j. fériés. Gratuit. ☎ 01 49 54 73 73.

Peu connu jusqu'en 1909, Bourdelle trouve les faveurs du public avec la présentation de son *Héraclès archer tue les oiseaux du lac Stymphale*. L'artiste, mondialement célèbre après plusieurs expositions aux États-Unis et au Japon, s'éteint au Vésinet en 1929.

L'art de Bourdelle est un art de synthèse. Il prend sa source dans les origines rurales de l'artiste (né à Montauban), dans son goût pour l'art roman, byzantin, gothique, qui représentent l'alliance entre architecture et sculpture ; l'archaïsme, pour lui, est de tous les temps : « Tout ce qui est synthèse est archaïsme, l'archaïque c'est l'opposé du mot copie, c'est l'ennemi-né du mensonge, de tout cet art du trompe-l'œil, sottement odieux, qui change le marbre en cadavre. »

Les **plâtres des reliefs du théâtre des Champs-Élysées★** possèdent un modelé que leur auteur a atténué en travaillant le marbre.

Le grand hall a été bâti en 1959. On y retrouve *La France*, l'***Héraclès archer★★***, le *Monument au général Alvear*, flanqué de quatre vertus *(la Victoire, l'Éloquence, la Liberté, la Force)*, *Le Fruit*, ravissant nu féminin, et, dans l'hémicycle, le *Centaure mourant* et *Carpeaux au travail* (bronze). Les deux salles adjacentes montrent les études du *Monument de Montceau-les-Mines*, auquel Bourdelle donna la forme d'une lampe de mineur.

Le jardin contient divers bronzes, dont les *Vertus* et des figures animales, pièces d'un monument à Debussy qui ne fut jamais réalisé.

L'atelier de Bourdelle, ainsi que son appartement, ont été laissés en l'état. Dans la cuisine, au-dessus de l'évier, *Autoportrait* de 1925 ; et, donnant sur la rue, l'établi du père de l'artiste.

L'extension, conçue par Christian de Portzamparc et achevée en 1992, présente l'ensemble des études et des fragments du *Monument à Adam Mickiewicz*, érigé près de la place de l'Alma, et du *Monument aux Combattants et Défenseurs du Tarn-et-Garonne*, dressé à Montauban

Loin des foules, le charme d'un musée intime...

K. Maucotel/Musée Bourdelle© Adagp, Paris 2004

À VOIR

La seconde série d'ateliers constitue une enfilade, éclairée par de larges verrières. On y découvre la *Tête d'Apollon★* (bronze), *Rodin au travail* et la série, très expressive, des *Beethoven★*.

(dont *les Figures hurlantes* et *la Colonne Roland*). Le premier étage de l'extension abrite les cartons des fresques du théâtre des Champs-Élysées.

Musée de la Poste★

34 bd de Vaugirard (sur le côté droit de la gare Montparnasse). Tlj sf dim. 10h-18h. Fermé j. fériés. 4,50€. ☎ *01 42 79 24 24.*

L'institution – Présentation moderne évoquant l'évolution de la Poste du messager à cheval à l'e-mail, et sa place dans l'histoire des civilisations autour du thème de la communication. Histoire de l'Aéropostale à travers documents et souvenirs.

Le facteur et le timbre – Indispensables. Le premier est présenté avec ses uniformes et ses accessoires ; le second est fabriqué devant vous. Exposition de tous ses ancêtres français et étrangers.

Facteurs en automobile, 1899.

Musée du Montparnasse

21 av. du Maine, face à la rue A.-Bourdelle. Tlj sf lun. 12h30-19h. Fermé 1er mai. 5€. ☎ *01 42 22 91 96. www.museedumontparnasse.net*

Dans une charmante allée pleine de verdure et bordée d'ateliers d'artistes, ce musée présente des expositions temporaires ayant trait à l'histoire du quartier et de ses artistes.

Au fond de l'impasse, une galerie d'exposition permanente est consacrée au sculpteur brésilien d'origine polonaise, Frans Krajcberg.

Mémorial du maréchal Leclerc de Hauteclocque et de la Libération de Paris - Musée Jean-Moulin

Jardin Atlantique, au-dessus de la gare Montparnasse, à l'extrême Nord. ⛓ *Tlj sf lun. 10h-18h. Fermé j. fériés. Gratuit, 4€ lors des expositions.* ☎ *01 40 64 39 44.*

Les parcours historiques de ces deux hommes, l'un, figure emblématique des Forces françaises libres, l'autre, symbole de la Résistance, sont évoqués par des documents d'époque. Tous sont replacés dans le contexte des événements militaires, de la Résistance intérieure et extérieure et de l'Occupation jusqu'à la Libération de Paris. Film panoramique dans la grande salle *(1er étage)* sur la Libération de Paris.

Musée Zadkine

100 bis r. d'Assas. Tlj sf lun. 10h-18h. Fermé j. fériés. Gratuit. ☎ *01 55 42 77 20.*

Des plaques en braille permettent aux non-voyants d'identifier les œuvres ; des gants leur sont prêtés pour qu'ils puissent les toucher, à défaut de pouvoir les caresser des yeux.

Cachées entre les murs des hauts immeubles voisins, les sculptures (en pierre et en bois) d'Ossip Zadkine, artiste français d'origine russe (1890-1967), transmettent son inquiétude et ses tourments. Dans le calme secret du jardin, du cubisme à l'abstraction, 300 œuvres sont exposées qui viennent nous frôler par le mystère de leur création. À voir, les *Ménades*, la *Leçon de dessin*, *Prométhée*. La *Femme à l'éventail* date de l'époque cubiste.

Si cette longue promenade dans le quartier de Montparnasse vous a quelque peu fatigué, profitez du jardin du Luxembourg tout à côté pour vous poser. Ce pourrait être d'ailleurs l'occasion de découvrir, parmi les nombreuses statues de tous styles qui parsèment le jardin, une autre sculpture de Zadkine, *Le poète ou Hommage à Paul Éluard*, (proche de l'entrée du jardin par la rue d'Assas).

Par Ossip Zadkine, « La Sainte Famille », à voir au musée Zadkine.

Musée de la Poste

P. Pierrain/PMVP/© Adagp. Paris 2004

Parc **Montsouris**★

Le rêve : un vaste lac, le chant des oiseaux, des parterres de fleurs multicolores. Même l'intrusion en hauteur du Réseau Express Régional ne rompt pas le charme.

La situation

Plan Michelin n° 54 R 13-14 – 14ᵉ arr. – RER Cité-Universitaire (ligne B) – Bus 21, 67, 88, PC. Rien que de la verdure. Le boulevard Jourdan *(Sud)* et l'avenue Reille *(Nord)* écoulent toute la circulation.
Voir à proximité Denfert-Rochereau.

Le nom

Serait-ce le mont des souris ? Peut-être qu'un chat nous en dirait davantage.

Les gens

Des « paressants » plutôt que des paresseux : tous ceux qui aiment les rayons du soleil, l'odeur embaumante des fleurs et qui veulent fuir le stress parisien.

se promener

Parc Montsouris★

Ce jardin anglais est l'œuvre d'Adolphe Alphand sous la direction d'Haussmann (1878). Les allées serpentent, les monticules s'élèvent, les cascades éclaboussent et un grand lac s'épanouit – sauf le jour de l'inauguration où il se vida subitement, entraînant le suicide de l'ingénieur responsable.

DÉGÂTS

Comme la majorité des parcs parisiens, Montsouris a été fortement touché par la tempête qui s'est abattue sur la capitale le 26 décembre 1999. Il a notamment perdu l'un des derniers ormes de la capitale, qui datait de la création du parc. Pour remplacer les arbres tombés, de nouveaux sont peu à peu plantés.

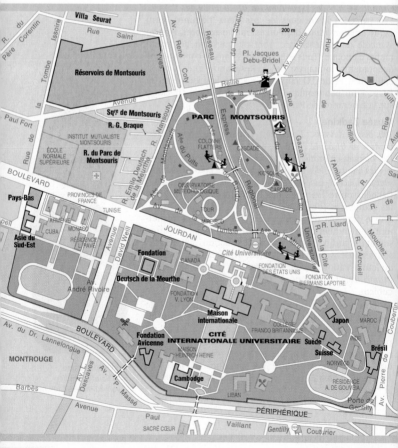

Le parc est dominé par la mire du Sud, qui marque le passage de l'ancien méridien de Paris.

Autour de la rue Nansouty

Des ruelles aux vieux pavés font rêver de vie paisible et de charme provincial (petites maisons colorées). Les peintres Georges Braque et le Douanier Rousseau s'y installèrent. Se promener dans la **rue Georges-Braque**, le **square de Montsouris** et la **rue du Parc-de-Monsouris**, mais aussi **rue St-Yves** et **villa Seurat**, haut-lieu du Montparnasse de l'entre-deux-guerres (Gromaire, Lurçat, le sculpteur Chana Orloff, Henry Miller, ainsi que Soutine y ont habité).

Lumière automnale sur les bords du lac.

Les avenues

Reille et René-Coty de leurs noms. Au 53 avenue Reille, l'atelier-maison d'Ozenfant bâti par Le Corbusier. Les immenses **réservoirs de Montsouris** couverts de gazon les dominent. Vieux de cent ans, ils alimentent la moitié de la capitale. Ils recueillent les eaux de la Vanne, du Loing et du Lunain. Des truites, en aquarium, y servent de témoins pour la pureté de l'eau.

Cité internationale universitaire*

Entrée principale aux n°s 19-21 bd Jourdan. &. *8h-22h. Possibilité de visite guidée (2h) 1er dim. du mois sur demande préalable Citéculture,* ☎ *01 44 16 65 96. 7,60€.* ☎ *01 44 16 64 55. www.ciup.fr*

40 ha, 38 maisons, 5 500 étudiants de 120 nationalités : difficile de faire plus cosmopolite ! L'architecture des maisons rappelle les pays fondateurs, les exceptions confirmant la règle (Maroc, Japon). La fondation E.-et-L.-Deutsch-de-La Meurthe a été inaugurée en 1925. C'est la première « Maison ». La Maison internationale (1936) est due à la libéralité de John Rockefeller Jr. Avec sa piscine, son théâtre et ses vastes salons, c'est l'une des plus luxueuses. La Fondation suisse et la Fondation franco-brésilienne sont l'œuvre de Le Corbusier.

L'église du Sacré-Cœur (1931-1936) se dresse de l'autre côté du boulevard périphérique, sur le territoire de Gentilly. Vitraux de Gruber. *Mer. et sam. 14h-19h, dim. matin.* ☎ *01 46 57 70 18.*

H. Champollion/MICHELIN

Du Quartier Latin au Parc Montsouris : Paris accueille les étudiants étrangers depuis toujours.

Mouffetard★

Passé et présent se conjuguent à la « Mouffe ». Vous y percevrez l'âme parisienne : sa vie y est aussi intense le jour que la nuit. Dans la vieille rue Mouffetard et les petites rues adjacentes, les étudiants de la montagne Ste-Geneviève aiment s'attarder dans les petits restaurants et cafés.

La situation

Plan Michelin n° 54 L 15, M 15 – 5ᵉ arr. – Mᵒ Censier-Daubenton (ligne 7) – Bus 47, 89. Suite de petites rues étroites dans un quartier tout en pente : prenez votre souffle !

Voir à proximité Quartier latin, Jussieu, Jardin des Plantes, les Gobelins, Panthéon.

Le nom

Viendrait d'un ancien lieudit (Mont Cetard) que la rue traversait. Au fil des siècles, l'appellation changea : Monfetard, Maufetard, Mouffard, etc.

Les gens

Jeunes et moins jeunes, en mal d'un petit « resto » sympa dans une cave voûtée, illuminée de mille bougies...

AU CHOIX

Pour une promenade méthodique du quartier, suivez l'itinéraire figurant sur le plan ; ou alors, perdez-vous dans ses petites rues aux noms pittoresques.

se promener

De l'église Saint-Médard à la place de la Contrescarpe

À la sortie du métro Censier-Daubenton, prendre la rue Daubenton au Sud-Ouest. Entrer dans l'église par le n° 41 de la rue.

carnet pratique

RESTAURATION

Se reporter à la rubrique « Restauration » dans les Informations pratiques, en début de guide ; ce quartier correspond au 5ᵉ arrondissement.

SORTIES

Connolly's Corner – *12 r. de Mirbel - Mᵒ Censier-Daubenton - ☎ 01 43 31 94 22 - liam.connolly@wanadoo.fr - 16h-2h - fermé 25 déc.-1ᵉʳ janv.* Un peu à l'écart de la rue Mouffetard, pub irlandais à l'atmosphère très amicale, où les cravates coupées pendent comme des trophées. Concert le samedi soir à 22h. Jeu de fléchettes.

Finnegans Wake – *9 r. des Boulangers - Mᵒ Place-Monge - ☎ 01 46 34 23 65 - www.irishfrancefinneganswake.com - lun.-ven. 11h-2h, 18h-2h - fermé dim.* L'un des plus anciens pub irlandais de Paris. Ambiance tranquille et Guinness de qualité supérieure. *Happy hour* de 18h à 20h. Concerts vendredi soir et retransmission TV de manifestations sportives.

Le Requin Chagrin – *10 r. Mouffetard - Mᵒ Place-Monge - ☎ 01 44 07 23 24 - lun.-jeu. 16h-2h, ven., sam. 16h-5h.* C'est l'un des pubs les plus discrets du quartier.

Place de la Contrescarpe – Cette place regorge de cafés et attire la foule bigarrée de la rue Mouffetard, sensible à son charme et à ses belles terrasses. Le Café Contrescarpe et La Chope possèdent les plus grandes. Mais l'Irlandais, le Café des Arts, le Teddy's bar ou le Mayflower, situés aux alentours, ne sont pas à négliger.

ACHATS

Rue Mouffetard – Les commerces les plus divers de la « Mouffe » s'égrènent sur toute sa longueur, empiétant parfois sur la rue avec une débauche de couleurs et de senteurs. Ce déploiement donne l'impression d'un immense marché à ciel ouvert où l'étal du poissonnier côtoie ceux du boucher et du crémier. Le soir, les restaurants grecs et leurs terrasses investissent les lieux.

La Maison des Trois Thés – *1 r. St-Médard - Mᵒ Place-Monge - ☎ 01 43 36 93 84 - info@maisondestroisthes.com - mar.-dim. 11h-19h30.* Une adresse renommée dans le monde entier puisque, ici, le maître de thé Tseng Yu Hui vend des thés de Chine extrêmement rares, qui peuvent atteindre plusieurs dizaines d'euros le kilo. 1 000 sortes de thés sont à la vente au comptoir. Dégustations entre 10 et 686€. Attention aux fermetures pour cause de voyage en Asie.

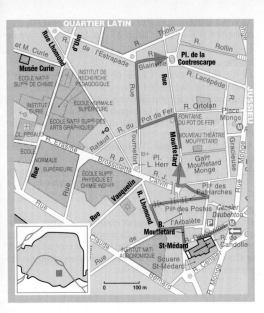

Église Saint-Médard

Fermé lundi, 1ᵉʳ et 8 mai, Pentecôte et 11 nov. ☎ *01 44 08 87 09.*

Elle est une accumulation de grands styles architecturaux : nef en gothique flamboyant, chœur élargi à la mode Renaissance (arcades et fenêtres en plein cintre), piliers transformés en colonnes doriques cannelées. Tableaux de l'école française : *Christ mort* (17ᵉ s.), *les Vendeurs du Temple* de Natoire.

En sortant par la rue Mouffetard, vous admirerez sa façade percée d'une magnifique fenêtre flamboyante. ▶

> **LA FONTAINE DU POT-DE-FER**
> *À l'angle de la rue du même nom.* L'excédent d'eau de l'aqueduc Médicis se déversait là (bossages à l'italienne).

> ### LES « CONVULSIONNAIRES »
> Un janséniste, le diacre Pâris, qui a la réputation d'un saint, meurt en 1727. Il est enterré dans le cimetière de St-Médard, sous une dalle surélevée. Des jansénistes malades ou infirmes s'y précipitent. Des guérisons, jugées miraculeuses, portent la fièvre à son comble. En 1732, Louis XV met fin à cette agitation et ferme le cimetière. Sur la porte est cloué ce distique :
> « *De par le Roi, défense à Dieu*
>   *De faire miracle en ce lieu !* »

Ph. Benet/MICHELIN

Rendez-vous incontournable des étudiants : la place de la Contrescarpe.

Rue Mouffetard★

On est loin des grands centres commerciaux et grand bien s'en fasse. Les boutiques de petits commerces préservent jalousement leurs enseignes hétéroclites et fort anciennes : « À la Bonne Source » au nᵒ 122 est datée du 17ᵉ s. Des arcades sont des entrées sur d'étroits passages : celui des Postes (nᵒ 104) et celui des Patriarches (nᵒ 101).

J.-Y. Grégoire/MICHELIN

*Un marché haut
en couleur et renommé*

Au n° 53, 3 350 pièces d'or furent cachées là par Nivelle, conseiller et écuyer de Louis XV. La découverte date de 1938.

Vieilles rues

La rue de l'Arbalète ? La rue Lhomond ou Tournefort ? Vous préférez la rue de l'Estrapade ? Peu importe, vous serez toujours au cœur du Paris médiéval.

Au n° 3 de la **rue de l'Estrapade** vécut, de 1747 à 1754, Denis Diderot, à l'époque où il dirigeait la publication de l'*Encyclopédie*.

Au n° 10 de la **rue Vauquelin**, sous un appentis (disparu, mais matérialisé par un paysage dans la cour de l'école), Pierre et Marie Curie isolèrent le radium en octobre 1898 et établirent le caractère atomique de la radioactivité.

Place de la Contrescarpe★

Un marché haut en couleur et renommé. Intime, ombragée avec des terrasses de cafés animées. Rabelais célébra le cabaret de la Pomme de Pin qui se tenait au n° 1. À quelques pas au Nord de la place, Descartes multiplia les séjours au n° 14 de la rue Rollin.

La Muette-Ranelagh★

Le quartier du Ranelagh est à l'écart des circuits touristiques traditionnels. Il abrite pourtant un haut lieu de l'impressionnisme, particulièrement attachant, le musée Marmottan-Monet. Avec Auteuil, Passy et le bois de Boulogne, il peut donner l'occasion d'une journée pas comme les autres dans ce Paris que l'on croit connaître !

La situation

Plan Michelin n° 54 H 4-5 J 4-5 – 16ᵉ arr. – Mᵒ La-Muette (ligne 9) – Bus 22, 32, 52, 63 et PC1 – RER Av. H.-Martin (ligne C). Seul le boulevard périphérique et les boulevards Suchet et Lannes séparent le quartier du bois de Boulogne. Les avenues Henri-Martin et Victor-Hugo sont un chemin des plus agréables pour se rendre à La Muette depuis le Trocadéro et l'Arc de Triomphe. La rue du Ranelagh unit la Seine au jardin du même nom.

Le nom

Charles IX (1550-1574) avait ici un pavillon de chasse où l'on enfermait ses faucons en mue. D'où le nom de Muette. Mais il pourrait avoir d'autres origines : la meute de chiens lancée après les cerfs ou encore les mues, c'est-à-dire les bois de cerf tombés à l'automne.

carnet pratique

RESTAURATION

Se reporter à la rubrique « Restauration » dans les Informations pratiques, en début de guide ; ce quartier correspond au 16ᵉ arrondissement.

PETITE PAUSE

Pascal Le Glacier – *17 r. Bois-le-Vent - Mᵒ La-Muette -* ☎ *01 45 27 61 84 - mar.-sam. 10h30-19h - fermé août et j. fériés.* Pascal et sa femme n'ont qu'une obsession : la qualité. Chaque sorbet est préparé en petite quantité avec des fruits de saison, de l'eau d'Evian et beaucoup de patience. Le

succès n'a rien changé à la passion et l'exigence de ces artisans remarquables.

ACHATS

Réciproque – *95 r. de la Pompe - Mᵒ Rue-de-la-Pompe -* ☎ *01 47 04 30 28 - mar.-ven. 11h-19h, sam. 10h30-19h ; août : mar.-sam. 12h-19h - fermé j. fériés.* Mode, accessoires, bijoux... Les 800 m² de ce dépot-vente méritent le détour. Chaque jour, Nicole Morel sélectionne des produits de luxe en très bon état classés par créateur. Du foulard Hermès au sac Vuitton, impossible de ne pas trouver son bonheur !

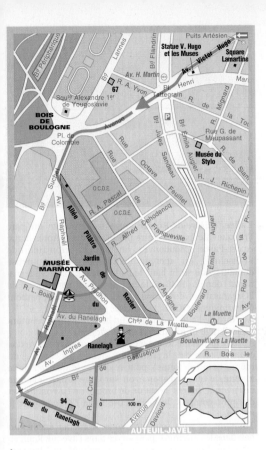

AUTEUIL-JAVEL

Les gens

Lord Ranelagh remporta un vif succès dans sa propriété près de Londres avec son établissement de plaisir. L'anglomanie des Parisiens (18ᵉ s.) fit le reste.

se promener

Du square Lamartine au jardin du Ranelagh

Square Lamartine

Le puits artésien de Passy, foré en 1855, fournit une eau sulfureuse à 28 °C, captée à 600 m.

L'**avenue Victor-Hugo** aligne l'une après l'autre les prestigieuses devantures des grandes marques (bijoux, mode) qui font la renommée de Paris. Dans son prolongement, l'avenue Henri-Martin mène à la place de Colombie.

> **À VOIR**
> *Victor Hugo et les muses* posent à l'angle de l'avenue Victor-Hugo et de l'avenue Henri-Martin : sculpture monumentale de Rodin placée ici en 1964.

QUARTIER DE LA MUETTE

Le pavillon de chasse de Charles IX est transformé en château par Philibert Delorme avec un parc qui côtoie le bois de Boulogne. Les capitaines de chasse du bois, Catelan et Fleuriau d'Armenonville en deviennent propriétaires. La galanterie du lieu se maintient avec en la présence de Louis XV et de Mme de Pompadour, puis Louis XVI et Marie-Antoinette, qui y passent leurs premières années de mariage. Il est détruit en 1920.

Place de Colombie, prendre l'avenue Raphaël.

> **SOUVENIR**
> Au n° 67 du boulevard Lannes, Edith Piaf vécut ses dernières années, jusqu'à sa mort en 1963.

Jardin du Ranelagh

Depuis le 18ᵉ s., les Parisiens y dansent en plein air. Le café Petit-Ranelagh propose une salle de danse et de spectacle. Ce lieu de détente disparaît au Second Empire. L'actuel jardin a été tracé par Haussmann en 1860.

Avez-vous remarqué la grande variété des arbres des jardins de Paris ?

FRANÇOIS PILATRE DE ROZIER

« Je veux être le premier à voir la terre d'un peu haut » (Jean Diwo, *Les Dames du Faubourg*). Le célèbre aérostier réalise son rêve le 21 novembre 1783 dans une montgolfière non captive.

L'**allée Pilâtre-de-Rozier** longe ce qui reste du parc Franqueville, partagé entre plusieurs hôtels. Après la rue André-Pascal (pseudonyme littéraire du baron Henri de Rothschild), on aperçoit l'entrée de la somptueuse demeure que se fit bâtir le banquier. Territoire international depuis 1948, elle est le siège permanent de l'Organisation de coopération et de développement économiques (**OCDE** ; *ne se visite pas*).

Au Nord de l'allée a été placé un haut-relief représentant Victor Hugo et intitulé *La Vision du poète*.

Après avoir visité le **musée Marmottan** *(voir description ci-après)*, traversez le jardin du Ranelagh par l'avenue du même nom (piétonne), pour rejoindre le quartier de la Muette, le temps d'apercevoir sur votre droite, à l'angle de l'avenue Ingres, la statue de bronze de La Fontaine et des protagonistes de sa fameuse fable *Le Corbeau et le renard*.

Toutefois, si vous souhaitez vous promener encore un peu dans les environs, poursuivez dans l'avenue Raphaël jusqu'au boulevard Beauséjour auquel un passage souterrain donne accès.

En face, à droite, la **rue du Ranelagh** file tout droit vers la Seine présentant, à hauteur des n°^{os} 123 à 90, une suite d'hôtels particuliers du 19e s. pleins de charme. Remarquez notamment au n° 94, un pavillon en brique rouge doté d'une tourelle en poivrière et agrémenté de gargouilles, construit en 1885.

Revenir sur le boulevard Beauséjour par la rue Oswaldo Cruz et poursuivre jusqu'à l'ancienne gare de La Muette, aujourd'hui reconvertie en restaurant.

ORIGINES

En 1932, l'historien d'art **Paul Marmottan** fait don à l'Institut (Académie des beaux-arts) de son hôtel particulier et de ses collections de la Renaissance et de l'époque napoléonienne. En 1950, Mme Donop de Monchy y adjoint une partie des œuvres acquises par son père, le Dr de Bellio, médecin et ami de plusieurs peintres impressionnistes. En 1971, Michel Monet lui lègue 65 toiles peintes par son père Claude. En outre, le legs Wildenstein enrichit le musée de 228 enluminures.

visiter

Musée Marmottan-Monet★★

2 r. Louis-Boilly – M° La Muette – Bus 32 (arrêt Louis-Boilly, en direction de la gare de l'Est) et PC1 (arrêt Ernest-Hébert). Tlj sf lun. 10h-18h. Fermé 1er janv., 1er mai, 25 déc. 6,50€. ☎ 01 44 96 50 33. www.marmottan.com

Le mobilier du Consulat et de l'Empire comprend, en particulier, l'éblouissant surtout de table de Lucien Bonaparte en bronze ciselé et doré par Thomire en 1803, un guéridon rond dont le plateau est composé de 101 plaquettes de marbre de provenances différentes, une commode en acajou attribuée à Jacob Desmalter. En peinture : buste de Jean Riesener dans une pose à l'antique, médaillons des membres de la famille impériale, toiles de Vernet et 26 spirituels portraits de Boilly. Les enluminures garnissent les panneaux d'un grand salon. Elles proviennent de plusieurs pays d'Europe et datent des 13e-16e s. Elles comprennent des lettrines à décor floral ou historié, des antiphonaires, des extraits de livres d'heures et de ravissants tableautins.

La collection des toiles de **Claude Monet** est probablement la plus importante connue de ce maître de l'impressionnisme. La plupart de ces œuvres ont été inspirées par le jardin fleuri que l'artiste possédait à **Giverny** : nymphéas, glycines, iris, allée des rosiers, saule pleureur, pont japonais.

D'autres peintures témoignent de la sensibilité de Monet à la vibration de la lumière selon l'heure du jour et de la saison : *Le Parlement de Londres*, *Le Pont de l'Europe*, une de ses *Cathédrales de Rouen* (1892).

Le musée s'est enrichi de la donation Duhem qui comprend une soixantaine de toiles, dessins et aquarelles dont un magnifique *Bouquet de fleurs* de Gauguin, peint à Tahiti, et un pastel de Renoir, *Jeune fille assise au chapeau blanc*.

D'autres œuvres retiennent l'attention comme le *Christ en croix* d'Albrecht Bouts (16ᵉ s.), *La Jeune Fille consultant un nécromancien* de Fragonard ou *Mille victoires de Bellio* de Renoir.

Musée Marmottan-Monet, Paris/GIRAUDON

© Adapg, Paris 2004

C'est le tableau de Monet, « Impression, soleil levant » (1873) qui donna son nom à l'impressionnisme.

Institut des Arts de l'Écriture : musée du Stylo

3 r. Guy de Maupassant, Mᵒ Rue-de-la-Pompe. Dim. et j fériés 14h-18h. 2€. ☎ 06 07 94 13 21.

Est-ce si facile de créer un stylo ? Depuis le 19ᵉ s., des hommes s'acharnent à le rendre pratique, indispensable, beau. La collection en présente quelque 1 500 exemplaires...

Cathédrale **Notre-Dame**★★★

SE RESTAURER
Se reporter à la rubrique
« Restauration »
dans les Informations
pratiques, en début
de guide : ce quartier
correspond au
4ᵉ arrondissement.

Au cœur de Paris et dans le cœur des Parisiens, la cathédrale Notre-Dame a participé aux joies et aux sombres moments de l'histoire de la capitale, souvent confondue avec celle de la France... Source d'inspiration picturale autant que littéraire, elle est un véritable mythe vivant, que l'on peut sans cesse redécouvrir...

La situation

Plan Michelin nº 54 J 15, K 15 – 4ᵉ arr. – Mº Cité ou Saint-Michel (ligne 4) – Bus 21, 38, 47, 85. La cathédrale trône à l'Est de l'île de la Cité. Des quais, la vue sur l'édifice est imprenable.

Voir île de la Cité, et, à proximité, la Conciergerie, Sainte-Chapelle, île Saint-Louis, Quartier latin et Maubert.

Le nom

QUELQUES CHIFFRES
Notre-Dame mesure
130 m de long, 48 m
de large, 35 m de haut.
Elle peut accueillir
6 500 personnes.

C'est évidemment un hommage à la mère du Christ. Par ailleurs, la cathédrale s'élève sur les vestiges d'une église romane, dédiée à Notre-Dame par Clovis, pour remercier le ciel de la guérison de son fils Childebert.

◄ ## Les gens

Les millions de croyants (ou non !), jadis pèlerins, aujourd'hui touristes, cherchent à s'imprégner du caractère sacré des lieux dans le brouhaha ambiant. L'un d'eux, le dramaturge et poète Paul Claudel (1868-1955), s'y convertit un jour de Noël 1886, près d'un pilier...

comprendre

MAURICE DE SULLY
Fils d'une pauvre
bûcheronne de Sully-
sur-Loire, il a été
remarqué des autorités
ecclésiastiques. En 1159,
il est nommé chanoine
de la cathédrale de Paris,
et l'année suivante,
est placé à la tête du
diocèse, où il reste trente-
six ans. À la suite de Suger,
constructeur et abbé de
Saint-Denis, il entreprend
de donner à la capitale une
cathédrale digne d'elle.

Construction – Il y a vingt siècles qu'on prie en ce lieu : temple gallo-romain, basilique chrétienne, église romane s'y sont succédé avant l'actuelle Notre-Dame.

En effet, les fouilles successives effectuées depuis trois siècles ont révélé l'existence d'une première basilique mérovingienne dédiée à saint Étienne, dont l'emplacement se trouve à l'Ouest, sous les premières travées ◄ actuelles de la cathédrale.

C'est **Maurice de Sully** qui, vers 1163, entame la construction de la cathédrale. À côté de ressources épiscopales et des offrandes royales, l'humble peuple des corporations participe avec ses bras : tailleurs de pierre, charpentiers, forgerons, sculpteurs, verriers travaillaient au 13ᵉ s., sous la direction de **Jean de Chelles** et de

*Depuis l'Île Saint-Louis,
Notre-Dame apparaît
comme la proue
d'un navire.*

G. Targat/MICHELIN

Pierre de Montreuil, l'architecte de la Sainte-Chapelle. Les travaux sont achevés vers 1300.

Notre-Dame est la dernière des grandes églises à tribunes et l'une des premières à arcs-boutants ; idée neuve, on les prolongea par un col destiné à rejeter les eaux pluviales loin des fondations : ce sont les premières gargouilles.

Cérémonies – Bien avant d'être achevée, Notre-Dame est le théâtre de grands événements religieux et politiques. Ainsi, **Saint Louis** dépose la couronne d'épines en 1239 en attendant la consécration de la Sainte-Chapelle. En 1302, **Philippe le Bel** y ouvre solennellement les premiers états généraux du royaume. Puis les cérémonies, actions de grâces et services funèbres vont s'y succéder, fidèles reflets de l'histoire de France : couronnement du jeune roi d'Angleterre Henri VI (1431) comme roi de France ; ouverture du procès de réhabilitation de Jeanne d'Arc (1455) ; couronnement de Marie Stuart ; curieux mariage entre Marguerite de Valois, seule dans le chœur, et le huguenot Henri de Navarre, qui a dû rester à la porte (1572) : il reconnaîtra plus tard que « Paris vaut bien une messe » et assistera dans le chœur à l'office d'action de grâces pour la reddition de la capitale. En 1687, **Bossuet** y prononce l'oraison funèbre du Grand Condé. Plus tard, les drapeaux ennemis conquis en Flandre par le maréchal de Luxembourg lui valent le glorieux surnom de « tapissier de Notre-Dame ».

Les destructions – L'histoire de Notre-Dame est aussi, malheureusement, l'histoire de mutilations successives : démolition du jubé sous prétexte de modernisation par Mansart et Robert de Cotte en 1699, dépose des vitraux originaux pour donner au vaisseau plus de clarté au 18e s., destruction du portail central, en 1771, par Soufflot pour faciliter le passage du dais de processions. Durant la Révolution, les statues sont brisées et l'église devient temple de la Raison puis de l'Être suprême ; toutes les cloches sont fondues, sauf le gros bourdon. Des réserves de fourrage et de vivres s'entassent sous les voûtes. Le 2 décembre 1804, la cathédrale, recouverte de tentures pour masquer son délabrement, accueille le pape Pie VII pour le sacre de Napoléon *(voir le tableau de David au Louvre)* et, sept ans plus tard, s'y déroulent les cérémonies du baptême du roi de Rome.

Fidèle à elle-même – Notre-Dame, qui a échappé de peu aux destructions de la Commune et de la Libération de la capitale, est encore aujourd'hui le témoin des grandes heures de l'histoire de Paris. Ainsi, le *Te Deum* du 26 août 1944, interrompu par un attentat contre le général de Gaulle, l'émouvante messe de requiem à la mémoire de ce dernier (12 novembre 1970), le magnificat du 31 mai 1980, suivi de la messe solennelle sur le parvis célébrée par le pape Jean-Paul II ont réuni d'impressionnantes assemblées.

> **CRITIQUÉS MAIS SALUTAIRES**
> Viollet-le-Duc et Lassus entreprennent des travaux qui se poursuivront jusqu'en 1864 : révision de la statuaire et des vitraux, élimination des placages et des parties ajoutées, restauration des combles et des parties hautes, réfection des portails et du chœur, édification de la flèche et de la sacristie.

découvrir

Accès libre : 7h45-18h45. Possibilité de visite guidée (façade et intérieur 1h1/2) 12h, mar. 12h et 16h, w.-end 14h30 ; de mi-juil. à mi-août : se renseigner à l'accueil. Gratuit. ☎ *01 42 34 56 10. www.cathedraledeparis.com*

Extérieur

Parvis

Les travaux d'Haussmann, en quadruplant l'espace libre, ont à la fois dégagé la façade mais aussi amoindri l'impression d'envolée qu'elle donnait jadis, enserrée entre des maisons.

Au Moyen Âge, les sujets religieux étaient mis en scène devant les églises, à la manière d'un théâtre de plein air : c'étaient les **« mystères »**. Le porche représentait le

> **TOUS LES CHEMINS MÈNENT À NOTRE-DAME...**
> Le « km 0 » des grandes routes nationales de France se matérialise par une petite dalle de bronze scellée au centre de la place.

POUR EN SAVOIR PLUS...
Au n° 10 de la rue du Cloître-Notre-Dame, le **musée de Notre-Dame de Paris** évoque les transformations et restaurations de la cathédrale ainsi que les grands événements (*Te Deum*, pompes funèbres, sacres), et présente des poteries mises au jour sous le parvis. *Mer. et sam. 14h30-17h. 3€.* ☎ *01 43 25 42 92.*

paradis, d'où le nom de parvis qui désigne l'esplanade en avant de l'église. Devant Notre-Dame ont été créés, vers 1260, le *Miracle de Théophile* du trouvère Rutebeuf et, en 1452, le *Vray mistère de la Passion* d'Arnoul Gréban, œuvre littéraire considérable, comptant 34 574 vers, dont le jeu animé par plusieurs centaines d'acteurs amateurs durait quatre jours pleins.

Crypte archéologique★

Tlj sf lun et j. fériés, 10h-18h. 3,30€. ☎ *01 55 42 50 10.*

Sous le parvis ont été dégagés, sur une longueur de 118 m, les vestiges de monuments anciens du 3e au 19e s. Au cours de la visite, on observera particulièrement les restes de deux salles gallo-romaines chauffées par hypocauste *(à gauche en entrant)*, les fondations du rempart du Bas-Empire, les caves des maisons de l'ancienne rue Neuve-Notre-Dame, certaines d'origine médiévale, les soubassements de l'hospice des Enfants-Trouvés construit par Boffrand et une partie de ceux de l'église Ste-Geneviève-des-Ardents.

Façade

L'ordonnance est majestueuse et équilibrée. Les trois portails sont inégaux. Celui du milieu est plus haut et plus large que les autres ; celui de gauche est surmonté d'un gâble. Le Moyen Âge recourait volontiers à cette dissymétrie pour atténuer la monotonie des grandes surfaces. Les portails présentaient alors un tout autre aspect qu'aujourd'hui : les statues polychromes se détachaient sur un fond d'or. Ils composaient une bible de pierre où les fidèles pouvaient apprendre l'histoire sainte et la légende des saints.

Les six vantaux des portails sont ornés d'admirables pentures en fer forgé. Toutes datent de l'époque médiévale, sauf les ferrures du portail central (par lequel passe le saint sacrement lors des processions), qui sont, en fait, une restitution du 19e s.

LÉGENDE
On raconte que les **portails latéraux** ont été ciselés par Satan lui-même, à qui le serrurier Biscornet avait vendu son âme.

Portail de la Vierge – Le très beau tympan a servi de modèle aux imagiers pendant tout le Moyen Âge. Au linteau inférieur, l'arche d'alliance est entourée par les prophètes, qui ont annoncé la destinée glorieuse de la mère de Dieu, et les rois dont Marie descend. Au-dessus, émouvante Dormition de la Vierge, en présence du Christ et des Apôtres. Dans la pointe, le Couronnement de Marie : dans une attitude pleine de noblesse, le Christ tend un sceptre à sa mère, qu'un ange couronne.

Les voussures sont finement bordées de feuillages, de fleurs et de fruits. Leurs quatre cordons évoquent la cour céleste, avec des anges, des patriarches, des rois et des prophètes. Au trumeau, statue moderne de la Vierge à l'Enfant. Sur les faces latérales et les piédroits, de petits bas-reliefs évoquent les travaux des mois et les signes du zodiaque correspondants. Les ébrasements sont ornés de statues de l'atelier de Viollet-le-Duc, parmi lesquelles on reconnaît saint Denis, soutenu par deux anges, saint Jean Baptiste, saint Étienne.

Portail du Jugement dernier – Le tympan avait été entaillé en 1771 par Soufflot pour permettre le passage du dais processionnel. Viollet-le-Duc a rétabli les deux linteaux inférieurs. En bas, la Résurrection. Au milieu, la Pesée des âmes : les élus sont emmenés au ciel par des anges, les réprouvés entraînés en enfer par des démons. Dans la pointe, le Christ, juge suprême, est assis sur son tribunal. La Vierge et saint Jean, à genoux, intercèdent pour les hommes. Les six cordons des voussures représentent la cour céleste. En bas, le ciel et l'enfer sont symbolisés par Abraham recevant les âmes *(à gauche)* et par d'affreux démons *(à droite)*. Le trumeau avait été supprimé par Soufflot ; la statue du Christ date du 19e s. Les piédroits, de facture moderne, évoquent la parabole des Vierges sages *(à gauche, sous la porte ouverte du paradis)* et des Vierges folles *(à droite, la porte du para-*

Détail du portail du Jugement dernier.

Ph. Bourgeois/MICHELIN

dis est fermée). Aux ébrasements, les douze Apôtres, créés par Viollet-le-Duc, se dressent sur les médaillons du 13ᵉ s. des Vices *(rangée inférieure)* et des Vertus *(rangée supérieure)*.

Portail de sainte Anne – Aux deux étages supérieurs du tympan ont été remployées des sculptures exécutées vers 1160 – environ soixante ans avant la construction du portail – pour un portail plus étroit. Ce sont les plus anciennes de Notre-Dame. À la pointe du tympan, la rigide Vierge en majesté trône de face et présente l'Enfant Jésus, selon la tradition romane. Elle est entourée par deux anges thuriféraires, ainsi que par un évêque debout et un roi à genoux, sans doute les fondateurs de l'église mérovingienne. Le linteau du milieu (12ᵉ s.) évoque des scènes de la vie de la Vierge, celui du bas (13ᵉ s.) est consacré à ses parents, sainte Anne et Joachim.

Autour du tympan, les voussures présentent, sur quatre cordons, une cour céleste d'anges, de rois et de patriarches. De part et d'autre de la porte figurent aux ébrasements plusieurs rois, reines et saintes.

Enfin, les contreforts qui séparent les portails sont ornés des statues modernes de saint Étienne, de l'Église, de la Synagogue (les yeux bandés) et de saint Denis.

Galerie des Rois – *Au-dessus des portails.* Ses 28 statues figurent les rois de Juda et d'Israël, ancêtres du Christ. En 1793, la Commune, les prenant pour des rois de France, les fit décapiter sur le parvis *(on peut les voir au musée national du Moyen Âge – hôtel de Cluny).* Viollet-le-Duc les a refaites.

Étage de la rose – Avec près de 10 m de diamètre, la grande rose fut longtemps la plus vaste qu'on ait osé percer. Son dessin est si parfait qu'aucun de ses éléments n'a joué depuis plus de sept siècles. Elle forme comme une auréole à la statue de la Vierge à l'Enfant, encadrée par deux anges.

Devant les baies latérales, surmontées d'un arc de décharge, se dressent Adam *(à gauche)* et Ève *(à droite).* L'ensemble évoque la Rédemption après la Chute (restitution de Viollet-le-Duc).

Grande galerie – Cette superbe ligne d'arcades relie la base des tours. Aux angles des contreforts de la balustrade qui surmonte la galerie, Viollet-le-Duc a posé des oiseaux fantastiques, des monstres, des démons, peu visibles du parvis.

Tours

Juil.-août : 9h-19h30, w.-end 9h-23h ; avr.-juin et sept. : 9h30-19h30 ; oct.-mars : 10h-17h30 (dernière entrée 3/4h av. fermeture). Accès au pied de la tour Nord (402 marches). Fermé 1ᵉʳ janv., 1ᵉʳ mai, 25 déc. 6,10€ (-17 ans : gratuit). ☎ 01 53 10 07 00.

Elles s'élèvent à 69 m au-dessus du sol. Des baies étroites et très hautes (plus de 16 m) leur donnent de la légèreté. La tour de droite porte « Emmanuel », le fameux bourdon qui pèse 13 t et son battant de 500 kg.

EXPLICATIONS
Le **trumeau** (13) du portail de sainte Anne porte une statue de saint Marcel, évêque de Paris au 5ᵉ s., enfonçant sa crosse dans la gueule d'un dragon : il aurait ainsi délivré la capitale du monstre. Cette sculpture date du 19ᵉ s., comme les autres grandes statues.

La cathédrale dans sa blancheur retrouvée.

A. Cassaigne/MICHELIN

LE FA DIÈSE
La pureté du timbre du bourdon (il donne l'actuel *fa* dièse) serait due aux bijoux d'or et d'argent que les Parisiennes jetèrent dans le bronze, lorsqu'il fut refondu au 17ᵉ s.

La Galerie des Rois : décapités pendant la Terreur, ils veillent à nouveau sur les Parisiens.

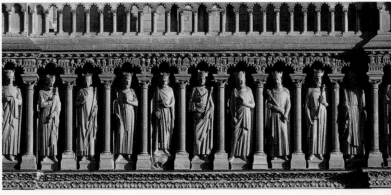

J. Arfeuillère/MICHELIN

Une rude montée permet d'atteindre le sommet de la tour Sud : **vue★★★** splendide sur la flèche et les arcs-boutants, Saint-Julien-le-Pauvre, la Cité et tout Paris. Au niveau de la grande galerie, remarquer au passage les chimères et le bourdon. Dans la chapelle haute de la tour Sud, un musée-vidéo retrace les grandes heures de Notre-Dame (*durée : 1/4h*).

Flanc Nord

Sur le côté Nord de Notre-Dame s'élevait autrefois le cloître des chanoines qui a donné son nom à la rue et à la façade du croisillon.

Le magnifique **portail du cloître** a été élevé vers 1250 par Jean de Chelles. L'expérience acquise à la Sainte-Chapelle, achevée en 1248, a été exploitée ici pour faire entrer par les croisillons le maximum de lumière. La grande rose du transept, très ouvragée, repose sur une claire-voie avec laquelle elle forme un vide haut de 18 m, d'une hardiesse et d'une légèreté sans précédent. Avec 13 m de diamètre, elle est un peu plus large que la rose de la façade, son modèle, dont elle a l'étonnante solidité. En bas, le grand porche à voussures sculptées présente plusieurs gâbles, dont la richesse décorative contraste avec la sobriété des portails du parvis, exécutés trente ans plus tôt. Sur le tympan à trois étages, on reconnaît en bas des scènes de la vie de la Vierge. Les deux niveaux supérieurs racontent l'histoire du diacre Théophile, qui était jouée au Moyen Âge sur le parvis : Théophile a vendu son âme au diable, mais la Vierge le sauve en arrachant à Satan le contrat que l'évêque montre alors au peuple. La superbe **Vierge** du trumeau a malheureusement perdu son Enfant Jésus à la Restauration. Son fin sourire et son attitude pleine de noblesse en font un pur chef-d'œuvre de la statuaire du 13e s.

Peu après, la **porte Rouge**, œuvre de Pierre de Montreuil, était réservée aux chanoines du chapitre. Sous les voussures (scènes de la vie de saint Marcel), la Vierge est couronnée par son Fils (*au tympan*), entre Saint Louis et son épouse Marguerite de Provence, à genoux.

Encastrés dans les soubassements des chapelles du chœur, sept **bas-reliefs** du 14e s. évoquent la Mort et l'Assomption de la Vierge.

Chevet

Il reçut, au début du 14e s., la prodigieuse parure de ses grands arcs-boutants de 15 m de volée dessinés par Jean Ravy, qui, enjambant le double déambulatoire et les tribunes, viennent épauler le vaisseau au point même de la poussée des voûtes.

En se reculant, on voit apparaître la toiture du 13e s., qui possède encore sa charpente d'origine. À la croisée du transept, Viollet-le-Duc a reconstruit l'ancienne **flèche**, détruite à la Révolution. N'utilisant pas moins de 500 t de chêne et 250 t de plomb, il l'a élevée à 90 m au-dessus du sol, n'hésitant pas à se représenter lui-même parmi les Évangélistes et les Apôtres en cuivre qui la décorent.

Flanc Sud

Après avoir dépassé la sacristie, élevée au 19e s., on arrive au magnifique **portail St-Étienne**, analogue à celui du cloître, mais de sculpture encore plus riche. Une clôture empêche malheureusement de s'en approcher. Commencé vers 1258 par Jean de Chelles et terminé par Pierre de Montreuil, il présente un magnifique tympan, dont les trois niveaux racontent la vie et la lapidation du diacre Étienne, à qui était dédié le sanctuaire qui précéda la cathédrale. La statue du trumeau (saint Étienne) et celle du pignon (saint Marcel) sont du 19e s., de même que la plupart des

À SAVOIR

Le square Jean-XXIII et la terrasse de l'Institut du Monde arabe (dont l'accès est libre) offrent une magnifique perspective sur le chevet de la cathédrale.

La cathédrale a inspiré des domaines de création très divers, de l'immense œuvre de Victor Hugo, « Notre-Dame de Paris », à la comédie musicale de Luc Plamondon, montée en 1998 à Paris (et qui connaît depuis un succès international sans précédent), en passant par l'inoubliable interprétation d'Esméralda par Gina Lollobrigida, en 1956, dans le film de Jean Delannoy.

sculptures des voussures. Au bas des contreforts, huit petits bas-reliefs du 13e s. évoquent des scènes de la rue et de l'université.

Intérieur

L'ordonnance et l'élévation du vaisseau central expliquent la prééminence de l'école française au début du 13e s. par son élancement et sa hardiesse plus assurés encore que dans le chœur. Il relève du gothique de transition.

Aux 13e et 14e s., pour éclairer les chapelles, on agrandit les fenêtres que masquaient les hautes tribunes ; celles-ci furent abaissées ; pour soutenir la poussée de la nef et des voûtes, on eut alors l'idée de lancer des arcs-boutants d'une seule volée. Ainsi tout l'effort de la construction repose sur l'extérieur, tandis que l'intérieur dispose du maximum d'espace et de lumière. À la croisée du transept, on voit encore l'architecture du 12e s. (petite rose et fenêtre haute). Les formidables piliers qui soutiennent les tours atteignent 5 m de diamètre.

Aux vitraux du Moyen Âge ont succédé des verrières blanches à fleurs de lys (18e s.), puis des grisailles (19e s.). Les vitraux modernes de Le Chevalier, posés en 1965, reprennent les procédés et les coloris médiévaux. Les **orgues**, aujourd'hui restaurées (1992), sont les plus importantes de France (*concert dim. 17h45*). Trois organistes, dont fit partie Pierre Cochereau, se partagent la tribune.

Chapelles

Notre-Dame est entourée de chapelles, ajoutées entre les contreforts au 13e s. pour répondre aux fondations des confréries et des riches familles. On dut alors allonger les bras du transept qui se trouvaient en retrait des chapelles. À gauche, pierres tombales d'un chanoine, du 15e s., et du cardinal Amette.

Transept

Grâce à la solidité assurée par les progrès gothiques, les admirables **verrières** du transept sont exceptionnellement larges et légères.

> **LES « MAYS »**
> Selon une tradition reprise en 1949, les orfèvres de Paris offrent, chaque mois de mai, une œuvre d'art. Les plus beaux « mays » sont de Le Brun (1-2) et de Le Sueur (3).

**LES VOIES
DU SEIGNEUR...**
Une inscription sur le sol
rappelle la révélation
mystique de Paul Claudel
(l'auteur du *Soulier
de satin*) en ces lieux.

◀

La rose Nord, presque intacte depuis le 13ᵉ s., montre
des personnages de l'Ancien Testament entourant la
Vierge. Sur la rose Sud, restaurée, le Christ trône au
milieu des anges et des saints.
À l'entrée du chœur, saint Denis, par Nicolas Coustou,
répond à la belle **Vierge à l'Enfant**, dite « Notre-Dame
de Paris » (14ᵉ s.) qui provient de la chapelle St-Aignan
(voir la Cité).

Chœur

Après vingt-trois ans de mariage, Louis XIII, n'ayant pas
d'enfant, consacre la France à la Vierge (1638), vœu
symbolisé par une nouvelle décoration du chœur que
réalise Robert de Cotte. Il en subsiste les stalles et une
Pietà de Guillaume Coustou flanquée de Louis XIII, du
même artiste, et de Louis XIV par Coysevox.
La clôture de pierre du chœur fut tronquée au 17ᵉ s. : les
bas-reliefs du 14ᵉ s., restaurés par Viollet-le-Duc, ne comportent plus que des scènes de la vie du Christ *(à gauche)*
et de ses apparitions *(à droite)*. Évêques et archevêques de
Paris sont enterrés dans la crypte, sous le chœur.
Monuments funéraires du déambulatoire, de gauche à
droite :
Mgr de Juigné, archevêque de Paris pendant la
Révolution. Dans cette chapelle fut enterré Pierre
Lescot, architecte et peintre du 16ᵉ s.

REPÈRES
La description
correspondant aux
numéros figurant
sur le schéma se
trouve ci-après.

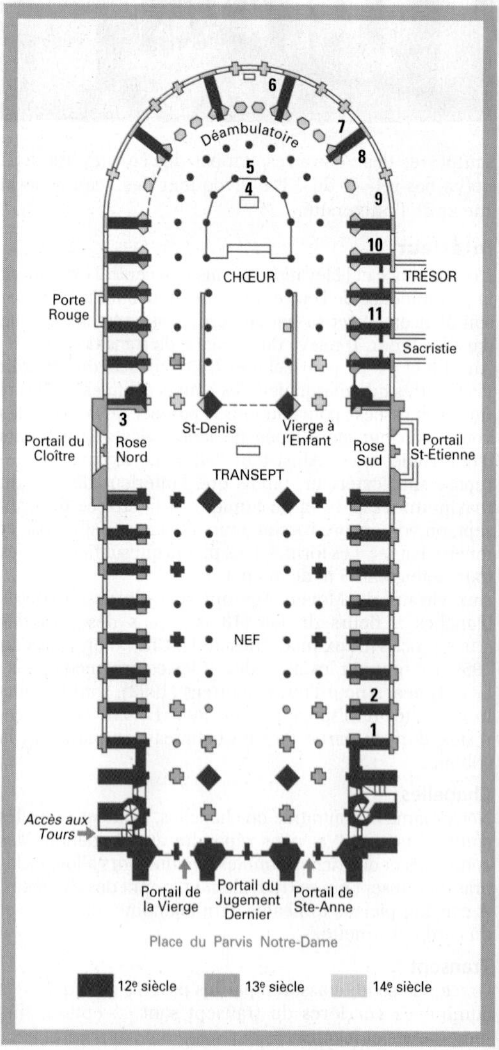

Accès aux
Tours ➡

12ᵉ siècle   13ᵉ siècle   14ᵉ siècle

(6) Mgr Pierre de Gondi, ancêtre du cardinal de Retz. En un siècle, la famille de Gondi donna quatre archevêques à l'Église.

(5) Gisant d'un évêque du 14ᵉ s.

(7) Mgr Darboy, fusillé comme otage pendant la Commune de 1871.

(8) Mausolée du duc d'Harcourt, par Pigalle.

(9) Orant de Jean Juvénal des Ursins et de sa femme.

(10) Mgr Sibour, assassiné en 1857.

(11) Mgr Affre, tué pendant les émeutes de 1848.

Trésor

Lun.-sam. 9h30-18h, dim. 13h30-17h30 (dernière entrée 1/2h av. fermeture). 2,50€ (enf. : 1€). ☎ 01 42 34 56 10
L'ancienne sacristie du chapitre, construite par Viollet-le-Duc, présente des manuscrits enluminés, des ornements et des pièces d'orfèvrerie religieuse du 19ᵉ s. La Couronne d'Épines, le saint Clou et un fragment de la Vraie Croix sont vénérés devant le maître-autel les vendredis de Carême et le Vendredi saint.

Conçus pour éclairer et enseigner, les vitraux sont surtout des chefs-d'œuvre de l'art gothique.

Odéon★

Le quartier de l'Odéon a su garder son caractère chargé d'histoire, tout en affichant une animation constante. La présence de son théâtre et de ses universités, qui drainent une population plutôt « intellectuelle », n'enlève rien à la joyeuse atmosphère qui y règne jour et nuit.

La situation

Plan Michelin n° 54 J 13-14 K 13-14 – 6ᵉ arr. – Mᵒ Odéon (lignes 4, 10) ou Mabillon (ligne 10) – Bus 58, 70, 86 et 96. Entre la montagne Sainte-Geneviève et Saint-Germain-des-Prés, l'Odéon s'inscrit au cœur du quartier historique et érudit de Paris, traversé par les axes des boulevards Saint-Michel et Saint-Germain.

Voir à proximité Quartier latin, St-Germain-des-Prés, Institut de France, Maubert, le Luxembourg.

Le nom

Dans l'Antiquité grecque, l'odéon était le lieu où se déroulaient les concours de chants et de musique, d'où le nom du théâtre, qui s'est ensuite étendu au quartier.

Les gens

Le **carrefour de l'Odéon** (place Henri-Mondor) est dominé par une statue de Danton, groupe en bronze édifié à la fin du 19ᵉ s. à l'emplacement même de la maison de l'orateur (1759-1794).

Danton. On a retenu de l'orateur ce mot célèbre : « Il nous faut de l'audace, encore de l'audace, toujours de l'audace, et la France est sauvée ! »
(2 septembre 1792).

carnet pratique

RESTAURATION

Se reporter à la rubrique « Restauration » dans les Informations pratiques, en début de guide ; ce quartier correspond au 6e arrondissement.

SORTIES

L'Odéon est un carrefour majeur pour les cinéphiles. Le multiplex côtoie les petites salles de quartier, particulièrement appréciées des véritables amateurs.

Bob Cool – 15 r. des Grands-Augustins - M° Odéon ou Saint-Michel - ☎ 01 46 33 33 77 - 17h-2h. Une décoration hétéroclite confère une touche d'originalité à ces soirées mensuelles très animées. Des expositions de peintures et de photographies sont régulièrement organisées. Il faut venir y prendre un cocktail après avoir redécouvert un classique au Studio Christine tout proche.

La Palette – 43 r. de Seine - ☎ 01 43 26 68 15 - lun.-sam. 8h-2h - fermé 3 sem. en août, 1 sem. vac. scol. fév. et j. fériés. Un des bistrots les plus connus de Saint-Germain ; son agréable terrasse très « Paris-province » empiète sur le carrefour ; décor de palettes et de tableaux. L'un des serveurs, qui a son portrait au mur de la grande salle, est devenu au fil des ans une célébrité du genre.

Le Comptoir du Relais – 9 carrefour de l'Odéon - ☎ 01 43 29 12 05 - lun.-jeu. 12h-0h, ven.-sam. 12h-2h, dim. 13h-22h. La station idéale pour une pause après le cinéma ou lors d'une flânerie érudite dans le Quartier latin. Des vins régionaux y sont servis au verre dans un décor soigné et chaleureux. Terrasse prisée, un peu en retrait du carrefour. Petite salle en sous-sol aux allures lugubre de cachot.

Le Dix – 10 r. de l'Odéon - ☎ 01 43 26 66 83 - 17h-2h. Rendez-vous des étudiants, décoré d'affiches de théâtre de la Belle Époque. Au sous-sol, les miroirs ont remplacé les tuyaux dans le magnifique buffet d'orgues du Nord de la France, datant de 1901.

Le Procope – 13 r. de l'Ancienne-Comédie - M° Odéon - ☎ 01 40 46 79 00 - www.procope.com - 11h-1h. Fondé en 1686, le plus vieux café de Paris fut un haut lieu littéraire à l'époque de La Fontaine puis de Voltaire et, plus tard, de Daudet, d'Oscar Wilde et de Verlaine. Si c'est aujourd'hui un restaurant, on peut toujours y prendre le thé ou le café, l'après-midi, de 15h à 17h.

Les Étages Saint-Germain – 5 r. de Buci - M° Odéon - ☎ 01 46 34 26 26 - 11h-2h. Ce bar étonnant prend ses aises sur deux étages d'une même maison ancienne, à travers une succession de petites pièces à la décoration hétéroclite. Depuis le 2e étage, jolie vue sur la rue de Buci et la rue Grégoire-de-Tours. Clientèle jeune, mais beaucoup plus sage que chez son confrère du Marais.

ACHATS

Le boulevard St-Germain et la rue de Buci débordent de boutiques de mode pour tous les goûts. Les librairies ne manquent pas non plus dans ce quartier. Les livres y sont même une « spécialité locale » car grand nombre de maisons d'édition ont leur siège alentour. Parmi tant d'autres, en voici deux :

Le Coupe Papier – 19 r. de l'Odéon - M° Odéon - ☎ 01 43 54 65 95 - lun. 13h-19h, mar.-ven. 10h-19h, sam. 11h-19h - fermé j. fériés. Cette librairie consacrée au théâtre, au cinéma, à l'opéra et à la danse publie un catalogue de toutes ses références. Spécialisée dans le contemporain, elle possède des éditions en anglais et en italien non traduites en français. Quelques vidéos et CD.

Le Moniteur – 7 pl. de l'Odéon - M° Odéon - ☎ 01 44 41 15 75 - lib.odeon@wanadoo.fr - lun.-sam. 10h-19h - fermé j. fériés. Dessinée par Wilmotte, la librairie de cet éditeur spécialisé dans l'architecture et l'urbanisme est le rendez-vous des professionnels, des étudiants et des touristes. On y trouve en effet un rayon important sur Paris et de nombreuses revues internationales d'architecture et de design.

se promener

Quartier de l'Odéon ③
Voir plan p. 373.

Carrefour de l'Odéon (pl. H.-Mondor)
C'est le centre du quartier, vers lequel converge toute l'animation, qu'elle soit diurne ou nocturne.

Cour du Commerce-St-André★
Accès par le n° 130 bd St-Germain, face à la statue de Danton (place H.-Mondor). Pubs et salons de thé à l'ancienne où il est agréable de faire une pause. Dans le premier passage à droite surgit (dans un atelier) une tour de l'enceinte de Philippe Auguste. Juste après, la Maison de Catalogne offre une vitrine de l'Europe méridionale.

Cour de Rohan
Au 15e s., elle faisait partie de l'hôtel des archevêques de Rouen (d'où son nom déformé de Rohan). Trois cours se

CÉLÉBRITÉS
C'est dans la cour du Commerce-St-André qu'en 1790, le docteur Guillotin essaya sa « machine philanthropique à décapiter » sur... des moutons. Marat, lui, se contentait d'y imprimer son journal, L'Ami du peuple...

*Trace du vieux
Saint-Germain-des-Prés,
la cour de Rohan.*

succèdent, très pittoresques. Dans la deuxième, un beau bâtiment Renaissance est le dernier vestige de la demeure de Diane de Poitiers.

La rue du Jardinet débouche sur celle de l'Éperon. Par la rue St-André-des-Arts, on gagne, sur la gauche, le carrefour de Buci et la rue de l'Ancienne-Comédie.

Carrefour de Buci

Au 18ᵉ s., c'est le centre de la rive gauche le plus animé (jeux de paume, station de chaises à porteurs, corps de gardes...), mais également un lieu mal famé. C'est là que, le 2 septembre 1792, débutent les « massacres de septembre ».

L'animation actuelle de ce carrefour attire les promeneurs, surtout le samedi, et l'atmosphère créée par les petites rues avoisinantes – rues Grégoire-de-Tours, de Bourbon-le-Château –, y contribue. Nombreuses petites boutiques de mode et restaurants. Antiquaires dans les rues Mazarine et Dauphine, qui mènent à la Seine.

Rue de l'Ancienne-Comédie

Pendant 81 ans, son théâtre accueillit les premières de Racine et Molière. Elle s'appelait alors rue des Fossés-Saint-Germain. Puis, en 1770, la scène menaçant ruine, la troupe se transporte au théâtre du palais des Tuileries avant de prendre possession de l'Odéon ; la rue changea de nom en conséquence.

Rejoindre le carrefour de l'Odéon (place H.-Mondor).

Rue de l'École-de-Médecine

Au Sud-Ouest de la place Henri-Mondor. Le nᵒ 5 abrita jusqu'au 17ᵉ s. la Confrérie des chirurgiens de robe longue, fondée par Saint Louis, qui y effectuait des opérations anatomiques en tout genre. Au nᵒ 15 s'élevait le **couvent des Cordeliers**, religieux franciscains qui y dispensaient, au Moyen Âge, un enseignement réputé. Ce couvent (dont il ne reste plus aujourd'hui que le réfectoire, de style gothique flamboyant, utilisé pour des expositions temporaires), fut investi en 1791 par le club révolutionnaire du même nom, animé par Danton, Marat, Camille Desmoulins et Hébert. C'est dans l'immeuble d'en face, où il habitait, que Marat fut assassiné par Charlotte Corday, le 13 juillet 1793. Les bâtiments de l'actuelle faculté de médecine Broussais-Hôtel-Dieu (Paris-VI) furent construits de 1877 à 1900. Quant à l'université René-Descartes (Paris-V), elle remonte, pour sa partie centrale, à 1775.

Prendre la rue Dupuytren.

Rue Monsieur-Le-Prince

Dès la rue Dupuytren, on aperçoit la très belle porte cochère de l'ancien hôtel de Bacq, au nᵒ 4, caractéristique du milieu du 18ᵉ s. Un peu plus haut, au nᵒ 10, l'appartement du 2ᵉ étage où habita **Auguste Comte**, de 1841 jusqu'à sa mort en 1857, est désormais ouvert à la visite.

LE JEU DE PAUME
C'est l'ancêtre du tennis : jusqu'au 15ᵉ s., la balle était lancée à main nue, puis avec un gant, et enfin avec une raquette.
Le terme « tennis » vient du fait qu'au moment de servir, le joueur criait à son adversaire : « Tenez ! ».

À VOIR
Le **musée d'Histoire de la médecine** (nᵒ 12) expose les collections du collège de chirurgie.
De mi-juil. à fin sept. : tlj sf w.-end 14h-17h30 ; de déb. oct. à mi-juil. : tlj sf jeu. et dim. 14h-17h30. Visite guidée mar. 14h30 (hors vac. scol. zone C). Fermé 25 déc.-1ᵉʳ janv., j. fériés. 3,50€.
☎ *01 40 46 16 93.*

Le paradis des livres anciens se trouve dans la rue Mazarine.

Ph. Borgeois/MICHELIN

Ainsi peut-on voir la salle à manger, le salon et le cabinet de travail du philosophe, avec le mobilier d'époque et les bibliothèques contenant ses livres personnels. *Visite sur rendez-vous 9h-17h. Gratuit. ☎ 01 43 26 08 56. www.augustecomte.org*

Remarquer au n° 14, au bas de l'immeuble où vécut Camille Saint-Saëns de 1877 à 1889, la porte cochère en bois, décorée dans sa partie inférieure, de deux galeries sculptées en perspective, de style Renaissance. Notez la fenêtre occupant la partie supérieure de la porte. Vous en verrez d'identiques dans nombre d'immeubles parisiens.

Place de l'Odéon

Elle n'a connu aucun changement depuis sa création, en 1779, sur les jardins de l'hôtel de Condé. Ses beaux immeubles aux façades concaves contribuent à l'harmonie de cette place en hémicycle. Au n° 1 se trouvait le **café Voltaire**, fréquenté par les Encyclopédistes, puis, plus tard, par Barrès, Bourget, Mallarmé, Verlaine, Gide, Hemingway...

Théâtre de l'Odéon

Il est construit en 1782 par Peyre et de Wailly pour le compte des Comédiens-Français, et s'appelle alors Théâtre-Français, puis Théâtre de la Nation (1789). Mais avec la Révolution surviennent les divergences politiques, qui divisent la troupe ; celle-ci se sépare en 1792. Cinq ans plus tard, une société reprend la scène sous le nom d'Odéon. Mais le succès reste inégal, et un incendie ravage l'édifice en 1807. Chalgrin, chargé de sa reconstruction, reproduit les bâtiments d'origine.

GRANDES FIGURES
À l'Odéon se sont produits Talma, Mlle Georges, Marie Dorval, Mounet-Sully, Jeanne Moreau...

◀ Au 20ᵉ s., il subit des changements de statut, tantôt doté de directeurs autonomes ou administré par la Comédie-Française. Sous le nom de salle Luxembourg, de 1946 à 1959, puis de théâtre de France, il se spécialise dans la présentation d'œuvres contemporaines. Jean-Louis Barrault et Madeleine Renaud en font, jusqu'en 1968, l'une des premières scènes de Paris. Y furent joués notamment *Tête d'or,* de Paul Claudel, *Rhinocéros,* de Ionesco, puis *En attendant Godot* et *Oh les beaux jours,* de Samuel Beckett. À l'intérieur, plafond moderne d'André Masson.

En 1983, il devient théâtre de l'Europe, d'abord à temps partiel, puis à temps complet (1990).

Rue de l'Odéon

Son nom évoque le souvenir de **Sylvia Beach**, fondatrice de la célèbre librairie Shakespeare & Co (autrefois au n° 12), qui publia en 1922 le fameux *Ulysse* de James Joyce. Plus bas, au n° 5, la devanture de la librairie Monte Cristo invite toujours à bien des voyages extraordinaires avec ses reliures rouges, écrins subtils aux œuvres de Jules Verne ; au n° 9, la galerie Arts et Autographes suscite quant à elle, bien de l'intérêt avec ses lettres signées de grands noms, comme de Gaulle, Breton, Monet, Freud, Matisse ou Camus.

La rue Regnard donne accès à la rue de Condé, bordée de vieux hôtels, qui remonte vers le Luxembourg.

Rue de Tournon

Partant de la petite place Pierre Dux, remarquer au n° 27, sur la droite en descendant, la maison du Chevalier d'Airain, Jacques Casanova de Seingalt, à l'emplacement de la maison offerte à Clément Marot ; au n° 21 la maison où vécut le dramaturge Gabriel Marcel de 1933 jusqu'à sa mort en 1973. Plus bas, au n° 17, ce n'est pas sans une certaine nostalgie que l'on découvre l'immeuble où s'éteignit Gérard Philipe en ◀ novembre 1959.

ÉTERNEL JEUNE PREMIER
Inoubliable Rodrigue dans *Le Cid*, héros des grandes heures des premiers festivals d'Avignon, Gérard Philipe toucha le grand public par son interprétation pleine de fougue de *Fanfan la Tulipe* (1952).

Sur le trottoir de gauche, remarquez le bel encadrement de la porte cochère du n° 8 où vécut le musicien Gabriel Pierné, ancien chef d'orchestre des fameux concerts Colonne, de 1900 à 1937, et au n° 6, l'hôtel de Brancas, dont la porte cochère cache la cour intérieure de ce bel hôtel particulier qui abrite aujourd'hui l'Institut français d'architecture.

Après avoir traversé la rue St-Sulpice, on emprunte sur quelques mètres la rue de Seine. À gauche, la rue Lobineau mène au marché St-Germain. À droite, la rue des Quatre-Vents (au n° 13, la librairie J. Touzot, bien connue pour son fonds inépuisable d'ouvrages régionalistes) ramène au carrefour de l'Odéon.

Opéra★★

L'Opéra ! Un mot pour ainsi dire magique... presque autant que ce somptueux monument qui rayonne sur un quartier très chic et très animé. Les alentours mêlent en effet le raffinement de l'élégance française et l'activité bouillonnante des Grands Boulevards. Le célèbre Opéra Garnier semble dominer ce petit monde.

La situation

Plan Michelin n° 54 F 12-13, G 12-13 – 2ᵉ et 9ᵉ arr. – M° Opéra (lignes 3, 7) – Bus 20, 21, 22, 27, 42, 52, 53, 66, 81 et 95. La large avenue de l'Opéra mène au quartier du même nom, point de passage des Grands Boulevards. Au pied du célèbre monument, la place de l'Opéra ouvre sur le boulevard des Capucines, et sur la rue de la Paix avec la place Vendôme dans son prolongement.

Voir à proximité les Grands Boulevards, la Madeleine, Saint-Lazare et Palais-Royal.

Le nom

Le premier Opéra de Paris a adopté le nom de son architecte Charles Garnier, qui s'est consacré à l'édifice de 1862 à 1875.

Les gens

Qui connaît Maria Anna Cecilia Sofia Kalogeropoulos ? Tous les fous d'opéra, qui la traduisent en Maria Callas. *La Norma*, qu'elle interpréta à Paris en 1965, fut sa dernière apparition sur scène.

carnet pratique

RESTAURATION

Se reporter à la rubrique « Restauration » dans les Informations pratiques, en début de guide ; ce quartier correspond aux 2ᵉ et 9ᵉ arrondissements.

SORTIES

Bar Hemingway - Hôtel Ritz – *15 pl. Vendôme - M° Concorde ou Madeleine - ☎ 01 43 16 30 30 - www.ritzparis.com - mar.-sam. 18h30-2h - fermé août.* Hemingway, introduit par F. Scott Fitzgerald, était client de ce petit bar cosy, aujourd'hui décoré de photographies de l'écrivain et agrémenté d'une bibliothèque. Soirée « cigares » avec cocktails spécialement conçus pour accompagner leur dégustation (mercredi soir). Tenue correcte exigée.

Café de la Paix – *12 bd des Capucines - M° Opéra- ☎ 01 40 07 30 20 - www.cafedelapaix.com - 9h-1h.* Inauguré en 1862, son emplacement sur le carrefour le plus réussi de l'urbanisme haussmannien, et l'un des plus animés de la capitale, est remarquable. De nombreux artistes s'y attablèrent : Maurice Chevalier, Joséphine Baker, Mistinguett, Serge Lifar, pour ne citer qu'eux.

Harry's New York Bar – *5 r. Daunou - M° Opéra - ☎ 01 42 61 71 14 - www.harrys-bar.fr - 10h30-4h - fermé Noël.* Le rendez-vous des Américains de Paris et des amateurs de Bloody Mary et autres Blue Lagoon.

ACHATS

Espace Michelin – *14 av. de l'Opéra - M° Pyramides - ☎ 01 42 68 05 20 - lun. 12h-19h, mar.-sam. 10h-19h.* Pour faire le plein de cartes routières et de guides et pour découvrir les objets à l'effigie de Bibendum.

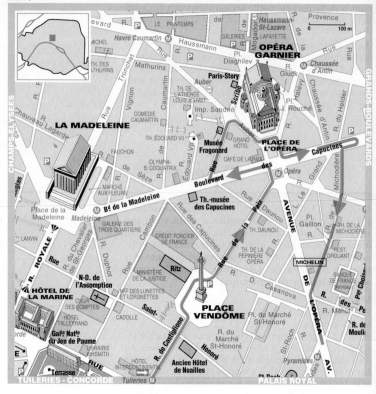

se promener

De la rue de Castiglione à l'avenue de l'Opéra

Rue de Castiglione

C'est l'ancien passage des Feuillants qui longeait le couvent des jacobins, dont subsiste, aux nᵒˢ 235-229 de la rue St-Honoré, la maison de rapport que les moines bénédictins édifièrent pour augmenter leurs revenus. Le club des Feuillants (La Fayette, Sieyès, Talleyrand) a tiré son nom de ce couvent où il s'était établi en 1791.

Place Vendôme★★

Vers 1680, Louvois, surintendant des Bâtiments, désireux d'éclipser la place des Victoires tracée par son prédécesseur, envisage un écrin palatial à une statue colossale de Louis XIV. Jules Hardouin-Mansart l'imagine, mais si la statue équestre du Roi-Soleil, par François Girardon, est inaugurée en 1699, il faut attendre 1702 pour voir s'élever

UNE PLACE ROYALE AU NOM D'UN BÂTARD
César Monsieur était le fils naturel de Henri IV et de Gabrielle d'Estrées. Il fut légitimé sous le nom de César de Bourbon, duc de Vendôme (1594-1665). Son hôtel s'élevait à l'emplacement de la place.

La place Vendôme, une des plus belles places royales de Paris.

la première construction. En 1720, la place, un rectangle à pans coupés de 120 m sur 140 m, est enfin cernée de façades rythmées par des avant-corps et des pilastres colossaux.

Chaque maison permet d'évoquer un souvenir ou un nom : au n° 19, l'ancien hôtel d'Évreux (1710) – au n° 15, l'hôtel Ritz, où Diana, princesse de Galles, descendait – aux n°s 11 et 13, l'ancienne chancellerie du royaume devenue le ministère de la Justice (voir le mètre-étalon placé sur la façade en 1848). Le n° 9 était, à la fin du 19e s., l'ancien hôtel du gouverneur militaire de Paris. Au n° 12 mourut Chopin le 17 octobre 1849. Au n° 16, Franz Anton Mesmer (1734-1815) fit courir le Tout-Paris avec ses expériences de « magnétisme animal ».

La colonne – La Révolution détruit la statue royale. En 1810, l'Empereur fait dresser une colonne imitant la colonne Trajane à Rome. Haute de 44 m, elle est recouverte d'une spirale de bronze fondue avec les 1 250 canons pris à Austerlitz, une statue de Napoléon Ier en César la couronne. En 1814, Henri IV lui succède au sommet du monument, puis une gigantesque fleur de lys sous Louis XVIII, puis à nouveau Napoléon sous Louis-Philippe, mais en Petit Caporal. Napoléon III, qui a l'esprit de famille, fait rétablir la première statue.

> **AU REVOIR, MONSIEUR COURBET !**
> En 1871, la Commune renverse la colonne. Jugé complice à la suite de deux procès haineux, le peintre est condamné à la prison et à rétablir la colonne sur sa cagnotte. Il doit s'exiler en Suisse.

Rue de la Paix

Au Monopoly, c'est la rue la plus chère. Dans la réalité, c'est là qu'on trouve les plus belles devantures. Si la place Vendôme est l'adresse huppée des grands noms de la joaillerie, Van Cleef et Arpels, Boucheron, Mauboussin, Chopard, la joaillerie et la bijouterie ont également fait la renommée de cette rue élégante et luxueuse. Cartier (n° 11) y a établi son QG, mais les temps changent, et voici que Tati Or est venu y dresser une devanture.

Place de l'Opéra★★

Haussmann l'a conçue comme une plaque tournante. À l'époque, on l'accusa d'avoir vu trop grand. Qui, aujourd'hui, oserait encore formuler ce reproche ?
Ce point sensible de la circulation parisienne est à l'image de la capitale, nerveux et frivole. Les véhicules klaxonnent et passent sans cesse en tous sens pendant que le promeneur flâne devant les vitrines, avant de s'asseoir à la terrasse du Café de la Paix pour mieux jouir du spectacle.
Prenez le boulevard des Capucines sur la gauche.

Boulevard des Capucines

Au n° 27, la superbe façade de l'ancienne « Samaritaine de luxe » aux moulures de cuivre jaune et rouge est l'œuvre d'un maître de l'Art nouveau, Frantz Jourdain.
Empruntez la rue Scribe sur votre droite.

Rue Scribe

Elle honore Eugène Scribe (1791-1861), qui régna sur le théâtre comique français de 1820 à 1850. Au n° 4, le Grand Hôtel, palace Napoléon III (1862), accueillait les plus grandes personnalités ; la rotonde de son salon « Opéra » a été aménagée en restaurant en 1990.
Par la rue Auber, gagner le boulevard des Capucines d'où l'on tourne à droite dans la rue de la Michodière.

Place Gaillon

Le célèbre restaurant Drouant appartient au monde des lettres : on y décerne en effet, chaque automne, le prix Goncourt, l'un des plus convoités parmi les grands prix littéraires. Ce dernier a notamment récompensé Marcel Proust, André Malraux, Henri Troyat, Robert Merle, Simone de Beauvoir, Romain Gary, Tahar Ben Jelloun...
Par la rue Gaillon, rejoindre l'avenue de l'Opéra.

> **À PETIT PRIX**
> L'addition du déjeuner servi à la Société littéraire des Goncourt lors des délibérations est offerte par Drouant. Messieurs et mesdames les « académiciens » se chargent des pourboires.

Avenue de l'Opéra★

Tracée de 1854 à 1878, l'avenue devient rapidement une voie prestigieuse et compte parmi les artères les plus vivantes de la capitale. Elle est le royaume des achats « parisiens » (parfums, cadeaux, foulards). Grand quartier d'affaires, l'avenue est très animée en semaine.

Ph. Bourgeois/MICHELIN

Charles Garnier architecte de l'Opéra espérait être l'initiateur d'un style nouveau : le « Napoléon III »

DES CRÉATIONS PHARES

1979 : Lulu d'Alban Berg par Patrice Chéreau ; 1983 : Saint-François d'Assise d'Olivier Messiaen ; 1985 : Wozzeck d'Alban Berg par Ruth Berghaus ; 1988 : Katia Kabánova de Janácek par Götz Friedrich.

MENSURATIONS

Superficie : 11 237 m² ; lustre central : 8 t ; scène pouvant contenir 450 figurants ; personnel de près de 1 100 personnes ; salle de 2 200 places.

visiter

Opéra Garnier★★

10h-17h (sf spectacle en matinée ou manifestation exceptionnelle). Visite guidée (1h1/4) des foyers publics et du musée 12h (se présenter dans le hall d'entrée 1/4h av.). 6€ (-10 ans : gratuit). Fermé 1ᵉʳ janv., 1ᵉʳ mai. ☎ 01 40 01 25 40. www.operadeparis.fr

Paris et l'Opéra – La célébrité de cette grande scène lyrique française, le prestige de sa troupe et de son corps de ballet, la magnificence de l'escalier d'honneur et du foyer, la somptuosité de la salle : tout incite le touriste à passer une soirée à l'Opéra.

L'Opéra de Paris fut successivement installé au théâtre du Palais-Royal (1673), dans la salle des Machines du palais des Tuileries (1764), à nouveau au Palais-Royal (1770), à l'Opéra Comique (salle Favart, 1820), à la salle Le Peletier (1821) où l'art lyrique connut une grande période, puis au palais Garnier (1875) avant d'être en partie transféré en 1990 à la Bastille. En 1994, l'ensemble formé par le palais Garnier et l'Opéra Bastille a pris le nom d'Opéra national de Paris (ONP).

◄ **Ces fantômes de l'Opéra** – Charles Garnier architecte de l'Opéra espérait être l'initiateur d'un style nouveau : le « Napoléon III ».

Dans le florilège des maîtres qui ont marqué de leur empreinte la scène du palais Garnier, on peut citer quelques talents inoubliables : Jean de Reszké dans *Roméo et Juliette* (1888) ; Georges Thill dans *Rigoletto* (1928) ; Serge Lifar, novateur, voire provocateur, qui, dirigeant le corps de ballet, interprète *Icare* en 1935 puis *Les Noces fantastiques* ; Yvette Chauviré dans *Mirages* puis *Giselle* (1947) ; Maria Callas dans *La Tosca* et *La Norma* (1964-1965) ; Rolf Liebermann qui introduit, en sa qualité d'administrateur général, la danse contemporaine et modernise à tous les niveaux (1972-1980).

Le corps de ballet – Aujourd'hui, le palais Garnier se consacre plus particulièrement au ballet (musique et danse modernes ont fait leur entrée). L'ONP possède sa propre école de danse, placée sous la direction de Claude Bessy. Parmi les 160 danseurs du ballet dirigés par Brigitte Lefèvre, on compte 12 « étoiles », dont Nicolas Le Riche, Manuel Legris, Agnès Letestu, Aurélie Dupont et Marie-Agnès Gillot.

Le monument – Incontestable réussite du Second Empire, cet édifice dessiné en 1860 par un Charles Garnier alors âgé de 35 ans offre sa façade monumentale et fastueuse à la place de l'Opéra. Parmi le programme sculpté confié à plusieurs artistes, on remarque *La Danse (arcade)*, une copie de Carpeaux exécutée par Paul Belmondo, et des statues de femmes portant des lampadaires *(cours latérales)* dues au ciseau de Carrier-Belleuse. Celles-ci étaient autrefois chargées d'éclairer les abonnés qui accédaient à l'Opéra par le pavillon Est ; le pavillon Ouest, côté rue Scribe, était celui de l'Empereur : la double rampe permettait aux voitures du souverain d'accéder directement à l'étage de sa loge.

◄ **Intérieur★★★** – Une originalité du monument est l'emploi par Garnier de marbres provenant de toutes les carrières de France, et des couleurs les plus variées : blanc, bleu, rose, rouge, vert. Le **Grand Escalier** et le **Grand Foyer** sont des œuvres remarquables, tout en théâtralité et conçues pour le grand apparat. Dans la **salle**, que l'on peut voir en dehors des répétitions, un plafond décoré par Chagall et inspiré d'opéras et de ballets célèbres a été mis en place en 1964.

S. Sauvignier/MICHELIN

Au sommet de la façade monumentale de l'Opéra Garnier, Apollon élève sa lyre vers le ciel et rappelle la vocation de l'édifice.

Bibliothèque-Musée – *Monter au 1er étage (niveau « baignoires, orchestre ») et avancer jusqu'à une porte à gauche.* Mémoire vivante de l'Opéra, fondée en 1866 et installée en 1882 dans le pavillon de l'Empereur, elle contient toutes les partitions jouées à l'Opéra depuis 1669, 80 000 volumes et estampes sur la danse, le chant, la musique et les arts du théâtre. Les collections du musée et des expositions sont présentées dans la rotonde.

L'escalier mène au 2e étage, vers la bibliothèque aux boiseries d'époque, la galerie des maquettes et la galerie de tableaux du musée (Hubert Robert, Renoir, Henner).

> **L**e Grand Escalier témoigne de la passion que Garnier portait à la surabondance, au mouvement et aux effets de perspective.

Musée de la Parfumerie Fragonard

9 r. Scribe. Visite guidée 9h-18h. Fermé dim. (nov.-mars). Gratuit. ☎ 01 47 42 04 56. www.fragonard.com

Cet hôtel du 19e s. présente un aperçu des procédés utilisés pour la fabrication du parfum à Grasse. Les collections retracent 3 000 ans de parfumerie, par le biais d'alambics, de flacons et de pommes de senteur, sans oublier l'orgue du parfumeur où s'effectue le travail du créateur de parfums ou « nez ».

Ceux que la subtile alchimie de la fabrication des parfums passionne ou intrigue peuvent également visiter le **Théâtre-musée des Capucines** ouvert par cette même maison Fragonard créée en 1926. *39 bd des Capucines. Visite guidée tlj sf dim. 9h-18h. Gratuit. ☎ 01 42 60 37 14. www.fragonard.com*

Paris-Story

11 bis r. Scribe. ♿ 9h-19h (toutes les heures). 8€ (enf. : 5€). ☎ 01 42 66 62 06.

Paris, de Lutèce à nos jours, sur grand écran panoramique, vue à travers son histoire et ses monuments évoqués par le personnage de Victor Hugo.

Musée d'**Orsay**★★★

Depuis 1986, l'immense nef de l'ancienne gare d'Orsay sert d'écrin à ce musée dont les collections artistiques couvrent les périodes de 1848 à 1914, c'est-à-dire de la Deuxième République à la Première Guerre mondiale. Tout y est merveilleux, que ce soit le cadre, extraordinaire pour un musée, ou cette incroyable et magnifique succession de chefs-d'œuvre, qu'une foule cosmopolite ne se lasse pas de venir admirer.

La situation

Plan Michelin n° 54 H 12 – 7ᵉ arr. – Mᵒ Solférino (ligne 12) – RER Musée-d'Orsay (ligne C) – Bus 24 et 73. Flanquant la Seine face au jardin des Tuileries auquel la nouvelle passerelle piétonnière Solférino permet d'accéder, le musée se situe entre le quai Anatole-France et la rue de Lille, en plein faubourg Saint-Germain *(voir ce nom)*.

Le nom

Il provient du palais d'Orsay, incendié lors de la Commune en 1871, sur les ruines duquel la gare a été bâtie.

Les gens

La gare est restée un lieu de voyages, mais les destinations sont bien plus diverses qu'auparavant, car chaque œuvre exposée ici est pour celui ou celle qui la regarde l'occasion d'une échappée vers un autre monde.

Ph. Bourgeois/MICHELIN

Il est l'heure de prendre le train de l'art du 19ᵉ s. !

découvrir

Musée d'Orsay★★★

  ♿ *Du 23 juin au 28 sept. : 9h-18h, jeu. 10h-21h45 (dernière entrée 1h av. fermeture) ; le reste de l'année : 10h-18h, jeu. 10h-21h45, dim. 9h-18h. Fermé lun., 1ᵉʳ janv., 1ᵉʳ mai, 25 déc. 7€ (enf. : 5€), gratuit 1ᵉʳ dim. du mois. ☎ 01 40 49 48 14. www.musee-orsay.fr*

Munissez-vous d'un plan du musée à l'entrée (gratuit) : très précis quant au contenu des salles, il vous permettra de bien vous repérer.

carnet pratique

VISITE

Informations – *62 r. de Lille - 7ᵉ arr.-* ☎ *01 40 49 49 78 (comptoir d'accueil) et 01 40 49 48 14 (répondeur) - 3615 Orsay - www.musee-orsay.fr*

Aide à la visite – Utilisez les fiches thématiques proposées dans le parcours des collections ou participez à une visite commentée (générale, thématique, monographique) : programme détaillé aux comptoirs d'accueil. Possibilité de louer un audioguide.

Visiteurs handicapés – Entrée gratuite sur présentation de la carte COTOREP, gratuité pour un accompagnateur. Fauteuils roulants disponibles au vestiaire « individuels ». ☎ 01 40 49 47 14.

RESTAURATION

• *Sur le pouce*

☺☻ **Le Restaurant du Musée d'Orsay** – *Niveau médian - Mᵒ Musée-d'Orsay -* ☎ *01 45 49 47 03 - restaurants.orsay.rv@elior.com - fermé 1ᵉʳ janv., 1ᵉʳ mai, 31 déc. et lun. - pas de réserv. - 25/50€*. Après Van Gogh et Gauguin, pensez à vous restaurer. Dans la fastueuse salle à manger de l'ancien hôtel du Palais d'Orsay, admirez fresques, dorures et moulures. Cuisine sans prétention. Salon de thé l'après-midi.

ACHATS

La librairie-carterie-boutique du musée est ouverte tlj sf lun. 9h30-18h30 (jeu. 21h30). Accès direct par le parvis Bellechasse.

Le bâtiment

L'architecture – À la fin du 19ᵉ s., la compagnie des chemins de fer d'Orléans acquiert l'emplacement des ruines du palais d'Orsay pour y construire un terminus dont l'architecture doit satisfaire aux exigences esthétiques de cet élégant quartier proche du Louvre et des Tuileries.

La compagnie retient le projet de **Victor Laloux** ▶ (1850-1937) : l'aspect industriel (verre et métal) sera caché à l'extérieur par une façade monumentale inspirée du Louvre et à l'intérieur par un plafond garni de caissons et de stuc. Les travaux durent à peine deux ans et l'édifice est inauguré le 14 juillet 1900 lors de l'Exposition universelle.

Près de quarante années d'activité – Tête de ligne vers tout le Sud-Ouest, la gare d'Orsay voit le départ de près de 200 trains par jour. Mais l'électrification du réseau permet la mise en circulation de trains plus longs et les quais de la gare deviennent trop courts. Victime du progrès, elle doit mettre fin à son trafic de grandes lignes en novembre 1939 et limiter ses activités à la banlieue parisienne.

Une gare fantôme – La gare devient ensuite lieu d'accueil pour les prisonniers à la Libération, décor du tournage du *Procès* de Kafka adapté par Orson Welles en 1962, théâtre de la compagnie Renaud-Barrault en 1973. La même année naît le projet d'installer dans la gare un musée consacré au 19ᵉ s., projet entériné en 1977. Gae Aulenti, à qui l'on doit le remaniement intérieur du musée national d'Art moderne à Paris et du palais Grassi à Venise, est chargée de l'aménagement et de la décoration.

La muséographie

Les collections du musée, réparties en quatre grands domaines (sculpture, peinture, architecture, arts décoratifs), sont présentées chronologiquement et thématiquement. Chaque « révolution » artistique possède ses salles et ses œuvres, accompagnées de fiches explicatives. Le parcours des collections permanentes débute par le rez-de-chaussée, se poursuit par le niveau supérieur, s'achève par le niveau médian. Des expositions temporaires et des œuvres ne pouvant être exposées longtemps en raison de leur fragilité sont réparties sur le parcours.

Peinture et sculpture

Néoclassicisme – Datant de la fin du 18ᵉ s., ce mouvement ▶ inspiré de l'Antique s'épanouit au début du 19ᵉ s. et baigne encore des œuvres créées après le milieu du siècle.

Les artistes : les sculpteurs Cavelier, Guillaume et Pradier ; le peintre Jean-Auguste-Dominique Ingres (1780-1867), très attaché à la ligne et aux contours.

Romantisme – Plutôt parallèle que postérieur au néo- ▶ classicisme, ce mouvement, qui s'est d'abord développé en Angleterre et en Allemagne, et qui privilégie le mouvement et la couleur sur la ligne et l'équilibre des œuvres néoclassiques, était encore actif en 1860.

Les artistes : les sculpteurs Barye, Rude et Préault ; les peintres Chassériau et Eugène Delacroix (1798-1863), dont la manière passionnée est servie par une imagination puissante.

Réalisme – Ce mouvement débute au cours des années 1830 et se poursuit jusqu'à la fin du siècle, bien qu'affaibli après 1870. Les thèmes sont extraits de l'univers quotidien et se veulent fidèles à la nature, ce qui marque une rupture avec l'académisme contemporain.

Les artistes : les peintres Rosa Bonheur, Antigna, Fantin-Latour, Honoré Daumier (1808-1879) et Gustave Courbet (1819-1877), dont de nombreuses toiles firent scandale, notamment *L'Origine du monde* (salle 7).

UNE GARE ET UN HÔTEL
Un hôtel attenant à la gare fut également aménagé. Il ferma ses portes le 1ᵉʳ janvier 1973, non sans avoir joué un rôle historique. C'est dans la salle des fêtes que le 19 mai 1958 le général de Gaulle se déclara prêt « à assumer les pouvoirs de la République », dénouant ainsi la crise du 13 mai à Alger.

À VOIR
La Source (1856, *salle 1*) de Ingres : « Jamais chair plus souple [...] ne s'offrit au regard » si l'on en croit Théophile Gautier.

EXOTIQUE
La Chasse au tigre (1854, *salle 2*) de Delacroix : elle illustre l'orientalisme du peintre, qui avait voyagé au Maroc en 1832.

L'école de Barbizon – Ce groupe de peintres abandonne le paysage historique au profit d'une nature représentée avec une sincérité scrupuleuse ; parmi eux : Jean-François Millet (1814-1875), Théodore Rousseau (1812-1867) et Camille Corot (1796-1875).

Éclectisme – Ce vaste mouvement de la seconde moitié du 19ᵉ s. – correspondant en France au Second Empire – et qui concerne les peintres officiels ne privilégie plus uniquement l'Antique mais l'ensemble des styles antérieurs.

ANGÉLUS ET ENTERREMENT

L'Angélus du soir (1859, *salle 6*) a valu à Millet le dédain des critiques, qui n'avaient voulu y voir qu'un engagement moralisateur. Mais, comme dans *Les Glaneuses* (1857, *salle 6*), ce fils de paysans a manifesté là son attachement à la terre et au monde rural et le lien tissé par une culture entre les personnages et leur terroir beaucoup plus que la mise en valeur d'un détail expressif.

Le chef-d'œuvre de Courbet, *Un enterrement à Ornans* (1849, *salle 7*) ouvre la peinture au réalisme. Treize ans avant Victor Hugo, Courbet montre ici les pauvres gens dans leur vérité et les habitants de son village natal dans la simplicité grave de leur fonction et de leur présence. L'œuvre, dont le grand format était habituellement réservé aux tableaux d'histoire, fut incomprise de ses contemporains.

H. Lewandowski/RMN

« La Danse » (1869) de Carpeaux (allée centrale, au fond), groupe qui ornait la façade de l'Opéra Garnier. Du même sculpteur, voir « Ugolin » (1862), allée centrale, un bronze inspiré de « l'Enfer » de Dante.

Les artistes : les sculpteurs Dubois, Barrias, Clésinger, Cordier et Jean-Baptiste Carpeaux (1827-1875) ; les peintres Winterhalter, Couture, Fromentin, Guillaumet.

Académisme – On réunit sous ce vocable ces artistes respectueux de la tradition, qui, durant la seconde moitié du 19ᵉ s., ont fait preuve à la fois d'une virtuosité irréprochable, d'une facture froide et d'une emphase telle, qu'on a parlé à l'égard de certains d'« art pompier ».

Les artistes : les sculpteurs Frémiet, Mercié et Albert Carrier-Belleuse (1824-1887), le plus célèbre du Second Empire et de la Troisième République ; les peintres Blanche, Cabanel, Carolus-Duran et Gérôme. À voir, *Hébé endormie* (1869) de Carrier-Belleuse *(allée centrale)*, marbre tout en harmonie inspiré de l'Antiquité.

◀ **Symbolisme** – De 1855 à 1900 se manifeste ce courant dont l'expression picturale naît en réaction au naturalisme et à l'impressionnisme. L'artiste y rejette en effet la réalité et cherche à explorer des univers cachés, livrant une esthétique au graphisme épuré.

INACHEVÉ ?

Honoré de Balzac (1897, *terrasse Rodin*) de Rodin : l'œuvre fut incomprise en raison de son caractère d'ébauche. L'écrivain est représenté comme partagé entre l'abandon de lui-même et le rêve de son immortalité.

Les artistes : les sculpteurs Bartholomé, Camille Claudel et Auguste Rodin (1840-1917), qui domina les dernières années du siècle ; les peintres Burne-Jones, Hodler, Homer, Mucha, Doré, Detaille, Levy-Dhurmer, Degouve de Nuncques, Munch, Klimt, Carrière, Puvis de Chavannes, Gustave Moreau (1826-1898) et Odilon Redon (1840-1916) qui fut un précurseur longtemps ignoré du symbolisme.

ORPHÉE ET BOUDDHA

Orphée (1865, *salle 12*) est typique des toiles de Moreau : on y retrouve, dans une atmosphère tout onirique, ces clairs-obscurs teintés d'ombres dorées et cette influence de références littéraires, ici la légende grecque d'Orphée, inconsolable de la mort de sa femme Eurydice.

Après avoir refusé d'utiliser la couleur jusqu'en 1890, Redon opte pour l'aquarelle, l'huile et le pastel pour traduire au mieux ses rêves fantastiques. Dans *Le Bouddha* (1906, *salle 40*), un thème récurrent dans l'œuvre de l'artiste, celui-ci libère les coloris dans une composition dissymétrique afin de souligner le recueillement mystique de son sujet.

REMARQUER

La Famille Bellelli (1860, *salle 13*) où Degas témoigne d'une étonnante justesse psychologique dans les portraits. *Le Déjeuner sur l'herbe* (1866, *salle 14*) de Monet.

◀ **Origines de l'impressionnisme** – De 1850 à 1870, en réaction aux teintes sombres, la nouvelle génération veut traduire les vibrations lumineuses, les impressions colorées. Seuls comptent l'éclairage, son analyse, ses effets, d'où cette prédilection pour les jardins au soleil, la neige, les brumes, les chairs. Ne s'intégrant pas au cercle de Barbizon, ils acceptent néanmoins les conseils de leurs aînés.

Les artistes : Boudin, Bazille, Cézanne, Renoir, Monet, Edgar Degas (1834-1917) et Édouard Manet (1832-1883) qui bouscula les conventions d'atelier par ses hardiesses de couleurs et de composition.

Musée d'Orsay/RMN

Auguste Renoir, « Bal du Moulin de la Galette ».

Impressionnisme – Après la guerre de 1870 qui les avait dispersés et à la suite des refus accumulés aux Salons officiels, les artistes décident de se grouper pour présenter des expositions libres. La première a lieu en 1874 dans l'ancien atelier du photographe Nadar où les exposants furent qualifiés d'impressionnistes – un terme alors péjoratif – d'après le tableau de Claude Monet, *Impression, soleil levant (voir le musée Marmottan-Monet à la Muette-Ranelagh)*. Ce tableau marque une rupture nette avec le réalisme qui a précédé.

Les artistes : les peintres Degas, Sisley, Cézanne, Manet, Morisot, Pissarro, Gustave Caillebotte (1848-1894), surtout connu comme mécène, Pierre Auguste Renoir (1841-1919), peintre du nu féminin, et Claude Monet (1840-1926) dont l'œuvre incarne ce nouveau rapport entre la nature et l'artiste.

> **LES PLUS CONNUS**
> *Raboteurs de parquets* (1875, *salle 30*) de Caillebotte, *Bal du Moulin de la Galette* (1876, *salle 32*) de Renoir, le bronze *Petite Danseuse de 14 ans* (1881, *salle 31*) de Degas.

> **MANET OU MONET ?**
> Présenté par Édouard Manet en 1863 au Salon des refusés, *Le Déjeuner sur l'herbe (salle 29)* scandalise le public, qui critique à la fois son motif (pourtant repris du *Concert champêtre* de Titien au Louvre) et sa lumière frontale sans demi-teintes et sans profondeur. Deux ans plus tard, en 1865, Manet indigne la société du Second Empire avec son *Olympia (salle 14)* et déchaîne les sarcasmes par la brutalité des traits continus qui cernent les formes du modèle.
> Les cinq toiles de la série des *Cathédrales de Rouen* (1892-1893, *salle 34*) – série qui en compte une trentaine – de Claude Monet permettent d'approcher la perception que l'artiste avait de la lumière. Les surfaces de la façade, envisagées à divers moments de la journée et selon un même point de vue, sont l'occasion pour le peintre de saisir, toile après toile, les variations de l'atmosphère et les différents effets de la lumière du jour sur un même sujet.

Naturalisme – Ce mouvement qui s'étend de 1870 à 1920 hérite du mouvement réaliste, et s'exprime cette fois à travers des artistes officiels, pour ainsi dire académiques.

Les artistes : les sculpteurs Aubé, Dalou et Constantin Meunier (1831-1905) ; les peintres Breitner, Marie Bashkirtseff, Bastien-Lepage et Cormon.

École de Pont-Aven – Attiré par la qualité de la lumière du village breton de Pont-Aven, un groupe d'artistes s'y réunit autour de Gauguin. Le mouvement, qui s'étend de 1885 à 1895 et qui souligne la crise de l'impressionnisme,

> **À VOIR**
> *Le Débardeur du port d'Anvers* (1890, *salle 56*) de Constantin Meunier, « un des grands artistes du siècle » selon Rodin.

> **NE PAS OUBLIER**
> *Madeleine au bois d'Amour* (1888, *salle 43*) d'Émile Bernard, et *Le Talisman* (1888, *salle 48*) de Sérusier, un paysage au traitement simplifié et sans perspective.

COLORÉS

La Bouée rouge (1895, *salle 46*) de Signac, *Pommes et Oranges* (vers 1895, *salle 36*) de Cézanne, *La Toilette* (1896, *salle 47*) de Toulouse-Lautrec, un sujet traité ici avec beaucoup de pudeur.

établit les théories du cloisonnisme et du synthétisme (utilisation de plans colorés délimités par des contours sombres), qui influenceront les Nabis et la naissance de l'abstraction.

Les artistes : les peintres Lacombe, Paul Sérusier (1864-1927), Émile Bernard (1868-1941), et Paul Gauguin (1848-1903) qui se fixa ensuite à Tahiti à la recherche d'un Éden mythique.

◄ **Néo et post-Impressionnisme** – 1886 marqua la fin officielle de l'impressionnisme, du moins du point de vue collectif. Mais les recherches impressionnistes trouvèrent un développement de 1890 à 1910 à travers des personnalités ou des courants comme le pointillisme (juxtaposition de touches de couleurs pures recomposant l'unité de ton une fois observées avec recul).

Les artistes : les peintres Matisse, Renoir, Cross, Paul Signac (1863-1935), Paul Cézanne (1839-1906), Georges Seurat (1859-1891), Henri de Toulouse-Lautrec (1864-1901), observateur attentif de la vie nocturne à Montmartre, et Vincent Van Gogh (1853-1890), artiste au tempérament tourmenté et dont le style a connu des périodes bien marquées.

À VOIR

La Partie de croquet (1892, *salle 70*) de Bonnard, *Les Muses* (1893, *salle 70*) de Maurice Denis, *Les Nourrices* (1894, *salle 70*) de Vuillard, panneau appartenant à un ensemble nommé *Les Jardins publics*.

◄ **Nabis** – Ce groupe, baptisé d'un nom hébreu signifiant « prophète », naît vers 1888, se sépare en 1903 et survit jusqu'en 1910. Grandement inspiré par l'école de Pont-Aven, ce mouvement dont le principal souci esthétique est d'ordre décoratif livre des œuvres dont la grande caractéristique est l'absence de modelé favorisée par des constructions en aplats.

Les artistes : les peintres Roussel, Vallotton, Édouard Vuillard (1868-1940), Pierre Bonnard (1867-1947), fortement influencé par les estampes japonaises, et Maurice Denis (1870-1943), théoricien du groupe.

« *L'Église d'Auvers-sur-Oise* », par Vincent Van Gogh.

Ph. Gajic/MICHELIN

PORTRAIT, AUTOPORTRAIT, CIRQUE

Entré en 1994 au musée d'Orsay, l'*Autoportrait au Christ jaune* (1889, *salle 43*) a été réalisé par Gauguin au Pouldu, en Bretagne. Cette représentation du Christ jaune est en fait extraite d'une œuvre antérieure aujourd'hui conservée à Buffalo ; la toile a appartenu à Maurice Denis qui, à propos de cette composition, suggéra : « Comme Cézanne, et à travers Cézanne, il cherchait le style. » *Portrait de l'artiste* (1889, *salle 35*) et *L'Église d'Auvers-sur-Oise* (1890, *salle 35*) trahissent l'un et l'autre les tourments et l'inquiétude psychiques de Van Gogh, alors âgé de 36-37 ans : le visage et l'église y cherchent leur équilibre, la physionomie et le paysage leur coloration. Convaincu qu'il perdait la raison, l'artiste se tira une balle en pleine poitrine et décéda peu après, le 29 juillet 1890.

À sa mort, en 1891, Seurat laissa sa toile *Le Cirque (salle 45)* inachevée. L'artiste – qui avait créé le divisionnisme – y avait travaillé la complémentarité des couleurs, la mise en valeur de l'instabilité de l'écuyère par l'équilibre stable des spectateurs et la fixité du mouvement dans un environnement immobile.

Architecture

Cette section se limite à l'architecture du Second Empire (1852-1870). Outre des maquettes et des décors d'architecture, le musée propose une très intéressante maquette du quartier de l'Opéra : sous une dalle de verre, elle représente l'urbanisation du quartier, au 1/100.

Arts décoratifs

1850-1880 – Les pièces exposées montrent l'éclectisme de cette époque marquée par la colonisation, les voyages, les Expositions universelles, notamment celle de 1867 qui révéla les arts du Japon. Les nouvelles firmes industrielles s'entourent d'artistes qui allient l'utile à l'agréable et fournissent aussi bien des pièces uniques

ORIGINAL

Le vase de « l'Éducation d'Achille » de Christofle (*salle 54*) ; le médaillier (*salle 52*) de Diehl, qui fut considéré comme l'une des créations les plus originales à l'Exposition de 1867.

que des objets de série. La maison Christofle connaît un essor considérable grâce au procédé de la galvanisation qui permet une production courante en métal argenté tout en maintenant la tradition de l'argenterie de luxe. L'ébéniste Diehl est connu pour ses nombreux coffrets de tous styles et matériaux et ses petits meubles.

L'Art nouveau en France – Le désir de s'affranchir des références au passé et de s'exprimer dans un style neuf est à l'origine du principal mouvement qui se développa en Europe, vers 1890, surtout dans l'architecture et les arts appliqués : l'Art nouveau ou Modern Style. Ce courant lié aux progrès industriels est caractérisé par une profusion de formes sinueuses au décor végétal. « L'Art dans le tout », ce concept fondamental de l'Art nouveau, conduit les artistes à s'associer. En France, un mouvement d'artistes et d'artisans se constitue sous l'impulsion d'Émile Gallé et de l'école de Nancy.

Les artistes : Majorelle, Gruber, Carabin, Charpentier, Lalique (1860-1945), qui se consacre au verre moulé et aux bijoux, Gallé (1846-1904), maître verrier qui lance la mode des céramiques de style fleuri.

> ### BEAUX BIJOUX
> *Le Pendant de cou et chaîne (salle 61)* qui définit Lalique comme un orfèvre du Modern Style, la *Vitrine aux libellules (salle 63)* de Gallé.

Salle de mobilier Art nouveau, musée d'Orsay.

H. Lewandowski/RMN

L'Art nouveau international – Dès 1880 apparaissaient déjà en Angleterre les premières manifestations de l'Art nouveau qui va se propager dans toutes les grandes villes d'Europe (Bruxelles, Vienne, Glasgow...) et aux États-Unis.

Les artistes : les Belges Van de Velde et Victor Horta (1861-1947), le grand architecte et décorateur au style tout en clarté, les Autrichiens Loos et Thonet dont le second est connu pour son mobilier en bois courbé, l'Américain Wright, le Britannique Mackintosh (1868-1928), architecte et décorateur rationaliste.

> ### À VOIR
> Le mobilier de l'hôtel Aubecq à Bruxelles *(salle 61)* de Horta.

Photographie

Un nouvel espace, situé au rez-de-chaussée du côté de la rue de Lille, est désormais consacré à la présentation des photographies de la collection du musée, environ cinquante mille images de tous types : épreuves, négatifs, albums... Constituée d'œuvres de grands artistes – Nadar, Le Gray, Stieglitz – ou d'auteurs anonymes, cette collection met en évidence les innovations formelles de la photographie, depuis 1839 jusqu'aux années 1920.

La présentation est renouvelée trois fois par an, en raison de la fragilité des épreuves photographiques.

Palais-Royal★★

Centre d'études Colette

La romancière Colette vint finir ses jours dans la tranquillité du Palais-Royal.

Paris et sa tradition : le Palais-Royal et son splendide jardin conservent précieusement leur réputation de lieu de promenade favori des Parisiens. Si le cadre est magnifique, et même grandiose, ceux-ci ont en outre le plaisir de pouvoir faire les proches boutiques de la rue Saint-Honoré ou du Louvre des Antiquaires.

La situation

Plan Michelin n° 54 G 13-14, H 13 – 1ᵉʳ arr. – M° Palais-Royal (lignes 1 et 7) – Bus 21, 27, 69, 76, 81, 95. À deux pas du Louvre, le palais, qui abrite le Conseil d'État, ne se visite pas. Le jardin est accessible par les rues qui bordent les bâtiments qui le cernent.

Voir à proximité les Halles, faubourg Saint-Honoré, le Louvre, jardin des Tuileries, place des Victoires.

Le nom

Palais-Cardinal sous Richelieu, l'édifice devient Palais-Royal lorsque Anne d'Autriche vint y vivre avec le jeune Louis XIV.

carnet pratique

RESTAURATION

Se reporter à la rubrique « Restauration » dans les Informations pratiques, en début de guide ; ce quartier correspond aux 1ᵉʳ et 2ᵉ arrondissements.

PETITE PAUSE

Verlet – *256 r. St-Honoré - M° Palais-Royal -* ☎ 01 42 60 67 39 - www.verlet.com *- lun.- sam. 9h30-19h ; de déb. juin à déb. oct. : lun.-ven. - fermé 3 sem. en août.* Un doux parfum de café moulu s'échappe de la maison de ce torréfacteur-salon de thé. Depuis 1880, les multiples variétés de café, de thé et, en hiver, de fruits confits réjouissent les papilles des clients fidèles de cet artisan authentique.

SORTIES

Bar anglais de l'Hôtel Regina – *2 pl. des Pyramides - quartier Louvre-Palais royal - M° Pyramides ou Tuileries -* ☎ 01 42 60 35 50 - www.regina-hotel.com *- 12h-0h.* L'un des plus jolis bars de grand hôtel : sobre, dans le pur style anglais, avec ses boiseries, ses petits fauteuils et son barman expérimenté. L'endroit est particulièrement cosy et idéalement situé à deux pas du Louvre et des Tuileries.

Bar de l'Hôtel Costes – *239 r. St-Honoré - M° Tuileries -* ☎ 01 42 44 50 25 *- 18h-2h.* Dans cet endroit chic d'aujourd'hui, un labyrinthe de petits salons imbriqués conjugue les styles Second Empire et méditerranéen. Son patio italianisant s'ouvre aux beaux jours. On rencontre là de la belle humanité venue se détendre sur la dernière musique à la mode.

La Scala – *188 bis r. de Rivoli -* ☎ 01 42 60 45 64 - www.lascalaparis.com *- mar.-dim. 22h30-6h30.* Complexe de danse hyper moderne sur trois étages avec bars, lasers et écran géant. Clientèle jeune de 20 à 30 ans.

Café Ruc – *159 r. St-Honoré - M° Palais-Royal -* ☎ 01 42 60 97 54 *- réserv. conseillée - 28,97/40,40€.* Entre Louvre et Palais-Royal, chaleureuse atmosphère dans ce café-restaurant tendance. Il est décoré par Jacques Garcia dans un esprit néo-baroque design avec velours rouge et murs verts. Carte éclectique et cuisine au goût du jour. À la saison des défilés de mode, journalistes, stylistes et *fashion people* s'y bousculent.

ACHATS

Le lèche-vitrine sous les arcades du jardin ne manque pas de surprise et de charme : enseignes désuètes de soldats de plomb, de médailles, antiquaires, vieilles librairies, charmant petit magasin de jouets sous la galerie du Beaujolais (angle d'un des passages qui conduisent à la rue du même nom).

Le Louvre des Antiquaires – *2 pl. du Palais-Royal - M° Palais-Royal -* ☎ 01 42 97 27 27 - www.louvre-antiquaires.com *- mar.-dim. 11h-19h ; juil.- août. : mar.-sam. - fermé 25 déc.-1ᵉʳ janv.* Plus de 250 antiquaires réunis sous le même toit : un vrai bonheur pour les amateurs de peintures, sculptures, archéologie, bijoux, meubles rares et objets d'art. Les boutiques de cette somptueuse galerie se visitent comme un musée. Un plan est même disponible à l'accueil.

Les Salons du Palais Royal Shiseido – *142 galerie de Valois - M° Bourse ou Palais-Royal -* ☎ 01 49 27 09 09 - www.salons-shiseido.com *- lun.-sam. 10h-19h - fermé j. fériés.* Ancien directeur artistique de Shiseido, Serge Lutens crée à présent ses propres parfums. Autour du thème de la nuit et du jour, cet amoureux du Maroc a imaginé un lieu plein de mystère pour présenter ses fragrances composées d'essences rares.

Rue Saint-Honoré – Une artère très commerçante (articles de luxe).

Majesté des jardins du Palais-Royal...

Les gens

La romancière Sidonie **Colette** (1873-1954), grande analyste de l'âme féminine, s'éteignit à 81 ans au n° 94, galerie de Beaujolais. **Jean Cocteau** (1889-1963), poète, décorateur, dramaturge et cinéaste, occupa pendant vingt ans un appartement (au n° 36 rue de Montpensier) donnant sur les jardins.

comprendre

L'empreinte du cardinal de Richelieu – Armand Jean du Plessis, duc de Richelieu, savait se mettre en lumière. En 1624, à peine nommé Premier ministre, il acquiert des terrains près du Louvre. En 1629, il demande à l'architecte Jacques Lemercier d'y élever un vaste et splendide édifice, le Palais-Cardinal. Sept ans plus tard, sentant sa fin proche, il lègue son hôtel à Louis XIII qui le suit bientôt dans la tombe. Anne d'Autriche et Louis XIV y habitent jusqu'à la Fronde.

Dès 1652, à 14 ans, Louis XIV retourne au Louvre. Au Palais-Royal, il loge Henriette de France, veuve de Charles Ier d'Angleterre, puis leur fille Henriette d'Angleterre dont il remarque une demoiselle d'honneur, Louise de La Vallière. En 1663 naît un premier enfant de leurs rencontres au Palais-Royal. D'autres suivront...

Orléans à Paris – Bon régent, Philippe d'Orléans n'en mène pas moins une vie dissolue : les « soupers du Palais-Royal », que son père a reçu en apanage, sont restés célèbres. En 1780, le palais passe aux mains de Louis-Philippe d'Orléans, le futur Philippe-Égalité, qui, toujours à court d'argent, entreprend une importante opération immobilière. Sur trois côtés du jardin, il fait construire des maisons de rapport à façades uniformes, avec des galeries bordées de boutiques. L'auteur de ce remarquable ensemble est **Victor Louis**, l'architecte du théâtre de Bordeaux. Les trois nouvelles rues prennent les noms des cadets de la branche Orléans : Valois, Montpensier, Beaujolais. De 1786 à 1790, Philippe-Égalité fait édifier, par ce même architecte, la salle du Théâtre-Français, actuelle Comédie-Française, et le théâtre du Palais-Royal. En 1801, Napoléon installe des administrations dans le palais, puis, en 1807, la Bourse et le Tribunal de commerce. Louis XVIII rend leur demeure aux Orléans. C'est de là que Louis-Philippe part en 1830 pour l'Hôtel de Ville où il est proclamé roi.

se promener

Place des Pyramides

La **statue de Jeanne-d'Arc** par Frémiet y trône. La sainte fut blessée à la porte St-Honoré (alors à hauteur du n° 163 rue St-Honoré), le 8 septembre 1429, lors de la lutte contre les Anglais qui tenaient Paris.

Ph. Gajic/MICHELIN

Bien que l'épisode de la blessure de Jeanne soit le seul lien historique entre la sainte et Paris, la capitale lui a érigé quatre statues : place des Pyramides (ici) ; 16 rue de la Chapelle ; place St-Augustin ; 41 bd St-Marcel.

> ### GRANDEUR ET DÉCADENCE
>
> Jadis, les galeries abritaient de nombreux cafés fréquentés par une clientèle variée.
> Dans les tripots, le trente-et-quarante et la roulette faisaient et défaisaient les fortunes. La fermeture des maisons de jeu en 1838 provoqua le déclin des galeries. Les bâtiments, incendiés par la Commune, furent restaurés par Chabrol de 1872 à 1876.

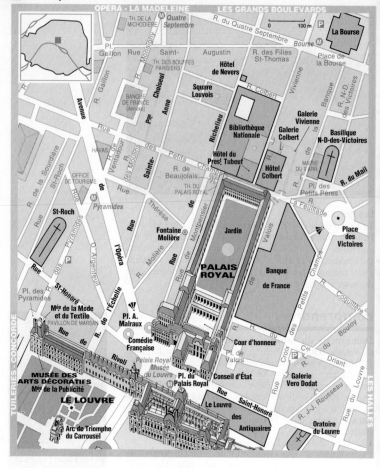

Rue de Rivoli★

Face au Louvre, une longue galerie d'arcades vous fait longer les trop nombreux magasins de souvenirs (*voir aussi Jardin des Tuileries*).

Place du Palais-Royal

Cette grande place prestigieuse est encadrée par le **Conseil d'État** – trophées d'armes et figures allégoriques par Pajou (18e s.) sur le corps central de la façade, réalisée par Moreau-Desproux – et le **Louvre des Antiquaires**.

Place André-Malraux★

L'écrivain et ministre de la Culture de de Gaulle a laissé son nom à ce carrefour créé sous Napoléon III.

> **À VOIR**
> Sur la place André-Malraux, jolies fontaines et belle perspective de l'avenue de l'Opéra.

La Comédie-Française

2 r. Richelieu. Le seul moyen d'en apprécier l'intérieur est d'assister à une représentation ! La « maison de Molière » est une des plus belles salles parisiennes. Si

---

SOUVENIRS DE THÉÂTRE

Déjà au 17e s., les fusions étaient un moyen de survie. En 1680, Louis XIV réunit d'office l'ancienne troupe de Molière et la troupe de l'hôtel de Bourgogne sous le nom de Comédie-Française. Après plusieurs déménagements dus aux querelles avec les « bien-pensants » de la Sorbonne, celle-ci s'installe en 1792 au Théâtre-Français (actuelle Comédie-Française) que vient de construire l'architecte Victor Louis. En 1812, les comédiens, entraînés par le célèbre Talma, obtiennent leur statut par le « décret de Moscou » : une association de comédiens, comprenant des sociétaires, des pensionnaires et des élèves ; un administrateur, que nomme le Gouvernement, la dirige.

le répertoire est surtout classique, la plus ancienne troupe du monde s'est peu à peu ouverte aux auteurs contemporains.

À l'intérieur, on apprécie le fameux *Voltaire*★★ de Houdon, ainsi que le fauteuil où, le 17 février 1673, **Molière** fut saisi d'un malaise fatal dans le rôle du *Malade imaginaire*.

Palais-Royal★

C'est l'adresse du Conseil constitutionnel (qui veille à la régularité des élections et se prononce sur la conformité des lois organiques à la Constitution), du ministère de la Culture et du Conseil d'État (instance consultative et juridictionnelle de l'Administration).

MÉTRO EN FÊTE
Avec ses perles de verre colorées, le « Kiosque des noctambules », conçu pour le centenaire du métro, donne un air de fête à la station Palais-Royal-Musée du Louvre.

Aux colonnades du 19e s. répondent 260 sections de colonnes inégales en marbre noir et blanc. Cette œuvre (1986) controversée de Daniel Buren témoigne du souci de l'artiste de révéler les particularismes des lieux qu'il s'approprie.

On accède à la **cour d'honneur** par les passages voûtés des rues de Montpensier et de Valois (au n° 6 de laquelle Richelieu tint en 1638 les premières séances de l'Académie française). Elle offre une imposante façade centrale surmontée de statues allégoriques et deux ailes bordées de galeries. Entre la cour et le jardin, une double colonnade bâtie sous la Restauration forme la galerie d'Orléans, autrefois recouverte d'une voûte en fer et en verre. Les *Deux fontaines pour le Palais-Royal* (1985) sont des sculptures cinétiques du Belge Pol Bury. La galerie du côté Valois est appelée galerie des Proues, à cause des ornements nautiques en relief appliqués sur les murs. Ils rappellent que Richelieu était grand maître de la navigation.

Sortir de la galerie des Proues par un passage donnant accès à la place de Valois et suivre la rue Montesquieu, pour pénétrer, juste en face, dans la galerie Véro-Dodat.

Galerie Véro-Dodat

Créée par les charcutiers Véro et Dodat (1826), elle fut l'une des premières rues parisiennes à recevoir l'éclairage au gaz. Elle est pourvue d'une belle décoration intérieure néoclassique avec boutiques de qualité au charme parfois suranné.

Revenir vers le jardin du Palais-Royal.

Jardin du Palais-Royal★★

Victor Louis pouvait difficilement faire plus symétrique et classique, mais il a livré aux Parisiens un cadre majestueux et élégant. Des boutiques à l'aspect parfois délicieusement désuet (ce qui n'empêche pas certaines d'être à la pointe de la création), s'alignent sous les galeries.

Rue de Richelieu

Le Malade imaginaire devint une triste réalité un soir de 1673 : Molière expira dans sa maison située au n° 40. La **fontaine Molière** par Visconti perpétue sa mémoire.

Prendre à gauche la rue des Petits-Champs, puis encore à gauche, la rue Sainte-Anne.

Rue Sainte-Anne

Au n° 47 de cette rue commerçante (devenue une véritable enclave japonaise tant les restaurants et grills nippons y sont nombreux !), des masques signalent l'hôtel que Lully, le compositeur préféré de Louis XIV, fit élever en 1671 en empruntant 11 000 livres à Molière.

Traverser l'avenue de l'Opéra.

Rue de l'Échelle

L'« échelle » était un échafaud à degrés dressé sous l'Ancien Régime. La justice de l'évêque y envoyait les polygames, les parjures et les blasphémateurs.

Rue Saint-Honoré★

La prendre sur la droite. Cette longue rue très commerçante est propice à une agréable flânerie. On s'amusera à détailler les anciennes enseignes qui ont pu subsister et qui témoignent de la renommée passée de ses fournisseurs : ainsi au n° 234, les établissements Biberon et Fils qui, sous un portrait de François 1er, se consacraient à la fois à la papeterie, à la maroquinerie et aux objets de piété ; en face, encadrant l'hôtel St James & Albany (l'ancien hôtel de Noailles où La Fayette se maria), la devanture de bois des boutiques est abondamment décorée de médaillons, moulures et guirlandes...

DE LA TRIBUNE À L'ÉCHAFAUD

C'est au n° 172 que vécut Marie Gouze, plus connue sous le nom d'**Olympe de Gouges**. Née à Montauban en 1748, cette militante féministe publia en 1791 une *Déclaration des Droits de la Femme et de la Citoyenne* réclamant l'égalité des droits entre hommes et femmes dans tous les domaines. Ayant pris la défense de Louis XVI, elle fut guillotinée en 1793.

Église Saint-Roch★

296 r. St-Honoré. L'édifice est précédé d'un escalier de treize marches, hauteur que nécessitait la dénivellation de l'ancienne butte St-Roch.

Bonaparte fait ses armes – Le 5 octobre 1795, de furieux combats se livrent devant cette église. Une colonne de royalistes, menant l'attaque contre la Convention, essaye de pénétrer dans la rue St-Roch. Bonaparte mitraille à bout portant les insurgés, massés sur les degrés de l'église ou perchés sur la façade. Des traces de balles se voient encore.

L'église des artistes – La première pierre de l'église est posée en 1653 par Louis XIV. La butte des Moulins empêche Lemercier d'orienter normalement la nef : le chevet est au Nord et non à l'Est. Les fonds manquant bientôt, une loterie permet de reprendre les travaux en 1705. Mais, au lieu d'achever la nef, on entreprend, dans l'axe du chevet, une série de chapelles s'emboîtant les unes dans les autres qui portent de 80 m à 125 m la longueur de l'édifice. C'est d'abord la **chapelle de la Vierge★** (due à Jules Hardouin-Mansart), dont la haute coupole est richement décorée, puis celle de la Communion, à la coupole écrasée, enfin, la chapelle du Calvaire reconstruite au 19e s. En 1719, grâce à un don de 100 000 livres du financier Law, récemment converti au catholicisme, les voûtes sont achevées. Robert de Cotte exécute la façade dans le style jésuite en 1736. Parmi les personnages inhumés à St-Roch figurent Pierre Corneille, Le Nôtre, l'abbé de l'Épée, Diderot. Duguay-Trouin y reposa jusqu'en 1973 ; ses restes ont été transférés à Saint-Malo, à l'occasion du tricentenaire de sa naissance. Par tradition, St-Roch est l'église où sont célébrées les funérailles des artistes de la capitale.

1. Tombeau de Henri de Lorraine, comte d'Harcourt, par Renard, et buste de François de Créqui par Coysevox (17e s.).

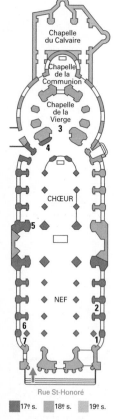

Chapelle du Calvaire

Chapelle de la Communion

Chapelle de la Vierge

3

4

CHŒUR

5

NEF

2

6

7

1

Rue St-Honoré

17e s.   18e s.   19e s.

Église St-Roch.

2. Tombeau du duc Charles de Créqui.

3. Peinture de la coupole par Jean-Baptiste Pierre : **Le Triomphe de la Vierge**★ ; sur l'autel, *Nativité* des frères Anguier.

4. *Résurrection du fils de la veuve de Naïm* par Le Sueur (17e s.).

5. Buste de Le Nôtre par Coysevox.

6. *Baptême du Christ* par Lemoyne.

7. Chapelle des Fonts : fresques de Chassériau (19e s.).

visiter

Musée de la Mode et du Textile★

107 r. de Rivoli. & Tlj sf lun. 11h-18h, w.-end 10h-18h. Fermé 1er janv., 1er mai, 25 déc. 5,40€, billet combiné avec le musée des Arts décoratifs. ☎ 01 44 55 57 50.

Les collections permanentes sont présentées par thèmes renouvelés tous les six mois. Le choix se fait parmi les 20 000 costumes, les 35 000 accessoires (depuis le 17e s.) et les 21 000 pièces textiles. Les grandes signatures sont présentes : Poiret, Lanvin, Schiaparelli, Dior, Paco Rabanne, etc.

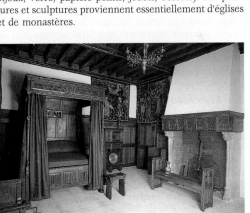

Garde-robe...

Musée des Arts décoratifs★★

& Mêmes conditions de visite que le musée de la Mode et du Textile. Seules les collections Moyen Âge et Renaissance sont ouvertes. Celles des 17e, 18e, 19e et 20e s. sont fermées pour cause de travaux jusqu'à déb. 2006. 6€. ☎ 01 44 55 57 50.

Grâce aux nombreuses pièces d'une qualité exceptionnelle et présentées chronologiquement, le visiteur suit l'évolution du goût et des formes, depuis le Moyen Âge jusqu'à nos jours (céramique, mobilier, orfèvrerie, bijoux, verre, papiers peints, jouets, dessins). Les peintures et sculptures proviennent essentiellement d'églises et de monastères.

Chambre à coucher du Moyen Âge, au musée des Arts décoratifs.

Musée de la Publicité

& Mêmes conditions de visite que le musée de la Mode et du Textile. ☎ 01 44 55 57 50.

Roulement des collections 3 à 4 fois par an. Une **base de données**★ contenant des milliers d'affiches et de films publicitaires permet à chacun d'effectuer sa propre visite.

Oratoire du Louvre

R. St-Honoré. Ven. 12h-14h30. ☎ 01 42 60 21 64.

Il nous vient de l'ordre des Oratoriens qui le fait édifier sur les plans de Lemercier (1621-1630). Façade de style jésuite. Proche du Louvre, il est chapelle royale de Louis XIII à Louis XV, puis reconverti en magasin militaire (Révolution) et en dépôt de décors de l'Opéra, alors installé place Louvois. En 1811, Napoléon Ier le cède au culte protestant.

> **LES ORATORIENS**
> Prêtres séculiers consacrés à l'enseignement et à la prédication, ils deviennent au 17e s. les puissants rivaux des jésuites.

Passy

Parisien depuis 1859, le village de Passy est devenu un tranquille quartier résidentiel de la capitale. Les villas et les jardins d'antan n'ont pas été totalement remplacés par les grands immeubles de l'ère moderne, aussi est-il bien agréable de venir flâner par ici.

La situation

Plan Michelin n° 54 H 5-6, J 5-6 – 16ᵉ arr. – Mᵒ Passy (ligne 6) – RER Avenue-du-Président-Kennedy-Maison-de-Radio-France (ligne C) – Bus 22, 32, 52 et PC. On a envie de dire « à l'ombre du Trocadéro », en tout cas entre le palais de Chaillot et l'immeuble circulaire de la Maison de Radio-France, le long de la Seine.

Voir à proximité le Trocadéro, Auteuil, Javel, bois de Boulogne.

RESTAURATION
Se reporter à la rubrique « Restauration » dans les Informations pratiques, en début de guide : ce quartier correspond au 16ᵉ arrondissement.

Le nom

Viendrait du mot *Passiacum* ou *terre de Pacius*. Au 13ᵉ s. Passy était un hameau de bûcherons. Ses eaux ferrugineuses, découvertes au 18ᵉ s., lui valurent la notoriété. En 1859, le village fut rattaché à Paris.

Les gens

Avant la Révolution, les « bonshommes de Chaillot », des moines-vignerons, y étaient connus pour produire un vin clairet. Balzac (1799-1850) et Clemenceau (1841-1929) ont laissé un souvenir plus durable...

se promener

Partir de la station de métro Passy et descendre les marches menant au square d'Alboni, avant d'emprunter à droite la rue des Eaux.

Rue des Eaux

Ironie du destin : cette rue dont le nom évoque une source minérale découverte en 1650 et réputée pour ses vertus laxatives, conduit aujourd'hui au musée...du vin ! *(voir description dans « visiter »).*

À droite en sortant du musée, prendre l'escalier du passage des Eaux menant à la rue Raynouard.

Rue Raynouard

La rue a assisté à un beau défilé de célébrités : Samuel Bernard (puissant financier de Louis XIV), le duc de Lauzun, Jean-Jacques Rousseau, Honoré de Balzac, Béranger... quant à Raynouard, c'est un obscur académicien de la Restauration.

À gauche, au n° 47, en contrebas de la rue, la **maison de Balzac**, ancienne dépendance d'une « folie » du 18ᵉ s., se dresse dans un charmant jardin. L'aspect villageois de ce lieu empreint de sérénité est d'autant plus insolite que, de la rue, la vue sur la tour Eiffel est imprenable ! *(voir description dans « visiter »).*

Aux n° 51 à 55, les immeubles en béton sont l'œuvre de l'architecte **Auguste Perret** qui y vécut de 1932 à sa mort en 1954. Dès 1903, cet architecte fut novateur dans l'usage du béton armé et la standardisation des formes.

Poursuivre dans la rue et prendre l'escalier qui descend sur la gauche.

Rue Berton★

Cette étroite ruelle constitue l'un des coins les plus surprenants de Paris. Ses murs couverts de lierre, ses pavés grossiers et ses becs de gaz coudés lui donnent un aspect campagnard. Au n° 24 se trouve la sortie inférieure de la maison de Balzac, que le romancier n'hésitait pas à utiliser lorsqu'il s'agissait d'échapper à ses créanciers.

Revenir sur ses pas jusqu'à la rue de l'Annonciation qui s'ouvre en face de la maison de Balzac.

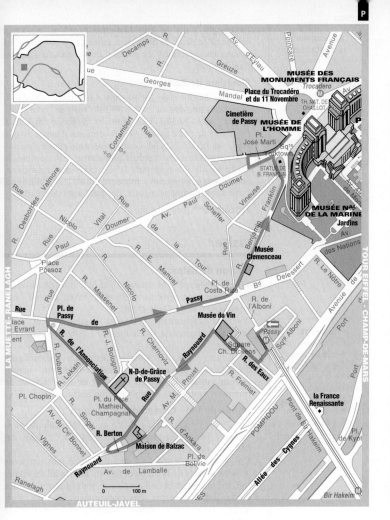

Rue de l'Annonciation

Avec son calme, ses maisons basses, son église, cette rue (très commerçante par ailleurs) a conservé son aspect villageois.

Sur la place du Père Marcellin-Champagnat (un mur peint en trompe-l'œil y résiste vaille que vaille aux outrages du temps), s'élève l'**église N.-D.-de-Grâce de Passy** qui, de l'édifice original, construit au 17ᵉ s., n'a guère conservé que les piliers de la nef. Au-dessus du chœur, les paysages des trois peintures ayant pour thème l'Annonciation, seraient dus à Corot.

Sortir de l'église par la porte située derrière le chœur à gauche, pour déboucher sur une petite place arborée, bien sympathique à la belle saison. *Regagner la rue de l'Annonciation en longeant l'église par la rue Jean-Bologne.* De-ci de-là, des échappées par les portes entrebâillées permettent d'apercevoir de charmantes cours intérieures. Après la rue Lekain, la rue devient piétonne et de plus en plus commerçante jusqu'à la **place de Passy**, cœur animé du quartier. Un café (fort prisé aux beaux jours) y déploie sa terrasse devant une fontaine Wallace.

Rue de Passy

Très commerçante, cette rue alterne commerces de luxe et boutiques franchisées.

Sur la place du Costa-Rica, prendre à gauche la rue Benjamin-Franklin. Au n° 8 se trouve le **musée Clemenceau** *(voir description dans « visiter »).*

**ILS DOMINENT
LE TROCADÉRO**

Tristan Bernard,
Giraudoux, Manet, Berthe
Morisot, Claude Debussy,
Gabriel Fauré, Henry
Farman, Dieudonné
Costes, Fernand
Contandin dit Fernandel,
Madeleine Renaud
et Jean-Louis Barrault...

Poursuivre dans la rue Benjamin-Franklin jusqu'aux abords de la place du Trocadéro (échappée à droite sur les jardins en contrebas), et prendre sur la gauche l'avenue Paul-Doumer.

Cimetière de Passy

2 r. du Cdt-Schlœsing. De mi-mars à déb. nov. : 7h30-18h, sam. 8h30-18h, dim. et j. fériés 9h-18h ; reste de l'année : 8h-17h30, sam. 8h30-17h30, dim. et j. fériés 9h-17h30. Possibilité de visite guidée (2h) à certaines dates se renseigner : ☎ 01 40 71 75 60. Gratuit, 6€ visite guidée.

◄ Il héberge, dans une verdure abondante, bon nombre de célébrités décédées depuis 1850 : écrivains, musiciens, comédiens et aviateurs y reposent parmi les monuments funéraires, parfois pompeux, des habitants du quartier.

Trocadéro★★ *(voir ce nom)*

visiter

Maison de Balzac

47 r. Raynouard. – M° Passy. Tlj sf lun. 10h-18h (dernière entrée 40mn av. fermeture). Fermé j. fériés. Gratuit (sauf expositions). ☎ 01 55 74 41 80.

CACHETTE

Honoré de Balzac fuit
ses créanciers en vivant ici,
de 1840 à 1847, sous le
nom de sa gouvernante,
Mme de Breugnol. Le mot
de passe était : « on y
entre comme le vin
dans les bouteilles ».

◄ Portraits, caricatures, tableaux, manuscrits et autographes évoquent la vie, l'œuvre et le temps du grand écrivain.
Le Cousin Pons, La Cousine Bette, La Rabouilleuse, Splendeurs et misères des courtisanes (d'autres encore) prirent vie sur le bureau Henri II de son cabinet de travail. À voir aussi, la bibliothèque Balzacienne.

Musée du Vin - Caveau des Échansons

5 et 7 sq. Charles-Dickens. ♿ Tlj sf lun. 10h-18h (dernière entrée 1/2h av. fermeture). Fermé 24 déc.-1ᵉʳ janv. 8€ (-14 ans : gratuit). ☎ 01 45 25 63 26.

Un labyrinthe de galeries datant d'anciennes carrières lève les secrets de la vigne et du vin. Le travail du vigneron, du tonnelier et de l'œnologue sont illustrés par des outils, des documents, des personnages en cire, ainsi qu'une belle collection de bouteilles anciennes et de verres.

*Reconstitution
au musée du Vin.*

Musée Clemenceau

8 r. Franklin. Tlj sf. dim. et lun. 14h-17h. Fermé août et j. fériés. 6€. ☎ 01 45 20 53 41.

À VOIR

L'étonnant bureau
de Clemenceau, en forme
de fer à cheval.

◄ L'appartement du « Tigre » dans lequel il passa 34 ans de sa vie est resté tel qu'au jour de sa mort (1929), la poussière en plus, la lumière en moins. Cependant, ses carrières de journaliste, d'orateur, d'homme politique (traité de Versailles, présidence du Conseil) et d'écrivain sont bien illustrées (photographies, lettres, documents, ouvrages).

Le Père-Lachaise★★

Un cimetière est rarement un but de flânerie. Pourtant, celui-ci est exceptionnel, non par sa superficie, mais par le nombre et la qualité de ses hôtes ainsi que par la dimension éminemment romantique de la plupart de ses sépultures. Créé sous l'Empire par Brongniart, variante du jardin dit anglais, le cimetière du Père-Lachaise constitue un véritable musée à ciel ouvert de la statuaire funéraire, parfois intrigante, souvent touchante.

La situation

Plan Michelin n° 54 H 20-21 – 20e arr. – M° Père-Lachaise (lignes 2, 3) – Bus 26, 76. Le cimetière couvre 40 ha et possède plusieurs entrées ; des plans thématiques gratuits sont disponibles aux entrées porte des Amandiers et porte Gambetta.

Le nom

Le père de La Chaise était le confesseur de Louis XIV. Il contribua à la restauration de la maison de repos de l'ordre des Jésuites qui occupait jadis les lieux. Son nom leur est resté attaché.

Les gens

Par la force des choses, la liste est longue... Chacun repérera ceux et celles auxquels il voue de la sympathie ou de l'admiration : Jim Morrison, le légendaire chanteur des Doors, ou le spirite Allan Kardec pour les uns, Chopin, Balzac ou Marcel Proust pour d'autres...

La romancière Colette, qui raconta si bien sa Bourgogne natale, repose au Père-Lachaise.

S. Sauvignier/MICHELIN

carnet pratique

RESTAURATION

Se reporter à la rubrique « Restauration » dans les Informations pratiques, en début de guide ; ce quartier correspond au 20e arrondissement.

PETITE PAUSE

Chez Magdi - Café Égyptien – *7 av. Gambetta - M° Père-Lachaise - ☎ 01 47 97 26 02 - lun.-ven. 12h-1h, sam.-dim. 12h-2h.* Pour une petite pause dépaysante, rendez-vous chez Magdi. Deux salles dont une agrémentée d'un décor orientalisant (tapis, poufs, canapés, etc.) où se retrouvent gens du quartier, touristes et compatriotes du patron, pour fumer le narguilé. Un lieu accueillant et authentique pour se détendre autour d'un thé à la menthe.

La Maroquinerie – *23 r. Boyer - M° Gambetta - ☎ 01 40 33 30 60 - la.maroq@wanadoo.fr - lun.-ven. 12h-1h30, sam. 17h-1h30 - fermé dim. et j. fériés.* Installé dans un ancien atelier de maroquinerie, ce café est un lieu alternatif dédié aux lectures publiques mais aussi aux spectacles et aux concerts (*world music*, jazz, rock, ect.). Pour lire, il est possible de s'installer en terrasse (dans la cour intérieure). Si la muse vous taquine, vous pourrez déposer un manuscrit ou consulter ceux des autres.

La Mère Lachaise – *78 bd Ménilmontant - M° Père-Lachaise - ☎ 01 47 97 61 60 - ouv. lun.-sam. 8h-2h, dim 10h30-2h.* Un incontournable du quartier qui fait souvent salle comble. D'un côté, le bar et son décor hétéroclite (objets de récupération, expositions d'œuvres d'artistes du coin) ; de l'autre, la partie restauration-bistrot aux murs couleur aluminium. Cuisine traditionnelle et brunchs dominicaux.

SORTIES

La Flèche d'or – *102 bis r. de Bagnolet - M° Porte-de-Bagnolet - ☎ 01 43 72 04 23 - www.flechedor.com - mar.-dim. 10h-2h - fermé lun.* Gare désaffectée située au-dessus de l'ancienne voie ferrée de la petite ceinture. Transformée en bar et salle de concerts (world music, chanson française, rock, salsa, reggae), elle accueille un public plutôt jeune et « branché ». Restaurant et dance floor tous les soirs. Bal à thème le dimanche à 17h.

ACHATS

La Campagne à Paris – *210 r. des Pyrénées - M° Gambetta - ☎ 01 46 36 88 57 - charrive@wanadoo.fr - ouv. 9h-12h45, 15h-19h45, dim. 10h30-12h45, lun. 15h30-19h45 - fermé dim. en août, Noël, J. de l'An, dim. ap.-midi et lun. matin.* Cette jolie boutique cultive le charme d'antan : façade à l'ancienne, vitrine joliment arrangée, décor « rétro » et vendeuses en blouse ayant toujours un petit mot gentil pour chacun. Les étagères regorgent de beaux produits : foies gras Laffitte, thés, bonbons, miels, confitures, chocolats, plantes et épices. Le sommelier et ses excellents conseils animent l'espace vins et alcools.

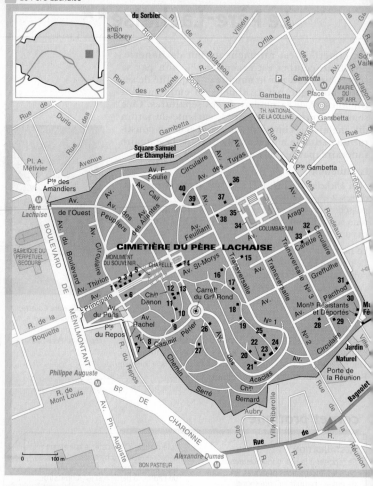

Cimetière du Père Lachaise

découvrir

La nécropole

De mi-mars à déb. nov. : 7h30-18h, sam. 8h30-18h, dim. et j. fériés 9h-18h ; reste de l'année : 8h-17h30, sam. 8h30-17h30, dim. et j. fériés 9h-17h30. Possibilité de visite guidée (2h) : se renseigner au ☎ 01 40 71 75 60. Gratuit, 6€ visite guidée.

Depuis le milieu du 20ᵉ s., des stèles d'un granit uniforme ont remplacé ce que l'on a nommé la sculpture funéraire « sur catalogue », en marbre ou en lave de Volvic. Afin de préserver cette étonnante statuaire romantique qui fait le « charme » du Père-Lachaise, on a décidé de classer site historique une grande partie du cimetière. Les nombreuses essences des plantations (plus de 3 000 arbres) de ce cimetière-jardin

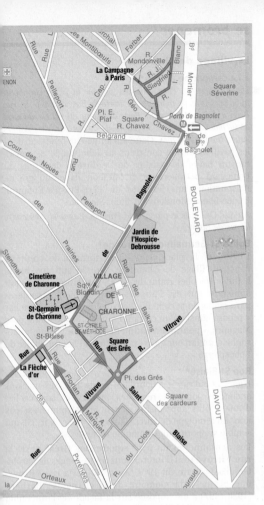

VISITE

Visites guidées thématiques du cimetière – Informations sur les panneaux aux entrées ; sam. à 14h30.

Poésie d'un cimetière-jardin.

3 - Édith Piaf

0 - Paul Éluard, Maurice Thorez

4 - Gertrude Stein, Alice B. Toklas

2 - Oscar Wilde

8 - Félix Ziem

4 - Richard Wright

5 - Isadora Duncan

36 - Marcel Proust

37 - Guillaume Apollinaire

38 - Allan Kardec (fondateur de la philosophie spirite).

39 - Delacroix

40 - Balzac et la comtesse Hanska

atténuent l'aspect funèbre des lieux. Par ailleurs, les monuments de personnages célèbres donnent à la visite un caractère de pèlerinage historique. Le plus émouvant des monuments est peut-être celui dédié aux résistants et déportés de la Seconde Guerre mondiale *(angle Sud-Est)*.

Le mur des Fédérés

Angle Sud-Est. Le 28 mai 1871 se déroule le dernier et sanglant épisode de la Commune. Les derniers insurgés, qui ont eux-mêmes fusillé leurs prisonniers, se sont retranchés dans le cimetière. Les « Versaillais » les attaquent bientôt et une lutte féroce se livre parmi les tombes. Le lendemain, à l'aube, les survivants sont fusillés contre le mur d'enceinte. Une large tranchée, ouverte sur place, reçoit les corps.

PAYSAGE DE CAMPAGNE
Autrefois réputé pour ses courtilles – sortes de cabarets en plein air – et ses maisons de campagne pour Parisiens fortunés, Charonne a longtemps conservé un caractère de vrai village, voué à la vigne et au maraîchage.

se promener

Le village de Charonne

« La campagne à Paris★ »

Du cimetière du Père-Lachaise, gagner la place Gambetta puis rejoindre la place de la Porte-de-Bagnolet par la rue Belgrand. Par le métro (Mᵒ Porte-de-Bagnolet), au Nord-Ouest de la place de la Porte-de-Bagnolet : accès par les escaliers situés rue Géo-Chavez. Cette ancienne cité ouvrière, dont les pavillons furent construits au début du 20e s., constitue un havre de paix et de verdure à deux pas du Boulevard périphérique. Il fait bon flâner au gré de l'inspiration dans les rues du Père-Prosper-Enfantin, Irénée-Blanc, Mondonville, Jules-Siegfried.

Au Sud-Ouest de la place de la Porte-de-Bagnolet, descendre la rue de Bagnolet.

Église St-Germain-de-Charonne★

L'église et la place Saint-Blaise forment le cœur de l'ancien village de Charonne. Dressé sur une butte, l'édifice (clocher trapu du 13e s.) est flanqué d'un petit cimetière qui est l'un des tout derniers cimetières paroissiens de la capitale. Le comédien Pierre Blanchar y repose, ainsi qu'un certain François Bègue, dit le père Magloire, « peintre en bâtiments, patriote, poète, philosophe », un farceur qui s'était prétendu le « secrétaire de Robespierre ».

Rue St-Blaise★

Hier « grand'rue », aujourd'hui petite rue. Ses maisons anciennes joliment rénovées préservent son cachet d'autant plus appréciable que la modernité n'est pas loin. En témoigne ce porche Louis XV *(face au nº 35)*, qui semble supporter un immeuble récent.

Les maisonnettes du petit **square des Grès★** et de la **rue Vitruve** sont d'intéressants témoignages de l'architecture de la fin du 19e s. Au nº 50 de la rue Vitruve, une plaque à la mémoire de la chanteuse **Barbara** (1930-1997) a été apposée sur la façade de l'immeuble où elle vécut de 1946 à 1959. Noter également, à l'angle des rues Vitruve et Florian, une étrange sculpture murale qui évoque la légende de la Salamandre.

Le jardin Debrousse et la rue des Balkans : le charme d'un vieux village.

Rue de Bagnolet

Au nº 102 bis, l'ancienne gare du village, devenue café-concert, desservait la voie ferrée de la petite ceinture ; encore visible à proximité, celle-ci passe sous le cimetière du Père-Lachaise. Au-delà du carrefour avec la rue des Pyrénées se cachent, entre les nombreux commerces, d'autres témoignages du vieux village de Charonne : villa Godin (nº 85), villa Riberolle (nº 35), cité Aubry (nº 15), etc.

Pigalle

Épicentre du royaume de la nuit, Pigalle appartient à ces lieux universellement connus et pourtant sans monument. La foule cosmopolite qui va et vient ici n'est éclairée que par les néons des cabarets et des boîtes de nuit, des bars et des sex-shops. Naguère authentique lieu de fête, Pigalle croule aujourd'hui sous l'artifice, mais, comme tous les lieux mythiques, il attire toujours autant de monde...

La situation

Plan Michelin n° 54 D 12-14 – 9ᵉ arr. – Mᵒ Place-de-Clichy (lignes 2 et 13), Pigalle (lignes 2 et 12), Blanche (ligne 2) – Bus 30, 54, 67. Le microcosme de Pigalle s'étend sur les boulevards de Clichy et de Rochechouart.

Voir à proximité Montmartre, Saint-Georges et la Nouvelle-Athènes et Saint-Lazare.

Le nom

Le statuaire Jean-Baptiste Pigalle (1714-1785) – tombeau du maréchal de Saxe, statue de Voltaire nu – donna son nom à la rue où il habita, puis au quartier.

Les gens

Dans ce petit monde d'anonymes, les danseuses de cabarets sont les plus renommées, bien qu'elles aussi gardent l'anonymat.

se promener

Place de Clichy

Toujours très vivante grâce à ses brasseries et son cinéma multisalles, elle le fut particulièrement en mars 1814, lorsque le maréchal Moncey y assura une héroïque défense contre les cosaques du général comte de Langeron (monument au centre de la place).

Boulevard de Clichy

Entrecoupé par la place Blanche et la place Pigalle, il est le pôle d'attraction du quartier dès la nuit tombée. À côté d'un nombre croissant de sex-shops et de cars de

carnet pratique

RESTAURATION

Se reporter à la rubrique « Restauration » dans les Informations pratiques, en début de guide ; ce quartier correspond aux 9ᵉ et 18ᵉ arrondissements.

PETITE PAUSE

La Jolie Vie – *56 bis r. de Clichy - Mᵒ Place-de-Clichy - ☎ 01 53 20 04 04 – tlj sf dim. 10h-19h - fermé août et j. fériés.* Adresse insolite regroupant dans un ancien hammam une boutique de décoration et un salon de thé. L'une des salles à manger (réservée aux non-fumeurs) abrite même un jacuzzi ! Çà et là, murs colorés, mosaïques orientales préservées, fauteuils en rotin, bibelots originaux et idées de cadeaux. Elle est pas jolie la vie ?

SORTIES

Chao-Ba Café – *22 bd de Clichy - Mᵒ Pigalle - ☎ 01 46 06 72 90 - dim.-mer. 8h30-2h, jeu. 8h30-4h, ven.-sam. 8h30-5h - fermé 25 déc.* Ventilateurs, bambous, ombrelles, fauteuils en osier : le décor

Vietnâm de ce grand bar est posé. On voyage sur deux étages, non sans sentir la forte dimension commerciale du lieu. **La Locomotive** – *90 bd de Clichy - Mᵒ Place-de-Clichy - ☎ 01 53 41 88 89 - www.laloco.com - 23h à l'aube.* Cette « loco » vous mène à toute vapeur jusqu'au bout de la nuit sur des rythmes endiablés. House, groove, danse, métal, gothique, disco et techno : il y en a pour tous les goûts grâce à une programmation différente aux trois étages de cette discothèque voisine du célèbre Moulin-Rouge. Concerts, soirées à thème, événements.

ACHATS

À L'Étoile d'Or – *30 r. Fontaine - Mᵒ Blanche ou Pigalle - ☎ 01 48 74 59 55 - lun. 14h30-20h, mar.-sam. 11h-20h - fermé 1ᵉʳ août au 4 sept.* Denise Acabo a réussi à rassembler en exclusivité, dans sa boutique au décor 1900, toutes les meilleures confiseries de France. L'écouter parler de sa passion est un régal.

touristes, le théâtre des Deux-Ânes perpétue la tradition parisienne des chansonniers tandis qu'en face, la chapelle Sainte-Rita est très fréquentée pour les causes désespérées (n° 64).

Derrière toute cette agitation, plusieurs cités cultivent la sérénité : au n° 94, la cité Véron, lotie de maisons avec jardinets, où vécurent Boris Vian et Jacques Prévert ; au n° 48, la cité du Midi qui a conservé la façade en céramique des anciens bains-douches ; au n° 5, la villa de Guelma où Raoul Dufy réalisa quelques-unes de ses meilleures toiles de 1911 à 1953.

Place Blanche

Si elle est « blanche » c'est pour ses anciennes carrières de plâtre. Vous y verrez un moulin qui n'a jamais moulu de farine : ce **Moulin Rouge**, fondé en 1889, où les bourgeois et la bohème de Montmartre venaient applaudir Yvette Guilbert, Valentin le Désossé, Jane Avril et Louise Weber, surnommée la « Goulue », puis plus tard Mistinguett, Maurice Chevalier et Joséphine Baker. Sa revue entretient aujourd'hui, avec celles du Lido et des Folies-Bergère, la tradition des dîners-spectacles d'un music-hall à la fois léger et sophistiqué.

> **UNE LÉGENDE D'ARTISTE**
> À la fin du 19ᵉ s., les bals installés au pied de la butte attirent les noceurs. Le Moulin-Rouge est alors un « caf' conc' » parmi d'autres. Or, voilà qu'un certain Toulouse-Lautrec y croque son french cancan. C'est plus à ce grand peintre qu'à ses ailes que le Moulin Rouge doit sa renommée mondiale.

C'est ici que naquit le « french cancan ».

Place Pigalle

Si elle a perdu ses artistes et ses cafés littéraires, l'animation de la place bat toujours son plein.

Boulevard de Rochechouart

Le célèbre bal de la Boule Noire (créé en 1822), le cabaret-théâtre Le Chat Noir (1881), le bal de l'Élysée-Montmartre (dont la façade est toujours visible au n° 72) ont disparu. Seul le souvenir du premier perdure avec La Cigale où se tiennent de nombreux concerts rocks ou de variétés (n° 120).

À hauteur du métro Anvers, la rue de Steinkerque remonte vers le square Willette, au pied du Sacré-Cœur : l'occasion d'une promenade à Montmartre.

visiter

Musée de l'Érotisme

72 bd de Clichy. ♿ *10h-2h. 7€.* ☎ *01 42 58 28 73.*
Ouvert en 1997, dans un haut lieu du libertinage, le musée rend compte de la fascination que l'érotisme a exercé sur les artistes depuis la nuit des temps et sur l'ensemble des continents. L'art érotique, sacré ou profane, est illustré ici sous toutes ses formes : peintures, sculptures, arts graphiques, objets d'art et mobilier. Un lieu unique, riche d'une collection permanente de plus de 2 000 pièces, qui s'accompagne d'expositions temporaires. De l'amour, de l'art et des traditions qui font de ce musée un ensemble remarquable sur sept étages, ouverts jusque tard dans la nuit.

Une longue flânerie dans une rue très parisienne, commerçante et étroite, où seuls les grands axes qui la coupent troubleraient la sérénité ? Alors la rue du Faubourg-Poissonnière vous attend. Et de part et d'autre, il est agréable de faire quelques échappées dans les petites rues et leurs boutiques incongrues.

La situation

Plan Michelin nº 54 E 14-16, F 14-16 – 10ᵉ arr. – Mᵒ Gare-de-l'Est (lignes 4, 5 et 7), Poissonnière (ligne 7) ou Cadet (ligne 7) – Bus 30, 31, 32, 38, 39, 46, 47, 56 et 65. Si la rue La Fayette ne fait que passer dans le quartier, la rue du Faubourg-Poissonnière en unit le Nord et le Sud, tandis que le boulevard de Magenta ferme le quartier à l'Est.

Le nom

Le quartier a adopté le nom de la rue du Faubourg-Poissonnière, qui représentait la dernière section du « chemin de marée ». Jusqu'au 19ᵉ s., il était suivi par tous les chariots transportant aux Halles le poisson en provenance des ports du Nord de la France.

Les gens

Sully Prudhomme (1839-1907), poète symboliste des vaines tendresses, naquit au nº 34 de la rue du Faubourg-Poissonnière ; le peintre Jean-Baptiste Corot (1796-1875) s'éteignit au nº 56.

carnet pratique

RESTAURATION
Se reporter à la rubrique « Restauration » dans les Informations pratiques, en début de guide ; ce quartier correspond aux 9ᵉ et 10ᵉ arrondissements.

PETITE PAUSE
Furet – *63 r. de Chabrol - Mᵒ Poissonnière -* ☎ *01 47 70 48 34 - lefuret.tanrade@wanadoo.fr - lun.-sam. 8h-20h - fermé dim.* Alain Furet a plus d'un tour dans son pot de confitures... Qui aurait pu croire que le mélange de poivron, courgette, cannelle et noix lui permettrait d'obtenir le prix du meilleur confiturier de France en 2002 ? Il propose, en plus de ses savoureuses confitures artisanales, une nouvelle gamme de « granité de fruits », savant mélange de fruits et de miel. Ses pâtes de fruits ont été également primées dans un récent concours professionnel.

se promener

Église Saint-Laurent

68 bd de Magenta, au croisement avec le bd de Strasbourg. Voici un édifiant mélange de 12ᵉ (clocher), 15ᵉ (nef reconstruite), 17ᵉ (sculptures du chœur et des boiseries) et 19ᵉ s. (façade et flèche sous Napoléon III).

Prendre le boulevard de Magenta vers le Nord pour rejoindre le square A.-Satragne sur votre gauche.

Ancienne maison Saint-Lazare

107 r. du Faubourg-St-Denis. Au Moyen Âge, une maladrerie recueillait ici les lépreux de la capitale. Saint Vincent de Paul y fonda les Prêtres de la Mission (lazaristes) et y mourut en 1660. Très puissante, la maison St-Lazare devint prison sous la Terreur : André Chénier y écrivit *La Jeune Captive* peu avant d'être guillotiné.

En descendant la rue du Faubourg-St-Denis, on croise la rue de Paradis sur la droite. À mi-parcours de cette rue, prendre la rue d'Hauteville sur la droite : elle mène place Franz-Liszt.

Église Saint-Vincent-de-Paul

Pl. Franz-Liszt.
Construite sur plan basilical par Hittorff de 1824 à 1844, elle présente un agréable décor intérieur, dont une fresque de Flandrin *(entre les deux étages de la nef)* et un calvaire en bronze de Rude *(sur le maître-autel)*.

RUE DE PARADIS
Cette rue est le royaume du cristal, de la faïence et de la porcelaine. Aux nᵒˢ 30-32 se trouve d'ailleurs le Céntre international des arts de la table, où sont groupés les grands noms de la porcelaine et de la cristallerie.

visiter

Hôtel Bourrienne

58 r. d'Hauteville (au fond de la cour). &. *De déb. juil. à mi-juil. et sept. : visite guidée (1h) 12h-18h ; le reste de l'année : sur demande. 5€.* ☎ *01 47 70 51 14.*

À VOIR
La façade sur jardin et ses trois arcades centrales sont scandées de petites « victoires ».

◄ Louis Antoine Fauvelet de Bourrienne, secrétaire et intime du Premier consul, acquiert en 1801 cette demeure de la fin du 18e s. Sa femme, la très spirituelle Mme Bourrienne, en fait, de 1813 à 1824, un des plus brillants salons de Paris.

L'hôtel, de décoration Empire et Restauration, conserve notamment des meubles de Jacob, des tapis d'Aubusson et de la Savonnerie, un lustre Directoire et une salle de bains au décor raffiné.

Musée de la Franc-Maçonnerie★

16 r. Cadet. &. *Tlj sf dim. et lun. 14h-18h. Fermé août. 2€.* ☎ *01 45 23 20 92.*

L'histoire du Grand-Orient de France est illustrée à travers divers documents (emblèmes, portraits, constitutions d'Anderson de 1723, etc.). Mozart et Voltaire y sont célébrés...

Port-Royal

Une certaine quiétude propice à la rêverie, des hôtels particuliers, des rues bordées d'immeubles Modern Style... Le quartier de Port-Royal, fier de son Observatoire et du Val de Grâce, ne lasse pas d'enchanter. En suivant les pas de Baudelaire, Verlaine, Gide ou Hemingway, on pourra écrire ses cartes postales depuis la mythique Closerie des Lilas...

La situation

Plan Michelin n° 54 L 13-14 – 5e et 6e arr. – RER Port-Royal (ligne B) – Bus 38, 83, 91. Le quartier est en croix selon les axes du boulevard de Port-Royal et l'avenue de l'Observatoire (dont le centre est un joli jardin fleuri).

Voir à proximité Montparnasse, le Luxembourg, les Gobelins.

Le nom

Port-Royal-des-Champs était une abbaye féminine installée dans le vallon de Porrois, puis à Paris en 1625. La latinisation en *Porreguis*, puis en *Portus Régis*, donna Port-Royal en français.

Les gens

Aux militaires, médecins et infirmiers du Val de Grâce s'ajoute l'animation du centre étudiant du CROUS.

La fontaine de l'Observatoire : les quatre personnages représentent l'Amérique, l'Afrique, l'Asie et l'Europe.

G. Targat/MICHELIN

carnet pratique

RESTAURATION
Se reporter à la rubrique « Restauration » dans les Informations pratiques, en début de guide ; ce quartier correspond au 5e arrondissement.

SORTIES
La Closerie des Lilas – *171 bd du Montparnasse - RER Port-Royal -* ☎ *01 44 27 00 30 - closerie@club-internet.fr - 9h-1h30.* Une institution littéraire, « snob » et intimidante ? Et pourtant, c'est un endroit au charme précieux. Ses boiseries et sa terrasse protégée dispensent une atmosphère intime et chaleureuse. Si de Sartre ou d'Hemingway on ne voit plus que les noms gravés sur leurs tables favorites, on croise parfois des célébrités littéraires d'aujourd'hui...

Le Bistrot Irlandais – *15 r. de la Santé - M° Glacière -* ☎ *01 47 07 07 45 - www.lebistrotirlandais.com - lun.-ven. 12h-14h30, 19h30-2h, sam. 19h30-2h - fermé j. feriés.* Comme dans tous les pubs, des publicités Guinness ornent les murs. Mais on trouve ici quelque chose de plus, fait de charme, de sourire et de bonne restauration, un je-ne-sais-quoi d'agréable et de sympathique. Un bout d'Irlande rêvée, en quelque sorte.

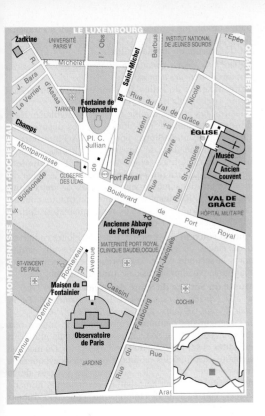

se promener

Avenue de l'Observatoire

La **fontaine de l'Observatoire★** (Davioud, 1873) évoque les quatre parties du monde (moins l'Océanie). Belle perspective de verdure vers le Luxembourg et Montparnasse.

Face au Luxembourg, prendre la petite rue du Val-de-Grâce sur la droite.

Val de Grâce★★

Médecine et enseignement sont les deux maîtres mots de cette ancienne « vallée de la Grâce ». Aujourd'hui, le service de santé des Armées y est installé. Au 17e s., les Bourbons y possédaient une petite propriété. C'était le lieu préféré d'Anne d'Autriche qui trouvait là un peu plus de tranquillité qu'au Louvre et y préparait ses intrigues contre Richelieu. La reine fit vœu d'y bâtir une église si elle avait un fils. Son vœu fut exaucé en 1638. Sept ans plus tard, le jeune roi posait la première

> **EX-HABITANTES DU VAL DE GRÂCE**
> En 1605, les carmes accueillent Louise de La Vallière délaissée par Louis XIV ; leur succèdent les ursulines en 1612, puis les feuillantines en 1622 et les visitandines en 1626.

Réalisation d'un vœu d'Anne d'Autriche, le Val-de-Grâce est un chef-d'œuvre.

pierre tandis que François Mansart dirigeait les travaux, poursuivis par Lemercier. C'est en 1793 que le couvent fut transformé en hôpital militaire.

Église★★ – *Mêmes conditions de visite que le musée du Service de santé des armées.* ☎ 01 40 51 51 92.

Église inspirée de celles de Saint-Pierre et du Gesù à Rome : nef à trois travées, voûte en berceau, consoles, pilastres aux angles, double fronton triangulaire. Haut de quarante mètres, son dôme est très décoré : statues, génies, médaillons, pots-à-feu. À l'intérieur, le baroque règne dans le pavage polychrome, dans le baldaquin à colonnes torses du chœur. La **coupole★★** peinte par Mignard (en 14 mois) représente le *Séjour des bienheureux* dans lequel figurent plus de deux cents personnages. Elle inspira à Molière son unique poème : la *Gloire du Val de Grâce*. Les remarquables sculptures sont signées Anguier et Buyster.

Ancien couvent – *À droite de l'église.* Le cloître comprend deux étages de galeries classiques. Accès aux jardins après la seconde voûte. Un porche à colonnes baguées marque le pavillon où résidait Anne d'Autriche.

Musée du Service de Santé des Armées – *Mar., mer. et w.-end 12h-18h (dernière entrée 1h av. fermeture). Fermé août, 1ᵉʳ mai. 5€ (enf. : 2, 50€).* ☎ 01 40 51 51 92.

À l'intérieur des bâtiments conventuels, le musée renferme documents et souvenirs sur les grands praticiens militaires et sur l'histoire du service de santé. Du matériel sanitaire, des modèles réduits et des vidéos évoquent le transport des blessés, les soins et les progrès de la recherche (médecine aérospatiale ou missions humanitaires). Voir également l'intéressante collection d'objets de pharmacie.

visiter

Ancienne abbaye de Port-Royal

Bd de Port-Royal. Visite guidée sur demande. Se renseigner auprès de Mme Trognou, ☎ 01 30 43 18 45.

Foyer janséniste, théâtre de querelles, l'abbaye fut défendue ardemment par Pascal dans ses *Provinciales*. Seuls l'hôtel d'Atry, le cloître, la chapelle (élevée par Lepautre en 1646) et la salle capitulaire, qui a conservé ses boiseries anciennes, sont encore sur pied après la tourmente révolutionnaire. On fit du couvent une prison, puis une maison pour enfants trouvés qui allait devenir la maternité Baudelocque (1818).

Descendre l'avenue de l'Observatoire.

Maison du Fontainier

42 av. de l'Observatoire. Visite guidée (1h1/2) un sam. par mois 14h. 10,50€. Renseignements auprès de l'association Paris historique, 46 r. François-Miron. ☎ 01 48 87 74 31.

Le château d'eau souterrain de l'Observatoire, destiné autrefois à alimenter le palais royal du Luxembourg, les

MÉRIDIEN DE PARIS
2'20'17'' à l'Est de Greenwich

ST-OUEN

Moulin de la Galette
Mire du Nord

Place Pigalle

Comédie Française
Palais Royal (Canon)

Bureau des Longitudes (Institut de France)

St-Sulpice (Méridienne)
Hôtel des Monnaies (Méridienne)

Jardin du Luxembourg

Observatoire

Latitude de Paris 48°50'11''

Observatoire Météorologique

Mire du Sud
Parc Montsouris

GENTILLY

DANS LES PAS DU MÉRIDIEN

Si vous regardez où vous mettez vos pieds, vous verrez des médaillons de bronze portant le nom d'Arago et les initiales Nord-Sud. Suivez-les : ils matérialisent le tracé fictif du méridien de Paris du Nord au Sud de la capitale. C'est l'œuvre de Jan Dibbets, hommage à François Arago (1786-1853), homme politique, savant et astronome.

LA SAGA DE L'EAU

La Maison du Fontainier était l'un des 27 regards permettant de répartir l'eau, puisée à la source de Rungis, dans les fontaines publiques ou privées de Paris au 17ᵉ s. Mais la distribution de l'eau potable avait déjà une histoire plus que millénaire puisque les Romains avaient déjà bâti un aqueduc pour conduire l'eau vers les thermes de Lutèce. Abandonné après la chute de l'Empire, il fut remplacé par un système de porteurs d'eau... qui perdura jusqu'à Henri IV. C'est ce dernier qui, lors de son entrée à Paris en 1598, abolit les porteurs d'eau et ordonna de restaurer l'aqueduc romain qui fut doublé par Marie de Médicis pour les besoins de son nouveau palais du Luxembourg.

fontaines publiques et diverses institutions religieuses, a été restauré, après avoir été classé monument historique en 1994. Situé dans les sous-sols d'une demeure du 17e s., il se compose d'un grand réservoir, construit au 19e s. par Belgrand et resté en activité jusqu'en 1904, et de trois bassins et galeries de répartition aux salles voûtées en berceau.

Observatoire de Paris★

Visite guidée (2h) 1er sam. du mois 14h30 sur demande écrite à l'Observatoire de Paris, service des visites, 61 av. de l'Observatoire, 75014 Paris. Fermé août. 4,50€.
Créé par Louis XIV, c'est le plus ancien du monde. Les quatre faces du monument, voué à l'astronomie, sont orientées vers les points cardinaux. De 1667 à 1911 (adoption du méridien de Greenwich), son plan médian définissait le méridien de Paris. L'Observatoire détermine et diffuse le temps universel coordonné (UTC). **Petit musée** d'instruments anciens dans les pavillons du jardin.

Quartier latin★★

Son ancienneté n'a pas empêché le Quartier latin de franchir brillamment le cap du 21e s. Il combine en effet avec bonheur un passé riche en anecdotes et en événements, avec une jeunesse toujours renouvelée, ce qui en fait un quartier moderne, toujours sur le devant de la scène : l'un des rares endroits dont on puisse vraiment dire que tout le monde s'y retrouve...

À l'heure
du Quartier latin.

La situation

Plan Michelin n° 54 J 14, K 14-15, L 13-15 – 5e arr. – M^o Saint-Michel (ligne 4), Cluny-la-Sorbonne (ligne 10) – RER St-Michel et Luxembourg (ligne B) – Bus 21, 27, 38, 82, 83, 84, 85, 86, 87 et 89. Encadré par la montagne Sainte-Geneviève et la Seine, le Quartier latin se situe au cœur historique et géographique de Paris. Les artères principales que constituent les boulevards Saint-Germain et Saint-Michel sont en constante animation, et celle-ci se prolonge à toute heure dans les ruelles alentours.
Voir à proximité Saint-Germain-des-Prés, Odéon, Institut de France, le Luxembourg, Maubert, Jussieu, Mouffetard.

Le nom

Le quartier recèle nombre d'universités prestigieuses et parfois anciennes (comme la Sorbonne). L'enseignement s'y effectua en latin jusqu'à la Révolution, d'où l'appellation « Quartier latin ».

Les gens

Théologien et « fils de vilain » », Robert de Sorbon (1201-1274) avait pris le nom de son village natal des Ardennes. Cet ancien étudiant pauvre, devenu chapelain de saint Louis, fonda « la maison de Sorbonne » pour la « communauté des pauvres maîtres et étudiants en théologie ».

comprendre

Au 3e s., la future montagne Sainte-Geneviève est déjà une cité gallo-romaine : important centre de communication, Lutèce possède aqueduc, thermes, forum, théâtre... En 1215, le pape Innocent III donne ses premiers statuts officiels à l'université de Paris. Très vite, les collèges se multiplient (Sorbon en 1257, d'Harcourt en 1280..., plus d'une quinzaine au total, aujourd'hui tous disparus à

Ph. Gajic/MICHELIN

LES COLLÈGES DU QUARTIER LATIN

Anciens ou récents, tous représentent la tradition humaniste de la France. Ils en forment le « sommet ». La conquête du prestige n'est pas sans rivalités entre eux.

Le **collège des Escossois** *(65 r. du Cal-Lemoine)* est toujours propriété de l'Église catholique d'Écosse depuis le 14e s. Ce fut l'un des premiers « collèges » de l'Université de Paris.

Le **collège de Navarre** *(1 r. Descartes)*, fondé en 1304 pour des écoliers pauvres, accueillit Henri III, Henri IV, Richelieu et Bossuet ! En 1794, il laisse la place à l'École polytechnique.

Le **collège de Montaigu** *(10 pl. du Panthéon)* : réputé pour la qualité de son enseignement, pour son austère rigueur... et sa saleté. Les boursiers dormaient « parmi les poux, puces et punaises ».

Le **collège Ste-Barbe** *(r. Valette)* est le seul rescapé de tous les collèges du Quartier latin depuis sa fondation en 1460.

Le **Collège de France** *(11 pl. M.-Berthelot)*, au glorieux passé et au rayonnement contemporain, a un auditoire de très haut niveau, auquel les sommités de tous les domaines dispensent leurs savoirs. Les cours sont publics et gratuits.

l'exception du collège Sainte-Barbe), sous l'affluence des étudiants. L'université acquiert alors sa propre juridiction.

En 1793, la Convention dissout toutes les universités de France et fait disparaître le latin comme langue officielle. L'université devient « impériale » sous Napoléon Ier, qui la réhabilite et en confie la direction au grand maître Fontanes.

Peu à peu, l'afflux d'étudiants contraint à la décentralisation de l'université. De nouvelles constructions s'engagent en banlieue (Orsay, Nanterre, etc.). Pour autant, la Sorbonne ne se fait pas oublier : en mai 1968, ses étudiants provoquent la plus grande grève de l'histoire de France. L'université, emplie de contestataires, est évacuée le 3 mai et, le 6, toutes les facultés sont fermées. Le même jour, les affrontements sur les barricades font 945 blessés. Une semaine plus tard, la Sorbonne se proclame « commune libre ». La grève s'étend alors à toute la France et mobilise jusqu'à 10 millions de personnes le 21 mai, ce qui conduit le général de Gaulle, alors président de la République, à dissoudre l'Assemblée nationale.

carnet pratique

SE RESTAURER

Se reporter à la rubrique « Restauration » dans les Informations pratiques, en début de guide : ce quartier correspond aux 5e et 6e arrondissements.

PETITE PAUSE

La place Saint-Michel et le bas du boulevard Saint-Michel abondent en cafés. Ceux de la place de la Sorbonne, dès le printemps, proposent leurs belles terrasses dans un cadre classique et animé, un peu à l'écart de la rue. Un des lieux de rendez-vous favoris des professeurs et des étudiants de la Sorbonne.

se promener

Quai St-Michel

EXPRESSION

Les jongleurs payaient leur passage du Petit-Pont en laissant leurs animaux se livrer à des facéties, d'où l'expression : « monnaie de singe ».

Prendre le Quai à hauteur du Petit-Pont et de la rue St-Jacques. Reliant l'île de la Cité à la rive gauche et prolongé par la rue St-Jacques, le **Petit-Pont** (dont l'existence est attestée depuis 885) se maintient malgré les multiples avatars subis au cours de l'histoire.

On découvre derrière soi une très belle **vue** sur la façade de Notre-Dame.

Les bords de Seine recèlent des trésors pour les amateurs : les bouquinistes étalent, dans leurs fameuses boîtes vertes, livres anciens ou introuvables, gravures,

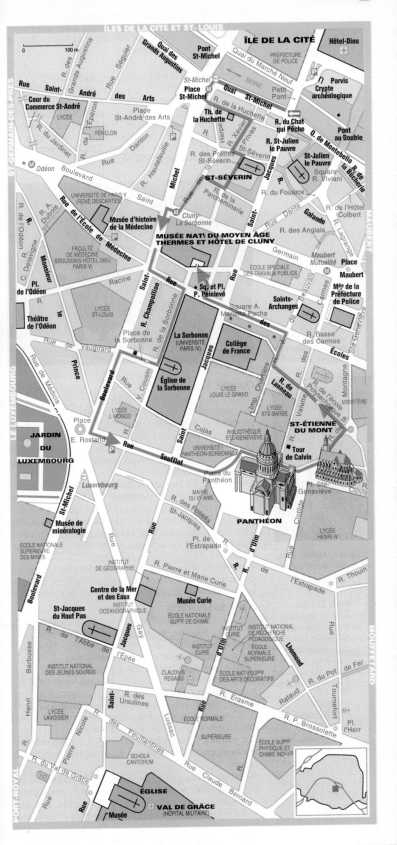

dessins, etc. Il y a toujours une bonne affaire à dénicher. Après avoir traversé l'étroite **rue du Chat-qui-Pêche**, où des poissonneries s'étaient établies au Moyen Âge, on accède à la place St-Michel.

Place St-Michel

C'est un lieu de rendez-vous pour les Parisiens. La fontaine (de Davioud) et la place datent du 19ᵉ s. En août 1944, de vifs combats y opposèrent les étudiants de la Résistance et les Allemands. Le **pont St-Michel** a été lancé en 1387 sous le nom de Petit Pont Neuf. Recouvert de maisons, il était habité par des teinturiers auxquels succédèrent bientôt les libraires. L'ouvrage actuel date de la même époque que la place.

La fontaine St-Michel, un des plus célèbres lieux de rendez-vous des jeunes à Paris...

Église St-Séverin. Détail du double déambulatoire.

B. Kaufmann/MICHELIN

Quartier St-Séverin

Prendre sur la gauche la rue St-Séverin

Les rues de la Harpe, de la Parcheminerie, de la Huchette et St-Séverin étaient déjà fréquentées par les Gallo-Romains. D'allure médiévale, elles en ont gardé un charme d'autrefois, qui tranche avec l'animation des « caves » et des restaurants méditerranéens, intense jusque tard dans la nuit.

Au n° 23 de la **rue de la Huchette**, les amateurs de théâtre découvriront le minuscule théâtre de la Huchette où furent créées, le 16 février 1957, *La Cantatrice chauve* et *La Leçon* du prince de l'absurde, **Eugène Ionesco**. Près d'un demi-siècle plus tard, ces deux pièces, jouées sans interruption depuis lors, ont atteint leur 14 000ᵉ représentation !

Prendre sur la gauche la rue Xavier-Privas envahie par des restaurants de toutes origines, puis encore à gauche la rue St-Séverin jusqu'à la rue des Prêtres St-Séverin.

Église St-Séverin★★

1 r. des Prêtres-Saint-Séverin. Le portail principal est du 13ᵉ s. Les fenêtres, balustrade et rose de l'étage supérieur appartiennent au style flamboyant du 15ᵉ s., ainsi que le couronnement et la flèche de la tour.

L'église, agrandie latéralement (par manque de place) aux 14ᵉ et 15ᵉ s., est aujourd'hui presque aussi large que longue. Les travées passent du style rayonnant au flamboyant, qui est aussi celui du **double déambulatoire★★**, dont les multiples nervures retombent en spirale le long des colonnes gainées de marbre et de bois.

Les **vitraux★** datent de la fin du 15ᵉ s. Des verrières multicolores de Jean Bazaine éclairent les chapelles du chevet.

Restaurés et mis en valeur dans un petit square, les vestiges du **cloître St-Séverin** (*accessible seulement le dimanche en fin de matinée*) confèrent au lieu une sérénité qui tranche avec l'animation des rues avoisinantes.

Par l'étroite rue de la Parcheminerie, sur la droite, puis rue de la Harpe, à gauche, on atteint le boulevard St-Germain.

SAINT SÉVERIN

Le premier fut un solitaire du 6ᵉ s. qui fit prendre l'habit à Clodoald (petit-fils de Clovis). Mais l'actuel saint Séverin du Quartier latin est un abbé helvète.

JEAN BAZAINE (1904-2001)

Également mosaïste, Jean Bazaine, peintre non figuratif et théoricien qui fut l'ami de Marcel Proust et de James Joyce, a réalisé en 1987 la décoration de la station de métro toute proche de Cluny-La Sorbonne.

Jardin médiéval

Aménagé autour du musée national du Moyen Âge, à l'angle des boulevards St-Germain et St-Michel, ce jardin a été conçu comme un lien original entre les collections du musée et leur environnement urbain. De la « forêt de la licorne » aux « simples médecines », il présente la flore médiévale et en explore la symbolique.  Une clairière est consacrée aux enfants qui pourront s'initier au bestiaire du Moyen Âge.

Un chemin creux sur le côté gauche permet de rejoindre l'entrée du musée, sans ressortir sur le boulevard.

Musée national du Moyen Âge – Thermes et hôtel de Cluny** *(voir description dans « visiter »)*

Boulevard St-Michel

On remonte cette grande artère commerçante en longeant les vestiges des thermes romains de Cluny. Les anciens étudiants penseront, non sans une certaine nostalgie, aux librairies et aux brasseries d'autrefois qui ont dû laisser la place à des « sandwicheries » et des boutiques de prêt-à-porter.

Rue des Écoles

Ouverte au milieu du 19ᵉ s., elle tire son nom de la présence des Écoles et collèges du quartier qu'elle traverse. Elle dessert les entrées principales du **Collège de France** et de la **Sorbonne**. Sur la droite, l'étroite rue Champollion est toujours un repaire pour les cinéphiles avec ses vieux cinémas d'art et d'essai.

Place Paul-Painlevé, prendre à droite la **rue de la Sorbonne** qui longe la façade de la vénérable institution. Au nᵒ 8, la Boutique des Cahiers rappelle le souvenir de Charles Péguy qui y rédigea *Les Cahiers de la Quinzaine*, entre 1900 et 1914.

Place de la Sorbonne

Ouverte sur le boulevard St-Michel, encadrée de cafés et de librairies à forte fréquentation étudiante, cette placette sympathique sert de « parvis » à l'université. Devant la fontaine se dresse la statue du philosophe positiviste Auguste Comte.

H. Champollion/MICHELIN

Philosophes, historiens, écrivains : nombreux sont ceux qui sont passés là...

La Sorbonne

L'illustre université de France à la réputation internationale poursuit l'œuvre des humanistes qui s'y succèdent depuis maintenant sept siècles. C'est à la Sorbonne qu'en 1470 fut, pour la première fois en France, imprimé un ouvrage selon le procédé inventé par Gutenberg.

Histoire – En 1257, Robert de Sorbon fonde un collège où seize étudiants pauvres, futurs théologiens, reçoivent asile et enseignement. L'université en fait son siège à la fin du 13ᵉ s.

Haute autorité religieuse, la Sorbonne s'opposera successivement aux Templiers au 14ᵉ s., aux protestants, aux jésuites, aux jansénistes et enfin aux philosophes au

18e s., avant d'être fermée en 1790. Pendant l'occupation allemande, malgré la police, un journal clandestin « Défense de la France », destiné surtout à éviter aux Français de sombrer dans le désespoir, y fut imprimé en 1941 et 1942 dans les caves de la Faculté des Sciences, caves reliées à tout un réseau de souterrains. Elle fut enfin l'un des symboles des événements de mai 1968.

Édifice – Richelieu, élu proviseur de la Sorbonne, décide de reconstruire les bâtiments et l'église qui tombent en ruine. Les travaux durent de 1624 à 1642. L'établissement est supprimé en 1792, en même temps que l'université. Napoléon Ier le rétablit en 1806. Rebâtie et considérablement agrandie par Nénot, de 1885 à 1901, la Sorbonne devient la plus illustre des universités de France.

L'architecte parvint à y loger vingt-deux amphithéâtres, deux musées, seize salles d'examens, vingt-deux salles de conférences, trente-sept cabinets de professeurs, deux cent quarante laboratoires, une bibliothèque, une tour de physique, une tour d'astronomie, des bureaux, les appartements du recteur, etc. Les salles, galeries, amphithéâtres sont décorés de tableaux historiques ou allégoriques, certains dus à **Pierre Puvis de Chavannes** (1824-1898).

Église★ – *11h-18h lors d'expositions temporaires et de manifestations culturelles.*

De style jésuite, Lemercier innove cependant avec l'utilisation de seulement deux ordres superposés (au lieu de trois) sur la façade, allégeant ainsi les proportions écrasantes du reste de l'édifice (1635-1642). Le **tombeau du cardinal de Richelieu★** (Girardon, 1694) et les pendentifs de la coupole peints par Philippe de Champaigne constituent la décoration intérieure.

Reprendre le boulevard St-Michel et tourner à gauche rue Soufflot.

Rue Soufflot

La perspective de cette rue est barrée par la haute silhouette du Panthéon. Large et sans âme, la rue est néanmoins le cadre de solennelles manifestations républicaines lors de l'arrivée d'illustres pensionnaires du Panthéon.

Traverser la rue St-Jacques.

Rue St-Jacques

Du côté gauche, large et rectiligne, cette rue empruntée jadis par les pèlerins en partance pour Saint-Jacques-de-Compostelle, est bordée par les façades austères du lycée Louis-le-Grand et de la Sorbonne. Du côté droit, en revanche, elle a conservé au début quelques vieilles maisons. En poursuivant dans cette rue, on découvre un peu plus loin sur la droite, le **Centre de la Mer et des Eaux** *(voir description dans « visiter »)* et, après avoir traversé la rue Gay-Lussac, l'**église St-Jacques-du-Haut-Pas** et l'Institut National de Jeunes Sourds.

Poursuivre dans la rue Soufflot.

Au no 3, remarquer la curieuse façade d'un immeuble, creusée de niches abritant des statues à thèmes mythologiques. Au rez-de-chaussée, la pharmacie Lhopitalier, avec ses bocaux de céramique et ses boiseries anciennes, a conservé le charme des officines d'apothicaires d'autrefois.

On débouche sur la place du Panthéon encadrée par les façades symétriques de l'ancienne **faculté de droit** et de la mairie du 5e arrondissement.

Panthéon★★ *(voir description dans « visiter »)*

Contourner le Panthéon par la gauche afin de découvrir la façade de l'église St-Étienne-du-Mont.

Tour de Calvin

19-21 r. Valette. Cette tour hexagonale est le seul vestige de l'ancien collège de Fortet, où le duc de Guise créa, en 1585, la Sainte Ligue qui devait chasser de Paris le roi Henri III.

ST-JACQUES-DU-HAUT-PAS

L'**église** (1630-1685) fut l'un des centres du jansénisme. L'abbé de Saint-Cyran, aumonier de Port-Royal des-Champs, y repose, ainsi que l'astronome Cassini. *Tlj sf lun. 8h-12h45, 15h30-19h30, dim. 9h30-12h30.*

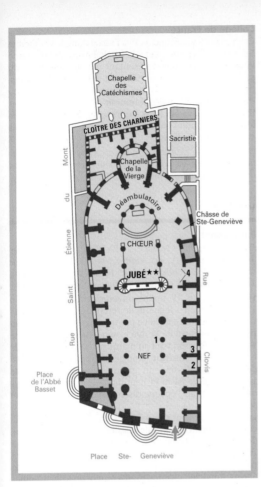

Église St-Étienne-du-Mont
1. **Chaire**★ (1650)
2. **Vitrail**★ de la Parabole des Conviés (1586)
3. Mise au Tombeau (17ᵉ s.)
4. Épitaphe de Racine, composée par Boileau, et épitaphe de Pascal.

Église St-Étienne-du-Mont★★

Pl. Ste-Geneviève. 9h-19h30, lun. 14h-19h30 ; vac. scol. Paris : 9h-12h, 14h30-19h30, lun. 14h30-19h30. ☎ *01 43 54 11 79.*

Elle est surtout connue pour son magnifique **jubé**★★, pour ses orgues (les plus anciennes de Paris) et pour sainte Geneviève, qui y est vénérée. L'église est à l'origine la paroisse des serviteurs de l'abbaye Sainte-Geneviève, construite au 13ᵉ s. et rebâtie entre le 15ᵉ (tour-clocher et abside) et le 17ᵉ s.

La **façade**★★ est très originale : trois frontons superposés occupent son centre. Son clocher allège cet ensemble imposant.

C'est sa structure gothique qui explique la luminosité de l'église : grandes baies des bas-côtés, du chœur (dessin flamboyant) et du déambulatoire, fenêtre (style Renaissance) de la nef.

Cloître « des Charniers » – Deux cimetières bordaient autrefois l'église. Il est contigu au déambulatoire : **beaux vitraux colorés**★ évoquant des sujets de prédications (17ᵉ s.). Baltard ajoute la chapelle des Catéchismes en 1859. Emprunter sur la gauche la rue de la Montagne-Ste-Geneviève que l'on descend jusqu'à la petite place située au débouché de la rue Descartes, sur laquelle donne la façade de l'ancienne École Polytechnique.

Par la rue de l'École Polytechnique, on rejoint la rue de Lanneau, dans le prolongement.

Rue de Lanneau

Elle est bordée de maisons du 16ᵉ s. aux façades gentiment de guingois et superbement fleuries en été. Son étroitesse et l'impasse Chartière qui s'y greffe ont un charme médiéval.

On débouche sur le square Marcelin-Berthelot.

Ph. Cajic/MICHELIN

Trois frontons pour une église, à St-Étienne-du-Mont.

Collège de France

Créé en 1530 par François 1er à l'instigation de Guillaume Budé, le collège comptait à la fin de l'Ancien régime une vingtaine de chaires représentant tous les domaines du savoir. Plusieurs fois agrandi, c'est aujourd'hui une prestigieuse institution, à la fois centre de recherche et lieu d'enseignement ouvert librement à tous, où des noms illustres dispensent leurs cours au public et dont les leçons inaugurales sont de grands événements à la fois culturels et mondains.

On poursuit la promenade jusqu'au square Paul-Painlevé, face à l'entrée principale de la Sorbonne, et bordé par l'hôtel de Cluny qui abrite le musée national du Moyen Âge.

visiter

Panthéon★★

Pl. du Panthéon. Avr.-sept. : 10h-18h30 (dernière entrée 3/4h av. fermeture) ; oct.-mars : 10h-18h15. Possibilité de visite guidée (1h) 14h30 et 16h. Fermé 1er janv., 1er mai, 11 nov., 25 déc. 7€ (-18 ans : gratuit). ☎ 01 44 32 18 00.

Le terme grec « panthéon » signifie « temple consacré à tous les dieux ». Par extension et déformation, il a pris le sens moderne de monument dédié aux grands hommes d'une nation.

Histoire – Louis XV, tombé gravement malade à Metz, en 1744, fait le vœu, s'il guérit, de remplacer l'église à demi-ruinée de Sainte-Geneviève par un magnifique édifice au point le plus élevé de la rive gauche. Rétabli, il confie le soin de réaliser son vœu au marquis de Marigny, frère de la Pompadour. **Soufflot**, protégé de Marigny, est chargé des plans. Il dessine un gigantesque édifice long de 110 m, large de 84 m et haut de 83 m ; l'audace de ces dimensions pour l'époque discrédite d'avance l'édifice et son auteur.

Les fondations sont commencées en 1758, mais des difficultés de financement ralentissent les travaux. En 1778, des mouvements du sol causent à l'ouvrage quelques fissures sans gravité, mais l'incident est exploité par les rivaux de Soufflot. L'architecte meurt en 1780 et un de ses élèves, Rondelet, termine le gros œuvre en 1789. L'édifice est complètement achevé en 1812.

En avril 1791, la Constituante ferme l'église au culte et en fait le réceptacle des « cendres des grands hommes de l'époque de la liberté française », le Panthéon. Voltaire, Rousseau y sont inhumés.

Église sous l'Empire, nécropole sous Louis-Philippe, rendu au culte par Napoléon III, quartier général de la Commune, l'édifice marque l'époque où les églises perdirent leur caractère de monument prépondérant dans une ville et devient définitivement temple laïque en 1885 pour recevoir les cendres de Victor Hugo.

Dôme★★ – Pour mieux être apprécié, il doit être vu à distance. L'armature de fer dont l'a doté Soufflot lui assure sa solidité. Le péristyle de onze marches aligne ses

À Voltaire, Rousseau, Zola, Hugo, Jaurès, Malraux et Alexandre Dumas, la patrie reconnaissante...

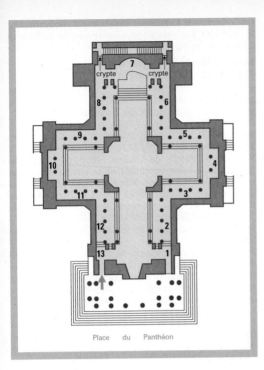

Le Panthéon

1 Prédication de saint Denis (Galand).

2 Scènes de la vie de sainte Geneviève (Puvis de Chavannes).

3 Charlemagne couronné empereur et protégeant des Lettres (H. Lévy).

4 Miracle des Ardents et procession de la châsse de sainte Geneviève (Th. Maillot).

5 Bataille de Tolbiac et Baptême de Clovis (J. Blanc).

6 Mort et funérailles de sainte Geneviève (J.-P. Laurens).

7 Vers la gloire (Éd. Detaille)

8 Sainte Geneviève veillant sur Paris, et sainte Geneviève ravitaillant la ville (Puvis de Chavannes).

9 Histoire de Jeanne d'Arc (J.-E. Lenepveu).

10 L'idée de la Patrie, l'Abondance, la Chaumière, la Peste (Humbert), Monument aux Morts inconnus (Landowski).

11 Vie de Saint Louis (Cabanel).

12 Sainte Geneviève apaise les Parisiens effrayés par l'approche d'Attila (Delaunay).

13 Martyre de saint Denis (Bonnat).

colonnes corinthiennes et cannelées, qui soutiennent un fronton triangulaire, le premier du genre à Paris. Les bas-reliefs sous le péristyle illustrent l'Instruction publique (de Lesueur, *à gauche*) et le Dévouement patriotique (de Chaudet, *à droite*).

Coupole – Plan en croix grecque. Les colonnes qui soutiennent la grande coupole centrale sont englobées dans une maçonnerie, ce qui provoque un effet de lourdeur pour l'ensemble de l'édifice. Fresque de l'*Apothéose de sainte Geneviève* de Gros (1811) sur la seconde calotte.

Les murs du Panthéon sont décorés de **peintures★** exécutées à partir de 1877 ; les plus célèbres, celles de Puvis de Chavannes, retracent l'histoire de sainte Geneviève. Au fond de l'édifice et aux angles du transept se dressent des groupes monumentaux du début du 20ᵉ s. Par un escalier, on accède aux parties hautes (colonnades) qui offrent une **vue★** magnifique sur Paris. *Sur réservation.* ☎ 01 44 32 18 00.

Crypte – *Accès par le chevet.* Elle s'étend sous tout l'édifice. Elle est, depuis 1791, le cœur de ce « temple de la Renommée ».

Face au tombeau de Rousseau s'élève le monument « aux mânes » de Voltaire, précédé d'une statue attribuée à Houdon, près du tombeau de Soufflot.

Dans les galeries suivantes, on voit les tombes du maréchal Lannes, de Lazare et Sadi Carnot, de Marceau, de Jean Moulin, de La Tour d'Auvergne, du député Baudin, des écrivains Victor Hugo, Émile Zola et Alexandre Dumas (crypte XXIV), de Marcelin Berthelot et de sa femme, de Louis Braille, Paul Painlevé, des physiciens Jean Perrin et Paul Langevin, de Victor Schœlcher (qui abolit l'esclavage dans les colonies françaises en 1848) et son père, de Jean Jaurès, Félix Éboué, René Cassin (père de la Déclaration universelle des droits de l'homme), de Jean Monet, Monge, Condorcet, de l'abbé Grégoire, de Pierre et Marie Curie, et d'André Malraux.

La dernière galerie, à droite, renferme les restes de 41 dignitaires du Premier Empire : hommes d'État, généraux, cardinaux, savants. Citons en particulier le

> **▶ PENDULE DE FOUCAULT**
> Sous la coupole, reconstitution de l'expérience de **Léon Foucault** en 1851 : son pendule, une boule de laiton de 28 kg suspendue sous la coupole par un câble d'acier de 67 m, dévie de son axe au cours de son oscillation. C'est à la fois la preuve de la rotation de la Terre (la déviation s'exerce en sens contraire dans les hémisphères Nord et Sud) et de sa sphéricité (elle est nulle à l'équateur, s'accomplit en 36h par 45° de latitude et en 24h au pôle).

mathématicien Lagrange, l'explorateur Bougainville, le financier Perrégaux (premier régent de la Banque de France), le légiste Tranchet.

Musée national du Moyen Âge – Thermes et hôtel de Cluny**

6 pl. Paul-Painlevé – M° Cluny-la-Sorbonne (ligne 10). Les souterrains des thermes sont accessibles en visite guidée. Une grande partie en est visible des boulevards St-Michel et St-Germain. Tlj sf mar. 9h15-17h45 (dernière entrée 1/2h av. fermeture). Fermé 1er janv., 1er mai, 25 déc. 5,50€, gratuit 1er dim. du mois. ✆ *01 53 73 78 16. www.musee-moyenage.fr*

À VOIR
Dans la cour d'honneur : le puits (15e s.) ; les gargouilles et lucarnes armoriées sur le corps central.

◄ Vers 1330, Pierre de Châlus, abbé de Cluny en Bourgogne, achète les ruines et le terrain avoisinant pour la puissante abbaye bourguignonne, afin d'y bâtir un hôtel destiné aux abbés venus à Paris. Jacques d'Amboise, qui est aussi évêque de Clermont et abbé de Jumièges, rebâtit l'édifice de 1485 à 1500 et en fait la très belle demeure actuelle. La maison reçoit souvent des hôtes.

Avec l'hôtel de Sens, Cluny est l'une des deux grandes demeures privées du 15e s. qui, compte tenu d'importantes restaurations, subsistent à Paris. La tradition médiévale s'y manifeste encore par des éléments (créneaux, tourelles) dont le seul rôle est décoratif. Le confort de l'habitat et la finesse de l'ornementation y sont déjà très sensibles.

Par un joli portail, on entre dans la cour d'honneur (belle margelle de puits du 15e s.). L'aile gauche est composée d'arcades surmontées d'une galerie fermée. Le corps central a des fenêtres à meneaux. Une frise, une balustrade flamboyante, d'où s'échappent des gargouilles, courent au bas du comble, lui-même orné de pittoresques lucarnes armoriées. Une belle tour à cinq pans fait saillie sur le corps central et contient un large escalier à vis. Des tourelles d'angle reçoivent d'autres escaliers.

LES THERMES ROMAINS
Aux 2e-3e s. s'élève un vaste édifice gallo-romain dont les vestiges actuels ne représentent que le tiers environ. Les fouilles ont permis de déterminer qu'il s'agissait d'un établissement de bains publics, saccagé et incendié par les Barbares à la fin de l'Empire romain.

◄ **Thermes★** – La partie la mieux conservée est le frigidarium *(salle 12)* : haute de 13,50 m, sa voûte d'arêtes reposant sur des consoles en forme de proue de navire, permet de penser que la construction fut financée par les nautes parisiens. Sous le règne de Tibère (14-37 ap. J.-C.), cette corporation fit ériger le **Pilier des nautes★**, dédié à Jupiter. Mis au jour en 1711 sous le chœur de Notre-Dame, dont les différentes parties ont été minutieusement restaurées (une maquette en plâtre permet d'en restituer la composition d'ensemble), constitue un exemple remarquable de la sculpture gallo-romaine.

HISTOIRES DE LOCATAIRES

En 1515, Marie d'Angleterre, veuve de Louis XII – elle a 16 ans et a été mariée trois mois au roi quinquagénaire –, vient y passer le temps de claustration que contraint son deuil. Le successeur de Louis XII, François Ier, fait surveiller étroitement cette « reine blanche » (les veuves royales sont vêtues de blanc). Il appréhende la venue d'un enfant qui l'écarterait du trône. Une nuit, l'ayant surprise en compagnie du jeune duc de Suffolk, il oblige le couple à se marier, séance tenante, dans la chapelle et le renvoie en Angleterre. Au 17e s., l'hôtel sert de résidence aux nonces du pape, dont Mazarin.

À la Révolution, l'hôtel, décrété bien national, est vendu. Divers locataires l'occupent : un chirurgien, un tonnelier, un imprimeur, une blanchisseuse.

En 1833, un collectionneur, Alexandre du Sommerard, qui pendant quarante ans s'est intéressé aux objets d'art du Moyen Âge et de la Renaissance, vient loger à Cluny. À sa mort en 1842, l'État achète l'immeuble et ses collections. De son côté la ville, devenue propriétaire des thermes en 1819, les offre à l'État sous la condition qu'un musée sera installé dans l'hôtel et dans les ruines. La direction en est confiée à Edmond du Sommerard, fils d'Alexandre, qui se révèle un remarquable conservateur. Le musée est inauguré en 1844.

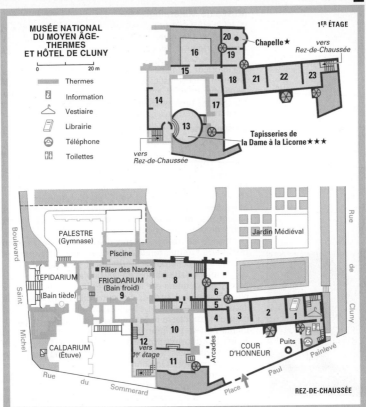

Chapelle★ – *Salle 20*. Elle était l'ancien oratoire des abbés : voûte flamboyante très élégante. Consoles et dais sculptés de 12 niches.

Musée★★ – Les salles thématiques illustrent la vie quotidienne et artistique du Moyen Âge. Les collections témoignent du raffinement de la civilisation médiévale en tapisseries et tissus, en orfèvrerie et en vitraux, en ferronnerie et en ivoire, en sculptures et en peintures. *Salle 13* : l'art des tissus des Pays-Bas du Sud (15ᵉ-16ᵉ s.) illustre le genre des « mille fleurs », caractérisé par l'harmonie et la fraîcheur des coloris, l'amour de la nature, la grâce des personnages et des animaux. Les six tentures de la *Dame à la Licorne*★★★ en témoignent : la Dame est richement vêtue, entourée d'un lion et d'une licorne, « tenants d'armoiries » de la famille lyonnaise Le Viste. Cinq pièces seraient des allégories des sens, tandis que la 6ᵉ, dite « À mon seul désir », symboliserait le renoncement au plaisir des cinq sens.

> **À VOIR**
> 21 têtes sculptées, mutilées, de la galerie des Rois de Notre-Dame de Paris *(salle 8)*. Scènes de la vie de la Vierge, Pietà de Tarascon *(salle 14)*.

La Dame à la Licorne.

Musée de Minéralogie★★

*60 bd St-Michel. RER Luxembourg (ligne B). ⟨ Tlj sf dim. et
lun. 13h30-18h, sam. (sf en août) 10h-12h30, 14h-17h.
Fermé certains j. fériés. 5€ (enf. : 2,50€). ☎ 01 40 51 91 39.
www.musee.ensmp.fr*
À l'intérieur de l'École nationale supérieure des mines,
créée en 1783 et installée en 1815 dans cet ancien hôtel de
Vendôme. Pour les amateurs de géologie et de minéralogie : pierres précieuses, minerais, cristaux multicolores et
météorites présentés en lumière noire.

Musée Curie

*11 r. Pierre-et-Marie-Curie. Tlj sf w.-end 13h30-17h. Visite
guidée (3/4h) : se renseigner pour dates et h. Fermé août et
j. fériés. Gratuit. ☎ 01 42 34 67 49. www.curie.fr/musee*
La famille Curie est la plus « nobelisée » au monde
: Pierre et Marie Curie obtinrent, conjointement avec
Henri Becquerel, le prix Nobel de physique en 1903 ;
Marie seule, celui de chimie en 1911 ; Irène et Frédéric
Joliot-Curie furent également récompensés par le prix
Nobel de physique en 1935.

*Marie Curie, prix Nobel
de chimie en 1911.*

Le musée se trouve au rez-de-chaussée de l'ancien
Institut du radium, fondé à l'initiative de Marie Curie et
destiné à la recherche scientifique et médicale.
La première salle abrite, en particulier, les copies des
prix Nobel détenus par les Curie et les Joliot-Curie, des
photographies et surtout des appareils ayant servi à la
découverte du radium et à l'étude de la radioactivité
naturelle par Pierre et Marie Curie, ainsi que les instruments utilisés par leur fille Irène et son mari Frédéric
Joliot, qui découvrirent, en 1934, la radioactivité artificielle (corps créés artificiellement dont les durées de vie
sont très courtes). On peut aussi voir le coffret qui abrita
le gramme de radium offert en 1921 à la suite d'une
souscription auprès des femmes américaines. Le laboratoire de chimie personnel de Marie Curie est attenant.
Une fiche de travail encore contaminée, datant de 1902,
porte l'écriture de Pierre et Marie Curie. Le bureau
directorial utilisé successivement par Marie Curie,
André Debierne, Irène puis Frédéric Joliot-Curie est
conservé en l'état depuis 1958.
Dans ce lieu de mémoire particulièrement émouvant travaillent encore des chercheurs en physique, chimie et
biologie, en étroite relation avec les équipes médicales
de l'hôpital Claudius-Regaud, partie de l'Institut Curie.

Centre de la Mer et des Eaux

*195 r. St-Jacques. ⟨ Tlj sf lun. 10h-12h30, 13h30-17h30,
w.-end 10h-17h30 (3-29 août : tlj sf w.-end et lun.). Fermé
1er janv., 1er mai, 14 juil., 15 août, 25 déc. 4,60€.
☎ 01 44 32 10 70. www.oceano.org/cme*
Dépendant de l'Institut océanographique, fondé en
1906 par Albert Ier de Monaco, ce centre a pour but de
faire connaître l'océan, son rôle et ses ressources par
l'intermédiaire d'expositions thématiques, d'aquariums,
de films et de jeux vidéo. Pour les passionnés, petits et
grands, du monde marin.

République

Entre le village de Belleville et le secteur médiéval du
Temple, la place de la République est un vaste et
formidable carrefour animé, presque turbulent, très
fréquenté des Parisiens. Tout proche, le quartier Oberkampf propose ses nombreux bars et son ambiance de
fête permanente, dans l'esprit de Ménilmontant...

La situation

*Plan Michelin n° 54 G 16-17 – 3e arr. – M° Temple,
Réaumur-Sébastopol, Arts-et-Métiers (ligne 3) – Bus 20, 54,
56, 65 et 74.* Grande place centrale de Paris, République
est le point de départ de nombre de visites et d'artères :

carnet pratique

RESTAURATION

Se reporter à la rubrique « Restauration » dans les Informations pratiques, en début de guide ; ce quartier correspond aux 3e et 11e arrondissements.

PETITE PAUSE

La Bague de Kenza – *106 r. St-Maur - M° Parmentier -* ☎ *01 43 14 93 95 - 9h-21h - fermé ven. matin.* Pâtisserie algéroise unique en son genre à Paris, qui propose des gâteaux de grande qualité, au goût subtil, et de nombreux pains, dont certains sont des créations. Une adresse remarquée par la presse et appréciée des gourmets, célèbres ou non.

SORTIES

Café Charbon – *109 r. Oberkampf - M° Parmentier ou Saint-Maur -* ☎ *01 43 57 55 13 - www.cafe-charbon.net - 9h-2h ; ven. et sam. : DJ à partir de 23h - fermé 1er mai.* Cet ancien café de théâtre du début du siècle dernier (qui vendait aussi du charbon) est devenu l'un des incontournables du quartier. Dans une salle haute de plafond, aux miroirs profonds et pourvue d'un long comptoir, une clientèle jeune et artiste vient prendre un verre ou un brunch, tout en écoutant des sons d'aujourd'hui et de la *world music*.

Le Cithéa – *114 r. Oberkampf - M°St-Maur ou Ménilmontant -* ☎ *01 40 21 70 95 - 22h-5h30 - fermé dim., lun., Noël et Nouvel An.* Cette ancienne salle de cinéma-théâtre est devenue l'un des lieux les plus appréciés du moment. Vous vous y frotterez à une clientèle jeune et branchée venue prendre un verre, danser et écouter de la musique tous les soirs : *acid jazz, house, funk, soul ou world music.* Bondé le week-end.

Le Blue Billard – *111 r. St-Maur - M°St-Maur -* ☎ *01 43 55 87 21 - 11h-2h et derniers ven.-sam. du mois 11h-4h.* Bien avant que le quartier Oberkampf ne devienne à la mode, le Blue Billard offrait ses grandes salles aux amoureux du tapis vert ou bleu. Il les accueille toujours aujourd'hui, autour d'une vingtaine de billards français et américains et de vrais cocktails, dans une ambiance décontractée. Restaurant de Louisiane préparant des spécialités cajuns au rythme du blues cajun, du rock et de la country. Le dimanche : brunch louisianais... une visite s'impose !

Le Gibus – *18 r. du Fg-du-Temple - M° République -* ☎ *01 47 00 78 88 - www.gibus.fr - mar.-sam. et les veilles de j. fériés de 0h à l'aube.* Temple légendaire du rock devenu l'antre de la techno et de la *house music*, il voit défiler toute la semaine un aréopage de DJ's (Ds Sneak, Derrik Carter, Daft Punk...) qui fait

vivre des soirées enfiévrées à une clientèle moitié gay, moitié hétéro. Dans ce lieu branché mais sans caste, la danse est célébrée comme une fête, dans un club bas de plafond et tout de béton (« cave » suffocante pour les uns, très prisée pour tous les autres).

Venez surfer au Web Bar.

Le Scherkhan – *144 r. Oberkampf - M° St-Maur ou Ménilmontant -* ☎ *01 43 57 29 34 - 17h-2h - fermé août, Noël et Nouvel An.* Hommage au *Livre de la jungle,* un tigre empaillé menace le visiteur à l'entrée. Pourtant, calme et tranquillité sont au rendez-vous dans la pénombre de ce bar branché au décor exotique. Un endroit privilégié pour se rencontrer, prendre un verre et écouter du jazz.

Web Bar – *32 r. de Picardie - Carreau du Temple - M° République -* ☎ *01 42 72 66 55 - www.webbar.fr - lun.-ven. 8h30-2h, w.-end 11h-2h.* Cet ancien atelier d'orfèvrerie abrite depuis 1995 sous sa belle verrière un cybercafé aménagé sur trois niveaux. Une vingtaine d'ordinateurs et un petit espace de restauration légère sont à votre disposition. Le Web Bar organise également des animations sur Internet, des expositions, des cours de salsa et diverses soirées thématiques.

SPECTACLES

Théâtre du Marais – *37 r. Volta - M° Arts-et-Métiers.* Ce théâtre intimiste, longtemps dirigé par le comédien Jacques Mauclair, programme des pièces classiques et contemporaines de qualité.

ACHATS

Rougier et Plé – *13 bd des Filles-du-Calvaire - M° Filles-du-Calvaire -* ☎ *01 44 54 81 00 - www.rougieretple.fr - lun.-sam. 9h30-19h - fermé j. fériés.* Artisanat et loisirs. Sur trois étages, on trouve tout le matériel pour la reliure, le cartonnage, l'impression, le dessin, le graphisme, le modelage...

Ph. Gajic/MICHELIN

boulevard St-Martin, boulevard Magenta, rue du Faubourg-du-Temple, rue du Temple, boulevard du Temple, boulevard Voltaire et avenue de la République. Juste derrière réapparaît le canal Saint-Martin.

Voir à proximité canal Saint-Martin, faubourg Poissonnière, le Marais et les Grands Boulevards.

Les gens

Carrefour de la vie quotidienne des Parisiens, point de départ de nombreuses manifestations, la place de la République est traversée par un flot continu d'automobilistes et desservie par plusieurs lignes de métro. C'est aussi un lieu de rendez-vous pratique.

Installé au centre de la place, le monument de la République retrace l'histoire de la République en France depuis le serment du Jeu de paume jusqu'à la célébration de la première fête nationale, le 14 juillet 1880.

se promener

Départ du Mᵒ Réaumur-Sébastopol.

Théâtre de la Gaîté-Lyrique

Un peu à l'écart des grands circuits de la vie parisienne, ce théâtre dont la façade ornée de colonnes de faux marbre surplombe le square Emile-Chautemps, fut inauguré en 1862. S'il fut sans doute l'un des plus beaux théâtres haussmanniens, il connut bien des déboires, malgré certains spectacles restés mémorables (*Orphée aux Enfers* d'Offenbach, les Ballets russes de Diaghilev, le *Regard du sourd* de Bob Wilson et *la Dispute* de Patrice Chéreau). Dans les années 1970, Silvia Montfort y installa son école de cirque et un atelier de danse et de mime. En 1986, une rénovation des lieux fut entreprise afin d'abriter un spectacle pour enfants, *la Planète magique*.

Fermée depuis 1990, cette salle, autrefois prestigieuse, devrait être réhabilitée pour devenir un lieu dédié aux musiques actuelles. *Prochain lever de rideau prévu en 2005.*

Conservatoire des Arts et Métiers★★

Anciennement prieuré fortifié de St-Martin-des-Champs. Le Conservatoire des Arts et Métiers, créé en 1794 par l'abbé Grégoire, s'y installe en 1799.

Tour d'enceinte – La rue du Vertbois permet de voir une échauguette et quelques vestiges (1273) du mur d'enceinte du prieuré.

S. Sauvignier/MICHELIN

Chevet de l'église St-Martin-des-Champs.

Réfectoire★★ – *Dans la cour se trouve l'ancien réfectoire des moines, devenu bibliothèque.* Pierre de Montreuil (13ᵉ s.) a divisé le vaisseau en deux nefs grâce à sept colonnes fines et élégantes, véritable bijou gothique.

Ancienne église St-Martin-des-Champs★ – Le chevet (restauré) et le clocher sont de style roman. La nef est gothique.

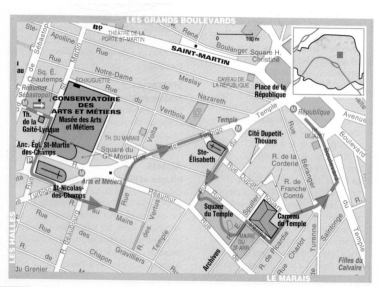

Église St-Nicolas-des-Champs★

Visite sur demande préalable. 9h30-12h, 14h-16h30, dim. 15h-18h, visite guidée le 1ᵉʳ sam. du mois 15h. ☎ 01 42 72 92 54.

Elle date du 12ᵉ s., est reconstruite au 15ᵉ s., puis agrandie aux 16ᵉ et 17ᵉ s. D'où une façade et un clocher de style gothique flamboyant et un portail Renaissance de 1581 *(flanc droit)*.

À l'intérieur, bel ensemble de peintures des 17ᵉ, 18ᵉ et 19ᵉ s. Le retable peint du maître-autel est de Simon Vouet ; les quatre *Anges* de Sarazin (17ᵉ s.). Orgue refait au 18ᵉ s.

Prendre rue au Maire, puis rue Volta à gauche : la rue de Turbigo (à droite) conduit sur l'arrière de l'église Ste-Élisabeth. En faire le tour.

Église Sainte-Élisabeth

Le déambulatoire de cette ancienne chapelle de couvent (1628-1646) possède cent petits bas-reliefs flamands du 17ᵉ s. Consacrée à sainte Élisabeth de Hongrie, c'est aujourd'hui l'église des chevaliers de Malte.

ORA ET LABORA

« Prie et travaille », telle est la devise inscrite sur la façade de la plus vieille maison de Paris, 51 rue de Montmorency. Elle fut construite en 1407 par Nicolas Flamel, écrivain et alchimiste.

L'ORDRE DU TEMPLE

Cet ordre chargé de la protection des pèlerins était indépendant de la Couronne. Son développement prodigieux et sa puissance financière lui permettent d'acquérir un quart du territoire de Paris dont le Marais. Mais en 1307, le roi Philippe le Bel met fin à cet « État dans l'État » : tous les templiers de France sont arrêtés le même jour et leur grand maître, Jacques de Molay, est brûlé vif. Deux tiers des biens vont à la Couronne, le reste aux futurs chevaliers de Malte.

Square et Carreau du Temple

&. *Tlj sf lun. 8h-13h30, sam. 9h-18h30, dim. et j. fériés 8h-13h. Fermé 1ᵉʳ janv., 14 juil., 25 déc. Gratuit.*

Ils occupent l'emplacement de la **tour du Temple**, ancienne forteresse des Templiers devenue, après leur disparition et la révolution, une prison pour la famille royale, qui y est enfermée le 13 août 1792 par la Commune de Paris. Louis XVI en part le 21 janvier 1793 pour l'échafaud ; la reine le 2 août pour la Conciergerie, avant de monter dans la fatale charrette.

Ce que l'on appelle aujourd'hui « carreau » est en fait un marché spécialisé dans la friperie. Autrefois, les vendeurs exposaient leurs marchandises à même le sol carrelé, d'où son nom. Le square, très ombragé avec son grand bassin d'eau, est très agréable.

Place de la République

Au centre se dresse le colossal **monument de la République**, élevé par Léopold et Charles Morice et inauguré en 1883. Il est entouré de statues allégoriques de la Liberté, de l'Égalité et de la Fraternité.

visiter

Musée des Arts et Métiers★★

60 r. Réaumur. Dans le conservatoire des Arts et Métiers. &. *Tlj sf lun. 10h-18h, jeu 10h-21h30. Fermé j. fériés. 6,50€.* ☎ 01 53 01 82 00.

Ce temple de la science propose une incomparable rétrospective de l'histoire des techniques par la présentation de machines réelles ou de modèles réduits.

La visite commence avec les instruments d'exploration de l'infiniment petit et de l'infiniment loin. Puis on découvre les machines qui transforment les matériaux pour en faire des objets usuels mais également des œuvres d'art. Un étage plus bas, des maquettes évoquent l'art de bâtir. L'art de communiquer, c'est le thème suivant abordé à travers l'imprimerie, la télé, la photo, la micro-informatique, etc. Faites le plein

---

L'ANTICHAMBRE DE LA SCIENCE

La **station de métro Arts-et-Métiers** est une véritable antichambre du musée ! À travers les hublots de ses flancs de cuivre, on découvre des objets représentatifs des sept domaines abordés dans le musée.

---

d'« énergie » en visitant la salle évoquant ce thème (machines à vapeur, moteurs divers et multiples). Plongez ensuite au cœur des machines pour découvrir la mécanique, puis laissez les locomotives, avions et autres voitures transporter votre imagination dans le temps. Retour au rez-de-chaussée, mais le nez en l'air, pour découvrir la chapelle et sa magnifique voûte ; regardez quand même où vous marchez : il y a là les premiers autobus à vapeur, des maquettes de la statue de la Liberté et celle du moteur de la fusée Ariane.

Parmi les belles pièces de la collection, citons les **machines à calculer de Pascal** (1642), le **phonographe d'Edison** à feuille d'étain (1878), le **premier projecteur des frères Lumière** utilisé en 1895, la pile de Volta (1800), le **théâtre des automates** faisant revivre, en particulier, la « Joueuse de tympanon » de Marie-Antoinette (1784), l'avion de Clément Ader, une formule 1 pilotée en 1983 par Alain Prost, etc.

Faubourg **Saint-Antoine**

Quittez la rue du Faubourg-Saint-Antoine pour ses passages secrets et vous humerez l'atmosphère du vieux Paris, l'odeur du bois et de la colle... Vous admirerez la patience et la précision du travail de l'ébéniste. D'atmosphère bon enfant, le faubourg est désormais un mémorialiste de l'ancien temps qui enchante touristes et Parisiens.

La situation

Plan Michelin n° 54 K 21, L 21 – 11e arr. – M° Bastille (lignes 1, 5 et 8), Ledru-Rollin (ligne 8), Faidherbe-Chaligny (ligne 8) ou Nation (lignes 1, 2, 6 et 9) – RER Nation (ligne A) – Bus 20, 65, 69, 76, 86, 87 et 91. La rue du Faubourg-St-Antoine, étroite voie triomphale, relie la Bastille à la Nation.

Voir à proximité la Bastille.

Le nom

Le faubourg s'est formé autour de l'abbaye royale de St-Antoine fondée en 1198. Saint-Antoine est aussi le nom d'une succulente pâtisserie.

Les gens

Le 19 octobre 1783, depuis la cour de l'usine de Réveillon, **Pilâtre de Rozier** effectua la première ascension aérienne, à bord d'une montgolfière captive en papier, gonflée à l'air chaud.

S. Sauvignier/MICHELIN

Le passage Bel-Air★ qui, comme tant d'autres, accueillit des artisans du bois.

comprendre

UNE POPULATION AGITÉE
Traditionnellement ouvrière, la population du quartier s'agita à chaque révolution, en 1789, en 1830, en 1848, et jusqu'en 1871 lorsque les habitants luttèrent contre l'armée versaillaise.

La décision de Louis XI d'accorder à l'abbaye royale de St-Antoine, fondée en 1198, droit de basse et haute justice sur tout son domaine et surtout soustraction des artisans du faubourg à l'autorité des corporations fut décisive : en effet, ceux-ci purent vendre des meubles qui s'écartaient des modèles réglementés et employer d'autres essences que le chêne.

En 1657, sur autorisation de Colbert, ils reprirent ou adaptèrent les créations des ateliers royaux : dès lors, ils usèrent d'acajou, d'ébène, de bronze, de marqueterie et s'attirèrent ainsi les amateurs de nouveautés. La fin du 18e s. marqua l'apogée du faubourg où s'étaient installées de petites industries concernées par le mobilier (porcelaine, papiers peints...). L'abolition des corporations par la Révolution, la mécanisation et la spécialisation du travail bouleversèrent les habitudes du faubourg et virent la multiplication des ateliers.

carnet pratique

RESTAURATION

Se reporter à la rubrique « Restauration » dans les Informations pratiques, en début de guide ; ce quartier correspond aux 11e et 12e arrondissements.

SORTIES

China Club – *50 r. de Charenton - Mo Bastille -* ☎ *01 43 43 82 02 - chinafum@imaginet.fr - dim.-jeu. 19h-2h, ven.-sam. 19h-3h - fermé Nouvel An, Noël et de fin juil. à fin août.* Ancien atelier du faubourg St-Antoine revisité façon Shanghai années 1930, le China Club renoue avec l'atmosphère exotique et raffinée de la colonisation... jusque dans les toilettes. C'est assez réussi ! Trois espaces sont à la disposition d'une condition humaine tendance branchée : à l'étage, le fumoir ; au sous-sol le Sing-Sang, salle plus intime où sont organisés des concerts (le week-end) ; au rez-de-chaussée le restaurant avec son immense bar et ses canapés Chesterfield.

Sanz Sans – *49 r. du Fg-St-Antoine - Mo Bastille -* ☎ *01 44 75 78 78 - www.sanzsans.com - mar.-sam. 9h-6h - fermé 24 déc.et dim.* On n'entre pas ici sans être vu : les consommateurs, filmés au bar par une caméra vidéo, voient leur image projetée sur un écran installé dans la belle salle du fond. Décor kitch, tentures, fauteuils, musique forte (*hip hop*, soul et

dance) et DJ's : l'endroit est branché, souvent bruyant, mais demeure une valeur sûre et très plaisante.

ACHATS

L'Arbre à Lettres – *62 r. du Fg St-Antoine - Mo Ledru-Rollin -* ☎ *01 53 33 83 23 - lun.-sam. 10h-20h, dim. 14h30-19h - fermé j. fériés.* C'est une petite chaîne de quatre librairies qui a ses inconditionnels. En effet, le personnel est compétent et passionné et la présentation des nouveautés est agrémentée des coups de cœur de la maison. Une belle sélection jeunesse.

La Maison du Cerf-Volant – *7 r. de Prague - Mo Ledru-Rollin -* ☎ *01 44 68 00 75 - lamaisonducerfvolant.free.fr - mar.-sam. 11h-19h.* Pour débutants ou passionnés confirmés, utilisables immédiatement ou à monter soi-même, budgets à ras du sol ou plus élevés, vocation sportive ou simple amusement : le choix de cerf-volants proposé dans cette boutique est à couper le souffle !

Marché d'Aligre – *Pl. d'Aligre - Mo Ledru-Rollin - tlj sf lun.* Grand marché populaire et coloré.

Rue du Faubourg-St-Antoine – Les boutiques de meubles et de vêtements voisinent avec les galeries d'art et les ateliers d'artistes, installés dans les très nombreux passages.

se promener

Départ de la place de la Bastille.

Rue du Faubourg-St-Antoine

La rue est le royaume du bois et l'un des derniers refuges d'artisans de la capitale. D'un bout à l'autre, des magasins de meubles et des « fabriques de sièges de style » raniment une atmosphère d'antan. Les vieux passages et cours du faubourg valent le détour : leur caractère vieillot mais animé confère au quartier une note particulièrement pittoresque, notamment par leurs noms enchanteurs : **Le Bel-Air★** *(no 56)*, L'Étoile d'Or *(no 75)*, Les Trois-Frères *(no 83)*, La Bonne Graine, La cour du St-Esprit, etc.
Au no 133 rue du Faubourg-St-Antoine, s'engager dans le passage de la Main-d'Or.

> **À VOIR**
> La fontaine Trogneux *(angle de la rue de Charonne)* date de 1710.

DE GRANDS ÉBÉNISTES

Apprécié pour ses incrustations de cuivre et d'écaille, **André Boulle** (1642-1732) est fournisseur de la Cour ; son « style » est repris durant le Second Empire. Avec **Charles Cressent** (1685-1768), le style Louis XIV devient plus gracieux, donnant ce qu'on appelle le style Régence : les ornements chantournés et les bronzes dorés apparaissent. **Jean-François Œben** (1720-1763) représente la transition entre les styles Louis XV et Louis XVI ; ses marqueteries en cubes et ses meubles à mécanismes sont célèbres. Toute la majesté du style Louis XVI est incarnée par **Jean-François Leleu** (1729-1807), les bronzes soulignant l'architecture du meuble. **Jean Riesener** (1734-1806) possède 30 ateliers et boutiques rue St-Honoré : ses commodes et ses bureaux d'acajou décorés de bronzes triomphent par leur sobriété. Installé près de la porte St-Martin, **Georges Jacob** (1739-1814) règne sur le mobilier allant du Louis XVI au style Empire, et ce par l'éclat incomparable de ses sièges et ses célèbres fauteuils « à la reine ».

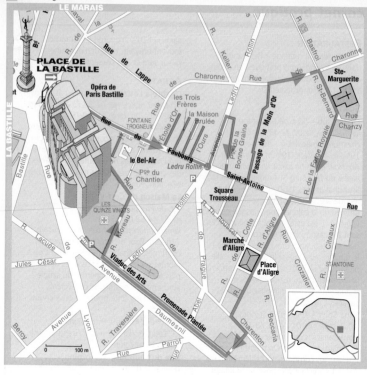

Passage de la Main-d'Or

C'est sans doute le plus caractéristique du vieux faubourg.

Ressortir rue de Charonne. Prendre cette rue sur la droite jusqu'à la rue St-Bernard où l'on tourne à nouveau sur la droite.

Église Sainte-Marguerite

36 r. St-Bernard. Tlj sf dim. 8h30-12h, 14h-17h. Sur demande préalable au secrétariat ou à l'accueil, ☎ *01 43 71 34 24.*

Édifiée sous Louis XIII et agrandie au 18e s., l'église offre une nef basse aux arcades en anse de panier, contrastant avec le chœur élevé et lumineux. La **chapelle des Âmes du Purgatoire** présente de grandes fresques en trompe-l'œil exécutées par Brunetti.

Prendre la rue de la Forge-Royale. En débouchant rue du Faubourg-St-Antoine, en face et un peu sur la droite, s'engager dans la rue d'Aligre.

Place d'Aligre

Le **marché Beauvau-St-Antoine** est un marché séculaire. On passe des étals de fruits et légumes aux piles de fripes... *via* toutes les formes de la brocante.

À VOIR

Derrière le maître-autel : *Pietà* de marbre de Girardon (1705) ; grandes toiles du 18e s. dans les deux chapelles du transept, consacrées à saint Vincent de Paul.

Le viaduc des Arts. En bas, artistes et artisans présentent leur savoir-faire. En haut, une promenade originale traverse le 12e arrondissement.

S. Sauvignier/MICHELIN/Patrick BERGER : Architecte

Prendre la rue d'Aligre jusqu'à la rue de Charenton. En face et un peu sur la gauche s'engager dans la rue Hector-Malot qui débouche sur le viaduc des Arts et sur la promenade plantée.

Viaduc des Arts★

Le viaduc des Arts est ce que l'on appelle une reconversion originale et talentueuse, conçue par l'architecte Patrick Berger : les voûtes du viaduc de l'ancienne ligne Bastille-banlieue abritent aujourd'hui des boutiques et des ateliers d'artisanat : orfèvrerie, ébénisterie, tapisserie, ferronnerie, mais aussi mobilier contemporain... et matériel informatique. Les immenses baies vitrées contribuent à la majesté des arcades faites de pierres et de briques roses.

DES ESCLAVES AU COMMISSARIAT !
Du viaduc, belle vue sur les sculptures pastichant les *Esclaves* de Michel-Ange sur le toit de l'hôtel de police du 12e arr.

Promenade plantée★

Avenue Daumesnil, au-dessus du viaduc des Arts. Des escaliers permettent d'y accéder. Le train se faisant rare, l'herbe a poussé... puis l'on a remplacé les rails de la voie ferrée Bastille-banlieue par une piste piétonnière longue de 4,5 km. Tilleuls, noisetiers, plantes grimpantes, rosiers et plantes aromatiques donnent un côté champêtre à la promenade.

alentours

Gare de Lyon

Construite en 1899 par Marius Toudoire, puis agrandie en 1927, elle domine le quartier avec son beffroi haut de 64 m, visible depuis la Bastille. Dans la longue salle des guichets, dite salle des fresques, de grands panneaux peints constituent, en évoquant les principaux monuments des villes traversées, un saisissant raccourci du trajet jusqu'à la Côte d'Azur. Au 1er étage, les salles du fameux restaurant *Le Train bleu*, inauguré en 1901 par le président Émile Loubet, et classé monument historique en 1972 par André Malraux, présentent un somptueux décor tout en dorures et en fresques évoquant la mythique ligne PLM.

NIKITA
Ceux qui ont vu le film de Luc Besson, se souviendront certainement des scènes qui furent tournées en ce lieu, notamment celle où Anne Parillaud se voit offrir par Techky Karyo, l'arme destinée à liquider un de leurs voisins de table.

Place de la Nation

En 1660, Louis XIV et sa jeune femme, l'infante Marie-Thérèse, y firent leur entrée dans Paris : un trône ayant été élevé à cette occasion pour que le roi reçût les hommages de la ville, elle fut appelée place du Trône. Du 26 prairial au 9 thermidor an 2 (1794), la Convention, qui y installa la guillotine, en fit la place du Trône-Renversé. La place, où fut brûlé le trône de Louis-Philippe en juillet 1848, prit son nom actuel en 1880, quand y fut célébré le premier 14 Juillet, déclaré fête nationale.

Au centre de la place se dresse **le Triomphe de la République★** de Jules Dalou (1838-1902). Les deux colonnes encadrant l'avenue du Trône ont été élevées par Ledoux, puis surmontées des statues de Philippe Auguste et de Saint Louis.

UN LENT TRIOMPHE
Vingt années furent nécessaires pour mener à bien le Triomphe de la République, groupe monumental en bronze, haut de 11 m et lourd de 38 t. La République, sur un char tiré par deux lions, est encadrée par le Travail et la Justice ; la Paix, à l'arrière du char, est la plus réussie des allégories.

Cimetière de Picpus

De mi-avr. à mi-oct. : tlj sf lun. 14h-18h ; de mi-oct. à mi-avr. : dim., lun. 14h-16h. Fermé j. fériés. 2,30€. ☎ 01 43 44 18 54.

En 1794, place de la Nation, la guillotine fit tomber 1 306 têtes, dont celle d'André Chénier et de 16 carmélites de Compiègne. Les corps furent jetés dans deux fosses creusées non loin dans une carrière de sable. Plus tard, les familles des victimes s'unirent pour acheter le terrain et ouvrirent un cimetière contigu à ce « champ des martyrs ». La plupart des tombes portent des noms de la noblesse française. Le champ des martyrs, planté de cyprès, apparaît, au fond, à travers une grille.

Saint-Georges
et la Nouvelle Athènes

À deux pas de l'animation clinquante de Pigalle et de celle, industrieuse, de la gare Saint-Lazare, voici deux quartiers tranquilles, à l'écart des grands axes de circulation. Ruelles calmes, charmantes placettes, « villas » et « cités » nichées dans la verdure, hôtels particuliers nous content l'histoire d'un autre Paris, celui qui naquit à l'époque romantique.

La situation

Plan Michelin n° 54 E 13-14 - 9e arr. – M° Saint-Georges, Trinité (ligne 12) ou Pigalle (lignes 2 et 12).
Entre Pigalle et Trinité, ces deux quartiers se situent au Sud du boulevard de Clichy et au Nord de la rue de Châteaudun.
Voir à proximité Pigalle, Montmartre et Saint-Lazare.

Le nom

S'agissait-il de faire allusion au goût des architectes pour l'Antiquité dont ils s'inspirèrent pour construire leurs immeubles ou aux nombreux artistes qui choisirent de s'installer ici ? On ne sait : toujours est-il qu'en 1823 un journaliste, Dureau de la Malle, donna le nom de Nouvelle Athènes au quartier qui venait d'être loti.

Les gens

Peintres, comédiens ou écrivains vécurent ou fréquentèrent ces deux quartiers, lotis dans les années 1820.

se promener

Place Saint-Georges

Au centre de cette place mélancolique, au-dessus d'une fontaine, s'élève la statue de Puech et Guillaume, à la gloire du populaire dessinateur et lithographe **Gavarni**.
Fondation Dosne-Thiers – Cet hôtel néo-Louis XVI, datant de 1873, fut habité par Adolphe Thiers. Légué à l'Institut de France, par Mlle Dosne, belle-sœur de l'homme politique, il abrite aujourd'hui une riche biblio-

carnet pratique

RESTAURATION

Se reporter à la rubrique « Restauration » dans les informations pratiques, en début de guide ; ce quartier correspond au 9e arrondissement.

Petite pause
Tea Follies – *6 pl. Gustave-Toudouze -*
M° St-Georges - ☎ *01 42 80 08 44 -*
11h-23h, dim.-lun. 11-19h - réserv.
conseillée - 10/15€. Petit salon de thé au décor intérieur gentiment « cosy ». Dès que les premiers rayons de soleil réchauffent la ravissante place, on y dresse quelques tables immédiatement prises d'assaut par les gens du quartier. On chuchote même que des célébrités du cinéma et du théâtre fréquentent l'adresse. Salades, tartes salées, copieuses assiettes composées et pâtisseries maison. Le dimanche, c'est brunch !
Le Sable Doré – *20 r. Henri-Monnier -*
M° St-Georges - ☎ *01 42 81 24 41 - fermé*

dim., lun. Salon de thé-restaurant égyptien aménagé à la façon d'une tente de nomades. Rien ne manque : tapis, poufs, coussins brodés et tables basses décorées de plateaux en cuivre. Dans cette atmosphère orientale, nous vous conseillons l'incontournable thé à la menthe ou l'expérience enivrante du narguilé. Couscous, tajines et pâtisseries sont également proposés.

ACHATS

Galerie Saint-Georges –
32 pl. St-Georges - M° St-Georges -
☎ *01 48 78 41 43.* Les anciennes serres de l'hôtel particulier d'Adolphe Thiers accueillent une boutique où vieux objets, œuvres d'art et bibelots divers se transforment en mille et une idées de cadeaux. Joëlle, l'âme de la galerie, pourra également convertir votre vieil escabeau en une lampe très originale : elle a l'art de la « récup' » dans le sang !

PAUL GAVARNI

Dessinateur au *Charivari*, journal satirique du 19e s., Sulpice Guillaume Chevalier, dit Paul Gavarni (1804-1866) popularisa le personnage des « lorettes », jeunes femmes de mœurs légères dont beaucoup vivaient dans la proche rue Notre-Dame-de-Lorette.

Petits personnages malicieux échappés d'un carnet de leur père Gavarni.

thèque historique, qui peut être visitée. L'agréable square Alex-Biscarre occupe les jardins de la fondation.

Hôtel de la Païva – Au nº 28, cette surprenante maison néo-Renaissance, construite en 1840, fut habitée en 1851 par Thérèse Lachmann, marquise de Païva, célèbre demi-mondaine, avant qu'elle ne fasse construire son hôtel particulier des Champs-Élysées. La façade se caractérise par une grande débauche décorative : angelots, colonnettes, pilastre, bustes de Diane et d'Apollon, sculptures de Giraud représentant la Sagesse et l'Abondance, etc.

Quitter la place par la rue Notre-Dame-de-Lorette ; prendre à droite la rue Henri-Monnier et s'arrêter place Gustave-Toudouze.

Place Gustave-Toudouze

Ses marronniers, son sol pentu, sa fontaine Wallace et ses terrasses de cafés, lui donnent un air champêtre et font de l'endroit une halte conviviale.

Reprendre la montée de la rue Henri-Monnier et tourner à droite, rue de Navarin, pour rejoindre la rue des Martyrs.

Rue de Navarin

Remarquez au nº 9 un amusant immeuble de deux étages à la façade néo-gothique.

Rue des Martyrs

Si, selon la tradition, elle doit son nom aux premiers chrétiens qui furent suppliciés sur la butte Montmartre, elle est aujourd'hui une artère des plus vivantes et commerçantes, dotée de nombreux bâtiments du 18e s. et de cours intérieures.

En remontant, le terre-plein coupant la rue des Martyrs a été baptisé **place Lino-Ventura**, en hommage à l'acteur. Après avoir dépassé, sur la droite, l'avenue Trudaine, remarquez à gauche, l'entrée du nº 59 qui ouvre sur la **cité Malesherbes**, enclave possédant quelques hôtels

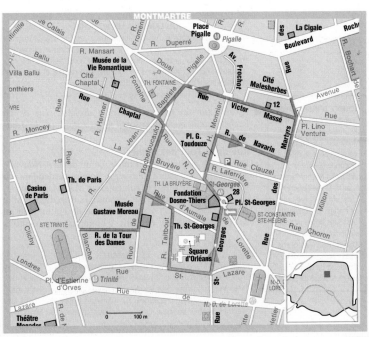

particuliers de diverses factures et notamment celui du n° 11 avec sa façade décorée de céramique polychrome, œuvre du peintre Jules Jollivet.

Revenir sur ses pas et prendre à droite, la rue Victor-Massé.

Rue Victor-Massé

Ce n'est pas un hasard si cette rue, artère de prédilection des boutiques d'instruments de musique (des guitares surtout), porte le nom du compositeur Victor Massé (1822-1884), professeur au Conservatoire et chef des chœurs de l'Opéra, qui habita tout à côté, avenue Frochot.

Le n° 12 fut jadis un des hauts-lieux de la nuit montmartroise : c'est ici en effet que Rodolphe Salis installa en 1885, son célèbre **cabaret du Chat Noir**.

Plus avant, au n° 20, on aperçoit, à travers des grilles, l'autre extrémité de la cité Malesherbes.

Sur le côté gauche de la rue, faisant l'angle avec la rue Henri Monnier, remarquez les façades sculptées des immeubles des n° 23 à 27.

En face, s'ouvre l'avenue Frochot.

Avenue Frochot

Cette charmante allée aux pavés inégaux, havre de verdure où vécurent Alexandre Dumas, les Renoir père et fils, Victor Massé, et où Toulouse-Lautrec eut son dernier atelier, est désormais privée et préservée des regards indiscrets par des grilles et un digicode dissuasifs, ce qui ne permet plus d'apprécier ses petits hôtels d'architecture palladienne et ses demeures néogothiques à tourelles cachées sous les frondaisons.

Sur la gauche de l'avenue, la belle verrière Art nouveau est celle de l'ancien **Théâtre en rond**, devenu aujourd'hui académie de billard.

Poursuivre dans la rue Victor-Massé et prendre à gauche la rue Jean-Baptiste-Pigalle puis après avoir traversé la rue Fontaine, prendre à droite, la rue Chaptal.

Rue Chaptal

À hauteur du n° 16, havre de paix au fond d'une impasse d'où les arbres semblent surgir, se cache le **musée de la Vie romantique** (*voir description à « visiter »*).

Quelques mètres plus loin, au fond de la Cité Chaptal, on aperçoit l'ancien **théâtre du Grand-Guignol** devenu ensuite le théâtre 347.

LE MUR

Dans l'appartement qu'il occupa, 42 rue Fontaine, de 1922 à sa mort en 1966, le poète surréaliste **André Breton** accumula toutes sortes d'objets : peintures, sculptures, masques et fétiches primitifs, minéraux, selon l'un des grands principes surréalistes qui veut que l'art soit partout.

Ce « mur » d'objets est désormais visible au musée national d'Art moderne qui a acquis cette collection par dation.

DU SANG SUR LES PLANCHES

On a peine à imaginer aujourd'hui le succès que le Grand-Guignol connut auprès de nos aïeux : on y jouait des mélodrames sanglants, remplis d'effets spéciaux, précurseurs de nos films d'horreur d'aujourd'hui. Las, le cinéma sut se montrer plus réaliste, et le théâtre périclita jusqu'à sa fermeture en 1962.

SOURCE D'INSPIRATION

Prendre un verre sous le sourire énigmatique de Mona Lisa ? C'est ce que vous propose le café La Joconde (*à l'angle des rues de La Rochefoucauld et N.-D.-de-Lorette*) décoré de la célèbre peinture. Et si celle-ci est sans doute moins authentique que celle du Louvre, cela n'empêcha pas l'écrivain Jacques Roubaud de devenir un fervent habitué de ce lieu.

Revenir sur ses pas et prendre à droite la rue de La Rochefoucauld que l'on descend jusqu'à la rue de la Tour-des-Dames.

Rue de la Tour des Dames

Dans cette petite rue, autrefois cœur de la « Nouvelle Athènes », subsistent plusieurs hôtels particuliers où vécurent des artistes : la comédienne Mlle Mars, au n° 1, dans un hôtel aménagé par Visconti, la tragédienne Mlle Duchesnois au n° 3 (la façade cintrée de l'immeuble lui donne un petit air de cour d'honneur), les peintres

---

LE DIAMANT

Née Anne-Marie-Hippolyte Boutet, Mademoiselle Mars (1779-1847) fut l'une des gloires du Théâtre-Français, interprète de Molière et de Marivaux, spécialisée dans les rôles d'ingénues puis, l'âge venant, des grandes coquettes du répertoire. Surnommée « le Diamant », elle fut l'actrice préférée de Napoléon Ier, admirateur également de Talma, qui fut peut-être le premier tragédien moderne.

Horace Vernet et Paul Delaroche aux n°s 5 et 7, et Talma au n° 9 (où Delacroix réalisa les peintures du salon). Ne pas manquer non plus de jeter un coup d'œil, aux beaux hôtels situés en face, au n° 2, et au n° 4 qui appartint à Cambacérès.

Revenir rue de La Rochefoucauld.

Au n° 14, voir le **musée Gustave-Moreau** où le temps semble s'être arrêté (*voir description à « visiter »*).

Prendre à droite la rue d'Aumale.

Rue d'Aumale

Cette rue, percée en 1846, est bordée de beaux immeubles en pierre de taille dont les façades présentent une harmonieuse décoration sculptée caractéristique du Second Empire (voir notamment les n°s 8 et 10 construits en 1864 par l'architecte Sibert), et pour nombre d'entre eux, un balcon d'un seul tenant courant le long du dernier étage. Richard Wagner vécut un an au n° 3 ; l'historien Auguste Mignet, au n° 12.

Prendre à droite la rue Taitbout.

Square d'Orléans

Au n° 80, nombre d'artistes s'installèrent au 19e s. dans un ensemble d'immeubles aménagés autour de deux cours, à la façon des « squares » londoniens, par un architecte anglais, Crésy, qui avait racheté ce lotissement privé à Mlle Mars en 1829. Parmi les artistes, comédiens et écrivains qui vécurent dans ce que l'on appela alors « le phalanstère », figurent Alexandre Dumas père, le comédien Marmontel, Chopin et George Sand. En semaine, il est possible de pénétrer plus avant, par un passage sous voûte, et de découvrir la grande cour, dite « Cour Anglaise », havre de paix au centre duquel s'élève une belle fontaine encadrée de magnolias.

Par la rue Saint-Lazare à gauche, on atteint la rue St-Georges que l'on remonte sur la gauche.

On passe devant les immeubles où vécurent le libertador sud-américain José de San Martín (*n° 35*) et les frères Goncourt (*n° 43*).

Peu avant la place Saint-Georges, se dresse sur la gauche le **théâtre St-Georges** (fondé en 1929), à la façade peinte ▶ en trompe-l'œil, qui accueillit une partie du tournage du film de Truffaut « *Le Dernier Métro* ».

> **AU THÉÂTRE CE SOIR...**
> *Patate* de Marcel Achard, *Croque-Monsieur* de Marcel Mithois avec Jacqueline Mailhan, *Tchao*, dernière pièce interprétée par Pierre Brasseur, des pièces de Graham Greene, André Roussin, Montherlant, Pirandello et Sacha Guitry, ont fait les grandes heures du théâtre St-Georges.

visiter

Musée de la Vie romantique

16 r. Chaptal. Tlj sf lun. 10h-18h. Fermé j. fériés. Gratuit (expositions temporaires : 7€). ☎ *01 55 31 95 67.*

L'étroite allée bordée d'arbres qui mène à cette charmante demeure aux airs de campagne donne le ton. Le peintre Ary Scheffer (1795-1858), apprécié de Louis-Philippe, y recevait ses amis des arts et des lettres : Delacroix, Liszt, Renan.

Le musée expose des souvenirs de George Sand (*rez-de-chaussée* : bijoux, manuscrits, aquarelles, portraits) et des œuvres d'Ary Scheffer (*1er étage, sf pendant expositions* ▶ *temporaires*). L'atelier remeublé (bibliothèque, chevalets, piano, tableaux) présente les objets chers au peintre.

> **À VOIR**
> *Hannibal jurant de venger la mort d'Hasdrubal,* que Scheffer réalisa à l'âge de 13 ans.

Musée Gustave-Moreau★

14 r. de La Rochefoucauld – M° Trinité (ligne 12). Tlj sf mar. 10h-12h45, 14h-17h15. Fermé 1er janv., 1er mai, 25 déc. 4€, gratuit 1er dim. du mois. ☎ *01 48 74 38 50.*

Un petit musée sentimental – *1er étage.* En 1895, Gustave Moreau (1826-1898) fit transformer et agrandir sa maison de famille pour qu'y soit installé le musée de son œuvre. Récemment ouvert, le cabinet de réception du peintre (*en face de l'escalier*), réunit des livres rares, la collection d'antiquités de son père, et surtout les plus belles copies d'après les maîtres (Raphaël, Carpaccio, Botticelli...) que Moreau avait réalisées au Louvre ou au cours de son voyage en Italie. Dans l'appartement du 1er étage, le peintre a exposé des portraits et des souvenirs qui tapissent les murs, ainsi que des meubles serrés les uns contre les autres. Le boudoir est consacré au mobilier et aux souvenirs de son amie Alexandrine Dureux, trop tôt disparue.

À VOIR
Les **dessins★** qui sont rangés dans des armoires à volets mobiles valent plus qu'un coup d'œil.

◀ **L'atelier** – L'étroitesse du 1er étage contraste avec les deux immenses salles de l'atelier des 2e et 3e étages. Un escalier à vis y conduit. Admirateur de Chassériau, figure majeure du symbolisme, l'artiste a recréé avec une imagination fantastique un univers biblique et mythologique où Sapho, Salomé, Léda et Orphée jouent un rôle majeur. Plus de 6 000 œuvres sont exposées (peintures, cartons, dessins, aquarelles et quelques sculptures en cire).

Gustave Moreau,
« Hélène à la porte Scée ».

Faubourg **Saint-Germain**★★

Longtemps le « noble faubourg » fut le fief de l'aristocratie parisienne. La République s'en étant emparée, il est aujourd'hui le quartier de l'Assemblée nationale et des ministères, mais il suffit qu'une porte cochère s'entrebâille pour que s'échappe un peu de l'atmosphère du 18e s. Tout change et rien ne change, dit l'adage.

La situation

Plan Michelin n° 54 H 10-12, J 10-12 – 7e arr. – M° Assemblée-Nationale et Solférino (ligne 12), Varenne (ligne 13) – RER Musée-d'Orsay (ligne C) – Bus 63, 73, 83, 84 et 94. Vous êtes bien rive gauche ! entre les Invalides, à l'Ouest, et l'église St-Germain-des-Prés, à l'Est.

Voir à proximité musée d'Orsay, les Invalides, Saint-Germain-des-Prés et Sèvres-Babylone.

Le nom

Germain fut conseiller du roi Childebert Ier, puis évêque de Paris en 556. Il fut canonisé pour ses miracles accomplis à titre posthume.

Les gens

Mme du Deffand, Mlle de Lespinasse, puis Mme de Staël y tenaient leur salon littéraire... Alfred de Musset fréquenta le quartier pendant plus de quinze ans. C'est également ici que réside la prestigieuse maison d'édition Gallimard, avec son florilège d'auteurs qui hantent alentour...

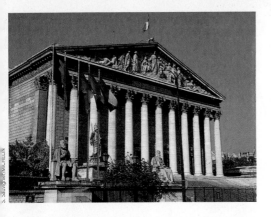

Face à la place de la Concorde et à la nation qu'elle représente, l'Assemblée nationale.

S. Sauvignier/MICHELIN

carnet pratique

RESTAURATION

On peut également se reporter à la rubrique « Restauration » dans les Informations pratiques, en début de guide ; ce quartier correspond aux 6e et 7e arrondissements.

SORTIES

Café des Lettres – *53 r. de Verneuil - M° Solférino - ☎ 01 42 22 52 17 - www.cafédeslettres.com - lun.-ven. 9h-0h, sam. 11h-0h, dim. 12h-16h - fermé 1er mai et 1 sem. à Noël.* Cette belle demeure construite en 1725 pour Louis de Banne, comte d'Avejan et successeur du comte d'Artagnan à la tête des mousquetaires, abrite le siège du Centre national du Livre. Cet établissement public national dispose d'un petit café accessible au public. Aux beaux jours, la cour intérieure de l'hôtel particulier est aménagée en terrasse. Brunch scandinave le dimanche.

ACHATS

Le Cabinet de Porcelaine – *37 r. de Verneuil - M° Rue-du-Bac - ☎ 01 42 60 25 40 - fermé dim.* Parmi les galeries d'art et antiquaires de la rue, cette boutique ne passe pas inaperçue avec sa jolie vitrine colorée. Objets du quotidien, fruits, légumes, fleurs, etc. : comme le suggère l'enseigne, ici, tout est fabriqué en porcelaine ! Approchez et admirez les orchidées ou les tulipes, réalisées avec tant de savoir-faire et de délicatesse, qu'elles vous paraîtront plus vraies que nature.

Richart – *258 bd St-Germain - autre adresse : 36 av. de Wagram 8e arr. - M° Solférino - ☎ 01 45 55 66 00 - www.richart.com - lun.-sam. 10h-19h.* Esthétique et saveur sont les maîtres mots de cet artisan spécialisé dans le design du chocolat. Composés comme de petits tableaux, les assortiments de ganaches finement décorées sont également de très bonne qualité.

comprendre

D'abord voué aux plaisirs d'une reine... – Jusqu'à la fin du 16e s., cultures, chasses et prairies occupent les lieux. Après de longs démêlés avec l'université, l'abbaye de St-Germain-des-Prés doit lui laisser la jouissance de ces terrains qui se nomment dès lors Pré-aux-Clercs. Au début du 17e s., la frivole Marguerite de Valois, première femme d'Henri IV, enlève à l'université la partie orientale du Pré et y bâtit un grand hôtel dont le beau jardin borde la Seine. La construction de cet hôtel lance dès lors la vogue du faubourg, et les seigneurs et les financiers de construire alentour leurs propres hôtels dotés de vastes jardins.

... puis au sérieux de l'État – La Révolution met de l'ordre : les somptueuses demeures sont fermées jusqu'à la Restauration. Sous Louis-Philippe et Napoléon III, le déclin commence : la mode va aux Champs-Élysées. Puis l'urbanisme s'infiltre : les boulevards St-Germain et Raspail sont percés au milieu des vieux hôtels. Aujourd'hui, les plus beaux domaines sont passés aux mains de l'État ou de gouvernements étrangers qui y logent leurs diplomates. Cependant, certaines artères (rues de Lille, de Grenelle, de Varenne) évoquent encore l'aspect ancien du faubourg.

> **BIEN MAL ACQUIS...**
> L'opération immobilière de la reine Margot s'est faite de façon si désinvolte que le nom de Malacquis, transformé par le temps en Malaquais, fut donné au quai.

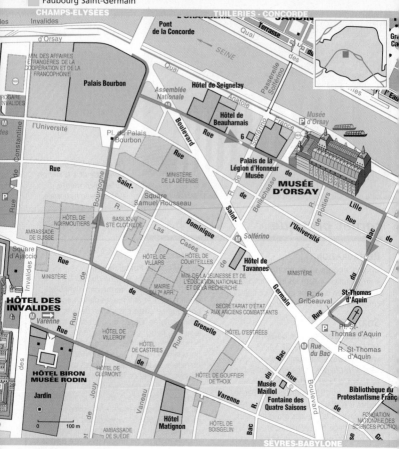

se promener

Rue de Varenne

Elle fut tracée sur une garenne (le mot deviendra « Varenne ») appartenant à l'abbaye de St-Germain-des-Prés. Les beaux hôtels s'y succèdent : **hôtel de Broglie**, (1735, *n° 73*), **hôtel de Villeroy** (1724, *n°s 78-80*), **hôtel de Castries** (1700, *n° 72*), **hôtel de Gouffier de Thoix** (*n° 56*, magnifique portail surmonté d'une coquille sculptée), **hôtel de Boisgelin** (*n° 47*), aujourd'hui ambassade d'Italie.

Hôtel Biron★★

77 r. de Varenne. L'édifice date du 18ᵉ s. Il reçut de nombreux propriétaires prestigieux, dont l'écrivain autrichien Rainer Maria Rilke, ami de Rodin, avant de devenir un couvent d'éducation pour jeunes filles de bonne famille. Une partie de ce dernier, fermé après la loi sur les congrégations, forme le lycée Victor-Duruy. L'hôtel lui-même, qui constitue l'autre partie, est alors mis à la disposition des artistes par l'État. En échange de ses œuvres, Auguste Rodin en obtint la jouissance jusqu'à sa mort, après quoi l'hôtel devint musée *(voir description dans « visiter »).*

Hôtel Matignon

◄ Certainement le plus célèbre des beaux hôtels du faubourg St-Germain. Édifié en 1721 par Courtonne, il a été la propriété de Talleyrand de 1808 à 1811, dont les réceptions hebdomadaires étaient retentissantes par leur luxe, puis de Madame Adélaïde, sœur de Louis-Philippe. Il fut ambassade de l'Autriche-Hongrie de 1884 à 1914.

G. Targat/MICHELIN

Le grand escalier de l'Hôtel Matignon.

À L'ÉLYSÉE ON PRÉSIDE, À MATIGNON ON GOUVERNE

Racheté par le gouvernement français, l'hôtel Matignon fut à partir de 1935 le siège de la présidence du Conseil et depuis 1958 la résidence du Premier ministre qui « dirige l'action du gouvernement... et assure l'exécution des lois ».

Revenir sur ses pas et prendre la rue de Bellechasse sur la droite jusqu'au croisement avec la rue de Grenelle, puis s'engager dans cette dernière à gauche.

Rue de Grenelle

De nombreux hôtels anciens subsistent rue de Grenelle : hôtel de Fürstenberg (*n° 75*), hôtel d'Estrées (1713, *n° 79*), hôtel d'Avaray (1728, *n° 85*), hôtel de Rothelin (*n° 101*), qui abrite aujourd'hui le ministère de l'Industrie, hôtel de Courteilles (1778, *n° 110*) devenu le ministère de l'Éducation nationale, hôtel de Villars (1712, *n° 118*), hôtel de Noirmoutiers (1722, *n° 136*), actuelle résidence du préfet de la région Île-de-France.

S'engager à droite dans la rue de Bourgogne jusqu'à la place du Palais-Bourbon. Un peu avant, sur la droite, la rue St-Dominique mène au carrefour St-Germain-St-Dominique (M° Solférino).

Au n° 5 de la rue St-Dominique, remarquer la belle porte à voussure arrondie de l'**hôtel de Tavannes**. Le dominicain Lacordaire et le comte de Montalembert y fréquentaient le salon de Mme Swetchine, Russe convertie au catholicisme. Gustave Doré s'y éteignit en 1883. *Du 20 août à fin sept. : tlj sf dim. 10h-12h, 14h30-18h. Gratuit.*

Rue de l'Université

Ancienne voie principale du quartier, cette longue artère traverse de part en part le 7ᵉ arrondissement, reliant ainsi St-Germain-des-Prés à la tour Eiffel. Au n° 51, l'hôtel de Soyecourt date de 1707 ; Lamartine résida au n° 82 de 1837 à 1853.

Palais-Bourbon★ *(voir description à « visiter »).*

Rue de Lille

Elle commémore l'héroïque résistance de Lille contre les attaques autrichiennes à l'automne 1792. Au n° 121, l'Institut néerlandais, l'un des plus anciens centres culturels étrangers à Paris, organise différentes manifestations (expositions, concerts, rencontres, projections de films) visant à promouvoir la culture néerlandaise à Paris. Au n° 80, l'**hôtel de Seignelay** appartint au duc de Charost, gouverneur du jeune Louis XV et aristocrate philanthrope, qui fut sauvé de la guillotine sous la Terreur par ses propres paysans et anciens vassaux. Au n° 78, l'**hôtel de Beauharnais** reçut le nom du prince Eugène, beau-fils de Napoléon, qui l'acheta en 1803 et le décora somptueusement ; en 1818, l'hôtel fut acheté par le roi de Prusse et devint légation de Prusse, puis ambassade d'Allemagne. Restauré, il est aujourd'hui la résidence des ambassadeurs de la République fédérale d'Allemagne. Au n° 71, l'**hôtel de Mouchy** date de 1775 tandis qu'au n° 67, l'**hôtel du Président-Duret** a été bâti en 1706. L'**hôtel de Salm**, que l'on aperçoit, à hauteur du n° 64, au fond d'une belle cour carrée entourée de colonnades, abrite le Palais de la Légion d'honneur et le musée du même nom *(voir description à « visiter »).*

Maison de Jules Romains

L'écrivain Louis Farigoule, dit Jules Romains, auteur de la monumentale œuvre *Les Hommes de bonne volonté*, vécut de 1947 à sa mort en 1972 au n° 6 de la rue de Solférino.

Musée d'Orsay★★★ *(voir ce nom)*

Après avoir longé le musée d'Orsay, prendre à droite la rue du Bac que coupe la rue de Verneuil, et poursuivre en direction du boulevard St-Germain,, pour prendre à gauche la rue de Gribeauval.

Église St-Thomas-d'Aquin

Commencée en 1682 dans le style jésuite sur les plans de Pierre Bullet, sa façade n'a été exécutée qu'en 1769. Le plafond de la chapelle absidale, peint par Lemoyne en 1723, représente la Transfiguration.

C'est en cette église que furent célébrées les obsèques du poète Guillaume Apollinaire, le 13 novembre 1918, avant son inhumation au cimetière du Père-Lachaise, en présence de Picasso, Léautaud, Léger, Derain et bien d'autres.

LE SAVIEZ-VOUS ?
Serge Gainsbourg habitait au 5 bis, rue de Verneuil. La façade de sa maison est recouverte de graffitis qui toujours s'ajoutent.

UN PEU DE SHANGHAI À PARIS
Dans la maison située au n° 44 de la rue du Bac, André Malraux (1901-1976) écrivit, en 1933, *La Condition humaine*, dont l'action a pour cadre le grand port chinois.

*La « Cathédrale »
de Rodin*

B. Jarret/Musée Rodin

visiter

Musée Rodin★★

*Rez-de-chaussée de l'hôtel Biron. Avr.-sept. : tlj sf lun. 9h30-
17h45 ; oct.-mars : tlj sf lun. 9h30-16h45 (dernière entrée
1/2h av. fermeture). Fermé 1ᵉʳ janv., 1ᵉʳ mai, 25 déc. 5€, gratuit 1ᵉʳ dim. du mois. ☎ 01 44 18 61 24.*

Les œuvres les plus expressives de l'artiste sont réparties
dans des salons en rotonde aux belles boiseries : *La
Cathédrale, Le Baiser, L'Âge d'airain*... En bronze ou en
marbre pour la plupart, elles sont marquées par une
vigueur dans l'expression, une énergie et une puissance
contenues. Les nombreux dessins de Rodin sont exposés
par roulement.

Le premier étage rassemble de petites œuvres ainsi
que des esquisses de grands groupes sculptés : *Balzac,
Victor Hugo*... Les collections personnelles de l'artiste
(1840-1917) sont également exposées.

◄ Allez admirer les œuvres de **Camille Claudel**, sœur du
dramaturge et maîtresse de Rodin ; notamment *la Vague*.

Jardin – L'hôtel Biron est entouré d'un superbe jardin
*(café et restaurant ouverts printemps et été : voir le carnet
pratique)* dans lequel sont aussi exposées plusieurs
sculptures importantes de l'artiste dont *le Penseur, les
Bourgeois de Calais* (entrepris en 1884 et auxquels
Camille Claudel prit une part active), *la Porte de l'Enfer,
le groupe d'Ugolin*...

Palais-Bourbon★

*33 quai d'Orsay. Visite individuelle suspendue. Pour assis-
ter aux débats parlementaires, on peut prendre contact
avec le député de sa circonscription. ☎ 01 40 63 64 08.
www.assemblee-nationale.fr*

◄ En 1722, la duchesse de Bourbon, fille de Louis XIV et de
Mme de Montespan, fait bâtir sur la rue de l'Université
un hôtel dont les jardins descendent en terrasses jusqu'à
la Seine. En 1756, Louis XV l'achète pour l'utiliser dans
la décoration de la place de la Concorde. En 1764, il le
vend au prince de Condé qui l'embellit, y incorpore
l'hôtel de Lassay et le rebaptise Petit-Bourbon. La
Révolution survient ; confisqué, le palais sert au Conseil
des Cinq-Cents : une salle de séance est construite. En
1807, Napoléon fait élever l'actuelle façade sur la
Concorde, en harmonie avec le péristyle de la
Madeleine. La Restauration rend le palais aux Condé,
puis le rachète en 1827 : la salle des séances est alors
aménagée pour le Corps législatif.

Extérieur – La façade côté Seine est un placage décoratif.
Son portique porte un fronton allégorique sculpté par
Cortot en 1842. Aux murs des ailes, les bas-reliefs allégoriques sont dus à Rude *(à droite)* et Pradier *(à gauche)*. La
façade Sud offre un fronton à l'antique sur colonnes, des
balcons et des terrasses de toitures.

Intérieur – Parmi les nombreuses salles, on retient la
salle des Pas-Perdus (plafond d'Horace Vernet), le salon
Casimir-Périer (bas-relief en bronze de Dalou représentant la riposte de Mirabeau à la séance des États généraux du 23 juin 1789) et surtout la très belle **bibliothè-
que★★**, magnifiquement décorée, de 1838 à 1847, par
Delacroix, qui y a retracé l'histoire de la civilisation.

À SAVOIR

On peut apprécier en toute
tranquillité quatre œuvres
majeures de Van Gogh
à l'hôtel Biron : *Le Père
Tanguy* (son marchand de
couleurs), *Vue du viaduc
d'Arles* ou *Le train bleu*
et *Les Moissonneurs*.

**L'ASSEMBLÉE
NATIONALE**

Elle constitue l'une
des deux chambres du
Parlement, celle des
députés élus au suffrage
direct. Elle a pour rôle
l'examen, la discussion,
l'amendement de tout
projet ou proposition de
loi avant son adoption
par un vote (prononcé sur
un texte identique établi
par le Sénat).

UNE RÉVOLUTION PARISIENNE

Au surlendemain de la capitulation de Sedan, le 4 septembre 1870,
l'émeute gronde à Paris. La foule devient compacte, puis menaçante,
se dirige vers l'Assemblée nationale et l'envahit. La séance est pour le
moins houleuse. En véritable tribun, **Léon Gambetta**, qui siégeait dans
les rangs de la minorité républicaine, parvient à entraîner la foule à
l'Hôtel de Ville où sont proclamées la déchéance de l'empereur et la
IIIᵉ République.

L'hémicycle de la **salle des Séances** rassemble les 577 députés (au complet dans les grandes occasions) de l'Assemblée nationale, sous la direction du président installé dans l'ancien bureau du Conseil des Cinq-Cents provenant du château de St-Cloud.

Palais de la Légion d'honneur

2 r. de Bellechasse. Pas de visite individuelle.
Bâti en 1786, l'hôtel de Salm a connu de nombreux propriétaires jusqu'en 1804, année où il devint palais de la Légion d'honneur. Brûlé pendant la Commune de 1871, l'hôtel a été restauré aux frais des légionnaires. Sur la façade postérieure, quai Anatole-France, un charmant pavillon en demi-cercle contraste avec la sévérité de l'édifice.

Musée de la Légion d'honneur★ – Le musée illustre, à travers de multiples documents, les ordres de chevalerie et de noblesse de l'Ancien Régime (l'Étoile, St-Michel, St-Esprit, St-Louis), puis la création de la Légion d'honneur et son développement rapide sous l'Empire (décorations personnelles de Napoléon et de ses frères) jusqu'à nos jours. D'autres décorations militaires et civiles de la France et des ordres des pays étrangers (*1ᵉʳ étage*) sont exposés. *Fermé pour rénovation. Se renseigner* : ☎ 01 40 62 84 25.

ATTENTION AU POINT DE VUE !
Dans la salle des Séances, les travées sont réparties entre les groupes politiques par rapport au président de l'Assemblée, de sorte que le public voit la « Gauche » siéger... à droite et vice-versa !
Le Gouvernement est toujours représenté au premier rang, devant la tribune où se succèdent les orateurs.

LA LÉGION D'HONNEUR
Cet ordre fut créé le 19 mai 1802 par le Premier consul Bonaparte pour manifester le redressement de la nation et la reconnaissance des valeurs après la crise révolutionnaire.

Saint-Germain-des-Prés★★

Saint-Germain-des-Prés ! Il y flotte toujours un air de douce folie, une atmosphère intellectuelle et de plaisir, de luxe calme. Les terrasses des cafés Le Flore et Les Deux Magots de ce vieux quartier de la rive gauche ont autant d'importance que la belle église, les librairies et les rues étroites bordées d'antiquaires et de boutiques de mode. Rues anciennes, carrefours pittoresques, placettes, petites salles de jazz...

Ph. Bourgeois/MICHELIN

La situation

Plan Michelin nº 54 J 13 – 5ᵉ et 6ᵉ arr. – Mº Saint-Germain-des-Prés (ligne 4) – Bus 24, 27, 39, 48, 63, 86, 95, 96. Sur le plan p. 411, les itinéraires ② et ③ sont décrits respectivement à Institut de France et Odéon. Le boulevard St-Germain traverse le quartier dans toute sa longueur jusqu'au quartier de l'Odéon. Entre la Seine et ce boulevard, ce sont nombre de petites ruelles tortueuses.

Voir à proximité Odéon, Quartier latin, Institut de France, faubourg Saint-Germain, Sèvres-Babylone, Saint-Sulpice, Montparnasse, musée d'Orsay.

Jadis centre de la culture monastique, Saint-Germain-des-Prés demeure un lieu de rencontre pour les intellectuels.

Le nom

L'église adopte le nom de Saint-Germain, évêque de Paris, à sa mort en 576. Bâtie au milieu d'une prairie, on lui ajouta le vocable « des Prés ».

Les gens

Pendant la Seconde Guerre mondiale, les Zazous, avec une élégance tapageuse, venaient y vivre leur passion pour le jazz. À la Libération, Saint-Germain-des-Prés est prisé pour sa vie nocturne, ses caves de jazzmen. De Sidney Bechet à Boris Vian, de Juliette Gréco à Sartre, les artistes et les intellectuels ont donné au quartier ces couleurs que l'on y recherche toujours un peu...

comprendre

Une puissante abbaye – Appartenant à l'ordre des bénédictins, l'abbaye de St-Germain-des-Prés est fondée au 8ᵉ s. Temporellement, l'abbé est souverain ; spirituellement, il n'est soumis qu'à l'autorité du pape. Malgré les destructions dues aux invasions, l'abbaye est à chaque fois reconstruite et agrandie : du 14ᵉ au 17ᵉ s., elle est dotée d'une muraille crénelée garnie de tours et que précèdent des fossés.

La conversion en prison – Dès 1674, l'abbaye sert de prison d'État ; mais c'est en 1789 qu'elle est définitivement supprimée et entérine son statut de prison. L'intérieur perd alors ses tombeaux et sa riche bibliothèque (incendie) au profit d'une raffinerie de salpêtre.

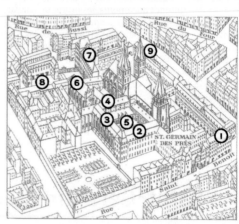

L'abbaye de St-Germain-des-Prés en 1734 :
1. Maison de rapport
2. Salles des hôtes
3. Réfectoire
4. Chapitre
5. Grand cloître
6. Chapelle de la Vierge
7. Palais abbatial
8. Écuries
9. Prison

se promener

Un après-midi à St-Germain ①

Place du Québec

Attribut du quartier, l'eau de la fontaine (place du Québec) de Ch. Daudelin semble soulever le sol, allusion à la glace du Canada en hiver.

L'ouverture de somptueuses boutiques par des couturiers – Armani – et joailliers – Cartier – en 1998 prouve le renouveau du quartier, et peut-être la fin de sa dimension littéraire...

Église Saint-Germain-des-Prés★★

À l'extérieur, massive tour de la façade (11ᵉ s.) dont la flèche date du 19ᵉ s. ; le porche d'origine est caché par un portail extérieur de 1607. Belles suites d'arcs-boutants renforçant les contreforts du chœur.

L'origine conventuelle de l'église explique les petites dimensions à l'intérieur. Intérieur qui a bénéficié d'une grande restauration au 19ᵉ s. Décoration multicolore. L'architecture est en grande partie restée intacte depuis le 12ᵉ s. La **chapelle Saint-Symphorien** était un petit sanctuaire mérovingien qui reçut le corps de St-Germain. *Mar. et jeu. 14h-17h.* ☎ *01 55 42 81 18.*

1. Grilles modernes de Raymond Subes ;
2. Notre-Dame-de-Consolation (1340) ;
3. Tombeau des frères Castellan par Girardon (17ᵉ s.) ;
4. Mausolée de Jacques Douglas (17ᵉ s.) ;
5. Dalles funéraires de Descartes et des savants bénédictins Mabillon et Montfaucon ;
6. Dalle funéraire de Boileau ;
7. Statue de St-François-Xavier par Coustou ;
8. Tombeau de Jean Casimir, roi de Pologne, abbé commendataire de St-Germain-des-Prés ;
9. Chapelle St-Symphorien.

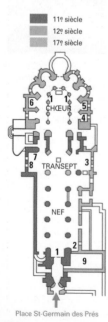

11ᵉ siècle
12ᵉ siècle
17ᵉ siècle

CHŒUR
TRANSEPT
NEF

Place St-Germain des Prés

carnet pratique

RESTAURATION

Se reporter à la rubrique « Restauration » dans les Informations pratiques, en début de guide : ce quartier correspond aux 6ᵉ et 7ᵉ arrondissements.

SORTIES

Bar du marché – *75 r. de Seine - M° Mabillon -* ☎ *01 43 26 55 15 - 8h-2h.* Ce café à l'atmosphère bohème est une institution. La jeunesse du quartier et d'ailleurs, quelques pop stars et des touristes, viennent y boire et flirter dans une ambiance festive. La tenue des serveurs et leur style dévergondé façon titi parisien, contribuent à la mise en scène « bistrot de Paname ».

Brasserie Lipp – *151 bd St-Germain - M° St-Germain-des-Prés - M° St-Germain-des-Prés -* ☎ *01 45 48 53 91 - www.brasserie-lipp.fr - 11h30-2h - fermé 24-25 déc.* La liste des célébrités du monde littéraire, politique, journalistique et cinématographique ayant fréquenté cette brasserie depuis son ouverture (1880) constituerait un formidable gotha. Classé monument historique pour son décor 1900 et ses céramiques 1925, c'est un incontournable lieu de mémoire gourmand.

Ph. Cajic/MICHELIN

Café de Flore – *172 bd St-Germain - M° Mabillon ou St-Germain-des-Prés -* ☎ *01 45 48 55 26 - www.cafe-de-flore.com - 7h30-1h30.* Ouvert sous le Second Empire, le Café de Flore est un des cafés de prestige de Paris, notamment pour ses accointances avec la petite histoire littéraire. Apollinaire, Breton, Sartre et Simone de Beauvoir, Camus, Jacques Prévert l'ont assidûment fréquenté.

Café Mabillon – *164 bd St-Germain - M° Mabillon ou St-Germain-des-Prés -* ☎ *01 43 26 62 93 - 7h30-6h.* Entièrement relooké, ce vieux café de Saint-Germain-des-Prés est devenu le pôle d'attraction de la jeunesse branchée du quartier : on s'y presse dans un décor chaleureux et sombre de tentures, de briques, et de métal au son de puissants décibels.

La Rhumerie – *166 bd St-Germain - M° Mabillon ou St-Germain-des-Prés -* ☎ *01 43 54 28 94 - www.larhumerie.com - 9h-2h - fermé 25 déc.* Fondée en 1932 sous l'enseigne « Rhumerie Martiniquaise »,

l'établissement propose de partager sa passion pour cette eau-de-vie évoquant les Tropiques... pas tristes ! La carte des rhums fait un véritable tour du monde : Barbade, Brésil, Cuba, Guadeloupe, Marie-Galante, Martinique et Réunion. Petits-déjeuners et à midi seulement, brasserie antillaise.

Les Deux Magots – *6 pl. St-Germain-des-Prés - Mº St-Germain-des-Près -* ☎ *01 45 48 55 25 - www.lesdeuxmagots.com - 7h30-1h - fermé 1 sem. déb janv.* Fondé en 1885 à l'emplacement d'un « magasin de nouveautés », ce café est une véritable institution germanopratine. Verlaine, Rimbaud, Gide, Picasso, Simone de Beauvoir, Sartre et Hemingway sont venus s'installer sous le regard des deux statues qui trônent dans la salle. Le prix littéraire des « Deux Magots » y est décerné depuis 1933.

ACHATS

Marine Biras – *5 r. Lobineau - Mº Mabillon -* ☎ *01 43 25 01 64 - tlj sf dim. et lun. 11h-19h - fermé j. fériés, fév.* Marine Biras a quitté le monde de la mode il y a 10 ans pour ouvrir cette galerie de textile unique à Paris. Créations d'artistes ou tissus traditionnels du monde entier, les œuvres présentées dans cette minuscule boutique sont d'une rare beauté.

Boulevard St-Germain – Depuis une vingtaine d'années, à l'instar de tout le Quartier latin, les librairies du boulevard St-Germain sont reprises par les grands couturiers... Qu'on le déplore ou qu'on s'en réjouisse, le ton est désormais donné par les Sonia Rykiel, Daniel Hechter, Issey Miyake, Dupont, Armani et autres Hugo Boss.

Debauve et Gallais – *30 r. des Sts-Pères - Mº St-Germain-des-Prés -* ☎ *01 45 48 54 67 - www.debauve-et-gallais.com - lun.-sam. 9h-19h - fermé j. fériés.* Chocolatier depuis 1800, ancien fournisseur des rois de France. Magasin classé à l'Inventaire des Monuments historiques.

Emporio Armani – *149 bd St-Germain - Mº St-Germain-des-Prés -* ☎ *01 53 63 33 50 - tlj sf dim. 10h30-20h30 - fermé j. fériés.* Jeunes et moins jeunes trouveront leur bonheur parmi les diverses lignes de ce couturier sobre et raffiné. À l'image de ses créations, sa boutique marie luxe et dynamisme et bénéficie d'un beau salon de thé italien très prisé les jours de shopping.

La Hune – *170 bd St-Germain - Mº Saint-Germain-des-Prés -* ☎ *01 45 48 35 85 - 10h-23h45, dim. 11h-19h45 - fermé j. fériés.* Plus de 30 000 références de livres dont une sélection particulièrement riche en sciences humaines, graphisme et illustration, une équipe de professionnels polyglottes, signatures par les auteurs, présentations, journées à thème et nocturnes quotidiennes : cette librairie, fondée en 1949, est devenue une adresse incontournable de la vie germanopratine.

Le Carré Rive Gauche – M° *Rue du Bac* - ☎ *01 42 61 31 45.* Cette association rassemble 120 galeries d'art et antiquaires répartis le long des rues des Saints-Pères, de l'Université, du Bac et du quai Voltaire. Vous trouverez chez chacun d'eux une brochure mentionnant leur adresse et leur spécialité.

Marché Saint-Germain – *R. Clément - M° Mabillon -* ☎ *01 43 29 80 59 - tlj sf dim. 10h-20h.* Cet agréable marché couvert abrite des magasins de prêt-à-porter tels que Gap ou Somewhere, des boutiques de soins, de décoration et un grand marché alimentaire.

Nadine Delepine – *14 r. Princesse - M° Mabillon ou St-Germain-des-Prés -* ☎ *01 40 51 81 10.* Séduisante boutique d'accessoires de mode créés par la talentueuse Nadine Delepine. Ici une broche et un bracelet, là une belle écharpe et un joli chapeau, à moins que vous ne craquiez pour ce superbe collier qui ne coûte que quelques euros ! Tout n'est que couleurs et fantaisies. Comment résister ?

Rue de Furstemberg – M° *Mabillon.* Jac Dey, Pierre Frey, Verel de Belval, Taco et Manuel Canovas, cette discrète petite rue est presque entièrement dédiée à la décoration. On y trouve également Yveline, une charmante antiquaire possédant une belle collection de mannequins articulés.

Sonia Rykiel – *175 bd St-Germain - Autre adresse : 70 r. du Fg-St-Honoré 8e arr. - M° St-Germain-des-Prés -* ☎ *01 49 54 60 60 - www.soniarykiel.com - tlj sf dim. 10h30-19h - fermé j. fériés.* Les créations de cette grande couturière aux nombreux talents s'inspirent souvent de ses autres passions : la littérature, le design, le cinéma ou la gastronomie. Chaque nouvelle collection est un événement très attendu.

Rue de l'Abbaye

Elle mène au **palais abbatial** *(n° 5)* : imposante construction Renaissance élevée en 1586 par le cardinal-abbé Charles de Bourbon (fenêtres à double croisée, alternance de frontons arrondis et triangulaires). Ce bâtiment fut remanié en 1699 par le cardinal de Fürstenberg, puis vendu comme bien national en 1797.

Rue de Furstemberg★

Le Paris paisible qui fait rêver : petite rue avec sa place ombragée de paulownias et décorée d'un réverbère à boules blanches. Elle fut créée par le cardinal Guillaume-Egon de Fürstenberg, par emprise sur la cour d'honneur de l'abbaye.

Rue Cardinale

Tournante, curieuse. Elle conserve ses vieilles maisons du 18e s., époque de son percement par Fürstenberg (1700). Magasins de décoration pour la maison avec des marques prestigieuses. Pittoresque est le carrefour des rues de l'Échaudé (1388) et de Bourbon-le-Château.

Par la rue de Bourbon-le-Château et à droite la rue de Buci, rejoindre le boulevard St-Germain. Prendre sur la gauche.

Boulevard Saint-Germain

Lieu de prédilection des hommes de lettres et artistes de la rive gauche ; ses restaurants sont aussi fréquentés par les hommes politiques et célébrités du jour. Deux vieux hôtels du 18e s. *(nos 159 et 173)* survivent aux attaques du temps. Beaux magasins de maisons de mode aussi prestigieuses les unes que les autres.

Prendre le boulevard St-Germain en direction de l'Odéon.

La rue de Seine est assez plaisante ; y alternent librairies et commerces de mode. Elle offre une jolie vue sur le Sénat. La rue Toustain conduit au **marché Saint-Germain**.

N'hésitez pas à remonter la rue de Seine, à laquelle succède la superbe rue de Tournon, bordée d'hôtels particuliers et de maisons anciennes.

Promenade autour de l'Institut ② *(voir ce nom).*

Promenade dans le quartier de l'Odéon ③
(voir ce nom).

visiter

Musée Delacroix

6 pl. de Fürstenberg. M° St-Germain-des-Prés. Tlj sf mar. 9h30-17h (dernière entrée 1/2h av. fermeture). Fermé 1er janv., 1er mai, 25 déc. 5€, gratuit 1er dim. du mois et 14 juil. ☎ *01 44 41 86 50. www.musee-delacroix.fr*

La place ombragée de la rue de Furstemberg.

S. Sauvignier/MICHELIN

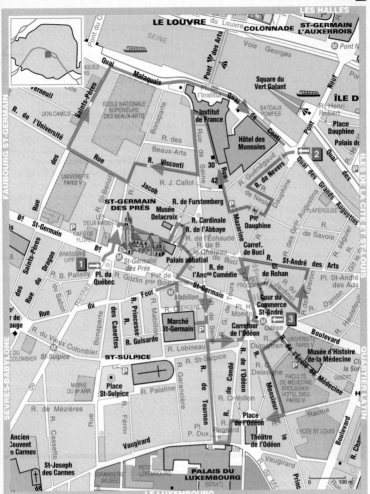

Le musée a pris place dans le salon, la bibliothèque, l'atelier et la chambre qu'occupa Delacroix de 1858 à 1863. Expositions renouvelées plusieurs fois par an. Œuvres de Delacroix et de ses amis. L'atelier et le petit jardin récemment rénové constituent un havre de paix.

Faubourg Saint-Honoré★

La longue rue du Fbg-St-Honoré est fréquentée par les plus grands de ce monde... puisqu'elle est l'adresse du président de la République. À défaut de pouvoir entrer à l'Élysée, le commun des mortels devra se contenter d'un lèche-vitrines de luxe, la rue et ses environs immédiats hébergeant tout ce qu'il faut pour envisager une flânerie élégante.

La situation

Plan Michelin n° 54 E 8-9, F 9-11 – 8ᵉ arr. – Mᵒ Concorde (lignes 1, 8, 12), Madeleine (lignes 8, 12, 14), Saint-Philippe-du-Roule (ligne 9), Ternes (ligne 2) – Bus 24, 42, 52, 80, 83, 84, 93, 94. Parallèle aux Champs-Élysées, la rue du Faubourg-Saint-Honoré est en sens unique à partir de l'avenue de Friedland et du boulevard Haussmann.

carnet pratique

RESTAURATION

Se reporter à la rubrique « Restauration » dans les Informations pratiques, en début de guide ; ce quartier correspond au 8e arrondissement.

SORTIES

Bar de l'hôtel Bristol – *112 r. du Fg-St-Honoré - M° St-Philippe-du-Roule - ☎ 01 53 43 43 42 - www.hotel-bristol.com - lun.-ven. 8h-1h30, w.-end 10h30-1h30.* Ce bar feutré et raffiné réunit tous les charmes d'un grand palace où se croisent célébrités de la mode, des médias, de la politique et des affaires. Superbe décor composé de tapisseries, tableaux et objets d'art et agréable terrasse fleurie dans la cour intérieure. Nouveau salon où l'on peut également prendre les repas ou boire un thé.

ACHATS

Hermès – *24 r. du Fg-St-Honoré - M° Concorde - ☎ 01 40 17 47 17 - lun. 10h-13h, 14h15-18h30, mar.-sam. 10h-18h30 - fermé j. fériés.* Depuis la boutique de harnais créée en 1837 par Thierry Hermès, cette entreprise familiale s'est agrandie mais a conservé l'esprit de son fondateur. C'est donc dans un décor équestre que vous trouverez les créations de cette maison réputée.

Rue du Faubourg-Saint-Honoré – *M° Concorde ou Madeleine.* De la rue Royale à la place Beauvau, la rue du Faubourg-Saint-Honoré est vouée à la mode et aux produits de luxe. Les plus grands noms y sont présents : Lolita Lempika, Lanvin, Hermès, Cartier, Givenchy, Versace, Guy Laroche, Christian Dior, Louis Féraud.

B. Kaufmann/MICHELIN

Le palais de l'Élysée dispose d'une garde de prestige...

Voir à proximité place de la Concorde, la Madeleine, les Champs-Élysées, jardin des Tuileries, Palais-Royal et Saint-Lazare.

Le nom

La rue tire son nom du patron des boulangers et des pâtissiers. Ce saint, évêque d'Amiens au 6e s., aurait débuté comme mitron, et la longue perche dont il se servait pour remuer les braises se serait couverte de fleurs...

Les gens

L'impératrice Eugénie était plus que probablement superstitieuse, car elle fit supprimer le n° 13 de la rue du Faubourg-St-Honoré. Il n'a jamais été rétabli depuis.

se promener

Rue du Faubourg-Saint-Honoré★

Partant de la prestigieuse rue Royale, la rue du Faubourg Saint-Honoré, bordée de nobles palais, est elle aussi un temple du luxe qui, ici, sait se faire discrètement culturel avec ses galeries d'art. C'est également un haut-lieu de la vie publique française et il n'est sans doute pas un homme politique qui ne rêve, plus ou moins secrètement, de s'installer pour quelques années au palais de l'Élysée...

On laisse sur la gauche la **rue Boissy d'Anglas** permettant de rejoindre l'avenue Gabriel qui court, parallèle au faubourg et aux Champs-Élysées *(voir ce nom)*, bordée de part et d'autre par de magnifiques jardins.

FAIRE UN BŒUF

L'expression bien connue des fans de jazz vient de ce bar où les jazzmen avaient l'habitude de se retrouver après leurs concerts pour y improviser ensemble.

LA FAYETTE

Héros de trois révolutions (Amérique, 1789 et 1830), Marie Joseph Gilbert Motier marquis de La Fayette (1757-1834) s'est éteint à deux pas de la rue du Faubourg-Saint-Honoré : au n° 8 de la rue d'Anjou.

LE BŒUF SUR LE TOIT

Au n° 28 de la rue Boissy d'Anglas, on aura une pensée pour un mythique cabaret parisien, Le Bœuf sur le Toit, lancé en 1922 par Louis Moysès et fréquenté par Cocteau et les musiciens du Groupe des Six, devant *L'Œil Cacodylate*, une des œuvres de Picabia accrochées sur les murs. Après de multiples déménagements, le cabaret fut transféré rue du Colisée : c'est là que débutèrent, entre autres, Trenet, Mouloudji, Léo Ferré et les Frères Jacques.

Hôtel de Charost – *Au n° 39.* La sensuelle Pauline Bonaparte, sœur de Napoléon, résida dans cet hôtel construit en 1720 et qui abrite depuis 1815 l'ambassade de Grande-Bretagne. C'est en ce lieu que fut célébré en 1833 le mariage d'Hector Berlioz avec la tragédienne Harriet Smithson (1800-1854). Au grand dam de ses admirateurs, Dame Berlioz abandonna alors définitivement la scène.

Au n° 41, l'hôtel Edmond de Rothschild fut construit en 1835 par l'architecte Visconti.

Palais de l'Élysée – Construit pour le comte d'Évreux en 1718, passé aux mains de la marquise de Pompadour en 1753 puis, 20 ans plus tard, du financier Beaujon qui s'y sent à l'étroit et le fait agrandir, devenu bal public sous la Révolution, il devient résidence d'État sous le Premier Empire. Caroline Murat et l'impératrice Joséphine l'habitent et le décorent. Napoléon y signe sa seconde abdication le 22 juin 1815.

Le prince-président Louis Napoléon y réside et y prépare son coup d'État du 2 décembre 1851 : devenu Napoléon III, il s'installe au palais des Tuileries. Depuis 1873, les présidents de la République y résident ; il ne leur a été affecté officiellement qu'à partir de 1876.

VINGT PRÉSIDENTS DE LA RÉPUBLIQUE À L'ÉLYSÉE

Patrice de Mac-Mahon (1873), Jules Grévy (1879), Sadi Carnot (1887), Jean Casimir-Perier (1894), Félix Faure (1895), Émile Loubet (1899), Armand Fallières (1906), Raymond Poincaré (1913), Paul Deschanel (1920), Alexandre Millerand (1920), Gaston Doumergue (1924), Paul Doumer (1931), Albert Lebrun (1932), Vincent Auriol (1947), René Coty (1954), Charles de Gaulle (1959), Georges Pompidou (1969), Valéry Giscard d'Estaing (1974), François Mitterrand (1981), Jacques Chirac (1995).

Pratiquement en face du Palais de l'Élysée, au n° 76, la Galerie Charpentier, célèbre galerie de peinture qui occupait le rez-de-chaussée de l'immeuble faisant l'angle avec la rue de Duras, abrite désormais Sotheby's, la tout aussi célèbre salle des ventes.

Place Beauvau

Au Nord de cette place dessinée en 1836, une belle grille marque l'entrée du ministère de l'Intérieur, installé depuis 1861 dans cet hôtel élevé au 18e s. par Le Camus pour le prince Juste de Beauvau.

Face à la place Beauvau, l'avenue de Marigny rejoint les Champs-Élysées.

Avenue de Marigny

Sur la droite, au n° 23, l'ancien hôtel de Rothschild et son beau parc, sont devenus une dépendance de l'Élysée qui y reçoit les ministres étrangers. Plus loin, avant d'arriver aux Champs-Élysées, se dresse le **théâtre Marigny**, construit en 1883 par Charles Garnier qui lui donna cette forme dodécagonale. Le théâtre est aujourd'hui dirigé par le metteur en scène et acteur Robert Hossein.

Poursuivre dans la rue du Faubourg-Saint-Honoré.

Avenue Matignon

Cette avenue est renommée pour ses nombreuses galeries de peinture (moderne et contemporaine avant tout) : Félix Vercel, Maurice Garnier, Taménaga, Jérôme de Noirmont, Daniel Malingue, Bernheim-Jeune. Christie's, la fameuse salle des ventes, y a également élu domicile, dans un hôtel particulier construit en 1913 par l'architecte René Sergent.

Rue du Colisée

Le Colisée, amphithéâtre de 40 000 places, bâti en 1770 par Le Camus, inspiré de l'édifice romain, a laissé son nom à la rue, à un café et à un cinéma. Au n° 34 se trouve, depuis 1941, le mythique *Bœuf sur le Toit*, dans un cadre Art déco recréé.

Revenir à la rue du Faubourg-Saint-Honoré.

Église St-Philippe-du-Roule – *154 r. du Faubourg-St-Honoré. 13h-18h. Visite sur demande préalable auprès de M. le curé,* ☎ *01 53 53 00 40.*

Chalgrin l'a édifiée (1774-1784), imitant une basilique romaine ; le déambulatoire a été ajouté en 1845. Dans le cul-de-four du chœur, belle fresque de Chassériau représentant une Descente de croix.

Au-delà, la rue du Faubourg-Saint-Honoré poursuit son cours pour s'achever à proximité de la place des Ternes. Mais avant, en prenant la rue Hoche sur la droite, vous pourrez poursuivre votre promenade sous les frondaisons du romantique parc Monceau (voir ce nom).

UNE NOUVELLE SILHOUETTE

Le grand couturier Paul Poiret (1879-1944) avait sa « Maison » à l'emplacement du n° 107. Il libéra la mode des corsets, dentelles et colifichets qui engonçaient le corps féminin et lança, en 1912, les immenses chapeaux garnis de plumes d'autruche et les robes « entravées aux chevilles ».

Saint-Lazare

Vous qui détestez la foule, passez votre chemin, ce quartier n'est pas pour vous ! Tous les matins, la gare St-Lazare alimente Paris en milliers de banlieusards qu'elle récupère le soir tandis qu'en journée les Grands Magasins drainent une foule considérable en un va-et-vient incessant. Ici, les terrasses de cafés offrent des observatoires amusants de cette fourmilière à la fois cosmopolite et typiquement parisienne.

CAVE

Augé – *116 bd Haussmann - M° St-Augustin - ☎ 01 45 22 16 97 - lun. 13h-19h30, mar.-sam. 9h-19h30 - fermé j. fériés*. Fondée en 1850, cette entreprise familiale est la plus vieille cave de Paris. Dans son décor authentique, vous y trouverez le meilleur du vignoble français et étranger sélectionné avec un soin et une passion inaltérable. Belle sélection de spiritueux.

La situation

Plan Michelin n° 54 E 11-12, F 11-12 – 9ᵉ arr. – M° Saint-Lazare (lignes 3, 12, 13) – Bus 20,21, 24, 26 à 29, 32, 43, 53, 66, 80, 84, 94 et 95. Nous ne sommes plus à Paris ! Les rues environnant la gare St-Lazare se nomment Vienne, Madrid, Rome, Amsterdam, Londres, Constantinople, Saint-Pétersbourg, Athènes et convergent vers la place de l'Europe...

Voir à proximité Opéra, Saint-Georges et la Nouvelle-Athènes, plaine et parc Monceau, les Grands Boulevards, la Madeleine.

Le nom

Paris disposait d'une léproserie tenue par une congrégation qui avait pris le nom de Lazare le Pauvre (allusion à la parabole évangélique du mauvais riche).

Les gens

Des gens ? Une fourmilière vous dit-on. Si vous n'y croyez pas, allez y faire un tour un samedi après-midi, un jour de soldes ou une veille de Noël.

Claude Monet, « La Gare Saint-Lazare » (musée d'Orsay). Le charme de la gare Saint-Lazare, il faut le trouver dans l'art...

se promener

SE RESTAURER
Se reporter à la rubrique « Restauration » dans les Informations pratiques, en début de guide : ce quartier correspond aux 8ᵉ et 9ᵉ arrondissements.

Église Saint-Augustin★

Bâtie de 1860 à 1871 par **Baltard**, qui employa pour la première fois dans une église une armature métallique, la dissimulant sous un parement de pierre – édifice religieux oblige –, cette église ne présente donc pas les habituels contreforts extérieurs. Charles de Foucauld s'y convertit en octobre 1886.

Au Sud-Est de la place St-Augustin, prendre le boulevard Haussmann. On trouve bientôt à droite le square Louis-XVI.

Chapelle expiatoire

Square Louis-XVI – M° St-Augustin (ligne 9). Jeu.-sam. 13h-17h. Fermé 1ᵉʳ jan., 1ᵉʳ mai, 11 nov., 25 déc. 2,50€. ☎ 01 44 32 18 01.

Cet édifice néoclassique (1816-1821) construit par Fontaine occupe l'emplacement d'un petit cimetière où furent inhumées les 1 343 victimes de la guillotine révolutionnaire, parmi lesquelles Louis XVI et Marie-

Antoinette (enterrés à St-Denis depuis 1815). Charlotte Corday et Philippe Égalité sont enterrés de part et d'autre de l'escalier menant à la chapelle.

Boulevard Haussmann

Le **Printemps** (ouvert en 1865 par Jules Jalupot) et les **Galeries Lafayette** (à l'origine une petite mercerie ouverte en 1895 par Alphonse Kahn) ont fait des petits jusqu'au Japon, mais rien ne vaut les originaux. Les jours de soldes, ils sont littéralement pris d'assaut par la foule. Les Galeries Lafayette ont un charme particulier avec leur coupole et leurs balustrades ; belle vue depuis la terrasse.

ILS SE SONT SINGULARISÉS
Le Printemps fut le premier à être équipé d'ascenseurs. En 1919, la terrasse des Galeries Lafayette vit l'aviateur Védrines s'y poser avec son avion, un Caudron G3.

DU CÔTÉ DE CHEZ PROUST

Marcel Proust (1871-1922) résida douze ans au 102 boulevard Haussmann.

L'auteur de *À la recherche du temps perdu* avait choisi de vivre dans l'appartement de sa tante parce qu'il y avait vu mourir son oncle et qu'il pensait que son souvenir pourrait être une source d'inspiration. Très sensible aux bruits, Proust travaillait plutôt la nuit, tentant de dormir le jour malgré le bourdonnement du boulevard. Dans ce but, il avait littéralement couvert sa chambre de liège et de lourdes tentures. Et c'est là qu'il passait ses journées, souvent cloîtré au lit, se faisant des inhalations pour remédier à son asthme chronique.

île **Saint-Louis**★★

Résidentielle, l'île Saint-Louis a su conserver en plein cœur de Paris un soupçon d'atmosphère provinciale. Le charme paisible de ses quais, son décor classique, l'absence de toute attraction sensationnelle en font un des lieux les plus séduisants de la capitale.

La situation

Plan Michelin n° 54 J 15-16, K 15-16 – 4ᵉ arr. – Mᵒ Pont-Marie ou Sully-Morland (ligne 7) – Bus 67, 69, 86, 87. Ce petit navire de terre est amarré aux rives de la Seine par 4 ponts ; un 5ᵉ le relie à l'île de la Cité. La rue Saint-Louis-en-l'Île traverse l'île sur toute sa longueur.

Voir à proximité île de la Cité, la Conciergerie, Sainte-Chapelle, cathédrale Notre-Dame, Maubert, Jardin des Plantes, le Marais et Bastille.

Le nom

Louis IX (1214-1270), roi de France à 14 ans, voulait être saint, souhait exaucé en 1297. L'île conserve le souvenir du protecteur de la France et de la monarchie.

Les gens

Longtemps plongé dans l'oubli, l'œuvre de Camille Claudel (1864-1943) fut conçu au 19 quai de Bourbon de 1899 à 1913, date de son internement, qui dura jusqu'à sa mort.

carnet pratique

RESTAURATION

Se reporter à la rubrique « Restauration » dans les Informations pratiques, en début de guide : ce quartier correspond au 4ᵉ arrondissement.

PETITE PAUSE

Berthillon – *31 r. St-Louis-en-l'Île - Mᵒ Pont-Marie - ☎ 01 43 54 31 61 - www.berthillon.glacier.fr - mer.-dim. 10h-20h - fermé vac. scol.* Le plus fameux glacier de Paris, réputé pour ses crèmes glacées onctueuses et ses sorbets.

Le Flore en l'Île – *42 quai d'Orléans - Mᵒ Pont-Marie - ☎ 01 43 29 88 27 - 8h-2h - fermé Noël et Nouvel An.* La belle vue sur l'abside de la cathédrale Notre-Dame-de-Paris est le point fort de cette adresse. À la fois glacier, salon de thé et restaurant - faites-y une pause lors d'une promenade sur l'île Saint-Louis.

À l'écart de l'agitation de l'île de la Cité, l'île Saint-Louis invite à la flânerie.

comprendre

La formation de l'île – À l'origine étaient deux îlots, l'île aux Vaches et l'île Notre-Dame, où se déroulaient au Moyen Âge les célèbres duels judiciaires appelés « jugements de Dieu ». Au 17e s., l'entrepreneur Christophe Marie obtint du roi Louis XIII et du chapitre de Notre-Dame de réunir les deux îlots, de les desservir par deux ponts en pierre et de les lotir à ses frais. Le résultat de cette opération immobilière (1627-1664) est cette île unique quadrillée par un plan en damier, entièrement bâtie d'hôtels classiques.

se promener

L'île de long en large ②
Voir plan p. 168.

Pont Saint-Louis
Ce pont (1970) formé d'une arche métallique relie les deux îles parisiennes ; il remplace l'ancien pont St-Landry (1630). Interdit aux voitures, il offre des vues sur Notre-Dame, l'Hôtel de Ville et le dôme du Panthéon.

> **EN PARCOURANT L'ÎLE**
> Les demeures du 17e s. aux belles façades et élégants balcons de fer forgé appartenaient jadis à des financiers et des magistrats. Elles abritent aujourd'hui des hommes de lettres, des artistes et des amoureux du vieux Paris.

Quai de Bourbon
À la pointe de l'île, les bornes enchaînées, les médaillons 18e s. du pan coupé et la vue sur l'église St-Gervais-St-Protais composent un **site★** ravissant. Les magnifiques hôtels des nos 15 et 19 appartenaient à des conseillers au Parlement.

Pont Marie★
Christophe Marie, son constructeur, l'acheva en 1635, mais il dut être en partie refait en 1670 suite au dégel. Pas une fissure depuis.

Quai d'Anjou
La marquise de Lambert le trouva à son goût pour y emménager son salon littéraire qu'elle tenait jusqu'alors dans l'hôtel de Nevers, sur la rive droite. Plus républicain, Honoré Daumier y caricaturait les travers de la monarchie de Juillet au n° 9.

Hôtel de Lauzun – *Ne se visite pas.* Fâchés avec la vie bourgeoise, Théophile Gautier et Charles Baudelaire y goûtèrent aux paradis artificiels. Le Club des Hachischins a rendu l'hôtel plus célèbre que l'amant de la Grande Mademoiselle, le duc de Lauzun, pour lequel il fut élevé en 1657.

Square Barye
À la pointe Est de l'île, c'est le seul vestige de l'ancien jardin en terrasse de l'hôtel du financier Bretonvilliers.

Pont de Sully

Ce pont qui s'appuie sur la pointe de l'île date de 1876. Du bras Nord, la vue porte sur le quai d'Anjou et l'hôtel Lambert, le port des Célestins, le pont Marie et le clocher de St-Gervais ; du bras Sud, on a une belle **vue★** sur Notre-Dame, la Cité et l'île St-Louis.

Au 17e s., une plage faisait ici accourir la haute société et la Cour. Le dauphin, futur Louis XIII, aimait venir s'y baigner, parfois accompagné de son père, Henri IV.

Emprunter le quai de Béthune, puis la rue de Bretonvilliers (à droite) pour rejoindre la rue St-Louis-en-l'Île.

Hôtel Lambert★ (ou Le Vau)

Au n° 2, l'hôtel du président Lambert de Thorigny, dit Lambert le Riche, a été construit en 1640 par Le Vau et décoré par Le Sueur et Le Brun.

Église St-Louis-en-l'Île★

Tlj sf lun. 9h-12h, 15h-19h. ☎ *01 46 34 11 60.*

Son horloge de fer est curieuse, sa flèche ajourée est originale. Commencée en 1664 sur les plans de Le Vau, habitant de l'île, elle n'a été achevée qu'en 1726. L'intérieur est de style jésuite et d'une grande richesse décorative.

Hôtel de Chenizot

Au n° 51, cet hôtel, siège de l'archevêché au milieu du 19e s., se signale par un très beau portail surmonté d'une tête de faune.

Quai d'Orléans

Splendide **vue★★** sur le chevet de Notre-Dame et la rive gauche.

Ph. Gajic/MICHELIN

*De l'art au balcon...
Hôtel de Chenizot,
rue St-Louis-en-l'Île.*

visiter

Société historique et littéraire polonaise★

6 quai d'Orléans. Jeu. ap.-midi. ☎ *01 55 42 83 83.*
Trois musées dans un même immeuble du 17e s.

Musée Adam-Mickiewicz (1798-1855) – Poète, professeur de littérature slave au Collège de France : les souvenirs et documents font revivre sa vie et son œuvre, dont le manuscrit *Pan Tadeusz*.

Salle Chopin – L'exposition permanente consacrée à l'auteur des *Polonaises* conserve des manuscrits originaux de ses compositions ainsi que des portraits de ses proches et amis. On y verra des sculptures de Berlioz et Beethoven par Boleslas Biegas (1877-1954), dont l'œuvre est l'objet du 3e musée, consacré en outre à plusieurs artistes polonais.

> **À VOIR**
> Les bustes du poète
> par Bourdelle et
> David d'Angers.

Canal **Saint-Martin**★

Atmosphère... Avec ses neuf écluses, ses passerelles de fer, son plan d'eau – parfois plus élevé que la chaussée –, ses pavés et ses rangées d'arbres, le canal Saint-Martin compose sous le ciel parisien un paysage plein de charme, empreint d'une légère tristesse, sur lequel planent les ombres d'Arletty, de Balzac et de Simenon. Trace du Paris populaire et industriel du 19e s., il propose une promenade agréable, un peu à l'écart des grands sites touristiques.

DU NIL À L'OURCQ...

La construction du canal Saint-Martin fut décidée en 1802 par Napoléon Ier afin de relier l'Ourcq à la Seine. Pierre-Simon Girard, un ingénieur revenu de l'expédition d'Égypte et qui y avait étudié le niveau du Nil, fut chargé des travaux, qui s'achevèrent en... 1825 ! Une première section du canal fut cependant inaugurée en 1808.

La situation

Plan Michelin n° 54 D à K 17 – 10e arr. – M° République (lignes 3, 5, 8, 9 et 11), Jacques-Bonsergent (ligne 5), Goncourt (ligne 11) et Jaurès (lignes 2, 5 et 7b). Creusé sous la Restauration pour relier le canal de l'Ourcq à la Seine, le canal Saint-Martin étire sur 4,5 km ses bassins vieillots et ses 9 écluses pour une dénivellation de 25 m. Sa profondeur est de 2,20 m. La moitié de sa longueur est couverte. Il relie le bassin de la Villette au port de l'Arsenal (Bastille) en passant sous le boulevard Richard-Lenoir.

Voir à proximité République, la Villette et les Buttes-Chaumont.

Le nom

Saint Martin donnait son manteau, son canal donne de l'eau... C'est en effet dans la perspective d'alimenter la capitale en eau, et de la garnir de fontaines à la romaine, que fut créé ce canal.

Les gens

Ils sont nombreux, entre histoire, littérature et vie quotidienne, à avoir vu leur vie se lier au canal : Napoléon Ier, son instigateur, fut très attaché à sa construction ; César Birotteau, dans le roman de Balzac, fut conduit à la faillite par sa création... enfin, mariniers, pêcheurs, blanchisseuses, maçons, charpentiers et ouvriers furent le petit peuple du canal...

carnet pratique

RESTAURATION

Se reporter à la rubrique « Restauration » dans les Informations pratiques, en début de guide : ce quartier correspond au 10e arrondissement.

PETITE PAUSE

Chez Prune – *36 r. Beaurepaire - M°Jacques-Bonsergent ou Goncourt -* ☎ *01 42 41 30 47 - lun.-sam. 8h-2h, dim. 10h-2h - fermé Noël et Nouvel An.* Situé au bord du canal Saint-Martin, Chez Prune constitue une halte paisible ou animée, selon les heures, mais toujours sympathique. S'y retrouve une jeunesse, essentiellement issue du quartier, venue savourer un petit plat ou prendre un verre. Des tableaux souvent étranges et cocasses ornent les murs, conférant une touche branchée à l'endroit.

Couleur Canal – *56 r. de Lancry - M° Jacques-Bonsergent -* ☎ *01 42 40 60 52 - lun.-ven. 11h-15h -* Posée sur le trottoir, l'ardoise propose un choix de tartes salées et de pâtisseries maison réalisées sur place et, le plus souvent possible, à partir de produits biologiques. Côté décor, ce salon de thé joue la carte de la simplicité et de la modernité mettant ainsi en valeur les œuvres exposées du patron-sculpteur (jolies lampes au premier étage).

Sésame – *51 quai de Valmy - M° Jacques-Bonsergent ou Gare-de-l'Est -* ☎ *01 42 49 03 21 - 8h-22h - fermé 2 sem. en août, 1 sem. à Noël, 1er mai et lun.* Accueil charmant, cadre contemporain tout en sobriété (ton beige dominant), vue sur le canal et préparations appétissantes : de bonnes raisons de pousser la porte de ce salon de thé-épicerie fine proposant également petits-déjeuners et brunchs.

Salades composées et sandwichs originaux, le tout composé à partir de produits frais et de qualité.

SORTIES

Opus Jazz & Soul Club – *167 quai de Valmy - M° Jacques-Bonsergent ou Gare-de-l'Est -* ☎ *01 40 34 70 00 - www.opus-club.com - mar.-mer. 20h-2h, jeu.-sam. 20h-5h.* Sous les poutres et le haut plafond de cet ancien mess d'officiers britanniques, les réjouissances mènent la danse : rythmes variés (*funk, soul, groove*), soirées thématiques et concerts (jazz, gospel)...

ACHATS

Antoine & Lili – *95 quai de Valmy - M° Gare de l'Est -* ☎ *01 42 37 41 55 - 11h-20h - fermé du 24 déc. au 2 janv. et 1er mai.* Impossible de rater le « village » d'Antoine et Lili et ses trois façades aux tons acidulés (rose, vert, jaune). Jetez un œil aux boutiques de vêtements et de décoration avant de vous attabler dans cette cantine-épicerie. Intérieur assez kitsch ultra coloré et miniterrasse face au canal pour boire un thé, déguster des tapas, une crêpe ou une pâtisserie.

Kaloma – *32 r. Beaurepaire - M° Jacques-Bonsergent -* ☎ *01 42 00 61 29 - mar.-sam. 11h-19h30, dim. 14h30-19h - fermé du 1er au 15 août.* Cette boutique n'est pas seulement ethnique, elle est aussi éthique : en vendant meubles, bibelots et vêtements issus des cinq continents, elle contribue au développement du commerce équitable. En craquant pour une statuette ou une table, vous soutiendrez leur ambition de lutter contre la pauvreté mondiale. « Accessoirement », les objets sont beaux, le lieu très agréable et l'accueil charmant.

*Poésie des écluses
et des passerelles du canal
Saint-Martin, quand
la brume s'en mêle...*

se promener

Le long du canal Saint-Martin

*Depuis la place de la République (voir ce nom), emprunter la
rue du Faubourg-du-Temple jusqu'au boulevard Jules-Ferry.
S'engager, à gauche, dans le square F.-Lemaître.*

Du square Frédérick-Lemaître, on a une jolie vue, un
peu mélancolique, sur une écluse du canal Saint-Martin.
En effet, à cet endroit, le canal disparaît sous terre pour
ne reparaître qu'au-delà de la place de la Bastille, où il
forme alors le bassin de l'Arsenal.

*La promenade suit le canal, en remontant ses écluses.
N'hésitez pas à emprunter les passerelles : la vue sur le
canal y est très agréable.*

Les passerelles métalliques succèdent aux petits
squares. La zone n'est pas spécialement aménagée à
des fins touristiques, et les voitures accompagnent le
promeneur, mais il se dégage un certain charme du
canal. Il faut avoir la chance d'apercevoir une péniche et
la regarder s'engager dans une écluse pour qu'il
reprenne un peu vie.

*En remontant la courte avenue Richerand, on pénètre dans
l'hôpital Saint-Louis, et, après être passé sous un porche, on
accède à la cour principale.*

> **FAIRE DU THÉÂTRE,
CE N'EST PAS UN CRIME !**
La statue de Frédérick
Lemaître rend hommage
au célèbre comédien qui
se produisait sur le tout
proche « boulevard du
Crime » (actuel boulevard
du Temple).

Hôpital Saint-Louis

Sa **cour principale★**, superbe, fait penser à la place des
Vosges et à la place Dauphine. Il s'en dégage une atmosphère paisible. Pourvus de hauts toits raides à lucarnes,
les bâtiments de brique et de pierre sont séparés par des
cours fleuries.

*On redescend, par le même chemin, vers le canal Saint-
Martin, que l'on suit à nouveau.*

Après un **pont tournant**, à hauteur de la rue de la
Grange-aux-Belles, entre deux passerelles qui enjambent la voie d'eau, le **square des Récollets** évoque le
couvent des franciscains récollets, situé à proximité
(150 r. des Récollets, de l'autre côté du canal, sur la gauche)
et dont la première pierre fut posée par Catherine de
Médicis en 1604. Il formait notamment des aumôniers
de la Marine.

Monter sur la passerelle pour profiter de la **vue** sur le
canal.

Dans le quadrilatère délimité par le canal, les rues
Louis-Blanc, de la Grange-aux-Belles et des Écluses-
St-Martin s'élevait autrefois le **gibet de Montfaucon**,
sinistre gibet où soixante condamnés pouvaient être
pendus. Il fut fatal aux surintendants des finances :
Marigny, qui l'édifia sous Philippe le Bel, Montaigu,
qui le répara, Semblançay, qui s'était gardé d'y toucher, s'y balancèrent. En 1572, on y exposa le cadavre
de Coligny. Désaffecté au 17e s., le gibet ne disparut
qu'en 1760.

> **SPÉCIALISATIONS**
L'hôpital Saint-Louis
fut créé en 1607 sur ordre
d'Henri IV pour accueillir
les malades de la peste
de 1605-1606. Il fut
longtemps le plus bel
hôpital parisien.
La dermatologie en France
y prit naissance.

L'HÔTEL DU NORD
C'est aujourd'hui un café-restaurant qui propose des spectacles de chanson ou d'humour, notamment en anglais, et des bals musette le dimanche après-midi. *Voir le chapitre des Informations pratiques, en début du guide, rubrique « Restauration » (10e arr.).*

Hôtel du Nord
Au 102, quai de Jemmapes, la façade de l'hôtel du Nord rappelle la célèbre réplique d'Arletty à Louis Jouvet : « Atmosphère, atmosphère, est-ce que j'ai une gueule d'atmosphère ? ». Marcel Carné, avec l'aide du décorateur Alexandre Trauner, reconstitua le cadre du canal en studio pour son film *Hôtel du Nord* (1938), adapté du roman éponyme d'Eugène Dabit (1928).

Suivre ensuite le canal jusqu'à la place de la-Bataille-de-Stalingrad.

ARLETTY
D'*Hôtel du Nord* à *Fric-Frac*, sensuelle et pétillante, Arletty a représenté dès la fin des années 1930 l'actrice française et surtout parisienne. Née à Courbevoie dans un milieu populaire, Arletty (Léonie Bathiat de son vrai nom, 1898-1992) s'est imposée au théâtre comme à l'écran avec sa verve époustouflante, sa truculence et sa gouaille des faubourgs, son accent parigot, apportant une noblesse altière et une liberté souveraine à tous ces personnages. Amie de Céline et complice de Michel Simon, c'est sous la direction de Marcel Carné qu'elle a donné toute la dimension de son talent : *Hôtel du Nord* certes mais encore *Les Visiteurs du soir* (1942) et *Les Enfants du Paradis* (1944). Après quelques films mineurs, en 1963, elle préfère se retirer des affiches, laissant derrière elle une forte personnalité dans le cinéma français.

Rotonde de la Villette
Pl. de la Bataille-de-Stalingrad – Mo Jaurès ou Stalingrad. C'est l'un des anciens pavillons d'octroi construits par Ledoux, inspiré de l'architecture italienne. La Rotonde sert de dépôt pour les objets provenant des fouilles archéologiques, et parfois de lieu d'exposition.

Se diriger ensuite vers le bassin de la Villette. Prendre le quai sur la gauche, en direction du cinéma MK2. Continuer la promenade, qui se fait alors plus paisible (promenade Signoret-Montand).

On termine par le spectacle du **pont transbordeur** de la rue de Crimée, entre le bassin de la Villette et le canal de l'Ourcq, qui se lève pour laisser passer les bateaux, sous le regard ébahi des enfants.

Le métro Crimée se trouve à quelques pas sur la gauche. On peut également revenir par l'autre côté du bassin, et gagner le métro Jaurès.

En bateau★
Voir les coordonnées des promenades en bateau dans le chapitre des Informations pratiques, en début de guide, rubrique « Découvrir Paris autrement ».

Des promenades en bateau sont organisées sur le canal. Original et plaisant ! Le bateau franchit neuf écluses dont quatre doubles, la plus belle étant celle des Récollets.

La Rotonde de la Villette : la plus belle des « barrières » d'octroi construites par Ledoux.

Puis il emprunte la galerie souterraine de 1 854 m de long, éclairée par des lanterneaux d'aération, construite sur l'ordre du baron Haussmann en 1860.

Sous la voûte de la Bastille, au passage, il est possible d'apercevoir, de part et d'autre du soubassement de la colonne de Juillet, les grilles de la crypte où reposent les corps des victimes des révolutions de 1830 (les Trois Glorieuses) et de 1848.

Saint-Sulpice★

Longtemps les bondieuseries des environs immédiats de l'église Saint-Sulpice ont façonné la réputation de ce quartier de la rive gauche. Fait de petites rues ombragées qui s'imbriquent au Sud de Saint-Germain-des-Prés, il accueille aujourd'hui libraires et boutiques de mode.

G. Targat/MICHELIN

« Les quatre points-cardinaux » : c'est le nom que l'on a donné à la fontaine de la place Saint-Sulpice, car aucun des grands évêques, dont les statues occupent les niches (Bossuet, Massillon, Fléchier, ici Fénelon), n'a été nommé cardinal !

La situation
Plan Michelin n° 54 K 13 – 6ᵉ arr. – Mº Saint-Sulpice (ligne 4) ou Mabillon (ligne 10) – Bus 48, 63, 70, 84, 95, 96. Plutôt bien entouré par l'Odéon, le Luxembourg et le Quartier latin. Attention, le samedi, embouteillages garantis.
Voir à proximité Sèvres-Babylone, Saint-Germain-des-Prés, Odéon, le Luxembourg, Montparnasse.

Le nom
Saint Sulpice fut évêque de Bourges et aumônier du roi mérovingien Clotaire II. Il mourut en 644.

Les gens
Des générations entières sont venues ici acheter des objets de piété dans les boutiques spécialisées entourant l'église. L'« art Saint-Sulpice », qui désigne ces objets d'art sacré kitsch, a été très vivace jusque dans les années 1960.

se promener

Place Saint-Sulpice
Toutes les façades de cette place tracée au milieu du 18ᵉ s. devaient être semblables à celle du **n° 6** que l'on doit à Servandoni *(angle de la rue des Canettes)*, mais c'était un vœu pieux. Au centre se dresse la fontaine élevée par Visconti en 1844, où figurent les grands orateurs du 17ᵉ s. Le côté Nord s'est paré d'élégance avec des boutiques signées Yves Saint-Laurent, Castelbajac, Christian Lacroix.

Église Saint-Sulpice★★
Fondée par l'abbaye de St-Germain-des-Prés pour servir de paroisse à des paysans de son domaine, l'église a été rebâtie plusieurs fois et agrandie aux 16ᵉ et 17ᵉ s. (six architectes se succéderont en cent trente-quatre ans).

Extérieur – La façade principale a été dessinée par le Florentin Servandoni en 1732, mais le fronton monumental a été supprimé et les lanternons Renaissance qui devaient coiffer les clochers ont été remplacés par des balustrades (la tour de gauche est plus haute et plus ornée que sa consœur, inachevée). La façade du transept *(côté rue Palatine)* est de style jésuite.

Intérieur – Les proportions sont imposantes. La **chapelle de la Vierge★** *(dans l'axe du chevet)* a été décorée sous la direction de Servandoni. Dans la niche de l'autel, la *Vierge à l'Enfant* est de Pigalle. Le beau **buffet d'orgue★** est une œuvre de Chalgrin (1776). Reconstruit par Cavaillé-Coll en 1862, c'est l'instrument le plus grand de France (102 jeux répartis sur 5 claviers), et l'un des meilleurs. L'organiste Daniel Roth en tient aujourd'hui les claviers chaque dimanche et jours de fête, et des concerts (annoncés par voie d'affiches aux portes de l'église) ont lieu régulièrement.

> **À VOIR**
> Les peintures murales★ de Delacroix, tout en fougue romantique (1849-1861). Dans la chapelle des Saints-Anges *(première à droite)* : à la voûte, *Saint Michel terrassant le démon* ; sur les murs : *Héliodore chassé du Temple* et *Le Combat de Jacob avec l'Ange.*

carnet pratique

RESTAURATION

Se reporter à la rubrique « Restauration » dans les Informations pratiques, en début de guide : ce quartier correspond au 6ᵉ arrondissement.

SORTIES

Castel – *15 r. Princesse - Mᵒ Saint-Germain-des-Prés -* ☎ *01 40 51 52 80 - mar.-sam. 21h-5h - fermé août, Noël et 1ᵉʳ janv.* Les plaisirs des yeux, de la danse et de la conversation se conjuguent dans cette institution de la jet-set parisienne, argentée et célèbre. Vous pourrez y dîner ou seulement prendre un verre dans un cadre très élégant et confortable, si vous parvenez à y entrer... Tenue correcte exigée.

Chez Georges – *11 r. des Canettes - Mᵒ Mabillon - mar.-sam. 12h-2h - fermé août.* Un vieux café à l'allure anar ! Sans doute le dernier endroit authentique (et bon marché !) du quartier. De vieilles affiches aux murs, un zinc, quelques banquettes, des tabourets et du carrelage. Convivialité des échanges entre les clients autour d'un ballon de rouge. Cave au sous-sol avec ambiance musicale.

ACHATS

Place St-Sulpice – Quelques couturiers de renom y ont ouvert boutique : Christian Lacroix, Jean-Charles de Castelbajac, Yves Saint-Laurent Rive Gauche. Pour du shopping ou même simplement du lèche-vitrine, empruntez également la rue St-Sulpice où sont installés de nombreux créateurs (Georges Rech, Agnès B. et Marie Mercier pour les chapeaux de dame), des librairies et des boutiques de gravures anciennes.

Christian-Lacroix – *2-4 pl. St-Sulpice - Mᵒ Saint-Sulpice -* ☎ *01 46 33 48 95 - www.christian-lacroix.fr - lun.-sam. 10h30-19h - fermé j. fériés.* Ce couturier est réputé pour son style chatoyant et fleuri et rapproche le prêt-à-porter de la haute couture. Chaque vêtement est un hymne à la joie.

Gravures Anciennes J. C. Martinez – *21 r. St-Sulpice - Mᵒ Saint-Sulpice -* ☎ *01 43 26 34 53 - 10h-12h30, 14h-19h - fermé dim. et j. fériés.* Autre façon de découvrir les origines de Paris, cette adresse présente un remarquable choix de gravures anciennes et de livres rares. D'autres thèmes sont proposés : régions françaises, gastronomie, animaux, personnages célèbres, fleurs, etc. Tout est soigneusement répertorié et rangé dans des dizaines de grands tiroirs.

Librairie La Procure – *3 r. de Mézières - nouvel espace au 6 r. de Mézières, dédié à la jeunesse, la musique et le cinéma - Mᵒ Saint-Sulpice -* ☎ *01 45 48 20 25 - www.laprocure.com - lun.-sam. 9h30-19h30 - fermé j. fériés.* Sur plus de 750 m², cette librairie propose un remarquable choix d'ouvrages spécialisés en théologie, histoire des religions et exégèse biblique. Dans la même rue, une seconde boutique abrite un espace dédié à la jeunesse et à la musique.

Village Voice – *6 r. Princesse - Mᵒ Mabillon ou Saint-Germain-des-Prés -* ☎ *01 46 33 36 47 - www.villagevoicebookshop.com - lun. 14h-20h, mar.-sam. 10h-20h, dim. 14h-19h.* L'enseigne est un hommage à l'avant-gardiste hebdomadaire *New-York Village Voice.* Créée en 1982, cette librairie anglophone présente un grand choix d'ouvrages littéraires et de sciences humaines.

Yves Saint-Laurent – *6 pl. St-Sulpice - Mᵒ Saint-Sulpice -* ☎ *01 43 29 43 00 - lun. 11h-19h, mar.-sam. 10h30-19h - fermé j. fériés.* Y.S.-L. est une légende vivante. 40 années de création ont forgé le style de cet artiste aimé des femmes et dont les inventions ont marqué l'histoire de la mode. Cette boutique présente les quatre collections de la ligne « Rive Gauche ».

Deux bénitiers, accolés aux deuxièmes piliers de la nef, sont des coquilles géantes offertes à François Iᵉʳ par la République de Venise, puis données en 1745 par Louis XV à St-Sulpice. Pigalle en a sculpté les rochers qui servent de supports.

Prendre la rue St-Sulpice, puis tourner à gauche dans la rue Mabillon.

On parvient au **marché Saint-Germain**, ancien marché couvert aménagé en forum avec établissements sociaux et culturels, et une galerie marchande.

Enchaîner par les rues Guisarde et Princesse.

Ph. Gajic/MICHELIN

Aubergistes, bistrotiers et commerçants vous appellent !

UN RAYON DE SOLEIL

Tout d'abord, il faut repérer la ligne de cuivre qui, dans le transept, part d'une plaque encastrée dans le sol du croisillon droit et rejoint un obélisque de marbre dans le croisillon gauche. Ensuite, il faut trouver le trou percé dans la fenêtre haute du croisillon droit. Enfin, il faut qu'il y ait un rayon de soleil. Si le rayon atteint les repères portés sur l'obélisque, vous savez que vous êtes au solstice d'hiver ; si le rayon frappe la plaque, c'est un équinoxe ; dans tous les cas, il est midi.

Rues Guisarde et Princesse

Les piétons sont rois dans ces ruelles du vieux Paris. En été, les façades sont joliment fleuries. Pubs, bars et restaurants animent le quartier jusqu'à l'aurore.

Rue des Canettes

À l'image de ses voisines, l'animation est ici à son comble le soir venu. Des pistes de danse vous y attendent dans les caves...

De retour place St-Sulpice, prendre à droite de l'église, la rue Palatine, puis à gauche la rue Servandoni.

Rue Servandoni

Cette charmante petite rue, encore pavée et bordée de vieilles demeures aux lourdes portes cochères (Condorcet vécut au n° 5 entre 1793 et 1794), permet de rejoindre la rue de Vaugirard et de prolonger votre balade dans le jardin du Luxembourg *(voir ce nom).*

> **RÉSISTANCE**
> C'est au n° 48 de la rue du Four que le 27 mai 1943, réuni sous la présidence de Jean Moulin, le Conseil National de la Résistance reconnut le général de Gaulle pour chef.

Sainte-Chapelle★★★

Bâtie au 13e s. par Saint Louis au cœur de la Cité pour accueillir les reliques de la Passion, la Sainte-Chapelle touche à la perfection. Conçu comme une châsse de pierre et de verre, cet édifice tout en clarté et légèreté, chef-d'œuvre du gothique rayonnant, continue d'être l'une des grandes émotions esthétiques de Paris...

La situation

Plan Michelin n° 54 J 14 – 4 bd du Palais – 1er arr. – M° Cité (ligne 4). L'entrée se trouve à gauche du portail central du Palais de Justice. Il faut contourner l'arrière de l'édifice pour accéder aux guichets d'accueil.

Voir île de la Cité, la Conciergerie, et, à proximité, cathédrale Notre-Dame, île Saint-Louis, Châtelet-Hôtel de Ville et Quartier latin.

Le nom

Jusqu'à la Révolution, elle abrita des reliques du Christ et de la Vierge.

Les gens

Saint Louis (1214-1270), ou Louis IX, dont la foi ardente nous vaut ce joyau, s'embarqua pour la septième croisade dès que la chapelle fut achevée. Aussitôt après sa mort, il fut vénéré comme un saint et fut canonisé en 1297.

> Les reliques du Christ et de la Vierge, échappées en partie à la destruction révolutionnaire, sont maintenant conservées à Notre-Dame : Couronne d'Épines, saint Clou, fragment de la Vraie Croix.

carnet pratique

VISITE

Billets d'entrée – La Sainte-Chapelle jouxtant la Conciergerie, il est intéressant de combiner les deux entrées. Ce billet spécifique n'est en vente que jusqu'à 15h.

Accès – Pour les enfants et les personnes âgées ou handicapées, l'accès à la chapelle haute est difficile : l'escalier à vis est étroit et à forte dénivellation.

Conseils – Visiter Notre-Dame auparavant permet de mieux apprécier l'évolution architecturale créée en l'espace de 80 ans seulement. Des plaquettes détaillées (à rendre en fin de visite), traduites en plusieurs langues, sont disponibles pour la chapelle haute. Leur lecture étant un peu longue, des chaises sont à votre disposition.

Les verrières de la chapelle haute d'une hauteur de 15 m sont difficilement lisibles sans une paire de jumelles (possibilité de location à l'accueil) et un bon rayon de soleil. Elles doivent être lues chacune de gauche à droite et de bas en haut.

Pour les adeptes d'art religieux, le guide iconographique *La Bible et les Saints* (Flammarion, 1994) complète précieusement la lecture des vitraux.

Visites guidées – Les horaires sont indiqués à l'entrée de la chapelle basse.

PLUS PETIT,
C'EST PLUS CHER
L'acquisition des autres reliques et la confection de leur châsse coûtèrent deux fois et demie la seule construction de la Sainte-Chapelle.

comprendre

Fondation – Au 13ᵉ s., Baudouin II de Courtenay, empereur latin de Constantinople, demande un prêt aux Vénitiens pour résoudre ses problèmes financiers : il engage la Couronne d'Épines du Christ. Ne pouvant faire face à l'échéance, il fait appel à Saint Louis qui rembourse les créanciers et prend possession de la relique en 1239. Ce dernier fait rechercher de nouvelles reliques du Christ et de la Vierge pour les réunir dans un monument.

Chapelle palatine – Consacrée le 25 avril 1248, elle fut élevée en 33 mois à la demande du roi et dans son palais même. Cette situation imposait de construire un édifice à deux étages : le premier pour le souverain et sa famille (chapelle haute), le second pour... les autres (chapelle basse).

POINT DE VUE ARCHITECTURAL

Pour qui vient de visiter Notre-Dame, l'évolution architecturale est saisissante. Quatre-vingts ans seulement séparent ces deux monuments et déjà le style lancéolé lui-même est ici dépassé par la légèreté et la clarté de la chapelle. L'architecte a poussé jusque dans ses applications les plus hardies, la logique du style gothique et, servi par les dimensions restreintes de l'édifice, il a réussi à en assurer l'équilibre par de simples contreforts lestés de pinacles. Pour la première fois, les murs sont presque entièrement à jour : des verrières de 15 m de haut remplissent les vides. La flèche s'élance jusqu'à 75 m au-dessus du sol. Sa charpente en bois est recouverte de plomb. Sobriété, élégance et lumière sont les maîtres mots.

FÂCHEUSE RÉFECTION
La chapelle était isolée au milieu de la cour. Une petite galerie reliait l'étage supérieur du porche aux appartements de Saint Louis. Lors des réfections du palais, au 18ᵉ s., on accola fâcheusement au sanctuaire une aile de la cour du Mai.

visiter

9h30-18h (dernière entrée 1/2h av. fermeture). Fermé 1ᵉʳ janv., 1ᵉʳ mai, 1ᵉʳ et 11 nov., 25 déc. 6,10€. ☎ *01 53 40 60 80.*
La Sainte-Chapelle a bénéficié d'une prestigieuse restauration de 1841 à 1867 sous la direction de Duban et Lassus.

Chapelle basse

Sa largeur (17 m) est d'autant plus impressionnante qu'elle n'est haute que de 7 m. Les colonnes qui soutiennent la voûte étoilée (décorée lors de la restauration du 19ᵉ s.) alternent les fleurs de lys et les tours de Castille, emblèmes de Blanche de Castille, mère de Saint Louis. Au sol, les dalles recouvrent des tombes de chanoines. Elle était réservée au culte paroissial.

Chapelle haute

Montée par l'escalier à vis à droite de l'entrée, descente par celui de gauche. Le visiteur se retrouve sans voix lorsqu'il pénètre sous cette immense verrière. Si le soleil est au rendez-vous, le moindre de ses rayons est capté.

ROI MAIS DISCRET
Deux petites niches, dans la 3ᵉ travée, étaient réservées au roi et à sa famille. Dans la travée suivante *(à droite)*, on voit la porte de l'oratoire bâti par Louis XI : une petite baie grillagée permettait de suivre l'office sans être aperçu.

Tout le vaisseau est entouré d'arcatures, dont les chapiteaux finement sculptés reproduisent des motifs végétaux. À chaque pilier est adossée une statue d'apôtre tenant une des douze croix rituelles de consécration de l'église. Six d'entre elles sont d'origine *(en rouge sur le plan)* ; les autres statues originales sont conservées au musée national du Moyen Âge.

Au milieu de l'abside s'élève une tribune, surmontée d'un baldaquin en bois qui abritait la châsse. Deux petits escaliers tournants *(accès interdit)*, enfermés dans des tourelles à jour, conduisent à la plate-forme. Celui de gauche date de l'origine. Saint Louis l'a souvent monté pour aller ouvrir lui-même, devant les assistants, les panneaux de la châsse, étincelants de pierreries.

Le porche sur la terrasse est une reconstitution (tympan et trumeau du 19ᵉ s.).

Un joyau de l'art gothique, malheureusement abîmé par la tempête du 26 décembre 1999 (une pierre a brisé le vitrail de la Genèse).

B. Acloque/CNMHS

UNE COLORATION LUMINEUSE
En 1240, les vitraux de Chartres sont achevés. Le roi appelle leurs maîtres verriers pour garnir le fenestrage de sa chapelle. Ainsi s'explique la parenté des deux réalisations.

Vitraux

Ce sont les plus anciens de Paris. Ils couvrent 618 m², comptent 1 134 scènes, dont 720 sont encore d'origine. Les restaurations, effectuées au milieu du 19e s. d'après les cartons du peintre Steinheil, sont difficiles à déceler. Nous ne connaissons la rose rayonnante d'origine que par une miniature des *Très Riches Heures du duc de Berry*. La rose actuelle, commandée par Charles VII à l'époque flamboyante, illustre l'Apocalypse de saint Jean.
Les sujets ont pour thème l'exaltation de la Passion, son annonce par les grands prophètes et Jean Baptiste et les scènes bibliques qui la préfigurent. Les verrières doivent être lues chacune de gauche à droite et de bas en haut, sauf les n° 6, 7, 9 et 11 qu'il faut lire lancette par lancette.

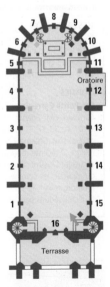

CHAPELLE HAUTE

1. La Genèse – Adam et Ève – Noé – Jacob.
2. L'Exode – Moïse et le Sinaï.
3. L'Exode – La loi de Moïse.
4. Deutéronome – Josué – Ruth et Booz.
5. Les Juges – Gédéon – Samson.
6. Isaïe – L'arbre de Jessé.
7. Saint Jean l'Évangéliste – Vie de la Vierge – Enfance du Christ.
8. La Passion du Christ.
9. Saint Jean-Baptiste – Daniel.
10. Ézéchiel.
11. Jérémie – Tobie.
12. Judith – Job.
13. Esther.
14. Les Rois : Samuel, David, Salomon.
15. Sainte Hélène et la Vraie Croix – Saint Louis et les reliques de la Passion.
16. Rose flamboyante (15e s.) : l'Apocalypse.

Le Sentier

Des tissus... et encore des tissus... Dans un dédale de rues et de passages, le Sentier est en effet le fief coloré du commerce de gros des tissus, de la passementerie, de la bonneterie et de la confection. C'est peut-être pour cela qu'on aime y flâner, au pied de maisons à caractère populaire des 17e et 18e s., tandis que l'activité des artisans ne cesse de se déployer.

La situation

Plan Michelin n° 54 G 14-15 – 2e arr. – M° Sentier (ligne 3), Bonne-Nouvelle (lignes 8 et 9) – Bus 67, 74 et 85. Il tient dans le carré formé au Nord par les boulevards Montmartre, Poissonnière, Bonne-Nouvelle, la rue St-Denis à l'Est, la rue Réaumur au Sud et la rue Notre-Dame-des-Victoires à l'Ouest. Secteur traversé de rues piétonnes, les voitures ne sont pas toujours les bienvenues.

Le nom

Le mot sentier est une déformation de « chantier ». En effet, c'était au Moyen Âge un chantier de déforestation. Il s'agissait de faire place aux habitations.

Les gens

Richard Anconina l'a rendu célèbre dans *La Vérité si je mens !* En effet, le Sentier est l'un des quartiers juifs de Paris. Ses ateliers et ses boutiques de prêt-à-porter vendu en gros, sources de quelques fortunes, y sont célèbres.

carnet pratique

RESTAURATION

Se reporter à la rubrique « Restauration » dans les Informations pratiques, en début de guide : ce quartier correspond au 2e arrondissement.

SORTIES

Les Petits Carreaux – *17 r. des Petits-Carreaux - M° Étienne-Marcel -* ☎ *01 42 33 37 32 - 8h-2h - fermé 25 déc. et dim. soir.* Charme « rétro » préservé malgré la récente rénovation de cet accueillant bistrot. On y croise des habitants du quartier, les commerçants de la rue Montorgueil et du Sentier, et quelques touristes séduits par l'atmosphère conviviale de l'adresse. Aux beaux jours, la terrasse dressée sur la voie piétonne ne manque pas d'attrait.

ACHATS

Stohrer – *51 r. Montorgueil - M° Les-Halles, Sentier ou Étienne-Marcel -* ☎ *01 42 33 38 20 - www.stohrer.fr - tlj 7h30-20h30 - fermé 1er au 15 août.* Cette pâtisserie fondée par le pâtissier Nicolas Stohrer régale les parisiens depuis 1730. Redécorée en 1860 par Paul Baudry, créateur des foyers de l'Opéra Garnier, cette maison borde la très vivante rue Montorgueil. Vous pourrez y déguster le fameux baba au rhum, des macarons, le puits d'amour ou encore les tartelettes aux fraises des bois.

se promener

Départ au M° Sentier. Prendre la rue Réaumur et remonter la rue des Petits-Carreaux vers le Nord. Sur la droite, s'arrêter place du Caire.

Place du Caire

L'ancienne cour des Miracles : une grande cour non pavée, puante, boueuse, surpeuplée de milliers de « marginaux » qui le jour jouaient les infirmes pour mendier et se débarrassaient le soir de leurs infirmités. À leur tête, un roi élu qui régnait sur ce lieu où le guet n'osait se risquer. Dans *Notre-Dame de Paris*, Victor Hugo rend magistralement l'atmosphère de grande truanderie, où seul le lieutenant de Police La Reynie est parvenu à chasser les « marginaux » en 1667.

Par la rue du Caire, s'engager dans le passage du même nom.

Deux Égyptiens montent la garde passage du Caire...

Passage du Caire

Fermé dim. Un immeuble orné de deux sphinx, de lotus et de hiéroglyphes marque l'entrée du passage, traversé par trois galeries. Dans l'habillement comme dans l'architecture, le style égyptien a gagné Paris au retour de Bonaparte de la campagne d'Égypte (1798). Les grandes étapes de l'avancée contre les Turcs et les Mamelouks donnent les noms de rues (du Nil, du Caire, d'Aboukir). Les imprimeurs du passage ont disparu, laissant place aux petits commerçants, spécialistes en décoration d'étalage.

Rejoindre la rue de Cléry par la rue d'Alexandrie et la rue St-Philippe.

Rue de Cléry

Cette ancienne contrescarpe de l'enceinte Charles V est bordée de boutiques de prêt-à-porter.

Tourner à gauche dans la rue des Degrés, dont l'escalier permet de gravir l'ancien rempart et mène derrière l'église Notre-Dame-de-Bonne-Nouvelle.

Église N.-D.-de-Bonne-Nouvelle

Son clocher est l'ultime vestige de ce sanctuaire bâti sur les instances d'Anne d'Autriche ; le reste de l'édifice date de 1823-1829. Grand nombre de tableaux. Le **trésor** se compose d'une statue de saint Jérôme en albâtre du 17e s., de deux Descentes de Croix et de la chasuble en soie (18e s.), dont le prêtre qui célébra la dernière messe à laquelle Louis XVI assista était vêtu.

> **À VOIR**
> *Annonciation* de Lanfranco, *Isabelle de France offrant à la Vierge le modèle de l'abbaye de Longchamp* de Philippe de Champaigne, *Vierge entourée de saints* par Ludovico Cigoli.

Sèvres-Babylone ★

Ce n'est pas le quartier que l'on sillonne à sa première visite à Paris. Mais, lorsque l'on est un peu plus familier avec la capitale, quand la flânerie et le shopping l'emportent sur les visites plus touristiques, alors il prend tout son intérêt.

La situation

Plan Michelin n° 54 K 11-12, L 11-12 – 6e et 7e arr. – M° Rue-du-Bac (ligne 12), Sèvres-Babylone (lignes 10 et 12) ou Vaneau (ligne 10) – Bus 39, 68, 70, 83, 84, 87 et 94. Entre le boulevard du Montparnasse au Sud, la rue de Varenne au Nord, le boulevard des Invalides à l'Ouest et le boulevard Raspail à l'Est. La longue rue du Cherche-Midi relie le quartier Montparnasse à St-Germain-des-Prés.

Voir à proximité faubourg Saint-Germain, Saint-Sulpice, les Invalides, Montparnasse.

La fontaine du Fellah près du métro Vaneau.

Le nom

Mon premier fait allusion à la manufacture de Sèvres, mon second fait référence à la ville antique au bord de l'Euphrate. Mon tout est un carrefour parisien des plus animés.

Les gens

Aristide Boucicaut (1810-1877) crée en 1852 le premier grand magasin de Paris, *Au Bon Marché*. Les innovations se succèdent : entrée libre, accès direct aux marchandises, prix fixes, ventes par correspondance, soldes, expositions de « blanc »... Le succès, immédiat et colossal, allait inspirer bien des imitateurs... Quant à Zola, il s'en empara pour écrire un volume de la série des Rougon-Macquart, *Au Bonheur des Dames*.

carnet pratique

RESTAURATION

Se reporter à la rubrique « Restauration » dans les Informations pratiques, en début de guide : ce quartier correspond aux 6e et 7e arrondissements.

SORTIES

Bar Lutèce – 45 bd Raspail - M° Sèvres-Babylone - ☎ 01 49 54 46 46 - www.lutetia.com - 10h30-1h - soirée « Luté-Jazz » : mer.-sam. 22h15-1h, piano-bar : à partir de 19h. Deux confortables salons années 1930 accueillent, parmi d'autres clients, des personnalités du monde des arts et des lettres, Saint-Germain-des-Prés est proche. Au vaste salon (orné d'une sculpture d'Arman) s'ajoute (après 18h) un salon plus feutré, le Ernest Bar et sa sculpture-cave à cigares signée Hiquily.

ACHATS

La Grande Épicerie de Paris – 38 r. de Sèvres - M° Sèvres-Babylone - ☎ 01 44 39 81 00 - www.lagrandeepicerie.fr - tlj sf dim. 8h30-21h. La belle façade Art déco de cette filiale du Bon Marché abrite l'un des plus grands magasins alimentaires de Paris : 30 000 produits en provenance du monde entier !

La cave à vins est également remarquable.
Poilâne – 8 r. du Cherche-Midi - M° Sèvres Babylone - ☎ 01 45 48 42 59 - www.poilane.fr - tlj sf dim. 7h15-20h15. Il fut un temps où les peintres sans le sou troquaient « croûte contre croûte » avec cet artisan exceptionnel. Depuis 1932, le décor n'a pas changé et le pain, toujours fabriqué à l'ancienne (6h de préparation !), demeure le plus réputé de Paris.

Rue du Bac – M° Rue-du-Bac. Une multitude de décorateurs se sont rassemblés entre la rue de Grenelle et la rue de Sèvres : L'Occitane, MD Contemporain, Dîners en ville, le Cèdre Rouge, le Conran Shop... Une agréable promenade à clore en dégustant un sorbet du Bac à glace !

Barthélémy – 51 r. de Grenelle - M° Sèvres-Babylone ou Rue-du-Bac - ☎ 01 45 48 56 75 - tlj sf dim. et lun. 8h-13h, 15h30-19h15, sam. 8h-13h30, 15h-19h15 - fermé août, j. fériés. Barthélémy n'est pas seulement l'un des meilleurs fromagers de Paris, c'est également un homme qui aime faire partager sa passion du fromage. Magnifique, la boutique a conservé son décor 1900.

Le square des Missions-Étrangères, rue du Bac, propose quelques bancs pour contempler ses achats... ou une halte pour repartir de plus belle vers d'autres boutiques !

Ph. Gajic/MICHELIN

se promener

Commencer l'itinéraire au boulevard du Montparnasse, à proximité du métro Duroc.

Rue du Cherche-Midi

Cette longue artère commerçante unit le quartier Montparnasse au cœur de Sèvres-Babylone. De beaux hôtels à l'architecture classique s'y succèdent. Au n° 89, le grand **hôtel de Montmorency**, acquis en 1808 par le maréchal Lefebvre, abrite aujourd'hui l'ambassade du Mali. Au n° 85, au coin de la rue Jean Ferrandi, un hôtel du 18e s. accueille le musée Hébert (*voir description dans « visiter »*).

Faire une incursion rue Jean-Ferrandi à droite. De petites impasses, souvent fleuries aux beaux jours, abritent d'anciens ateliers d'artistes.

Au n° 86, pénétrer dans la cour des Vieilles-Tuileries, bel exemple d'architecture 18e et 19e s. À l'angle avec

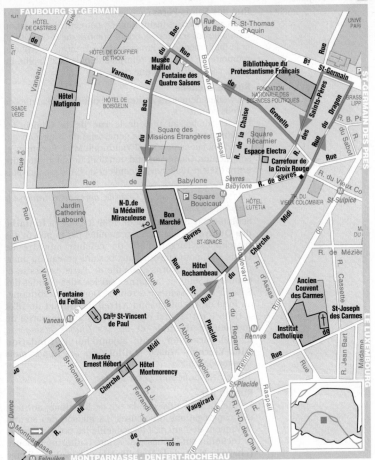

la rue de l'Abbé-Grégoire, **René Laennec** avait sa maison. Il a donné son nom à l'hôpital voisin, ancien hospice des Incurables fondé par le cardinal de La Rochefoucauld en 1637. L'abbé Grégoire (1750-1831), cet homme dont l'importance fut considérable sous la Révolution, mourut au n° 44. Le n° 40 était la **demeure du comte de Rochambeau** lorsqu'il reçut, en 1780, de Louis XVI le commandement du corps expéditionnaire chargé d'aider les insurgés d'Amérique à conquérir leur indépendance.

Après la traversée du boulevard Raspail, la rue du Cherche-Midi voit se succéder nombre de boutiques de jeunes créateurs. C'est au n° 17 que Saint-Simon acheva la rédaction de ses *Mémoires*.

> **RENÉ LAENNEC (1781-1826)**
> Il découvrit et décrivit l'auscultation médiate, inventa le stéthoscope et fonda l'école anatomo-clinique.

Carrefour de la Croix-Rouge

Angle des rues de Sèvres et du Cherche-Midi. Ce carrefour devrait son nom à un calvaire rouge élevé au 16ᵉ s. pour effacer le souvenir païen d'un temple dédié à la divinité égyptienne Isis. La statue puissante du Centaure est une œuvre de César (1988).

Traverser le carrefour et poursuivre dans le prolongement.

Rue du Dragon

Avec ses maisons de guingois à l'alignement incertain, cette rue a conservé le charme du vieux Paris. Ne pas hésiter à faire quelques pas dans les rues Bernard-Palissy et du Sabot.

Prendre le boulevard St-Germain à gauche, puis s'engager dans la rue des Saints-Pères à gauche.

Rue des Saints-Pères

Deux prestigieuses institutions s'y côtoient : la Fondation nationale des sciences politiques (*entrée rue St-Guillaume*) et la Bibliothèque du Protestantisme français (*n° 54*), lieu mémoire de la religion réformée depuis la 2ᵉ moitié du 19ᵉ s., caché au fond d'une cour.

Rue de Grenelle

De vieilles demeures abritent les boutiques élégantes de grands couturiers.
Sur la gauche, au n° 5 de la **rue de la Chaise**, les Borghèse profitèrent de la générosité de Napoléon qui leur offrit cet ancien hôtel Vaudreuil. Mme Récamier et son mentor, Chateaubriand, tenaient un salon littéraire entre 1819 et 1849 dans le couvent de l'Abbaye-aux-Bois (*n° 7*).
Poursuivre dans la rue de Grenelle, après avoir traversé le boulevard Raspail.

Sculptée par Bouchardon de 1739 à 1745, la **fontaine des Quatre-Saisons** fut commandée par le prévôt des marchands Turgot, père du célèbre ministre de Louis XVI, pour subvenir aux besoins en eau du quartier. Sur l'avant-corps : la Ville de Paris est assise et domine la Seine et la Marne ; sur les ailes : génies des Saisons et ravissants bas-reliefs. Derrière la fontaine, au fond de la cour, habita **Alfred de Musset** de 1824 à 1839. C'est là qu'il écrivit la plus grande partie de son œuvre théâtrale et de ses *Chants désespérés*. L'hôtel particulier abrite aujourd'hui la **fondation Dina-Vierny - Musée Maillol** (*voir description dans « visiter »*).
Tourner à gauche dans la rue du Bac.

Rue du Bac

La rue du Bac, ainsi que la rue de Babylone, abritent des congrégations religieuses. La maison des Sœurs-St-Vincent-de-Paul (*n° 140*) accueille les pèlerins venus se recueillir sur la châsse de sainte Catherine Labouré (**chapelle N.-D.-de-la-Médaille-Miraculeuse**). La Vierge apparut à cette novice en 1830.

Le Bon Marché

Angle rue du Bac-rue de Sèvres. En 1852, Aristide Boucicaut et sa femme ouvrent une boutique de nouveautés qui devient le premier grand magasin de Paris. Sa réputation de produits de qualité ne s'est pas démentie depuis. Ne pas quitter les lieux sans une visite à « La Grande Épicerie »...

Carrefour Sèvres-Babylone

Toujours animé par une intense circulation automobile, ce carrefour qui s'étend devant le square Boucicaut permet au boulevard Raspail de croiser la rue de Sèvres.

Espace Electra – *6 r. Récamier.* Habillée de verre et d'acier, cette ancienne sous-station de transformation électrique, a été réhabilitée en un lieu d'expositions et de rencontres artistiques par la Fondation Électricité de France.

Boulevard Raspail

Au n° 45, à l'angle de la rue de Sèvres, l'**hôtel Lutetia** (1907) présente une façade décorée de guirlandes et de grappes de raisins sculptées par Paul Belmondo. L'intérieur, à la décoration raffinée, a conservé son lustre de Lalique.
Des souvenirs ? Aux nᵒˢ 52-54 : l'ancienne prison du Cherche-Midi (1853-1954) fut le lieu de la 1ʳᵉ condamnation du capitaine Dreyfus (1894) et de torture de Résistants de 1940 à 1944. Au n° 40 se trouvait le théâtre de Babylone où Roger Blin créa, le 3 janvier 1957, la première pièce d'un auteur irlandais alors inconnu, Samuel Beckett, *En attendant Godot*. Il ne reste rien aujourd'hui de ces deux lieux.

Une enseigne du Bon Marché : Paris demeure la capitale de la mode.

S. Sauvignier/MICHELIN

visiter

Musée Ernest Hébert

85 r. du Cherche-Midi. Tlj sf mar. 12h30-18h, w.-end 14h-18h (dernière entrée 1/2h av. fermeture). Fermé 1er janv., 1er mai, 25 déc. 3€, gratuit 1er dim. du mois. ☎ *01 42 22 23 82.* Bel hôtel du 18e s. Œuvres du peintre dauphinois Ernest Hébert (1817-1908), artiste officiel du Second Empire : paysages italiens, nombreux portraits, surtout féminins, et dessins.

Ancien couvent des Carmes★

70 r. de Vaugirard. Juil. : 7h-19h, dim. 9h-12h ; Août-déc. : 7h-19h, dim. 9h-19h ; janv.-juin : 9h-17h, dim. 9h30-19h. Fermé 14 juil. Gratuit. ☎ *01 44 39 52 84.*
La célèbre eau de mélisse des Carmes était cultivée dans le jardin de ce couvent. L'**église St-Joseph-des-Carmes** est la première église de style jésuite à Paris (1613-1620) ; décoration du 17e s. dans les chapelles et la coupole. **Vierge★** d'après le Bernin.

L'ORDRE DES CARMES
L'ordre religieux du mont Carmel (auj. Israël) fonda ce couvent en 1613. Les Carmes devinrent déchaussés après la réforme de sainte Thérèse d'Avila.

UN ÉPISODE DE LA TERREUR
Le 30 août 1792 : la Patrie est déclarée en danger. Le 2 septembre, prêtres et royalistes sont massacrés. 116 prêtres du couvent sont tués. Pendant la Terreur, 700 prisonniers sont retenus aux Carmes, parmi lesquels, Joséphine de Beauharnais et Mme Tallien. 120 d'entre eux seront guillotinés.

Musée Maillol★ (Fondation Dina Vierny)

59 r. de Grenelle. ♿ *Tlj sf mar. 11h-18h (dernière entrée 3/4h av. fermeture). Fermé j. fériés. 8€.* ☎ *01 42 22 59 58. www.museemaillol.com*
Créé à l'initiative de Dina Vierny, qui fut le modèle et l'exécutrice testamentaire de Maillol, ce musée présente d'une part des expositions temporaires et d'autre part l'œuvre de l'artiste, accompagnée des tableaux de ses amis tels que Gauguin, Matisse, Bonnard, Dufy mais aussi de Cézanne qu'il admirait profondément, Degas, Redon, Poliakoff, Duchamp. D'origine russe, Dina Vierny fit connaître l'avant-garde russe avec Rabin, Boulatov, Yankilevski et Kabakov.

ARISTIDE MAILLOL
Maillol (1861-1944), dont on peut aussi voir une vingtaine d'œuvres dans le jardin des Tuileries, débuta une carrière de peintre avant de se tourner vers la sculpture. Ce qui frappe l'œil est cette recherche du mouvement équilibré et la tranquillité imposante de ses nus féminins.

Le Trocadéro★★

Adossé à la colline de Chaillot, le monumental palais néoclassique du Trocadéro est à la fois un lieu de culture et de repos. Tout amateur de photo-souvenir doit y venir pour immortaliser la fabuleuse perspective du Champ-de-Mars que l'on a depuis la terrasse du palais, face à la tour Eiffel...

La situation

Plan Michelin n° 54 H 6-7 – 16e arr. – M° Trocadéro (lignes 6 et 9) – Bus 22, 30, 32, 63 et 82. De la terrasse du palais de Chaillot (place du Trocadéro-et-du-11-Novembre), le 16e arrondissement domine la Seine et sa rive gauche à hauteur des 7e et 15e arrondissements.
Voir à proximité tour Eiffel, Alma, Champs-Élysées, Invalides, Passy.

RESTAURATION
Se reporter à la rubrique « Restauration » dans les Informations pratiques, en début de guide : ce quartier correspond au 16e arrondissement.

L'« Or déco » du palais de Chaillot.

R. Besse/MICHELIN

Le nom

En 1823, mandatés par la Sainte-Alliance pour rétablir la monarchie absolue en Espagne, les Français prennent le fort de Cadix, dit le Trocadéro. La colline de Chaillot en adopte le nom en 1827.

Lors de l'Exposition universelle de 1867, sur la colline de Chaillot, on édifie plusieurs pavillons. Davioud trouve néanmoins un espace pour élever en 1878 un palais hispano-mauresque. L'exposition de 1937 marque sa démolition pour l'actuel palais de Chaillot.

Les gens

Depuis quelques années, le Trocadéro réunit tout ce que Paris compte comme adeptes du roller-skate. Mais, le Trocadéro, c'est aussi le parvis des Libertés et des Droits de l'homme, où se tiennent parfois manifestations et célébrations...

se promener

Place du Trocadéro-et-du-11-Novembre

Tête nue – ce qui est bizarre pour un militaire – sur son magnifique cheval, le maréchal Foch domine cette place en demi-cercle tracée en 1858. Dès que perce un rayon de soleil, les terrasses des cafés et des brasseries se remplissent.

Palais de Chaillot★★

SCULPTURES À VOIR
Flore (devant la façade Nord) de Marcel Gimond, la plus célèbre des huit statues de bronze doré dominant les bassins ; le groupe de l'Apollon d'Henri Bouchard (devant le pavillon gauche) ; l'élégant groupe de l'Amérique par Jacques Zwoboda.

◀ En 1939, les architectes Carlu, Boileau et Azéma édifient les deux pavillons que prolongent des ailes courbes enserrant les jardins. Une large **terrasse★★★** centrale les sépare. Depuis les fontaines des jardins et la courbure de la Seine, jusqu'à la tour Eiffel, le Champ-de-Mars et l'École militaire en arrière-plan, le paysage parisien qui s'offre ici au spectateur est somptueux.

Les **jardins★★★** *(av. de New-York)* datent de l'Exposition de 1937. *La Jeunesse* de Pierre Loison est le pendant de *La Joie de vivre* de Léon Divier (gros parallélépipèdes de pierre sculptés en ronde-bosse), de part et d'autre du bassin central. Les puissants jets d'eau constituent un très impressionnant spectacle, surtout lorsque s'y ajoute le feu des projecteurs (la nuit).

Le Trocadéro est, curieusement, un lieu de douceur qui semble tout ignorer de l'effervescence des quartiers plus centraux de la capitale.

Ph. Gajic/MICHELIN

Théâtre national de Chaillot – *Accès par le hall du pavillon gauche.* Sous la terrasse du palais se trouve une vaste salle de spectacle. Firmin Gémier y créa le TNP (Théâtre national populaire) en 1920 que Jean Vilar, de 1951 à 1963, dirigea ; à partir de 1988, Jérôme Savary, issu du Grand Magic Circus, fut le productif et truculent directeur de l'établissement appelé alors Théâtre national de Chaillot.

visiter

Musée national de la Marine★★

♿ *Tlj sf mar. 10h-18h (dernière entrée 3/4h av. fermeture). Visite guidée (1h) sur demande. Fermé 1ᵉʳ janv., 1ᵉʳ mai, 25 déc. 7€.* ☎ *01 53 65 69 53. www.musee-marine.fr*

◉ Ce musée a été créé sur ordonnance de Charles X en 1827.

Chronologique – À travers des modèles et des objets provenant en grande partie des arsenaux de la Marine, les salles de la couronne extérieure retracent l'histoire maritime depuis le 17ᵉ s. jusqu'à nos jours : les galères et voiles latines – dont *La Réale* – datent du 17ᵉ s. ; la galerie de peinture des ports et arsenaux aux 17ᵉ et 18ᵉ s. avec les **Vues des Ports de France★**, chef-d'œuvre de Joseph Vernet, illustrent le 18ᵉ s. avec le *Royal Louis* (modèle d'époque Louis XV) ; la guerre d'Indépendance américaine (maquette du vaisseau *L'Artésien*), puis la Révolution et le Premier Empire (*Canot de l'empereur* – 1810 au superbe décor sculpté, et majestueuses figures de proue) mènent à la Restauration et au Second Empire.

Thématique – L'évolution de la navigation sous ses aspects scientifiques, techniques, traditionnels et artistiques : instruments de navigation et souvenirs de l'épopée des grands voyages de découverte (vitrines consacrées aux fameux navigateurs Christophe Colomb, La Pérouse, Dumont d'Urville) ; la marine marchande avec le décor mural du Grand Salon du *Normandie* et des modèles d'illustres paquebots comme le *Titanic* et le *France* ; la marine militaire contemporaine, depuis les premiers cuirassés jusqu'au porte-avions *Charles-de-Gaulle* (1999).

Musée de l'Homme★★

Tlj sf mar. 9h45-17h15, w.-end 10h-18h30. Fermé j. fériés. 5€ (enf. : 3€). ☎ *01 44 05 72 72.*

Suite à la fermeture définitive des galeries d'Ethnologie en vue du transfert de leurs collections vers le futur musée du quai Branly, seules restent ouvertes les galeries d'Anthropologie biologique et de Préhistoire.

Anthropologie – ◉ 6 milliards d'hommes habitent la planète : les collections intéressent leurs modes de vie. « Tous différents, mais tous parents » : voilà qui résume l'anthropologie biologique *(1ᵉʳ étage)*.

Paléontologie – Les salles permettent d'étudier des fossiles humains caractéristiques. La galerie « La nuit des temps » abrite la fameuse *Vénus de Lespugue* en ivoire de mammouth, et la sépulture « *Grossgartach* » (site néolithique allemand), visible dans une salle adjacente.

Musée des Monuments français★★

Fermé pour travaux.

Après des travaux de rénovation et de réorganisation, les bâtiments de l'aile Paris (à gauche) du Palais de Chaillot devraient abriter la **Cité de l'architecture et du patrimoine** *(ouverture prévue en 2005).* Cet endroit regrouperait l'Institut Français d'architecture ainsi que les collections redéployées de l'ancien musée des Monuments français.

Fondé en 1879 sur une idée de **Viollet-le-Duc**, le restaurateur de Notre-Dame, Pierrefonds et Carcassonne, ce musée consacré à l'art monumental en France, présente sous forme de moulages et de reproductions grandeur nature, les principaux monuments français groupés par région, par école et par époque, dans une muséographie désormais modernisée..

Le « Canot de l'empereur », 1810 (vue 3/4 arrière).

> **MOUSSES**
> À 15h, les mercredis et vacances scolaires, le musée organise des animations pour les enfants (de 9 à 13 ans). Ne repartez pas du palais de Chaillot sans faire un petit détour au Totem, le bar-restaurant-terrasse particulièrement bien situé.

> **GRAIN DE POUSSIÈRE**
> Un jeu personnalisé de questions/réponses à partir de bornes informatiques vous permet de vous situer parmi les 6 milliards de terriens.

Jardin des **Tuileries**★

Un vaste parc orné de sculptures, de grandes allées paisibles, des bassins... Difficile de croire qu'ici, on fit la Révolution ! Le jardin des Tuileries ouvre la « Voie triomphale », grande perspective linéaire qui mène, au-delà des Champs-Élysées, jusqu'à la Grande Arche de La Défense. Lieu de promenade entre la Pyramide du Louvre et la Concorde, les Tuileries sauront distraire et reposer le touriste fatigué des musées.

La situation

Plan Michelin n° 54 G 11-12, H 11-12 – 1er arr. – Mº Concorde (lignes 1, 8 et 12) ou Tuileries (ligne 1) – Bus 42, 68, 72, 73, 84 et 94. Longeant la Seine et délimité par deux grandes voies de circulation, le jardin des Tuileries sépare la place de la Concorde du musée du Louvre. Il est relié au musée d'Orsay par la passerelle piétonnière Solférino qui enjambe la Seine.

Voir à proximité le Louvre, place de la Concorde, les Champs-Élysées, Palais-Royal, faubourg Saint-Honoré.

Le nom

L'argile du sol était utilisée par des tuileries (fabriques de tuiles).

Les gens

Henri IV, Catherine de Médicis, Louis XIV, Molière, Mozart, Voltaire, Napoléon... que du beau monde ! Et quelque 6 millions de visiteurs par an. Pas mal pour un parc !

G. Targat/MICHELIN/© Adagp, Paris 2004

Les Tuileries, nouvel Eden pour les statues de Maillol.

carnet pratique

RESTAURATION

Se reporter à la rubrique « Restauration » dans les Informations pratiques, en début de guide : ce quartier correspond au 1er arrondissement.

PETITE PAUSE

Chalet de Diane – *Allée de Diane, jardin des Tuileries - Mº Tuileries -* ☎ *01 42 96 81 12 - à la fermeture du parc, s'annoncer à la grille du parc côté Concorde - été : 7h-23h ; hiver : 7h30-19h30.* L'un des quatre kiosques du jardin des Tuileries emprunte son nom à une déesse romaine. Sa plaisante terrasse en partie ombragée mérite qu'on s'y arrête prendre un rafraîchissement ou mordre dans un sandwich. En été, nocturne jusqu'à 23h. Paris libéré... des nuisances sonores !

SORTIES

Café Véry – *Jardin des Tuileries - Mº Tuileries -* ☎ *01 47 03 94 84 - 12h-23h45.* Qu'il fait bon prendre un verre sous les marronniers du jardin des Tuileries ! Vous pourrez même y manger : salades, tartines et petits plats classiques sont servis dans ce pavillon de verre et de bois. Service décontracté. Le soir, passez par la grille du côté de la Concorde.

Water bar Colette – *213 r. St-Honoré - Mº Tuileries -* ☎ *01 55 35 33 90 - www.colette.tm.fr/index_fr.htm - tlj sf dim. 11h-19h.* Bar à eaux situé au sous-sol du très chic magasin de mode Colette. À la carte –

cela coule de source ! – Carola rouge, Pedras Salgadas, Voos et plusieurs dizaines d'autres eaux, gazeuses et plates, importées du monde entier.

ACHATS

Galignani – *224 r. de Rivoli - Mº Tuileries -* ☎ *01 42 60 76 07 - galignani@wanadoo.fr - lun.-sam. 10h-19h - fermé j. fériés.* Cette librairie fondée en 1801 fut la première sur le continent à se spécialiser dans la littérature britannique. Toujours dirigée par la famille Galignani, on y trouve également des œuvres françaises et internationales, des ouvrages sur l'histoire, les Beaux-Arts et la cuisine.

LOISIRS-DÉTENTE

Promenade à pied – Le promeneur dispose de 25 ha pour se balader, depuis les deux sphinx montant la garde face au pavillon de Flore (rapportés de Sébastopol après la prise de cette ville, en 1855) jusqu'à la Galerie nationale du Jeu de paume, située face à l'hôtel Talleyrand, rue de Rivoli.

Jeux – ⊡ Les Tuileries sont dotées de balançoires, de chevaux de bois, de kartings, de pistes de patins à roulettes, de manèges, d'aires de jeux le long de la rue de Rivoli, d'un bassin où louer des bateaux en été (côté Louvre), de poneys et d'ânes pour se promener. Un vrai plaisir pour les enfants.

Fête foraine – ⊡ Elle s'installe chaque année, du 21 juin au 25 août. Sa grande roue la signale de loin.

comprendre

Un château maudit

Une édification longue et hésitante – *Pour visualiser les étapes de construction, voir le Louvre, schéma du palais du Louvre.* En 1564, Catherine de Médicis ordonne à Philibert Delorme de lui construire un château aux Tuileries, lieu-dit qui avait servi jusqu'alors de décharge publique puis qui avait hébergé des boucheries et des mégisseries. Mais, la construction s'arrête brusquement. En 1594, Henri IV fait reprendre les travaux : le pavillon de Flore est construit, la construction de la galerie du Bord de l'Eau reliant le Louvre aux Tuileries est poursuivie, une aile rejoint le pavillon de Flore aux Tuileries. En 1661, Louis XIV fait ajouter une salle de théâtre ; ses équipements scéniques lui valent le nom de salle des Machines. Pour faciliter les travaux du Louvre, il s'établit aux Tuileries en 1664 ; Le Vau remanie alors le château et édifie le pavillon de Marsan. Fêtes, ballets et spectacles marquent les trois hivers que le roi passe aux Tuileries. Molière y donne *Amphytrion* et crée *Psyché* dans la salle des Machines.

Un lieu de divertissement – En 1715, à la mort du Grand Roi, le Régent ramène le jeune Louis XV aux Tuileries où il demeure jusqu'en 1722, date de son retour à Versailles. Dès lors, si les appartements royaux sont épargnés, le château n'est plus occupé que par une population disparate.
En 1725, la salle des Suisses, sous le dôme central, devient la première salle de concerts publics de Paris. Jusqu'en 1789, ces derniers font connaître aux Parisiens les grands compositeurs et les virtuoses de toute l'Europe ; en 1778, Mozart y assiste à la création de deux de ses symphonies.
Après l'incendie de son théâtre en avril 1763, l'Opéra s'installe dans la salle des Machines, réaménagée par Gabriel et Soufflot ; la Comédie-Française lui succède de 1770 à 1782 ; elle y crée *Le Barbier de Séville* de Beaumarchais en 1775. En 1778, elle y reçoit triomphalement Voltaire, accueilli comme un demi-dieu, à l'occasion de la quatrième représentation d'*Irène* ; il y est couronné deux mois avant sa mort.

La tourmente – Un an après la fuite à Varennes-en-Argonne de la famille royale, les émeutiers envahissent le 20 juin 1792 les appartements royaux, coiffent Louis XVI d'un bonnet rouge et le font trinquer à la Nation. Le 10 août est une journée sanglante : le palais, défendu par 900 gardes suisses, est attaqué dès 6h du matin par les révolutionnaires qui forcent l'entrée et mettent des canons en batterie dans la cour. Louis XVI se réfugie auprès de l'Assemblée législative. Il envoie aux suisses l'ordre de cesser le feu. 600 d'entre eux sont massacrés et leur caserne incendiée. Le palais est pillé de fond en comble.

Enfin achevé, mais détruit – Le 20 février 1800, Bonaparte, Premier consul, s'installe aux Tuileries. Devenu l'empereur Napoléon Ier, il continue d'y résider (en 1811, le roi de Rome naît au rez-de-chaussée). Les derniers souverains de France y résideront. Louis XVIII sera le seul roi de France à y mourir, en 1824, car les émeutes en chasseront Charles X en 1830, Louis-Philippe en 1848, l'impératrice Eugénie (régente de Napoléon III fait prisonnier à Sedan) en 1870. Avec Napoléon Ier, les travaux ont repris : un arc de triomphe ouvre la cour des Tuileries sur le Carrousel, cette place est dégagée, la galerie Nord est commencée le long de la rue de Rivoli, un nouveau théâtre remplace la salle de la Convention. Sous Napoléon III, les architectes Visconti puis Lefuel achèvent enfin la réunion des Tuileries au Louvre en

---

UNE REINE SUPERSTITIEUSE
Informée par un horoscope qu'elle mourrait « près de St-Germain » (les Tuileries, comme le Louvre, dépendent de St-Germain-l'Auxerrois), Catherine de Médicis abandonna les Tuileries et fit construire par Bullant un hôtel à l'ombre de St-Eustache.

UNE RÉPLIQUE CORSE
Après l'incendie, les ruines du palais subsistent jusqu'en 1883, puis une famille corse, descendante du comte Pozzo di Borgo, achète les pierres pour faire élever, en 1894, une reproduction du palais sur une terrasse dominant Ajaccio. Elle fut à son tour la proie des flammes en 1978.

Bonheur dominical au jardin des Tuileries.

S. Sauvignier/MICHELIN

terminant la galerie Rivoli. Or, pendant la semaine sanglante de la Commune en mai 1871, les Tuileries sont incendiées. Peu s'en faut d'ailleurs que le feu ne consume tout le Louvre.

Petite histoire du jardin

Le premier jardin-promenade – Pour agrémenter son futur château des Tuileries, Catherine de Médicis fait tracer un parc à l'italienne. On y voit des fontaines, un labyrinthe, une ménagerie, et même une grotte que Bernard Palissy a décorée de terres cuites. La partie orientale du bassin octogonal correspond à un hémicycle de verdure qui était célèbre par son écho. Henri IV le complète par une orangerie et une serre où l'on élève des vers à soie dont une allée de mûriers assure la nourriture. Ce parc devient la promenade à la mode : c'est la première fois qu'un cadre de nature est donné à la vie élégante, jusqu'alors confinée à l'intérieur des châteaux et des hôtels.

> **HEUREUSE INNOVATION**
> Au 18ᵉ s., la vogue du jardin s'étend et gagne les Tuileries : un ingénieux entrepreneur a l'idée de louer des chaises. Une idée qui n'a pas pris une ride...

Le jardin français de Le Nôtre – En 1664, Colbert confie l'embellissement du parc à Le Nôtre. Pour rattraper la pente du terrain, celui-ci élève deux terrasses longitudinales de hauteurs inégales. Il crée la magnifique perspective de l'allée centrale, creuse les grands bassins et aménage parterres, quinconces et rampes. Colbert trouve l'œuvre si réussie qu'il veut réserver le parc à la famille royale, mais son premier commis, Charles Perrault – le conteur –, plaide avec succès la cause du public. Plus tard, Louis-Philippe réservera une partie du jardin à sa famille.

se promener

Que voir ? Tout d'abord un bel ensemble de **statues★** d'une sensualité vigoureuse réalisées par le sculpteur Maillol et disséminées sur les pelouses entre les deux bras du Louvre. Contourner les parterres *(entre l'avenue du Gén.-Lemonnier et le bassin rond)* pour apprécier des statues remarquables de Le Pautre, Cain et Rodin. Profiter ensuite de la **vue★★** dominant les jardins et la Seine que l'on a depuis la terrasse du Bord de l'Eau. Sous les pieds du visiteur, une galerie souterraine aboutit à la place de la Concorde (c'est par ce passage secret, communiquant avec les caves du palais des Tuileries, que Louis-Philippe s'enfuit en 1848). Parcourir enfin l'allée

centrale qui offre une magnifique **perspective★★★**, ainsi ▶
que les quinconces ornés de statues des 19e et 20e s.

Bassin octogonal

Autour du bassin s'ordonnent, en une magnifique
composition architecturale, statues, terrasses, rampes
et escaliers.
Près du bassin : *Les Saisons* (N. Coustou et Van Clève).
Le Tibre, d'après l'antique.
La Seine et la Marne (G. Coustou).
La Loire et le Loiret (Van Clève).
Le Nil, d'après l'antique.
Un peu plus loin : Arcades provenant du palais des
Tuileries.
Buste de Le Nôtre (Coysevox) ; l'original est à St-Roch.
Renommée sur un cheval ailé d'après Coysevox *(à gauche
du portail d'entrée du jardin, sur la place de la Concorde).*
Mercure sur un cheval ailé d'après Coysevox *(à droite du
portail).*

Arc de triomphe du Carrousel★ *(voir le Louvre)*

DU NEUF

Le jardin des Tuileries
se pare aujourd'hui de
nouveaux bijoux : d'abord
une série de sculptures
du 20e s. de Rodin à
Dubuffet, en passant par
Henry Moore, ensuite des
œuvres commandées par
le ministère de la Culture
ou prêtées par des
fondations privées (entre
autres, sculptures de
Louise Bourgeois, Daniel
Dezeuze ou encore
Roy Lichtenstein).

DEUX ASPECTS HISTORIQUES DE LA RUE DE RIVOLI

Entre la place des Pyramides et la rue de Castiglione, la rue de Rivoli
occupe l'emplacement du manège des Tuileries où fut proclamée
la République le 21 septembre 1792, au lendemain de la victoire de
Valmy (plaque commémorative contre un pilier de la grille des
Tuileries, face au n° 230). Le 11 décembre 1792 s'y ouvrit le procès
de Louis Capet (Louis XVI). Quarante jours plus tard, il se terminait
par un arrêt de mort.
Juste à côté, le général von Choltitz installa en 1944 son quartier
général à l'hôtel Meurice *(n° 228)*, réquisitionné par l'armée
allemande dès le mois de juin 1940 comme siège de l'État-Major du
Gross-Paris. Alors qu'approchaient les chars de la division Leclerc et
la Résistance, il enfreignit l'ordre de Hitler de détruire les ponts et
les principaux monuments de la capitale et fut fait prisonnier ici, le
25 août. Paris était libre et intact.

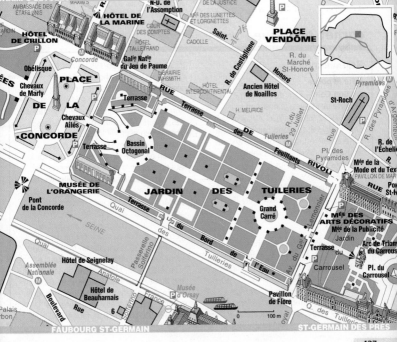

PAVILLONS

L'aménagement du jardin des Tuileries fut complété en 1853 par la construction de l'Orangerie et en 1861 par celle du Jeu de paume.

visiter

Musée de l'Orangerie★★

Fermé pour travaux. Réouverture prévue au plus tôt en 2006.
L'Orangerie abrite depuis 1927 la fameuse série des ***Nymphéas***★★★ de Claude Monet, et depuis 1984, la collection réunie par le grand marchand de tableaux Paul Guillaume (1891-1934), collection enrichie après sa mort par les acquisitions de sa veuve Domenica et de son second époux, Jean Walter. Les travaux entrepris récemment devraient permettre aux *Nymphéas* d'être à nouveau installées sous lumière naturelle (ainsi que l'avait souhaité Monet), et de présenter la collection Walter-Guillaume en sous-sol.

Galerie nationale du Jeu de paume

& *Tlj sf lun. 12h-19h, mar. 12h-21h30, w.-end 10h-19h. Fermé 1er janv., 1er mai, 25 déc. 6€. Visite guidée gratuite, sur présentation du billet d'entrée, mer et w.-end 12h30.* ☎ *01 47 03 12 50.*

Après avoir reçu les collections impressionnistes du Louvre, aujourd'hui au musée d'Orsay, cette galerie, aménagée en 1991 sur plusieurs niveaux pour présenter des expositions temporaires d'art contemporain, est consacrée depuis l'été 2004 à l'image à travers ses multiples supports : la photographie, des origines à nos jours, la vidéo et le multimédia.

Vaugirard

Vieux village de Paris, Vaugirard a pris quelques kilos avec l'âge. Cette ancienne propriété champêtre de l'abbaye de St-Germain-des-Prés, rattachée à la capitale en 1860, est aujourd'hui un quartier calme uniquement agité par son marché aux livres, parc Georges-Brassens, et, sur son flanc Sud, par les manifestations du Paris-Expo qui se tiennent porte de Versailles.

carnet pratique

RESTAURATION

• *Sur le pouce*
Au Bon Coin – *85 r. de Brancion -
M° Porte-de-Vanves, Convention -*
☎ *01 45 32 92 37 - 7h30-21h, jeu.-sam.
6h-0h - 9/15€.* Le grand comptoir de ce bar-brasserie est décoré de livres anciens, amusant clin d'œil à la brocante aux vieux ouvrages qui se tient juste en face, au parc Georges-Brassens. Bouquinistes, chineurs et gens du quartier fréquentent cette adresse en toute simplicité. Terrasse d'été. Soirée musicale le jeudi.

ACHATS

Les commerces se concentrent au carrefour de la rue de la Convention et de la rue de Vaugirard, le long des rues Lecourbe, du Commerce et Saint-Charles.
Librairie Moorthamers – *240 r. de Vaugirard - M° Vaugirard ou Volontaires -*
☎ *01 45 31 94 98 - mkm@katzmoor.com -*
tlj sf dim. et lun. 10h-19h, sam. 11h-17h. Livres rares et anciens, atlas et vieilles cartes, gravures : la famille Moorthamers maîtrise son sujet, son verbe et son complément depuis quatre générations. Pas un centimètre carré d'inoccupé dans la librairie : du plancher jusqu'au plafond, des milliers d'ouvrages tapissent les murs. La maison participe régulièrement à des foires et salons et on la retrouve le samedi et le dimanche sous les anciennes halles du parc Georges-Brassens.
Poilâne – *87 r. Brancion - M° Porte-de-Vanves -* ☎ *01 48 28 45 90 - 7h-20h.* Petite boulangerie au charme d'antan, dont le décor semble ne pas avoir bougé depuis les années 1900 : banque en marbre blanc, vieux carrelage et meubles d'époque. Le pain, élaboré selon le procédé de fabrication mis au point par Max Poilâne, sans aucune levure et cuit dans un four à bois, remporte un vif succès, de même que toutes les pâtisseries à base de pâte feuilletée.

La situation

Plan Michelin n° 54 N 8-9, P 8-9 – 15e arr. – M° Vaugirard, Volontaires ou Convention (ligne 12) – Bus 39, 70, 89. En plein 15e arrondissement, le quartier est traversé de part en part par la rue de Vaugirard et par la rue Lecourbe.
Voir à proximité Montparnasse et Javel–André-Citroën.

Le nom

La première appellation de Vaugirard est « Valboistron », peut-être formée des mots *vallis, bos, stare,* indiquant une vallée riche à étables à bœufs. Les habitants du village lui donnèrent le nom de Val Gérard, qui donnera Vaugirard, en souvenir d'un abbé de St-Germain, Gérard de Moret.

Les gens

Louis Pasteur (1822-1895) est le glorieux personnage des lieux. Il établit à 25 ans le principe de la dissymétrie moléculaire ; à 35, celui des fermentations ; à 40, les bases de l'asepsie ; puis il se spécialisa dans les maladies causées par l'alcool, enfin, à 58 ans, dans les virus et les vaccins. ▶

UNE CÉLÉBRITÉ UNIVERSELLE

Pasteur se consacra principalement aux maladies infectieuses, à partir de 1865. S'il découvrit le staphylocoque et le streptocoque, sa renommée lui vint surtout d'avoir isolé le virus de la rage, étudié sa prophylaxie et d'en avoir inoculé pour la première fois (avec succès) le vaccin le 7 juillet 1885. Il incarne toujours l'image du savant désintéressé, totalement dévoué à sa tâche.

P. Jausserand/MICHELIN

se promener

Parc Georges-Brassens★

R. des Morillons. 📷 Puisqu'on a démantelé les abattoirs pour lui, le parc (un des plus grands espaces verts créés à Paris depuis le siècle dernier) en conserve quelques souvenirs : deux taureaux en bronze (par Cain) défendent l'entrée principale, la halle aux chevaux et le beffroi à la criée qui se mire dans un bassin central. Sur les hauteurs du parc, le long de la rue Brancion se tient un vaste marché aux livres anciens et d'occasion chaque week-end.

Rue et villa Santos-Dumont

Accès par la r. des Morillons. Zadkine, Fernand Léger, Georges Brassens trouvèrent l'inspiration dans le charme discret de ce coin de Paris.

Passage de Dantzig

Les trois étages du pavillon des Vins dessiné par Eiffel pour l'Exposition universelle de 1900 furent sauvés de la destruction par le sculpteur Alfred Boucher et transformés en ateliers d'artistes. Fernand Léger (1905), Chagall (1910), Soutine, Modigliani et le romancier Blaise Cendrars furent quelques-uns des plus célèbres locataires de cette demeure. Une génération de sculpteurs s'installa ensuite dans « **la Ruche★** », dont Archipenko, Lipchitz, Zadkine et Brancusi.

Rue de Vaugirard

C'est la plus longue de la capitale ; elle s'étire jusqu'au palais du Luxembourg, mais sa partie située dans le village de Vaugirard est la plus commerçante.

Autrefois quartier d'intense activité, le parc Georges-Brassens invite aujourd'hui à l'oisiveté sur ses « bancs publics... ».

POUR TOUS LES GOÛTS

Il y a ici une colline boisée, des aires de jeux pour enfants, un belvédère, et même une vigne et un jardin de senteurs imaginé à l'intention des aveugles, qui comprend 80 espèces de plantes odoriférantes.

visiter

Institut Pasteur

25 r. du Dr-Roux – M° Pasteur ou Volontaires. Visite guidée (1h) tlj sf w.-end 14h-17h30. Fermé août et j. fériés. 3€. ☎ *01 45 68 82 83*

Pasteur occupa ce vaste appartement meublé et rempli de souvenirs – familiaux et scientifiques – de 1888 à 1895. Il repose dans la **crypte néo-byzantine★**.

Émile Roux (1853-1933) prit la suite de Pasteur à la direction de l'Institut en 1904. Auteur de travaux sur les toxines, il appela à Paris les chercheurs de l'Institut Pasteur de Lille Albert Calmette puis Camille Guérin qui, dès 1915, expérimentèrent la vaccination préventive contre la tuberculose (BCG).

La crypte néo-byzantine
de l'Institut Pasteur.

L'INSTITUT ET SES SERVICES

Ce premier centre de recherches fondamentales et appliquées s'est agrandi d'un centre d'enseignement et de documentation, d'un centre de vaccinations, d'un laboratoire spécialisé sur le Sida et les rétrovirus, d'un hôpital pour les maladies infectieuses et de deux centres de production (pour les sérums et vaccins et pour les tests de diagnostic). Avec ses deux filiales de Lille et de Lyon, et ses 22 autres disséminées à travers le monde, il poursuit la grande œuvre de son fondateur.

Les dernières inventions de l'Institut concernent : la découverte du VIH 1, 1er virus du Sida (1983) ; l'isolement du VIH 2 (1985) ; la définition de lésions précancéreuses (1991-1993).

Place des **Victoires**★

Bibliothèque nationale - Bourse

Boutiques pittoresques, galeries et passages, petites rues tortueuses... Voici un quartier élégant et paisible où il faut savoir prendre son temps pour retrouver le temps du Paris d'autrefois... Longtemps fréquenté par les bibliophiles, c'est aussi traditionnellement le quartier des financiers et des banquiers.

La situation

Plan Michelin n° 54 G 13-14 – 1er et 2e arr. – M° Bourse (ligne 3) ou Étienne-Marcel (ligne 4). En dehors de la rue Étienne-Marcel, assez importante, seules de petites rues

La place des Victoires est un cadre Grand Siècle pour les principaux créateurs de mode. Les rues avoisinantes (rues des Petits-Champs, Coquillière, Hérold, Étienne-Marcel) sont tout autant remplies de boutiques.

carnet pratique

Restauration

Se reporter à la rubrique « Restauration » dans les Informations pratiques, en début de guide : ce quartier correspond au 2ᵉ arrondissement.

Achats

Une place consacrée à la mode où se côtoient de jolies boutiques comme Plein Sud, très aimée des jeunes femmes, Victoire, au style élégant et international, Thierry Mugler, pour homme, Cacharel, Kenzo et, pour les plus petits budgets, Blanc-Bleu et Esprit.

L. Legrand Filles et Fils – *1 r. de la Banque - Mº Bourse -* ☎ *01 42 60 07 12 - caves-legrand.com - tlj sf dim. 10h-19h30, lun. 10h-19h, sam. 10h-19h.* Cette cave à vins et épicerie fine est un incontournable de la capitale. Grands classiques, petites trouvailles et sélection de produits de terroir, vous serez séduit par le vaste choix et par l'atmosphère authentique du lieu. Un beau choix d'assiettes gourmandes vous est proposé à l'heure du déjeuner.

E. Dehillerin – *18-20 r. Coquillière -* ☎ *01 42 36 53 13 - www.e-dehillerin.fr - tlj sf dim. 9h-18h, lun. 9h-12h30, 14h-18h - fermé j. fériés.* Des batteries de cuisine, des couteaux de toutes formes, du matériel professionnel vendu aussi aux particuliers.

Jean-Paul Gaultier – *6 r. Vivienne - Mº Bourse -* ☎ *01 42 86 05 05 - jp.gaultier@free.fr - tlj sf dim. 10h-19h, sam. 11h-19h - fermé j. fériés.* Installée dans les anciennes écuries du Palais-Royal, la boutique de Jean-Paul Gaultier mérite un détour. Son design extravagant est particulier au style de ce grand couturier dont la réputation n'est plus à faire.

Kenzo – *3 pl. des Victoires - Mº Sentier -* ☎ *01 40 39 72 03 - tlj sf dim. 10h-19h30 - fermé j. fériés.* Hommes et femmes trouveront leur bonheur dans ce vaste temple du prêt-à-porter. L'accueil est charmant et personnalisé à l'instar des collections de ce grand créateur japonais qui a su marier l'Orient et l'Occident dans un style sobre et élégant.

Ventilo – *27 bis r. du Louvre - Mº Les Halles -* ☎ *01 42 33 18 67 - www.ventilo.fr - tlj sf dim. 10h30-19h - fermé 1ᵉʳ mai, Pentecôte, 1 sem. en été.* Élégante boutique au décor teinté d'exotisme répartie sur trois étages (900 m²). En plus de la mode féminine tendance « ethno-chic », elle abrite des espaces dédiés à la beauté, aux arts de la table, à la décoration et à la culture. Son salon de thé est un lieu particulièrement apprécié des Parisiennes.

desservent la place. La rue des Petits-Champs, émaillée de boutiques, relie la place à la Bibliothèque nationale-site Richelieu.

Voir à proximité Palais-Royal, Opéra, les Halles et les Grands Boulevards.

Le nom

La place commémore les victoires de Louis XIV ; l'église quant à elle a été élevée pour célébrer celles de son père.

Les gens

Le Roi-Soleil du haut de son cheval (statue équestre) surveille la fréquentation des lieux. La statue actuelle est née de l'atelier de Bosio en 1822.

Louis XIV, célébré en ses victoires...

Ph. Cajic/MICHELIN

se promener

Voir plan p. 332.

Place des Victoires★

Célèbre courtisan de Louis XIV, le maréchal La Feuillade dépensa 7 millions de livres pour cette place afin de montrer son attachement et son admiration au roi. Décorée de la royale effigie, la place réalisée par Jules Hardouin-Mansart est d'une belle ordonnance avec des façades d'une sobre élégance. Aux commerces tradition-nels ont succédé les boutiques luxueuses. Dans l'axe de la rue Catinat, belle vue sur la façade de la **Banque de France** (19ᵉ s.), institution fondée en 1800 par Bonaparte.

Prendre au Nord de la place la rue Vide-Gousset, au nom évocateur du vieux Paris, qui mène à la place des Petits-Pères. Avant d'arriver à celle-ci, faire un tour dans la **rue du Mail** : aux nᵒˢ 5 et 7, l'hôtel Colbert (17ᵉ s.) porte sur sa façade la couleuvre lovée, emblème de la famille. **Franz Liszt** séjourna à plusieurs reprises au nᵒ 13 entre 1823 et 1878.

> **Tristes sorts**
> En 1699, par souci d'économie, ont été supprimées les lanternes de la place. Moins d'un siècle plus tard, sous la Révolution, en 1792, la statue de Louis XIV était portée disparue.

Basilique Notre-Dame-des-Victoires

L'ancienne chapelle du couvent des Petits-Pères, nom sous lequel on désignait les Augustins déchaussés, a été construite entre 1629 et 1740. Elle doit son nom au souvenir de la victoire de Louis XIII sur les protestants à La Rochelle. Le chœur présente de belles boiseries (17e s.) et sept tableaux de Van Loo. Au fil des pèlerinages, les murs ont été tapissés de 35 000 ex-voto.

Prendre le passage des Petits-Pères qui est relié à la galerie Vivienne.

Galeries Vivienne et Colbert

Les galeries Vivienne et Colbert datent de 1823 à 1826. La première, éclairée par des verrières et bordée par des commerces de prêt-à-porter et un salon de thé, conserve son décor de nymphes et de déesses. Au n° 13 logea Vidocq, prince des bagnards devenu policier. La seconde galerie, restaurée à l'identique avec son décor pompéien, est une dépendance de la Bibliothèque nationale pour des expositions, des conférences ; l'auditorium a pris place sous la rotonde. Ne manquez pas de faire une pause au Grand Colbert, dans une atmosphère très 1900.

Sortir par la rue des Petits-Champs.

Rue des Petits-Champs

La façade de l'**hôtel Colbert**, construit par Le Vau en 1634, confirme le style classique du siècle de Louis XIV. L'hôtel lui-même a été démoli en 1823 et les deux galeries ont par la suite été percées dans les immeubles qui lui ont succédé. Faisant l'angle avec la rue Vivienne, au n° 8 on aperçoit la cour et la sobre façade en brique de l'**hôtel du président Tubeuf** (1648-1655) qui abrite le cabinet des cartes et plans et des estampes de la Bibliothèque nationale.

Poursuivre dans la rue des Petits-Champs.

Sur la gauche, le minuscule **passage du Perron** permet d'accéder au jardin du Palais-Royal (*voir ce nom*), au-delà de la sympathique **rue de Beaujolais**, dont les escaliers, les passages, les terrasses arborées, méritent un instant de flânerie.

À moins de vouloir explorer le passage Choiseul, prendre sur la droite la **rue de Richelieu**. Sur la gauche, au n° 63, la façade de l'hôtel de Malte arbore une frise de grappes de raisin que prolonge un mur peint.

> **PASSAGE CHOISEUL**
> Reliant la rue des Petits-Champs à la rue St-Augustin, il est ouvert depuis 1827. Louis-Ferdinand Céline a passé son enfance aux n°s 64 et 67. Avec un verbe éblouissant, il a donné une description du passage drôle et féroce dans *Mort à crédit* (1936).

Square Louvois

Face à l'entrée de la Bibliothèque nationale. Un bruit d'écoulement ne cesse d'attirer l'attention : c'est l'eau de la fontaine dessinée par Visconti (1844). Quatre sculptures allégoriques représentent les fleuves : la Seine, le Rhône, la Loire et la Garonne.

> **L'HÔTEL LOUVOIS**
> À l'origine, deux hôtels se dressaient sur l'emplacement. Tous deux ont été démolis en 1792 pour l'édification du Théâtre national qui devenait aussitôt celui de l'Opéra en 1794. C'est à la sortie d'une représentation, en 1820, que le duc de Berry fut assassiné par Louvel.

Bibliothèque nationale - site Richelieu

58 r. de Richelieu.

Collection – BNF de son petit nom. Depuis 1998 et le transfert des imprimés et des périodiques au site Tolbiac de la Bibliothèque nationale de France, cet édifice conserve les collections spécialisées : manuscrits, estampes et photographies, cartes et plans, musique, monnaies, médailles et antiques.

LA BIBLIOPHILIE FRANÇAISE

Au Moyen Âge, les rois de France rassemblent des manuscrits. Dans sa « librairie » du Louvre, Charles V possède déjà près d'un millier de volumes, dispersés après sa mort. Au lendemain de la découverte de l'imprimerie, François Ier confie sa bibliothèque royale de Fontainebleau à Guillaume Budé. Avec l'ordonnance de Montpellier (1537), tout imprimé doit être conservé en un exemplaire : c'est le dépôt légal aujourd'hui étendu aux disques et photos. En 1666, 200 000 volumes occupent l'hôtel Colbert. Les hôtels du quartier – palais Mazarin, hôtels de Nevers et de Chivry – en sont envahis, exigeant agrandissements et aménagements successifs.

Édifice – Après les travaux de François Mansart (1645), Robert de Cotte au 18e s. crée deux galeries dans le prolongement de celles de son aîné. Avec son architecture métallique propre au Second Empire, la légendaire **salle de lecture des imprimés**, est l'œuvre de Henri Labrouste (1854). La magnifique **galerie Mazarine★**, réalisée par Mansart, a conservé son décor avec des embrasures de fenêtres et des niches peintes. Dans le salon d'honneur, statue de Voltaire, dont le socle contient le cœur de l'écrivain-philosophe.

Cabinet des Médailles et Antiques★ – *13h-17h45, sam. 13h-16h45, dim. 12h-18h. Fermé Pâques, 14 juil., 25 déc. Gratuit.* ☎ *01 53 79 83 40.*

Largement développé à la Révolution grâce aux séquestres religieux, il comprend des objets religieux et royaux : légendaire trône de Dagobert, grands camées dont celui de la Sainte-Chapelle, belle collection de monnaies.

Poursuivre dans la rue Richelieu.

À l'angle de la rue Colbert, subsiste le corps de logis de l'hôtel de Nevers. Construit par Mansart en 1645, il abrita le salon littéraire de Mme de Lambert (18e s.), puis le cabinet des Médailles du roi.

Prendre la rue Colbert puis, à gauche, la rue Vivienne.

Bourse
Les colonnades néo-classiques de ce majestueux édifice rappellent que nous sommes dans le temple ...de l'argent. Le bâtiment actuel, construit sur les plans d'**Alexandre Brongniart**, a été inauguré en 1826.

Rue du Quatre-Septembre
Large, bordée d'établissements financiers, elle ramène à la place de l'Opéra *(voir ce nom).*

La Villette★★

Dans ce grand parc se côtoient harmonieusement la Cité des sciences et de l'industrie, la Cité de la Musique, la Grande Halle et le Zénith. Au cœur d'une architecture moderne dans un écrin de verdure, c'est un lieu de culture, de loisirs, d'invention et de détente...

La situation
Plan Michelin n° 54 B 20-21, C 20-21 – 19e arr. – M° Porte-de-la-Villette (ligne 7 – accès Cité des sciences et de l'industrie), Porte-de-Pantin (ligne 5 – accès Cité de la Musique) – Bus 75, 139, 150, 152 et PC. Entre le canal St-Denis et le canal de l'Ourcq, sur l'emplacement des anciens abattoirs de Paris, c'est une vaste plaine piétonnière très agréablement aménagée et agrémentée de jeux pour les enfants.

Voir à proximité les Buttes-Chaumont et canal Saint-Martin.

Le nom
Étymologiquement, Villette est le diminutif de ville.

Les gens
Une foule bigarrée, tous âges confondus, qui vient, s'étonne, joue, s'instruit et repart toujours épatée.

visiter

Cité des Sciences et de l'Industrie★★★
30 av. Corentin-Cariou. Voir les conditions de visite dans « la Cité des sciences pratique ». ☎ *01 40 05 80 00. www. cite-sciences.fr*

Réalisée par l'architecte Adrien Fainsilber et inaugurée en 1986, elle remplit trois missions : la connaissance, le savoir et l'émerveillement ; la cité vient à bout de sa

la Cité des sciences pratique

Visite payante

Explora (expositions permanentes et temporaires) et film en relief du cinéma Louis-Lumière – ♿ *Tlj sf lun. 10h-18h, dim. 10h-19h (dernière entrée 1/2h av. fermeture, dim. 1h). Fermé 25 déc.* 7,50€ *(-25 ans et accompagnateur d'un jeune de -16 ans : 5,50€ ; -7 ans : gratuit). Supplément Planétarium : 2,50€. Réservation pour les individuels :* ☎ *0 892 697 072.*

Cité des enfants (3-5 ans ou 5-12 ans) et exposition Électricité – ♿ *Tlj sf lun. 10h-18h (séance 1h1/2). Fermé 25 déc.* 5€. *Enf. obligatoirement accompagné. Réservation aux caisses ou au 0 892 697 072. www.cite-sciences.fr*

Argonaute – *Mar.-ven. 10h30-17h30, w.-end 11h-18h30.* 3€ *(- de 7 ans : gratuit). Interdit enf. - 3 ans.*

Cinaxe – *Tlj sauf lun. 11h-13h, 14h-17h ; séance tous les 1/4h.* 5,40€ *au guichet du Cinaxe. Interdit enf. -3 ans, déconseillé aux femmes enceintes et aux personnes cardiaques. Réservation possible au* ☎ *01 40 05 12 12.*

La Géode – *26 av. Corentin-Cariou - Mᵒ Porte-de-la-Villette - 10h30-21h30 ; lun. horaires particuliers : se renseigner au* ☎ *01 40 05 79 99.* 8,75€. *Interdit enf. - 3 ans et femmes enceintes + 6 mois. www.lageode.fr*

Visite gratuite

Cité des métiers –*Mar.-ven. 10h-18h, sam. 12h-18h. Fermé dim., lun. et j. fériés. Niveau -1,* ☎ *01 40 05 85 85. www.cite-sciences.fr. Lieu d'information et de services sur l'emploi, l'orientation, les formations.*

Médiathèque – *Mar. 12h-19h45 (mer.-dim. 12h-18h45). Niveaux -1 et -2 pour les adultes, rez-de-chaussée pour les enfants.*

Cinéma Jean-Bertin – *Rez-de-chaussée. Consulter les horaires sur place,* ☎ *01 40 05 75 66 (réservation). La salle Jean-Bertin est dédiée à l'audiovisuel scientifique et technique ; programmes thématiques de documentaires.*

Salle Louis-Braille – *Niveau -1, dans la médiathèque. Réservation de cabine de lecture : s'adresser au* ☎ *01 40 05 78 42. Salle de lecture informatisée pour les malvoyants, ouverte sur demande.*

Aquarium méditerranéen – *Niveau -2.*

Conseils

Pour éviter la foule, venez en semaine ou le samedi, hors vacances scolaires.

Pour mieux comprendre – Chaque jour, les attachés scientifiques de la Cité proposent des animations dans les expositions d'Explora ; programme disponible à l'accueil. Autre solution : louer un casque audioguide (3,81€).

Les incontournables – Quelques choix parmi tant d'autres (liste à compléter selon vos propres expériences !). À l'intérieur d'Explora : la tornade (expo Environnement), Ariane 5 (expo Espace), le simulateur de conduite (expo Automobile), le ressort intouchable (expo Jeux de lumière), votre poids sur une autre planète (expo Étoiles et galaxies), le spectacle du planétarium, le film en relief du cinéma Louis-Lumière, le sous-marin Argonaute, les films de la Géode, le Cinaxe.

À faire avec vos enfants – 3-5 ans : la cité des enfants ; l'aquarium méditerranéen. 5-12 ans : la cité des enfants ; les expositions Sons, Espace, Jeux de lumière à l'intérieur d'Explora ; le sous-marin Argonaute.

Restauration

La cité des Sciences et de l'Industrie possède plusieurs bars, restaurants et cafétérias aux niveaux -2 et 1.

Se reporter également à la rubrique « Restauration » dans les Informations pratiques, en début de guide : ce quartier correspond au 19ᵉ arrondissement.

Achats

Boutique Explorus – *Rez-de-chaussée.* La boutique propose des jeux et des jouets, des cadeaux et autres souvenirs. Côté librairie, vous trouverez tous les catalogues d'exposition ainsi que des guides de visites thématiques. Cartes postales, revues et livres scientifiques, presse, actualité littéraire.

Maquette d'Ariane -5 à la Cité des sciences (Explora-Espace)

M. Lamoureux/CSI

mission dans un cadre où l'eau, la végétation et la lumière marquent sa conception.

Explora★★

▣ *Niveaux 1 et 2.* À travers une variété d'expositions, de spectacles interactifs, de maquettes et de manipulations, voici comment explorer notre monde d'aujourd'hui et de demain.

Espace – *Niveau 1, galerie Sud et niveau 2, balcon.* Voilà bien un mystère que les hommes tentent de percer depuis l'éternité. Peut-être y parviendrez-vous en vous lançant dans la conquête de l'espace à bord des fusées, satellites et autres sondes spatiales. Mais avant cela, il faudra vous habituer à vivre dans l'espace (saut en apesanteur, station orbitale).

Les coulisses de l'eau – *Niveau 1, galerie Sud.* Avant de couler du robinet, l'eau a fait un grand voyage : il a fallu d'abord la transformer en eau potable, puis la distribuer avant de la recycler, une fois utilisée.

Océan – *Niveau 1, galerie Sud.* Rien de mieux que le *Nautile*, le sous-marin français le plus récent et un des plus performants, pour explorer l'épave du *Titanic*, prévoir les séismes ou encore étudier les oasis sous-marines.

La Serre, cultiver autrement – *Niveau 1, galerie Sud.* Quatre jardins artificiels illustrent les différentes techniques de culture tout en respectant l'environnement : comment gérer l'eau, réduire les engrais ou les pesticides, préserver la terre...

Automobile – *Niveau 1, galerie Sud.* Ah ! les voitures ! Une belle invention que voilà ! Venez assister à la naissance d'un de ses spécimens, mais également à un accident simulé en laboratoire ou au développement de nouveaux moteurs.

Aéronautique – *Niveau 1, galerie Sud.* Un mirage IV, un vrai de vrai, vous accueille dans cet espace où vous découvrirez l'histoire de l'aviation à réaction et où vous piloterez l'engin volant de votre choix (simulateur de vol).

Énergie – *Niveau 1, galerie Sud.* Notre bonne vieille terre recèle des richesses (charbon, gaz, pétrole, eau, etc.) que l'homme transforme en énergie.

Images – *Niveau 1, galerie Nord.* Une fois que l'on connaît les aspects techniques d'une image, on peut jouer avec elle : photographie, cinéma, télévision, vidéo, image numérique, voilà quelques façons de capturer ce que nos yeux voient.

L'homme et les gènes – *Niveau 1, galerie Sud.* L'évolution, la reproduction, la génétique et l'éthique sont les quatre grands thèmes de cette exposition réalisée par Axel Khan, directeur de recherche au CNRS.

Les sons – *Niveau 1, galerie Sud.* Si vous aimez les bruits, voici rassemblée pour vous une multitude de sons, du bourdonnement au frottement en passant par le craquement et autre sifflement. Alors, ouvrez grandes vos oreilles !

Mathématiques – *Niveau 1, galerie Sud.* Huit fois trois font... Oubliez vos tables ! ici, on joue avec les formes géométriques, les nombres, les probabilités et les statistiques !

Où le savoir attire du monde... (hall de la Cité des sciences).

Roches et volcans – *Niveau 2, balcon Nord.* La terre bouge, crache du feu, crée des montagnes, ouvre des océans... Mais que se cache-t-il donc en son centre ?

Planétarium – *Niveau 2, balcon Nord.* Allez, un peu de repos ne vous fera pas de mal. Installez-vous confortablement dans les fauteuils et laissez-vous bercer par le spectacle des planètes.

Étoiles et galaxies – *Niveau 2, mezzanine Ouest.* Vous voulez certainement en savoir plus sur le système solaire, la naissance et la mort d'une étoile. Les outils de l'astronome, devenu aujourd'hui astrophysicien, sont là pour vous guider.

Médecine – *Niveau 2, balcon Nord.* Ici, vous pourrez jouer au docteur, voyager dans le corps humain et apprendre qu'il n'y a pas que les médicaments qui soignent les gens.

Biologie – *Niveau 2, balcon Nord.* Au commencement était la cellule... Isolée, maîtrisée, elle nous permet d'accomplir des miracles sur la vie : la fécondation *in vitro* ou la connaissance des maladies génétiques en sont de belles preuves.

Jeux de lumière – *Niveau 2, balcon Nord.* Entrez dans le monde merveilleux de la lumière. Espiègle, elle vous permet de voir en relief, percevoir les couleurs ou encore voir des choses bizarres... Réalité ou illusion d'optique ?

Cité des enfants*

Rez-de-chaussée. Activités de loisirs, d'éducation et de recherche pour les enfants de 3 à 5 ans et de 5 à 12 ans. On joue, on observe, on expérimente dans le domaine des sciences et des techniques : on se retrouve nez à nez avec une fourmi, on apprend comment filmer avec une caméra, on regarde le blé pousser, on joue au mécanicien... bref, on apprend plein de choses en s'amusant. Le cinéma Les Shadoks, dans la médiathèque enfance, dispose d'une programmation exclusivement réservée aux enfants.

Médiathèque

Niveaux -1 et -2 pour les adultes, rez-de-chaussée pour les enfants. Riche de 300 000 documents écrits et informatiques, la médiathèque accueille librement petits et grands.

La cité de la santé – *Niveau -1 de la médiathèque.* Des professionnels du monde médical vous accueillent dans cet espace consacré exclusivement à la santé. Sans rendez-vous, vous apprendrez à entretenir votre santé, accompagner un proche en difficulté, vivre avec un handicap...

La cyber-base – *Niveau -1 de la médiathèque.* Avec l'aide d'animateurs spécialisés, vous pourrez vous familiariser avec l'outil Internet : naviguer, exploiter un moteur de recherche, importer et modifier des images, créer vos propres pages Web...

La cité des métiers – *Niveau -1 de la médiathèque.* Cet espace consacré à l'emploi propose des services, des orientations, des formations, des journées de recrutement ou encore des débats.

La Géode★★

À l'extérieur. C'est dans ce gros ballon aux miroirs en acier posé sur l'eau que le spectacle a lieu. Le champ de projection sur un écran hémisphérique de 1 000 m² vous donne une vision proche de celle de l'oiseau, une impression de réalité époustouflante. Films scientifiques et culturels.

Argonaute

À l'extérieur, à côté de la Géode. Un sous-marin échoué en plein Paris : ça vous fait rire ? alors descendez à l'intérieur de la coque et votre rire moqueur se transformera en un sourire crispé aspirant à l'air libre et à l'espace. Une petite pensée pour l'équipage qui doit, lui, s'adapter à cette exiguïté des locaux, à la chaleur et aux bruits. Le progrès est toujours le bienvenu !

Le Simulateur (Cinaxe)

À l'extérieur. Idéal pour les sensations fortes à travers la projection d'un film. C'est ce que l'on appelle vivre « physiquement » une simulation de vol dans l'espace ou de course automobile en trois dimensions (lunettes spéciales fournies). À la grande joie des adolescents.

UN TRUC
Placez-vous tout en haut de la salle : vous bénéficiez d'une vue d'ensemble et vous évitez le torticolis.

ENCORE UN TRUC...
N'hésitez pas à prendre les premiers rangs, les sensations sont plus fortes !

Ph. Gajic/MICHELIN, Christian de Portzamparc Cité de la Musique © ADAGP, Paris 2004

*La Cité des sciences
et la Géode jouent des
couleurs et des volumes
pour surprendre...*

Cité de la Musique

Réalisée par Christian de Portzamparc, elle s'étend de part et d'autre de la fontaine aux Lions. À l'Ouest, le **Conservatoire national supérieur de musique et de danse de Paris** se consacre à l'enseignement et à l'étude de la danse musicale d'aujourd'hui. À l'Est se dresse une salle de concerts et le musée de la Musique.

Musée de la Musique★

&. *Tlj sf lun. 12h-18h, dim. 10h-18h (20h pour les expositions temporaires les soirs de concert). Fermé 1ᵉʳ janv., lun. de Pâques, 1ᵉʳ mai, 25 déc. 6,50€ (-18 ans : gratuit).* ☏ *01 44 84 44 84. www.cite-musique.fr*
Replacés dans leurs contextes technique (invention de l'instrument), musical (extraits des œuvres ayant contribué à leur succès) et historique, quelque **900 instruments de musique** sont exposés à travers un parcours sonore et visuel (entre autres : violons de Stradivarius, instruments de Berlioz, Chopin ou Fauré, collection de clavecins). Outre des tableaux et des sculptures, des maquettes de grands opéras européens permettent de revivre les premières d'*Orfeo* de Monteverdi, *Le Sacre du printemps* de Stravinski.
Du 17ᵉ au 21ᵉ s., le musée propose un vaste panorama du baroque italien à la musique de Versailles, de Wagner à Stravinski jusqu'à l'avènement de la musique synthétique.

se promener

Parc de La Villette★

◈ Le parc multiculturel de La Villette s'étend sur 35 ha entre la Cité des sciences et de l'industrie et la Cité de la Musique. Conçu par l'architecte Bernard Tschumi, il a été élaboré dans le souci urbanistique d'intégrer la ville à un espace vert, rompant ainsi avec la tradition des parcs naturels du 19ᵉ s. Plus grand parc paysager de Paris, il comprend une succession de jardins thématiques, de centres culturels et de prairies entièrement ouvertes à la promenade et aux jeux. Le parc est agrémenté de 26 « folies » qui sont autant de petits pavillons rouges (kiosque à musique, restaurants, centres d'information). Tout au long de l'année, le parc propose également un éventail d'ateliers ludiques et pédagogiques pour les enfants et les plus grands.
Grande Halle – Ancienne halle aux bœufs, cet espace a été inauguré en 1985 à l'occasion de la Biennale de Paris. L'architecture de l'époque a été conservée, alors que l'intérieur du bâtiment a été totalement rénové en un espace modulable, par les architectes Bernard Reichen et Philippe Robert. La Grande halle accueille sur plus de 2 ha des expositions, salons, concerts, spectacles vivants et rencontres culturelles urbaines diverses.

SORTIES

Café de la musique – *221 av. Jean-Jaurès - Mᵒ Porte-de-la-Villette -* ☏ *01 48 03 15 91 - www.cafedelamusique.com - 8h-2h.* Sur le lieu de l'ancien marché aux bestiaux de la Villette se tient aujourd'hui, accolé à la Cité de la musique, un élégant café pourvu d'une terrasse. À l'intérieur alternent fauteuils verts et rouges autour de petites tables rondes. Un endroit parfait pour prendre le thé ou le soleil, face au Parc de la Villette.

ON SE FAIT UN BŒUF ?

Dans le parc de La Villette, plusieurs manifestations gratuites sont organisées en été : **Scènes d'été** au kiosque à musique et dans les jardins du Parc du 25 juil au 29 août. *Informations au* ☏ *01 40 03 75 75.* **Festival de cinéma en plein air** sur la prairie du Triangle. *Tlj sauf lun. du 16 juil au 29 août. Programme complet au* ☏ *01 40 03 75 75.*

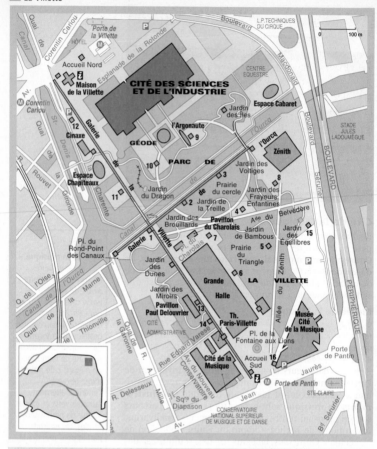

LES FOLIES :

1 - Hall de la chanson
2 - Atelier de vidéo
3 - Atelier petite enfance
4 - Le Belvédère
5 - Le café " la Ville"
6 - Antenne de secours
7 - Atelier d'arts plastiques
8 - Accueil Zenith
9 - Folie du sous-marin
10 - L'Observatoire
11 - Kiosque à musique
12 - Cafétéria
13 - Folie Tusquets
14 - Promenade des jardins
15 - Triangle rouge ou Tribendo
16 - Café de la Musique

Prairies – Dites du Triangle ou du Cercle, elles sont vastes et planes, idéales pour les jeux de ballons. De nombreux citadins aiment y pique-niquer le long du canal de l'Ourq.

Jardins – ⬚ Dix jardins s'étendent sur le parc, équipés de jeux pour les plus petits. Les « plus mieux bien », comme disent les enfants, sont ceux des Vents, des Dunes, des Frayeurs enfantines, du Dragon avec son toboggan, ou encore le jardin des voltiges. Le jardin de bambous est la deuxième collection française du genre, riche de ses 30 essences différentes.

Galeries – Les galeries couvertes de La Villette et de l'Ourcq traversent le parc du Nord au Sud et d'Est en Ouest.

Maison de La Villette – Au Nord de la Cité des sciences et de l'industrie, la Maison de La Villette fait figure de résidence d'artistes. On y trouve un salon de lecture et de nombreuses manifestations culturelles s'y déroulent.

Le Zénith – Avec sa structure modulable, le Zénith peut accueillir jusqu'à 6 400 personnes à l'occasion de grands rassemblements de musique rock ou de variété internationale.

NOUVEAUTÉ
À la fois pédagogiques et écologiques, les « jardins passagers » permettent aux enfants de faire des expériences botaniques, tout en apprenant à respecter l'environnement.

Bois et château de **Vincennes**★★

La notoriété de Vincennes, chef-lieu de canton du Val-de-Marne, est liée à celle de son bois (qui appartient à la Ville de Paris), et qui englobe un parc zoologique, un parc floral, un hippodrome et l'Institut national des sports. Mais la ville, jadis renommée pour sa porcelaine, abrite aussi un château fort, ancienne résidence royale, dont la seule histoire dépasse de loin ce que son enceinte sévère laisse supposer.

La situation

Plan Michelin n° 54 N 22-24, P 22-24, R 23-24 – à la limite du 12ᵉ arr. – Mᵒ Porte-Dorée (ligne 8) ou Château-de-Vincennes (ligne 1) – Bus 46 ou 56. Entouré des belles communes de St-Mandé, Vincennes, Fontenay-sous-Bois, Joinville-le-Pont, St-Maurice et Charenton-le-Pont, le bois se situe juste à l'Est de la porte Dorée et de la porte de Charenton.

Le nom

L'origine du nom est incertaine, on sait seulement qu'en 847 la forêt se nommait *Vilcena*, et *Vincenna* en 1158.

Les gens

Saint Louis y rendait paraît-il la justice sous un de ses chênes ; sous Louis XV, le bois jusque là réservé aux chasses royales, devint un lieu de promenade ouvert à tous ; en 1860, la Ville de Paris ayant obtenu la gestion du bois, Alphand le transforma en parc paysager.

comprendre

De la forêt royale au bois de Vincennes

Philippe Auguste entoure la chasse royale de Vincennes d'un mur de 12 km et y fait lâcher cerfs, daims et biches. Dans la forêt, sur un des coteaux qui dominent la Marne, Charles V bâtit le petit château de Beauté (démoli au 18ᵉ s. ; aujourd'hui Nogent-sur-Marne). À

carnet pratique

LOISIRS-DÉTENTE

Les nombreuses attractions (payantes ou accès libre) du bois sont surtout destinées aux enfants. Vous avez de quoi les occuper quelques journées entières si bon vous semble et les fatiguer suffisamment pour avoir le silence le soir venu : plus besoin de berceuses ou d'histoires pour les endormir... à moins que ce ne soit vous, les parents, qui soyez fatigués les premiers. Ces attractions sont aussi bien culturelles, éducatives et ludiques que sportives.

LAC DAUMESNIL

Location de barques – *De mi-fév. à mi-nov. : horaires variables selon la saison (été : 9h-19h)* - *12€/h pour 1 à 2 pers. ; 13€/h pour 3 à 4 pers. Prévoir 10€ de caution.*

Location de vélos – *Mars-oct. : 13h-17h, w.-end 10h30-17h30 (de déb. mars à mi-mai et de mi-sept. à fin oct. : mer. 13h-17h)* - 6€ 1/2h, 7€/1h.

LAC DES MINIMES

Location de barques – *Mars-nov. : mer., w.-end et pdt vac. scol. l'ap.-midi –* 11€/h

pour 1 à 2 pers., 13,50€/h pour 3, 4 ou 5 pers.

Location de vélos – *Vac. scol. : 14h-19h ; hors vac. scol. : mer. et sam. 14h-19h, dim. 10h30-19h* - 6€ 1/2h, 8€/h, 10€/3h ou l'ap. midi en sem.

PARC FLORAL

Attractions – *13h45-17h30, w.-end 13h45-19h. Toutes sont payantes ; les billets sont valables un an. Seuls les pavillons et le jardin des Papillons sont en accès libre. Aire de jeux : 1,50€. Quadricycles parisiens : de 9€ à 12€ (15€ de caution). Mini-golf : 6€ (-12 ans : 4,50€).*

La Ferme de Paris – *Rte de la Ferme, RER Joinville-le-Pont -* ☎ *01 53 66 14 00 - l'arboretum : en sem. 7h30-16h20 ; w.-ends et j. fériés : mars et oct. 10h-18h, avr.-sept. 10h-19h, nov.-fév. 10h-17h - 1€.*

Foire du Trône – *Porte Dorée. Avr.-mai : 14h-0h, ven.-sam. et veilles de fêtes 14h-1h.* 300 attractions foraines pour les petits et les grands : grandes roues, montagnes russes, manèges, loteries, stands de tir, brasseries, etc.

DES COUPES CLAIRES

En 1798, la création
du Polygone d'artillerie
ouvre la série des emprises
qui seront effectuées dans
la forêt jusqu'à nos jours,
pour des raisons militaires
ou sportives.

partir du 17e s., le bon air de Vincennes attire les promeneurs ; ceux-ci pénètrent dans le bois par six portes percées dans les murs de clôture. Sous Louis XV, on procède à un reboisement général, commémoré par le monument de la Pyramide.

En 1860, Napoléon III cède Vincennes – château et terrains militaires exceptés – à la Ville de Paris pour qu'il soit transformé en parc à l'anglaise. Haussmann fait creuser le lac de Gravelle où les eaux de la Marne sont refoulées et qui sert de réservoir aux autres lacs et rivières qui sillonnent le bois. Un champ de courses pour le trot est créé. Aujourd'hui, les champions d'athlétisme et de natation s'entraînent à l'Institut national des sports, tandis que les Parisiens, au moindre rayon de soleil, investissent allées et pelouses.

Le château au fil des siècles

Au 11e s., la Couronne acquiert, de l'abbaye de St-Maur, la forêt de Vincennes. Philippe Auguste y bâtit un manoir. Saint Louis y ajoute une sainte chapelle. Au pied d'un chêne, il reçoit, « sans empêchement d'huissiers ni d'autres », tous ceux qui viennent lui demander justice.

Le château fort – C'est l'œuvre des Valois : Philippe VI le commence, Jean le Bon le continue, Charles V le termine en 1396. Ce dernier veut créer une « cité royale », mais ses seigneurs « les mieux aimés » boudent son offre à demeurer dans la vaste enceinte.

Le château classique – Devenu gouverneur de Vincennes en 1652, Mazarin fait élever par Le Vau les pavillons symétriques du Roi et de la Reine. Un an après la fin des travaux, en 1660, Louis XIV, jeune marié de 22 ans, passe sa lune de miel dans le pavillon du Roi.

**D'ARTAGNAN
À VINCENNES**

Parmi les grands noms
« hébergés » à la prison
de Vincennes, on compte
le Grand Condé, le prince
de Conti, le cardinal
de Retz, le duc de Lauzun,
Diderot ou encore
Mirabeau. Sur ordre
de Louis XIV, d'Artagnan,
alors sous-lieutenant
des mousquetaires,
y garda Fouquet en 1662.

La prison – Du début du 16e s. jusqu'en 1784, le donjon, que n'habitent plus les souverains, devient prison d'État. Ligueurs, jansénistes, chefs de la Fronde, libertins, seigneurs et philosophes s'y succèdent. Le séjour y est d'ailleurs beaucoup moins infamant qu'à la Bastille.

L'arsenal – Sous Napoléon Ier, Vincennes est transformé en un puissant arsenal. Les tours sont arasées au niveau des murailles, des canons y sont mis en batterie. Les mâchicoulis et les créneaux sont supprimés. Le donjon reçoit à nouveau des prisonniers d'État.

UN GOUVERNEUR OBSTINÉ

En 1814, le gouverneur de la place est le général Daumesnil, qui porte une jambe de bois depuis Wagram. Les Alliés l'ayant sommé de livrer le château, le vaillant soldat aurait répondu : « Je rendrai Vincennes quand on me rendra ma jambe. »

À la fin des Cent-Jours, nouvel investissement du château. Second refus de le livrer à Blücher. Au bout de cinq mois, le héros consent à ouvrir les portes à Louis XVIII. Lors des journées de 1830, les insurgés veulent s'emparer des ministres de Charles X, enfermés au donjon. « Jambe de Bois », toujours gouverneur, les met en fuite en déclarant : « Je me fais sauter avec le château et nous nous rencontrerons en l'air. »

L'établissement militaire – Sous Louis-Philippe, Vincennes est incorporé aux défenses de Paris. Un fort est construit à côté du château, dont les murs sont renforcés par d'épaisses casemates. Des glacis achèvent d'« enterrer » l'ensemble. Napoléon III fait commencer la restauration de Vincennes par Viollet-le-Duc.

Renouveau – La cour Royale a retrouvé sa noble allure du 17e s. depuis qu'on a procédé à la restauration des pavillons, au dégagement du large fossé qui entoure le donjon, et à la démolition des casemates du 19e s. Le château montre ainsi à nouveau sa fière ordonnance de grande demeure royale.

se promener

L'Ouest du bois : autour de Daumesnil

Promenade à partir du métro Porte-Dorée (ligne 8).

La Porte Dorée

En sortant du métro, on débouche sur la place ▶ Édouard-Renard, l'ancienne porte de Picpus, qui fut aménagée pour l'Exposition coloniale de 1931. Elle a conservé de cette époque une fontaine où trône la statue dorée de la « France colonisatrice », et a retrouvé depuis peu les palmiers qui, il y a trois quarts de siècle, donnaient aux visiteurs de l'Exposition un avant-goût des contrées exotiques qu'ils allaient découvrir.

> **VRAIMENT DORÉE ?**
> Nombre de passants attribuent sans autre examen l'adjectif doré à la statue qui domine la place. En fait, le nom fait allusion à la situation du lieu par rapport au bois : il s'agit en effet de la porte d'orée...

> **MYSTÈRE À LA PORTE-DORÉE**
> La station de métro « Porte Dorée » fut le théâtre, en 1937, d'une énigme judiciaire qui défraya longtemps la chronique sans jamais trouver de solution satisfaisante : une passagère, y fut en effet retrouvée par les voyageurs qui attendaient la rame, poignardée dans un wagon : or, elle était seule à bord du train. Quarante secondes avaient suffi, depuis la station précédente (Porte de Charenton) pour que le meurtrier accomplisse son forfait et disparaisse... Plusieurs hypothèses plausibles furent avancées quant aux mobiles possibles du crime (passionnel, crapuleux, lié aux affaires politiques et notamment à La Cagoule ?)... mais l'on ne sait toujours pas aujourd'hui comment l'assassin a opéré.

Aquarium de la Porte Dorée★

293 av. Daumesnil. M° Porte-Dorée (sortie bd Soult). Tlj sf mar. 10h-17h15. Fermé 1ᵉʳ mai. 4€ (4-25 ans : 2,60€). ☎ 01 44 74 84 80.
🖼 Y vivent des poissons des zones chaudes et tempérées, tandis que des crocodiles et des tortues évoluent dans des terrariums.

> **AU TEMPS DES COLONIES**
> Construit pour l'exposition de 1931 par les architectes Léon Jaussely et Albert Laprade, le bâtiment abritant aujourd'hui l'aquarium est un bel exemple d'architecture Art déco. L'immense bas-relief ornant la façade, œuvre d'Alfred Janniot, illustre de façon aussi vivante qu'imagée la vie aux colonies, tandis que le « rôle civilisateur » de la France est évoqué à travers les grandes figures dont le nom et les hauts-faits sont gravés sur la façade donnant sur la rue Armand-Rousseau : vestiges d'un temps où le colonialisme s'affichait en toute ingénuité.

Le Lac Daumesnil★

Avec son sentier sur la berge où les canards n'hésitent pas à venir se dandiner, ses deux îles accessibles par des ponts (café sur l'île de Reuilly), et sa grotte artificielle, il connaît aux beaux jours une grande animation.

Centre bouddhique du bois de Vincennes

Avr.-oct. : accès au temple j. de fêtes religieuses. Se renseigner au ☎ 01 43 41 54 48.
180 000 tavillons de bois patiemment taillés à la hache dans du châtaignier constituent la belle toiture de cet ancien pavillon de l'Exposition coloniale de 1931. À l'intérieur, statue monumentale (9 m de hauteur) de Bouddha dorée à la feuille.

Parc zoologique de Paris★★

52 av. de St-Maurice. ♿ Avr.-sept. : 9h-18h, dim. et j. fériés 9h-18h30 ; janv. et nov.-déc. : 9h-17h ; fév.-mars : 9h-17h30 ; oct : 9h-18h (dernière entrée 1/2h av. fermeture). 8€ (enf. : 5€). ☎ 01 44 75 20 10.
Repas des animaux : *14h30 pour les manchots, 14h15 pour les pélicans, 15h pour les loutres, 16h pour les phoques et les otaries. Il est strictement interdit de donner de la nourriture aux animaux.*

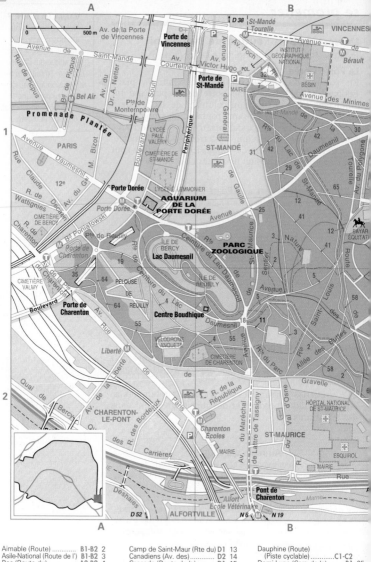

🕊 À l'Ouest du bois, ce parc zoologique de 14,5 ha est le plus riche de France : 535 mammifères et 600 oiseaux d'environ 82 espèces y voisinent dans une liberté relative. Le visiteur les voit s'ébattre à quelques mètres de lui dans un cadre inspiré de leur milieu naturel et qui connaît quelque 120 naissances annuelles.

À l'Est du bois

Parc floral★★

M° Château de Vincennes. ♿ Avr.-sept. : 9h30-20h ; mars et oct. : 9h30-18h ; nov.-fév. : 9h30-17h. Fermé 1ᵉʳ mai. 1€ (enf. : 0,50€), 3€ (enf. : 1,50€) pdt expositions et manifestations. ☎ 0 820 007 575.

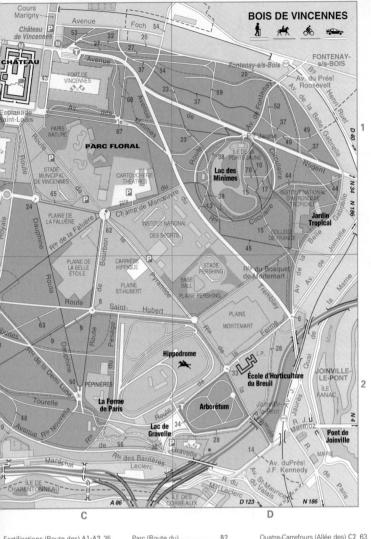

BOIS DE VINCENNES

Créé en 1969 par l'architecte paysagiste Collin, ce jardin de 30 ha présente des centaines d'espèces florales. Que ce soit dans la **vallée des Fleurs**, dans le **jardin des Dahlias** *(floraison en sept.-oct.)*, dans le **jardin des 4 Saisons** ou dans le **jardin d'Iris** *(mai)*, tout est couleur, odeur et ravissement. Des pavillons, ainsi que l'immense hall de la Pinède, abritent plusieurs fois par an des expositions ou des spectacles variés. La floraison des camélias a lieu début mars, celle des tulipes à partir d'avril et celle des rhododendrons et azalées à partir de mai.

Quelques statues contemporaines font du parc un véritable musée de plein air : le *Chronos* en acier poli, par Nicolas Schöffer, *Stabile* de Calder, la *Grande Femme* par

POUR LES ENFANTS

À l'Est du parc, une immense aire de jeux occupera vos enfants des heures entières : toboggans, tour Eiffel en toile d'araignée, tacots, train blanc, mini-golf et théâtre.

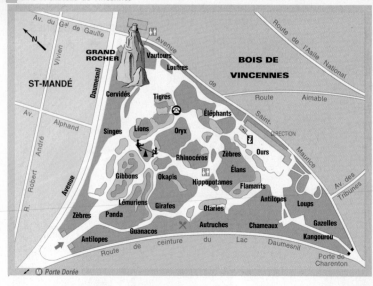

Alberto Giacometti, la ligne-volume en acier par Agam, le *Grand Dialogue* par Alicia Penalba...

Lac des Minimes

Il doit son nom au couvent des Minimes qui formait jadis une enclave dans la forêt royale. Un pont donne accès à l'île de la Porte-Jaune où est installé un restaurant.

Jardin tropical

45 bis av. de la Belle-Gabrielle.W.-end. : 11h30-17h30. Visite guidée sam. à 14h30 et dim. à 15h.

Précédé par un portique chinois, il est entretenu par le Centre Technique Forestier tropical.

Arboretum du Breuil

Route de la Pyramide. Avr.-sept. 7h30-16h30, w.-end 10h-19h ; mars et oct. : 7h30-16h30, w.-end 10h-18h ; nov.-fév. : 7h30-16h30, w.-end 10h-17h. 1€ w.-end, gratuit sem. ☏ 01 53 66 14 00.

Il dépend de l'école d'horticulture du même nom. Près de 1 200 arbres de 300 espèces différentes y sont cultivés sur 12 ha.

Lac de Gravelle

Route de la Ferme.

De paisibles nénuphars lui donnent un charme particulier.

Hippodrome

Royaume des turfistes, c'est un des temples du trot.

visiter

Château de Vincennes★★

Circuit court (présentation générale et Sainte-Chapelle) - mai-août : visite guidée (3/4h) 10h15, 11h45, 13h30, 17h15 ; sept-avr. : 10h15, 11h45, 13h30, 16h15.
Circuit long (présentation générale, douves, chemin de ronde et Sainte-Chapelle) - mai-août : visite guidée (1h1/4) 11h, 14h15, 15h, 15h45, 16h30 ; sept-avr. : 11h, 14h15, 15h, 15h45. Fermé 1er janv., 1er mai, 1er et 11 nov., 25 déc. 4,60€ circuit court, 6,10€ circuit long (-18 ans : gratuit). ☏ 01 48 08 31 20.

Le « Versailles du Moyen Âge » présente deux aspects distincts : un fier et sévère donjon et un majestueux ensemble du 17e s.

Le tour de l'enceinte

Avant de pénétrer à l'intérieur des remparts, il est conseillé d'en faire le tour extérieur à pied en empruntant les talus bordant les douves.

Donjon★★ – Il domine la face Ouest du rempart. Ce chef-d'œuvre de l'art militaire du 14ᵉ s. (1337) conserve sa haute tour de 52 m flanquée de quatre tourelles d'angle, ainsi qu'un éperon au Nord. Les créneaux et mâchicoulis du chemin de ronde de la tour n'existent plus.

Le donjon proprement dit est entouré d'une enceinte fortifiée ou « chemise » qui a son propre fossé. Des tourelles défendent les quatre angles. Un chemin de ronde couvert fait le tour de la chemise : il a conservé ses créneaux et ses mâchicoulis, au-dessous desquels ont été percées des embrasures de canons. C'est de ce chemin de ronde que s'évada le duc de Beaufort.

Tour du Village★ – C'était la résidence des gouverneurs qui surveillaient ainsi l'entrée et dirigeaient la défense de la forteresse. Sous ses voûtes gothiques subsistent quelques détails rappelant sa vocation militaire : fente des chaînes du pont-levis, rainure de la herse, archères.

Cours des Maréchaux – Tracé en 1931, il permet d'admirer les cinq tours de la face Est des remparts, toutes privées de leurs étages supérieurs. La manufacture de porcelaine était installée dans celle du Diable.

> ### ÉVASION !
>
> Mazarin fait incarcérer le duc de Beaufort au donjon. Au matin de la Pentecôte 1648, ce chef ligueur, dit le « roi des Halles », alors qu'il fait sa promenade sur le chemin de ronde accompagné d'un garde soudoyé, jette une corde et s'évade : c'en est fini de la terrible réputation du donjon.

> ### VINCENNES, ANCÊTRE DE SÈVRES
>
> En 1738, deux ouvriers, transfuges de la manufacture de porcelaine de Chantilly, reçoivent asile au château. Mettant en œuvre les secrets emportés, ils y fabriquent des pièces de vaisselle, des objets en pâte tendre et les fleurs peintes au naturel dont on fait de véritables « jardins de porcelaine ». En 1756, la manufacture est transportée à Sèvres.

Tour du Bois – Au Sud, l'esplanade du château offre une vue d'ensemble du portique qui ferme l'enceinte au Midi. La tour du Bois, au centre, a été arasée par Le Vau et transformée en entrée d'honneur ; du côté intérieur,

Le donjon où fut enfermé Diderot, parmi tant d'autres.

Ph. Gajic/MICHELIN

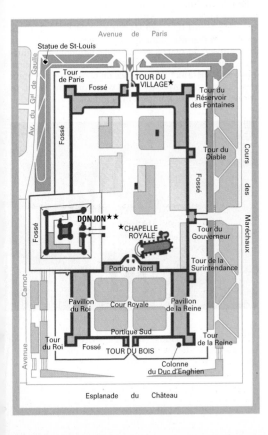

LE DUC D'ENGHIEN

Bonaparte, comme parade aux complots que l'Angleterre et les émigrés ourdissaient contre lui (affaires Cadoudal et Pichegru), ordonne l'exécution du duc d'Enghien, accusé de conspiration. Le duc est enlevé en territoire allemand et transféré à Vincennes le soir du 20 mars 1804. Il dîne dans le pavillon du Roi, puis s'étend sur un lit, tandis que l'on creuse déjà sa tombe dans le fossé. À minuit et demi, il est réveillé. Une heure après, un conseil de guerre prononce sa condamnation à mort. Conduit dans le fossé, le duc est placé devant la fosse béante puis abattu. Son exécution indigne l'Europe. Le corps, exhumé sous Louis XVIII, repose dans la chapelle royale du château.

elle présente son caractère d'arc triomphal. Du pont qui franchit le fossé, on aperçoit, au pied de la tour de la Reine, une colonne qui marque l'endroit où fut exécuté le **duc d'Enghien**.

L'intérieur de l'enceinte

Cour Royale – Témoignage du Vincennes classique, elle est fermée, comme l'avait voulu Le Vau, par le portique Nord. De part et d'autre s'élèvent les pavillons royaux. Dans le pavillon de la Reine ont vécu Anne d'Autriche et Monsieur, frère de Louis XIV. Le gouverneur Daumesnil y fut emporté par le choléra en 1832. Le duc de Montpensier, fils de Louis-Philippe, fut le dernier occupant princier (1840-1848). Mazarin s'éteignit dans le pavillon du Roi (1661), alors qu'il attendait l'achèvement de ses appartements dans le pavillon de la Reine.

◀ **Donjon**★★ – *Fermé.* Le rez-de-chaussée servait de cuisine. Au 1er étage était la salle des réceptions royales. Mirabeau resta trois ans dans l'une des tourelles où il écrivit un pamphlet sur les lettres de cachet qui contribua à discréditer ce privilège royal. Le 2e étage abritait la chambre royale.

LE VAINQUEUR D'AZINCOURT

Henri V d'Angleterre, gendre de Charles VI, le plus brillant des Lancastre, l'époux de Catherine de France, mourut dans ce donjon d'une dysenterie, en 1422. Son corps fut bouilli dans la grande marmite de la cuisine...

Chapelle royale★ – Commencée par Charles V en remplacement de celle de Saint Louis, elle n'a été terminée que sous Henri II. À part les vitraux et des détails décoratifs, l'édifice est purement gothique. La façade, aux belles roses de pierre, est de style flamboyant. L'intérieur comprend une nef unique d'une grande élégance. Les beaux **vitraux**★ Renaissance du chœur représentent des scènes de l'Apocalypse. Dans l'oratoire Nord se trouve le tombeau du duc d'Enghien.

Contrastant avec l'ensemble, appartenant au 17e s., la chapelle royale, bijou du style gothique flamboyant.

G. Targat/MICHELIN

Index

Montmartre, tour Eiffel...........................Quartier, monument.
Haussmann, école de Paris ....Personnage historique, terme faisant l'objet
d'une explication.

- [ ] a. ⚔ *Restaurant de bon confort*
- [ ] b. ❀ *Une très bonne table dans sa catégorie*
- [ ] c. 😊 *Repas soignés à prix modérés*

Vous ne savez pas quelle case cocher ?
Alors plongez-vous dans Le Guide Michelin !

Du nouveau bistrot à la table gas-tronomique, du Bib Gourmand au ❀❀❀ (3 étoiles), ce sont au total plus de 45 000 hôtels et restaurants à travers l'Europe que les inspec-teurs Michelin vous recommandent et vous décrivent dans ces guides. Plus de 300 cartes et 1600 plans de villes vous permettront de les trou-ver facilement.
Le Guide Michelin Hôtels et Restaurants, le plaisir du voyage.

Une meilleure façon d'avancer

Fred/PHOTONONSTOP

☐ a. **Baba au rhum**
☐ b. **Kouglof**
☐ c. **Panetone**

**Vous ne savez pas quelle case cocher,
ni où l'acheter ? Alors ouvrez vite
l'un des 13 Guides Gourmands Michelin !**

Cette collection propose
une sélection de

● Restaurants à prix doux

● Boutiques de bouche reconnues

● Marchés de produits du terroir

● Recettes de cuisine locale

Pour (re)découvrir l'art
du bien manger régional...
chez soi ou au restaurant !

MICHELIN
Une meilleure façon d'avancer

Editions des Voyages

46, avenue de Breteuil – 75324 Paris Cedex 07
☎ 01 45 66 12 34
www.ViaMichelin.fr
LeGuideVert@fr.michelin.com

Manufacture française des pneumatiques Michelin
Société en commandite par actions au capital de 304 000 000 EUR
Place des Carmes-Déchaux – 63 Clermont-Ferrand (France)
R.C.S. Clermont-Fd B 855 200 507

Toute reproduction, même partielle et quel qu'en soit le support,
est interdite sans autorisation préalable de l'éditeur.

© Michelin et Cie, Propriétaires-éditeurs

Dépôt légal mars 2000 – ISBN 2-06-035205-3 – ISSN 0293-9436
Printed in France 11-04/5.8

Compogravure : Nord Compo, Villeneuve d'Ascq
Impression, brochage : AUBIN, Ligugé

Conception graphique : Christiane Beylier à Paris 12e
Maquette de couverture extérieure : Agence Carré Noir à Paris 17e

Le Guide Vert propose 24 guides sur les régions françaises.
Ces guides sont mis à jour tous les ans.
Toutes les informations sont alors actualisées et vérifiées sur le terrain.

ÉCRIVEZ-NOUS ! TOUTES VOS REMARQUES NOUS AIDERONT À ENRICHIR NOS GUIDES !

Merci de renvoyer ce questionnaire à l'adresse suivante :
Michelin, Questionnaire Le Guide Vert, 46 avenue de Breteuil,
75324 Paris Cedex 07

En remerciement, les auteurs des 100 premiers questionnaires recevront en cadeau la carte Local Michelin de leur choix !

Titre acheté : ....

Date d'achat (mois et année) : ....

Lieu d'achat (librairie et ville) : ....

1) Aviez-vous déjà acheté un Guide Vert Michelin ?   oui ❑   non ❑

2) Quels sont les éléments qui ont motivé l'achat de ce guide ?

	Pas du tout important	Peu important	Important	Très important
Le besoin de renouveler votre ancien guide	❑	❑	❑	❑
L'attrait de la couverture	❑	❑	❑	❑
Le contenu du guide, les thèmes traités	❑	❑	❑	❑
Le fait qu'il s'agisse de la dernière parution (2004)	❑	❑	❑	❑
La recommandation de votre libraire	❑	❑	❑	❑
L'habitude d'acheter la collection Le Guide Vert	❑	❑	❑	❑

Autres : ....
....

Vos commentaires : ....
....
....

3) Avez vous apprécié ?

	Pas du tout	Peu	Beaucoup	Énormément
Les conseils du guide (sites et itinéraires conseillés)	❑	❑	❑	❑
La clarté des explications	❑	❑	❑	❑
Les adresses d'hôtels et de restaurants	❑	❑	❑	❑
La présentation du guide (clarté et plaisir de lecture)	❑	❑	❑	❑
Les plans, les cartes	❑	❑	❑	❑
Le détail des informations pratiques (transport, horaires d'ouverture, prix....)	❑	❑	❑	❑

Vos commentaires : ....
....
....

4) Quelles parties avez-vous utilisées ?
   Quels sites avez-vous visités ?

....
....
....
....
....

5) Renouvellerez-vous votre guide lors de sa prochaine édition ?

Oui ❏   Non ❏

Si non, pourquoi ? ....
....
....
....

6) Notez votre guide sur 20 :

7) Vos conseils, vos souhaits, vos suggestions d'amélioration :

....
....
....
....
....
....

8) Vous êtes :

Homme ❏   Femme ❏   Âge : .... ans

Nom et prénom : ....
Adresse : ....
....
Profession : ....

Quelle carte Local Michelin souhaiteriez-vous recevoir ?
(nous préciser le département de votre choix)

....

Offre proposée aux 100 premières personnes ayant renvoyé un questionnaire complet. Une seule carte offerte par foyer, dans la limite des stocks disponibles.

VOUS AVEZ AIMÉ CE GUIDE ?
DÉCOUVREZ ÉGALEMENT LE GUIDE VERT À l'ÉTRANGER ET LES NOUVEAUX GUIDES VERTS THÉMATIQUES
(Idées de promenades à Paris, Idées de week-ends à Marseille et alentours, Idées de week-ends aux environs de Paris)

Les informations récoltées sur ce questionnaire sont exclusivement destinées aux services internes de Michelin, ne feront l'objet d'aucune cession à des tiers et seront utilisées pour la réalisation d'une étude. Elles seront également conservées pour créer une base de données qui pourra être utilisée pour la réalisation d'études futures. Ce questionnaire est donc soumis aux dispositions de la loi « Informatique et Liberté » du 6 janvier 1978. Vous disposez donc d'un droit d'accès, de modification, de rectification et de suppression des données qui vous concernent. Pour exercer ce droit, il vous suffit d'écrire à MICHELIN 46, avenue de Breteuil 75007 Paris.